LAROUSSE du Chien

LAROUSSE du Chien

COMPORTEMENT • SOINS • RACES

Sous la direction du
Dr ROUSSELET-BLANC

LAROUSSE

21 Rue du Montparnasse 75283 Paris cedex 06

Cet ouvrage a été établi sous la direction du docteur **Pierre Rousselet-Blanc**
avec le concours des personnalités suivantes :

Anne Caron, docteur vétérinaire
Jean-François Courreau, professeur agrégé de zootechnie, École nationale vétérinaire d'Alfort
Dominique Grandjean, docteur vétérinaire, docteur en nutrition, département des animaux de compagnie et de loisirs, École nationale vétérinaire d'Alfort
Patrick Pageat, docteur vétérinaire
Christiane Sacase, journaliste
Michel Thérin, docteur vétérinaire

Direction éditoriale
Laure Flavigny, Édith Ybert, Tatiana Delesalle-Féat, Jeanne Videau

Consultante
Isabelle Collin

Lecture-correction
Annick Valade, assistée de Madeleine Biaujeaud et Julien Ringuet

Direction artistique
Emmanuel Chaspoul, assisté de Jacqueline Bloch et Sophie Compagne

Iconograhie
Nathalie Bocher-Lenoir, Anne-Marie Moyse-Jaubert, Christian Limouzy, Marianne Prost, Marie-Annick Réveillon

Conception graphique
Maxence Sherf

Mise en pages
Studio Primart

Illustrations
Joël Blanc (pages 98, 99, 100, 101, 187, 281, 327, 328, 329).
Charles Jaillard (pages 322, 324, 325, 330, 331, 332, 333, 334, 335, 336).

Fabrication
Annie Botrel

Index
Thomas Winock

L'éditeur tient à remercier la Société centrale canine pour son aimable collaboration.

Distributeur exclusif au Canada :
Messageries ADP, 1751 Richardson, Montréal (Québec)

ISBN 2-03-517428-7

Préface

Frétillant de la queue quand il est content, la truffe noire luisante et le regard « craquant », qu'il soit de petite taille ou imposant, sage ou turbulent, le chien a ceci de plus sur tout autre animal de compagnie : il vous aime sans partage. Fidèle, attendrissant et doué de tant d'aptitudes, il est devenu, chez nous, un véritable phénomène de société. Chasseur, pisteur, gardien, guide ou sauveteur, il est surtout un compagnon dévoué dont la présence apaise la solitude ou la peine et renforce les liens familiaux.

Certes, les chiens posent encore des problèmes de cohabitation dans les villes, d'errance dans les campagnes. Mais, à l'éradication systématique autrefois pratiquée, sont venues se substituer des lois qui protègent à la fois les animaux et les individus. D'ailleurs, l'opinion publique s'insurge volontiers contre les sévices ou les brimades dont les chiens peuvent faire l'objet. On assiste bien sûr à des dérives, l'univers canin, et le nombre infini d'accessoires qui le peuplent, représentant aussi une véritable industrie où règne le profit.

Aujourd'hui, la médecine, la chirurgie et la diététique canines ont atteint un haut degré de sophistication et de technicité. En outre, l'étude du comportement du chien a modifié notre regard sur sa perception de l'environnement et sur sa sensibilité, prélude à des relations harmonieuses et enrichissantes. Il s'avère ainsi souvent utile de consulter un vétérinaire comportementaliste pour résoudre les petites erreurs de parcours.

Vous offrir une meilleure connaissance de ce fidèle compagnon, tel est le but du *Larousse du chien*, qui réunit les meilleures signatures pour une information le plus actuelle possible. Vous y trouverez un panorama exceptionnel des races… Plus de 300 chiens sont décrits et photographiés. Peut-être y reconnaîtrez-vous le vôtre ou bien y découvrirez-vous celui qui deviendra votre futur ami !

TABLE DES MATIÈRES

LES RACES DE CHIENS 97

CHAPITRE 5

CONNAÎTRE SON CHIEN 321

CHAPITRE 6

SOIGNER SON CHIEN 337

CHAPITRE 7

RENSEIGNEMENTS PRATIQUES 366

CHAPITRE 1

Le chien hier et aujourd'hui

Le chien dans l'histoire

Tour à tour exploité et honoré par ses maîtres, le chien partage l'aventure de l'homme depuis quelque 10 000 ans. Prédateur sociable vivant en meute sous la coupe d'un chef, il s'est laissé apprivoiser, comme en témoignent les squelettes de chiens voisinant avec des ossements humains découverts sur des sites préhistoriques en Russie (Asantova Gora, 10 000 à 12 000 ans avant notre ère), des peintures et des gravures rupestres.

De l'Égypte ancienne à la Grèce antique

Après la période préhistorique, vers le IIIe millénaire, le chien fait l'objet, dans l'Égypte ancienne, d'un véritable culte et son meurtrier est passible de mort. Anubis, dieu à tête de chien – ou de chacal – sert de guide dans l'au-delà. Lévriers, Bassets et Molosses accompagnent les pharaons, ont droit à des funérailles et on les retrouve, momifiés, dans les sarcophages. Le Molosse est aussi présent à l'aube des civilisations sumérienne et assyrienne, où il est utilisé à la guerre et dans la chasse.

Dans la mythologie grecque, le chien Cerbère garde les Enfers; Homère, dans *l'Odyssée,* raconte comment le fidèle Argos, qui a tout juste la force de reconnaître son maître Ulysse, de retour chez lui, meurt d'émotion. Aristote mentionne Molosses, Bichons et autres chiens. La gent canine a ses héros dans les Molosses qui accompagnent les Spartiates à la guerre et dans les cinquante vaillants défenseurs de Corinthe, dont l'unique survivant, Sôter, sauve les habitants du massacre en démasquant l'ennemi. Le chien, pourtant, ne fait pas l'unanimité en Grèce. Hippocrate entretient la peur de cet animal porteur de la rage et on donne le nom de « cyniques » (du grec kunos, chien) aux philosophes du IIIe siècle av. J.-C., qui, comme Diogène, rejettent les conventions.

Anubis, le dieu égyptien (stèle du XIIIe siècle av. J.-C.)
Du dieu idolâtré des pharaons, Anubis, au petit animal de salon peint par Goya, les représentations du chien dans les arts plastiques sont très nombreuses et témoignent d'une étroite complicité avec l'homme. Les livres, depuis le Moyen Âge, attestent, de leur côté, de l'intérêt porté au chien.

Cave canem

La Rome antique a ses chiens sacrés, gardiens de la grotte de Vulcain. Moins noble, l'animal est également dressé au guet, à la liaison ou au combat, joue les éboueurs dans les villes et garde les maisons: *Cave canem* (« Attention au chien »), peut-on lire sur les mosaïques romaines des habitations. Quand il se lance à la conquête des Gaules, en 56 av. J.-C., Jules César emmène le chien adversaire des lions et des taureaux dans les arènes romaines, qui fera souche dans toute l'Europe. Les chiens des Gaulois sont des chasseurs, comme ceux des Celtes, également dressés au combat.

Mal aimés de la civilisation judéo-chrétienne, les chiens sont également jugés impurs par les musulmans, pour qui leur nom est la pire insulte.

Chasseurs invétérés, les seigneurs du Moyen Âge français protègent déjà leurs compagnons canins par des lois. Les chiens assistent aux offices religieux, jusqu'à ce qu'on les cantonne sur le parvis des églises.

Tourneurs de broches aux cuisines

Ce sont les moines ardennais de l'abbaye d'Andain, qui deviendra plus tard l'abbaye de Saint-Hubert, qui créent la première race au IXe siècle en sélectionnant de grands chiens de chasse noir et blanc, ancêtres de l'actuel Saint-Hubert. Vers 1650, des moines de l'hospice du Grand-Saint-Bernard élèvent une autre race dans les Alpes; d'abord gardien, puis dressé à tourner la broche aux cuisines, le Saint-Bernard, devenu plus tard secouriste, n'a jamais démérité. Les chiens, qui ont déjà conquis une large place dans le cœur des hommes, figurent aux côtés de saint Bertrand, saint Roch et sainte Geneviève, la bergère, et veillent pour l'éternité au pied des gisants de pierre médiévaux.

Le Moyen Âge distingue Lévriers, Braques, chiens couchants et aboyeurs qui, suivant leur rôle, reçoivent une nourriture appropriée: abats pour les chiens de sang et surtout pas de mouton pour les races de bergers. Les ouvrages spécialisés se multiplient dès le XIVe siècle. Le plus célèbre, riche en conseils vétérinaires, est celui de Gaston Phébus au XIVe siècle. « Le berger doit être blanc afin que le pasteur puisse le distinguer des loups », précise-t-il entre autres vérités.

Extrait du *Livre de la chasse* de Gaston Phébus (1331-1391)
Une large part de ce célèbre traité de vénerie est consacré au travail des chiens de chasse, et aux soins que requièrent ces derniers.

Le premier livre généalogique des races

Du Moyen Âge à Louis XV, les rois entretiennent des meutes pour la chasse à courre. François Ier condamne les chiens de paysans à porter autour du cou un billot de bois qui leur interdit de chasser et fait couper les jarrets de ceux qui s'éloignent du logis. Henri III se distingue par une passion pour les Épagneuls papillons. Madame de Maintenon, qui épouse Louis XIV en 1683, possède une meute de Chiens de montagne des Pyrénées. Le Caniche de Louis XV, Filou, a tous les droits, et le roi possède aussi des chiens habiles à déterrer la truffe.
Au XVIIIe siècle, le naturaliste Buffon rédige la première nomenclature des races. Bichons, Caniches et autres Épagneuls nains mènent la vie de château. L'écrivain et philosophe Jean-Jacques Rousseau évoque son fidèle ami, Duc ; et même les pauvres ont des chiens.

En dispersant les grandes meutes, la révolution de 1789 est cause de mésalliances avec des corniauds et du déclin des races françaises, tandis que les Anglais ne cessent d'améliorer les leurs. À Paris, les combats d'animaux sont interdits par décret, de 1793 à 1797, mais ce sport cruel reprend et on oppose même des chiens aux rats sur le « ratodrome » des Champs-Élysées. Au XIXe siècle, le zoologiste Cuvier propose une nouvelle classification des races. Sous Napoléon, les petites races ont les faveurs de la bourgeoisie. Le Carlin de Joséphine de Beauharnais, épouse de l'Empereur, passe à la postérité pour avoir mordu ce dernier, qui avait eu l'audace d'entrer dans le lit de sa maîtresse. Le chien est la mascotte des guerres de l'Empire. Il sert d'animal de trait jusqu'à ce qu'un arrêté du préfet de Paris l'interdise, en 1823. Maître d'un Lévrier, Lamartine s'insurge contre la « dîme sur le cœur du peuple », un impôt qui doit frapper les possesseurs de chiens. De leur côté, les élégantes apprécient Dalmatiens et Caniches, qu'elles font tailler en lion ou en zazou. C'est au cours du XIXe siècle qu'apparaît une idée nouvelle, celle du respect du chien.

La première exposition canine

Férus de cynotechnie, ou science des chiens, les Anglais organisent la première exposition canine à Newcastle on Tyne, en 1859. En France, la Société centrale pour l'amélioration des races de chiens (S.C.C.) est fondée en 1882. Quelques années auparavant, pendant le siège de Paris, en 1871, les chiens ont dû servir de nourriture aux Parisiens affamés. La guerre de 1914 les retrouve sous les drapeaux où, par chance, ils ne connaissent pas le triste sort de leurs frères de Russie qui, chargés d'explosifs, sont dressés à aller chercher leur pitance sous les chars ennemis.
Après la Grande Guerre, chiens de chasse et de compagnie retrouvent une certaine importance et deviennent aussi bien personnages de romans que héros de bandes dessinées et protagonistes de la publicité (Milou, le chien de Tintin, ou Snoopy en sont de bons exemples).
Pisteurs, gardiens ou secouristes pendant la Seconde Guerre mondiale, ils suivent aussi leurs maîtres sur les routes de l'exode.

Snoopy sur sa niche
Le plus souvent fatigué, à peine désabusé, Snoopy, créé par Charles M. Schulz en 1948, n'a cessé de se reproduire sur tous les supports : papier, carton ou tissu.

Les Jeunes, tableau de Goya (1746-1828)
Ce ravissant petit chien contribue à mettre en valeur la délicatesse et la frivolité de ses jeunes maîtresses.

Huit millions de chiens

Il y a en France aujourd'hui environ 8 millions de chiens. Les élevages sont en plein essor. Bâtards et corniauds ne se sont jamais mieux portés. Gâtés, toilettés, soignés, bien nourris, ce sont des consommateurs à part entière.
Mais, quoique désormais protégés par la Déclaration universelle des droits de l'animal (proclamée à Paris en 1978), les chiens sont aussi maltraités, abandonnés, objets d'expérimentations et le droit aura à préciser bientôt la notion de « personnes animales », plus cohérente avec la place qu'ils tiennent dans notre vie et dans nos cœurs, en ce début du XXIe siècle.

Les origines du chien

Qui est l'ancêtre du chien, le plus ancien ami de l'homme ? Les premières traces de la domestication du chien remontent à 10 000 ans, quand les hommes préhistoriques vivaient encore de cueillette et de chasse. Depuis lors, l'histoire du chien est étroitement liée à celle de l'homme, et il l'a suivi sur les cinq continents en s'adaptant, comme lui, à tous les climats.

Des origines obscures

Le chien montre un polymorphisme jamais atteint par une même espèce. Du Chihuahua au Mâtin de Naples, tout est *Canis familiaris*, à tel point qu'il est aujourd'hui impossible de déterminer le type du premier chien : était-il grand ou petit ? Avait-il les oreilles dressées ou tombantes ? Bien des questions continuent à se poser en outre sur son origine : pourquoi l'homme a-t-il domestiqué un canidé plutôt qu'un félin, un ours ou un primate ? Où et quand a eu lieu la domestication ? Le chien existait-il à l'état sauvage ou est-il né de la domestication d'une autre espèce et, si tel est le cas, laquelle et pourquoi ?

On a découvert les origines du cheval, du chat et du porc, pourquoi connaît-on si mal celles d'un animal aussi proche de nous ? L'une des réponses possibles à cette question est que les canidés, prédateurs au sommet des pyramides alimentaires, sont par conséquent beaucoup moins nombreux que leurs proies et donc moins représentés que les herbivores dans les zones fossilifères. Les canidés de la préhistoire présentent en outre peu de caractères distinctifs francs, et la filiation entre eux est plus difficile à établir que chez les félidés. L'homme a sa part de responsabilité dans cette relative ignorance : soit à cause de méthodes d'investigation mal adaptées, soit parce que les priorités des chercheurs sur les sites paléolithiques se concentrent sur les vestiges humains.

Il est troublant de constater que la plupart des races connues aujourd'hui n'ont été fixées qu'il y a une centaine d'années, mais que des millénaires d'évolution ont été nécessaires pour différencier le chien actuel de l'espèce sauvage dont il est issu.

L'histoire des canidés

Les miacidés

L'histoire des canidés débute il y a environ 50 millions d'années, à l'ère tertiaire, avec l'apparition de petits carnivores, les miacidés, qui ressemblent plus à la belette qu'au Dalmatien, mais qui vont connaître un développement étonnant. Originaires d'Amérique du Nord, les miacidés gagnent l'Eurasie en franchissant le détroit de Béring, alors non immergé, et, jusqu'à la fin de l'ère tertiaire, il semble que les descendants de ces animaux connaissent un destin indépendant de part et d'autre du détroit. L'Europe voit se développer la famille des ursidés tandis qu'en Amérique les canidés succèdent aux miacidés.

Les canidés

Les plus anciens d'entre eux apparaissent il y a 35 millions d'années, sous la forme d'un genre alors très répandu et désigné sous le terme d'*Hesperocyon*. Quoique typiquement canines, les caractéristiques de son crâne et son aspect général évoquent encore ceux de la belette : la queue longue et puissante, les membres avant et arrière

Loups *(Canis lupus)*
Depuis la découverte récente de squelettes de chiens en Extrême-Orient, où n'existent ni chacal ni coyote, le loup est considéré comme étant l'ancêtre du chien.

inégalement développés, la région lombaire allongée sont autant de critères primitifs qui disparaîtront par la suite.
C'est ainsi qu'entre -25 millions et -10 millions d'années de nombreuses modifications vont conduire aux types modernes de canidés : allongement des membres et des pieds, ceux-ci devenant plus compacts, réduction du doigt interne, diminution de la longueur de la queue, proportions générales se rapprochant de celles du loup.

Une filiation compliquée

C'est aussi durant cette période que la filiation des ancêtres du chien se complique, car bon nombre de fossiles sont autant de candidats à la généalogie de nos canidés modernes. Le premier, et le plus connu, est *Tomarctus*, dont la place est aujourd'hui fortement contestée, en raison de certains détails anatomiques que maints paléontologistes situent plutôt dans la lignée des hyènes. La tendance actuelle est de lui préférer *Leptocyon*, un autre canidé existant il y a 18 millions d'années, moins répandu alors, mais présentant toutes les caractéristiques requises pour faire un ancêtre direct du chien.

Loup, coyote ou chacal ?

Quelle que soit, parmi ces trois suppositions, l'hypothèse retenue, les caractéristiques des canidés modernes sont apparues voilà 10 millions d'années. Si l'utilisation du préfixe *canis* dans la dénomination des fossiles étudiés jusqu'à cette époque était erronée, elle est au contraire bienvenue par la suite, puisque c'est il y a 10 millions d'années qu'apparaît en Amérique du Nord *Canis lepophagus*, le plus ancien représentant du genre *Canis*. Sa ressemblance est frappante avec les espèces que nous connaissons aujourd'hui. Sa taille est celle du coyote, sa capacité cérébrale s'est nettement accrue par rapport aux espèces précédentes, sa dentition est typiquement canine et ses membres, de type coureur. À ce stade encore précoce de l'évolution du genre, il est impossible de l'affilier à une lignée précise, car il n'existe pas de différence significative entre les ancêtres du loup, du coyote et du chacal. Il semble que ce soit cette fois *Canis lepophagus* qui franchisse le détroit de Béring en direction de l'Eurasie et on peut dès lors suivre son évolution en Europe. *Canis cipio* en est le premier représentant ; découvert dans les Pyrénées aragonaises, dans des couches datant de 8 millions d'années, il sert de modèle aux canidés de l'Ancien Monde. Alors que le chacal et le coyote semblent descendre de *Canis cipio*, le premier sur l'Ancien Monde, le second sur le Nouveau Monde, le loup, lui, descend d'une espèce intermédiaire, *Canis etruscus*, très abondante en Europe il y a 2 millions d'années.
Les climats froids de l'ère quaternaire voient se multiplier les variétés de loups. C'est ainsi que, au gré des glaciations, les échanges par le détroit de Béring – qu'on franchit toujours à pied sec – sont si nombreux qu'il devient difficile de distinguer les populations de loups des deux côtés du détroit. En revanche, chacals et coyotes, qui vivaient dans des contrées plus méridionales, n'ont pas connu de tels échanges et ont évolué indépendamment.

Chacal
(Canis mesomelas)
Animaux de prairie et de forêt, volontiers charognards, les chacals chassent aussi, souvent par couple, s'attaquant aux jeunes ruminants, aux rongeurs et aux oiseaux.

Dingo australien
(Canis familiaris dingo)
La présence du dingo australien est attestée depuis 3000 ans, mais il a dû gagner l'Australie beaucoup plus tôt. Les dingos, aujourd'hui rétifs à la domestication, cherchent eux-mêmes leur nourriture.

Le premier *Canis familiaris*

Aucun squelette de chien n'a jamais été découvert dans des couches géologiques antérieures à l'homme de Cro-Magnon, 30000 ans avant notre ère. C'est il y a environ 10000 ans qu'apparaît *Canis familiaris*. En l'absence de précurseur sauvage, il faut bien qu'il soit issu d'une espèce déjà existante et lui ressemblant assez pour expliquer la transition. On a le choix entre le loup, le coyote et le chacal. Si ces animaux peuvent se féconder entre eux, la probabilité d'hybridation naturelle aboutissant à la domestication est pratiquement nulle : coyotes et chacals n'ont guère de chance de se croiser, puisque les uns vivent en Amérique et les autres dans l'Ancien Monde.
Coyotes et loups d'une part, chacals et loups d'autre part peuvent éventuellement se côtoyer, mais les différences de taille et de comportement rendent l'hybridation hautement improbable.

Le loup fait l'unanimité

Le choix entre le chacal, le coyote et le loup, comme ancêtre direct du chien, est plus délicat. Les deux premiers ont pour eux une similitude de taille avec le chien préhistorique ; des données de comportement jouent en faveur du dernier, mais entre un chien préhistorique, de la taille d'un Épagneul breton, et un loup américain de l'époque, de la taille d'un Danois, il existe de telles disparités qu'il était impossible de les relier sur une période aussi brève, en l'absence de fossile intermédiaire. Or des restes de squelettes de chiens très anciens ont été récemment découverts en Extrême-Orient, où n'existaient ni chacal ni coyote, mais où vit depuis très longtemps un loup de petite taille, *Canis lupus chanco*. Le dernier obstacle est donc tombé et le loup fait l'unanimité.

Même gibier, même territoire, même technique

Le rapprochement de l'homme et du loup

Les études sur les structures sociales des tribus humaines primitives et le comportement des hordes de loups témoignent du rapprochement de ces deux groupes de chasseurs, entre lesquels on relève maintes similitudes : nomades, les hommes de l'ère quaternaire, au paléolithique, organisent leur unité sociale autour de la chasse et de la cueillette. Les loups, de leur côté, vivant en hordes de dix à vingt individus, sont d'abord des prédateurs, charognards à l'occasion, voire végétariens. Les uns et les autres chassent des proies variées (lièvres, castors) et des animaux bien plus gros qu'eux (cerfs, élans, rennes) ; ils chassent collectivement, s'adaptent à tous les terrains et modifient leur approche en fonction des circonstances. Les loups choisissent de préférence des animaux affaiblis qu'ils harcèlent en se relayant, à moins qu'ils n'organisent de véritables battues.
Les types de chasse respectifs de l'homme et du loup sont donc hautement élaborés et conditionnent la socialisation et la hiérarchisation de la

Coyote *(Canis latrans)*
Charognard et chasseur de rongeurs, le coyote est la proie des pumas, des aigles et des loups.

tribu comme de la horde. Ne participent à la chasse que les éléments forts, qui seront par conséquent dominants; les autres, jeunes et femelles, attendent les différents fruits de la chasse dans le camp.
Même gibier, même territoire, même technique, socialisation analogue: autant d'éléments qui ont contribué au rapprochement homme-loup. En effet, pour que la domestication soit possible, il faut que l'animal se plie à la substitution de son mode de vie et, plus les mœurs sont semblables, plus la substitution est aisée. L'histoire n'est pas exempte d'échecs de domestication: les Égyptiens ont essayé en vain d'apprivoiser hyènes, renards, gazelles et grands félidés. Alors qu'agriculture et sédentarisation sont indispensables pour la domestication d'espèces telles que le mouton, la chèvre ou le porc, le loup, lui, s'adapte.

La première domestication

On peut, à partir de là, imaginer les circonstances de la première domestication. L'attirance a probablement été d'abord mutuelle: attirance de l'homme pour le loup qu'il observe à la chasse et qui donne l'alerte par ses hurlements; attirance du loup pour l'homme, qui lui abandonne les restes ou le laisse bénéficier de la protection du feu de camp. Sans doute ont-ils ensuite collaboré dans la défense du territoire de chasse. L'adoption d'un louveteau trouvé à la chasse constitue sûrement la phase suivante; une fois élevé, il a dû retourner dans la horde jusqu'à ce que l'homme obtienne la fidélisation d'un animal. Rien ne s'oppose alors à ce que des animaux se reproduisent dans le campement humain et fixent dans leurs gènes les transformations que comporte ce changement de mode de vie. Il ne subsiste de ce scénario aucune preuve fossilisée et on ignore sur quelle période il s'étale: sûrement des milliers d'années (entre -30 000 et -10 000).
Les seules preuves sont les transformations engendrées par la domestication: réduction de la taille de l'animal, raccourcissement de la face. Les premières momies donnent une idée de l'aspect du chien: de taille moyenne (de 50 à 55 cm au garrot), il a les oreilles dressées, le poil mi-long, la queue touffue, le museau court, cela pour le modèle commun aux sites où l'on a retrouvé des traces de domestication, tant en Amérique du Nord qu'en Chine, en Europe ou au Moyen-Orient.

Chiens domestiques et chiens sauvages

La multiplication des races de chiens est un phénomène nettement postérieur à la domestication de cet animal. Le rôle et l'utilisation des chiens primitifs restent méconnus. S'ils furent très tôt utilisés pour la chasse et vraisemblablement aussi pour la garde, bien des questions demeurent sur leur fonction de compagnons dans les sociétés néolithiques. La découverte de coutumes funéraires très anciennes concernant les chiens milite en faveur d'un échange affectif précoce. Au contraire, en Chine, la découverte de squelettes de chiens, datant de 5 000 ans, dans des décharges, suggère qu'ils ont pu être consommés.
Un autre grand point d'interrogation persiste à propos du dingo australien. S'il est vrai qu'il a gagné l'Australie avec l'homme il y a de 15 000 à 20 000 ans, à un moment où le passage par la terre ferme était possible, il est pour le moins étrange que sa trace soit perdue en Indonésie, lieu obligatoire de ce passage. Malgré sa présence, attestée en Australie depuis 3 000 ans, les incertitudes quant à son origine expliquent le flou de sa position dans la classification, soit comme chien domestique retourné à l'état sauvage, *Canis familiaris dingo,* soit comme espèce à part, *Canis dingo.* Rétifs à la domestication, les dingos restent à distance, cherchent eux-mêmes leur nourriture et sont écartés de la chasse par les aborigènes.
L'intérêt croissant que l'homme porte aux origines du chien a néanmoins fait progresser nos connaissances sur la domestication. Souhaitons que cet engouement persiste et fasse tomber les derniers pans de notre ignorance sur les origines de notre ami le plus fidèle.

Le chien et ses métiers

De tout temps, le chien a assisté l'homme dans ses travaux. Tournebroche, assistant de rémouleur, tracteur de charrette pour le laitier sont autant de petits métiers aujourd'hui disparus. Mais, si les temps modernes ont vu la disparition de nombreuses utilisations du chien, de nouvelles ont vu le jour.

Les chiens de garde

Surtout affectés à des missions de surveillance (garde et guet), les chiens enrôlés sont également pisteurs ; ils interceptent les malfaiteurs, détectent la présence de stupéfiants ou d'explosifs, assurent des missions de secourisme dans les catastrophes. De telles tâches ne sont pas confiées à n'importe quelle race. Le Berger allemand, particulièrement réceptif au dressage, robuste et courageux, est de loin le plus utilisé : 75 % des chiens de garde sont des Bergers allemands et 18 % des Bergers belges. Labradors, Dobermanns, Dogues allemands et Boxers sont eux aussi présents sur le terrain.

Le dressage

Tous mâles et âgés de 1 à 2 ans, ces chiens viennent des meilleurs élevages, doivent être équilibrés et ne pas réagir aux détonations. Leurs aptitudes sont testées pendant une mise en quarantaine de trois semaines, nécessaire pour vérifier leur état de santé et procéder aux vaccinations ; 40 % d'entre eux seulement sont jugés aptes au service. Pendant la sélection, qui dure huit semaines, ils sont soumis à de nombreux exercices qui permettent de les orienter vers leur spécialité.

C'est après, avec le débourrage – six semaines de travail où se révéleront leurs aptitudes –, que commence l'éducation des chiens. Chacun rencontre le futur maître avec qui il fera équipe. Vient ensuite le dressage initial de spécialisation, où, pendant dix à treize semaines, sous la conduite d'un moniteur, le couple maître-chien se perfectionne dans sa spécialité, à partir d'exercices fondés sur la répétition et la récompense. L'harmonie réciproque et la bonne entente entre l'homme et le chien sont primordiales pour faire une équipe performante. Les maîtres-chiens suivent une formation théorique parallèle à celle reçue sur le terrain.

La lutte contre la drogue
Signe des temps, le chien quitte les champs pour les aéroports, où son flair est utilisé pour rechercher la drogue que peuvent contenir les bagages.

L'armée et la police

Le chien de patrouille est entraîné à ne pas craindre les coups de feu et à attaquer. Le pisteur exerce son flair et doit avoir de l'endurance pour suivre la piste sur des kilomètres. L'éclaireur travaille en silence et apprend à détecter d'éventuelles cachettes. Si la garde est une qualité instinctive du chien, le guet est une qualité acquise et le chien doit savoir rester des heures à son poste. La carrière des chiens militaires s'achève vers l'âge de 8 ou 10 ans, et ils restent le plus souvent avec leur maître.

La brigade des chiens de la préfecture de police de Paris a été créée en 1951, mais trois chiens travaillaient déjà dans la police parisienne à la fin du siècle dernier. Ils sont aujourd'hui une trentaine à constituer la Section des chiens de police.

Surtout chargés de missions de garde et de pistage, les chiens aident quotidiennement policiers, gendarmes et membres de la Sécurité civile à retrouver des personnes disparues. Ils savent aussi immobiliser un malfaiteur sans le blesser, dans l'attente de renforts.

Les services de déminage

Entraîné à mémoriser l'odeur des explosifs, le chien apprend à signaler leur présence sans y toucher, en général en se couchant. Très précoce, le dressage commence vers l'âge de 4 ou 5 mois. Bergers allemands, Malinois, Rottweilers, Labradors et même des Caniches sont utilisés dans ce secteur. Là encore, l'équipe homme-chien doit être très soudée. La plus subtile modification du comportement de l'animal doit être perçue, car la moindre erreur peut être fatale. Les chiens d'explosifs sont habitués à travailler dans la lumière et le bruit.

La surveillance

De plus en plus de sociétés de gardiennage emploient des Bergers allemands comme assistants des vigiles. Dressés sérieusement par les hommes avec qui ils font équipe, ces chiens assurent leur mission de protection sans difficulté. Mais il arrive qu'ils soient déposés chaque soir sur les lieux à surveiller et laissés seuls, avec les dangers que comporte une telle situation.

La lutte contre la drogue

Dès le milieu des années soixante, qui a vu s'intensifier le trafic des stupéfiants, les services de douane et de police ont commencé à utiliser le chien pour son flair, plus performant que toutes les machines dans la détection de drogue. L'animal est dressé à réagir aux plus légères émanations des produits qu'il a mémorisés et appris à repérer. La détection de drogue est réservée aux chiens au flair très développé, dotés d'un équilibre parfait et d'une grande résistance. Le maître-chien doit être capable d'interpréter le moindre geste de son chien. En France, la police et la douane utilisent surtout des Bergers allemands ; la gendarmerie préfère les Labradors ; mais les Bloodhounds, les Épagneuls bretons, les Beagles et même des bâtards font d'excellents détecteurs de drogue.

Les chiens sauveteurs

Les chiens de catastrophe

Ils interviennent en cas de tremblement de terre, de glissement de terrain, d'explosion, d'incendie, c'est-à-dire chaque fois qu'il faut repérer des survivants ensevelis sous les décombres. Les Bergers allemands sont présents, là encore, avec des Bergers belges, des Boxers, des Beaucerons, etc., sans oublier bâtards et corniauds.

• **Les qualités requises.** Les chiens sont sélectionnés pour leur douceur, leur penchant naturel à la recherche, leur endurance, leur sens de la coopération, leur intelligence et leur courage. Les bases de leur formation sont voisines de celles des chiens d'avalanche, mais les exercices se déroulent dans un environnement différent.

Les chiens sauveteurs sont habitués à chercher dans les gravats et les éboulis, à circuler dans le noir, à se glisser dans les canalisations, à marcher sur des supports instables et même à grimper sur des échelles. Leur rôle est particulièrement important en l'absence des capteurs de sons, dans des circonstances de sauvetage où domine le vacarme des bulldozers et des marteaux-piqueurs.

Le maître du chien de catastrophe doit le suivre partout, même dans les conditions et sur les terrains les plus difficiles, pour enregistrer toutes ses réactions. Quand il détecte un survivant enseveli, le chien manifeste sa joie en remuant la queue ; s'il s'agit d'une victime décédée, il gémit et couche les oreilles.

• **Le déroulement des interventions.** C'est en Grande-Bretagne, pendant les bombardements de la Seconde Guerre mondiale, que les chiens de catastrophe sont intervenus pour la première fois. En France, ce sont la Sécurité civile de Briançon et l'unité d'intervention de Brignoles qui ont organisé, en octobre 1979, le premier stage réservé aux équipes cynophiles de catastrophe. Les équipes se réunissent deux fois par an et la formation qu'elles dispensent est sanctionnée par un brevet national de maître-chien de recherche et de sauvetage en décombres. Ces unités sont prêtes à intervenir à la première alerte avec la police et la gendarmerie.

Lors du tremblement de terre en Arménie du 7 décembre 1988, 54 chiens de catastrophe ont travaillé sans relâche durant huit jours à Erevan, puis pendant cinq jours à Spitak. Quinze personnes ont été sauvées par les équipes françaises, dont dix par des chiens.

Les interventions s'effectuent sans précipitation. Par sécurité, un signe de vie perçu par un chien est toujours confirmé par un deuxième animal. Si les chiens de catastrophe sont les meilleurs détecteurs, ils deviennent aussi, malheureusement, de moins en moins performants au fil des heures, car leur flair s'émousse ; leur temps de travail durant chaque intervention est donc limité.

Séisme en Iran, juin 1990
Auxiliaire précieux de l'armée et de la police, le chien est utilisé comme assistant des vigiles, mais aussi pour retrouver les blessés après un séisme ou un incendie. Ces chiens de catastrophe sont populaires depuis longtemps grâce au Saint-Bernard, ultime secours des naufragés des neiges.

Chien de berger
Les grands troupeaux de moutons deviennent rares et cette image bucolique des moutons conduits par le berger et son chien risque de disparaître.

La S.S.C.C. suisse (Société suisse des chiens de catastrophe) est l'association la plus avancée dans ce domaine. Elle entraîne ses équipes sur un terrain militaire à Wangen, où on a reconstitué une ville détruite, et perfectionne sans relâche ses techniques de recherche.

Les chiens d'avalanche

Le Saint-Bernard, avec son petit tonneau de rhum accroché au cou et qui vole au secours des naufragés des neiges, est entré dans la légende. Cette délicate mission est aujourd'hui confiée à des Bergers allemands qui représentent 35 % des chiens d'avalanche, à des Bergers belges, des Beaucerons, des Labradors et autres races au flair développé et à la constitution robuste, toutes plus performantes que le Saint-Bernard.

• **Les qualités requises.** Les animaux en exercice sont âgés de 12 mois au moins et doivent être en parfaite santé. Leur travail étant très éprouvant, on surveille d'une part leur rythme cardiaque, d'autre part leurs yeux à cause des lésions que risque de provoquer la réverbération du soleil sur la neige. Bénéficiant d'une alimentation énergétique, ces chiens ont droit à des sorties quotidiennes en terrain accidenté et par tous les temps, et à une séance d'entraînement hebdomadaire. Les chiens d'avalanche prennent leur retraite à l'âge de 7 ou 8 ans, exceptionnellement plus tard.

• **Le déroulement des interventions.** Avant 1972, date du premier stage de formation de chiens d'avalanche en France, les équipes de sauveteurs intervenant en montagne étaient entraînées en Suisse. Des stages de formation de quinze jours ont désormais lieu en France. Pendant la première semaine, le chien « joue » à reconnaître son maître enseveli dans des trous de neige de plus en plus profonds et sur un terrain de recherche de plus en plus étendu. Dès qu'il a flairé l'odeur de son maître, le chien gratte frénétiquement la neige et mérite sa récompense. Pendant la deuxième semaine, l'animal travaille en équipe avec son maître et apprend à retrouver un inconnu ; le plaisir de la découverte et la satisfaction de son maître servent de motivations efficaces.

Une fois constituées, les équipes cynophiles sont affectées à une station de sports d'hiver ou à une base d'hélicoptères. Elles doivent leur performance à six ou huit stages annuels.

L'efficacité des chiens d'avalanche est très nettement supérieure à celle obtenue par sondages hasardeux de la couche de neige sur le lieu présumé d'une disparition ; l'animal repère souvent un survivant après le passage des sondeurs. Le recours aux émetteurs radio, d'une portée de cinquante mètres, n'est efficace que si les récepteurs des sauveteurs sont réglés sur la même fréquence. En France, environ 30 % des victimes d'avalanche ont eu la vie sauve grâce aux équipes cynophiles.

Les chiens de secours nautiques

Le sauvetage en milieu aquatique est la spécialité du Terre-Neuve. Nageur hors pair grâce à sa queue gouvernail et à ses pieds larges et palmés, puissant, résistant, ce chien exceptionnel est doté d'une fourrure imperméable qui lui permet de supporter les eaux glacées. L'instinct de sauvetage est inné

Entraînement de chien d'avalanche
Bergers allemands, Bergers belges, Beaucerons ou Labradors ont remplacé les Saint-Bernard dans leur rôle de sauveteurs.

chez le Terre-Neuve. En 1919, un digne représentant de sa race sauva à lui seul vingt personnes de la noyade et remporta une médaille d'or.

Le dressage du Terre-Neuve canalise et perfectionne son instinct ; il commence dès l'âge de 2 mois, sur terre, par des exercices qui lui apprennent à rapporter un objet lancé. À l'âge de 2 ans, en mer, le chien apprend à rapporter une bouée, un objet, puis à ramener par le bras son maître ou des hommes simulant la noyade. Les distances s'allongent progressivement et l'animal apprend à plonger depuis des terrains escarpés, car il doit pouvoir intervenir là où l'utilisation des moyens conventionnels est impossible.

Sportif intelligent, le Terre-Neuve obéit au geste, est capable d'initiatives et sait se diriger en tenant compte de la force du courant, de la hauteur des vagues et de la position de la victime. Puissant, il peut tirer deux personnes accrochées à des anneaux fixés à son harnais, ou tracter deux Zodiacs chargés de dix personnes. Pour renforcer les aptitudes naturelles du Terre-Neuve, il est nécessaire de veiller tout particulièrement au développement harmonieux de sa musculature et d'éviter les surcharges pondérales qui limiteraient ses performances en diminuant sa résistance.

Créée en 1985, la Fédération nationale des chiens sauveteurs nautiques forme des équipes cynophiles spécialisées, titulaires d'un brevet qui compte trois degrés. Un chien breveté sait sauter d'un canot, prendre dans sa gueule le bras d'une personne en difficulté et la ramener au canot ou sur la terre ferme ; il sait aussi récupérer un canot chargé de passagers en danger.

Aujourd'hui, de 400 à 500 Terre-Neuve pratiquent régulièrement le sauvetage à l'eau. Le développement des sports aquatiques, et particulièrement de la planche à voile, a mis en évidence l'utilité de ces chiens sauveteurs qui interviennent fréquemment.

Les chiens de berger

Les grands troupeaux étant de plus en plus rares en plaine – les moutons sont aujourd'hui parqués dans des enclos et transportés par camions –, le gros Berger de Brie, ou Briard, fait carrière comme chien de compagnie ; le Berger picard et le Berger de Beauce, ou Beauceron, jouent plutôt les gardiens dans les fermes. Très apprécié comme chien de compagnie ; l'efficace petit Berger des Pyrénées est un des rares « bergers » français à continuer à garder les moutons dans les montagnes. La tradition se maintient néanmoins et les concours de travail sont l'occasion de redécouvrir les performances des chiens de berger. Les bergers d'origine étrangère élevés en France, tels que Colleys, Bobtails, Bearded Collies, etc., sont de bons chiens de compagnie et, pour leur part, les Bergers allemands et belges ont été reconvertis dans la police et le sauvetage.

Les chiens travailleurs sociaux

Les chiens-guides d'aveugles sont longtemps restés les seuls chiens d'assistance. Aujourd'hui, des associations se développent dans le monde entier, et les professions médicales sont de plus en plus conscientes de l'importance du chien.

Les chiens pour handicapés

Labradors, Golden Retrievers, Bergers allemands, Colleys et quelques Dobermanns particulièrement équilibrés sont au service des handicapés moteurs. Ils cheminent sagement à côté des fauteuils roulants, ramassent les objets tombés à terre, portent le sac de leur maître, ouvrent et ferment les portes, allument les lampes et appuient sur les boutons d'ascenseurs, entre autres performances. Les plus doués peuvent répondre à quatre-vingts ordres, résultat de deux ans de dressage.

Les Américains ont été les premiers à dresser ces chiens pour handicapés (« services dogs »). Les sujets sélectionnés sont doux, calmes, obéissants et robustes ; pour remédier aux défaillances de leurs performances – dues au resserrement du lien affectif avec leur maître –, ils sont régulièrement envoyés en stage et gardent toute leur efficacité. Le dressage des chiens pour handicapés moteurs a débuté en France en 1989. Jusqu'à 18 mois, le chien vit dans une famille d'accueil qui commence son éducation. Ensuite, l'A.N.E.C.A.H. (Association nationale d'éducation des chiens d'assistance pour handicapés) d'Alençon et de Saint-Gervais en Auvergne lui donne une formation spécifique pendant six mois. Aidés par ces compagnons à quatre pattes, les handicapés voient augmenter leur autonomie et se prennent en charge. Par ailleurs, la présence réconfortante du chien est tout aussi précieuse que l'aide qu'il apporte. Depuis 1991, 164 chiens ont été remis gratuitement à des handicapés et 150 sont actuellement en formation.

Chien de handicapé
Ce Golden Retriever est dressé à accomplir pour son maître handicapé toutes sortes de missions.

Les chiens-guides d'aveugles

Des chiens dressés empiriquement accompagnaient autrefois les aveugles contraints à mendier pour survivre. Les temps ont changé et les non-voyants – dont beaucoup travaillent – peuvent aujourd'hui bénéficier des services de chiens-guides spécialement dressés. Doté, d'instinct, d'un comportement protecteur à l'égard des handicapés, le chien a commencé sa carrière pendant la Première Guerre mondiale, d'abord aux États-Unis, puis en Grande-Bretagne. Le premier club de chiens-guides français a été créé en Flandre, à Wasquehal, à la fin de la Seconde Guerre mondiale, sur une initiative de Paul Corteville, qui a mis au point une méthode de dressage. Leur taille – qui facilite la manipulation du harnais par l'utilisateur – a fait des Labradors des chiens-guides de prédilection. Les chiens sont sélectionnés entre 2 et 6 mois pour leur docilité, leur intelligence, leur réceptivité et leur équilibre. Les femelles sont souvent choisies pour leur douceur et leur manque d'agressivité avec leurs congénères. Les chiots, confiés à une famille d'accueil conseillée par un moniteur, apprennent les principes d'une bonne éducation – obéissance, marche en laisse, etc. – qui facilitera le dressage ultérieur.

Le dressage proprement dit débute lorsque le chien est âgé de 12 à 18 mois et il dure quatre à six mois : deux séances de deux heures par jour, soit une centaine d'heures sous la direction d'un moniteur du club. L'animal apprend l'initiative devant un obstacle, sur un parcours spécial ou en situation réelle ; il doit être capable d'évaluer le danger et d'y parer. Simultanément, il est mis en contact avec son futur maître non-voyant pour favoriser l'entente – impérative – entre eux.

Créée en 1972, l'Association nationale des chiens-guides d'aveugles, qui vit à 95 % de dons et de legs, s'est donné pour tâche de permettre le fonctionnement des écoles en France. Ces écoles se multiplient sur tout le territoire, et il en existe une à Paris depuis mai 1987. Mille chiens sont actuellement en circulation. La formation d'un chien – remis gratuitement à son maître non-voyant –

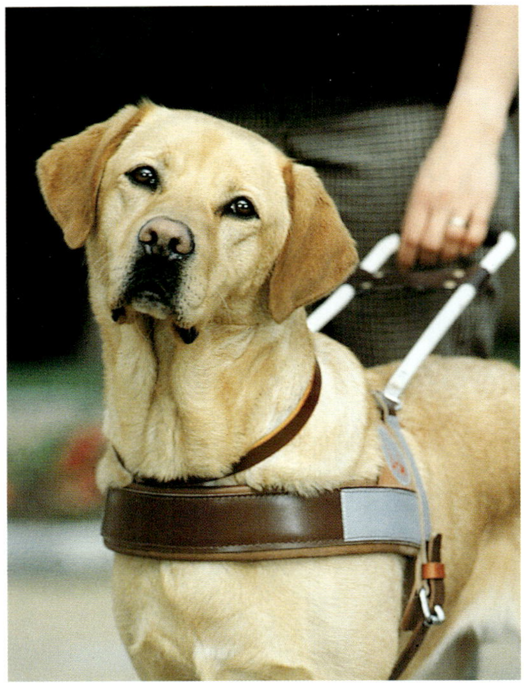

Chien d'aveugle
Le chien travailleur social, connu pour son aide précieuse auprès des non-voyants, est maintenant utilisé auprès d'autres handicapés – malentendants, handicapés moteurs, et même handicapés mentaux aux États-Unis.

coûte cher au club qui en assure le dressage. Les clubs de chiens-guides mériteraient donc la générosité de tous, car, au-delà de l'outil efficace et concret que représente l'animal, celui-ci est surtout un compagnon fidèle et affectueux qui rompt l'isolement de son maître.

Les chiens pour sourds

Ce sont les Américains qui, les premiers, ont eu l'idée de dresser des chiens pour servir d'oreille aux malentendants. De toutes races, les chiens sont sélectionnés pour leur douceur, leur obéissance et leur astuce, et doivent être en outre des gardiens vigilants. La plupart d'entre eux sont des bâtards ou des corniauds rescapés de refuges.
Leur dressage dure cinq mois pendant lesquels ils apprennent à assimiler les ordres de la main sans y répondre par des aboiements, mais par un geste. Ils réagissent à la sonnette de la porte d'entrée, à la sonnerie du réveil et du téléphone, aux pleurs d'un enfant, etc.
Le code tactile en vigueur entre l'homme et l'animal est encore susceptible d'amélioration. Les chiens pour sourds existent en Grande-Bretagne et aux Pays-Bas. Aux États-Unis, où ils sont nombreux, l'American Humane Association, qui a lancé le programme des « hearing dogs », a obtenu que ces chiens, reconnaissables à leur collier rouge, aient le droit de pénétrer dans les lieux publics, comme les chiens d'aveugles.
Providence des sourds profonds, pour qui il n'existe aucun appareillage, ces chiens apportent à leur maître non seulement une oreille, mais encore une aide psychologique considérable. Leur présence constante et affectueuse brise la solitude des sourds, diminue leur anxiété et leur permet d'échapper à la dépression.

Les chiens thérapeutes

Les Américains ont recours depuis de nombreuses années à la « pet therapy » (thérapie par les animaux familiers). Plusieurs centaines d'hôpitaux et cliniques américains accueillent des chiens, conduits par des volontaires, auprès des malades. L'amélioration sur les plans physique et mental est notable, surtout dans les cas de longues maladies affectant des enfants. Mises en présence d'un chien, des personnes âgées souffrant de la maladie d'Alzheimer réagissent favorablement. On note également une diminution des états dépressifs. Des personnes âgées, gravement handicapées, ont vu leur moral s'améliorer et leur activité physique reprendre, grâce à la présence d'un Labrador pendant six mois dans le service hospitalier qui les accueillait.
Au Canada, l'Institut de zoothérapie de Montréal mène des recherches sur l'influence de l'animal sur les malades et a entrepris une campagne de sensibilisation visant à la participation de l'animal au fonctionnement de l'hôpital, en particulier auprès des enfants.
En France, le docteur vétérinaire Ange Condoret, aujourd'hui disparu, a montré comment le chien pouvait aider des enfants atteints de troubles psychologiques graves tels que l'autisme. Malgré quelques initiatives à l'hôpital Paul-Brousse de Villejuif ou à Nantes, il faut reconnaître que la présence du chien dans les hôpitaux est loin d'être entrée dans les mœurs.

Les chiens dans les prisons

Aux États-Unis, conseillées par des dresseurs et des vétérinaires, des femmes détenues prennent en charge des chiens qu'elles dressent pour des handicapés moteurs ; d'autres apprennent le toilettage en vue de leur réinsertion. La présence des chiens entraîne une nette amélioration des relations entre le personnel et les détenues, et rend les problèmes de discipline moins fréquents et moins aigus.

Les chiens sportifs

Depuis la nuit des temps, le chien est le compagnon « utile » de l'homme. Tour à tour chasseur, gardien, berger, voire combattant, il en est devenu l'ami. S'il faut attendre le début de notre siècle pour voir apparaître la notion de chien sportif, le sport canin ne cesse de se développer, pour le plus grand plaisir des maîtres et des chiens.

Les courses

Les courses de lévriers

Les premiers Lévriers sont apparus au VIe millénaire av. J.-C. et c'est l'Empire romain qui serait à l'origine de la compétition sur gibier naturel. Cette activité, liée à la chasse, s'est prolongée au Moyen Âge et au-delà, pour aboutir, au XIXe siècle, à la création des premiers cynodromes. Depuis, les courses de Lévriers se sont développées en Angleterre, en Irlande, en Australie, aux États-Unis, en Espagne et en Italie. En France, il faut attendre 1970 pour voir ce sport prendre un réel essor.

La course en cynodrome fait concourir six ou huit Lévriers portant des casaques de couleur, lancés à la poursuite d'un leurre (faux lièvre), sur une piste comparable à celle utilisée en athlétisme. Le Whippet, Lévrier de petite taille (50 cm au garrot pour 10 à 15 kg), peut atteindre 15 m par seconde et court sur 350 m. Le Greyhound dépasse 18 m par seconde et court sur 480 m.

D'autres races de Lévriers (Sloughi, Saluki, Lévrier afghan, Barzoï, etc.) ont accès aux compétitions en cynodrome en Europe, mais leurs épreuves de prédilection sont les longues poursuites en terrain naturel.

En France, les courses sont organisées sur vingt-huit cynodromes, en une ou deux journées, par deux structures indépendantes : l'U.I.C.L. (Union internationale des courses de Lévriers), sous la houlette de la Société centrale canine, et la S.F.C.L. (Société française des courses de Lévriers), sous celle du pari mutuel et du service des haras au ministère de l'Agriculture.

Le Championnat de France se déroule fin mai et le Championnat d'Europe – grande compétition annuelle de l'U.I.C.L. – a lieu le second week-end de septembre, faisant concourir les cinq meilleurs Lévriers de chaque pays. La Coupe de France a été fondée en 1987 : à l'issue de « sélectifs » organisés toute l'année par région, les dix-huit meilleurs Lévriers sont qualifiés pour la finale.

Enfin, en 1988, sont apparues les Lasters Greyhounds, épreuves réunissant l'élite des Greyhounds pendant le week-end de la Pentecôte, sur le cynodrome de Melun-Sénart, en Seine-et-Marne.

Discipline nouvelle et en pleine évolution, la poursuite à vue sur leurre simule une partie de chasse au parcours varié, agrémentée d'obstacles naturels, au cours de laquelle le Lévrier poursuit, sur une distance pouvant atteindre 900 m, un leurre en peau de lapin.

Course de lévriers
En France, vingt-huit cynodromes organisent sur une ou deux journées des courses qui attirent un large public de parieurs.

Les concurrents courent seuls, par paires ou à trois, et sont notés sur leur comportement durant le parcours et sur l'arrêt au leurre.

Les courses de traîneau à chiens et de pulka

• **Les courses de traîneau.** Née au début du siècle en Alaska et au Canada, la course de traîneau est désormais perçue comme une discipline sportive à part entière. La première compétition officielle (Nome-Candle-Nome, ou All Alaska Sweepstake), sur 652 km, a eu lieu en 1907. Apprécié par un public nombreux dans les rues mêmes de la ville, ce sport s'est développé et des courses de sprint sont apparues avec trois manches de 6 à 30 km, selon les catégories. Consacré discipline olympique à Lake Placid en 1932, il a été freiné par la Seconde Guerre mondiale, mais, quelques mois après l'armistice, Anchorage et Fairbanks (Alaska) ont pris en main l'organisation des grandes courses. En 1971, l'État d'Alaska l'a proclamé officiellement sport national.

• **Les différentes compétitions.** Plusieurs centaines de courses se déroulent chaque année sur le continent nord-américain, dont certaines sont de renommée mondiale : l'Iditarod, la plus longue (près de 2 000 km), la plus dure et la plus célèbre par son passé prestigieux (qui commémore le sauvetage de la ville de Nome, en 1929, lors d'une épidémie de diphtérie, les attelages de chiens ayant transporté le sérum depuis Anchorage) ; l'All Alaska Sweepstake, la plus ancienne ; le Yukon Quest : 1 400 km entre Dawson City (Canada) et Fairbanks (Alaska) ; le Fur Rendez-Vous (championnat du monde de sprint en catégorie ouverte, qui enflamme des dizaines de milliers de spectateurs sur la 4e Avenue d'Anchorage).

En Europe, une centaine de compétitions officielles (courses de vitesse et courses d'endurance) ont lieu entre décembre et avril. En France, elles se déroulent en particulier à Chamrousse et Lans-en-Vercors (Isère), Méribel et Bessans (Savoie), Les Fourgs (Doubs), Le Markstein (Vosges) et Prémanon (Jura). Les plus célèbres restent les trophées de Royal Canin, Jack London et Paul-Émile Victor. Parmi les courses longue distance, citons celle de la Pesse (150 km à travers le Jura) et la plus belle, la plus fameuse et la seule à attirer chaque année des dizaines de compétiteurs américains : l'Alpirod Royal Canin (créé en 1988), par étapes sur 1 000 km, qui traverse l'Italie, la France, la Suisse, l'Allemagne et l'Autriche.

Les premiers championnats du monde de traîneau sont nés en 1990, sous l'égide de l'IFSS (International Federation for Sleddog Sport), à Saint-Moritz, en Suisse.

• **La pulka.** Parallèlement aux courses de traîneau est apparue la pulka, qui nous vient de Scandinavie. Sans traîneau, un skieur de fond est relié par une simple cordelette souple à un seul chien, qui tire une barquette profilée, lestée de 20 kg : la pulka. Avec plus de 150 000 pratiquants licenciés en Scandinavie et déjà plusieurs centaines en Europe du Nord, ce sport, intense et écologique, obtient ses meilleurs résultats avec des chiens de chasse, habitués à l'effort solitaire et plus rapides que les nordiques sur courtes distances (12 km). Son épreuve annuelle – la Pulka blanche – se déroule dans l'Isère et attire déjà les foules.

• **Les différentes fédérations.** L'organisation du sport de traîneau a ses fédérations internationale (International Federation of Sleddog Sport), européenne (European Sled Dog Racing Association) et française (Fédération française de traîneau et ski-pulka). Outre les quatre races de chiens nordiques (Husky sibérien, Groenlandais, Malamute d'Alaska, Samoyède), tous les chiens reconnus aptes à la pratique de ce sport sont admis (en particulier les fameux Alaskan Huskies).

• **Le matériel.** Le traîneau à chiens et la pulka nécessitent peu de matériel : harnais, colliers, lignes de trait, traîneau pour le premier. Randonnée et longue distance utilisent des traîneaux longs (3,50 m), à fond plein entre les deux patins (toboggans). La course de vitesse utilise des traîneaux courts (2,20 m) sans fond, pesant de 7 à 10 kg. Les deux sont en bois, en Kevlar et fibre de carbone. La pulka demande seulement de un à trois bons chiens et un investissement léger : équipement de ski de fond, pulka avec brancard rigide, harnais et boîte de fart.

Les concours

Le chien de course, de concours ou de compétition est un sportif de haut niveau, préparé et traité comme tel par propriétaires et vétérinaires. L'entraînement, dix mois sur douze en moyenne, quatre fois par semaine, suit des programmes précis destinés à accroître les performances.

Course de traîneau
Née en Alaska au début du XXe siècle, la course de traîneau est devenue une discipline sportive à part entière. Relayées par la presse et la télévision, les compétitions sont maintenant populaires et ont contribué à rendre familier le superbe Husky.

Primordiale, l'alimentation fait l'objet de nombreuses recherches attentives pour s'adapter aux différents efforts à fournir. Compétitions et entraînements posent les problèmes spécifiques des sportifs humains : muscles, tendons, articulations, problèmes métaboliques, déshydratation, stress, etc. sont à présent abordés par des spécialistes.

Le concours en ring

Les épreuves de concours en ring concernent des chiens de grandes races (Bergers allemand et belge, Beauceron, Briard, etc.) et se déroulent en terrain clos (65 x 30 m minimum). Plusieurs niveaux de compétition existent jusqu'au Championnat de France.

Les exercices sont en nombre et en difficulté croissants. Ceux de saut comportent le franchissement de fossé, de haie et de palissade ; les exercices d'assouplissement comportent le rapport d'objet au vu, au lancé, le refus d'appât, la suite au pied en laisse et sans laisse, les exercices de positions avec et en l'absence du conducteur, l'envoi en avant ; les exercices de mordant comportent l'attaque mordante face au bâton, l'attaque mordante fuyante au bâton, l'attaque arrêtée face au bâton, l'attaque au revolver avec garde au ferme, la garde d'objets, la recherche et la conduite de l'homme d'attaque, la défense du conducteur.

Le chien est noté sur 1 000 points pour obtenir le brevet. Un chien totalisant 320 points obtient un C.A.C.T. (certificat d'aptitude au Championnat de travail). Un chien obtenant trois C.A.C.T. devant deux juges différents est déclaré champion national de travail, sous réserve d'avoir obtenu également un qualificatif « très bon » en exposition. Le titre de champion de France en ring est décerné au chien qui aura obtenu le meilleur total.

Épreuve d'agility
L'agility est en voie de devenir le sport canin n° 1 et connaît un engouement international, comme en témoignent les nombreuses compétitions. La forme physique du chien et l'aptitude du maître à le diriger sont également importantes.

L'agility

Réunissant toujours plus d'adeptes passionnés, l'agility est une des plus récentes formes de compétition canine où s'évaluent la forme physique du chien et l'aptitude du maître à le diriger. Comparable au saut d'obstacles en équitation, le parcours d'agility associe le saut de haie, l'escalade et la descente de palissade oblique, la poutre, le saut en longueur, le slalom, la bascule, le tunnel et la table. Très attrayant, tant pour le chien que pour le public, l'agility connaît un engouement national et international extraordinaire, comme en témoignent des compétitions de haut niveau telles que les Masters Royal Canin. Apparu en 1978 à la Crufts, célèbre exposition canine anglaise, l'agility est en voie de devenir le sport canin numéro un.

Les épreuves de recherche et de chasse

De nombreux concours concernent les spécialités des chiens de chasse et comportent des épreuves destinées à récompenser leurs meilleures aptitudes. Lors des fields-trials pour chiens d'arrêt, où sont décernés les titres de champions national et international, les meilleurs représentants de chaque race rivalisent sur des parcours de 15 minutes et deviennent « trialers ». Les 5 disciplines sont la grande quête pour chiens d'arrêt de races anglaises, la quête à la française ou field-trial de printemps – en couple ou en solo –, la chasse pratique ou field-trial d'automne sur gibier – en couple ou en solo – et les amateurs. Les chiens sont classés suivant l'allure, la passion de la chasse, le flair et la qualité du dressage.

Les fields-trials pour Spaniels sont destinés à des reproducteurs d'élite qui se signalent par leur flair, leur style, leur endurance, etc.

Les épreuves de chasse pour chiens courants permettent de délivrer des brevets de chasse. Elles comportent la chasse à courre du chevreuil et du lièvre, la chasse à tir du lièvre, du lapin et du chevreuil, la chasse au renard.

Les épreuves de recherche de grand gibier visent à détecter les chiens les plus aptes à la recherche du grand gibier blessé. Elles se déroulent sur pistes naturelles ou artificielles.

CHAPITRE 2

Le chien au quotidien

L'hygiène de son chien

Garantie de la bonne santé de votre chien, une hygiène stricte, à la campagne mais surtout en ville, peut éviter bien des problèmes (inflammations, écoulement des yeux ou des oreilles). Les soins réguliers ou quotidiens sont en outre des moments privilégiés qui renforcent la confiance du chien en son maître.

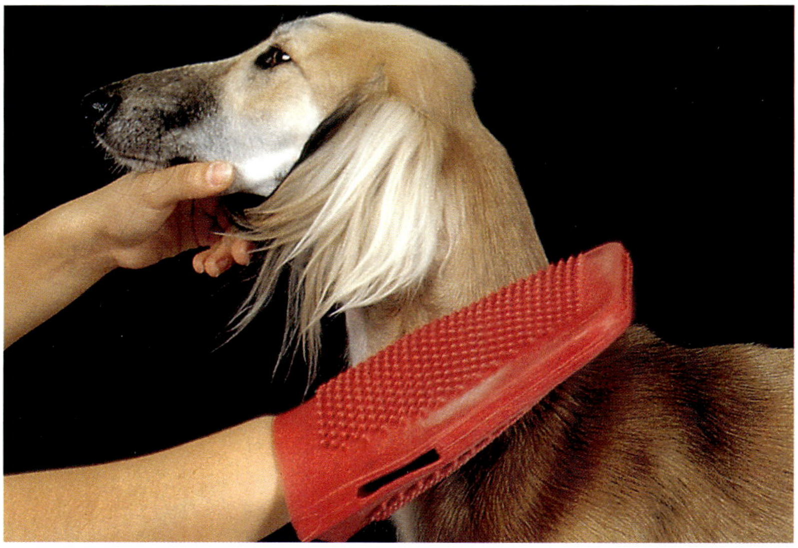

Étrillage d'une robe à poil court
Un brossage par semaine est nécessaire pour les chiens à poil court.

Démêlage d'une robe à poil long
Un brossage quotidien est nécessaire pour les chiens à poil long.

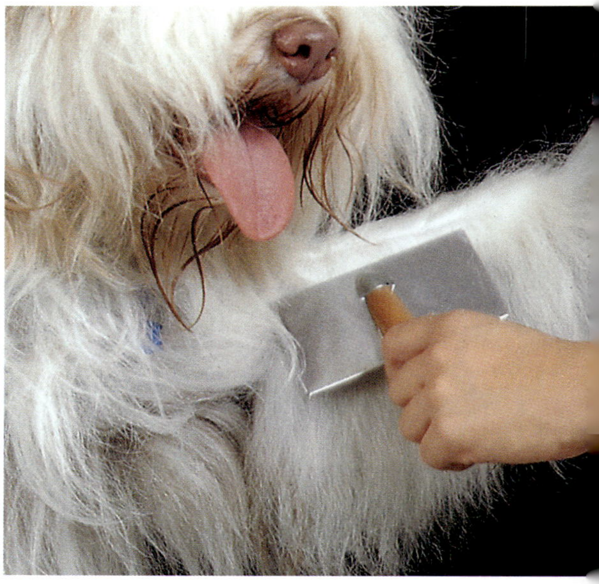

Le brossage

Pour garder son brillant, la robe de votre chien doit être régulièrement entretenue. Les chiens des villes perdent leurs poils, souillés par la poussière grasse des rues, et doivent être brossés plus souvent que les chiens à la campagne. Un brossage par semaine est suffisant pour le poil court, mais devra être quotidien pour les animaux à poil long ; n'hésitez pas à le répéter plusieurs fois par jour en période de mue. Cette chute de poils se produit au printemps et à l'automne si l'animal vit à l'extérieur ; quatre ou cinq fois dans l'année, s'il vit en ville.

Installez le chien à bonne hauteur sur une table ; s'il a le poil court, utilisez une brosse dure et passez-la soigneusement sur tout le corps, dans le sens du poil ; de la tête vers la queue, du dos vers le ventre, sans oublier les pattes. L'entretien de la robe longue requiert un matériel plus conséquent : un démêloir, une étrille, un peigne métallique, une brosse et une crème démêlante. Brossez pour enlever la poussière et les saletés, défaites les nœuds à la main, coupez les plus rebelles aux ciseaux ; enduisez le poil de produit démêlant ; passez le démêloir, puis l'étrille pour enlever la bourre ; finissez avec le peigne.

Finition au peigne métallique
Après avoir été soigneusement brossée et démêlée, la robe des chiens à poil long doit être peignée.

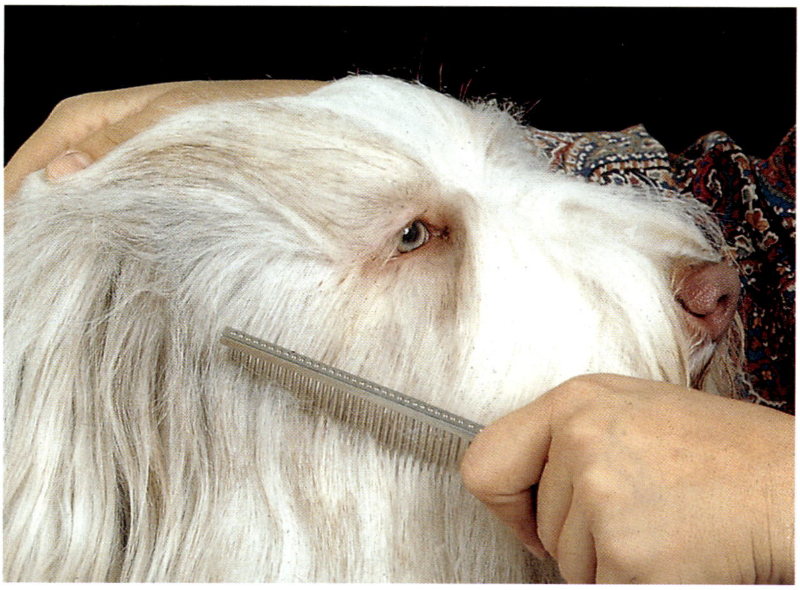

Le bain

La fréquence du bain dépend du mode de vie du chien : s'il vit au grand air, deux ou trois bains annuels suffisent ; en appartement, il pourra être baigné tous les deux mois.

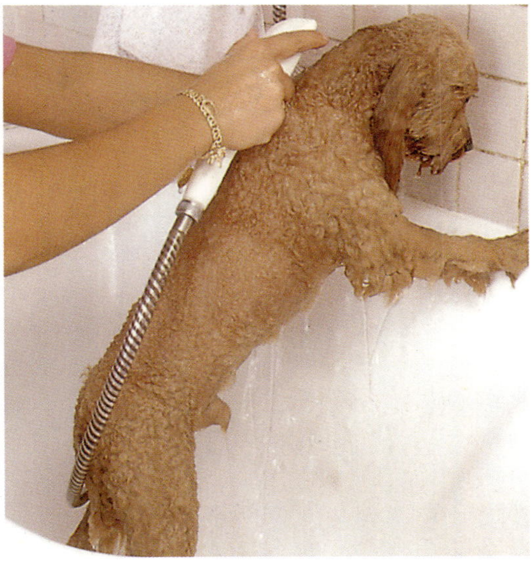

La douche
Un chien citadin pourra être baigné tous les deux mois. Pour un chien qui vit au grand air, deux ou trois bains annuels suffisent. La fourrure doit toujours être démêlée avant de mouiller le chien.

Séchage avec une serviette éponge
Il doit toujours se faire dans le sens du poil pour éviter la formation de nœuds.

Utilisez un shampooing pour chien, ceux qui nous sont destinés risquant de provoquer des allergies. Pour éviter qu'elle ne feutre, démêlez la fourrure avant de mouiller le chien, et protégez l'intérieur de ses oreilles avec des boules de coton. Garnissez le fond de la baignoire avec un tapis antidérapant ; posez le chien dessus et douchez-le à l'eau tiède en gardant le pommeau très près du corps. Commencez par le crâne et faites bien pénétrer l'eau dans la fourrure.
Ensuite, enduisez la tête de shampooing en évitant les yeux, puis versez-en sur le corps et les pattes ; faites mousser, rincez abondamment en protégeant les yeux d'une main.
Si vous utilisez un shampooing antiparasite, vérifiez que l'emballage porte un numéro d'autorisation de mise sur le marché, garantie de son innocuité. Frictionnez le chien avec le produit et rincez-le abondamment au bout de quelques minutes. Fermez le rideau de douche et laissez l'animal s'ébrouer.
Séchez-le avec une serviette éponge, toujours dans le sens du poil pour éviter la formation de nœuds, ou avec un séchoir électrique, en même temps que vous le brosserez de la racine du poil vers la pointe si la robe est tombante, ou en sens inverse si elle doit gonfler. N'oubliez pas de retirer le coton des oreilles du chien.
Ne baignez pas un chien affecté d'une maladie de la peau sans prendre conseil auprès d'un vétérinaire, et sachez que le champignon responsable de la teigne est diffusé par le bain. Un chiot peut être baigné dès l'âge de trois mois, à condition de veiller à ce qu'il ne prenne pas froid.

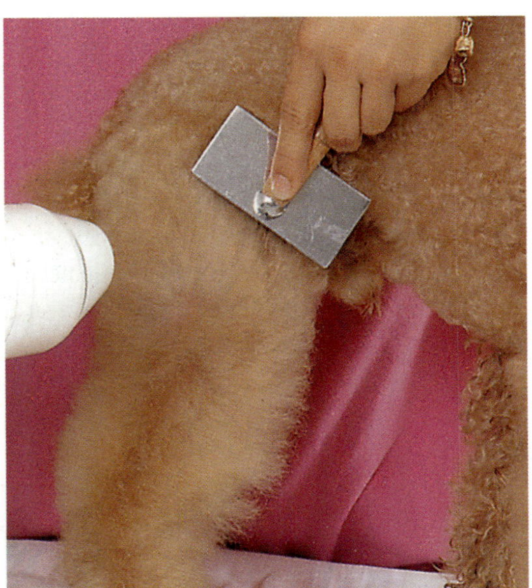

Démêlage et séchage après un shampooing
Un séchoir électrique est très utile pour sécher les robes à poil long et à poil ondulé ou bouclé.
Pour faire gonfler la robe de votre chien, séchez-la avec le séchoir électrique en brossant dans le sens inverse du poil.

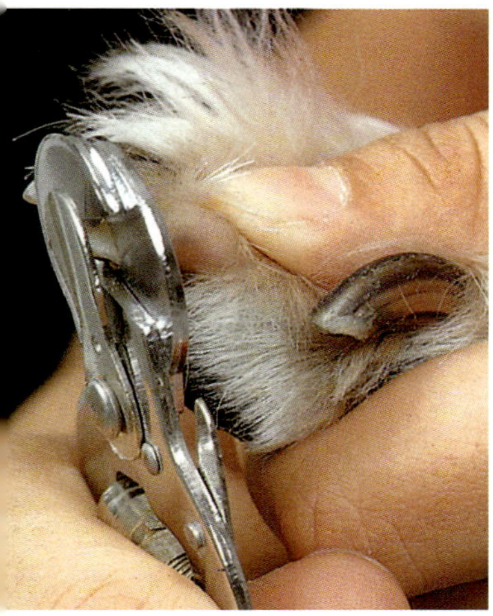

Coupe des ongles
La coupe des ongles doit être pratiquée par des mains expérimentées. Demandez à votre vétérinaire de vous montrer les gestes corrects.

Les soins particuliers

Les yeux

Une fois par semaine, nettoyez le tour de l'œil avec un coton imbibé d'eau bouillie tiède ou de camomille. Si votre chien a les yeux qui coulent, cas fréquent chez les races naines, les soins doivent être quotidiens. Si le larmoiement est important et décolore le poil, consultez un vétérinaire.

Les oreilles

Elles ont besoin d'être régulièrement surveillées, en particulier les oreilles tombantes, plus sensibles aux parasites et aux infections. Une fois par semaine, enlevez les poils qui obstruent le conduit avec des ciseaux à bouts ronds. Passez dans l'oreille un coton imbibé d'un produit réservé à cet usage et tiédi; injectez-en un peu pour atteindre le fond du conduit et massez la base de l'oreille. En secouant la tête, le chien éliminera les sécrétions dissoutes. Essuyez ensuite avec un coton sec.

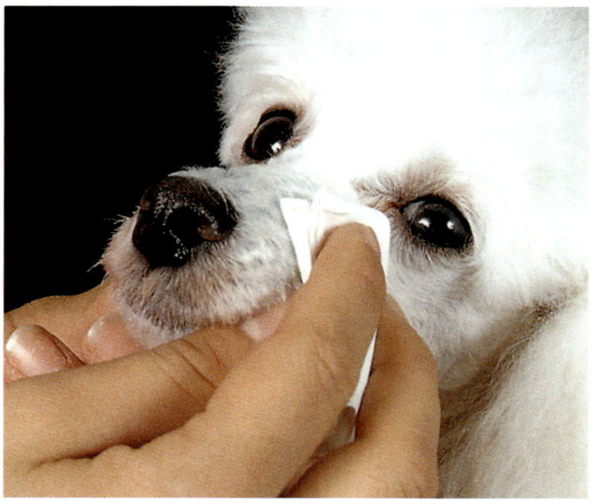

Soins des yeux
Les yeux doivent être nettoyés une fois par semaine avec un coton.

Les dents

Le tartre n'épargne pas le chien. Soyez vigilant, car il favorise le risque d'infection des gencives et de déchaussement des dents.
Brossez-lui régulièrement les dents avec une solution de bicarbonate de soude ou avec une pâte abrasive pour chien. Vous pouvez aussi passer un demi-citron sur les faces externe et interne des dents. Si, malgré vos soins, le tartre persiste et entraîne une mauvaise haleine, faites procéder à un détartrage par le vétérinaire.

Les ongles

Les chiens vivant en appartement n'usent pas assez leurs ongles et il faut les leur couper. L'opération est délicate et doit s'effectuer avec une pince coupante spéciale dite «à guillotine», qui coupe l'ongle au lieu de l'écraser, ce qui risquerait de faire souffrir le chien. Posez-le sur une surface facile à nettoyer. S'il est récalcitrant, mettez-lui une muselière. Il ne faut pas couper la partie vivante de l'ongle, de couleur rosée, nettement marquée sur les ongles non pigmentés. Sur des ongles noirs, on peut prendre comme repère la ligne tangente partant de la base du coussinet. Si, par mégarde, vous entamez la racine, il se produira un léger saignement. Arrêtez-le en appliquant un coton imbibé d'eau oxygénée à dix volumes, ou à l'aide d'un crayon hémostatique.

Les pieds

Surveillez les coussinets plantaires, égalisez les poils entre les doigts pour éviter la formation de bourre. Vérifiez régulièrement que le chien n'a pas de graviers, d'épines ou d'épillets entre les doigts, qui risquent d'entraîner la formation d'abcès.
En ville, nettoyez très fréquemment les pieds du chien: chewing-gums et déchets divers peuvent se coller aux coussinets et provoquer gêne, irritation ou infection.

Les glandes anales

Placées de chaque côté de l'anus, ces glandes sont parfois engorgées. Le chien frotte alors son arrière-train sur le sol. Soulevez-lui la queue d'une main; de l'autre, appliquez un tampon de coton hydrophile et pressez fortement de part et d'autre de l'anus pour expulser le surplus de sécrétions.

LA CHASSE AUX INDÉSIRABLES

La vie d'un chien se déroule rarement sans qu'il soit nécessaire de le débarrasser de parasites: puces, tiques et autres poux. Plusieurs moyens sont à votre disposition.

- **Shampooing antiparasite.** Le shampooing antiparasite est administré lors d'un bain.
- **Bombe insecticide.** Elle est redoutée par le chien, car elle fait du bruit.
- **Poudre insecticide.** La poudre insecticide au pyrèthre est peu pratique, car elle doit pénétrer profondément dans la fourrure; surveillez votre chien pour l'empêcher de se lécher, puis brossez-le longuement. Elle est utilisée pour traiter les jeunes chiens.
- **Collier antiparasite.** Le collier antiparasite comporte un produit insecticide ou acaricide. Efficace contre les puces, ou contre puces et tiques, il doit être changé tous les trois ou quatre mois. (Il existe un modèle «spécial tiques».)
- **Les «pipettes».** Leur contenu déposé sur la peau protège le chien pendant un mois.
- **Les comprimés.** Ils empêchent l'éclosion des larves des puces.
- **Désinfection du panier.** Quel que soit le traitement choisi, n'oubliez pas de désinfecter le panier du chien ou l'endroit où il a l'habitude de se coucher.
- **Déparasitage des locaux.** Il existe chez votre vétérinaire des produits traitant l'environnement de l'animal contaminé par des parasites.

Le toilettage

Il est souvent un peu plus facile et plus sûr de confier votre chien à un professionnel pour un toilettage complet. Réservé hier à certaines races frisées ou à poil dur, l'art difficile du toilettage est aujourd'hui pratiqué sur tous les chiens, y compris les bâtards et les corniauds.

Épilation d'un Terrier : arrachage des poils du cou
L'épilation, ou stripping, peut se faire à la main ou, comme ici, au peigne-couteau.

Le toilettage professionnel

Indispensable pour présenter un chien en concours, le toilettage est recommandé si l'on veut que l'animal soit conforme aux canons de sa race. Les critères évoluent au fil des années. La tonte en lion du Caniche disparaît au profit de la tonte à la zazou, plus harmonieuse et plus moderne.
Les professionnels n'appliquent pas la règle à la lettre, mais ils savent tenir compte de la ligne du chien pour le mettre en valeur.
Le Caniche a besoin d'un toilettage tous les deux mois. Les chiens à poil dur (Fox, Schnauzer, etc.) doivent être taillés et épilés tous les trois mois. Les Bergers à toison abondante, Bobtail ou Briard, s'ils sont régulièrement brossés, pourront se contenter de deux ou trois séances par an, comme l'Afghan dont la longue robe mérite de temps en temps les soins d'un spécialiste.

Les toiletteurs professionnels disposent d'un matériel adéquat et sophistiqué : une table sur laquelle le chien est immobilisé en position debout par des sangles, des ciseaux de coiffeur de toutes tailles pour couper ou désépaissir, des tondeuses à plusieurs têtes, des brosses plus ou moins dures (en soie, en poils de sanglier, etc.), des gants à lustrer, des étrilles, des peignes et des séchoirs. Certains utilisent une table chauffante ou encore une baignoire à porte latérale pour éviter de soulever l'animal.
Le toilettage fait appel à plusieurs techniques : la tonte, le stripping, ou épilation, qui peut se faire à la main ou au peigne-couteau, le trimming, ou modelage final de la robe, effectué avec le couteau à effiler et le peigne, qui donnera au chien la silhouette désirée. Stripping et trimming sont réservés aux chiens à poil dur (Terriers, Schnauzers, Teckels à poil dur). Les chiens sont en général baignés avant le toilettage. On évite cette opération chez le Fox-Terrier, sauf s'il est très sale, afin de ne pas abîmer le poil.

Le toilettage
Le toiletteur utilise différentes techniques selon la variété du poil. Toutes visent à mettre en valeur la ligne particulière du chien.

Les produits de beauté

La gamme des shampooings, lotions et crèmes pour chiens ne cesse de se développer : une dizaine de shampooings pour tous les poils et toutes les couleurs de robe, des huiles végétales pour le brillant du poil, des crèmes démêlantes ou qui donnent du volume, des après-shampooing adaptés à la texture de la robe, des fixateurs et même des eaux de toilette. Ces produits, quelque peu fantaisistes ou parfois superflus, sont vendus dans les salons de toilettage, les magasins spécialisés, les rayons animaux des grands magasins et on les trouve même en pharmacie.

Coupe des oreilles
Pratiquée dans un but esthétique, la coupe des oreilles, ou otectomie, est une opération délicate et douloureuse.

La chirurgie esthétique

Les standards de certaines races ont mis la coupe de la queue et des oreilles à leur programme, pour des raisons esthétiques. Couramment pratiquée il y a quelques années, la coupe des oreilles est plus rare aujourd'hui. En France, les clubs de races ne l'exigent plus.

En Grande-Bretagne et aux Pays-Bas, l'amputation de la queue ou des oreilles pour des raisons esthétiques est interdite. Un exemple que la France suivra vraisemblablement.

Opération bénigne, l'amputation de la queue, ou caudectomie, se fait sur un chiot âgé de 2 ou 3 jours, sous anesthésie locale, ou même sans anesthésie. Le nombre de vertèbres à laisser est défini pour chaque race. Cette opération intéresse, entre autres, le Bouvier des Flandres, le Boxer, le Caniche, le Cocker, le Dobermann, le Griffon à poil dur, le Griffon belge, le Terrier irlandais, le Pinscher, le Schnauzer et le Yorkshire.

L'otectomie, ou coupe des oreilles, se pratiquait autrefois chez les chiens de berger, les chasseurs de loup ou les chiens de combat, afin de donner moins de prise à l'adversaire. Elle est pratiquée aujourd'hui dans un but esthétique, pour affiner la silhouette et la tête. Beaucoup plus délicate et douloureuse que la coupe de la queue, l'intervention a lieu sous anesthésie générale, sur un chiot de 2 mois et demi à 5 mois. Elle consiste à enlever une partie du cartilage auriculaire pour que l'oreille reste dressée. Le vétérinaire doit être très habile et capable de donner la forme voulue, différente selon les races : en coquille chez le Briard, effilée ou « rustique » chez le Beauceron, légèrement concave chez le Boxer, mixte chez le Dobermann, etc. Le Bouvier des Flandres, le Schnauzer et le Berger des Pyrénées sont aussi victimes de cette mode. Les soins postopératoires sont longs. Il faut parfois laisser des pansements pendant plusieurs semaines ou fixer des tuteurs.

La coupe des ergots, utile pour les chiens de travail (l'ergot risquant de s'accrocher), est obligatoire chez certaines races, dans le cadre des concours. Bénigne, cette intervention est le plus souvent pratiquée sans anesthésie, dès les premiers jours de la vie du chiot. Elle concerne le Berger allemand, le Berger belge, le Berger picard, le Caniche, le Yorkshire et autres Terriers, le Dobermann, l'Épagneul, le Setter, les chiens courants et les Braques.

Vivre avec son chien

En ville comme à la campagne, en vacances ou dans les transports, le chien évolue dans notre société. Vous devez veiller à son confort et à sa santé, mais aussi vous assurer qu'il n'est pas une gêne pour autrui.

Les dépenses nécessaires

Avoir un chien entraîne quelques dépenses. Il est en effet nécessaire de prévoir un équipement minimal pour la vie quotidienne : laisse, collier, couverture ou niche, écuelle, brosses et peigne, éventuellement un vêtement… Pour le transport des petits chiens, un sac adapté est indispensable. Par ailleurs, les vacances occasionnent certains frais : billets spéciaux, vaccinations réglementaires, visite chez le vétérinaire pour l'obtention du certificat de bonne santé exigé par certains pays, etc. Si vous ne pouvez emmener votre chien ni le confier à un voisin, la pension représente une bonne solution, mais elle est onéreuse.

Le trousseau

Le chiot apprécie ses premières sorties dès l'âge de 3 mois. En ville, il vaut mieux éviter les rues et les caniveaux pollués et le transporter dans un endroit calme et propre, avec, si possible, de la terre et de la verdure. Sortez-le souvent au début : six à huit fois par jour ; c'est le meilleur moyen de lui apprendre la propreté.

La laisse

Achetez un collier simple en cuir plat, adapté à sa taille, auquel vous l'habituerez dès l'âge de 2 mois. Serrez-le assez pour que le chiot ne puisse pas s'en débarrasser en tirant. Évitez les clochettes qui l'effraieront inutilement et qui risquent d'agacer vos compagnons de promenade éventuels.

Le choix de la laisse, qui relie le chiot à son maître, est important. La laisse doit transmettre de façon efficace les impulsions données par la main. La meilleure laisse éducative est en cuir, souple, légère et mesure entre 1 m et 1,20 m de long. Il est inutile et même dangereux de prévoir une laisse plus longue, surtout en ville, en raison de la circulation. Quand le chien grandit, d'autres accessoires sont nécessaires. S'il a tendance à tirer sur sa laisse, un collier étrangleur en cuir, en métal ou en matière synthétique, formant nœud coulant, est recommandé. Il convient à tous les types de chiens et s'utilise au cours d'exercices, pendant lesquels on donnera de brèves secousses pour rappeler l'animal à l'ordre en lui épargnant, bien sûr, toute brutalité.

Évitez la laisse trop courte : simple poignée de cuir reliée directement au mousqueton, elle ne donne pas assez de liberté au chien, ce qui renforce son agressivité à l'égard de ses congénères rencontrés en promenade. La laisse à enrouleur, de plus en plus répandue, lui donne, au contraire, un bon rayon d'action. Il existe un grand choix de laisses en matière synthétique (les moins chères), en coton, en cuir plus ou moins épais ou tressé, ou sous forme de chaînes métalliques avec poignée de cuir à l'extrémité.

Attention au mousqueton si votre chien est puissant. Certains modèles résistent mal à des tractions répétées. Ceux qui s'ouvrent en pressant des deux côtés et se referment automatiquement grâce à un ressort en lame sont les plus solides.

Le collier

La tradition veut que certaines races aient des colliers spéciaux : Bulldogs, Dogues de Bordeaux et Mâtins de Naples portent un collier large et épais, orné de clous ou de pointes tronquées ; les Dobermanns un collier fin, en harmonie avec leur tête et leur silhouette ; les Lévriers et les Whippets un collier de cuir très large au centre et étroit aux extrémités ; les Terriers d'Écosse arborent les couleurs des tartans ; Pinschers, Teckels, Yorkshires ou gros chiens à la fourrure abondante, comme le Chow-Chow, portent un harnais ; en Suisse, les Bouviers ont un large collier de cuir orné d'une plaque de métal qui figure une vache.

Protection contre le froid
L'imperméable doublé de laine a plus d'utilité qu'un simple manteau, car il protège du froid humide, particulièrement redouté par le chien.

Pour les chiens raffinés, il existe des laisses assorties aux colliers dans des teintes à la mode ; quant aux petites races de luxe, elles préfèrent des modèles en velours ou en agneau, cloutés d'or ou de pierres précieuses.
Le collier doit être muni d'une médaille portant l'adresse du maître. Cette précaution sera utile, car on ne pense pas toujours à vérifier le numéro de tatouage d'un chien perdu ou on hésite à le faire s'il est agressif.
À la maison, enlevez le collier de votre chien pour laisser la fourrure de son cou respirer et se remettre en place.

La vie en ville

Tous les chiens n'ont pas la chance de vivre à la campagne. Pour rester en forme, les citadins devraient sortir quatre fois par jour, une fréquence difficile à tenir quand le maître travaille. En général, l'animal a droit à deux promenades, une le matin, l'autre en fin de journée, avec, parfois, un dernier petit tour en fin de soirée. Cela peut suffire si l'on ne condamne pas le chien à faire le tour du pâté de maison en laisse. Il doit pouvoir gambader et courir, ce qui s'avère une entreprise difficile, à moins d'habiter à proximité d'un parc ou d'un jardin public accessible facilement.
Les urbanistes, en effet, n'ont guère pensé à aménager des espaces libres où les chiens pourraient prendre l'exercice indispensable à leur équilibre. Le plus souvent, l'animal tenu en laisse trottine sur les trottoirs et fait son parcours hygiénique, au mieux, dans le caniveau et, au pire, n'importe où.

LE TATOUAGE

Le tatouage, véritable carte d'identité du chien, est devenu obligatoire, puisque la loi du 6 janvier 1999 le prévoit pour tous les chiens âgés de plus de quatre mois et nés après la promulgation de ladite loi. Auparavant, il n'était obligatoire que pour les chiens cédés à titre gratuit ou onéreux, ceux inscrits au L.O.F. (Livre des Origines Françaises), les animaux des clubs de dressage, des établissements de garde, et tous ceux inscrits dans des rassemblements et des concours. Cette obligation pouvait s'étendre aux animaux séjournant dans des campings ou des centres de vacances. Le tatouage était également exigé dans les départements où sévissait la rage.
Il est pratiqué à la pince ou au dermographe, par un vétérinaire ou par un tatoueur agréé par le ministère de l'Agriculture. Il s'applique sur la face interne de l'oreille ou de la cuisse, l'animal étant sous tranquillisant ou sous anesthésie locale. Le tatouage comporte trois lettres, suivies de trois chiffres et doit être parfaitement lisible. Cette immatriculation est transcrite par le tatoueur sur une carte comportant deux volets et un double. Un des volets est conservé par le propriétaire du chien qui doit remettre le second, dans les deux jours qui suivent, à la S.C.C. (Société centrale canine) où il est enregistré sur un fichier informatisé. Le double est conservé trois ans par le tatoueur.

En France, certaines villes s'efforcent de tenir compte des chiens en créant des espaces réservés, initiatives qu'il serait bon de multiplier. Interdits dans les parcs et jardins et dans les magasins d'alimentation, les chiens sont tolérés dans les commerces et souvent admis au restaurant, au contraire de ce qui se passe aux États-Unis.
En ville, seuls les petits chiens que l'on transporte dans un sac et les chiens-guides pour les aveugles ont droit au métro et à l'autobus. Dans la région parisienne, le RER accepte les chiens en laisse. En Belgique et en Suisse, les chiens sont admis dans les transports en commun, mais les plus gros payent leur place. Si vous téléphonez à une compagnie de taxis, vous trouverez toujours un chauffeur prêt à accepter les chiens ; toutefois, il est conseillé de préciser la taille de l'animal.
Dans cet environnement urbain hostile, les chiens ont, en revanche, droit au confort des salons de toilettage les plus sophistiqués et aux boutiques où l'on trouve manteaux, imperméables – utiles si l'animal est âgé, rhumatisant ou malade –, produits de beauté, jouets, paniers et sacs de voyage, coussins, lits pliants, bouées de sauvetage, ceintures de sécurité, colliers lumineux ou antiaboiement, aliments diététiques, etc.
Tous les grands magasins proposent un rayon spécialisé ; plusieurs grandes surfaces exclusivement consacrées aux animaux de compagnie existent actuellement en France.
Si la vie du chien à la campagne peut sembler privilégiée par rapport à celle de son homologue de la ville, de par la liberté qu'il est supposé connaître dans ses déplacements, il faut rappeler que, pas plus en ville qu'à la campagne, le chien n'a le droit de divaguer seul dans les champs, les bois ou sur les routes.
En ville, les chiens malades ou accidentés sont soignés dans des cliniques vétérinaires parfaitement équipées. Des services d'urgence fonctionnent tous les jours 24 heures sur 24, ainsi que des services vétérinaires à domicile (le S.O.S. médecin des animaux). Il existe même des ambulances animalières qui transportent sur des brancards les malades et blessés ne tenant plus sur leurs pattes.

L'habitat

Qu'il vive dans une maison ou un appartement, un chien a besoin d'un emplacement qui lui soit propre pour se sentir vraiment « chez lui ».

En appartement

Le chien choisit souvent lui-même son endroit de prédilection. Par instinct, il se couche toujours de manière à avoir un mur derrière lui, la tête tournée vers l'extérieur. C'est un réflexe de protection dont on doit tenir compte en aménageant sa couche.
Le chien aime aussi dormir en hauteur et il apprécie tout particulièrement les estrades; celles-ci ne doivent pas être trop hautes, afin qu'il puisse monter et descendre sans se faire mal.

À la campagne

L'aménagement du domaine du chien est plus simple, car il est possible de lui réserver une pièce et de lui installer, en plus, une niche à l'extérieur. En principe, toutes les niches, construites sur le même modèle, sont démontables et facilement nettoyables. Les meilleurs bois sont les bois de résineux (pin, cèdre, sapin), dont l'odeur éloigne les parasites. Jamais exposée au nord ou à la forte chaleur, la niche doit être orientée à l'inverse des vents dominants et située à l'écart des courants d'air.

En vacances

Où que vous alliez en vacances, votre chien sera toujours heureux de vous accompagner, mais les contraintes sont nombreuses. Bien des maîtres renoncent à faire du tourisme itinérant en France ou à l'étranger pour ne pas abandonner momentanément leur compagnon.

La pension

Si votre chien ne peut pas partir avec vous, les solutions de garde ne manquent pas et les pensions sont nombreuses. Les meilleures affichent vite complet; vous devez donc inscrire votre animal au moins deux mois à l'avance, par sécurité. Il devra être tatoué, vacciné et en bonne santé. De votre côté, vérifiez la bonne tenue de l'établissement, l'état des chiens et le comportement des responsables. Un animal bien entouré supportera mieux la séparation. Signalez les habitudes de votre chien et éventuellement son régime. Laissez-lui une couverture qui imprégnera le box de l'odeur de la maison. N'hésitez pas à téléphoner pour vous assurer que tout va bien. Les pensions reviennent assez cher et ne comprennent pas les frais de vétérinaire, si votre chien tombe malade. La presse spécialisée, les sociétés de protection animale et les vétérinaires vous seront utiles pour trouver une adresse où faire garder votre chien. La pension n'est pas la seule solution. Vous pouvez aussi le confier à des amis, à des voisins ou à votre famille, le faire garder par des particuliers qui se signalent par annonces, le laisser à quelqu'un qui a lui-même un chien, et garder le sien pendant ses vacances. Il existe enfin des services de garde à domicile, assurés par des personnes à la retraite qui s'installent chez vous durant votre absence et s'occupent de votre chien.

Le départ

Il se prépare à l'avance. Le vaccin antirabique, obligatoire en France, existe désormais sous forme injectable, en une seule fois ou en deux fois, à quinze jours d'intervalle; il doit être fait un mois au plus tard avant le départ; le délai est le même pour un rappel. Ne l'oubliez pas si vous séjournez avec votre chien dans un camping ou un village de vacances, ou si vous passez la frontière.
Certains pays exigent en outre un certificat de bonne santé, délivré par un vétérinaire et datant de moins de huit jours. D'autres imposent une quarantaine aux frais du maître.

Pendant le séjour

La plupart des guides mentionnent les hôtels acceptant les animaux. Les syndicats d'initiative vous renseigneront sur les règlements concernant la présence des chiens sur les plages ou sur les sites naturels protégés.

En voyage

Voyager avec son chien pose souvent des problèmes d'organisation et, avant le départ, il est nécessaire de prendre tous les renseignements utiles auprès de la compagnie d'aviation, de l'hôtel, du camping, de l'office de tourisme du pays concerné. Ces simples précautions permettront d'éviter de désagréables surprises aux conséquences souvent fâcheuses.

LA PUCE ÉLECTRONIQUE

Un chien tatoué est gardé huit jours en refuge, ce qui laisse au maître le temps de faire des recherches, de prévenir les vétérinaires et de mettre des avis et des annonces pour retrouver le chien. En cas d'accident ou de litige, le tatouage du chien est exigé par les compagnies d'assurances.
Mais le tatouage a peut-être déjà vécu, puisqu'une expérimentation sur la puce électronique a été lancée dans quelques départements, depuis la fin juin 1999. Ce procédé consiste à implanter sous la peau une puce contenant des renseignements divers sur le chien concerné. Elle sera lue par le vétérinaire, ou toute autre personne habilitée, grâce à un appareil de détection électronique. Ce mode d'identification est déjà en cours d'utilisation dans quelques pays.

En voiture

Les chiens apprécient la voiture, mais les plus jeunes sont souvent malades ou agités. Un anti-nauséeux et un calmant, vendus en pharmacie et à administrer une demi-heure avant le départ, vous éviteront bien des problèmes.

En voiture, l'animal doit voyager à l'arrière, attaché ou séparé des passagers par une grille ou un filet. Empêchez-le de mettre son nez à la fenêtre où il risque de contracter une otite ou un mal de gorge.

N'oubliez pas de vous munir d'un bol, d'une bouteille d'eau et de son coussin ou de sa couverture. Arrêtez-vous au moins tous les trois cents kilomètres et promenez votre chien en laisse, de préférence dans un endroit calme. Ne laissez jamais un chien dans la voiture à l'arrêt, au soleil, même avec les fenêtres ouvertes, car il risque un coup de chaleur qui peut être mortel.

En train

Si vous voyagez en train, vous pouvez transporter votre petit chien dans un sac, après vous être acquitté du prix d'un billet spécial. Les gros chiens sont admis dans les compartiments, à condition d'être acceptés par les autres passagers et moyennant l'achat d'un billet de seconde classe demi-tarif. Le contrôleur peut exiger en outre qu'ils portent une muselière.

En avion

En avion, s'il pèse 5 kg au maximum, votre chien pourra rester en cabine, dans un sac qui ne devra pas dépasser un certain volume (le total des trois dimensions ne doit pas dépasser 115 cm). Prenez soin de signaler sa présence dès la réservation, trois animaux seulement étant acceptés sur le même vol. Un gros chien voyage en soute, enfermé dans une caisse fournie par les aéroports. La compagnie doit être prévenue à l'avance, tous les vols n'acceptant pas les animaux. Un calmant administré avant le départ atténuera le traumatisme d'un voyage en soute.

En bateau

En bateau, suivant les compagnies, le chien voyagera en chenil ou dans votre cabine. Vaccins à jour et certificat de bonne santé sont exigés.

En voiture
Les chiens, à l'image de ces Colleys, apprécient généralement les voyages en voiture, mais attention au museau collé à la vitre entrouverte, occasion d'otite ou de mal de gorge.

L'accouplement

L'accouplement est une décision importante pour le maître ; mais les chiens s'accouplent facilement, et les mésalliances ne sont pas rares. Votre chienne est-elle saine ? Connaissez-vous un étalon ? Que ferez-vous des chiots ? Autant de questions à vous poser avant toute démarche.

Choisir la bonne période

Pour envisager l'accouplement, votre chienne doit être pleinement arrivée à maturité. Il est préférable de la laisser avoir une chaleur avant de l'accoupler pour augmenter ses chances de donner naissance à des chiots en bonne santé. Selon certains éleveurs, la période favorable est le dixième jour qui suit le début des écoulements vaginaux ; pour d'autres, c'est le douzième jour. Une bonne solution consiste à procéder à deux saillies consécutives : soit le dixième et le douzième jour, soit le onzième et le treizième jour.

Les étalons sont initiés vers le dixième mois, de préférence par une chienne expérimentée.

La quête du partenaire

Le goût et l'ouïe interviennent peu dans le comportement sexuel du chien. En revanche, les sensations tactiles et les stimuli visuels peuvent agir chez certaines races. Mais c'est surtout l'odorat qui joue un rôle privilégié dans la recherche du partenaire et la motivation sexuelle. Un chien est capable de percevoir l'odeur de la chienne en rut à trois kilomètres de distance si le vent est favorable. Les glandes préputiales et anales, les sécrétions vaginales, les fèces et notamment l'urine sont riches en phéromones, qui constituent aussi un moyen de communication important entre les individus.

La possession et la défense d'un territoire sont pour le chien des conditions nécessaires à la formation du couple et à l'activité sexuelle. C'est pourquoi il est fortement conseillé d'amener la chienne en chaleur sur le territoire de l'étalon.

Il existe des préférences sexuelles marquées chez le mâle comme chez la femelle, qui conduisent parfois à un refus d'accouplement entre individus sexuellement actifs. Le goût de la mésalliance chez les chiens de haute lignée peut même parfois devenir gênant dans certaines races.

Accouplement de Shar Peï
Lorsque la femelle est prête à accepter la copulation, elle se tient tranquille ; le mâle peut alors la monter.

Avant l'accouplement

Avant de faire saillir votre femelle :

- Consultez l'éleveur de votre chienne, un autre éleveur et votre vétérinaire. Vous entendrez probablement parler d'un mâle qui pourrait convenir à votre chienne.
- Documentez-vous sur la race de votre chienne. Vous saurez alors si elle est assez proche du standard de sa race. Il existe aussi un certain nombre de tests pour déceler les plus graves maladies congénitales.
- Si votre chienne a un pedigree, assurez-vous que son partenaire est lui aussi immatriculé auprès des autorités compétentes ; sinon, vous ne pourrez pas faire reconnaître les chiots.
- Faites administrer les rappels des vaccins à votre chienne avant les chaleurs et administrez-lui un vermifuge dans la semaine qui précède la saillie.
- Chez les chiennes à poil long, il est conseillé de dégager les abords de la vulve.

Premières approches

Si le mâle se charge souvent de la quête de la partenaire, la femelle n'est pas toujours passive. Elle peut aussi prendre des initiatives face à un mâle inexpert et naïf, notamment lorsque celui-ci a été élevé dans l'isolement.

Dans la mesure du possible, laissez les chiens faire connaissance et s'ébattre avant la saillie proprement dite. Une femelle refuse parfois de s'accoupler si elle n'a pas l'habitude d'être en compagnie d'autres chiens. Les races plus agressives sont parfois difficiles.

Le mâle fait des avances en flairant le cou, les oreilles, la région ano-vaginale, et frétille de la queue. La femelle peut rester tranquille ou faire des approches joueuses. Mâle et femelle se font face, les pattes avant baissées, les postérieurs dressés, et se relèvent soudainement. La chienne répond au léchage de la vulve lors de la cour avancée en surélevant sa croupe et en tournant sa queue de côté. Quand elle est prête à accepter la copulation, elle se tient tranquille, permettant au mâle de la monter, malgré la différence de taille parfois importante.

Accouplement de Terriers écossais
Après la copulation, qui peut durer de dix à trente minutes, les chiens ne montrent aucun intérêt sexuel particulier.

La copulation

La femelle réceptive se tient tranquille, tandis que le mâle la monte et exécute des poussées pelviennes rythmées, qui s'accélèrent fortement. Le pénis pénètre alors dans le vagin et y est maintenu par les muscles constricteurs vaginaux (nouage). L'éjaculation commence au même moment que le nouage et se prolonge jusqu'à la fin de l'attachement.

Le nouage dure habituellement de dix à trente minutes. Lorsque le bulbe du gland se rétracte, le couple se détache et le mâle se lèche les régions génitales.

L'accouplement terminé, le chien ne montre aucun intérêt sexuel particulier. La récupération est cependant rapide et permet des records de cinq copulations par jour.

Souvent, l'intromission n'est pas accomplie dès la première monte, et la cour peut se répéter plusieurs fois. Le mâle redescend et la femelle devient active, recherchant les organes génitaux de l'étalon et se plaçant elle-même en position coïtale. Des étalons expérimentés, placés avec des femelles réceptives, peuvent achever l'intromission en moins d'une minute. Si la chienne n'est pas réceptive et si, de plus, le mâle est inexpérimenté, la cour peut se poursuivre pendant des heures sans un coït. Les deux maîtres doivent rester auprès des chiens. Il arrive en effet que la femelle devienne méchante ou qu'elle se retire trop tôt, au risque de blesser le mâle. Il ne faut surtout pas essayer de séparer un accouplement, car il pourrait s'ensuivre pour le mâle ou la femelle des lésions graves des organes génitaux. Il est bien souvent souhaitable de répéter la saillie quarante-huit heures après le premier accouplement.

Lorsque l'accouplement a été suivi de fécondation, les chaleurs s'arrêtent quatre ou cinq jours après la saillie et la femelle refuse le mâle.

Pendant cette période, il faut éviter qu'une autre saillie par un mâle différent ait lieu accidentellement, car, par un phénomène dit « de superfécondation », certains ovules libres pourraient encore être fécondés par les nouveaux spermatozoïdes et donner quelques chiots différents de la race souhaitée. Après l'accouplement, il est bien difficile, même pour un vétérinaire, d'affirmer avant la fin du premier mois qu'une femelle est pleine, sauf si celle-ci est petite et se laisse palper l'abdomen sans se contracter.

LA CONTRACEPTION CHEZ LA CHIENNE

- **Les chaleurs.** La période des chaleurs survient deux fois par an, mais certaines chiennes peuvent être en chaleur trois fois par an, d'autres une seule fois. Ces périodes durent trois semaines. Le risque de saillie est réel après le dixième jour, période au cours de laquelle la chienne accepte le mâle. Si les chaleurs sont gênantes et la saillie difficile à éviter, vous pouvez envisager pour votre chienne une stérilisation temporaire ou définitive.
- **La stérilisation temporaire.** Elle empêche l'apparition des chaleurs par une injection de progestagènes durant le mois précédant les chaleurs. Si celles-ci sont déjà commencées, il faut intervenir au plus tard le deuxième ou le troisième jour, et administrer les progestagènes de préférence par voie buccale. Attention : l'emploi répété de progestagènes n'est pas anodin et peut favoriser l'apparition d'un pyomètre.
- **La stérilisation définitive.** Elle se fait par ovariectomie (ablation chirurgicale des ovaires). Vous pouvez la faire faire à tout âge, entre deux périodes de chaleurs. Elle a l'avantage de supprimer toutes les chaleurs et toutes les maladies de l'appareil génital. Pratiquée avant l'âge de 2 ans, elle prévient l'apparition des tumeurs mammaires.

La naissance à la maison

La mise bas est un processus naturel dans lequel, en principe, vous n'avez pas à intervenir. Observez à distance que tout se passe bien. Vous n'aiderez la chienne que si un chiot ne parvient pas à sortir ou s'il ne trouve pas les mamelles. N'enlevez jamais un chiot à sa mère, elle risque de le rejeter ensuite.

Un événement exceptionnel

Avec la naissance des chiots, vous allez vous trouver confronté avec de nouveaux sujets de perplexité : allaitement maternel, ou artificiel, surveillance de la mère et de ses petits, etc.
Ces soucis seront largement compensés par le plaisir que vous aurez à voir les chiots grandir et s'attacher à vous, tout en devenant de jour en jour plus audacieux et autonomes. Mais ne succombez pas trop aux attendrissements, l'éducation doit déjà commencer !

La mise bas

Quand la délivrance approche, la chienne est souvent inquiète. Préparez une corbeille garnie de vieux linges propres. Si la chienne choisit le fond d'un placard, tapissez-le d'un drap propre. Quand les contractions surviennent, la chienne respire plus vite et halète. Elle perd un liquide transparent, prélude à l'arrivée du premier chiot. Chacun se présente enveloppé du sac amniotique. La mère coupe le cordon ombilical et se met à lécher son petit, stimulant ainsi sa respiration. Ensuite, elle mange le placenta, cette membrane contenant une hormone qui favorise la lactation.

Les chiots naissent à intervalles variables : de quelques minutes à une heure ou plus. La naissance des suivants est plus facile que celle du premier.
Une fois la mise bas terminée, la mère se repose, soulagée ; gardez-la au calme, mais donnez-lui à boire. Si elle s'est comportée normalement jusqu'ici, n'ayez aucune crainte et laissez faire son instinct maternel. La plupart des femelles ont des pertes (de vingt-quatre heures à une semaine) ; changez souvent les linges. Les premiers jours, la chienne défend sa nichée et montre les dents si un étranger ou de jeunes enfants s'approchent.

Quand faut-il intervenir ?

Si, malgré les efforts de la mère, le chiot ne parvient pas à sortir, saisissez la tête avec un linge propre et tirez fermement, mais avec précaution. N'insistez pas s'il reste coincé et appelez le vétérinaire.
Il arrive qu'une chienne primipare délaisse ses chiots lorsqu'ils sont sortis : dans ce cas, prenez une paire de ciseaux nettoyée à l'alcool et coupez le cordon, pas trop près de l'ombilic du chiot. Avec un linge propre, débarrassez-le de l'enveloppe placentaire, frictionnez-le pour stimuler la respiration et placez le bébé chien contre les mamelles de la mère. Restez vigilant. La mère pourrait étouffer ses petits en se couchant sur eux.

Mise bas
Aussitôt après la naissance, le chiot, aveugle et sourd, s'oriente vers les mamelles grâce à son sens du toucher. Sa mère le lèche pour stimuler sa respiration.

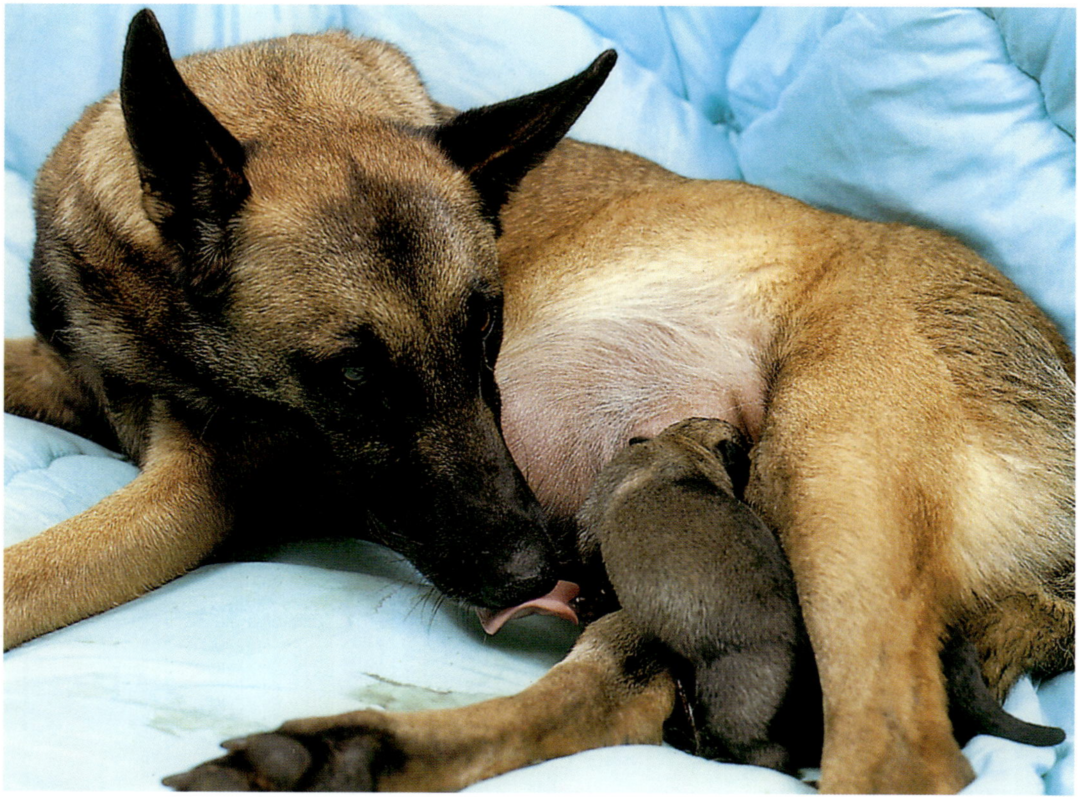

Les chiots indésirables

Supprimer une portée entière est cruel et ne saurait être recommandé. C'est exposer la mère à souffrir d'un déséquilibre nerveux et hormonal. Il est bon de lui en laisser deux. Il arrive que celle-ci élimine les chiots mal formés ou malades en se refusant à les nourrir.

L'allaitement artificiel

La chienne est normalement capable de nourrir tous ses petits. Mais, en cas de portée très nombreuse, ou si la mère est malade, vous serez parfois obligé de donner le biberon, soit avec un biberon spécial, soit avec un biberon de poupée. Il existe dans le commerce du lait de chienne reconstitué.

Les orphelins

Un chiot orphelin prend dix à douze tétées par vingt-quatre heures, jusqu'à la 2e semaine, huit tétées la 3e et la 4e semaine, six la 5e semaine. À partir de 15 jours, diminuez les biberons de nuit. Les trous de la tétine doivent être assez gros pour que le lait coule sans effort. Tenez le chiot dans le creux de la main et nourrissez-le doucement, en prenant garde qu'il ne s'étouffe pas. Ensuite, passez délicatement un coton imbibé d'eau tiède sur son arrière-train. Vous remplacerez ainsi les coups de langue maternels qui déclenchent la miction et la défécation.

Les chiots

Dès la naissance, le chiot évolue et se développe très rapidement. C'est une période passionnante pour l'observateur. Le petit animal découvre son corps, celui de sa mère et de ses frères, puis explore le monde avec une assurance croissante et commence à communiquer.

QUAND APPELER LE VÉTÉRINAIRE ?

- Si la gestation dure plus de 63 jours.
- Quand un liquide vert s'écoule de la vulve.
- Si, après la perte des eaux, aucun chiot n'apparaît, malgré les efforts de la chienne.
- Si la mise bas dure plus d'une heure et demie, ou si la mère cesse de pousser.
- Quand, juste après la mise bas, la mère se met à trembler et halète. Il s'agit d'une crise d'éclampsie nécessitant d'urgence une piqûre à base de calcium; elle peut se manifester après la mise bas ou durant le premier mois d'allaitement.

Après la mise bas, il est prudent de consulter le vétérinaire. Il vérifiera qu'il ne reste pas de chiot dans l'utérus et que la mère ne présente aucun signe d'infection. Il pourra aussi conseiller un régime et prescrire des vitamines.

Mère et ses chiots
Les chiots, très sensibles aux variations de température, vivent tassés les uns contre les autres. Le sevrage se produit vers la cinquième semaine et le lait de la mère se tarit le plus souvent naturellement.

Le développement du chiot

Le chiot naît sourd et aveugle, ce qui ne l'empêche pas de trouver sans aide le chemin des mamelles. Il passe 90 % de son temps à dormir. Ne le dérangez pas. La mère lèche ses nouveau-nés, mange leurs excréments et nettoie elle-même sa couche. Vous n'avez pas à intervenir durant cette période. Vers 12 à 15 jours, les chiots ouvrent les yeux. Ils perçoivent les sons quelques jours plus tard.
Les chiots naissent sans dents. Comme la plupart des mammifères, les chiens ont deux dentitions successives. Vers un mois et demi, les dents de lait sont toutes sorties. À 4 mois, les incisives commencent à tomber. Pendant les 2 mois suivants, la dentition se renouvelle entièrement.
Au début, le chiot rampe. Vers 3 semaines, il commence à se tenir debout, s'éloigne un peu de sa mère et se met à jouer avec ses frères. À 4 semaines, il suit du regard un objet qui bouge et s'anime. Entre 4 et 5 semaines, il part en exploration. La portée fonctionne alors comme une petite meute. Une hiérarchie s'instaure et l'on peut observer que les plus forts et les plus rapides s'imposent déjà.

Le sevrage

Il s'effectue peu à peu, entre la 3e et la 4e semaine. La mère régurgite parfois une partie de ses aliments pour habituer ses petits à une nourriture solide. Elle commence à les repousser car leurs petites dents pointues blessent ses mamelles. C'est le moment pour vous de nourrir la portée.

Les problèmes éventuels

Si le chiot semble avoir les intestins fragiles, consultez le vétérinaire. Surveillez la croissance des membres, en particulier chez les grandes races. Si vous remarquez des déformations, des douleurs au toucher, des difficultés de locomotion, consultez sans attendre. Un chiot abattu et qui ne joue pas doit également être examiné.

Les chiots en appartement

Élever une portée en appartement n'est pas simple. Les premiers jours, laissez si possible les chiots à l'endroit où la mère a fait son nid.

Trois ou quatre jours plus tard, installez une grande couverture recouverte d'un drap sur un sol lavable, dans la cuisine ou la salle de bains. Au début, vous pouvez mettre une barrière pour cantonner les chiots dans cet espace.

Quand ils deviennent trop remuants, laissez-les se déplacer dans la pièce. Il faudra nettoyer régulièrement.

La pièce doit être tempérée et à l'abri des courants d'air. S'il fait beau, ouvrez la fenêtre pour faire entrer le soleil.

Protégez les prises de courant, les fils électriques et ne laissez rien traîner de dangereux.

L'arrêt de la lactation

Le lait se tarit naturellement vers la fin de la 5e semaine, quand les chiots sont sevrés. La chienne mange deux à trois fois plus qu'en temps normal. Il devient nécessaire de réduire petit à petit sa ration. On peut favoriser l'arrêt de la lactation en la mettant à la diète totale pendant une journée, avant de reprendre progressivement les rations normales. Les petits vont désormais se nourrir seuls et grandir très rapidement jusqu'au 6e mois. Une alimentation équilibrée et des vitamines leur permettront une bonne croissance. La mère se contente alors de jouer de temps en temps avec eux. C'est entre la 7e et la 8e semaine que les chiots sont séparés d'elle et de la fratrie, pour être adoptés et commencer une nouvelle vie.

La césarienne

La césarienne, pratiquée en cas de difficultés lors de la mise bas, permet de sauver la mère et les chiots.

Dans quel cas ?

- La mise bas peut être pénible si :
  - la chienne présente un bassin trop étroit ;
  - le fœtus est trop gros (chiot unique, ou tête des petits à naître trop importante).
- Si la grossesse, qui dure normalement 63 jours, dépasse 70 jours, il faut pratiquer une césarienne.
- Pendant la mise bas, si les contractions ne sont pas efficaces, le vétérinaire donnera à la chienne un produit stimulant les contractions de l'utérus. Si cette intervention se révèle insuffisante, il pratiquera une césarienne.

Le déroulement

Le vétérinaire opère la chienne sous anesthésie générale. Il incise le ventre ou le flanc, retire les chiots, qu'il réanime si nécessaire, puis il effectue des points de suture.

Vous pouvez attendre la chienne et la ramener chez vous de une heure et demie à trois heures après le début de l'opération. Surveillez l'incision et signalez au vétérinaire le moindre problème.

Un chiot et son jeune maître

À travers le jeu avec ses semblables et avec son maître, le chiot fait l'apprentissage de la hiérarchie canine.

Les soins courants

Administrer un médicament à un chien, prendre sa température, lui mettre un collyre n'exigent pas des compétences exceptionnelles. Vous aurez souvent l'occasion de pratiquer ces soins élémentaires sur le conseil du vétérinaire, et le plus souvent de votre propre initiative. Procurez-vous les produits vétérinaires les plus courants : vermifuge, lotion contre les démangeaisons, antalgique, etc.

Prendre la température

Si votre chien est malade ou abattu, vérifiez sans attendre s'il a de la fièvre à l'aide d'un thermomètre rectal courant, dont vous aurez enduit le bout de vaseline. La température moyenne est de 38,5 °C. Placez le chien à bonne hauteur, sur une table s'il est petit, et maintenez-le solidement. Soulevez la queue et enfoncez le thermomètre jusqu'à la première graduation. Laissez-le en place pendant une minute. Si l'animal est de grande taille et récalcitrant, faites-vous aider par quelqu'un qui maintiendra le corps et la tête.

Donner un médicament

Certains médicaments – poudre, granulés – se mélangent à la nourriture. Pour éviter un refus du chien, faites-le jeûner une journée avant de lui donner un peu de nourriture contenant les produits ; lorsqu'il aura tout avalé, donnez-lui le restant de sa ration.

D'autres – pilules, comprimés, gélules – s'avalent. Faites d'abord manger légèrement le chien, afin que le produit n'irrite pas l'estomac, ce qui risquerait de provoquer des vomissements. Ouvrez-lui la gueule en appuyant aux commissures, introduisez le médicament le plus loin possible au fond du gosier afin de déclencher un réflexe de déglutition. Maintenez la gueule du chien fermée pendant quelques instants en massant doucement la gorge.

Une poudre devra être mélangée à un peu d'eau dans une petite cuillère ou une seringue sans aiguille. Pour la faire absorber au chien, maintenez sa gueule vers le haut, dégagez les lèvres d'un côté et laissez couler le médicament. Les gels s'administrent à l'aide d'un tube en plastique à piston.

Des gouttes dans le nez

Soulevez le museau du chien, instillez le produit à l'aide du compte-gouttes. Soyez généreux car le chien va en expulser une partie en éternuant.

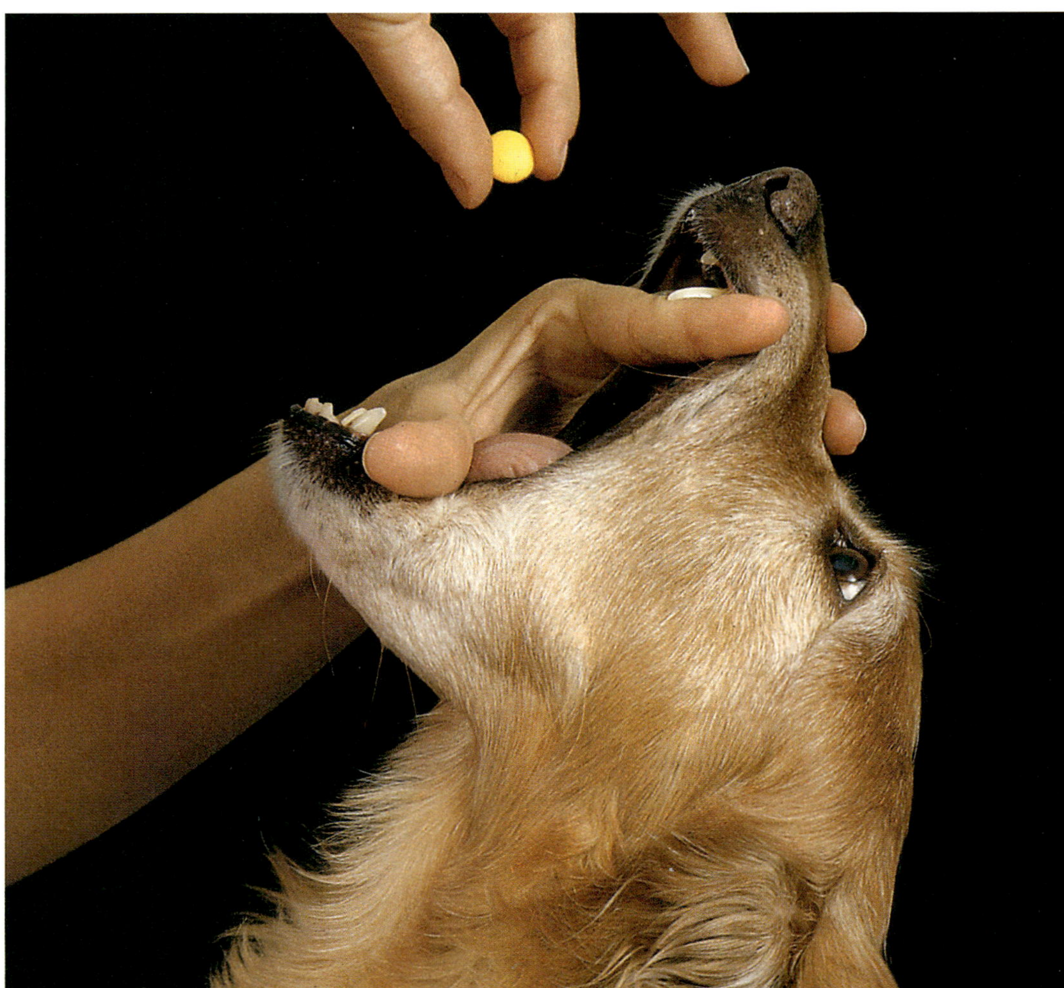

Administration d'une pilule
La pilule doit être projetée le plus loin possible derrière la bosse de la langue, afin de déclencher un réflexe de déglutition.

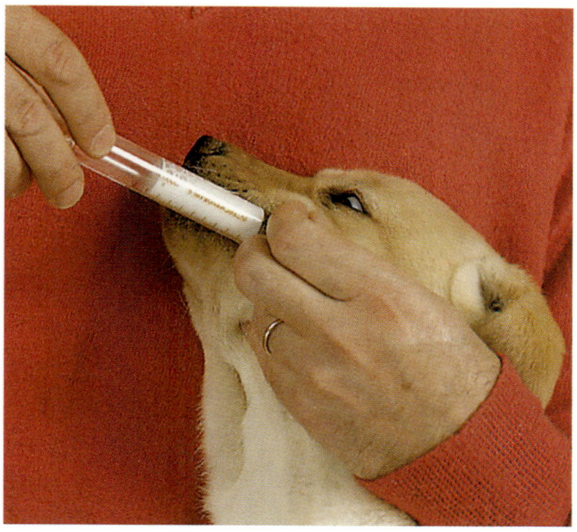

Administration d'un médicament liquide
On donnera un médicament liquide avec une seringue sans aiguille.

Des gouttes dans les oreilles

Si votre animal a les oreilles droites, effectuez cette opération dans un lieu qui pourra être nettoyé facilement. En effet, le chien secoue toujours la tête après l'instillation et risque donc de projeter du produit autour de lui. Si vous avez un gros chien, faites-vous aider pour l'immobiliser. Nettoyer bien le pavillon de l'oreille avec un coton imbibé d'eau tiède. Instillez le produit dans la partie verticale du conduit et massez ensuite la base de l'oreille pendant une minute, pour faire pénétrer les gouttes.

Un collyre dans les yeux

Demandez à quelqu'un de vous aider : la personne doit maintenir le chien fermement et lui immobiliser le museau. Placez-vous derrière l'animal, de façon à ce qu'il n'ait pas l'instillateur dans son champ de vision. D'une main, abaissez la paupière inférieure et, de l'autre, instillez le produit, fermez l'œil et massez doucement. N'utilisez jamais de collyre sans prescription du vétérinaire.

Débarrasser le chien d'un produit toxique

Il peut arriver que le poil de votre chien soit souillé par un produit toxique. Si votre animal est couvert de peinture, retirez-en le plus possible, d'abord avec du papier absorbant, puis avec une éponge humide. Nettoyez les poils à l'eau tiède et au savon de Marseille. Coupez ceux qui sont collés par la peinture. Finissez par un shampooing. N'utilisez jamais d'essence de térébenthine ni de solvant, toxiques pour la peau. Pour nettoyer un chien qui a reçu de l'essence, frictionnez-le avec de l'huile végétale, lavez-le au savon et faites-lui un shampooing. S'il a le poil des pattes collé par du goudron, coupez les poils, massez avec de l'huile végétale, protégez avec un pansement pendant une journée, puis lavez à l'eau et au savon de Marseille.

Faire une piqûre sous-cutanée

Munissez-vous d'aiguilles courtes et solides (8/10 ou 9/10 de mm) et d'une seringue. Prenez un repli de la peau du cou, entre les omoplates. Nettoyez avec un coton imbibé d'alcool à 90°. Remplissez la seringue avec le produit, poussez le piston pour en faire tomber une goutte. Tirez sur la peau et enfoncez l'aiguille d'un coup, en veillant à ne pas traverser de part en part. Injectez le liquide doucement et retirez l'aiguille aussitôt qu'elle est vide. Pour calmer votre appréhension, faites-vous aider pour tenir le chien.

Suppositoire ou lavement

Les suppositoires s'administrent de préférence le soir. Mettez un gant, enfoncez le suppositoire et maintenez la queue serrée contre l'anus pour éviter que le chien n'expulse ce corps étranger. Les lavements se font à l'aide de tubes à piston. Si le chien a le poil long, coupez ceux qui cachent l'anus et lubrifiez le pourtour de celui-ci. Enduisez de vaseline l'extrémité du tube.

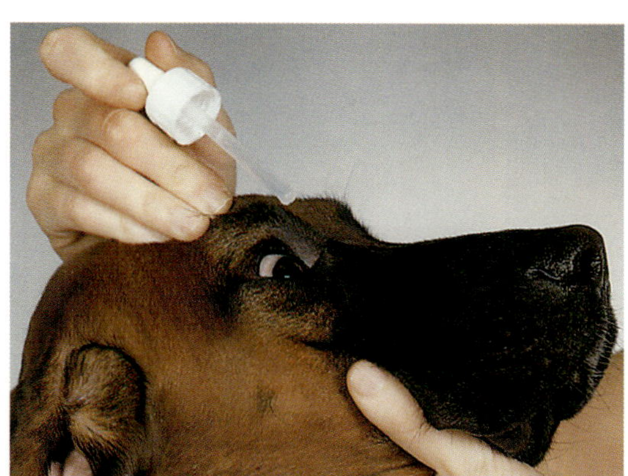

Administration d'un collyre
Le compte-gouttes sera amené par-derrière. Ainsi, le chien ne le verra pas et ne sera pas effrayé.

Les petits maux

La vie du chien est ponctuée d'incidents mineurs (piqûres, morsures), de maladies banales que vous pouvez parfaitement traiter avec un peu d'adresse. Votre chien dépend de vous. C'est donc à vous d'apprendre à faire les gestes qui le soulageront et résoudront la plupart de ses problèmes.

Comment porter son chien ?

Un chien de petite taille se soulève facilement en passant une main sous la poitrine. Un chien plus gros se transporte en enserrant ses pattes avant et arrière des deux bras. S'il est agressif, il faut le maintenir d'une main par la peau du cou et de l'autre sous le ventre. Il faut deux personnes pour porter un chien de grande taille, l'une tenant l'encolure et la poitrine, l'autre l'arrière-train. S'il a tendance à mordre, il faut le museler.

Porter son chien
Un chien malade ou accidenté se transporte en enserrant les pattes avant et arrière des deux bras. Il peut être nécessaire de le museler.

Plaie sans gravité

Nettoyez-la à l'eau savonneuse, puis désinfectez à l'eau oxygénée ou au Mercurochrome. Enduisez avec une pommade antibiotique et couvrez avec une gaze stérile. Le pansement devra être changé tous les jours.

Ingestion d'aliments avariés ou d'objets

Faites vomir votre chien en lui donnant à boire de l'eau très salée. En revanche, n'essayez jamais de faire vomir un chien qui a avalé un objet pointu. Donnez-lui à manger du pain trempé dans du lait et des poireaux pour l'aider à l'éliminer. Le vomissement est formellement contre-indiqué en cas d'ingestion d'un produit corrosif, comme la soude caustique.

Morsure de vipère

Placez aussitôt un garrot en amont de la plaie pour retarder la diffusion du venin, ce qui est possible si le chien a été mordu à la patte. Désinfectez la plaie à l'alcool dans l'heure qui suit. Si le chien présente des signes de fatigue, des vomissements, si sa blessure enfle, consultez un vétérinaire sans attendre, à moins que vous puissiez lui administrer un sérum antivenimeux.

Inflammation des coussinets

Si votre chien a parcouru des kilomètres sur un sol dur, il souffre d'une inflammation des coussinets aggravée. Baignez-lui les pattes dans de l'eau tiède et séchez-les avec délicatesse. Appliquez une pommade à la cortisone et laissez l'animal quarante-huit heures au repos.

Piqûre d'insecte

Essayez d'enlever délicatement le dard avec une pince à épiler et appliquez de la glace pour soulager l'animal. S'il a été piqué au museau et qu'un œdème volumineux se forme, ne donnez pas de médicament, mais transportez d'urgence votre chien chez le vétérinaire ; laissé sans soins, il risque de mourir d'asphyxie.

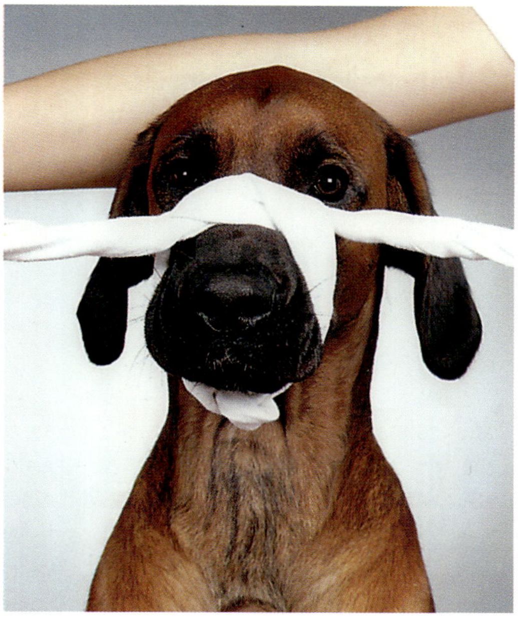

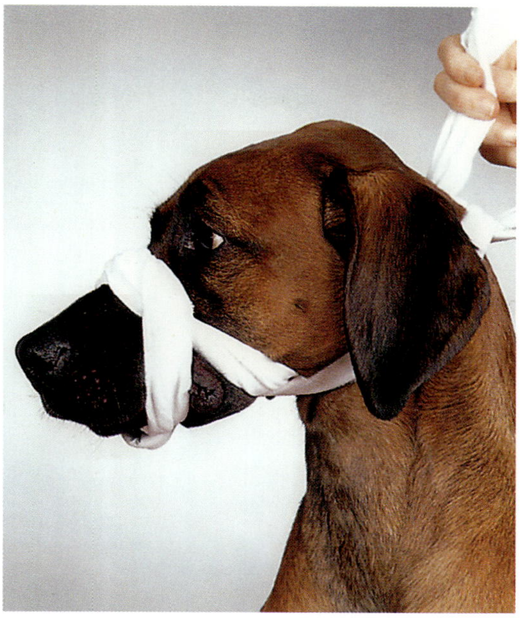

Premier nœud de la muselière
Vous pouvez aisément fabriquer une muselière en prenant une bande d'étoffe.

Deuxième nœud de la muselière
Ne muselez jamais un chien blessé à la gueule, ou qui a du mal à respirer.

Corps étranger dans l'œil

Enlevez le corps étranger avec un morceau de gaze. Immobilisez la tête du chien et appliquez une pommade antibiotique. En cas de lésion ou d'hémorragie, protégez l'œil avec une gaze stérile et consultez le vétérinaire.

Pattes gelées

Frottez-les énergiquement avec une serviette pour les réchauffer et appliquez une pommade antibiotique que vous recouvrirez d'un pansement.

Faire une muselière

Prenez une bande d'étoffe assez longue, passez-la autour de la gueule, serrez, faites un nœud au dessus, refaites un tour, nouez dessous, puis attachez les deux pans derrière les oreilles. Le procédé est efficace et n'empêche pas le chien de respirer. S'il a tendance à vomir, utilisez une muselière classique.

Faire un pansement

Il n'est pas toujours facile de protéger les plaies, car l'animal supporte plus ou moins bien la contrainte du pansement. Avant d'être bandée, toute plaie doit être nettoyée et recouverte d'une gaze stérile. Un pansement ne doit jamais être trop serré. Il doit être refait chaque jour et ne pas trop adhérer aux poils, car il risque d'en arracher et de provoquer une irritation.

- **Pansement du bas d'une patte.** Enroulez la bande régulièrement en plusieurs couches, fixez-la avec du sparadrap qui débordera largement sur le poil aux deux extrémités.
- **Pansement du haut d'une patte avant.** Pour le maintenir, faites passer la bande en huit autour du thorax.
- **Pansement du haut d'une patte arrière.** Faites passer la bande par-dessus la hanche. Pour ne pas emprisonner la verge du mâle, passez la bande en huit autour des hanches.
- **Pansement du corps.** Enroulez la bande autour du corps et recouvrez-la d'une large bande élastique qui la maintiendra en place. Vous pouvez aussi la fixer de chaque côté avec du sparadrap débordant largement sur le poil et la recouvrir d'un tube de jersey, percé de trous pour les pattes.

Muselière, derrière les oreilles
La muselière est proscrite pour les chiens au museau court (type Boxer), car elle risque d'entraîner des problèmes respiratoires.

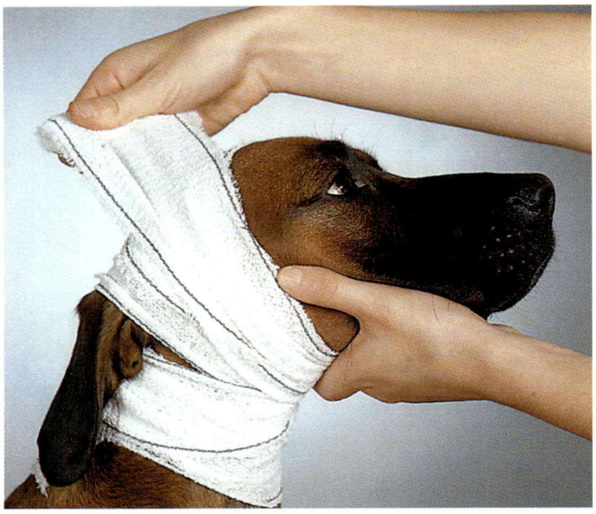

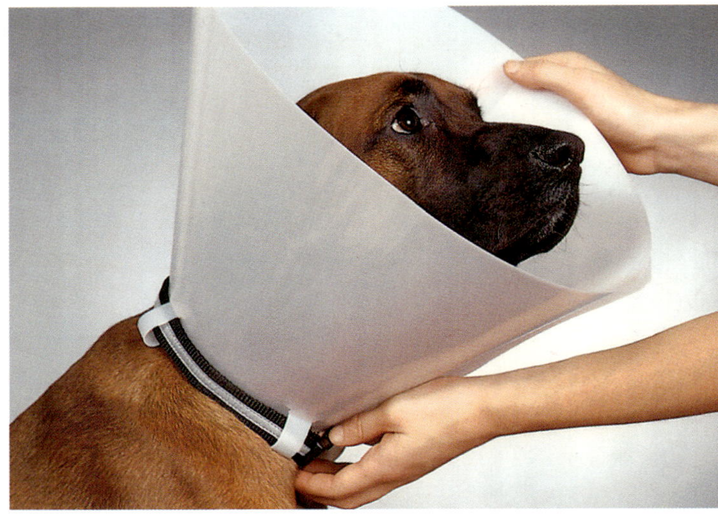

Bandage de la tête et du cou
Les oreilles du chien sont fragiles et peuvent être déchirées lors d'une bataille. Il faut alors les bander.

Pose de la collerette
Une collerette en plastique ou en carton empêche le chien de gratter une plaie à la tête.

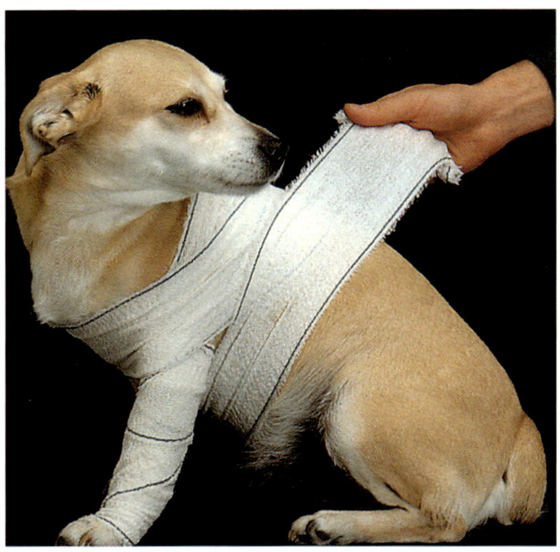

Bandage de la patte
Pour que les bandages se maintiennent, les recouvrir de sparadrap élastique débordant largement sur le poil.

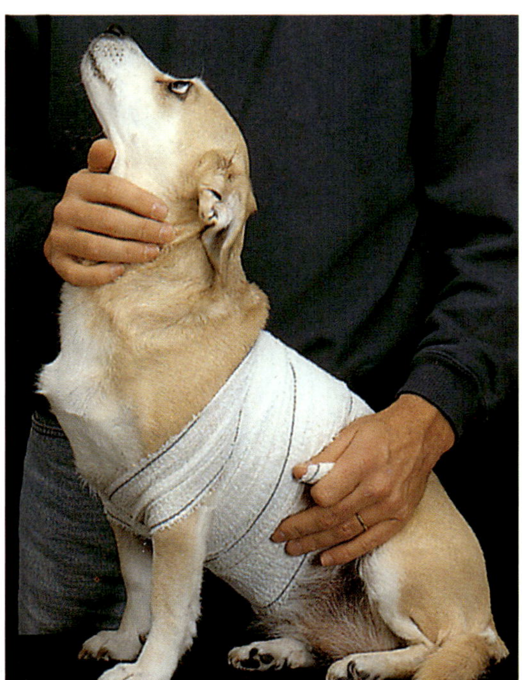

Bandage du corps
Le bandage ne doit pas être trop serré afin de permettre à l'animal de respirer normalement.

• **Pansement au niveau des mamelles.** Faites des trous à chaque tour pour y passer les pattes arrière.
• **Pansement à la tête.** Le bandage en huit passant autour des oreilles résiste aux tentatives que le chien ne manquera pas de faire pour s'en débarrasser.

Collerette

Pour empêcher le chien de lécher une plaie ou de se gratter la tête, on peut lui confectionner un collier à l'aide d'un carton en forme de cône tronqué, dont la partie la moins large doit avoir le diamètre du cou, pour être fixée au collier. On en trouve également dans le commerce.

L'ARMOIRE À PHARMACIE

- Alcool à 90° pour désinfecter.
- Dermachrome pour les blessures.
- Pommade antibiotique.
- Gel gastro-intestinal, charbon pour chien et antivomitif.
- Sirop contre la toux.
- Vermifuge à donner deux fois dans l'année.
- Lotion contre les démangeaisons.
- Antinauséeux et calmant pour le voyage.
- Antalgique ou aspirine.
- Produit pour nettoyer les oreilles.
- Pommade pour les coussinets.
- Thermomètre, coton, compresses stériles, bandes normales et élastiques, sparadrap, écouvillons.
- Pince à épiler pour retirer les épines, ciseaux à bouts ronds.

3 CHAPITRE

Nourrir son chien

Les bases de l'alimentation

Pour bien nourrir son chien, il est important de connaître les nutriments essentiels à son organisme, ainsi que ses besoins, différents selon son âge et son activité.

La digestion des aliments

Digérer consiste à dégrader des aliments complexes en composés plus simples, les nutriments, utilisés par le corps pour sa croissance, son entretien ou ses dépenses énergétiques. Les aliments sont d'abord grossièrement dissociés par les dents ; le rôle classique de la salive est peu important. Ils sont ensuite décomposés dans le tube digestif. La digestion est suivie d'une phase d'absorption via la paroi intestinale. Puis ces nutriments sont transportés vers les tissus des organes vitaux par le sang.

Les chiens sont des carnivores non stricts (ils ne mangent pas uniquement de la viande) et ont un appareil digestif simple avec un seul estomac et des intestins assez courts. Le temps entre l'ingestion et l'excrétion est rapide, de 24 à 36 heures. Durant cette phase, les aliments sont dégradés par des processus physiques (mastication, mouvements de l'estomac) ou chimiques (action de la salive, des sucs gastriques, de la bile), la fraction non digérée se retrouvant dans les selles.

La digestibilité peut se définir comme la proportion d'un aliment « apparemment absorbée », c'est-à-dire ne se retrouvant pas dans les selles. La quantité quotidienne d'excréments indique la bonne – ou la mauvaise – digestibilité de l'aliment. Elle ne doit en aucun cas excéder le volume consommé.

Un aliment se compose de plusieurs nutriments aux rôles métaboliques différents et qui n'ont pas le même comportement sur le plan digestif.

Les glucides

Aussi appelés hydrates de carbone, ils regroupent les sucres, les amidons (pâtes, féculents) et les dérivés cellulosiques (fibres et parois végétales). Sans cellulose, ils sont digérés par des enzymes salivaires ou pancréatiques (les amylases dégradant l'amidon, par exemple).

La cellulose

La cellulose est une substance macrocellulaire qui compose de 20 à 80 % de la membrane végétale. Elle ne peut être dégradée par les enzymes que l'animal sécrète dans son tube digestif. Glucide indigestible, la cellulose a cependant un rôle à jouer dans la digestion grâce à sa capacité d'absorption de minéraux, d'eau, de sels biliaires ; par son balayage du gros intestin, elle améliore l'hygiène digestive.

Les lipides

Ce sont les matières grasses. Les lipides peuvent être d'origine animale ou végétale. Ils sont bien digérés par la bile et la lipase pancréatique. Il est même possible d'apporter jusqu'à 50 % de la ration journalière du chien de traîneau sous forme de matières grasses sans entraîner de maladie et en augmentant ses performances.

Cocker anglais en train de manger
Il est indispensable de bien connaître les besoins de votre chien pour lui apporter une nourriture équilibrée.

Les protéines

Encore appelées protides, les protéines sont composées d'acides aminés. Leur composition dépend de leur origine animale ou végétale. Elles peuvent avoir divers comportements au niveau digestif. Certaines sont normalement digérées sous l'action de l'acide chlorhydrique de l'estomac puis de ses enzymes (pepsine), de ceux du pancréas (trypsine) et de l'intestin grêle (polypeptidases). Mais d'autres sont peu digestibles (d'origine végétale, mal cuites, ou provenant de tendons ou de ligaments). Elles fermentent dans le gros intestin et causent des diarrhées. Enfin, l'acidité gastrique du chien, due à une importante quantité d'acide chlorhydrique dans son estomac, lui permet de consommer des aliments avariés (cadavres, vieux os enterrés) sans entraîner aucun trouble digestif.

Les minéraux

Les minéraux sont très divers. Parmi eux, on distingue les macroéléments, nécessaires en grande quantité – calcium, phosphore, magnésium – et les oligo-éléments, nécessaires en quantité infinitésimale – cuivre, fer, zinc... Ils ne posent pas de problème particulier. Seul un excès de matières grasses peut altérer leur digestion, phénomène assez simple à contrebalancer.

Les vitamines

Ce sont des substances organiques variées que l'organisme doit trouver dans une alimentation bien équilibrée. En effet, il ne peut les synthétiser lui-même et l'alimentation doit en contenir en quantité suffisante.
Tous les aliments qui entrent dans la composition des aliments industriels ou des pâtées faites à la maison contiennent les vitamines nécessaires.

Le rôle des nutriments

Les nutriments doivent entrer dans la composition de la ration alimentaire du chien dans des proportions qui préservent sa bonne santé. Le chien doit consommer chaque jour le nombre de calories nécessaire – et juste suffisant –, mais aussi des minéraux et des vitamines.

Les aliments : une source d'énergie

Le premier rôle des aliments est de fournir de l'énergie. Parmi les nutriments précédemment évoqués, trois sont plus à même de le faire : les lipides, les glucides et les protéines. L'évaluation quantitative des besoins va de pair avec l'estimation des constituants alimentaires.

Des protéines pour construire

Si elles peuvent nourrir, les protéines servent avant tout à construire, en permettant la synthèse des os, des muscles, des structures nerveuses, bref, de tout ce qui fait vivre un chien.
Il existe des différences de valeur alimentaire lors de la digestion entre une « bonne » protéine (viande rouge, poisson) et une « mauvaise » (tendon) qui persistent au niveau intestinal. Une protéine bien digérée (absorbée) n'est pas forcément bien utilisée (métabolisée) par l'organisme. Il peut lui manquer certains composants (des acides aminés essentiels), sans lesquels le chien ne peut la synthétiser.
Il ne faut pas oublier que la forte teneur en protéines d'un aliment n'est pas significative si ces protéines sont de faible qualité. Enfin, toute

LES MINÉRAUX : RÔLES ET SOURCES

Minéraux	Rôles dans l'organisme	Sources
Calcium (Ca)	constitution du squelette, transmission de l'influx nerveux	poudre d'os, carbonate de calcium, phosphate de calcium
Phosphore (P)	constitution du squelette, constitution des membranes cellulaires, métabolisme énergétique	poudre d'os, phosphates
Sodium (Na)	équilibres cellulaires,	sel de cuisine
Potassium (K)	régulations des équilibres hydriques, métabolisme énergétique	sel de cuisine
Magnésium (Mg)	constitution du squelette, système nerveux, métabolisme énergétique	poudre d'os, magnésie, sels de magnésium
Fer (Fe)	constitution des globules rouges, respiration cellulaire, enzymes	viande, sels de fer
Cuivre (Cu)	formation d'hémoglobine, formation de l'os, oxydations cellulaires	poudre d'os, sels de cuivre, viande
Cobalt (Co)	formation de l'hémoglobine, multiplication des hématies	viande, levures
Manganèse (Mn)	activations enzymatiques, formation du cartilage	sels de manganèse
Iode (I)	synthèse des hormones thyroïdiennes	sel de mer, poisson
Zinc (Zn)	systèmes enzymatiques, intégrité	sels de zinc

carence en énergie de la ration amène l'organisme à brûler les protéines au lieu de les épargner pour la construction. Il faut donc, lorsqu'on prépare une ration pour son chien, veiller à ce qu'elle soit équilibrée.

Les minéraux : de nombreuses interactions

Les rôles joués par chaque élément minéral au sein de l'organisme sont très nombreux (voir tableau page précédente) et leur importance pour la santé de l'animal est primordiale. De plus, chaque élément est susceptible d'interférer avec d'autres au niveau digestif ou métabolique.

Notons que les rations usuelles du chien, et surtout celles à base de viande, ne satisfont pas d'emblée ses besoins en minéraux. Il peut résulter de telles carences une série de maladies à dominante osseuse, sanguine, voire nerveuse ou hormonale (déséquilibre phosphocalcique, carence en magnésium, en iode ou en oligo-éléments). Les apports minéraux seront traités pour chaque ration particulière.

Les vitamines : ni trop ni trop peu

Le fonctionnement normal de l'organisme nécessite l'apport régulier d'une quarantaine de constituants nutritifs extrêmement variés. Parmi eux, les vitamines sont des substances actives vitales. Si l'une d'elles manque totalement ou en partie, apparaissent des symptômes de carences pouvant entraîner à la longue de graves maladies.

En temps que groupe, les vitamines se distinguent par deux caractéristiques :

– le besoin journalier d'un chien en chacune des vitamines s'exprime en milligrammes, voire en microgrammes ;

– les vitamines sont des substances organiques, contrairement aux oligo-éléments comme le fer, l'iode ou le zinc, pourtant tout aussi essentiels. On les trouve dans les aliments.

Les vitamines nécessaires au chien sont au nombre de treize (voir tableau ci-contre). Chacune d'elles a son rôle à jouer, aussi bien pour maintenir l'intégrité de la peau que pour favoriser une bonne vision, une croissance normale, une bonne utilisation des graisses par l'organisme et l'entretien des vaisseaux sanguins ou des tissus nerveux.

Notons qu'en ce qui concerne les vitamines, l'excès peut être aussi dangereux que la carence.

Les acides gras essentiels

Enfin, bien qu'ils ne soient pas considérés comme des vitamines, citons les acides gras essentiels (acides linoléique, linolénique, arachidonique), indispensables à l'animal pour lui permettre de synthétiser, donc de rentabiliser au mieux les protéines de sa ration. On les trouve dans les huiles végétales. Ils jouent un rôle primordial dans la production d'une bonne fourrure, ainsi que dans la synthèse des prostaglandines (médiateurs de l'inflammation, importants dans l'organisme). Pour couvrir ce besoin, il suffit d'ajouter une fois par jour à la ration une cuillerée à soupe d'huile (tournesol, maïs ou soja).

LES VITAMINES : RÔLES ET SOURCES

Vitamine	Rôles	Sources
vitamine A	vision, croissance, résistance aux maladies	huile de foie de poisson, foie, œufs
vitamine D	équilibre du métabolisme phosphocalcique, amélioration de l'absorption du calcium	soleil (U.V.), huile de foie de poisson, œufs
vitamine E	antioxydant, prévention de la pathologie musculaire (effort)	lait, germes de céréales, œufs
vitamine K	production des facteurs de la coagulation	poisson, foie, graines
vitamine B1	métabolisme énergétique (glucides), bonne fonction nerveuse	céréales, son, levure
vitamine B2	métabolisme des acides aminés et des graisses	céréales, lait, levure
vitamine B6	métabolisme des protéines, des graisses, des glucides et du fer	céréales, lait, poisson, levure
vitamine PP	intégrité des tissus (peau)	céréales, levure, poisson, œufs
acide folique	métabolismes des protéines, synthèse de l'hémoglobine	levure, foie
vitamine B12	métabolismes des protéines, synthèse de l'hémoglobine	fer, poisson, produits laitiers
acide panthoténique	intégrité des tissus (peau)	foie, poisson, produits laitiers, riz
vitamine H	intégrité de la peau, métabolisme des glucides, lipides et protides	levure, ingrédients naturels
vitamine B4	métabolisme des graisses, protection du foie	ingrédients naturels

Quels aliments choisir ?

L'essentiel de l'alimentation du chien tourne autour de la nécessité de couvrir son besoin en grandes familles de nutriments, dont les proportions respectives varient avec l'âge, la situation et l'état de santé. Chaque groupe d'aliments couvre ces besoins.

Les rations ménagères

Si vous faites vous-même la pâtée de votre chien – ce qu'on appelle une ration ménagère –, vous devez veiller à ce qu'elle contienne toujours :
- des protéines (viande, poisson) ;
- de l'amidon (céréales) ;
- du lest (légumes verts, son) ;
- des graisses (huile végétale) ;
- un complément de minéraux et de vitamines.

Les sources de ces nutriments sont variées (voir tableau page suivante à gauche). Pour nourrir correctement votre chien :
- donnez de la viande crue ou rissolée, ne la faites jamais cuire dans la graisse ;
- le riz ou les pâtes doivent être cuits longtemps ;
- ne faites jamais cuire l'huile que vous ajoutez à la pâtée ;
- n'oubliez jamais d'ajouter le complément de minéraux et de vitamines.

Croquettes : aliment sec
Lorsqu'on nourrit son chien avec des aliments secs, il ne faut pas oublier de lui donner à boire.

Les aliments préparés

Les aliments industriels pour chiens sont maintenant pour la plupart bien adaptés aux besoins des animaux, même s'ils le sont parfois plus à ceux du maître... De l'avis des vétérinaires et des nutritionnistes spécialisés, ces aliments sont tout à fait équilibrés. C'est ce qui explique la forte croissance de ce marché depuis trente ans, 62 % des propriétaires de chiens utilisant maintenant les aliments tout préparés. Encore faut-il, pour pouvoir choisir, être bien informé. Les aliments industriels pour chiens se classent en trois catégories :
- les aliments secs (croquettes, soupes à réhydrater), contenant de 5 à 10 % d'eau ;
- les aliments semi-humides (saucisses, croquettes molles), avec 20 à 25 % d'eau ;
- les aliments humides (conserves), avec 65 à 80 % d'eau.

Ces aliments, dont on doit lire attentivement les étiquettes, présentent de nombreux avantages :
- facilité d'emploi et de conservation ;
- prix de revient moindre, en particulier pour les croquettes – car, en raisonnant sur la matière sèche, seule utile, l'eau des conserves se paie très cher ;
- distribution d'une nourriture équilibrée, au moins pour le chien vivant dans des conditions normales.

Conserves :
Les aliments préparés, humides (ci-contre) ou semi-humides (en bas), parfaitement équilibrés sur le plan alimentaire, sont faciles à utiliser.

Il faut veiller à ne pas confondre les termes « complet » et « complémentaire », le premier s'employant seul, le second venant en addition à un aliment de base.
Le propriétaire doit également porter un œil critique sur certains termes commerciaux qui n'ont que peu d'intérêt pratique : « visiblement équilibré »... grâce à des colorants, « avec des morceaux de viande »... en fait reconstitués, à tel ou tel arôme... En cas de doute, on peut écrire ou téléphoner au fabricant afin de recevoir une documentation technique, qui permettra de juger plus objectivement le produit.

L'établissement de la ration

La connaissance de l'énergie nécessaire au chien en fonction de son poids d'une part, de la valeur énergétique des aliments calculée en kcal E.M., d'autre part, permet de savoir quelle quantité d'une nourriture parfaitement équilibrée il faut donner à son chien.

Préparer une ration ménagère

Pour ceux qui utilisent les rations ménagères, c'est-à-dire ceux qui achètent des produits frais, préparent et cuisent la pâtée eux-mêmes, on peut proposer une règle simple afin d'obtenir l'équilibre recherché :

– viande	4 parties ;
– riz (avant cuisson)	3 parties ;
– légumes verts	2,4 parties ;
– huile de maïs	0,2 partie ;
– levure sèche	0,2 partie ;
– complément minéral	0,2 partie.

Ainsi, un kilo de ration ménagère à 2 000 kcal E.M. contient :
- 400 g de viande ;
- 300 g de riz ;
- 240 g de haricots verts ;

LES NUTRIMENTS ET LEURS SOURCES

Nutriments	Sources alimentaires
Protéines	viande (crue ou légèrement cuite), poisson cuit, œufs cuits, lait (si le chien le supporte), fromage
	à éviter : déchets trop riches en tendons, œufs crus, poisson cru
Amidon	céréales (riz, pâtes, grains) bien cuites
	à éviter : pommes de terre, pain, céréales crues
Lest	légumes verts (haricots verts, carottes, salade cuite), son (très petite quantité)
	à éviter : choux, oignons, navets
Graisses	graisses animales (suif, saindoux), huiles végétales (margarines, végétalines)
	à éviter : graisses rances ou cuites
Minéraux, Vitamines	farines d'os, carbonate de calcium, compléments minéraux, levure (vitamines), produits laitiers (calcium)
	à éviter : tout excès de complémentation

LES RÈGLES D'UNE BONNE ALIMENTATION

Voici quelques conseils à retenir pour bien nourrir votre chien.

- Donnez toujours la même nourriture : contrairement à l'homme, le chien ne recherche pas la diversité alimentaire.
- Il vaut toujours mieux fractionner les repas (un le matin, un le soir). Si vous préférez nourrir votre chien le soir, efforcez-vous de respecter une heure fixe.
- Votre chien n'est pas une poubelle : ne lui donnez pas vos restes de table…
- Afin d'éviter des diarrhées, passez d'un aliment à un autre en une semaine : 1/3 du nouvel aliment pendant trois jours, puis 2/3 de ce dernier dans les trois jours suivants. Cette transition alimentaire permet au tube digestif et aux intestins de s'adapter plus facilement.
- Utilisez des écuelles lavables, inoxydables et sans recoin. Le plastique est plus commode mais moins résistant, le métal restant l'idéal.
- N'oubliez pas de donner à boire à votre chien dans une autre écuelle ; la quantité de liquide par jour représente 2,5 à 3 fois la consommation de matière sèche, soit de 50 à 60 ml d'eau par kilo de poids corporel.

- 20 g d'huile de maïs (1 cuillerée à soupe) ;
- 20 g de levure (même mesure) ;
- 20 g de minéraux (même mesure).

Pour déterminer quelle quantité de cette ration ménagère donner à votre chien, il est nécessaire de connaître le nombre de kilocalories dont il a besoin, en fonction de son poids, de son état physiologique et de son niveau d'activité.

Bien utiliser les aliments préparés

Si vous utilisez des aliments préparés du commerce, vous pouvez facilement vérifier que le produit choisi correspond bien aux objectifs donnés (là encore, ne pas confondre matière sèche et matière humide).

À titre d'exemple, voici comment calculer la concentration énergétique d'un aliment dont l'étiquette fournit les caractéristiques analytiques suivantes :

M.P.b. (matières protéiques brutes)	=	6,5 %
M.G. (matières grasses)	=	4 %
M.M. (matières minérales ou cendres)	=	2 %
Cell. (cellulose)	=	1 %
Humidité	=	75 %

Cela signifie que, sur 100 grammes de produit préparé, 25 grammes sont constitués par :
- 6,5 g de matières protéiques ;
- 4 g de matières grasses ;
- 2 g de minéraux ;
- 1 g de cellulose ;
- 11,5 g de glucides.

On constatera que les glucides ne figurent jamais sur les étiquettes. On en connaît la quantité par déduction des pourcentages des autres composants par rapport au total.

Connaissant les valeurs énergétiques attribuées à chaque nutriment, la valeur énergétique de 100 g d'aliment est égale à (3,5 kcal x 6,5) + (3,5 kcal x 11,5) + (8,6 kcal x 4), soit un total de 97,4 kcal E.M., soit 974 kilocalories E.M. par kilo d'aliment.

Une fois connue la valeur calorique de l'aliment analysé, il reste à calculer la quantité à donner en fonction du nombre de kcal dont le chien a besoin.

À titre d'exemple, un chien de 20 kg consomme chaque jour :
- 365 g de croquettes,
- ou 425 g d'aliment semi-humide ;
- ou 1 020 g d'aliment en boîte.

Le moyen le plus sûr d'adapter la quantité à fournir au chien adulte reste de contrôler son poids chaque semaine.

À chaque âge son repas

Clé d'une bonne santé et gage de longévité, l'alimentation doit fournir au chien des matières équilibrées. Or, les besoins alimentaires du chien varient sensiblement selon son âge. Si l'on désire une longévité et une santé optimales, jeunes, adultes et vieux chiens doivent être nourris de manière différente… et spécifiquement adaptée.

Une alimentation adaptée

Une alimentation bien conduite permet de fournir à l'animal un aliment :
– adapté à son comportement alimentaire habituel, aux particularités de sa digestion et de son métabolisme ;
– suffisant et équilibré en fonction de son environnement ;
– appétent, mais aussi économique, si possible.

Le chiot

Parmi les conditions nécessaires au bon déroulement de la croissance du chiot, l'évaluation quantitative du besoin alimentaire est primordiale, l'équilibre de la ration étant respecté. D'où la nécessité de bien comprendre le déroulement de cette croissance, une fois le chiot sevré.
Chez ce dernier, le poids pris chaque jour (gain moyen quotidien ou G.M.Q.) s'accroît après la naissance pour atteindre un plateau de durée variable, puis s'atténue peu à peu, à mesure que l'animal approche de sa maturité.

Les chiots de petite race

Ils allient faible vitesse de croissance et grande précocité ; ils sont, à la naissance, proches du poids d'inflexion de leur courbe de croissance ; leur gain de poids, déjà restreint en valeur absolue, décline donc rapidement. Ces chiots posent peu de problèmes, car leurs besoins alimentaires sont aisément satisfaits, d'autant que l'allaitement maternel excède la période d'exigence maximale (les portées étant, de plus, peu nombreuses).

Les chiots de grande race

À l'opposé, les grandes races posent plus de problèmes, associant toutes les prédispositions à des sous-alimentations durant le jeune âge : poids de naissance assez faible, croissance intense et longue car ils sont moins précoces, allaitement proportionnellement plus restreint et plus court, se terminant avant la phase de développement maximal. Un rationnement bien adapté est donc nécessaire aux chiots de grande race.

Comment nourrir un chiot

L'alimentation doit tenir compte :
– de la diversité des races et des courbes de croissance ;
– de l'aptitude du chiot à digérer les aliments ; les normes les plus sérieuses peuvent parfois être battues en brèche par l'intolérance digestive de rations pourtant équilibrées.
On cherche à apporter au chiot une teneur protéique élevée (30 % de la matière sèche pour les petites races, de 37 % à 38 % pour les grandes), en veillant à la qualité de ces protéines.
En effet, le jeune chien est beaucoup plus sensible que le chien adulte à toute carence protéique, qui

Alimentation du chiot
Le chiot, comme ce jeune Briquet Griffon vendéen, doit recevoir une nourriture riche en protéines, en calcium et en phosphore.

risque d'induire un retard de croissance, une atteinte irréversible de la conformation, une anémie, une chute des protéines sanguines, une insuffisance d'anticorps entraînant une plus grande sensibilité aux maladies.

Les apports en calcium et en phosphore doivent être attentivement contrôlés afin de prévenir une grave maladie osseuse (l'ostéofibrose) correspondant à une non-minéralisation du squelette, affection classique du chiot nourri exclusivement à la viande ou en ration ménagère sans complément minéral. La teneur phosphocalcique de base des aliments doit se situer entre 1,5 et 2 % de calcium et entre 1 et 1,5 % de phosphore par rapport à la matière sèche.

Un chiot ne doit manger ni trop ni trop peu (voir tableau ci-dessous). Il ne faut surtout pas gaver un chiot sous prétexte de lui faire plaisir, car cela le rend trop gros pour son âge, puis rapidement obèse à l'âge adulte. C'est pourquoi, outre leur équilibre nutritionnel moins précis, les aliments humides ou ménagers, trop appétissants, ne sont pas à conseiller.

Les meilleurs résultats sont obtenus avec des aliments complets secs ou en soupe, le chiot régulant mieux sa consommation quotidienne. Certains fabricants proposent même des aliments spécialement adaptés aux chiots de grandes races.

La croissance reste la phase la plus importante et elle conditionne la vie du chien. L'alimentation doit donc être parfaite à ce moment-là, surtout pour les chiots de grande taille.

Rations quotidiennes

Chiot de petite race (chiot pesant 4 kg à 3 mois)

Âge (en mois)	**Poids** (en kg)	**Ration ménagère** (en g)	**Aliment sec** (en g)
3	4	630	200
6	6,93	730	230
9	8,65	770	240

Chiot de grande race (chiot pesant 8 kg à 3 mois)

Âge (en mois)	**Poids** (en kg)	**Ration ménagère** (en g)	**Aliment sec** (en g)
3	8	1 210	390
6	13,4	1 240	430
9	16,6	1 260	400
12	18,8	1 390	440
15	20,6	1 230	390

Le chien adulte

À l'âge adulte, le chien peut être au repos, ou dans une situation nécessitant une adaptation de son alimentation.

L'alimentation d'entretien est destinée aux chiens suivants :
- chiens adultes en activité normale ;
- chiens de chenil au repos ;
- chiens de sport ou de chasse au repos ;
- chiennes hors de période de reproduction.

Un chien a rarement une activité réduite au minimum. Ainsi ne doit-on pas simplement entretenir un bon état général, mais bien obtenir un état de santé optimal en évitant la tendance à l'obésité, si fréquente chez le chien.

Les principales caractéristiques d'un bon aliment de maintenance sont de :
- maintenir le poids de forme par une très bonne digestibilité des aliments sans apport excessif de matières grasses ;
- favoriser la beauté de la peau et du poil par une grande richesse en acides gras essentiels, en acides aminés indispensables, ainsi qu'en vitamines du groupe B.

Une composition optimale

Chaque ration doit donc être composée de manière à respecter l'équilibre nutritionnel suivant, qui paraît parfaitement adapté aux besoins du chien adulte :
- 25 % de protéines ;
- 10 % de matières grasses ;
- 3 % de fibres ;
- 1,2 % de calcium ;
- 1 % de phosphore.

Pour les rations ménagères, on peut retenir la règle suivante :
- 1/3 de viande ;
- 1/3 de riz ;
- 1/3 de légumes ;
- ajout d'huile végétale non cuite et d'un complément minéral vitaminé en poudre.

En moyenne, il faut donner 60 grammes de ce mélange par jour et par kilo de poids corporel.

Le tableau page suivante vous permettra de préparer vous-même des rations adaptées au poids de votre chien.

En cas d'utilisation d'aliments préparés, reportez-vous également au tableau page suivante, qui vous indiquera la quantité d'aliment à fournir à votre chien selon son poids.

ALIMENTS PRÉPARÉS : QUANTITÉS PAR JOUR (EN G)

Poids du chien (en kg)	**Aliment humide**	**Aliment semi-humide**	**Aliment sec**
5	400	160	210
6	460	180	160
7	520	200	180
8	570	220	200
9	620	240	210
10	670	260	230
11	720	280	250
12	770	300	260
13	820	320	280
14	870	340	300
15	910	360	310
16	960	380	330
17	1 000	390	340
18	1 050	410	360
19	1 090	430	370
20	1 130	440	390
21	1 180	460	400
22	1 220	480	420
23	1 260	490	430
24	1 300	510	450
25	1 340	530	460
26	1 380	540	470
27	1 420	560	490
28	1 460	570	500
29	1 500	590	510
30	1 540	600	530
31	1 580	620	540
32	1 610	630	550
33	1 650	650	570
34	1 690	660	580
35	1 730	680	590

Valeur énergétique des aliments

- Aliment humide (conserve), valeur énergétique moyenne : 1 100 kcal E.M. / kg d'aliment.
- Aliment semi-humide (emballage souple), valeur énergétique moyenne : 2 800 kcal E.M. / kg d'aliment.
- Aliment sec (croquettes), valeur énergétique moyenne : 3 200 kcal E.M. / kg d'aliment.

Le chien âgé

Le vieillissement est responsable de modifications cellulaires, métaboliques et organiques dont l'importance est encore mal cernée chez le chien. Parler de chien âgé revient à considérer la période débutant vers 8-9 ans, au cours de laquelle les capacités de l'animal à répondre à un surcroît de stress (effort psychologique, maladie) diminuent.
Il est acquis que toute erreur alimentaire, quel que soit l'âge de l'animal, peut accélérer le processus de vieillissement. La ration du chien âgé doit obéir aux règles suivantes :
– diminution quantitative globale d'environ 20 %, en raison de l'activité physique réduite ;
– légère augmentation de la proportion de protéines (27-28 %) pour maintenir un équilibre nutritionnel optimal. Certains préconisent une forte restriction protéique chez le vieux chien ; mais celle-ci est néfaste et ne s'impose que chez l'insuffisant rénal ;
– augmentation des vitamines, ainsi que des fibres pour un bon fonctionnement intestinal.
Il est bien sûr possible d'adapter la ration selon le type d'alimentation que vous aurez choisi :
Un kilo de ration ménagère comprendra :
– bœuf maigre 270 g
– foie 80 g
– riz cuit 400 g
– son de blé 160 g
– œuf dur entier 80 g
– 1 cuillerée à café d'huile de tournesol ;
– 1 cuillerée à café de végétaline de coco ;
– 2 capsules d'acide gras.
Un mélange d'aliments préparés d'une même gamme sera composé de la façon suivante :
– 50 % d'aliment hypocalorique ;
– 25 % d'aliment « physio-croissance » ;
– 25 % d'aliment « physio-complément ».
On pourra également choisir de donner au chien un aliment complet diététique. Il est tout à fait possible d'améliorer notablement l'espérance de vie d'un chien âgé en prévenant les maladies du vieillissement.
Dans cette optique, le rôle d'une alimentation adaptée, parfaitement équilibrée et tenant compte des besoins spécifiques de l'animal vieillissant, se révèle particulièrement déterminant. Il appartient donc au maître, par l'attention qu'il saura apporter tant à l'alimentation qu'aux autres soins quotidiens que lui demande son chien, de favoriser le vieillissement harmonieux de son compagnon.

Menus spéciaux

L'objectif d'une alimentation performante est d'offrir une nutrition optimale adaptée et différenciée selon qu'elle s'adresse à une chienne en lactation, à un chiot de trois mois, à un lévrier à l'entraînement ou à un chien de traîneau en compétition. Dans chaque cas, il ne s'agit pas d'augmenter les rations habituelles, mais de varier leur composition en raison des efforts demandés.

La chienne en période de reproduction

Si la période de reproduction n'influe pas sur les exigences nutritionnelles du mâle, elle modifie au contraire nettement celles de la femelle. Au cycle de reproduction se superpose une évolution cyclique des besoins avec une alternance de périodes à faibles exigences nutritionnelles (maintenance) et d'autres à fortes exigences.

La période de l'œstrus

Cette période n'impose pas d'exigence particulière, la femelle devant seulement être « en état ». Ainsi, une chienne amaigrie doit faire l'objet, au cours de ces trente jours, d'une légère suralimentation (jusqu'à 10 % du régime d'entretien). À l'inverse, une femelle trop grasse doit retrouver son poids idéal, sans pour autant recourir à une restriction sévère, peu compatible avec une bonne fertilité.
L'alimentation en période d'œstrus doit favoriser la ponte ovulaire et donc optimiser la fertilité sans risque pour la chienne de trop engraisser, ce qui entraînerait des problèmes à la mise bas.

La gestation

Elle ne cause pas d'accroissement sensible de la demande nutritionnelle durant les six premières semaines. En revanche, l'accélération du développement fœtal (95 % du poids du fœtus est acquis entre le 40e et le 62e jour de gestation) exige une augmentation de 20 à 25 % de tous les nutriments. Dans la dernière semaine, l'accroissement de la demande devient contradictoire avec la chute de l'appétit (essentiellement causée par l'augmentation importante du volume et du poids de l'abdomen), imposant une modification de la densité énergétique, de la qualité gustative et nutritive de la ration, ainsi qu'une nouvelle distribution des repas.

Il faut donc garantir :
– une vitalité optimale de la portée ;
– une stabilité pondérale de la femelle, le gain de poids total ne devant pas excéder 10 % (important développement des glandes mammaires).
Le tableau ci-dessous donne la composition d'une ration ménagère type pour cette période.

La lactation

Contrairement aux deux périodes précédentes, elle provoque une augmentation considérable de la demande nutritionnelle. Cela tient à la richesse exceptionnelle du lait de chienne (particulièrement en matières grasses et en protéines) et à la grande aptitude laitière de la mère. La quantité produite peut être très importante ; par exemple, une chienne de 17 kg allaitant quatre chiots produit jusqu'à 1,3 kg de lait par jour ! La lactation se révèle très exigeante.
Si l'appétit de la chienne augmente avec sa production de lait, ses besoins nutritionnels au pic de lactation (entre la 3e et la 5e semaine) doivent être couverts par une augmentation de l'apport, notamment en protéines, en matières grasses, en calcium et en vitamine A. L'élévation considérable de la demande durant cette phase impose de fractionner la ration quotidienne en au moins trois repas. Par ailleurs, il faut accroître très fortement la densité énergétique de l'aliment par un enrichissement en matières grasses. Une chienne allaitant plus de quatre chiots devrait systématiquement recevoir une alimentation à plus de 4,2 kilocalories par gramme de matière sèche.
Dans ces conditions, elle peut consommer toute l'énergie nécessaire à la couverture des besoins de lactation sans risque d'amaigrissement excessif.
Si le tableau ci-contre fournit un exemple de ration ménagère type, on se rend compte qu'il est préférable d'avoir recours à des aliments complets secs de type « stress » : ainsi, pour une chienne de 22 kg allaitant six chiots, près de 4 kg d'aliment humide par jour sont nécessaires, alors que 1,5 kg d'aliment sec « stress » se révèle suffisant. Celui-ci induit un encombrement digestif moindre et permet de répartir les repas dans la journée.

RATION MÉNAGÈRE TYPE POUR UNE FEMELLE

	En gestation	**En lactation**
	Formule (en g) pour 1 040 kcal E.M. / kg	Formule (en g) pour 1 220 kcal E.M. / kg
bœuf maigre	300	450
riz cuit	400	400
haricots verts	100	50
carottes	300	150
farine d'os	20	20

Femelle Whipped allaitant
Une mère en bonne santé et alimentée convenablement peut allaiter plusieurs chiots sans problème.

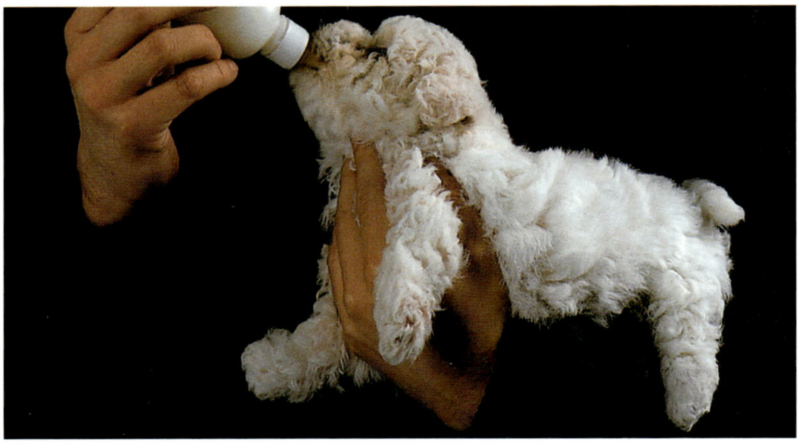

Allaitement artificiel
Nourrir un chien au biberon s'avère parfois indispensable. Il faut le maintenir d'une seule main pour que son estomac reste bien allongé. Évitez de le prendre dans vos bras.

Le chiot au biberon et sevré

L'alimentation du chiot avant le sevrage pose peu de problème, puisque, physiologiquement, elle revient à couvrir les besoins nutritionnels d'entretien de la mère, augmentés du fait qu'elle transmet un certain nombre de nutriments grâce à son lait.
Pourtant, les raisons de recourir à l'allaitement artificiel sont nombreuses :
– zootechniques, lorsque le nombre de chiots est trop élevé ou qu'ils sont orphelins ;
– physiologiques, lorsque la chienne n'a pas de lait ou ne peut poursuivre l'allaitement ;
– pathologiques, si une mammite se déclare : elle est le plus souvent due à des staphylocoques ou à des colibacilles.
On sait que, jusqu'à la troisième semaine, le chiot dépend de la température extérieure pour maintenir celle de son corps. Par ailleurs, la croissance du chiot est, grâce à la richesse du lait de chienne, très rapide : son poids double en huit jours, triple à trois semaines, quintuple à un mois. Cette croissance est étroitement liée à la taille de la race à l'âge adulte et peut être surveillée par une pesée individuelle journalière des petits, si possible à heure fixe : tout chiot perdant du poids dans l'espace de 24 à 48 heures, ou cessant d'en gagner pendant deux à trois jours doit faire l'objet d'un allaitement artificiel complémentaire.
Un bon remplaçant du lait maternel doit toujours répondre à trois impératifs pour s'avérer efficace et ne pas provoquer d'effets secondaires nocifs :
– respecter la physiologie digestive du chiot ;
– être distribué dans un environnement « maternel » (chaleur, hygiène) ;
– avoir la composition la plus proche de celle du lait de chienne.

Le sevrage

On sevrage du chiot dépend une bonne part de sa conduite alimentaire ultérieure ; réussi, il conditionne tout l'avenir du chien, tant ses capacités d'adaptation future à l'évolution de son cadre de vie que son développement corporel et sa santé.
De fait, il n'existe aucune règle précise concernant la date de commencement du sevrage : le seul véritable impératif est le respect d'un sevrage progressif, étalé dans le temps. Seule cette méthode permettra à l'organisme du chiot, surtout au tube digestif, de s'adapter à sa nouvelle alimentation.
Un présevrage devrait commencer dès la fin de la troisième semaine d'allaitement par la mise à disposition des chiots d'une bouillie (bouillie lactée, petits granulés, viande hachée ou, mieux, aliment spécial disponible chez les vétérinaires et les éleveurs).
Le sevrage se fait ainsi progressivement jusqu'à la 5e-6e semaine. À partir de ce moment, on peut donner à manger au chiot :
– trois repas d'un aliment sec « croissance » réhydraté ;
– des croquettes de petite taille en libre-service.
Vous pouvez alors passer, quand le chiot atteint l'âge de 7-8 semaines, à une alimentation normale pour favoriser sa bonne croissance.

ALLAITEMENT ARTIFICIEL : QUELQUES CONSEILS

- Les chiots se nourrissent peu, mais souvent. On peut conseiller le mode 7-6-5-4 (sept tétées par jour la première semaine, six la deuxième, etc.), voire 4-4-4-3.
- Utilisez pour l'allaitement artificiel des ustensiles d'une propreté irréprochable : nettoyez-les à l'eau froide, puis chaude pour éviter la coagulation des protéines lactées.
- En l'absence de soins maternels, réveillez les chiots avant chaque repas. Ce dernier terminé, massez-leur le périnée avec un coton imbibé d'eau tiède ou de lait de toilette (substitut de la langue de la mère), afin de déclencher les réflexes de miction et de défécation.
- Vous pouvez entraîner les chiots à boire le lait dans une écuelle dès la troisième semaine.

Le chien d'utilité

Évaluation des besoins alimentaires

Il est nécessaire de bien cerner les spécificités nutritionnelles liées à l'activité du chien avant de proposer d'établir une ration type.
On doit d'abord évaluer le besoin énergétique quantitatif de chaque sujet. Les besoins d'un chien de 25 kg avoisinent les 1 500 kilocalories. Le chien de travail en période d'utilisation voit, quant à lui, ses besoins multipliés par 1,5 à 2. Seule exception à la règle, le chien de traîneau se révèle petit mangeur, puisque 1 300 kilocalories

couvrent son besoin énergétique global, mais il reste indispensable à déterminer l'aspect qualitatif de sa ration alimentaire.

La ration de travail différant parfois fortement de la ration d'entretien, on doit respecter une bonne transition alimentaire pour éviter tout désordre digestif. On procédera par étapes, dès le début de la phase d'entraînement, pour introduire progressivement les aliments supplémentaires qui sont nécessaires. Chez le chien de traîneau, cas extrême de modification de la ration, on préconise une augmentation des graisses de 10 g par semaine ; la quantité maximale est donnée en début de phase de compétition. La légère prise de poids pouvant en résulter se révèle positive, l'important étant que les chiens récupèrent ensuite très rapidement leur poids de forme.

On suivra la même règle, mais inversée, pour le retour à la ration d'entretien. Certains fabricants proposent des aliments complets « spécial travail » d'une grande qualité nutritionnelle et qui peuvent donc être employés sans aucun problème.

Le chien de chasse

Le chien de chasse mérite une attention particulière, tant pour l'importante population qu'il représente que pour son type de travail spécifique. Pour le chasseur, il est essentiel d'adapter l'alimentation de son chien à la durée et au niveau de travail qu'il lui demande. On évite ainsi les risques de suralimentation ou de sous-alimentation. Dans cette optique, nous avons regroupé l'ensemble des données concernant le chien de chasse dans le tableau de référence ci-dessus qui donne toutes les informations, tant générales que spécifiques, pour alimenter convenablement son chien et préserver sa forme physique.

Composition de rations ménagères pour chien de chasse au travail (en g)

Éléments constituants de la ration ménagère	Ration 1 (2 300 kcal E.M. par kg)	Ration 2 (2 350 kcal E.M. par kg)
viande pour chiens	700	
viande maigre		600
riz cuit humide	100	100
légumes verts	100	100
lard ou saindoux		100
complément minéral vitaminé*	100	100

*1/3 de levure de bière, 1/3 d'huile de tournesol, 1/3 d'un mélange carbonate de calcium-phosphate bicalcique.

Le chien de sport

L'engouement du public pour le chien va actuellement de pair avec son intérêt pour les sports canins. Courses de traîneaux à chiens ou de Lévriers, concours de chiens de défense sont autant d'exercices physiques permettant de conserver le caractère utilitaire de certaines races. Le chien de sport fournit une activité d'intensité variable au cours de l'année.

Pour établir sa ration alimentaire, il faudra prendre en compte les dépenses précises de son organisme : en effet, durant une même année, le chien d'utilité passe d'une phase de stricte maintenance (entretien hors saison de travail), à une période d'efforts plus ou moins intensifs (entraînement, compétition, désentraînement).

L'alimentation des chiens sportifs
L'alimentation des chiens de traîneau, comme ces Samoyèdes, doit être adaptée à l'effort.
Au repos, le régime sera revu pour éviter la prise de poids.

Régimes en cas de maladie

L'instauration d'un régime adapté, en cas de maladie ou d'accident grave, peut en retarder le développement clinique et contribuer efficacement au traitement. En cela, la nutrition est sans nul doute la première des médecines douces, trop souvent négligée.

L'obésité
Comme chez les hommes, l'excès de poids chez le chien risque d'entraîner des dysfonctionnements endocriniens graves.

L'obésité

L'obésité peut se définir comme un excès d'embonpoint, qui correspond à un surplus pondéral supérieur à 15 % du poids normal du chien adulte. Selon les enquêtes, de 25 à 35 % des chiens sont cliniquement obèses.

On remarque que l'obésité de l'animal est en relation avec celle du maître. Il existe une incompréhension notoire des propriétaires de chiens envers l'obésité, qu'ils ne considèrent que comme « quelques kilos de trop ». En fait, l'obésité est une maladie à part entière, d'autant plus inquiétante que :

– elle cause ou aggrave d'autres maladies (insuffisance cardiaque et/ou respiratoire, diabète) ;
– elle accroît les risques chirurgicaux préopératoires (les anesthésies sont difficiles, voire dangereuses pour les chiens obèses) ;
– elle favorise l'apparition de carences nutritionnelles ;
– elle cause une atteinte des fonctions reproductrices (diminution de la libido et de la qualité de sperme du mâle, baisse de la fertilité chez la femelle) ;
– elle provoque des problèmes locomoteurs parfois importants (comme les arthroses, les hernies discales).

Les causes de l'obésité

Parmi les causes déterminantes de l'obésité, l'alimentation est prépondérante, souvent liée à un manque d'exercice. Certaines races y sont prédisposées : les Cocker, Labrador, Colley... À ce stade, l'alimentation du chiot est fondamentale, car l'augmentation de la quantité de tissu adipeux chez l'obèse résulte de la croissance de la taille des cellules graisseuses, mais surtout de leur augmentation en nombre. Le chiot trop nourri va fabriquer beaucoup de cellules adipeuses qui, comme de petits ballons, n'auront plus qu'à se remplir de matières grasses. Il faut donc rationner au mieux le chiot en croissance, en évitant les aliments trop appétissants au profit des aliments complets secs et spécialisés. Par ailleurs, flatter la gourmandise d'un chien en le gavant de sucreries est un facteur non négligeable d'obésité.

Enfin, l'obésité est fréquemment associée à des maladies endocriniennes plus graves (hyperthyroïdie, maladie de Cushing), ou elle en est le résultat ; un bilan doit être effectué par le vétérinaire sur tout chien trop gros.

Le régime à suivre

Une fois le diagnostic d'obésité posé, la réussite du traitement diététique tient à la prise de conscience et à la détermination du maître à faire suivre au chien le régime imposé.

– Suivre l'évolution du poids du chien en effectuant une pesée par semaine, pour surveiller la perte de poids demandée par le vétérinaire.
– Supprimer toute friandise riche en sucres, amidon, graisses ; remplacer par de la pomme, par exemple.
– Diminuer fortement la ration (elle ne doit couvrir que 60 % du besoin du chien sur la base du poids normal).
– Réduire la proportion de graisses dans la ration.
– Enrichir légèrement l'aliment en protéines, minéraux et vitamines.

Face au problème consistant à réduire ce qui est ingéré chaque jour, tout en maintenant le volume du bol alimentaire et en concentrant l'aliment en nutriments essentiels, la meilleure solution est un aliment complet spécialisé garantissant la couverture des besoins spécifiques (l'idéal restant l'aliment diététique hypocalorique complet sec, en vente chez la plupart des vétérinaires).

Cependant, on peut également suivre un plan d'alimentation ménagère. Le tableau page suivante permet d'établir un régime adapté à son chien en cas d'obésité moyenne.

On peut raisonnablement espérer faire perdre à un chien de 5 à 7 % de son poids par mois, lui redonnant ainsi santé, vitalité et espérance de vie.

L'insuffisance rénale chronique

L'insuffisance rénale peut se définir comme la perte progressive et irréversible des fonctions rénales : fonction d'excrétion, fonction de régulation, fonction hormonale.
Cette affection se manifeste lorsque plus de 75 % des néphrons ne fonctionnent plus.
Elle constitue l'une des principales causes de mortalité non accidentelle chez les carnivores. Face à une dégradation progressive et souvent irréversible des fonctions rénales, la diététique doit différer une perte totale des capacités, mais aussi aider à prévenir les maladies qui en découlent.
Lorsque le vétérinaire a diagnostiqué chez un chien une insuffisance rénale chronique, il faut mettre au point un régime approprié pour tenter de pallier certains inconvénients de cette maladie.
Il s'agit alors de surveiller l'animal pour :
- prévenir l'intoxication urémique du chien ou, si elle est installée, la faire régresser ;
- amoindrir les perturbations liées à la rétention ou à la fuite excessive de minéraux ;
- maintenir un équilibre nutritionnel adapté aux autres fonctions de l'organisme ;
- ralentir autant que possible l'évolution de l'affection.

Une alimentation adaptée

Il est donc indispensable de modifier l'alimentation d'un chien affecté d'une insuffisance rénale.
On veillera plus particulièrement à surveiller les points suivants :
- réduction des protéines mais augmentation de leur qualité ;
- réduction du phosphore ;
- réduction des fibres qui « pompent » de l'eau vers l'intestin, diminuant la production d'urine, ce qui est contraire au but recherché ;
- augmentation des matières grasses pour améliorer l'appétence (l'insuffisant rénal perd son appétit), mais aussi pour accroître la concentration énergétique et fournir de l'eau à l'organisme.

La qualité irréprochable des matières premières est primordiale, tant pour des aliments frais que pour des aliments tout préparés.

Comparaison entre les rations d'entretien et de diète

Pour 1 kg d'aliment :

	Ration d'entretien (en g)	**Ration en cas d'obésité** (en g)
bœuf maigre	420	
viande blanche ou poisson maigre		330
riz cuit	430	300
carottes	130	180
son de blé		180
huile de tournesol	20	10

Les différents éléments de la ration (protéines, matières grasses, fibres, etc.) doivent provenir de sources de qualité :
- les protéines : viande, poisson, caséine du lait, œufs entiers ;
- les matières grasses : beurre, huiles végétales et de poisson purifiées, saindoux, graisse de volaille ;
- les fibres : légumes verts (pour éviter les sources riches en phosphore que sont les farines issues de céréales) ;
- l'amidon : préférer l'amidon de maïs ou de tapioca, car l'un et l'autre sont aussi pauvres que possible en protéines végétales.

Enfin, il faut absolument prévoir un complément minéral et vitaminique, en excluant le phosphore, mais en veillant à ce que l'apport en vitamines reste élevé, quel que soit le régime adopté.

Les autres maladies

La nourriture joue un rôle primordial dans le traitement et la prévention de la plupart des pathologies du chien : parmi elles, le diabète, l'urolithiase ou formation de calculs dans la vessie, et de nombreuses affections plus bénignes (constipation, problèmes de peau, diarrhée, etc.).

Le diabète

Le diabète sucré correspond à un état d'hyperglycémie chronique. Ses causes sont à la fois génétiques et extérieures à l'animal et tiennent principalement à une moindre sécrétion d'insuline par le pancréas. Si une forme juvénile de diabète affecte davantage certaines races (Pinscher, Berger allemand, Caniche), elle ne représente pas plus de 1 à 2 % de l'ensemble des diabètes, qui restent donc prépondérants chez l'adulte. Les causes suivantes favorisent cette maladie :

– race (Berger allemand, Colley, Pékinois, Boxer) ;
– âge (entre 5 et 12 ans) ;
– sexe (deux fois plus de femelles) ;
– obésité (la cause principale, associée à un manque d'exercice).

Chez le chien adulte, il existe deux types de diabète, le second résultant de l'évolution du premier : diabète non insulinodépendant (la diététique seule permet de contrer la maladie) ; diabète insulinodépendant (insuline quotidienne obligatoire et diététique et heures de repas adaptées).

En cas de diabète non insulinodépendant, le chien garde une aptitude à un régime glucidique, à condition que celui-ci soit composé de :

– glucides lents (pâtes, riz) ;
– protéines de qualité (viande maigre blanche ou rouge) ;
– lipides (graisse de coco) ;
– fibres (salade, légumes verts sauf carottes, son).

Trois ou quatre repas par jour doivent être donnés à heures fixes, en aliments diététiques spécialisés ou en ration ménagère adaptée.

En cas de diabète insulinodépendant, un régime traditionnel, sans excès de protéines ni de lipides, suffit. On peut utiliser un aliment hypocalorique complet, sec de préférence, afin d'étaler l'absorption des glucides dans le temps. Il faut proscrire les sucres rapides (sucres) et respecter l'alimentation et les heures de repas adaptées à la prise d'insuline.

Les calculs

Ce sont des cristaux qui se forment et précipitent dans la vessie, pouvant en causer l'obstruction. Ces affections sont appelées « urolithiases ». On estime que plus de 2 % des chiens présentés chez le vétérinaire en sont atteints, certaines races étant plus touchées que d'autres : Chihuahua, Yorkshire, Caniche, Teckel et surtout Dalmatien. Cette dernière race est génétiquement prédisposée aux calculs. Contrairement au chat, le chien présente différentes urolithiases, selon la nature des calculs précipités : struvite, urates, cystine, silicates...

Les modifications alimentaires destinées à prévenir, ralentir ou guérir l'affection doivent donc faire suite à un diagnostic précis du type d'urolithe, sans quoi elles seraient inutiles, voire néfastes. Dans tous les cas, l'objectif est de réduire la concentration urinaire en substances génératrices de calculs, de maintenir un PH urinaire approprié (acide ou alcalin selon les cas) et d'augmenter le volume urinaire.

Bien que le régime en cas d'urolithiase doive être établi par le vétérinaire en fonction du type de problème en cause, on peut, chez soi, adapter l'alimentation de son chien. Les aliments les plus conseillés sont le riz cuit (800 g pour 1 kg d'aliment), les œufs durs et l'huile végétale. On veillera à fournir aussi à l'animal du carbonate de calcium, du chlorure de potassium et des vitamines.

Attention : vous ne devez pas oublier que levures, abats et viandes rouges sont proscrits, car ils sont précurseurs d'acide urique.

Autres cas

De nombreuses autres maladies nécessitent une adaptation de la ration.

– La constipation peut être soignée en augmentant la teneur en fibres, par l'introduction de son ou le choix d'un aliment hypocalorique complet.
– Les problèmes de peau proviennent parfois d'une mauvaise alimentation. Ajoutez des vitamines du groupe B, des acides aminés soufrés et des acides gras essentiels (ils peuvent, depuis peu, être donnés sous forme de capsules).
– Les diarrhées chroniques doivent être soigneusement diagnostiquées avant prescription d'aliment diététique généralement hyperdigestible.
– L'insuffisance cardiaque est actuellement soignée par prescription d'un régime sans sel, bien que l'efficacité de ce régime n'ait pas encore été scientifiquement démontrée.

Exemple d'équilibre alimentaire

Pour insuffisant rénal chronique

Pour 1 kg d'aliment:

viande blanche	250 g
carottes	300 g
amidon de tapioca	380 g
huile de tournesol	65 g
huile de saumon purifiée	5 g
complément minéral et vitaminique	

Des aliments complets hypoprotéiques secs ou humides permettant le suivi à long terme d'une insuffisance rénale sont également disponibles chez les vétérinaires.

Exemple de ration ménagère

Pour chien diabétique

Pour 1 kg d'aliment:

viande blanche et foie	250 g
riz cuit	250 g
légumes verts	420 g
son de blé	50 g
huile de tournesol	10 g
complément spécial « diabète »	20 g

plus, éventuellement, une pomme comme gâterie sans risque de donner trop de sucre.

CHAPITRE 4

Comprendre et éduquer son chien

La vie en meute

Le chien ne peut vivre et se développer que dans un groupe organisé. Il est donc indispensable de connaître le mode d'organisation des meutes pour pouvoir comprendre le comportement du chien.

Assurer sa survie

Pour assurer sa survie au sein du groupe et en maintenir la cohésion, chaque chien doit respecter les règles qui régissent le comportement de la meute. En toute situation, les mâles dominants, s'arrogeront des privilèges : mise à mort du gibier, prise des repas, attribution du territoire... C'est grâce à cette organisation sociale très hiérarchisée que le chien a pu s'adapter à tous les climats, gibiers, types de chasse et a pu survivre sous toutes les latitudes. Le comportement du chien de compagnie, dérivé de celui des chiens à l'état sauvage, obéit aux mêmes règles.

La chasse

Même si son alimentation comprend une certaine part de végétaux, le chien est d'abord un carnivore. C'est dire que, pour se nourrir, il lui faut chasser. Lorsque le chien chasse, deux situations peuvent se produire : soit il est en quête de petites proies et alors il chasse seul, soit il chasse de grosses proies en groupe.

Le chien qui cherche de petites proies se sert de son flair puis de sa vue, parfois complétée par l'ouïe. Les proies doivent être en mouvement pour déclencher le comportement de capture ; toute la stratégie du chien durant la quête sera de provoquer le départ de la proie, en piétinant l'herbe dans laquelle elle se cache, en la déterrant ou en aboyant. On retrouve là différents aspects de comportements que l'homme a mis à profit chez le chien de chasse. La proie va alors, dans le cas le plus favorable pour le prédateur, chercher à s'enfuir. Le chien s'élance à sa suite et tente de la saisir en pleine course, s'il s'agit d'une proie dont le poids n'est pas trop faible (lapin, lièvre, chat). S'il s'agit de très petits animaux (souris, mulot, rat), le chien va sauter en l'air, les membres tendus, pour retomber antérieurs joints, plusieurs fois de suite, sur la proie, et il ne la saisira que lorsqu'elle ne présentera plus que quelques sursauts. Dans les deux cas, la proie est mise à mort par rupture du rachis : solidement maintenue par les mâchoires, elle est vigoureusement secouée, ce qui aboutit à une dislocation de la colonne vertébrale. En revanche, les proies de grande taille

Chien de chasse avec sa proie
Ce Korthals revient avec une proie qu'il tient fermement maintenue entre ses mâchoires, avec cependant beaucoup de délicatesse.

(cervidés, sangliers) sont chassées en meute, ce qui est la règle chez tous les canidés sociaux (loups, lycaons, hyènes). Le chien est capable de suivre sa proie pendant de très longues durées (les chiens de Saint-Hubert peuvent ainsi traquer leur proie pendant 24 à 72 heures), la sélection ayant largement amélioré l'endurance et la vitesse. Durant la traque, les chiens communiquent à la voix, différentes vocalises permettant de signaler le sexe, la taille, l'état et la proximité de la proie. Les veneurs connaissent bien ces différents signaux auxquels ils ont souvent donné des noms ; par exemple le « récri » correspond à une augmentation de vigueur des aboiements lorsque les chiens se sont rapprochés du cerf ou ont retrouvé sa trace après l'avoir perdue.
La phase de traque met peu en jeu la hiérarchie chez les mâles ; en revanche, il est indispensable pour les femelles dominantes d'y participer aux côtés des mâles pour maintenir leur rang hiérarchique. Tout cela est modifié lorsque la proie fait face (les veneurs appellent cela « tenir au ferme ») et va être mise à mort. Ce sont les dominants mâles et femelles qui vont prendre la tête de la meute au moment où celle-ci submerge la proie et la tue.

La chasse à courre
Dans le cadre de la chasse à courre, le chien force la proie jusqu'à ce que les chasseurs le rejoignent et achèvent le gibier. Les chiens communiquent par différentes vocalises.

Le territoire de la meute

Le chien vit sur un espace collectif, le territoire de la meute, organisé autour d'une zone centrale dans laquelle résident mâles et femelles dominants avec leurs petits. Les autres chiens se répartissent dans des portions de territoire organisées en anneaux concentriques, les sujets les plus bas dans la hiérarchie (mâles adolescents) étant les plus éloignés du centre. De ce fait, séjourner dans la zone centrale devient un signe de dominance. Il ne faut pas croire que de grandes distances séparent les différentes zones ni que les chiens ont besoin de grands espaces pour pouvoir s'organiser ainsi. Cette organisation peut être réalisée dans quelques mètres carrés, car c'est l'endroit où les dominants s'installent pour se reposer qui marque le centre du territoire.

Les repas

Le comportement alimentaire du chien est extrêmement complexe parce qu'il est l'objet d'importantes régulations sociales. La prise de nourriture n'a pas pour seule fonction d'apporter à l'animal les nutriments nécessaires ; elle permet aussi, par le jeu des rituels alimentaires, d'assurer la cohésion de la meute et de redonner régulièrement sa place à chaque individu lors des repas.
Tout un chacun a déjà eu l'occasion de voir le repas des grands carnivores sociaux (lions, hyènes, lycaons, loups) dans les émissions télévisées : chaque animal ne s'y sert pas au gré de sa faim ou de son arrivée sur les lieux. Les petits eux-mêmes ne sont pas prioritaires. Ce sont les mâles dominants qui « ouvrent le banquet ». Ils toléreront bientôt la participation des femelles dominantes ; le reste de la meute, chiots compris, devra attendre qu'ils lui abandonnent la carcasse.
Dans ce système, tout est ostentation : l'important est de se faire voir en train de manger. De fait, les dominants mangent lentement, s'arrêtent dès que les dominés détournent le regard ou s'en vont, pour reprendre le repas sitôt qu'ils sont de nouveau attentifs. Les dominés, lorsque viendra leur tour, mangeront avec frénésie, et seront très agressifs tout le temps du festin. En revanche, si les dominants sont menaçants au début du repas afin de maintenir à distance leurs subordonnés, ils toléreront ensuite que ces derniers s'approchent lentement du repas en adoptant des postures particulières, dites « postures d'apaisement ». Le comportement alimentaire des dominants est donc caractérisé par la priorité d'accès au repas, la lenteur d'ingestion et la nécessité d'être observé par les dominés.

Les relations entre chiens

Les chiens de compagnie ne vivent plus en meute, mais éprouvent le besoin, à chaque rencontre avec un congénère, de marquer leur position hiérarchique. Ce besoin de communication doit être respecté par le maître pour le bon équilibre de son chien : les contacts avec les congénères ne doivent donc pas être systématiquement évités.

La communication entre chiens

Pour maintenir la cohésion et la sécurité de la meute, les chiens doivent pouvoir échanger des informations. Cette nécessité vitale qu'on retrouve chez tous les animaux sociaux, des insectes aux mammifères, a conduit au développement de systèmes de communication très développés. Toute communication suppose l'existence d'un émetteur et d'un récepteur. Pour que le message soit perceptible, il faut qu'il soit construit à partir d'éléments qui soient perçus par les systèmes sensoriels du récepteur, et en particulier ceux qui sont en éveil dans une situation donnée. À chaque système sensoriel correspondent des canaux de communication. Le chien en utilise couramment trois : le canal visuel, le canal auditif, le canal olfactif. Il utilise assez peu le canal tactile.

La vision

Le canal visuel est le plus complexe, tant par la diversité des informations qu'il fait passer que par sa capacité à se modifier et à s'adapter à la communication avec d'autres espèces – l'homme en particulier, mais aussi le chat, le cheval. Par ce canal vont passer des informations codées sous forme de postures, mimiques faciales, vitesse de déplacement, regards (par exemple de menace).
La plupart des postures ou enchaînements de postures que le chien utilise pour communiquer sont des rituels. Un rituel est initialement un acte simple, inné, qui a une fonction de survie ; au cours du développement comportemental ou de sa vie d'adulte, le chien modifie cet acte pour lui donner une fonction de communication.
À presque toutes les situations de communication entre les chiens correspond un rituel qui permet à chacun des protagonistes d'interpréter les réactions de l'autre et d'adapter sa propre réponse.

L'audition

Les messages qui passent par le canal auditif sont émis sous forme de vocalises. Leur importance varie selon les races, mais c'est la sélection réalisée par l'homme en vue de certaines utilisations qui en est responsable. Le meilleur exemple dont nous disposons est celui des chiens courants, chez qui on retrouve encore la totalité des vocalises avec leurs fonctions importantes pour la prédation. À la naissance, le chiot ne sait pas vocaliser ; il affine progressivement son registre vocal en grandissant. La communication sous forme de vocalises n'est pas, malgré tout, prépondérante chez le chien, hors des situations de chasse en meute. Elle est le plus souvent utilisée en association avec les rituels posturaux pour souligner la coloration affective de la situation :
– grognement dans les situations de menace ou parfois de peur ;
– plainte dans les situations de peur ou de douleur ;
– jappement dans un contexte agréable (par exemple en association avec une posture d'appel au jeu) ;
– aboiement en situation d'alerte…
Les vocalises sont aussi fréquemment utilisées pour renforcer les rituels d'apaisement. C'est ainsi que, lors d'une infraction grave en présence d'un dominant, le chien dominé va associer des

Le dépôt d'urine
Ce n'est pas un marqueur territorial, mais une information qui réclame une réponse.

plaintes au rituel adapté à ce cas, le mordillement des babines, les plaintes augmentant au fur et à mesure que le dominant se rapproche.

L'olfaction

On ne sait pas encore grand-chose sur l'olfaction, hormis sa grande importance chez le chien. On peut dire qu'il existe deux types de messages chimiques utilisés par le chien : d'une part, des substances qu'il synthétise lui-même ; d'autre part, des substances qu'il récupère dans son environnement.

• **Les sécrétions de la peau.** Plusieurs zones du corps du chien semblent impliquées dans la synthèse de substances ayant un rôle dans la communication. La peau, les glandes sébacées et sudoripares sécrètent différentes substances dont certaines pourraient faciliter la reconnaissance entre individus. Certaines de ces glandes semblent particulièrement impliquées et sont systématiquement explorées lors de contacts entre chiens. Il en va de même des coussinets plantaires ou de la peau des espaces interdigités qui pourraient être responsables des messages chimiques déposés lors du raclage du sol par les dominants qui refoulent un intrus.

• **Les sécrétions anales.** D'autres sécrétions sont mieux connues, en particulier celles des glandes annexes de l'anus et des sacs anaux, qui véhiculent des informations déposées sur les fèces lors des comportements d'élimination volontaires (informations d'ordre hiérarchique probablement), mais aussi des phéromones d'alarme lors de défécations par peur. Ce phénomène est bien connu des vétérinaires qui savent que, lorsqu'un chien a fait une crise de panique au cours de l'examen, les chiens suivants, alertés par ce qu'ils sentent dans le cabinet, sont beaucoup plus tendus. Les glandes annexes de l'anus joueraient aussi un rôle dans la reconnaissance individuelle et sont d'ailleurs systématiquement explorées lors de rencontres. Il semblerait que certaines infections dont elles sont le siège puissent modifier à ce point la composition chimique de leur sécrétion que des combats entre chiens habituellement conviviaux soient alors déclenchés.

• **L'urine.** C'est un important véhicule de phéromones informant sur l'espèce, le sexe, le rang hiérarchique et la réceptivité sexuelle de l'émetteur. L'urine n'est jamais un marqueur territorial : un dépôt d'urine n'interdit pas le passage mais réclame une réponse, ainsi que tout propriétaire d'un chien mâle a pu le constater. Enfin, la muqueuse de la verge, celle du fourreau, celle de la vulve ou du vagin sont productrices de phéromones dont une bonne partie est diffusée par l'urine. Le plus souvent, ces substances agissent seules, mais parfois leur émission est associée à des messages visuels. C'est ainsi que le fait d'uriner en levant la patte est un système plus complexe qu'il n'y paraît : il associe le message chimique avec une marque visuelle (la tache d'urine en hauteur) et une posture (lever la patte le plus haut possible lorsqu'on est dominant). Le rôle visuel du lever de patte est prouvé par une amusante observation : lorsqu'on regarde une meute de chiens la nuit, on constate que les mâles dominants urinent très souvent accroupis, alors que le jour ils le font en levant bien haut la patte, à la vue de tous.

• **Les messages olfactifs du milieu.** À côté de ces messages chimiques produits par différentes glandes, le chien utilise des messages olfactifs qu'il récolte dans son environnement. Qui n'a jamais vu un chien se frotter dans une charogne, un crottin, une flaque d'urine ? Or, on constate très vite que le chien ne se frotte pas au hasard sur l'objet de son choix, mais cherche à en imprégner l'arrière de ses oreilles, sa croupe, la base de son encolure. Il s'agit de zones systématiquement explorées lors de rencontres entre congénères. Dès lors, différentes hypothèses ont été proposées qui sont toutes actuellement incontrôlables, en l'absence d'une meilleure connaissance de l'« alphabet chimique » des chiens. Toutefois, le plus plausible est que les chiens s'imprégneraient de substances susceptibles de renforcer leurs chances d'être perçus comme dominants.

Le comportement sexuel du chien

Comme la prise de nourriture, la sexualité est un des points essentiels d'organisation de la meute. Ici aussi, tout est ostentation : un mâle dominant doit être vu en train de s'accoupler avec une chienne et, de fait, les mâles dominants effectuent toujours les saillies en présence des autres mâles de la meute. Cela est si vrai qu'on a pu montrer qu'une partie des saillies était purement fictive (saillies mimées) ; elles sont déclenchées par la présence de nombreux mâles autour d'une femelle en chaleur et n'ont manifestement qu'une fonction purement sociale. Pour les femelles, devenir la partenaire d'un mâle dominant permet d'accéder à un rang social dominant. La femelle favorite est en outre celle qui a le plus souvent les faveurs du dominant de plus haut rang, qui joue avec lui et partage le lieu dans lequel il se retire. Les jeunes femelles, lors de leurs premières chaleurs, cherchent donc à attirer l'attention du mâle dominant et sont en butte aux agressions des femelles déjà en place. Celles-ci disposent d'armes chimiques leur permettant de limiter l'expressivité des chaleurs des jeunes femelles et des femelles dominées ; il s'agit de phéromones (substances volatiles agissant comme des hormones sur l'organisme du perceveur qui les capte). De fait, les jeunes femelles adolescentes, qui vivent en compagnie de femelles plus âgées, présentent des premières chaleurs plus discrètes. Mais les phéromones ne sont pas les seuls moyens dont disposent les dominants mâles ou femelles pour limiter la sexualité de leurs « vassaux » ; la structure hiérarchique compte tellement que la seule présence d'un dominant inhibe tout comportement sexuel chez les dominés. Enfin, les femelles de haut rang ont tendance à rejeter les jeunes prétendants et les dominés. Cela est surtout vrai pour les saillies effectuées au vu et au su de toute la meute, car on a constaté que les mêmes femelles sont saillies à la sauvette par de jeunes mâles qui sont les auteurs de la plupart des saillies productives (le dominant étant l'auteur de saillies ostentatoires, destinées à maintenir son rang).

Les comportements d'agression

Des menaces, voire des combats, peuvent surgir entre les individus d'une même meute, lors de conflits hiérarchiques. Les affrontements réels restent tout de même l'exception, l'efficacité des systèmes de communication permettant d'éviter que les mâchoires aient à intervenir. Cependant, différents comportements d'agression peuvent être observés chez le chien.

Les agressions de dominance

Elles sont déclenchées par toute remise en question du rang hiérarchique d'un dominant par un dominé, ou lorsqu'il y a compétition entre deux sujets de même rang pour obtenir la prééminence. Elle se déroule toujours en trois phases typiques : la menace puis l'attaque et enfin l'apaisement.

La menace suffit généralement à résoudre le problème : le chien hérisse ses poils dorsaux, rabat ses oreilles, découvre ses crocs et présente une dilatation pupillaire, les « yeux verts » décrits alors par les propriétaires – la modification de couleur étant due à la possibilité d'apercevoir le tapis rétinien sous certains angles. Sa démarche est raide, il avance vers son adversaire en projetant sa tête vers l'avant, tout en élargissant les épaules. Tous ces signaux vont être plus ou moins marqués selon que le chien se perçoit ou non comme hiérarchiquement supérieur à son adversaire. Plus son attitude sera menaçante, plus il se montrera dominant et plus il a de chance d'obtenir la soumission de son adversaire sans combattre. Dans ce cas, le dominant finit par arriver au contact du dominé qui grogne tout en baissant l'encolure et en détournant le regard ; le dominant pose alors un de ses antérieurs sur l'encolure du dominé ou le chevauche.

Les modalités de l'attaque

Lorsque ce bluff ne suffit pas, le dominant déclenche l'attaque. Le but de l'action sera alors de saisir l'encolure de l'adversaire et de le contraindre à adopter la posture de soumission, couché sur le dos de manière à présenter le ventre à son adversaire. Cette posture inhibe immédiatement l'agressivité du vainqueur, qui vient flairer la région anogénitale du vaincu. Ce dernier va grogner et retrousser les babines durant tout le temps que son vainqueur passera à le flairer. Lorsque celui-ci cesse, le dominé se relève, oreilles et tête baissées, queue ramenée sous le ventre. Le dominant, au contraire, a les oreilles et la queue dressées, toute la fourrure est hérissée, l'encolure est en extension. Il pose un de ses antérieurs sur l'encolure du dominé, tandis que celui-ci lui mordille les babines ou l'encolure : c'est l'apaisement.

L'agression par irritation

Elle est déclenchée par la douleur, la faim, les frustrations. La séquence s'observe aisément chez un chien à qui on administre des soins douloureux. L'animal a les oreilles ramenées sur l'encolure, la tête est basse et légèrement tournée en direction de la source de douleur. Il retrousse les babines de façon de plus en plus marquée et bat de petits coups de queue, basse ou ramenée sous le ventre. À ce stade, le chien associe mimiques de menace et signaux d'apaisement (la personne qui le soigne est habituellement reconnue comme dominante), qu'on pourrait transcrire en langage humain par : « Attention, tu me fais mal, si ça dure trop longtemps je vais me défendre… » Le chien

La communication entre chiens
Elle est très développée et passe par trois canaux principaux : visuel, auditif et olfactif.

Menace, attaque, apaisement
Lorsqu'il y a conflit hiérarchique, l'agression se déroule toujours en trois phases : la menace, qui suffit généralement pour que le dominant s'impose ; l'attaque, où le dominant cherche à obtenir de son adversaire une posture de soumission ; enfin, vient l'apaisement : le vainqueur pose ses antérieurs sur l'encolure du dominé.

mord si la douleur persiste. C'est une morsure brève suivie d'une fuite vers le lieu où le chien se retire habituellement en cas de conflit. Cette fuite peut être accompagnée de grognements si on cherche à poursuivre le chien.

L'agression par peur

Elle survient quand l'animal se trouve dans l'impossibilité de fuir. Si on reprend l'exemple du chien auquel on donne des soins, imaginons que celui-ci ait présenté un comportement d'agression par irritation, puis qu'il ait sauté de la table sur laquelle il était installé pour aller se réfugier derrière un fauteuil. Le propriétaire, furieux d'avoir été mordu, se précipite vers le refuge du chien pour le corriger et se place au seul endroit par lequel le chien peut fuir. Celui-ci, acculé, se jette sur son maître sans menace préalable, tout en urinant, en déféquant, en vidangeant ses glandes anales. Il salive abondamment et mord très profondément son propriétaire à de multiples reprises avant de s'enfuir vers un autre refuge, dans lequel il mettra plusieurs minutes à retrouver son souffle et une fréquence cardiaque normale.
L'agression par peur est un comportement dont le déclenchement demeure heureusement exceptionnel (certains auteurs l'ont nommée « réaction critique »), mais qui par sa soudaineté et sa violence peut être à l'origine de graves accidents.

L'agression territoriale et maternelle

Elle se présente sous des formes différentes, suivant que l'intrus se trouve en face d'un dominé ou d'un dominant. Seuls les dominants sont habilités à accepter ou à refuser l'entrée du territoire, tandis que les dominés sont là pour signaler l'intrusion et soutenir le dominant lors d'un combat. En face de l'intrus, le dominant va menacer en grognant, en aboyant et en grattant le sol sur lequel il aura préalablement déféqué et uriné. Si cela ne suffit pas, il attaquera l'intrus (souvent avec le soutien d'autres mâles de la meute) et le reconduira jusqu'aux limites du territoire. Les dominés, quant à eux, se contentent d'aboyer avec quelques grognements, mais fuient si l'intrus passe outre.
Lorsqu'il s'agit d'une mère allaitante, les choses se passent un peu différemment. Durant la première période d'éducation de ses petits, la chienne se tient à l'écart de la meute et monte la garde aux alentours de son nid. Elle menace alors tout inconnu qui s'approche et agresse immédiatement s'il n'obtempère pas.

Le développement du chiot

Pour devenir un adulte équilibré, le chiot doit passer par plusieurs phases lors de son développement (période néonatale, période de transition, période de socialisation). Stimulations visuelles, tactiles, sonores sont indispensables pour qu'il devienne ni peureux ni agressif, mais « bien dans ses poils ».

La période néonatale

Elle commence dès l'instant où le chiot est libéré des enveloppes fœtales. Le petit animal qui vient d'être ainsi mis au monde dépend totalement des soins de sa mère. Son système nerveux est inachevé, le cortex cérébral est pratiquement inexistant et les organes des sens sont très peu fonctionnels (sauf le toucher et, partiellement, l'olfaction). Les muscles squelettiques ne sont encore que très partiellement innervés, ce qui limite considérablement les possibilités de déplacement et de posture des chiots. Le système nerveux autonome responsable de la motricité viscérale n'est pas encore fonctionnel : c'est pourquoi le chiot est incapable de déféquer et d'uriner directement par lui-même. De ce fait, le chiot ne présente pas de comportements au sens propre du terme (actes organisés aboutissant à l'accomplissement d'une fonction), mais des réflexes primaires lui permettant essentiellement d'atteindre la mamelle et de répondre aux sollicitations de la mère. Ces réflexes primaires peuvent être facilement mis en évidence à l'aide de quelques tests simples. Ainsi, le réflexe de fouissement peut être observé en plaçant un poing entrouvert devant le nez du chiot posé sur un support plat : le chiot cherche à s'enfoncer dans la main. Ce réflexe de fouissement lui permet de retrouver la mamelle ; il disparaît après le 14e jour, période correspondant à l'ouverture des yeux, et la vue prend alors le pas sur le toucher. De même, lorsque les lèvres entrent en contact avec un objet souple, chaud et allongé, le réflexe de succion est déclenché. La miction et la défécation sont provoquées par la mère qui lèche l'abdomen et le périnée des chiots. En revanche, les chiots sont sourds et aveugles et répondent donc surtout aux nombreuses stimulations tactiles qui existent tant entre la mère et ses petits qu'entre les chiots. Cela change aux alentours du 14e jour, lorsque les yeux s'ouvrent et que la vue commence à se développer.

La période de transition

Son début est marqué par l'ouverture des yeux. Ils ne sont pas fonctionnels dès l'ouverture des paupières ; il faudra attendre quelques jours avant qu'ils puissent remplacer le toucher dans les différentes situations où le chiot doit s'orienter. De ce fait, les réflexes primaires vont commencer à disparaître. La période de transition est surtout une période de développement accéléré du cortex cérébral. Durant cette période, le chiot achève de développer ses systèmes sensoriels, et le goût, l'odorat et bientôt l'ouïe deviennent fonctionnels. La fin de la période de transition sera fixée par l'achèvement du développement sensoriel, marqué par l'apparition de la perception auditive. Ce moment est facile à repérer grâce au réflexe de sursautement. Le chiot est placé sur une surface souple et tiède (ce qui évite de le stresser), l'expérimentateur tape dans ses mains, juste au-dessus de sa tête. Lorsque les oreilles et les structures neurologiques correspondantes sont fonctionnelles, le chiot réagit en se soulevant sur ses pattes et il se laisse retomber : c'est le sursaut. La réponse positive à ce réflexe marque le passage à la période de socialisation.

La période de socialisation

Durant cette longue phase de son existence, le chiot va faire l'acquisition de l'ensemble des comportements nécessaires à sa vie en meute – qu'il s'agisse des règles hiérarchiques ou des systèmes de communication –, mais aussi identifier les éléments constitutifs du milieu dans lequel il vit.

L'imprégnation

L'une des choses essentielles que le chiot va apprendre est la reconnaissance de sa propre espèce. Comme tous les vertébrés à sang chaud (oiseaux et mammifères), le chiot vient au monde sans savoir à quelle espèce il appartient. C'est un apprentissage particulier, presque irréversible, qui va permettre au chiot d'acquérir cette information : l'imprégnation. Pour que cela puisse se réaliser, il faut que se tissent des liens affectifs (attachement) avec un individu qui soigne et protège le chiot (la mère dans les conditions normales) et que les organes des sens soient fonctionnels. Chez le chiot, l'imprégnation se déroule habituellement de la 3e semaine au 3e mois.

Par ailleurs, durant cette période, le chiot va se constituer une véritable banque de données qui lui servira à fixer le seuil de stimulation (auditive, visuelle, tactile) à partir duquel il faut réagir, mais aussi à reconnaître les objets ou les êtres (dangereux, comestibles, amis). Plus le milieu dans lequel il vit lui permet de rencontrer de stimuli variés, plus le chiot sera ensuite capable de s'adapter à des

La socialisation
Le chiot, dans la période de socialisation, doit apprendre à contrôler ses envies, pour devenir un chien adulte équilibré.

milieux différents. On ne saurait trop insister sur l'importance qu'il y a à ce que les premiers contacts du chiot avec l'homme soient très agréables, afin que les informations mémorisées par l'animal favorisent ensuite des relations de confiance.

L'apprentissage de la hiérarchie

La socialisation est aussi la période d'apprentissage de la hiérarchie. Le chiot va devoir apprendre à contrôler ses envies en fonction des règles en vigueur dans la meute. La première circonstance dans laquelle il apprend à le faire est celle du repas. Jusqu'à l'âge de deux mois, lorsque la faim le tenaillait, le chiot n'avait qu'à solliciter sa mère afin d'obtenir du lait, il suffisait alors d'être le premier à se saisir d'une mamelle. Avec l'accès au repas des adultes, le chiot va apprendre qu'il faut attendre que les dominants aient mangé pour pouvoir s'approcher. L'acquisition de ce type de contrôle (ou inhibition sociale) est indispensable pour que le futur chien soit parfaitement équilibré. De la même manière, le chiot va apprendre à contrôler la façon de se servir de ses dents toutes neuves. Cela se fait au cours du jeu, aux alentours de la 5e semaine. Lorsqu'un chiot en saisit un autre un peu fortement, ce dernier pousse des cris et se met sur le dos. Le chiot agresseur apprend alors à contrôler la pression de ses mâchoires et à cesser l'agression (feinte ici) lorsque son adversaire se couche sur le dos (posture de soumission). La mère participe à cet apprentissage en réprimant les mordillements trop vigoureux : elle saisit le chiot par la peau du cou et le repose sur le sol après l'avoir secoué ; elle ne le lâche que s'il adopte la posture de soumission. Le jeu est toujours le cadre privilégié pour l'apprentissage des règles de vie en groupe et des rituels de communication.

Les différences entre mâles et femelles

Vers l'âge de 4 à 5 mois, les destins des mâles et des femelles divergent. On observe que la mère tolère de moins en moins les contacts avec ses fils (elle les lèche moins, les garde moins facilement entre ses pattes), joue moins longtemps avec eux et les menace plus fréquemment. Les chiots mâles approchent de l'adolescence et le comportement de la mère marque le début de la dernière phase de leur socialisation. Dès que leurs organes génitaux commencent à devenir fonctionnels, les jeunes mâles émettent des phéromones sexuelles.
C'est probablement leur perception qui va déclencher, chez la mère, la rupture des liens affectifs qui s'étaient établis vers 3 semaines : c'est le détachement. La chienne est devenue très irritable dès que ses fils sont autour d'elle. À un moment où la tension est particulièrement forte, un mâle dominant (pas nécessairement le père des chiots, mais un mâle avec lequel la mère entretient une relation préférentielle) se joint à la chienne pour chasser les jeunes mâles qui, à l'avenir, ne seront plus tolérés dans la zone où vit leur mère : c'est la marginalisation des jeunes mâles.

Le chien et l'homme

C'est certainement dans la coopération entre l'homme et le chien, tous deux chasseurs, que les relations se sont progressivement nouées et il est probable que le type d'organisation sociale des meutes ait facilité la fusion qui s'est peu à peu opérée.

Les codes sociaux

Le chien, s'il a été correctement socialisé parmi ses congénères et les humains étant chiot, « comprend » la famille humaine comme sa meute. Par conséquent, il reproduira le système de hiérarchie établi par les chiens à l'état sauvage. Il faut donc que dans « sa » meute il y ait un dominant et un dominé. En adaptant son éducation à la psychologie canine, le maître pourra éviter de nombreux problèmes de comportement qui découlent d'une mauvaise hiérarchisation au sein de la « meute » humaine. Quelques clefs sont donc nécessaires pour connaître les comportements à tenir vis-à-vis du chien, pour une relation homme-chien harmonieuse.

On peut décrire deux types d'organisation homme-chien. D'une part, des groupes que l'on dit « hédoniques » (de l'hédonisme, système basé sur le plaisir) parce que l'agressivité ne s'y exprime jamais directement, mais seulement par des rituels de menace ; d'autre part, des groupes « agonistiques » (du mot agoniste, « qui provoque le mouvement ») dans lesquels l'agressivité s'exprime sous forme d'affrontements physiques. Dans les premiers, c'est par le jeu des canaux de communication visuel et auditif que le propriétaire affirme sa dominance, tandis que, dans les seconds, l'affrontement physique, avec tout ce qu'il a d'aléatoire face à l'animal, est le seul moyen pour garder le leadership. En fait, les groupes agonistiques sont peu nombreux, la plupart des propriétaires répugnant à employer la force.

L'apprentissage de l'obéissance
L'homme impose sa volonté au chien en installant une relation de confiance beaucoup plus valorisante qu'une dominance vigoureusement affirmée.

La communication entre l'homme et le chien

Dans le langage populaire, le chien est l'animal auquel il ne manque que la parole. Cette constatation pleine de bon sens est intéressante : certes, la communication ne peut pas faire appel au langage, les mots n'ayant pas de sens pour le chien ; par contre, si le chien n'a pas la parole, il a presque tout le reste. C'est sur ce « reste » que se construira la communication.

• **Gestes et intonations.** Lorsque nous communiquons, nous n'utilisons pas que des mots, le contenu de nos discours est conditionné par des éléments non verbaux. Le ton, les mimiques faciales, le diamètre des pupilles, les mouvements du corps (postures et rythmique de leur enchaînement), les vêtements et accessoires jouent un rôle au moins aussi important que les mots. Il en sera de même avec le chien, si ce n'est que le discours sera tout entier constitué de gestes, d'intonations. Les mots prononcés seront des signaux sonores que le chien va associer avec une situation, un comportement à adopter. Ainsi, lorsqu'on fait asseoir un chien, ce n'est pas parce qu'on lui dit « assis » qu'il exécute l'ordre, mais parce que le propriétaire a associé ce son à des gestes suggérant le mouvement à accomplir, et a récompensé le chien lorsqu'il répondait de la façon souhaitée.

• **Importance de la hiérarchie.** L'acte associé avec le mot peut correspondre à une situation ayant une signification hiérarchique pour le chien et impliquer sa soumission. Dès lors, ce sont les signaux non verbaux émis par le propriétaire qui renforcent le message, ou le desservent. Ainsi, imaginons qu'un chien mâle est monté sur le fauteuil que son maître se réserve habituellement. Le chien a identifié ce siège comme un lieu important à contrôler pour maintenir un rang hiérarchique dominant. Quand le propriétaire du chien

Le chien dans la structure familiale
Une définition claire de la position hiérarchique de chacun est la condition première d'une relation harmonieuse avec son chien.

donne à celui-ci l'ordre de descendre, il lui demande de lui laisser une zone importante dans la hiérarchie familiale. S'il le fait sans se demander si le chien va obéir, son intonation vocale, son regard, la position de son corps (légèrement incliné vers l'avant) montrent au chien que l'homme se perçoit bien comme dominant. En revanche, s'il considère comme incertaine l'issue de l'affrontement, l'intonation de sa voix comme son visage et son corps trahissent son dilemme. Cela conduit le chien à essayer de menacer son maître afin de se situer hiérarchiquement. Ce genre de situation peut rapidement tourner au drame si le manque de conviction de l'homme cède la place à la peur devant les grognements du chien, ce dernier se considérant comme dominant.

• **Bien communiquer avec son chien.** On voit ici combien la communication joue un rôle important dans l'instauration de la hiérarchie au sein de la famille-meute. C'est la cohérence des deux messages (verbal et non verbal) qui assure l'efficacité de transmission de l'information. Souvent, une mauvaise connaissance du sens de telle ou telle réaction du chien amène le maître à transmettre des informations incohérentes. Ainsi de celui qui s'époumone en rappelant son chien qui continue à s'éloigner. Pour le maître, il est naturel qu'un chien revienne quand on l'appelle. Or, cela est faux, le chien ne se « représente pas dans son nom », il ne s'identifie pas avec ce son, qui n'est pour lui que le signal d'un contact avec son maître. Pour rappeler son chien alors que celui-ci est libre, l'homme doit être très convaincant, plus attractif en tout cas que les congénères ou les jouets qui l'occupaient jusque-là. Malheureusement, si le chien tarde à revenir, le maître commence à s'impatienter, il se crispe, son visage signale déjà la correction que le chien va recevoir en revenant, ce qui pousse l'animal à rester où il est, voire à s'éloigner. Cet exemple illustre la complexité de l'articulation des informations qui passent de l'homme au chien par les canaux visuel et auditif.

Accueillir un nouveau compagnon

Le choix du chiot, son acquisition et son accueil sont trois décisions qui ne doivent pas se prendre à la légère, car elles risquent de conditionner dix à quinze ans de votre vie. Toutes les décisions relatives à votre futur chien doivent se prendre « en famille ».

L'arrivée à la maison
Votre nouveau compagnon a besoin d'un endroit où dormir, d'une gamelle d'eau toujours à disposition et de quelques jouets.

Le choix et l'acquisition du chiot

L'acquisition d'un chiot n'est pas un acte anodin, car il engage pour dix à vingt ans de vie commune et conduit à assumer le rôle de parents de substitution pour un jeune animal dont il faudra guider le développement. Avant de prendre une décision et de signer une attestation de vente, il est indispensable d'examiner certains points.

Une décision importante

En premier lieu, il est nécessaire de déterminer quelles sont les attentes vis-à-vis du chien. En effet, si ce point peut paraître saugrenu, il n'en est pas moins essentiel, car combien de relations maître-chien tournent au cauchemar parce que le chien ne correspond pas à l'idée que s'en était faite le maître. Il est aussi indispensable de savoir ce que l'on veut faire avec son futur compagnon : le choix ne se portera pas vers les mêmes éleveurs suivant que le chien est destiné aux expositions, au travail ou à la compagnie. Ensuite, le chien ne peut vivre qu'au sein d'un groupe : il a besoin de voir, de toucher ses compagnons humains ou canins et ne peut se satisfaire de la solitude, fût-ce dans un grand parc. Il est donc déconseillé aux personnes devant s'absenter longuement de leur domicile de prendre un chien. Enfin, un chien requiert certes des soins, mais aussi de l'attention. Il ne se satisfera pas d'une relation indépendante, libre de contraintes et de rapports de force : une telle relation convient plus au chat. Il est donc indispensable de bien se renseigner avant de prendre une telle décision. Un vétérinaire pourra donner de précieux conseils, et des fiches sur les races de chien et leurs caractéristiques sont disponibles gratuitement auprès de la Société centrale canine.

L'achat

Une fois la décision prise se pose la question du lieu d'achat du chiot. Les éleveurs, professionnels ou amateurs, sont conseillés, car ils sont les mieux à même de proposer des chiots équilibrés, élevés avec leur mère, dans de bonnes conditions. Le chiot doit être en contact régulier avec des êtres humains, vivre dans un enclos riche en stimulations visuelles et sonores. La Société centrale canine envoie, sur simple demande, la liste des éleveurs ayant des chiots disponibles dans la race choisie.

L'âge du chiot

Si le futur maître ne dispose pas de beaucoup de temps à consacrer à l'éducation de son compagnon, il sera conseillé de prendre un chiot âgé de 3 à 4 mois, qui sera déjà éduqué par sa mère. En revanche, un chiot de 2 mois identifiera son maître comme « parent », ce qui resserrera les liens entre eux.

Les tests de caractère

Il existe de nombreuses méthodes pour tenter d'évaluer le caractère des chiots, mais aucune n'est fiable à 100 %. Quelques manipulations peuvent cependant donner des indications de ce que sera son comportement.

– Le chiot doit répondre rapidement à un appel au jeu. Le futur propriétaire s'accroupit et appelle le chiot gaiement, en tapant dans ses mains. Celui-ci doit vite venir en remuant la queue.
– Il accepte d'être soulevé. En croisant les deux mains sous le ventre du chiot, on le soulève doucement pendant quelques secondes.
– Il accepte d'être maintenu sur le dos. Il faut doucement placer le chiot sur le dos et le maintenir pendant quelques secondes dans cette position, la main posée sur sa poitrine.

– Il ne sursaute pas au moindre bruit. Le chiot ne doit pas réagir craintivement à la moindre stimulation, il doit supporter le contact par le regard, et ne pas rester tremblant à l'écart de la portée.
Les chiots rétifs à ces petits tests risquent d'être des adultes dominants, à réserver aux connaisseurs. En revanche, un chiot « tout mou », qui se laisse faire sans aucune résistance, pourrait devenir un adulte très soumis, voire un peu couard.

L'arrivée à la maison

Il est important d'attribuer tout de suite un endroit où dormir au nouvel arrivant. Cet endroit devra être à l'écart de l'agitation de la maison, mais pas dans une chambre. Il est absolument nécessaire de laisser le chiot en paix quand il est dans son panier. Il ne faut surtout pas l'en extirper pour le corriger ou le câliner ; en effet, quand le chien s'y réfugie après avoir commis une faute, il fait acte de soumission et ne peut donc supporter d'être frappé de surcroît.

Les repas

Il convient de situer dès le début les règles de hiérarchie autour de la nourriture. Si adorable que soit un chiot, il devra attendre la fin du repas de ses maîtres pour manger à son tour. Il ne faut surtout pas lui donner de nourriture pendant le repas, règle à laquelle on ne doit déroger sous aucun prétexte.

Les mordillements

Le chiot doit très tôt apprendre à contrôler ses mâchoires. Ainsi, chaque fois qu'il mordillera quelqu'un, il faut le saisir par la peau du cou, le soulever légèrement, lui dire fermement « non », puis le reposer et cesser le jeu. Le chiot apprendra très vite à ne pas mordre à mauvais escient.

Le choix d'un chiot
Il est préférable de choisir un chiot élevé avec sa mère, dans de bonnes conditions.

Les départs

Pour entraîner le chiot à supporter les périodes de solitude, il est nécessaire de prendre l'habitude de l'ignorer totalement pendant les 20 à 30 minutes précédant le départ. Il faut ensuite partir très naturellement, sans se cacher, et l'ignorer au retour tant qu'il s'agite, crie et fait la fête. Ne le caresser que lorsqu'il s'est calmé. S'il a commis des dégâts pendant qu'il était seul, il est inutile de le gronder, mais il faut éviter de nettoyer en sa présence. En effet, voir son maître accroupi devant ses méfaits serait interprété par le chiot comme une exploration ou une activité de fouissage et il chercherait à recréer ces conditions.

La propreté

L'éducation à la propreté est souvent un souci pour les propriétaires. Avant 4 mois, un chiot ne peut être parfaitement propre, il faut donc être patient ! Comme chez l'enfant, l'apprentissage correct de la maîtrise des sphincters ne peut se faire que positivement. Tout doit donc être basé sur le renforcement des bons comportements et non sur la punition. Le chiot a envie d'uriner ou de déféquer dans les minutes qui suivent le repas et le réveil. De ce fait, sitôt que le chiot a achevé son repas, il suffit de l'emmener dehors à l'endroit choisi pour qu'il fasse ses besoins. S'il n'est pas vacciné, il est préférable de choisir un endroit vierge de toute déjection, pour éviter une contamination. Dès que le chiot a fait, il faut le féliciter immédiatement et très chaleureusement. Si le chiot est surpris en train de faire ses besoins dans la maison, le prendre par la peau du cou en disant « non », ce qui l'interrompt le plus souvent. Le sortir immédiatement et, s'il achève à ce moment, le féliciter comme indiqué précédemment. En revanche, si des déjections sont découvertes a posteriori dans l'une des pièces de la maison, ne rien dire et nettoyer pendant que le chiot est dans une autre pièce.

La vie avec l'homme

Les différentes phases de la socialisation décrites à propos des chiens en meute existent aussi lorsque le chiot se développe dans une famille. Les règles de la vie en société s'acquièrent autour des mêmes éléments : accès à la nourriture, contrôle de l'espace, expression de la sexualité. La socialisation en présence de l'homme revêt plusieurs aspects. Tout d'abord se pose le problème de l'imprégnation. Le chiot apprend à reconnaître l'espèce à laquelle il appartient entre 3 et 8 semaines. Or, le chiot arrive parfois dans une famille humaine durant cette période. C'est un substitut maternel humain qui va s'occuper de lui ; il va donc identifier l'espèce humaine comme étant son espèce. Cela n'est vrai que si le chiot n'a pas de contacts réguliers avec d'autres chiens. Lorsqu'il y a contact régulier avec l'homme et avec des chiens adultes, il semble qu'il y ait alors imprégnation préférentielle à l'espèce canine.

Si le chiot ne voit que des humains, il aura des comportements sexuels uniquement orientés vers cette espèce ; la vue d'un chien ou d'une chienne n'étant plus évocatrice, seules les phéromones sexuelles émises provoqueront un état d'excitation, qui n'ira pas jusqu'à l'accouplement. Dans ce cas, le chien présentera de nombreux anthropomorphismes (comportements qui imitent des postures ou des mimiques humaines), la communication avec l'homme sera très riche et l'organisation hiérarchique complexe. Les maîtres de tels chiens sont exposés à rencontrer de sérieuses difficultés. En effet, le chien, devenu adulte, peut prendre le leadership de la famille et se montrer agressif lorsque sa dominance lui apparaît contestée.

Les comportements d'agression

• **L'agression prédatrice.** Elle peut s'exprimer de façon plus ou moins complète selon ce que le maître fait de son chien. Elle peut être entièrement inhibée par le maître, ce qui permettra, par exemple, de sauver un chat traqué. L'agression prédatrice est parfois utilisée sans aucune modification par l'homme : c'est le cas de la petite et de la grande vénerie, où le piqueux joue le rôle du mâle dominant. Le plus souvent, elle est canalisée de façon à capturer la proie convoitée : c'est le cas de la chasse au fusil avec l'aide de chiens d'arrêt ou de chiens courants. Chez le chien de berger, le comportement de surveillance et de rassemblement du bétail est, en fait, la première phase de chasse des meutes qui s'attaquent à des herbivores. Ce comportement a été réorienté par les bergers et les bouviers afin de faire disparaître la phase finale d'isolement et de mise à mort d'un membre du troupeau. On observe d'ailleurs parfois des échecs dans ce dressage.

Rester maître chez soi

Assurer votre position de dominant face à votre chien ne nécessite nullement que vous l'affrontiez en combat singulier. Il suffit de respecter les points suivants.

Repas. Le chien mange après ses maîtres et n'obtient strictement rien d'eux pendant leur repas.

Territoire. Il dort dans un endroit que vous lui avez assigné. Ce n'est ni un lieu de passage obligé (couloir, palier) ni une chambre. Lorsqu'il commet une faute, vous l'y renvoyez, sans agressivité mais sans admettre de refus.

Caresses. Lorsqu'il s'agit d'un mâle, sa maîtresse doit cesser de le cajoler à partir de la puberté et le repousser lorsqu'il se fait trop pressant. Lorsqu'il s'agit d'une femelle, le maître prendra garde à ne pas trop répondre à ses avances lorsqu'elle est en chaleur, et même la renverra dans son panier.

Communication. Communiquez en dominant. Sachez que, plus vous vous posez de questions sur la façon dont votre chien va réagir à vos ordres, plus vous sapez votre autorité. Pour être perçu comme dominant, vous devez adopter un ton de voix ferme sans crier, utiliser des mots brefs (plus vous parlez, plus vous réfléchissez, et plus votre propre conviction s'émousse). Votre corps doit aller vers l'avant, en direction du chien, les épaules bien dégagées, le torse sorti. Vous devez regarder le chien les yeux fixés sur son dos et non dans ses yeux, ce qui correspondrait à une provocation au combat.

• **L'agression hiérarchique.** Elle doit être totalement inhibée chez le chien correctement socialisé ; sa réapparition est le signe d'une rupture de l'équilibre du groupe familial et doit pousser à consulter un vétérinaire.

• **L'agression par irritation.** Elle est normalement absente ; sa réapparition doit amener à consulter rapidement le vétérinaire.

• **L'agression territoriale.** C'est un comportement à propos duquel les plus grandes erreurs ont été commises et écrites. Elle est directement contrôlée par les systèmes d'inhibition hiérarchique. Un chien normalement dominé par ses maîtres doit se limiter à des aboiements lors de l'arrivée d'intrus. Les propriétaires viennent alors voir ce qui se passe, le chien se place à côté d'eux, légèrement en retrait et observe leurs réactions. S'ils sont amicaux avec les nouveaux venus et les laissent entrer, le chien leur fait fête et ne les menacera plus. En revanche, si le ton monte, que les maîtres sont inquiets ou menaçants, le chien grogne et vient en soutien en cas de conflit. Dans tous les cas, ce n'est pas le chien qui permet l'entrée des nouveaux venus et contrôle leurs mouvements, ce sont les maîtres, parce qu'ils sont dominants. En leur absence, le chien ne laissera pas entrer les intrus, à l'exception des personnes qu'il a régulièrement vues entrer dans la maison. Ce comportement du chien correspond à la bonne attitude de garde qui ne nécessite aucune intervention de dressage et résulte de la bonne socialisation de l'animal. Lorsque les propriétaires sont obligés de tenir leur chien en laisse pour assurer la sécurité de leurs invités et doivent ensuite l'enchaîner ou l'isoler, on se trouve dans une situation pathologique.

Le chien, confident ou compagnon

Les enfants comme les personnes âgées trouvent réconfort et épanouissement dans leurs rapports avec les chiens qui jouent le rôle de confident ou de compagnon.

Le chien et les enfants

Peut-on laisser sans risque un chien en compagnie d'enfants ? Toute l'attitude du chien vis-à-vis de l'enfant est conditionnée par la socialisation. Lorsque celle-ci s'est déroulée correctement, le chien présente un comportement comparable à celui qu'il adopte avec les chiots. L'enfant est alors inhibiteur de l'agressivité du chien. Mieux, la complicité devient rapidement profonde ; tous deux parviennent à communiquer parfaitement, l'enfant décodant sans peine les signaux du chien. Cette totale tolérance du chien pour les facéties de l'enfant se modifie légèrement lorsque l'adolescence du jeune maître arrive. Les phéromones sexuelles émises par l'adolescent avertissent le chien des changements qui surviennent ; d'individu sans statut hiérarchique qu'il était, l'enfant devient acteur à part entière dans le jeu social.

Le chien et les adolescents

Prenons comme exemple le cas d'un chien mâle vivant avec un jeune garçon. Si le chien est bien intégré à la famille, les choses devraient se passer calmement, mais quelques heurts peuvent se produire. En effet, l'adolescent va chercher à tester sur son chien le pouvoir qu'il sent monter en lui. Ce que le chien tolérait jusqu'ici parce que l'enfant n'était pas un « mâle dominant potentiel » devient une agression à laquelle il peut répondre par des grognements d'intimidation. Il convient alors d'expliquer la situation à l'adolescent qui, s'il a effectivement à devenir dominant par rapport à son chien, doit comprendre qu'il faut le faire avec douceur, sans que le chien se sente menacé.
En revanche, les choses sont plus complexes s'il s'agit d'une adolescente. Dès que le chien perçoit l'émission des premières phéromones sexuelles qui accompagnent le développement de la jeune fille, il cesse de la considérer comme un enfant et son comportement s'en trouve modifié. L'adolescente, elle, tendra à rechercher, plus encore que par le passé, la compagnie du chien. Quels parents n'ont pas eu l'occasion de remarquer, durant cette période, les interminables câlins et les longs discours à voix feutrée que leur fille tient au chien de la famille ? L'animal va souvent élire domicile dans la chambre de sa jeune maîtresse et peut, à l'occasion, menacer ceux qui voudraient s'y introduire, parents compris. Il faut alors expliquer la situation et bien marquer le rang dominé du chien pour éviter que l'équilibre de la famille ne soit remis en cause. Lorsqu'il s'agit d'une chienne, les choses se passent généralement plus simplement, seuls quelques heurts avec des adolescentes un peu trop autoritaires peuvent se produire.

Le chien et les personnes âgées
Une relation profonde peut s'instaurer, mais il faut veiller à ce que la communication ne se passe pas autour du don de nourriture, au détriment de la santé du chien.

Le chien et les personnes âgées

Les personnes âgées ne sont pas perçues par le chien différemment de tous les autres adultes. Ce sont surtout leurs capacités physiques et réactionnelles qui entraînent des modifications du comportement du chien. Tout d'abord, bon nombre de personnes âgées tendent à établir la communication avec l'animal autour de dons de nourriture. Vécus comme plus faciles à contrôler, pour des raisons physiques, que les échanges par le jeu, les dons de nourriture commencent dès l'arrivée du chiot dans la maison. Outre les conséquences métaboliques désastreuses pour l'animal, ces dons de nourriture fréquents empêchent l'acquisition des premiers éléments d'inhibition sociale, favorisant le développement d'un état d'agitation, voire d'irritabilité chez le chiot.

Le chien et les enfants
L'enfant est le plus souvent inhibiteur de l'agression chez le chien normalement socialisé.

Une éducation indispensable

Le rappel et la marche en laisse sont des éléments indispensables de l'éducation du chien. En effet, avoir un animal obéissant est un gage de tranquillité pour vous et votre entourage et un élément de sécurité pour tous.

Le rappel

Le rappel est un souci majeur des maîtres, qui finissent par ne plus lâcher leur chien de peur de le perdre. Toute la difficulté vient du fait que beaucoup de propriétaires croient que leur chien s'identifie à son nom. En fait, le chien ne reconnaît pas le nom comme étant le sien, mais comme un lien qui le relie à vous. Pour obtenir que votre chien revienne sans problème, procédez de la façon suivante.

La posture d'appel

Choisissez des conditions qui vous permettent d'être tout à fait décontracté, allez au beau milieu d'une forêt pour éliminer le souci de la route. Lâchez alors votre chien et laissez-le courir un moment. Au bout de quelques minutes, adoptez la posture d'appel au jeu, accroupi, et appelez votre chien.

L'attente et le renvoi

Insistez calmement et avec le sourire jusqu'à ce qu'il arrive et, là, caressez-le chaleureusement puis renvoyez-le jouer. En effet, trop de propriétaires associent rappel et remise en laisse, ce qui crée une association désagréable, préjudiciable au bon déroulement de l'apprentissage.

La récompense

Quel que soit le temps que met votre chien à revenir, récompensez-le. Une correction infligée sur un retour tardif est le meilleur moyen de lui faire associer retour et situation désagréable.

En cas de refus du chien

Ne vous mettez pas en échec ; si votre chien est absorbé par une bonne partie avec un congénère, ne vous égosillez pas à l'appeler, vous détruiriez l'association apprise entre signal d'appel et retour. Changez ostensiblement de direction en marchant d'un pas ferme, voire en courant, et appelez votre chien qui ne manquera pas d'accourir.

La marche en laisse

Il s'agit d'une des grandes difficultés rencontrées par les citadins. Pourtant, il suffit de 20 à 30 minutes à n'importe quel chien pour apprendre à marcher en laisse.

La laisse et le collier

La laisse doit mesurer de 90 à 100 cm ; elle sera de préférence en cuir, afin de ne pas blesser votre main. Le collier le plus efficace, surtout durant la phase d'apprentissage, est une simple chaîne à gros maillons comportant à chaque extrémité un

Posture d'appel de la maîtresse

Attente du chien

Accueil chaleureux

Renvoi du chien

anneau rond de fort diamètre. Au moment de la mettre en place vous faites passer toute la chaîne par un des deux anneaux terminaux, pour réaliser un collier coulissant qui permettra de transmettre des informations au chien par de simples et brèves tractions.

Principes de base

Le point essentiel à retenir est qu'il ne s'agit pas d'une épreuve de force. Plus vous tirez sur la laisse, plus le chien va prendre appui sur le collier et tirer. La laisse et le collier sont les courroies de transmission des indications que l'homme donne au chien. Quand vous tirez sur la chaîne, faites-le brièvement et relâchez immédiatement. Répétez l'opération si le chien n'obtempère pas.

Enfin, rappelez-vous que votre chien ne vient pas au monde en sachant marcher en laisse et que, surtout, la rue est pleine de bonnes odeurs qu'il souhaiterait flairer ; pour qu'il vous suive au pied, soyez plus attractif qu'elles, parlez-lui.

Le bon déroulement de la marche

Fixez au départ de quel côté marchera le chien. Dès que la marche commence, cherchez à attirer l'attention du chien en lui parlant, en chantonnant. Très vite, le jeune chien cherche à passer en avant de votre jambe. La réaction doit alors être immédiate : tirez sèchement sur la laisse, accompagnez votre geste de l'ordre « au pied » prononcé durement. Le chien se retrouve alors à la hauteur de votre jambe, caressez-le chaleureusement. Veillez à soutenir en permanence l'attention du chien et particulièrement à l'approche de moments délicats, comme un changement de direction, la venue d'un passant ou d'un autre chien.

Croiser un passant ou un chien

Dès que vous apercevez de loin une situation qui peut poser un problème, évitez de tendre la laisse, geste qui met le chien en alerte. Au contraire, gardez la laisse souple et parlez au chien, pour le submerger d'informations. Éventuellement, faites-lui exécuter quelques ordres : « assis » ou « couché ».

La propreté dans la rue

Profitez de la promenade en laisse pour lui apprendre la propreté dans la rue. Lorsque le chien désire se soulager, il ralentit, flaire, commence à s'accroupir. Faites-le descendre calmement dans le caniveau et félicitez-le de la voix ; caressez-le dès qu'il fait ses besoins à cet endroit.

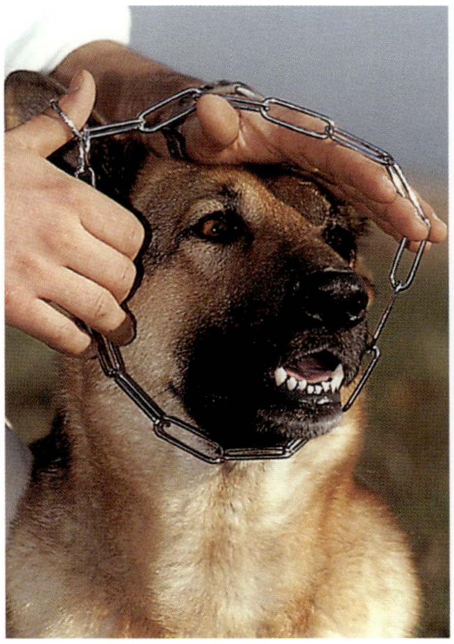

Mise en place du collier

À gauche du maître

La marche au pied

Rappel à l'ordre

Rencontre pacifique avec d'autres chiens

Les comportements gênants

Qu'on le veuille ou non, le chien participe désormais à notre vie sociale. Sa race, son allure, son comportement sont autant d'éléments signifiants. Quand un chien de compagnie adopte un comportement gênant, le maître et toute sa famille peuvent s'en trouver atteints.

La prédation d'animaux domestiques

Le chien est un prédateur capable de s'attaquer à des proies très variées, de la souris aux ongulés de taille moyenne, voire aux grands ongulés, si la meute est assez nombreuse. Trois types d'animaux domestiques déclenchent fréquemment l'agression prédatrice : le chat, les volailles, les moutons.

Le chat

Le chat est une proie potentielle qui excite à peu près tous les chiens, qu'ils vivent avec un chat ou non. Cette proie, qui surgit sur le territoire de la famille-meute et fait éventuellement l'objet de menaces de la part des propriétaires du chien, est hautement stimulante. Généralement, on en reste à la poursuite, les chats parvenant à se soustraire à la vindicte canine ; mais on rencontre des chiens qui sont de véritables prédateurs spécialisés et tuent plusieurs chats par semaine. La répétition des succès, le renforcement du comportement par l'indulgence bienveillante de nombreux propriétaires amènent un tel chien à rechercher en permanence les chats des environs.

Les volailles et les moutons

La prédation de volailles ou de moutons est sans aucun doute l'une des nuisances canines les plus gênantes. Les troupeaux d'ovins comme les basses-cours présentent des proies potentielles dans un lieu clos de dimensions limitées. Quels que soient leur espèce et leur type de proie, tous les prédateurs présentent un comportement de chasse désorganisé sitôt qu'on les introduit dans une enceinte saturée en proies. Ils capturent alors tout ce qui passe à leur portée, tuent sans consommer vraiment et ne s'arrêtent que lorsque la plupart des animaux sont abattus. De plus, une proie qui court et s'agite en émettant des cris est, pour n'importe quel prédateur, particulièrement stimulante. On comprend mieux, dès lors, les dégâts enregistrés et la tendance des chiens tueurs de poules ou de moutons à renouveler leurs exploits.

Bien des techniques ont été utilisées pour venir à bout de tels comportements ; peu d'entre elles sont réellement efficaces et utilisables. La technique traditionnelle consistant à attacher au collier du chien une volaille morte qu'on laisse en place tout au long de sa putréfaction est absolument sans effet, outre son caractère répugnant. De même, le fait de mettre le chien dans un sac dans lequel on introduit un coq... S'agissant d'un comportement parfaitement normal, faisant partie intégrante des réactions profondes de l'espèce, les échecs de rééducation sont fréquents. On préfère le plus souvent éviter le contact entre le chien et les volatiles ou les moutons.

La coprophagie

On désigne par ce terme la consommation d'excréments, comportement que les propriétaires ont beaucoup de mal à supporter. La consommation d'excréments d'herbivores (crottins, bouses) est normale chez le chien, et la coprophagie est banale chez les chiots de moins de 6 mois (elle tend à disparaître ensuite). Dans ces deux cas, on peut toujours essayer de sanctionner ce comportement, mais ces manœuvres éducatives échouent généralement : le chien reste très tenté par la consommation de ces excréments. En revanche, la consommation de ses propres excréments par un chien adulte doit amener à consulter rapidement le vétérinaire parce qu'il s'agit généralement d'un symptôme de pathologie organique (pancréatite chronique, insuffisance pancréatique exocrine) ou comportementale (syndrome de privation, dépression de détachement).

Les fugues

Le sens des fugues

La dénomination même de « fugue » est impropre et dénote bien l'infantilisation du chien par ses maîtres. Pour bien comprendre les raisons de ces escapades plus ou moins prolongées, il faut se reporter au développement comportemental du chiot. Au moment de l'adolescence, le chiot est souvent repoussé par sa mère, soutenue par un mâle dominant, son père le plus souvent. Cela conduit le jeune chien à vivre en marge du territoire de la meute et à tenter sa chance dans d'autres groupes où il pourra accéder à un rang hiérarchique plus favorable.

De fait, quand on analyse la situation des chiens dits « fugueurs » dans leur famille d'origine, on constate qu'il s'agit soit de chiens que leurs propriétaires n'ont pas intégrés à la vie familiale, soit de chiens très bien intégrés que l'arrivée d'un enfant (ou toute autre modification du groupe familial) a relégués à un rang subalterne. Le chien tend alors à quitter le domaine familial, pour de courtes périodes d'abord, puis de plus en plus longtemps. S'il rencontre d'autres chiens ou des gens qui lui font bon accueil et lui offrent ainsi un rang hiérarchique plus favorable, le chien finit par ne plus revenir. La sexualité peut jouer un rôle déterminant, en déclenchant la fugue chez des sujets dont la position hiérarchique, ambiguë dans la famille d'origine, ne parvenait pas à inhiber les comportements sexuels saisonniers. De plus, le milieu extérieur au domaine de la famille-meute est souvent riche en stimuli très attirants pour le fugueur, ce qui renforce encore son envie de s'échapper…

Les solutions

Dans un premier temps, installer des clôtures peut rendre de grands services. Ensuite, on doit redonner au chien une place plus importante dans la vie familiale, mais avec prudence car il ne faut pas rendre le chien dominant. On peut en particulier chercher à avoir une communication réelle avec lui, afin que les rituels, qui constituent le lien entre les membres d'un même groupe social, attachent suffisamment l'animal.

La deuxième solution consiste à faire l'acquisition d'un second chien afin de créer un groupe plus cohérent. L'introduction du nouveau venu doit être réalisée avec le concours d'un vétérinaire spécialisé en problèmes comportementaux, pour éviter que la famille ne se retrouve avec deux fugueurs. Malgré tout, lorsque le chien a commencé à s'intégrer dans une autre famille durant ses fugues, il est extrêmement difficile de le faire revenir définitivement ; si la nouvelle famille est d'accord pour adopter le chien, il est préférable de céder au bien-être de l'animal.

Là encore, mieux vaut privilégier la prévention. La mise en place précoce, à l'approche de l'adolescence, d'un ensemble de relations au cours d'activités en commun avec le chien est la meilleure façon d'éviter les fugues. Lorsque la vie familiale conduit à devoir mettre le chien entre parenthèses pendant quelque temps, prenez conseil auprès du vétérinaire et aménagez la situation de telle façon que l'animal n'ait pas l'impression d'être marginalisé.

Le rituel de la fête

Un rituel est un comportement élémentaire (manger, boire) qui acquiert progressivement une fonction de communication. En fait, n'importe quel comportement élémentaire peut se ritualiser si les modifications du comportement de l'entourage du chien sont suffisamment favorables. Si chez la plupart des chiens le rituel de la fête est suffisamment modéré pour ne gêner personne, il prend parfois des proportions telles – en particulier chez les grands chiens – qu'il perd son caractère sympathique pour devenir une véritable agression, aussi bien pour l'entourage immédiat que pour les visiteurs, qui apprécient rarement ces démonstrations d'amitié intempestives.

Le sens du message

Il faut comprendre comment les choses fonctionnent, pour mieux accepter les mesures à prendre. En effet, la réaction la plus fréquente de la part des propriétaires, qui cherchent à préserver leurs vêtements, consiste à menacer le chien de la voix, à tenter de détourner les sauts, éventuellement à frapper. L'effet obtenu est différent de celui escompté, le chien redoublant d'énergie… Rappelons qu'il s'agit d'un rituel, donc d'un système de communication non verbale dont l'efficacité dépend essentiellement du rythme et de l'intensité typique (façon de souligner les éléments signifiants du rituel).

Le chien qui fait la fête témoigne certainement sa joie de voir arriver son maître, mais il émet ce message afin de déclencher une réponse du même

Morsures
Le comportement gênant – morsures, prédation, fugues, agressivité, manifestations d'accueil excessives – peut faire l'objet d'une rééducation.

Le rituel de la fête
Il est nécessaire de bien comprendre le rituel de la fête pour apprendre au chien à se contrôler.

type chez son interlocuteur. Or, si son maître montre des signes d'irritation, voire d'agressivité, le chien ne comprend plus ; il intensifie son message en soulignant les éléments les plus signifiants, un peu comme nous le faisons lorsque nous répétons pour la énième fois quelque chose que notre interlocuteur s'obstine à ne pas comprendre. Face à l'insistance du chien, le propriétaire finit par capituler, alternant dès lors caresses et coups en fonction de son humeur, ce qui n'empêche pas le chien de continuer à exécuter assez régulièrement ce rituel désagréable pour tous. Ce n'est donc pas en réagissant ainsi que le maître peut espérer régler son problème.

Les solutions

La seule technique réellement efficace est celle de la déritualisation, qui consiste à faire disparaître la réponse de celui qui reçoit le rituel, en feignant l'indifférence. Dans un premier temps, le chien va intensifier ses démonstrations pour tenter d'obtenir une réponse, puis, passé quelques jours (en moyenne cinq jours), le chien reste assis, dans l'expectative, quelques discrets mouvements de queue signalant sa joie. C'est alors qu'il faut permettre à un nouveau rituel de s'installer, en allant caresser le chien et en lui parlant, de façon à favoriser peu à peu l'adoption d'un rituel d'accueil beaucoup plus pondéré.

Les troubles du comportement chez le chiot

Ces troubles peuvent avoir de graves répercussions sur le comportement de l'adulte, le rendant impropre à la compagnie. Ils sont dans la plupart des cas la conséquence d'une mauvaise socialisation.

L'anxiété de séparation

C'est l'une des pathologies comportementales les plus fréquentes, en même temps qu'une des causes d'abandon et d'euthanasie les plus souvent invoquées. Il s'agit d'un état anxieux, c'est-à-dire, en dehors de tout contexte dangereux pour l'animal, de réactions psychiques et physiques de peur déclenchées par la solitude.

L'instauration de l'anxiété

D'emblée, un chiot n'est pas capable de rester seul huit à dix heures par jour, ce qui est le lot quotidien de nombre d'entre eux. Il présente alors des réactions physiologiques de peur (miction, défécation, vomissement), des vocalises de détresse, un comportement exploratoire frénétique. Parfois, on observe des comportements d'agression redirigée qui le conduisent à détruire le mobilier. Dans cette première phase, la peur est encore modérée, les réactions du chiot sont dominées par les gémissements et le comportement exploratoire. À leur retour, les propriétaires se trouvent confrontés aux récriminations des voisins, aux éventuelles déjections du chiot et au désordre de leurs affaires. Ils adoptent généralement deux attitudes contradictoires : d'une part, ils répriment ce qu'ils croient être une vengeance ; d'autre part, ils cherchent à apaiser le chiot avant de partir, en lui donnant des friandises et en lui parlant. Ces deux réactions sont, pour partie, à l'origine de l'évolution défavorable de ce qui n'est jusque-là qu'un comportement gênant.

L'aggravation de l'anxiété

Les corrections infligées au chiot arrivent trop tard par rapport aux actes qu'elles sont censées réprimer, ce qui leur enlève toute signification pédagogique pour l'animal : celui-ci va rapidement associer retour des maîtres et coups. De ce fait, dès qu'il les entend arriver, le chiot adopte toute une série de postures de soumission destinées à apaiser la colère de ses maîtres qui n'y voient, eux, qu'un aveu de sa culpabilité et une justification de leur colère. Ces corrections sont d'autant plus anxiogènes qu'elles surviennent après une période de détresse et alors que le retour des propriétaires devrait correspondre à une phase positive. Les discours lénifiants tenus avant le départ n'ont pas l'effet escompté. Le chien ne comprend pas le sens des mots mais décode parfaitement les éléments non verbaux qui accompagnent ces discours : les mimiques d'inquiétude des maîtres qui se demandent quelle catastrophe sera commise d'ici à leur retour. Ces manifestations d'inquiétude, jointes à un comportement tout à fait inhabituel destiné à faire croire au chien qu'on n'est pas parti (sortir en se cachant, s'habiller sur le palier), vont mettre le chien en état d'alerte, dans un état de tension émotionnelle extrême.

Deux autres facteurs interviennent dans le processus d'aggravation : l'échec de la stratégie employée par le chiot pour rompre son isolement et, le cas échéant, les réactions des voisins. En effet, dans une situation désagréable, l'animal adopte un certain nombre de comportements destinés à s'y soustraire. Lorsque tous les essais se révèlent vains, l'animal présente des réactions de peur, donc des réponses émotionnelles non contrôlées et un état dit « de détresse acquise ». C'est ce qui arrive au chiot laissé seul par ses maîtres que rien ne lui permet de retrouver. Par ailleurs, les voisins éventuellement présents vont chercher, selon leur amour des animaux, à faire taire ou à rassurer le chiot qui gémit. Leurs coups dans les murs, leurs murmures « apaisants » derrière la porte d'entrée vont accroître, pour un temps, les vocalises en leur apportant un renforcement bien involontaire.

Le traitement

Arrivé au stade anxieux, le problème ne peut plus être traité que par une approche médicale complète. Afin d'obtenir une amélioration plus rapide des troubles, on emploie des neuroleptiques ou des antidépresseurs. Les médicaments ne permettent pas une guérison totale, mais ils facilitent grandement la mise en œuvre d'une thérapie ayant pour objet de déritualiser le départ et le retour des maîtres, afin de dédramatiser la période d'absence et de provoquer l'habituation à la solitude. La guérison peut être obtenue en deux à trois mois, mais une amélioration sensible du problème est déjà acquise au bout de quinze jours.

L'anxiété de privation

Il s'agit d'une pathologie en pleine expansion, notamment en raison des conditions actuelles de vente du chien en animalerie. Le chiot a besoin d'être abondamment stimulé durant son développement pour pouvoir s'adapter ensuite au milieu dans lequel il vivra. L'anxiété de privation résulte

Chiot dépressif
Les symptômes dépressifs du chiot se traduisent par une grande anxiété qui entraîne une inadaptation à l'environnement.

d'un développement comportemental dans un milieu trop différent de celui dans lequel le chiot vivra à l'âge adulte. C'est le cas pour les chiots élevés en pleine campagne, qui n'ont jamais été en contact avec plus de deux personnes différentes, ni entendu ou vu une automobile, et qu'on fait ensuite vivre en milieu urbain. L'animal, ne disposant pas d'informations sur ces stimuli, réagira par la peur chaque fois qu'il sera en leur présence. S'il les rencontre très fréquemment, le chiot ne parvenant pas à s'y soustraire risque fort de développer un état anxieux.

Dans la plupart des cas, le tableau clinique est installé au bout de trois à quatre semaines de vie dans ce nouveau milieu. Les propriétaires déplorent alors l'état de panique de leur animal sitôt qu'ils veulent le sortir. Deux types de symptômes se présentent : soit le chiot urine sans arrêt, défèque fréquemment et vomit parfois, en agressant ceux qui s'approchent de lui ; soit il reste prostré, se lèche frénétiquement certaines parties du corps (pouvant ainsi provoquer une inflammation), cherche sans arrêt à manger ou à boire. L'anxiété de privation est alors bien installée.

Le pronostic est fonction de l'âge auquel l'animal est présenté en consultation, mais surtout de la patience des propriétaires. Le traitement consiste en une association de neuroleptiques et d'anxiolytiques ou bien de certains antidépresseurs. Lorsque les réactions de peur sont suffisamment estompées, on met en place une thérapie d'habituation et il faut traiter durant deux à quatre mois pour permettre une vie quasi normale.

Mère et son chiot
Les troubles du comportement du chiot sont souvent le résultat d'une mauvaise relation avec sa mère.

La dépression de détachement

Elle apparaît très tôt, dès les premiers jours de vie, et présente de nombreux points communs avec l'autisme de l'enfant. Les principaux symptômes sont :
– une face inexpressive, quelles que soient les émotions ressenties par le chiot ;
– une incapacité à supporter les contacts physiques : le chiot panique dès qu'on cherche à l'étreindre ou même à le toucher ;
– une hypersensibilité au bruit, quelle qu'en soit l'intensité ;
– une absence de tout comportement de jeu ;
– une incapacité à supporter le contact visuel : ces chiots fuient dès qu'on les regarde dans les yeux.

Il semble exister un lien entre le développement de cette pathologie et une perturbation majeure du déroulement des premiers contacts avec la mère. En effet, dans la quasi-totalité des cas observés, ces chiots ont été rejetés par leur mère dès la naissance, ou l'ont perdue et ont été soignés par un éleveur n'assurant que les gestes indispensables à la survie. Les troubles n'apparaissent pleinement que chez des chiots uniques ou provenant de portées très peu nombreuses ; en effet, il semblerait qu'au-delà de trois chiots les stimulations provoquées par les contacts avec les frères et sœurs puissent suppléer, pour partie, aux contacts avec la mère.

Cette pathologie est extrêmement grave car elle empêche toute vie relationnelle normale. En l'absence de traitement, ces chiens n'auront que peu de contacts avec leurs maîtres ; des repères spatio-temporels très fixes leur sont nécessaires pour éviter les accès de panique qui suivent tout contact avec quelque chose de nouveau. Il faut éviter à ces chiens traumatisés tout changement de lieu.

Le pronostic est très réservé, les traitements n'apportant qu'une guérison partielle. La cure, dont la durée peut varier de huit à dix-huit mois, implique une participation totale de la famille qui doit consacrer, en dehors des tâches habituellement engendrées par la présence d'un chien, de vingt minutes à une heure par jour à la thérapie. Des médicaments sont prescrits afin de limiter les risques de crise de panique.

Les troubles du comportement chez l'adulte

Les troubles de comportement chez l'animal adulte ne doivent pas être pris à la légère : dès l'apparition des premiers symptômes décrits ci-dessous, il faut consulter un vétérinaire spécialisé dans les troubles du comportement. Après examen, il pourra déterminer si ceux-ci sont la conséquence d'une maladie ou d'un problème psychologique, et vous conseiller un traitement adapté.

Les troubles agressifs acquis

Il s'agit plutôt de troubles du groupe homme-chien. Les comportements du chien qui font l'objet de la demande des propriétaires ne sont que des réponses à une organisation hiérarchique incohérente. Dans un premier temps, l'agressivité du chien est donc une réponse normale ; c'est un comportement gênant. Très vite, l'animal apprend que la morsure est une réponse efficace, la phase d'intimidation de l'agression hiérarchique disparaît ; on est alors au stade de l'hyperagressivité et le comportement du chien est devenu pathologique. Dans l'idéal, on cherchera toujours à intervenir au stade de l'agressivité réactionnelle, mais beaucoup de propriétaires (64 %) viennent consulter au stade de l'hyperagressivité. Ces troubles sont essentiellement dus à l'incohérence des relations hiérarchiques : dès son arrivée, le chiot n'apprend pas à se contrôler, on le laisse mordiller, manger à table, coucher dans les lits. En revanche, on cherche à le faire obéir, on lui interdit certaines choses qui, dans la logique canine, sont des prérogatives associées au statut de dominant que ses maîtres lui ont accordé jusque-là. Dans cette situation de conflit, le chien utilise la seule réponse adaptée : l'agression hiérarchique. Le pronostic des troubles agressifs acquis est généralement bon si les maîtres sont conscients de leur rôle dans cette affaire. Sinon, il est préférable de ne pas mettre en place un traitement qui, nécessitant leur pleine collaboration, déboucherait sans elle sur un échec.
Au stade de l'hyperagressivité, l'animal est devenu dangereux et la présence d'enfants ou de maîtres trop âgés peut être un motif suffisant pour ne pas tenter le traitement. Celui-ci repose alors sur l'administration de neuroleptiques et la mise en place d'une thérapie de régression sociale dirigée.

Les phobies

Il s'agit de réactions de crainte (fuite, évitement) déclenchées par un stimulus n'ayant aucun caractère agressif réel pour l'animal. Les phobies évoluent en trois stades.
Au stade dynamique, le chien ne réagit qu'à un seul stimulus phobique ; on parle de phobie simple. Ses réactions sont parfaitement organisées et visent à lui permettre de se soustraire physiquement à cette stimulation en fuyant ou en se cachant.
On se trouve au stade d'intensification lorsque le chien n'a pas réussi à se soustraire au stimulus phobique, et que l'on voit apparaître des réactions émotionnelles de plus en plus fortes – ce sont des réactions de peur. Elles commencent par s'exprimer sous la forme de modifications physiologiques (miction et défécation par peur, salivation, accélération cardiaque et respiratoire), puis très vite apparaissent des réactions d'agression par peur.
Au stade de généralisation, l'amplification des réponses émotionnelles s'accompagne d'une hypervigilance. Le chien va repérer, petit à petit, des stimuli qui précèdent l'apparition du stimulus phobique. Il va alors réagir à ces nouveaux stimuli comme au stimulus phobique d'origine. La phobie devient une phobie complexe, dont l'évolution ultime est l'association de la quasi-totalité des éléments du milieu du chien avec la situation phobique ; c'est l'état préanxieux.
La plupart du temps, la phobie résulte d'un stress violent inauguré par un contact avec le stimulus qui va devenir phobique. Le pronostic est globalement bon, mais il est tempéré en fonction du stade de la maladie et de la volonté de coopération des propriétaires. Le traitement repose sur la prescription d'anxiolytiques ou de bêtabloquants associés à une thérapie d'habituation ou à une thérapie par le travail.

Les troubles du comportement maternel

Sous cette dénomination, on trouve en fait deux pathologies différentes, mais nous ne retiendrons ici que les « agénésies du comportement maternel », c'est-à-dire les cas où le comportement maternel ne se développe pas.

Une mise bas anormale

La chienne commence à présenter un comportement inhabituel dans les 24 à 48 heures qui précèdent la mise bas. Au lieu de préparer un nid, elle est agitée, inquiète. Lorsque les premières contractions surviennent, on peut assister à de véritables manifestations de panique. Loin de s'immobiliser à un endroit pour mettre ses petits au monde, la chienne parcourt toutes les pièces, cherche la compagnie de ses maîtres et expulse ses chiots en marchant, tout en poussant des cris. Chez de nombreuses chiennes souffrant de cette pathologie, l'accouchement va être difficile, la chienne n'exerçant aucune poussée, ce qui néces-

site une assistance médicale, voire une césarienne. Une fois les chiots mis au monde, la chienne va refuser tout contact avec eux au point de les laisser mourir et pourra soit s'enfuir, soit les agresser si on cherche à les faire téter.
Ces troubles apparaissent chez des chiennes dont la socialisation est assez partielle et dont l'imprégnation ne s'est pas faite à l'espèce canine mais à l'espèce humaine. La plupart du temps, la saillie a été réalisée par contrainte ou par insémination artificielle, la chienne refusant le mâle alors qu'elle était en œstrus. Le pronostic de ces troubles est très réservé chez les chiennes qui sont destinées à la reproduction. Les techniques thérapeutiques actuelles ne permettent pas d'obtenir des résultats très satisfaisants.

Les solutions

On peut néanmoins tenter d'organiser la mise bas en préparant un endroit où on habitue la chienne à dormir dans les jours qui précèdent la date présumée de l'accouchement. Lorsque celui-ci commence, on demande à toute la famille d'entourer la chienne, de la caresser, de lui parler. On cherche à réaliser les manœuvres obstétricales en lui évitant la douleur.
L'acupuncture mais surtout l'utilisation d'un système Tens (appareil qui délivre au niveau de la peau, une stimulation électrique, qui empêche le passage du message douloureux) permettent d'accélérer l'ouverture du col tout en supprimant la douleur. On prépare à l'avance des linges que les propriétaires ont imprégnés de leur odeur. À la dernière minute, ils sont aussi imprégnés de celle de la chienne. Les chiots, dès qu'ils sont nés, sont frictionnés avec ces linges, on demande aux maîtres de manifester une joie débordante et de faire sentir les chiots à la mère. On enduit les mamelles d'un gel anesthésique local afin de limiter la perception du contact avec les chiots, et on place ceux-ci à la mamelle tout en continuant à parler à la chienne et à la caresser. Dans près de 40 % des cas, on parvient ainsi à faire accepter les chiots et on constate que les portées suivantes se déroulent mieux. On peut aussi administrer un anxiolytique non sédatif afin de limiter le risque de réactions de peur.

Les anxiétés paroxystiques

Il s'agit d'une des formes des maladies de l'anxiété, c'est-à-dire d'un état de peur pathologique puisque apparaissant dans des circonstances qui ne constituent pas une agression objective pour l'animal. L'anxiété paroxystique se manifeste, comme son nom l'indique, par crises d'apparition brutale. Dans cette forme d'anxiété, la peur est visible par ses seules modifications neurovégétatives : accélération cardiaque et respiratoire pouvant aller jusqu'à la syncope, diarrhée, vomissements, miction, salivation.

Des crises spectaculaires

Chez le chien, la forme la plus fréquente est cardiorespiratoire, les vomissements venant tout de suite après. La crise se manifeste par une accélération brutale de la respiration, le chien semble chercher son air, il tremble, on voit le choc précordial (onde de choc du cœur qui se contracte, visible sur le bas de la paroi costale à gauche), il peut alors tomber au sol et pédaler quelques secondes. Le simple fait de le prendre dans les bras, de le caresser, de le rassurer suffit à interrompre la crise.

Relation mère-chiots
Un bon comportement maternel de la chienne est le meilleur garant de l'équilibre des chiots.

Cette forme d'anxiété semble toucher certaines races plus que d'autres: le Caniche nain, le Basset artésien normand, le Setter irlandais, le Dobermann. Le pronostic est bon, sauf chez les sujets qui présentent, en plus, une pathologie cardiaque, ce qui est heureusement assez rare. Le traitement, essentiellement chimique, repose sur l'administration de bêtabloquants dans les formes cardiorespiratoires, et de benzamides substitués dans les formes à expression digestive.

Les anxiétés intermittentes

Elles se manifestent par des modifications comportementales et organiques survenant périodiquement. Les symptômes organiques sont principalement digestifs, les vomissements étant, de loin, les plus fréquents. L'évolution de cette forme anxieuse peut se faire dans deux directions. Soit les manifestations d'agressivité permettent au chien de s'isoler et donc d'abaisser son anxiété; il apprend alors que la morsure est efficace pour se calmer et se met à mordre systématiquement. Soit les agressions par peur ne permettent pas au chien de limiter ses contacts avec l'entourage, ce qui développe un processus d'inhibition qui le conduit à une anxiété permanente.
Le pronostic est généralement favorable, mais la taille du chien peut rendre la situation dangereuse pour la famille, compte tenu du caractère imprévisible des agressions par peur. Le traitement nécessite l'utilisation de neuroleptiques ou de benzamides substitués associés à une thérapie visant à corriger les éléments qui ont été à l'origine du développement de cette anxiété.

Les anxiétés permanentes

C'est la forme d'anxiété la plus évoluée, elle modifie en permanence et profondément l'ensemble du comportement du chien. Elle se caractérise par une inhibition des comportements relationnels et du comportement exploratoire, associée à l'apparition d'activités de substitution (comportements sans rapport avec la situation dans laquelle ils surviennent mais qui diminuent la tension émotionnelle). Chez le chien, trois comportements peuvent avoir cette fonction: la prise de contact avec son corps, la prise de nourriture, la prise de boisson. La prise de contact avec le corps peut conduire à des plaies de léchage, qui amènent alors les propriétaires à consulter le vétérinaire.

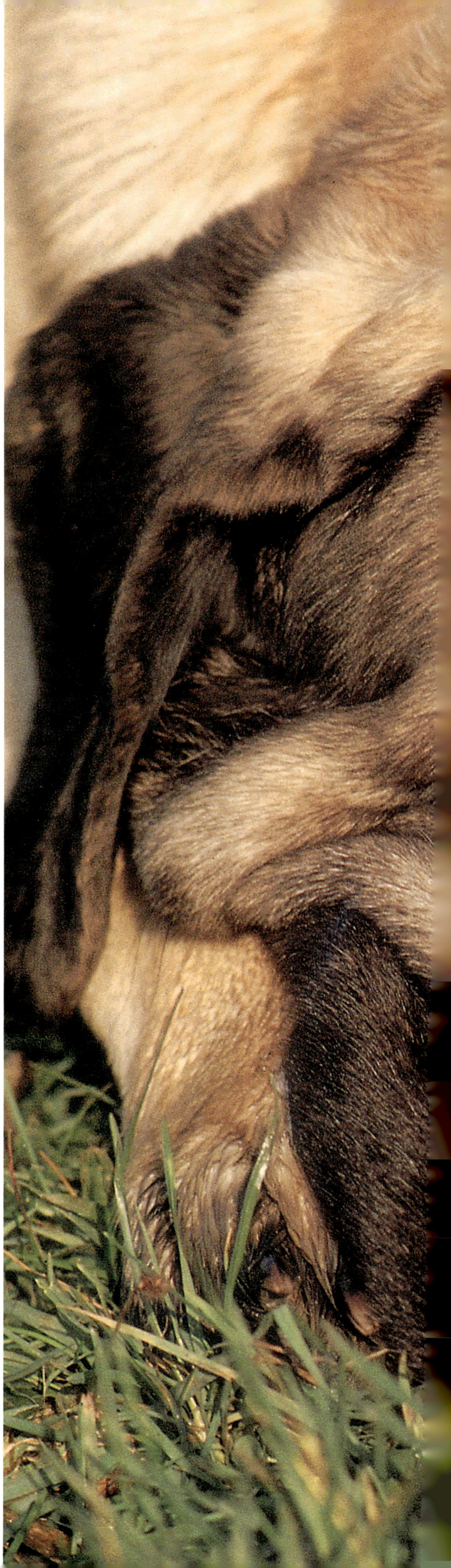

Chien dépressif
Ce chien présente les symptômes classiques de la dépression: indifférence et tristesse. Il peut s'agir d'une réaction passagère ou d'une véritable maladie.

Le pronostic est bon et le traitement généralement efficace. Celui-ci utilise les anxiolytiques et certains antidépresseurs associés à une thérapie ayant pour objet de corriger les éléments du passé du chien qui ont permis le développement de l'anxiété.

La dépression réactionnelle

Elle survient en réaction à une émotion violente. En fait, on ne considère pas comme pathologiques la tristesse et l'abattement qui viennent immédiatement après le stress. Ce sont des réactions d'« économie » du système nerveux trop fortement sollicité. De fait, sauf chez les sujets présentant une anorexie totale, on ne traite pas pendant les six à huit jours qui suivent l'événement déclencheur. Par contre, lorsque les symptômes suivants persistent au-delà de cette limite, on pose le diagnostic de dépression réactionnelle : indifférence à l'environnement, émission de plaintes en l'absence de douleur physique, anorexie, indifférence vis-à-vis d'éventuels partenaires sexuels.

Le pronostic est bon, sauf dans les cas présentés tardivement après une anorexie trop prolongée, qui peut mettre la vie du chien en danger.

Le traitement de la dépression réactionnelle est essentiellement basé sur l'administration d'antidépresseurs dénués d'effet sédatif. La reprise d'une activité physique ou d'un travail est un bon complément au traitement et accélère la récupération.

La dépression d'involution

C'est une dépression qui touche essentiellement les chiens à partir de 7-8 ans. Elle associe des symptômes classiques de dépression (indifférence et tristesse) à la réapparition de comportements infantiles (malpropreté, exploration orale du milieu) ainsi qu'à la perte des comportements appris. Le plus souvent, le chien est présenté à la consultation pour malpropreté (il fait même sous lui en dormant), ou pour ingestion répétée de corps étrangers.

L'origine de la maladie est complexe. Elle semble ne toucher que des sujets ayant présenté un état anxieux non traité qui, de l'anxiété intermittente, est passé à l'anxiété permanente puis à la dépression d'involution.

Des facteurs organiques jouent aussi un rôle : vieillissement cérébral, tendance à l'hypothyroïdie, insuffisance vasculaire. De plus, des événements particuliers peuvent précipiter son déclenchement, en particulier la cessation d'une activité (chiens militaires réformés pour limite d'âge, chiens de chasse mis à la retraite) et la remise en question du statut hiérarchique par l'arrivée d'un jeune chien dans la famille.

Le pronostic est généralement favorable, sauf lorsque des maladies viennent modifier profondément le fonctionnement cérébral.

Le traitement consiste en l'administration d'antidépresseurs associés à des médicaments destinés à faciliter le fonctionnement des neurones (analeptiques nervins). On conseille également la mise en place d'une activité physique régulière en compagnie des maîtres, favorisant une bonne relation.

QUAND CONSULTER LE VÉTÉRINAIRE ?

Dès que votre chien présente l'un des comportements suivants, la consultation chez votre vétérinaire s'impose :

Menaces. Le chien a menacé un membre de la famille ou un proche qu'il avait l'habitude de côtoyer. N'attendez pas de savoir si ces menaces déboucheront sur une morsure pour intervenir. Les grognements, les postures d'intimidation sont les premiers éléments d'une séquence d'agression et seront traités comme tels par le vétérinaire. À ce stade, il trouvera une solution rapide, souvent sans médicaments.

Léchage. Votre chien se lèche pendant de longs moments, se ronge les griffes ou s'arrache les poils : cela peut, bien entendu, être occasionné par des troubles dermatologiques, mais l'anxiété ou la ritualisation du léchage dû au prurit en sont fréquemment la cause.

Boulimie. Votre chien se met à manger sans arrêt, il parcourt votre domicile en recherchant tout ce qui peut se consommer ; en dehors de quelques troubles métaboliques, les boulimies sont souvent des manifestations d'anxiété.

Soif. Votre chien boit de grandes quantités d'eau (plusieurs litres) et urine un peu partout : le vétérinaire, après s'être assuré qu'il ne s'agit pas de troubles endocriniens ou rénaux, recherchera l'origine de cette potomanie, qui peut être une manifestation d'anxiété ou un rituel.

Apathie. Votre chiot n'explore pas son environnement, ne fait aucune sottise, ne joue pas et ne cherche pas le contact avec vous ; il s'agit de troubles du développement nécessitant une thérapie de longue durée.

Incontinence. Votre chiot fait ses besoins sous lui la nuit : il s'agit souvent d'une anxiété, parfois en relation avec une éducation trop contraignante ou des tentatives maladroites de dressage.

Défis. Votre chien, qui vient d'aborder l'adolescence, commence à lever la patte sur les meubles en présence des hommes de la famille : cela signifie que vous lui avez donné un statut hiérarchique qui l'autorise à défier les autres mâles. Consultez sans tarder avant que menaces et morsures ne surviennent.

Dépression. Une personne ou un animal avec lequel votre chien entretenait une relation importante vient à disparaître. Cela occasionne une dépression réactionnelle avec perte de l'appétit et indifférence pour l'entourage. Si cet état dure plus de huit jours, il faut qu'un traitement soit mis en place afin d'éviter le développement d'une dépression plus grave.

Troubles hallucinatoires. Lorsqu'il est au calme, votre chien se met à suivre des yeux un objet imaginaire, ou bien tend l'oreille et pleure. Il peut s'agir de troubles hallucinatoires qui doivent être traités sans tarder.

Sénilité. Votre vieux chien semble retomber en enfance : il n'obéit plus, n'est plus propre et pleurniche pour un rien. Ce n'est pas un effet irrémédiable du vieillissement, il faut analyser la situation et traiter.

La thérapeutique

En matière de déviations du comportement, la thérapeutique a fait des progrès considérables, en grande partie grâce à l'utilisation de médicaments utilisés en psychiatrie humaine et à une meilleure connaissance des processus d'apprentissage chez le chien.

L'utilité de la thérapeutique

L'homme a toujours cherché à modifier les comportements indésirables des animaux domestiques et du chien en particulier. Des pratiques traditionnelles et magiques ont longtemps dominé. On coupait la queue pour faire sortir un ver censé rendre le chien fou furieux; on plaçait un caillou provenant du mont Ventoux dans l'oreille des chiens agressifs ou bien on les attachait trois jours sous un figuier pour les rendre plus doux. La castration des mâles s'est associée à ces rites; elle visait à limiter la lubricité, considérée comme inhérente à la nature canine.

La modification des comportements canins est restée durant de nombreuses années l'apanage des dresseurs et éducateurs. Un préjugé dominait qui associait trouble comportemental et tare génétique, rendant ainsi tout traitement superflu.

C'est la modification du statut social du chien qui a rendu possible la prise en compte de ses désordres psychiques et nécessaire la mise au point de techniques thérapeutiques. Si les traitements chirurgicaux (particulièrement la castration) sont encore utilisés, on privilégie aujourd'hui des moyens moins brutaux qui prennent en compte le caractère de l'animal.

Ces nouvelles possibilités thérapeutiques rendent de plus en plus rares les cas dans lesquels l'euthanasie ou le placement apparaissent comme les seules solutions pour préserver la sécurité des maîtres.

Les techniques biologiques

Les techniques chirurgicales

La castration est sans aucun doute la technique de traitement des troubles comportementaux du chien la plus utilisée. Souvent présentée comme une panacée, elle est indifféremment préconisée pour supprimer les comportements d'agression, l'anxiété, la malpropreté, les états d'agitation, quelle qu'en soit la cause. Cette technique a permis d'obtenir des guérisons spectaculaires qui sont autant d'arguments pour la maintenir. En

Thérapie comportementale
Les thérapies comportementales font souvent appel au conditionnement par la récompense. Les résultats sont lents mais réels.

réalité, l'analyse des résultats permet de constater que moins de 20 % des sujets castrés présentent une amélioration comportementale, ce qui place la castration à un niveau d'efficacité inférieur à celui d'un placebo (les placebos permettent généralement d'obtenir 20 à 25 % de guérisons). Est-ce à dire qu'elle n'aurait aucun effet sur le comportement du chien ? Ce serait aller trop loin. La castration diminue considérablement la quantité d'hormones sexuelles présente dans l'organisme, ce qui atténue certains comportements indésirables induits par ces substances.

Deux facteurs limitent les indications de la castration. D'une part, seuls les comportements d'agression territoriale et par irritation sont hormono-dépendants. D'autre part, il ne faut pas que ces comportements soient fixés, ce qui les rendrait indépendants des sécrétions hormonales. La castration n'est donc efficace que sur des agressions territoriales, ou par irritation, d'apparition récente et dont la séquence est complète (présence d'une phase d'intimidation avant la morsure). Dans tous les autres cas, la castration ne pourra pas suffire ; elle sera, au mieux, un traitement complémentaire, et seule une thérapie associée à des psychotropes pourra résoudre le problème.

Les traitements hormonaux

Ils recoupent souvent les indications de la castration. En effet, pour tenter de pallier le caractère définitif de la castration chirurgicale, on a cherché à réaliser des castrations chimiques réversibles. Principalement destinés au mâle dont la libido serait à l'origine de tous les problèmes, ces traitements sont encore largement répandus.

Traitement de l'agressivité
Les thérapies comportementales et cognitives permettent d'obtenir l'amélioration ou la disparition de nombreuses réactions pathologiques (agressivité, peur, prédation).

Deux groupes de substances sont particulièrement en usage, les progestatifs et les antiandrogènes. Les limites d'efficacité de ces traitements sont les mêmes que celles de la castration chirurgicale, et ces deux groupes de substances sont loin d'avoir les mêmes effets. Les premiers doivent être prescrits à des doses très élevées pour obtenir une réduction des comportements d'agression par irritation. En revanche, ils ont tendance à exacerber les agressions territoriales et doivent donc être contre-indiqués dans ce cas. Aux doses nécessaires pour obtenir des résultats, ces substances ont des effets secondaires dangereux, particulièrement sur la moelle osseuse et donc sur la formule sanguine. Les antiandrogènes, quant à eux, sont beaucoup plus spécifiques et permettent de réaliser une castration chimique fiable. Leur utilisation ne peut toutefois être envisagée que sur une durée limitée. Leurs limites d'efficacité recouvrent très exactement celles de la castration.

D'autres traitements hormonaux – hormones thyroïdiennes et cortisone – sont utilisés, à faible dose, dans la thérapeutique des états dépressifs graves. En effet, ces hormones participent normalement à la réponse adaptative de l'organisme en situation de stress. Chez le sujet dépressif, tout se passe comme si l'accumulation de situations agressantes qui a abouti à la dépression avait épuisé la thyroïde et les glandes surrénales. Chez le chien âgé, la thyroïde devient moins active, ce qui semble favoriser l'installation des dépressions d'involution. Dans tous les cas, la prescription de faibles doses de thyroxine et, éventuellement, de cortisone, semble donner de bons résultats.

Les psychotropes

Ces substances capables de modifier le comportement sont regroupées en familles en fonction de leurs caractéristiques.

• **Les neuroleptiques.** Ils constituent une famille de substances ayant toutes en commun un certain nombre de propriétés : elles sont sédatives (diminution de l'activité motrice), elles induisent un état d'indifférence à l'environnement, elles diminuent globalement l'agressivité, elles sont antihallucinatoires.

On distingue trois groupes de neuroleptiques. Le premier groupe est celui des neuroleptiques sédatifs, caractérisés par une action de suppression des comportements volontaires et donc par une diminution de l'activité motrice du chien. À l'opposé, on trouve les neuroleptiques désinhibiteurs, qui permettent de redonner à l'animal une nouvelle capacité à interagir avec son environnement. Enfin existent les neuroleptiques mixtes, dont les effets moyens associent sédation émotionnelle et augmentation de la capacité à s'adapter à l'environnement. Ce sont les neuroleptiques les plus utilisés en clinique. On fait donc appel aux neuroleptiques chaque fois qu'il est nécessaire de diminuer la capacité à réagir et l'activité motrice. Ce sont des médicaments de choix pour traiter les problèmes d'agressivité.

• **Les benzamides substitués.** Ce sont des substances intermédiaires entre les neuroleptiques et les antidépresseurs. Ils dérivent d'un médicament bien connu pour ses effets antivomitifs et commercialisé sous le nom de Primpéran®.

Leur intérêt réside dans leur souplesse d'utilisation. À faible dose, ils permettent de redonner à l'animal dépressif ou anxieux une excellente capacité d'initiative, des comportements exploratoires et des activités de jeu. Ces benzamides substitués vont permettre de diminuer certains comportements d'agression (par peur et par irritation), mais aussi les réactions émotionnelles et en particulier celles qui s'accompagnent de troubles digestifs.

• **Les anxiolytiques.** Ce sont des substances qui agissent au niveau du cortex cérébral sur certains neurones impliqués dans les réponses de peur et d'inhibition, en bloquant leur fonctionnement. Les plus connus portent le nom de benzodiazépines et sont représentés par le Valium®. Ils doivent être utilisés avec la plus grande prudence, car ils facilitent l'expression de l'agressivité. Leurs principales indications sont les anxiétés permanentes.

• **Les antidépresseurs.** Comme leur nom l'indique, ils permettent de relancer un fonctionnement normal de l'encéphale chez les sujets dépressifs. Ceux qu'on utilise chez le chien appartiennent à deux groupes chimiques distincts, les tricycliques et les tétracycliques. Les tricycliques sont assez sédatifs et permettent de contrôler la miction et la défécation; ils sont très intéressants dans le traitement des dépressions d'involution. À forte dose, ils s'avèrent difficiles d'emploi, car ils augmentent la fréquence cardiaque et sont anxiogènes chez le chien. Les tétracycliques sont dénués d'effet sédatif et permettent de stimuler la reprise d'activité; ils sont très intéressants en particulier dans les dépressions du chiot et dans les dépressions réactionnelles.

Chiot anxieux
Bien comprendre comment se développe le chiot est indispensable pour instaurer une thérapie comportementale.

Les thérapies

Il s'agit de l'ensemble des moyens permettant, par modification de l'environnement du chien, d'entraîner l'apparition des comportements souhaités. On utilise deux types de thérapies: les thérapies comportementales et les thérapies cognitives.

Les thérapies comportementales

Elles consistent à modifier le comportement du chien. Pour maintenir ou amplifier ce comportement, on fera en sorte que le résultat soit positif: c'est le renforcement positif. Lorsque, au contraire, on aura pour objectif la disparition de ce comportement, on créera un contexte négatif: c'est le renforcement négatif. Dans ce type d'approche, on vise simplement à orienter la réponse de l'animal, sans que le chien ait à comprendre la situation. Il existe deux types de thérapies comportementales: les techniques de conditionnement et les techniques d'habituation. En matière de conditionnement, on distingue cinq systèmes. Les techniques de conditionnement peuvent être utilisées dans presque tous les troubles, mais leurs effets sont assez instables. Elles permettent cependant, dans un premier temps, d'obtenir un résultat rapide qui aide les propriétaires à mieux supporter la situation.

• **Le conditionnement aversif.** Il repose sur l'association d'un renforcement négatif ou punition avec le comportement indésirable. Les punitions, pour être efficaces, doivent être administrées dans les fractions de seconde qui suivent la mauvaise réponse ; elles seront réellement désagréables mais proportionnées à la faute. Les renforcements négatifs utilisés sont généralement des systèmes à déclenchement automatique qui n'associent pas la présence physique des maîtres : tapettes à souris pour combattre les pillages de poubelles ou de tiroirs, collier qui envoie une décharge électrique chaque fois que le chien aboie ou commet une faute…

La suppression des comportements ainsi traités est très rapide, mais ils tendent à réapparaître sitôt qu'on cesse de punir. C'est pourquoi on cherche à instaurer, conjointement à un conditionnement aversif qui permet de soulager les maîtres rapidement, un conditionnement positif à l'aide de récompenses.

• **Les conditionnements positifs.** Ils associent un renforcement positif ou récompense à la réponse comportementale recherchée. Les récompenses doivent être données systématiquement jusqu'à ce que les performances du chien se stabilisent à un niveau satisfaisant, puis de façon aléatoire afin de maintenir la motivation de l'animal. Les premiers résultats sont obtenus plus tardivement qu'avec les punitions, mais ils perdurent.

Ces techniques élémentaires ne peuvent apporter des résultats satisfaisants que dans les cas où on modifie des comportements déjà existants. En revanche, pour créer des comportements inconnus de l'animal, on recourt à d'autres méthodes.

• **Le façonnement.** Il récompense de façon croissante les différents actes qui aboutissent au comportement recherché et ignore les autres. Cette technique, employée avec les chiens de travail, peut servir à apprendre au chien anxieux à se comporter dans une situation génératrice de peur.

Le contre-conditionnement met en compétition deux réponses incompatibles en présence d'un même stimulus, afin de faire disparaître la réponse initiale. Ce système est très employé dans le traitement des phobies. Prenons le cas d'un chien qui fuit droit devant lui chaque fois qu'il entend le bruit d'un pétard. On associe l'heure du repas avec des détonations. Le conflit entre la fuite et le désir de manger provoque progressivement la disparition de la panique. Pour que ce système soit efficace, il faut qu'un processus d'habituation se développe conjointement.

• **L'immersion ou thérapie d'implosion.** Elle consiste à mettre le chien en présence d'un stimulus qui provoque habituellement une réaction de panique, en supprimant toute possibilité de s'y soustraire. La séance est unique et cesse en l'absence de réaction du sujet. Cette technique extrêmement dangereuse peut aboutir à des états dépressifs gravissimes.

• **L'habituation.** C'est un apprentissage particulier qui entraîne la disparition progressive des réponses d'évitement, de fuite et des réactions émotionnelles en présence d'un stimulus régulièrement répété. L'habituation est une technique de choix dans le traitement des phobies et de l'anxiété de privation.

Les thérapies cognitives

Elles vont permettre de modifier le comportement du chien en lui fournissant de nouvelles informations sur son milieu, compréhensibles pour lui et lui permettant de réorganiser sa perception des situations qui sont source de conflits ou de perturbations. Ainsi, dans les sociopathies, on utilisera la thérapie dite « de régression sociale dirigée ». Les différents membres de la famille vont profiter des événements qui ont une signification hiérarchique pour montrer au chien qu'il n'est plus perçu comme un dominant. Au cours du repas, on lui refuse toute nourriture et avant de lui donner sa gamelle, on le contraint à attendre que tout le monde soit sorti de table, puis en le laisse manger seul dans son coin. Le résultat de ces techniques nécessite un peu plus de temps avant de se manifester (de quinze à vingt jours), mais il est définitif, si les erreurs initiales ne sont pas à nouveau commises par la famille.

Chien triste
Les nouvelles possibilités thérapeutiques permettent d'éviter les ultimes solutions que représentent le placement ou l'euthanasie.

5

CHAPITRE

Les races de chiens

INDEX DES RACES

A

B

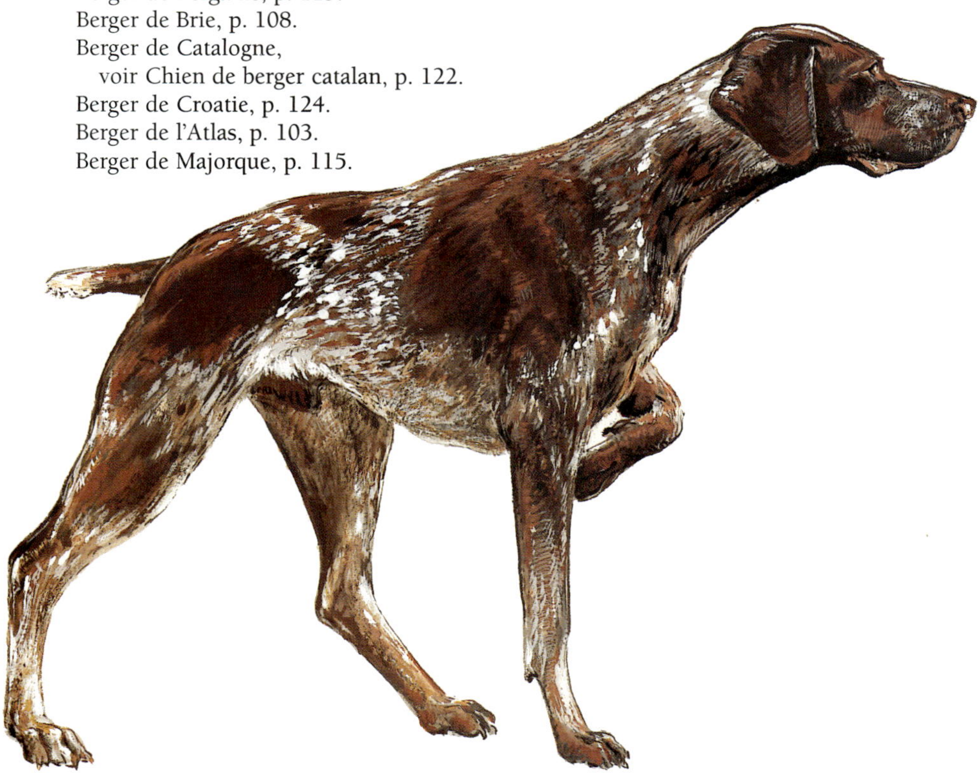

C

D

E

F

G

H

J, K

L

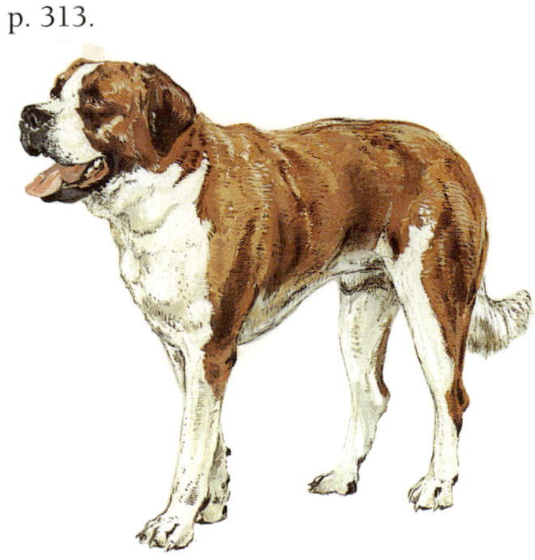

M, N

O, P

R

S

T

V, W

Chiens de troupeaux et de sauvegarde

Cette famille regroupe tous les chiens qui ont, depuis des siècles, assisté l'homme dans la garde et la conduite de ses troupeaux et la surveillance de ses biens. Depuis le Welsh Corgi, le plus petit des chiens de berger et favori de la reine d'Angleterre, jusqu'au Dogue allemand, un géant, chacun pourra trouver parmi ces races un chien à sa mesure ! Tous ont la particularité d'être d'excellents gardiens : certains avertissent leurs maîtres en aboyant, d'autres dissuadent les malfaiteurs par leur physique imposant. Certains jouent même les bergers avec les enfants, cherchant à les regrouper ! Quelques petits originaux se sont glissés dans ce groupe de « travailleurs » : le Chien-loup tchèque, dernier-né au sein des races de chiens, le Shar Peï, tout plissé, ou encore le Lundehund, aux caractéristiques physiques uniques au sein de la gent canine – il possède 6 doigts à chaque patte, peut mettre sa tête en arrière jusqu'à ce qu'elle touche son dos et ses conduits auditifs se bouchent automatiquement quand il met la tête sous l'eau !

Bergers et Bouviers

Les Bergers et Bouviers sont sans doute issus de populations de chiens assez lourds, de type Molosse, destinés à la protection des troupeaux contre les prédateurs. La sélection les a orientés vers plus de légèreté et de rapidité pour la conduite, surtout, et la garde sous l'autorité de l'éleveur. Aujourd'hui, leur capacité très élevée d'apprentissage et leur morphologie équilibrée permettent à ces races une grande polyvalence dans les tâches : conduite du troupeau, garde, défense, recherche, sauvetage, guide d'aveugle...

AÏDI

Berger de l'Atlas

Origine et comportement

Ce chien robuste, de bonne taille, accompagne depuis toujours les troupeaux de moutons sur les hauts plateaux de l'Atlas marocain. Vif et courageux, il défend les bêtes contre les chacals, débusque les vipères sous les pierres. Bon gardien, il ne laissera jamais aucun étranger pénétrer sur son domaine.

Le Berger de l'Atlas est également un chien de compagnie très attachant, d'une fidélité totale à son maître et aux siens, mais qu'il est préférable d'éloigner quand des visiteurs inconnus arrivent, de crainte qu'il ne leur réserve pas le meilleur accueil, ayant à cœur de défendre son territoire.

Aspect physique

Souvent blanc ou sable, parfois de couleur foncée ou pie, le Berger de l'Atlas a une superbe fourrure longue et sa queue forme un beau panache. Son poil doublé d'un sous-poil laineux le protège de la chaleur et du froid.

TAILLE : **mâle et femelle** de 52 à 62 cm *(standard F.C.I.)*;
POIDS : environ 30 kg

APPENZELLER SENNENHUND

Bouvier d'Appenzell

Origine et comportement

D'origine très ancienne, ce Bouvier suisse descendrait à la fois de Molosses du Tibet et de chiens nordiques. Depuis l'année 1906, grâce à l'action de quelques cynophiles qui fondèrent le club du Bouvier d'Appenzell, la race a été maintenue dans sa pureté. Des élevages de qualité existent actuellement dans son canton d'origine, dans celui de Berne et dans plusieurs régions de la Suisse romande.

Le Bouvier d'Appenzell est un chien polyvalent. Toujours en éveil, il surveille aussi bien les troupeaux que les maisons, sert même d'animal de trait et tire les petites voitures à lait dans les fermes. Son flair, son intelligence et son aptitude au dressage lui ont valu d'entrer dans la police comme chien sauveteur, particulièrement spécialisé dans la recherche de personnes

Bouvier d'Appenzell
Il peut être gardien, chien de trait ou de sauvetage. Son tempérament exubérant nécessite de l'espace.

Bergers des Shetland : mère et ses chiots
Prolifique comme tous les chiens de berger, le Berger des Shetland est plutôt facile à vivre.

enfouies sous les avalanches ou sous les décombres des maisons. Fidèle, doux avec les enfants, c'est un bon chien de compagnie, sympathique et affectueux, mais un peu trop bruyant parfois. Il a besoin de s'ébattre librement et s'adapte mal à la vie en appartement.

Aspect physique

Ce chien de gabarit moyen, au cou compact, à la poitrine large et profonde, aux pattes solides, est bâti en force. Vu de face, il a une tête caractéristique, de forme triangulaire, des oreilles pendantes, au pavillon en forme de V, un museau assez carré, des petits yeux vifs, brun foncé et obliques. Il porte une robe au poil lisse, court, épais et brillant, bien collé au corps, de couleur noire avec des marques blanches et feu, régulières et symétriques : une tache feu orne le dessus de chaque œil, une raie blanche part du front, descend entre les yeux et atteint le museau. Celle-ci, forte, couverte de poils denses, est portée en spirale sur le côté de la croupe quand le chien est en mouvement.

TAILLE : **mâle** de 50 à 58 cm, **femelle** de 48 à 54 cm *(standard F.C.I.)*;
POIDS : de 22 à 25 kg

AUSTRALIAN CATTLE DOG

Bouvier australien

Autre nom : Heeîler

Origine

Il est né du croisement entre le Smithfield, proche du Bobtail, disparu, le Dingo, le Colley et le Bull-Terrier. On l'appelle aussi « heeler », talonneur, pour son habileté à mordre le bétail au talon, sans lui faire mal. Vers 1840, ce chien a reçu du sang de Dalmatien et de Kelpie. La race a été reconnue en 1890.

Comportement

Très dynamique, le Bouvier australien est né pour garder et conduire les troupeaux de bovins. Il est courageux et déterminé. D'une extraordinaire résistance, il est utilisé pour rassembler les immenses cheptels de l'Ouest australien, dans le Queensland et la Nouvelle-Galles du Sud.
Le Bouvier australien a un aboiement caractéristique, proche du hululement de la chouette. Il a de grandes aptitudes à la garde des maisons. C'est un chien dominant qui a besoin d'un maître énergique et de beaucoup se dépenser. En appartement, il commet des dégâts, faute d'espace et d'activité. Compagnon fidèle, il est très attaché à son maître et à sa famille. Arrive en Europe en 1978 ; le Bouvier australien, chien original, commence à se développer, en particulier en Grande-Bretagne, aux Pays-Bas et en Belgique. On peut le voir travailler en France dans les concours d'obéissance, où il se défend très honorablement.

Aspect physique

Le Bouvier australien est un chien de taille moyenne, au museau fort et à la dentition solide. Son poil mi-long est lisse avec un sous-poil court et dense, chaque poil étant droit, dur couché à plat. Il a une tête forte, des oreilles inclinées vers l'extérieur, des dents solides. La queue pend au repos en formant une légère courbe. Le corps est plutôt long. La robe est de couleur bleue, bleu taché de noir ou marron, avec ou sans marques feu, sur la tête, de préférence également réparties.

TAILLE : **mâle** de 46 à 51 cm, **femelle** de 43 à 48 cm *(standard F.C.I.)*;
POIDS : de 15 à 20 kg

AUSTRALIAN SHEPHERD

Berger australien

Origine et comportement

Ce Berger, s'il est bien d'origine australienne, peut être considéré comme race américaine à part entière. Cousin du Kelpie et du Bouvier australien, ce chien importé d'Australie a été sélectionné sur la côte ouest des États-Unis, en Californie, depuis un demi-siècle. Le Berger australien se révèle très actif et maniable au travail, tant sur moutons que sur bovins, qu'il sait guider vers les enclos en émettant parfois un cri très particulier entre aboiement et hululement. De tempérament équilibré et très affectueux, c'est un excellent compagnon, qui demeure très rare en Europe.

Bouvier australien
Créé pour la garde et la conduite des grands troupeaux, il n'est pas fait pour la vie en ville.

Aspect physique
De taille moyenne, le Berger australien a un corps plutôt allongé, un crâne assez large mais un museau qui s'effile graduellement. L'oreille, attachée haut, est tombante. La queue est absente ou écourtée. Le poil, mi-long sauf sur la tête et le bas des membres, forme une collerette et une culotte épaisses. La robe est noire ou marron, souvent bleu merle ou marron merle, avec ou sans taches blanches, avec ou sans marques feu. Les sujets de petite taille sont les plus recherchés car leur agilité est plus grande pour ramener bovins ou moutons.

TAILLE: **mâle** de 51 à 58 cm, **femelle** de 46 à 53 cm *(standard F.C.I.)*;
POIDS: de 20 à 25 kg

BEARDED COLLIE

Colley barbu

Origine
Barbu comme son nom l'indique, le Colley barbu aurait parmi ses ancêtres des Bergers polonais, sans doute les Bergers polonais de plaine, et des Bergers d'Écosse. Utilisé à l'origine pour la conduite des troupeaux de moutons des Highlands, ce chien, croisé avec le Bobtail, a failli disparaître au début du siècle. Il fallut attendre 1950 pour que naisse chez une éleveuse britannique la première portée à l'origine des sujets que l'on connaît aujourd'hui.
Depuis, la race, qui a été officiellement reconnue, ne cesse de se développer. Elle figure parmi les vingt premières au hit-parade des Bergers de Grande-Bretagne. En France, en Suisse et en Belgique, ce chien est actuellement très bien implanté.

Comportement
Baptisé affectueusement « beardy », le Colley barbu a acquis dans les landes écossaises, où il gardait seul de grands troupeaux de moutons, le sens de l'initiative, de l'orientation et du danger. Il possède aussi un solide instinct de chien de garde, qu'il exerce avec beaucoup de discernement. Aujourd'hui, ce Berger a abandonné les pâturages pour la vie de famille, à laquelle il s'est parfaitement adapté. Très équilibré, plutôt calme – avec toutefois des moments d'excitation joyeuse –, peu bruyant, c'est un chien facile à vivre, surtout si on lui offre l'exercice quotidien dont il a besoin.
Ce tendre charmeur réclame beaucoup d'affection. Il adore les enfants, qui peuvent être confiés en toute sécurité à ce nounours joueur, malicieux et curieux de tout. Sociable, il cohabite volontiers avec chiens et chats.

Colleys barbus: mère et ses chiots
Chien de compagnie affectueux, le Colley barbu est très sportif et brille en agility.

Comme tous les Bergers, le Colley barbu obéit bien et se montre réceptif au dressage spécialisé. On le voit notamment briller dans des épreuves sportives comme les concours d'agility.
Doté d'une solide constitution, ce chien jouit d'une excellente santé. En outre, il est facile à alimenter : il accepte en effet toute nourriture proposée et mange modérément.

En revanche, sa fourrure exige un entretien sérieux et régulier, sinon elle forme des nœuds inextricables qui nécessitent l'intervention d'un toiletteur professionnel. Cette opération est assez désagréable pour le chien et plutôt coûteuse pour le maître.
On conseille d'habituer le Colley barbu aux soins de beauté dès son plus jeune âge. Il n'en sera que plus docile à l'âge adulte. Sa robe doit être passée tous les deux jours à la brosse, de préférence métallique avec des bouts arrondis pour ne pas arracher le poil. On finit ensuite par un peignage. Avec des ciseaux, on coupe les poils dépassant des coussinets plantaires et on arrondit ceux du pied. Le poil de la barbe et des babines a tendance à jaunir : on y remédie en passant un gant imbibé d'eau oxygénée.
S'il vit en ville, le Colley barbu devra être baigné tous les deux mois. Il faut demêler sa fourrure avant.

Aspect physique

Ce Berger a le museau fort, des oreilles moyennes et tombantes, de grands yeux bien écartés. La queue est attachée bas. Le poil est plat, rêche, fort et hirsute, la barbe typique. Le sous-poil est doux et serré. La robe peut être de couleur grise, de toutes nuances mais surtout ardoise, fauve tirant sur le rouge, noire, sable, avec ou sans marques blanches sur la tête, sur le poitrail, aux pattes et à l'extrémité de la queue.

TAILLE : **mâle** de 53 à 56 cm, **femelle** de 51 à 53 cm *(standard F.C.I.)* ;
POIDS : de 25 à 30 kg

Bergers belges
Tervueren, Grœnendael et Malinois, 3 des 4 variétés de ce chien de travail polyvalent.

BERGER BELGE

Berger belge

Autres noms : Laekenois, Tervueren, Grœnendael, Malinois.

Origine

Ce grand chien de berger, racé et élégant, descendrait, selon certains, des chiens de troupeaux de l'Europe centrale. D'autres pensent à un croisement entre des races de Mâtins locales et des Deerhounds importés d'Angleterre par des moines flamands au XIIIe siècle. Le Berger belge figure d'ailleurs déjà sur des gravures de l'époque à la cour des ducs de Bourgogne et à celle des Habsbourg.
C'était, à l'origine, un vrai chien de travail, qui n'intéressait guère que les bergers. En 1885 commencèrent les premières sélections de chiens de berger autochtones, au poil long ou court et de toutes couleurs. En 1891 fut fondé le club du Berger belge et, en 1898, le Berger belge à poil long et noir fut baptisé Grœnendael, du nom du château que restaurait son principal éleveur. Le premier Grœnendael naquit en 1879, du croisement d'un chien de troupeau nommé Picard et d'une chienne à poil long appelée Petite. Le mâle issu de cet accouplement fut ensuite croisé avec des sœurs, des filles et devait être la souche de la race. À la même époque, le Berger belge fauve à poil dur fut baptisé Laeckenois, en l'honneur du château royal de Laeken.
Plus tard, né du croisement de chiens de berger à poil dur et à poil court, le Malinois a été séléctionné par des éleveurs de la région de Malines.

Mais ce n'est qu'en 1920 que le Berger belge prit son véritable essor ; le standard fut alors précisé. La sélection des Bergers belges a été bien suivie en France depuis les années 1970, et l'on trouve aujourd'hui de très beaux sujets.

Comportement

Intelligent, doté d'un flair exceptionnel, le Berger belge, facile à dresser, est un chien de travail réputé. Bon pisteur, il peut être utilisé comme chien d'avalanche, comme messager et comme secouriste. Il est aujourd'hui souvent utilisé dans des missions de surveillance.
Il fut longtemps l'auxiliaire des douaniers belges, mais aussi celui des contrebandiers qui passaient du tabac en fraude entre la Belgique et la France. Même s'il offre toutes les qualités requises pour faire un bon chien de police, le Berger belge est cependant peu apte à remplir cette tâche, car il supporte très mal les changements de maître.

Malinois
Surnommé « la Ferrari des chiens », il monopolise les premières places dans les concours en ring.

Il est devenu un animal de compagnie apprécié pour sa beauté et son caractère affectueux. Il a de la prestance, adore les enfants et se montre d'une grande fidélité envers son maître. Nerveux et sensible, il ne supporte pas la contrainte et encore moins la brutalité.

Le Malinois est d'un caractère particulièrement ardent et se distingue par ses qualités athlétiques très développées qui lui permettent de jouer les premiers rôles dans les concours de travail en ring. Le Grœnendael et le Tervueren, aux robes somptueuses, sont de plus en plus voués à la compagnie. Enfin, le Laekenois, chien de travail, est devenu rare.

Aspect physique

Le Berger belge est un chien à la silhouette parfaitement équilibrée. Son corps, harmonieux, allie élégance et robustesse. Les côtes ne sont ni trop arrondies, ni trop plates ; le dos est large et musclé ; les membres, bien d'aplomb, solides mais sans lourdeur, permettent à l'animal de marcher avec aisance et vivacité et de trotter sans fatigue. La queue, bien fournie, est pendante et se recourbe au niveau du jarret quand l'animal est au repos. La tête, longue et ciselée, est éclairée par des yeux foncés, en amande, brillants d'intelligence. Les oreilles, triangulaires et droites, pointent en avant à la moindre alerte.

Les variétés de la race se distinguent par leur robe. Le Grœnendael porte une robe noire unie à poil long. Seul un peu de blanc au poitrail (étoile) et aux doigts est toléré. Le Tervueren a une robe dont le poil long est fauve charbonné ; la tête est cependant noire du museau au stop (masque). Le Malinois a une robe à poil court, fauve charbonné ; la partie antérieure de la tête est généralement sous masque noir. La queue, à panache moyen, et le bord postérieur des fesses portent, seuls, des poils longs.

Le Laekenois porte une robe à poil dur, fauve avec traces de charbonné surtout au museau et à la queue.

TAILLE : **mâle** de 60 à 66 cm, **femelle** de 56 à 62 cm *(standard F.C.I.)* ;
POIDS : de 28 à 35 kg

BERGER DE BEAUCE

Berger de Beauce

Autre nom : Beauceron.

Origine

Ce très vieux chien de berger français à poil court descend des « chiens de plaine » qui, jadis, surveillaient les troupeaux dans toutes les régions de grande culture du Bassin parisien. Parmi ces chiens, ceux à poil long furent dénommés Briards et ceux à poil court Beaucerons, à la fin du XIXe siècle. C'est à cette époque qu'une véritable sélection de la race a débuté.

Comportement

Rustique et puissant, le Berger de Beauce est un extraordinaire chien de troupeaux, même si ses activités ont été limitées par la régression de l'élevage bovin dans les grandes plaines céréalières. Il reste néanmoins très répandu dans les campagnes françaises et participe toujours avec brio aux championnats de France annuels de concours de travail sur moutons. Franc, travailleur, hardi, rapide – presque trop, disent certains –, le Beauceron n'a peur de rien. Il lui arrive même de se montrer redoutable et de défendre sauvagement son territoire.

Vigilant, le Beauceron a, comme tous les chiens de berger, un sens profond de la propriété ; aussi est-il excellent gardien. On lui confie souvent la surveillance de maisons isolées, d'usines, d'ateliers, de bergeries ou d'écuries. Il est également choisi comme chien d'armée et chien secouriste. Intelligent, le Berger de Beauce obéit très bien, à condition d'avoir un maître capable de le dominer. Parfois brutal, il se montre cependant d'une grande douceur avec les enfants, qu'il adore. Sportif et très actif, il a besoin de se dépenser et la vie en appartement ne lui convient pas.

Bergers de Beauce
Autrefois chien de berger, le Berger de Beauce est aujourd'hui un chien de garde hors pair.

Aspect physique
Ce chien bâti en force est avant tout un chien de travail qui a conservé intacte sa silhouette puissante et rustique. Il a la poitrine large. Bien campé sur des antérieurs et des postérieurs puissants, il est fait pour courir la campagne. Les yeux sont foncés, horizontaux et de forme ronde. Les oreilles, naturellement tombantes, sont souvent taillées et se présentent, alors, plutôt petites et bien droites, portées haut sur une tête plate et allongée, au stop légèrement marqué. Ce chien de berger possède des ergots doubles sur les postérieurs, en face interne du pied, ergots qu'il faut surveiller pour éviter qu'ils ne s'incarnent. La queue, formant un léger crochet au bout, tombe jusqu'aux jarrets. La robe, au poil épais, est très courte sur la tête, couchée sur le reste du corps, mais forme de légères franges sur les fesses et la queue. La couleur la plus fréquente – et la plus spectaculaire – est le noir franc, éclairé de quelques marques feu, notamment au bas des pattes, où elles forment des sortes de bas, qui ont valu au Beauceron le nom de Bas-Rouge.
Quelques Bergers de Beauce portent une robe tricolore (arlequin) : noir et gris, avec les marques feu classiques. Une taille hors des limites fixées, une tête trop petite ou trop lourde, une truffe colorée autrement qu'en noir, des yeux trop clairs, une queue écourtée ou roulée, un poil trop court ou trop long, l'absence d'ergots doubles, des couleurs de robe non conformes au standard, une mauvaise allure sont des défauts qui entraînent la disqualification lors des concours.

TAILLE : **mâle** de 65 à 70 cm, **femelle** de 61 à 68 cm *(standard F.C.I.)* ;
POIDS : de 27 à 37 kg

BERGER DE BRIE

Berger de Brie

Autre nom : Briard.

Origine
Comme le Berger de Beauce, ce chien descend des « chiens de plaine » du Bassin parisien. Mais il a été soumis à une sélection fondée sur les robes à poil long, alors que le Beauceron a été le produit d'une sélection tendant vers un poil court. La race a été fixée à la fin du XIXe siècle, après que le cynologue Pierre Mégnin eut différencié ces deux races.

Comportement
Bon chien de troupeau, le Briard est apprécié pour son intelligence, sa mobilité et son endurance. Deux ou trois Bergers de Brie suffisent à assurer la garde de 600 à 700 bêtes, sans méchanceté, sans morsures et sans le concours de l'homme. De nos jours, où les vastes troupeaux se font rares dans les zones de grandes cultures et restent le plus souvent en bergerie, le Briard est moins utilisé. Il devient souvent citadin, mais n'en perd pas pour autant ses aptitudes naturelles. L'amour très exclusif qu'il nourrit pour son cercle familial renforce son instinct de protection, qui s'exerce en particulier à l'égard des enfants. Cette affectivité peut, chez certains sujets, se développer au point de rendre l'animal un peu farouche avec les étrangers.
Il est fortement déconseillé de brutaliser ce chien hypersensible et porté à la confiance. On obtient beaucoup plus de lui par les récompenses que par les punitions. Tout comme en matière de dressage, il ne faut pas penser en faire un animal « mécanisé » ; le Briard ne donnera le meilleur de lui-même qu'en fonction du contact qu'il aura avec son maître et par désir de lui plaire. Rustique, il a la réputation d'être un chien gai, sociable, doux, sûr, mais un peu têtu, inapte à la vie de chenil et ne pouvant s'épanouir que dans un milieu familial.

Aspect physique
Beau chien musclé, d'allure vive et éveillée, il a une tête forte, garnie de barbe et de moustaches. Les yeux, de couleur foncée, sont souvent voilés par de forts sourcils. Les oreilles, attachées haut, sont naturellement tombantes, mais, souvent coupées, apparaissent petites et droites ; elles sont bordées de longues franges. La poitrine est large et bien descendue, et le dos droit. Les membres sont forts et musclés ; les pattes arrière portent des ergots doubles. La queue, bien fournie, doit atteindre la pointe du jarret et être portée bas avec un léger crochet à son extrémité. Long (au moins 7 cm) et sec, le poil ressemble au poil de chèvre. Toutes les couleurs uniformes de robe sont admises, sauf le blanc, le marron, l'acajou et le bicolore. Les couleurs foncées sont les plus recherchées. Un museau pointu, une queue très courte, une tache blanche au poitrail sont pénalisés lors des expositions. Une taille inférieure au minimum, l'absence d'ergots, une truffe claire entraînent la disqualification.

TAILLE : **mâle** de 62 à 68 cm, **femelle** de 56 à 64 cm *(standard F.C.I.)* ;
POIDS : de 25 à 30 kg

BERGER DE PICARDIE

Berger de Picardie

Autre nom : Berger picard.

Origine
Ce chien rustique, aux allures de Griffon, accompagnait déjà les pâtres de Picardie qui gardaient les moutons au XVIIIe siècle. Il descend des vieilles races bergères connues en France depuis des siècles. Pourtant, il a fallu l'acharnement de quelques éleveurs, pendant la première moitié du XXe siècle, pour que la race se reconstitue, devienne homogène et soit reconnue.

Comportement
Ce grand chien, dont le poil, dur, forme une couverture imperméable aux intempéries, est bâti pour le travail, résistant et courageux. C'est l'un des meilleurs chiens de berger, et, dans le nord de la France, il assure d'ailleurs toujours la garde des troupeaux.
Intelligent, loyal et affectueux, il est sociable, joueur et doux avec les enfants.

Berger de Brie
Excellent gardien, il est entièrement dévoué à ses maîtres. Son caractère hypersensible nécessite une éducation en douceur.

Bergers de Picardie : mère et son chiot
Rustique au grand cœur, le Berger de Picardie s'entend très bien avec les enfants.

Il apprécie beaucoup la vie familiale et les caresses. Méfiant, voire souvent ombrageux à l'égard des étrangers, c'est un gardien particulièrement efficace.

Aspect physique

Vigoureux, le Berger picard est bien charpenté. Il a un cou fort et musclé, une poitrine profonde, un rein solide, des épaules larges et des membres musclés, qui donnent une impression de puissance et d'équilibre. Moustachu et barbu, il a une tête bien proportionnée. Les yeux, de taille moyenne, plus ou moins sombres selon la couleur de la robe, ne doivent pas être dissimulés par les sourcils. Les oreilles, droites, sont plantées assez haut. Le Berger picard est couvert d'une robe dure et rêche. Le poil, qui crisse sous les doigts, long de 5 à 6 cm sur le corps, est court sur les pieds. La queue, fournie et légèrement retournée au bout, pend gracieusement jusqu'aux jarrets. La teinte de la robe varie dans la gamme des gris et des fauves éventuellement charbonnés.
Une tête mal proportionnée, une truffe non noire, des yeux vairons ou trop clairs, une queue toujours sur le dos, la présence d'ergots, un poil trop long ou trop court, une robe non conforme sont des défauts.

TAILLE : **mâle** de 60 à 65 cm, **femelle** de 55 à 60 cm *(standard F.C.I.)*;
POIDS : de 19 à 23 kg

BERGER DES PYRÉNÉES

Berger des Pyrénées

Autre nom : Labrit.

Origine

Le plus petit chien de berger français, le Berger des Pyrénées, est sans doute issu de races locales dont l'origine se perd dans la nuit des temps.
Présenté pour la première fois en public lors de l'exposition canine de 1921, il s'était auparavant distingué, grâce à son astuce et à son flair, comme chien de liaison pendant la Première Guerre mondiale. La race n'a été officiellement homologuée qu'en 1936.
Ce chien porte des noms différents selon la région où il vit : Labrit, Chien d'Arbazie, Chien de Bagnères, Chien d'Auzun, etc.

Berger des Pyrénées
Très bon conducteur de troupeau, il n'est pas fait pour la vie en ville. Il peut se montrer agressif s'il manque d'exercice.

Comportement

Très rustique, aussi résistant aux intempéries, à la fatigue qu'à la faim, il porte une robe touffue qui rappelle celle du Briard. Il mange tout ce qui lui tombe sous les crocs. Toujours en éveil, vif, intuitif, rusé, il surveille les moutons, parfois les vaches, avec une exceptionnelle efficacité. Il doit conduire, contenir, trier, aller à la recherche des brebis. Il reste encore aujourd'hui dans son pays d'origine l'indispensable auxiliaire du berger, envers lequel il manifeste une grande fidélité et à qui il obéit aveuglément. Mais sa petite taille et son abord sympathique l'ont fait adopter comme animal de compagnie. Il ne semble pas qu'il apprécie ce changement d'existence. Les sujets provenant des régions d'élevage et qui se trouvent contraints à l'oisiveté ont très souvent tendance à se montrer agressifs.

Aspect physique

Avec sa tête en triangle, le Berger des Pyrénées ressemble un peu à un ourson. Les yeux, foncés, à l'expression intelligente, sont entourés de paupières bordées de noir. La truffe, brillante et noire, émerge des poils hirsutes d'un museau court. Les oreilles, naturellement tombantes, sont souvent écourtées et droites. Ce chien de berger, au dos long, mais à la croupe plutôt courte, porte une queue moyenne, bien frangée. Les membres antérieurs sont secs et nerveux. La robe, au poil rude, tient à la fois de la toison de la chèvre et de la laine des brebis ; long ou demi-long, le poil est toujours très fourni sur les cuisses. La robe est fauve plus ou moins foncé, avec ou sans mélange de poils noirs, gris plus ou moins clair et même arlequin de diverses nuances.
À côté du Berger à poil long, très répandu, existe une variété dite « à face rase » dont le poil, assez court sur la tête et dégageant bien les yeux, est aussi moins long sur le corps. Cette variété, assez rare, est, en moyenne, un peu plus grande que celle à poil long.
Un poil trop abondant, recouvrant les yeux, un museau carré, des paupières dépigmentées, un cou épais, des jarrets droits, une queue mal portée, de doubles ergots aux pattes antérieures, des pieds trop ou pas assez poilus sont des défauts.

TAILLE : **mâle** de 40 à 48 cm, **femelle** de 38 à 46 cm *(standard F.C.I.)* ;
POIDS : de 8 à 12 kg

BERNER SENNENHUND

Bouvier bernois

Origine

On peut rechercher les lointains ancêtres du Bouvier bernois dans les Molosses originaires d'Asie que les légions romaines utilisèrent comme chiens de combat. Certains sujets, laissés sur le futur territoire de la Suisse, se croisèrent avec des chiens indigènes voués à la garde des troupeaux et des maisons. Au xixe siècle, l'afflux de races étrangères faillit compromettre son avenir, et il fallut quelques passionnés, vers 1900, pour que le recensement des bons sujets restants permette un nouvel essor de la race nationale suisse. À cette époque, la région de Dürrbach était la principale région d'élevage, d'où le nom de Dürrbachler attribué à la race, tout d'abord, et encore utilisé de nos jours, localement.

Comportement

Le Bouvier bernois est resté un chien à tout faire. Excellent conducteur de gros bétail en moyenne montagne, il résiste aux conditions climatiques, parfois très

Bouviers bernois : mère et son chiot
Ancien chien de trait, le Bouvier bernois s'est reconverti avec succès en chien de garde et de compagnie.

rudes, de ce milieu. Depuis toujours chien de garde, il annonce les visites par des aboiements mesurés et dissuade par son allure imposante. Il n'est plus guère utilisé, aujourd'hui, comme chien de trait ; il a pourtant rempli cette tâche originale pendant des décennies avec un allant et une conscience exemplaires. Toutes ces utilisations exigent de la race une bonne aptitude au dressage. Celui-ci doit être mené avec fermeté mais sans aucune brutalité, la patience et les marques d'affection étant beaucoup plus efficaces.

De plus en plus apprécié comme compagnon du cercle familial, en Suisse comme à l'étranger, ce Bouvier séduit car, bon gardien, il n'est pas aboyeur, reste aimable et facile à aborder, même pour les enfants. Hormis dans son jeune âge, son besoin d'exercice n'est pas très grand ; il lui faut, néanmoins, de l'espace et, en aucun cas, on ne doit l'obliger à vivre en appartement.

Aspect physique

Puissant et massif, sans être lourd, le Bouvier bernois ressemble au Grand Bouvier suisse, dont il se distingue surtout par une taille un peu moins élevée et par un poil long et ondulé. La tête, au crâne assez large mais sans lourdeur, au museau puissant et de longueur moyenne, porte de petites oreilles attachées haut et collées aux tempes. Les yeux, brun foncé, ont une expression douce. Ce chien a un cou musclé, un corps compact et court, une poitrine large et profonde, qui donnent une impression de force. La robe est noir brillant, au poil fin, lisse, long, abondant et doux, formant des ondulations, mais non frisé. Elle est, comme chez tous les Bouviers de Suisse, marquée de taches feu au-dessus des yeux, sur les joues, les pattes et porte des taches blanches sur le chanfrein, la poitrine, les pieds, parfois au bout de la queue. Celle-ci, garnie de longs poils légèrement ondulés, un peu recourbée au bout, est portée tombante quand le chien est au repos.

TAILLE : **mâle** de 64 à 70 cm, **femelle** de 58 à 66 cm *(standard F.C.I.)* ;
POIDS : de 35 à 40 kg

BORDER COLLIE

Border Collie

Origine

Ses ancêtres seraient des chiens nordiques gardiens de troupeaux de rennes, arrivés en Écosse à la faveur des invasions vikings et croisés ensuite avec des bergers autochtones. Ce chien doit son nom à la région vallonnée des Borders, à la limite de l'Écosse et de l'Angleterre, où la race s'est développée. Des textes du XVIe siècle le mentionnent déjà. La race telle que nous la connaissons aujourd'hui, sélectionnée essentiellement pour ses qualités de travail, a été fixée en 1843. Son stardard a été reconnu en 1976 seulement par le Kennel Club. Le Border Collie est arrivé en France en 1970 à l'occasion de l'importation de moutons de Grande-Bretagne. L'Association du Border Collie est affiliée depuis 1985 à la SCC. De tous les bergers, ce chien est le seul qui soit exclusivement attaché à ses fonctions de gardien de troupeaux, dans son pays comme dans le Commonwealth et à l'étranger. Pour être confirmé, il doit réussir obligatoirement des tests d'aptitude.

Border Collie
Les bergers disent que le Border Collie utilise ses yeux, qui peuvent être bruns ou bleus, pour hypnotiser le troupeau.

Comportement

Il a *the eye*, l'œil, disent les éleveurs. Le Border Collie donne, en effet, l'impression qu'il utilise la force de son regard pour hypnotiser les ovins et les bovins, dont il s'approche en rampant comme un chien de chasse. Travaillant à distance, il prévoit les réactions du troupeau dans toutes les situations et y fait face. Son flair exceptionnel lui permet de travailler sans problème dans le brouillard le plus épais.
En France, où les troupeaux sont parqués, son rôle consiste à séparer les brebis des béliers ou à changer les bêtes d'herbage. Il participe avec brio aux concours de travail. Intelligent et très attentif, le Border Collie est particulièrement réceptif au dressage. Il faut toutefois le traiter en douceur, sinon il deviendrait nerveux et craintif. C'est un chien naturellement soumis, équilibré et volontaire. Très dévoué à son maître, il se montre réservé envers les étrangers, mais il n'est pas agressif. L'exercice est vital pour lui.

Aspect physique

Le Border Collie a le museau assez long et fort, des oreilles de taille moyenne, portées droites ou semi-dressées. Les yeux, bruns ou bleus, ont un regard particulièrement vif. Ses mâchoires sont fortes et sa dentition solide, en ciseaux. Bien musclé, élégant, ce chien au corps bien proportionné doit donner l'impression qu'il peut se déplacer furtivement, mais ne doit pas avoir une allure nerveuse.
Son poil est moyennement long, dense, le sous-poil est doux et serré. La robe forme une abondante crinière et une culotte. La queue, modérément longue, rappelle celle du renard. Toutes les couleurs de robe sont admises, mais les marques blanches ne doivent pas être dominantes.

TAILLE : **mâle** environ 53 cm, **femelle** environ 50 cm *(standard F.C.I.)*;
POIDS : de 15 à 20 kg

BOUVIER DES ARDENNES

Bouvier des Ardennes

Origine et comportement

Selon certains, le Bouvier des Ardennes serait issu du croisement entre le Bouvier des Flandres et le Berger picard. Selon d'autres, il serait un chien autochtone, probablement né vers le XVIIIe siècle de croisements entre diverses races bergères locales. Excellent gardien de troupeau, il est apprécié pour sa résistance à la fatigue, son

Bouvier des Flandres
Rustique, puissant et dissuasif, le Bouvier des Flandres est un excellent gardien. Il a besoin d'espace et d'exercice.

application au travail et sa vigilance. Ce chien est très attaché à son maître, mais, en contrepartie, il se montre souvent méfiant et parfois agressif à l'égard des étrangers.

Aspect physique

Le Bouvier des Ardennes a une tête massive, une poitrine large et profonde ainsi que des membres forts, qui donnent une impression de puissance. Une barbe et des moustaches ornent le museau, aux fortes mâchoires. Les yeux, petits et foncés, ont un regard vif. La robe, qui peut être de toutes les couleurs, est faite d'un poil dur et buissonnant, de 5 cm de long, plus court sur la tête et les membres.

TAILLE : **mâle et femelle** environ 60 cm *(standard F.C.I.)*;
POIDS : de 22 à 25 kg

BOUVIER DES FLANDRES

Bouvier des Flandres

Autre nom : Vlamse Kœhond.

Origine

L'origine du Bouvier des Flandres est controversée. Certains cynologues pensent que ce chien aurait été importé en Flandres par les envahisseurs espagnols. D'autres estiment qu'il est issu de nombreux croisements entre des Barbets de forte taille, des Mâtins et des chiens de berger, en particulier le Berger picard. Une autre théorie fait descendre le Bouvier des Flandres du Beauceron et des Griffons. Une chose est sûre, ce grand chien a failli disparaître lors des combats qui ravagèrent les Flandres au cours de la Première Guerre mondiale.
Des éleveurs flamands, et notamment le capitaine Darby, réussirent cependant à reconstituer la race à partir de quelques rescapés. Le standard définitif du Bouvier des Flandres a été établi en 1965.

Comportement

Les capacités actuelles de la race ont été déterminées par une véritable sélection naturelle qui s'est opérée, à l'origine, chez ces chiens de bouvier. En dehors du travail en ferme, leur tâche principale consistait à conduire et à garder, au long des routes, les troupeaux de bovins depuis leurs zones d'élevage jusqu'aux abattoirs des grandes villes. Par tous les temps, de jour comme de nuit, l'ouvrage à accomplir ne souffrait pas la médiocrité. Aujourd'hui, ces chiens constituent d'excellents gardiens, rustiques, puissants, dissuasifs et au tempérament équilibré. Pour peu que son maître sache se montrer juste, le Bouvier des Flandres sera un auxiliaire épanoui et dévoué pour les besoins de la ferme comme pour ceux de la police, aussi bien qu'il sera le chien de compagnie de la famille, docile et vigilant. Il faut lui assurer, bien sûr, un minimum d'activité physique.

Aspect physique

Touffu, à la barbe hirsute, il est imposant, sans être lourd. Il a un cou fort et musclé, une nuque puissante, un corps râblé et court, un rein fort, des cuisses musclées et des jarrets solides, qui témoignent de ses capacités physiques. La tête, massive, au crâne plat, s'orne de sourcils bien visibles. Les mâchoires sont puissantes et doivent s'affronter parfaitement. Les yeux, ovales et sombres, ont une expression loyale et énergique. Les oreilles, attachées haut et coupées en triangle, se tiennent bien droites. La queue est écourtée dans les jours qui suivent la naissance. La robe, rude au toucher, au poil en « fil de fer », de 6 cm de long, est légèrement ébouriffée. Un sous-poil fin et serré protège parfaitement l'animal. Le Bouvier des Flandres a généralement une robe fauve ou grise, souvent charbonnée. On rencontre aussi des Bouviers des Flandres noirs. Des yeux vairons ou trop clairs, un nez portant des taches de ladre, une robe brun chocolat ou avec trop de poils blancs entraînent la disqualification.

TAILLE : **mâle** de 62 à 68 cm, **femelle** de 59 à 65 cm;
POIDS : **mâle** de 35 à 40 kg, **femelle** de 27 à 35 kg
(standard F.C.I.)

CA DE BESTIAR

Berger de Majorque

Autre nom: Perro de Pastor Mallorquin.

Origine et comportement

Ce grand chien noir qui accompagne les troupeaux de moutons et de chèvres fait partie depuis toujours du paysage des îles Baléares. Robuste et agile, il se déplace rapidement, d'un galop élégant.
Les bergers sont très attachés à ce compagnon efficace et brave qui leur voue une fidélité jusqu'à la mort. Intelligent et docile, plutôt timide, affectueux, le Berger de Majorque est le chien d'un seul maître. Les autres hommes lui inspirent le plus souvent une méfiance instinctive.

Aspect physique

Musclé, bien campé sur ses pattes solides, ce chien a une tête forte, bien proportionnée au corps, jamais de type molossoïde. Le museau large abrite une dentition impressionnante. Les petites oreilles sont tombantes. Les yeux, légèrement obliques, ont un regard à la fois intelligent et triste. Le poil est court, doux, bien couché. La robe noire porte des marques blanches sur le poitrail et les pieds. Il existe une variété à poil long, plus rare.

TAILLE: **mâle** de 66 à 73 cm, **femelle** de 62 à 68 cm *(standard F.C.I.)*;
POIDS: environ 30 kg

CANAAN DOG

Chien de Canaan

Origine

Originaire de cette région d'Israël, ce Berger vient d'une race très ancienne. Messager et chien secouriste dans l'armée, il a séduit les observateurs occidentaux pendant la guerre des Six-Jours; aussi l'élevage se développe-t-il en Europe et aux États-Unis.

Comportement

Intelligent, très vif, le chien de Canaan apprend avec beaucoup de facilité. Berger à l'origine, il l'est resté dans certaines régions. On l'utilise comme gardien de maison ou chien-guide d'aveugle. C'est un compagnon affectueux, adorant les enfants.

Chiens de Canaan
Originaire d'Israël, le chien de Canaan a été messager de l'armée durant la guerre des Six-Jours.

Aspect physique

Le chien de Canaan est de taille moyenne, bien proportionné. Son museau est allongé. Les petites oreilles sont portées bien droites. Il a des yeux en amande et une tête particulièrement expressive.
La queue est portée haute, recourbée. Sa robe, modérément longue, est rude au toucher et doublée d'un sous-poil épais. Elle est noire ou blanche avec des taches noires, marron ou rouges.

TAILLE: **mâle et femelle** de 50 à 60 cm;
POIDS: de 18 à 25 kg

CANE DA PASTORE BERGAMASCO

Berger de Bergame

Origine

Selon les cynologues, ce chien descendrait de Bergers français ou, comme le Berger de Maremme-Abruzzes, d'un chien de berger asiatique introduit en Italie et serait le résultat d'une sélection réalisée dans le nord du pays.

Comportement

Très bon guide de troupeau, le Berger de Bergame s'impose au gros bétail avec beaucoup d'énergie et ne craint pas les intempéries. Intelligent et courageux, il aide parfois comme chien de sauvetage. Fidèle, sage et doux, il est aujourd'hui apprécié pour sa compagnie. Comme il est souvent entêté, il a besoin d'un maître ferme.

Aspect physique

Très rustique, ce chien est bâti en force; le rein est court et puissant, la poitrine large et bien descendue, les cuisses bien musclées. La queue est portée en cimeterre. La tête, assez large, est couverte de longs poils, qui cachent parfois complètement les grands yeux marron foncé. La truffe, noire, volumineuse, aux narines ouvertes, est bien

visible. La robe est grise, unie ou marquée de quelques taches noires ou blanches, ou fauve clair. Le poil est long, solide, abondant, formant des touffes ondulées.

TAILLE : **mâle** de 58 à 62 cm, **femelle** de 54 à 58 cm ; POIDS : **mâle** de 32 à 38 kg, **femelle** de 26 à 32 kg *(standard F.C.I.)*

CANE DA PASTORE MAREMMANO-ABRUZZESE

Berger de Maremme-Abruzzes

Origine

Ce grand chien italien à la belle robe blanche descend des anciens chiens de berger de l'Asie centrale. On a fait longtemps la distinction entre le Maremmano, au poil plus court, et le Berger des Abruzzes. Aujourd'hui, les deux types sont désormais désignés sous un standard unique.

Comportement

Robuste et rustique, le Berger de Maremme-Abruzzes est considéré comme le meilleur des chiens de berger d'Italie. Il a toujours été l'ennemi redouté des loups. Calme, réfléchi et obéissant, il garde très bien les enfants. Il a horreur de la chaleur et ne peut pas vivre en appartement ; il lui faut un jardin.

Berger de Bergame
Le pelage forme des touffes emmêlées sur l'arrière-train de ce chien rustique et d'extérieur.

Berger de Maremme-Abruzzes
Ce courageux défenseur des troupeaux contre les loups s'est converti avec succès en chien de compagnie. Attention ! Il a absolument besoin d'un jardin et ne supporte pas du tout la chaleur.

Aspect physique

Construit en puissance, le Berger de Maremme-Abruzzes est rustique et bien typé. De stature impressionnante, il a une grosse tête, qui ressemble à celle de l'ours et qui est armée de mâchoires puissantes. Les yeux, marron foncé ou ocre, en oblique, ont un regard perçant. Les oreilles, courtes, en V, attachées haut, se dressent à demi quand le chien est en éveil. Avec son cou puissant, orné d'un épais collier de poils, sa poitrine large, ses côtes amples et sa croupe musclée, ce chien est bâti en force. Il porte une queue très fournie, pendante au repos. La robe, blanche avec parfois des petites taches fauve clair, est faite d'un poil abondant, long et assez rêche au toucher. Le sous-poil forme une épaisse couverture, exclusivement en hiver.

TAILLE: **mâle** de 65 à 73 cm, **femelle** de 60 à 68 cm; POIDS: **mâle** de 35 à 45 kg, **femelle** de 30 à 40 kg *(standard F.C.I.)*

CÃO DA SERRA DE AIRES

Berger portugais

Origine et comportement

Issu d'une vieille race autochtone de la Serra de Aires, ce chien a probablement reçu un apport de sang de Briard. Puissant et rustique, c'est un excellent gardien de troupeau. On lui confie aussi bien les moutons que le gros bétail, les chevaux ou les cochons. On l'apprécie aussi pour sa fidélité et sa grande sobriété. Le Berger portugais est un chien très attaché à son maître.

Aspect physique

Morphologiquement, le Berger portugais s'apparente au Berger des Pyrénées. Il a une tête forte, aux belles moustaches et aux yeux sombres surmontés de gros sourcils. La robe est faite de longs poils rappelant le poil de chèvre, de couleur brun-jaune, grise, fauve, noire ou loup.

TAILLE: **mâle** de 45 à 55 cm, **femelle** de 42 à 52 cm; POIDS: de 12 à 18 kg *(standard F.C.I.)*

CÃO FILA DE SÃO MIGUEL

Fila de São Miguel

Autre nom: Bouvier des Açores

Origine

Le Fila de São Miguel est originaire de l'île de São Miguel, la plus grande de l'archipel. L'insularité a permis de conserver le stock génétique de la race presque intact.

Comportement et aspect physique

C'est un chien massif, à poil court, taillé pour la garde. Utilisé autrefois comme gardien et conducteur des troupeaux, il a gardé un tempérament de dominant et est parfois difficile à éduquer. Particulièrement méfiant envers les étrangers, il est capable de se montrer agressif avec ses congénères. Le maître du Fila de São Miguel doit se montrer ferme et fournir à son chien de nombreuses occasions de dépenser sa formidable énergie.

TAILLE: **mâle** de 50 à 60 cm, **femelle** de 48 à 58 cm; POIDS: **mâle** de 25 à 35 kg, **femelle** de 20 à 30 kg

CESKOSLOVENSKY VLCAK

Chien-loup tchèque

Origine et comportement

En 1955, en Tchécoslovaquie, des éleveurs croisent à titre d'expérience le Berger allemand avec le loup des Carpates.

Les essais étant concluants, ils sont prolongés durant 10 ans. En 1965, une fois l'expérience terminée, un projet d'élevage systématique de cette nouvelle race est mis en place. Le Chien-loup tchèque est censé réunir les meilleures aptitudes du chien comme du loup. Cependant, physiquement, il semblerait qu'il soit plus proche du loup. Son éducation est longue et difficile, car s'il est généralement d'une fidélité indéfectible envers son maître, il est extrêmement méfiant envers toute autre personne.

TAILLE: **mâle** au moins 65 cm, **femelle** au moins 60 cm; POIDS: **mâle** au moins 26 kg, **femelle** au moins 20 kg *(standard F.C.I.)*

COBAN KÖPEGI

Berger d'Anatolie

Autre nom: Karabash.

Origine et comportement

Classé parmi les Bergers, ce descendant des Molosses d'Asie Mineure a été utilisé pendant des siècles comme chien de combat ou pour la chasse au gros gibier. Quand il garde les troupeaux, les loups se tiennent à distance. Aujourd'hui, le Berger d'Anatolie est de plus en plus souvent employé pour la garde. Il doit être alors attaché ou enfermé dans un enclos, son fort instinct de défense pouvant parfois le conduire à agresser des inconnus. Intelligent et sensible, ce molosse s'adapte bien à la vie de famille.

Aspect physique

Le Berger d'Anatolie est de forte constitution mais sans lourdeur. Le crâne large et le museau fort sont ceux d'un Molosse. L'oreille, assez petite et attachée haut, tombe mais sans être plaquée contre la tête. Le

Berger portugais
Très dévoué et très vif, il est très fidèle à ses maîtres, mais a besoin d'action.

Berger d'Anatolie
De son passé de chien de combat ou de chasse au gros gibier, il a conservé un fort caractère.

corps est large et puissant, les membres fortement musclés, les pieds sont grands. La queue, portée plutôt haut, surtout chez le chien en éveil, forme une courbe. Le poil est court, plutôt rude et bien dense; la couleur de la robe est généralement sable ou fauve avec ou sans masque et oreilles sombres.

TAILLE: **mâle** de 74 à 81 cm, **femelle** de 71 à 79 cm; POIDS: **mâle** de 50 à 65 kg, **femelle** de 40 à 55 kg *(standard F.C.I.)*

COLLIE

Colley

Autre nom: Berger d'Écosse.

Origine

Dès le XIVe siècle, on trouvait en Écosse deux grandes variétés de chiens de berger: une à queue courte et une à queue longue, dont seraient directement issues les différentes races actuelles de Colleys. Le Colley à poil long est le plus connu de tous, Lassie, la chienne vedette de cinéma ayant largement contribué à le populariser. L'origine du nom de ce chien est controversée. Les uns pensent qu'il viendrait du mot *coal* (charbon), le noir étant autrefois la couleur dominante de la robe du Colley. D'autres voient son origine dans le fait que ce chien gardait des brebis appelées « colleys ». À moins que le nom ne vienne de *collar* (collier), car le Colley porte une très belle collerette de poils blancs.

Au début du XIXe siècle, le Colley à poil dur – bien mal nommé aujourd'hui, car il a une robe soyeuse et douce – était assez répandu en Grande-Bretagne, surtout dans le sud de l'Écosse. Il ne ressemblait pas au Colley actuel. Plus petit, il avait la tête moins longue, un poil plus rude. Pendant une cinquantaine d'années, ce chien, que, jusque-là, on avait sélectionné de façon empirique dans le seul but d'en faire un bon chien de berger, bien adapté à l'environnement, connut de nouvelles sélections destinées à affiner, à améliorer son apparence. On arriva ainsi à produire ce chien de berger élégant, qui, peu à peu, devait abandonner les pâturages pour devenir un très beau chien de salon. Seule la variété à poil long est très répandue aujourd'hui.

Colley
Devenu célèbre grâce à la série des « Lassie », le Colley est un chien très attaché à ses maîtres et extrêmement fidèle.

Colley
La fourrure abondante du Colley représente une contrainte importante d'entretien.

Comportement

Le Colley est doux, loyal, gentil et affectueux. C'est aussi un chien facétieux, qui aurait – selon les Anglais – un sens de l'humour très britannique. Remarquablement intelligent, c'est un bon auxiliaire de police, un excellent chien-guide d'aveugle ainsi qu'un comédien hors pair. Le Colley, qui a un esprit de famille très développé, n'est heureux qu'à l'ombre de son maître ou des siens. Son sens très poussé de la propriété en fait un gardien efficace. Ce chien aime les enfants, qu'il surveille consciencieusement. Il est un peu méfiant à l'égard des inconnus, qu'il étudie assez longtemps avant de se décider à les adopter, ou pas. Habitué depuis toujours à courir sur de vastes territoires, il a besoin de beaucoup d'exercice et souffre dans les appartements surchauffés.

Aspect physique

Le Colley a conservé les principales caractéristiques physiques du chien de berger qu'il a été exclusivement pendant si longtemps et qui lui confèrent vigueur, souplesse et vélocité. La tête, longue et mince, est éclairée par des yeux souvent brun foncé et en amande. Les oreilles, petites et modérément larges, sont couchées et repliées au repos; elles reviennent vers l'avant, la pointe retombant un

Berger allemand
Chien le plus connu dans le monde, il représente à lui seul 10 % de la population canine française.

peu quand le chien est en éveil. La robe du Colley peut être de trois couleurs, même si, théoriquement, toutes sont admises : fauve éventuellement charbonné et blanc, tricolore avec un manteau noir, des marques blanches et du feu aux joues et aux pattes, bleu merle avec un manteau gris-bleu et noir, du blanc et des marques feu aux joues et aux pattes. Les Colleys bleu merle sont souvent appelés Marbled Collie.
Deux variétés de Colleys se distinguent par la longueur du poil : le Colley à poil long (Rough Collie) et le Colley à poil lisse ou ras (Smooth Collie). Dans tous les cas, la robe doit être dense, avec un sous-poil doux et serré.

TAILLE : **mâle** de 56 à 61 cm, **femelle** de 51 à 56 cm *(standard F.C.I.)*;
POIDS : **mâle** de 20 à 29 kg, **femelle** de 18 à 25 kg

DEUTSCHER SCHÄFERHUND

Berger allemand

Origine

Ce chien exceptionnel, qui, pour certains, est « le chien » par excellence, nous vient d'outre-Rhin. Il doit le jour au patient travail de sélection accompli par le capitaine Max von Stephanitz, qui, au XIXe siècle, entreprit de croiser plusieurs races de chiens de berger afin de créer un nouveau chien doté du maximum de qualités. À partir de 1884, von Stephanitz fixa la race, qu'il améliora encore en y apportant, en 1893, du sang de Berger écossais. Le Berger allemand, tel que nous le connaissons aujourd'hui, était né. Il devait acquérir rapidement une grande popularité. En 1899, des amateurs fondèrent la première société du Berger allemand, qui rassemblait plus de 30 000 membres au sein d'une centaine de clubs. À l'heure actuelle, le Berger allemand est le chien le plus connu et le plus répandu dans le monde entier.
A-t-il reçu il y a quelque 10 000 ans du sang de loup de l'Europe du Nord, ce qui lui donnerait une origine plus ou moins lupoïde ? Génétiquement, la chose est possible. Le club du Berger allemand, quant à lui, la rejette. Quoi qu'il en soit, le Berger allemand a une si grande ressemblance avec son frère sauvage qu'on le surnomme volontiers « chien-loup ».

Comportement

On ne compte plus ses qualités : ce chien est courageux, intelligent, d'une fidélité sans faille, obéissant, soumis à son maître. Toujours en éveil, il défend furieusement ce dernier au moindre danger. Doté d'un des meilleurs nez du monde canin, il est passé maître dans l'art du pistage, qu'il s'agisse de retrouver un malfaiteur, un enfant égaré ou de déceler quelques milligrammes de drogue au fond d'un sac. Sa réputation comme chien de police n'est d'ailleurs plus à faire. Le Berger allemand en a malheureusement hérité une image de marque répressive, alors qu'il est tout aussi brillant dans le rôle pacifique de sauveteur en montagne. On peut aussi, sans problème, lui confier la garde d'un troupeau. Ce chien au caractère dominateur doit être dirigé de main ferme par un maître capable de lui imposer sa loi. Cette éducation à l'obéissance se passe généralement très bien, car le Berger allemand se soumet volontiers à celui qui sait lui en imposer, se montrer patient et faire preuve de doigté. Le dressage va conditionner tout le comportement de l'animal, dans un sens ou dans un autre. Aussi le Berger allemand peut-il devenir une superbe mais redoutable, voire dangereuse, mécanique d'attaque et de défense que seul son maître pourra manœuvrer, après un stage chez un dresseur professionnel. Au contraire, peut-il être un chien de compagnie affectueux avec toute la famille, doux et patient avec les enfants, envers lesquels il se montre en général très protecteur. Ce chien paisible vit très bien en appartement, à condition de pouvoir courir et se dépenser suffisamment chaque jour. C'est aussi un chien dont la seule présence suffit à décourager d'éventuels malfaiteurs.

Un tel animal doit impérativement s'acheter chez un bon éleveur, qui donnera tous les renseignements nécessaires sur ses parents et sur son caractère. Dans une portée, on ne doit jamais choisir le jeune qui semble surexcité ou peureux, car il risque, tôt ou tard, de devenir agressif.

Aspect physique

Le Berger allemand, robuste, tout en muscles, mais souple et équilibré, doit donner une impression tout à la fois de force et d'élégance. Il a la croupe longue, un peu tombante, et la longueur de son tronc doit être supérieure à sa hauteur au garrot. Tout cela lui donne une silhouette harmonieuse, prolongée par une belle queue touffue, portée légèrement courbe et descendant jusqu'aux jarrets. Pour être parfait, le Berger allemand doit aussi avoir le cou robuste et musclé, la poitrine profonde, le dos droit, le ventre un peu remonté, le rein large et solide. La tête, allongée, est éclairée par des yeux particulièrement vifs, foncés, à l'expression très éveillée. Les oreilles, pointues, sont dressées et plantées haut ; chez les chiots, elles restent tombantes jusqu'à 4 ou 6 mois. Le stop, oblique et peu accentué, se prolonge par un museau en forme de coin, long et robuste, aux lèvres sèches et bien fermées, cachant une impressionnante dentition en cisailles.

Le Berger allemand est bien planté sur des pattes robustes. Les membres antérieurs, vus sous n'importe quel angle, doivent être bien droits. Endurant à la marche et au trot, ce chien a des pieds forts et des ongles solides.

Berger allemand
Ses capacités olfactives, alliées à son caractère équilibré et obéissant en font le chien favori des administrations.

Robe

La robe (couleur, longueur et texture du poil) du Berger allemand s'est peu à peu uniformisée. En matière de couleur, les robes totalement noires ou grises ne sont pas admises ; le chien doit être fauve avec un manteau noir pouvant contenir du gris ou fortement charbonné ; l'étendue du manteau est variable, ne laissant apparaître le fauve qu'aux extrémités. Le masque bien marqué sur la face est recherché. Si la couleur blanche (avec truffe noire donc non albinos) est aujourd'hui toujours officiellement rejetée, elle existe chez des chiens descendant du chien de berger dit « vieil allemand », et certains amateurs souhaitent la sauvegarder.

Il existe, normalement, trois variétés de poil : poil court, poil demi-long et poil long. Le poil court est, de loin, le plus connu : il doit être rude, dense et plaqué, plus long au cou et en face postérieure des membres, assorti d'un sous-poil fourni. Le poil demi-long est moins rude, moins plaqué et forme des franges touffues aux membres, aux oreilles et au fouet ; fréquemment, le sous-poil n'est pas assez dense. Le poil long est laineux, se sépare souvent par une raie sur le dos, et le sous-poil est absent ; il donnait une apparence aux chiens qui les faisait dénommer, dans leur pays d'origine, *schäferpudel* (« caniche-berger »). L'absence ou l'insuffisance de sous-poil, une constitution moins forte et, ainsi, une moindre résistance au travail font désormais éliminer des élevages les sujets à poil long ou demi-long (tolérés encore dans quelques pays).

Défauts

Tous les défauts influant sur l'utilité et l'endurance sont pris en considération pour l'étude de la valeur d'un chien. Un manque de pigmentation de la truffe, des membres trop hauts, une apparence trop légère ou trop lourde, un museau faible ou pointu, un prognathisme supérieur ou inférieur, une denture médiocre, un poil trop mou, des oreilles pendantes, une queue roulée ou mal portée sont des défauts pénalisés.

TAILLE : **mâle** de 60 à 65 cm, **femelle** de 55 à 60 cm ; POIDS : **mâle** de 30 à 40 kg, **femelle** de 22 à 32 kg *(standard F.C.I.)*

Chien de berger catalan
Cousin du Berger des Pyrénées, ce chien catalan est plus obéissant et plus apte à la compagnie que son homologue français.

ENTLEBUCHER SENNENHUND

Bouvier de l'Entlebuch

Origine et comportement

Proche parent du Bouvier d'Appenzell, cet autre Bouvier suisse doit son nom à la région d'Entlebuch, dans le canton de Lucerne, où la race s'est fixée. Très efficace pour le maintien de l'ordre dans un troupeau de bovins, il est encore utilisé aujourd'hui en montagne. Bon gardien, il défend avec énergie les maisons ou les fermes qui lui sont confiées. Attentif et intelligent, s'adaptant facilement aux circonstances, gentil avec les enfants, il est aussi un chien de compagnie agréable.

Bouvier de l'Entlebuch
Le plus petit des quatre Bouviers suisses est néanmoins un très bon gardien.

Aspect physique

Ce chien agile, harmonieusement bâti, a la queue tronquée de naissance, une tête au crâne plat, bien proportionnée au corps, les oreilles petites et tombantes. La robe, au poil court et dense, est tricolore, les taches blanches et les marques feu devant être régulières et symétriques.

TAILLE : **mâle et femelle** de 40 à 50 cm *(standard F.C.I.)* ;
POIDS : de 16 à 22 kg

GOS D'ATURA CATALA

Chien de berger catalan

Autres noms : Perro de Pastor Catalán, Berger de Catalogne.

Origine

Ce chien, qui descend des anciens chiens de berger des Pyrénées, a trouvé son lieu de prédilection sur les terrains pierreux de Catalogne.

Comportement

C'est un chien à l'intelligence vive, à la vigilance jamais en défaut. Essentiellement gardien de troupeau, très résistant aux intempéries, il sait fort bien retrouver les brebis égarées et se faire respecter des chevaux et du gros bétail. Très énergique envers les autres animaux, il se montre obéissant et doux avec son maître. C'est également un bon gardien de propriété. Fidèle et dévoué, il est de plus en plus apprécié comme chien de compagnie.

Aspect physique

Ce chien de berger de taille modeste est solidement bâti : poitrine bien développée, rein puissant et membres robustes. Le museau, étroit, a une forme conique caractéristique. On distingue mal les oreilles, attachées haut, tombantes. En revanche, les yeux, ambre foncé, se remarquent par leur vivacité. La queue peut être longue ou franchement courte. La robe du Chien de berger catalan est longue, avec un poil plat ou très peu ondulé. Elle peut être gris-noir, fauve plus ou moins charbonné ou formée d'un mélange de poils noirs, fauves et blancs.

TAILLE: **mâle** de 47 à 55 cm, **femelle** de 45 à 53 cm *(standard F.C.I.)*;
POIDS: **mâle** environ 18 kg, **femelle** environ 16 kg

GROSSER SCHWEIZER SENNENHUND

Grand Bouvier suisse

Origine

À la fin du Moyen Âge, le Grand Bouvier accompagnait les confédérés suisses au combat. En 1489, il faillit périr, victime du bourgmestre de Zurich, qui le jugeait nuisible au vignoble et au gibier. C'est un cynologue suisse qui fixa enfin la race vers 1905.

Comportement

Obéissant et incorruptible, le Grand Bouvier suisse est facile à dresser ; aussi lui confie-t-on de multiples tâches : il surveille les bœufs, tire de lourdes charges, garde les fermes ou les maisons et sert de chien d'avalanche. Éveillé, amical et fidèle, très protecteur à l'égard des enfants, le Grand Bouvier suisse est aussi un chien de compagnie apprécié. Mais il vaut mieux ne pas installer dans un appartement cet animal qui a besoin de grands espaces.

Aspect physique

Le Grand Bouvier suisse a une tête forte, mais sans lourdeur, au crâne plat, aux oreilles moyennes en triangle, tombant à plat au repos. Les lèvres, serrées, cachent de puissantes mâchoires en ciseaux. Les yeux, de taille moyenne, noisette ou marron, ont une expression vive. Le rein est large et fort, la croupe longue et la poitrine ample et profonde. Au repos, la queue pend jusqu'au jarret ; elle se redresse dans l'action. On coupe les ergots des pattes postérieures peu après la naissance. La robe, au poil dur et lisse, long de 3 à 5 cm, est d'un beau noir brillant semé de taches symétriques blanches et feu.

TAILLE: **mâle** de 65 à 72 cm, **femelle** de 60 à 68 cm *(standard F.C.I.)*;
POIDS: **mâle** environ 40 kg, **femelle** environ 35 kg

Grand Bouvier suisse
Bon gardien et excellent chien de compagnie, il garde de ses origines suisses le goût des grands espaces.

Berger hollandais
De tempérament dynamique et bon gardien, il est pourtant peu connu en dehors des Pays-Bas.

HOLLANDSE HERDERSHOND

Berger hollandais

Origine et comportement

Docile, courageux et solide, le Berger hollandais est peu connu hors de son pays d'origine. Très bon chien de berger, supportant bien les intempéries et d'entretien facile, il est utilisé de plus en plus comme chien de garde.

Aspect physique

Le Berger hollandais est un chien de taille moyenne, bien musclé, aux allures souples et franches, à l'expression intelligente et vive. Ce chien a une tête mince, des oreilles très droites, des yeux foncés, en amande. Le torse est fort et le dos droit; la queue pend droite ou bien légèrement courbée quand l'animal est au repos. Les membres, bien d'aplomb, ne portent pas d'ergots.

La race compte trois variétés, distinctes par les différentes textures de poil:

– variété à poil court dont la robe est dure, pas trop courte, avec un sous-poil laineux;
– variété à poil long dont le poil rude, couché et non ondulé, couvre le corps, sauf la tête et l'extrémité des membres, avec un sous-poil laineux aussi;
– variété à poil dur dont l'ensemble du corps porte un poil très épais et dur, ébouriffé, avec un sous-poil particulièrement dense, la tête étant garnie de moustaches, barbe et sourcils bien fournis.

La couleur de la robe est fauve ou sable bringé, parfois charbonné chez le berger à poil dur. On recherche le masque noir. Ce chien rappelle beaucoup le Berger belge et présente une grande aptitude au dressage.

TAILLE: **mâle** de 57 à 62 cm, **femelle** de 55 à 60 cm *(standard F.C.I.)*;
POIDS: environ 30 kg

HRVATSKI OVCAR

Berger de Croatie

Origine et comportement

Ce chien noir garde depuis toujours les troupeaux et les fermes. Originaire d'Orient, le Berger croate est pratiquement inconnu hors de la Yougoslavie. Il a pourtant des qualités comparables à celles du Berger des Pyrénées: l'astuce, l'esprit d'initiative, le courage et une endurance peu commune.

Aspect physique

Le Berger de Croatie est séduisant avec sa belle robe au poil modérément long, ondulé, d'un noir brillant. Il a de petites oreilles bien dressées, des yeux en amande. Avec un regard vif et gai, il a un air très sympathique.

TAILLE: **mâle et femelle** de 40 à 50 cm *(standard F.C.I.)*;
POIDS: de 15 à 20 kg

IOUJNOROUSSKAÏA OVTCHARKA

Berger de Russie méridionale

Autre nom: Ovtcharka de Russie méridionale.

Origine et comportement

Polyvalent, ce Berger assure à la fois la conduite et la surveillance des troupeaux sur les vastes pâturages des régions bordant la mer Noire, et cela depuis la nuit des temps. Excellent gardien, il est réputé pour son courage légendaire. Ce descendant de Molosses asiatiques a été croisé avec des Barzoïs, ce qui a allégé sa silhouette. La race a été officiellement reconnue en U.R.S.S. en 1952. Ce Berger est encore très rare hors de sa région d'origine, malgré l'ouverture des frontières et l'essor nouveau de la cynophilie en Russie. Quelques sujets ont été importés en Suisse et aux Pays-Bas.

Berger de Russie méridionale
Bien que destiné à la vie au grand air, il peut s'adapter à la vie en ville si on lui fait faire suffisamment d'exercice.

Aspect physique

Le Berger de Russie méridionale apparaît robuste; l'oreille est tombante et la queue longue; son épaisse toison feutrée, généralement blanchâtre, parfois grisâtre avec des taches, est faite d'un poil long et fourni.

TAILLE: **mâle** plus de 65 cm, **femelle** plus de 62 cm *(standard F.C.I.)*;
POIDS: environ 25 kg

KELPIE

Kelpie

Autre nom: Berger australien

Origine et comportement

Ce petit Berger à l'allure lupoïde a des origines très anciennes. Ayant sans doute reçu du sang de Dingo, il a été croisé vers 1870 avec des chiens de berger écossais à poil ras. Bien proportionné, solide, il est capable de parcourir plus de 60 km par jour en virevoltant autour d'un important troupeau, qu'il mène où il veut. Intelligent et vigilant, ce chien est parfois utilisé comme chien de garde. Il n'est pas fait pour être enfermé.

Aspect physique

Robuste, mais de taille assez modeste, le Kelpie a une tête longue et fine, ornée d'oreilles droites, pointues. Les yeux, très foncés, en amande, sont particulièrement expressifs. La poitrine est profonde et le dos bien droit. Ce chien porte bas une queue de longueur moyenne. La robe, au poil court et lisse, est souvent rouge, noire ou grise avec ou sans blanc.

TAILLE: **mâle** de 51 à 58 cm, **femelle** de 46 à 53 cm *(standard F.C.I.)*;
POIDS: de 13 à 15 kg

Komondor
Chien rustique, il doit vivre à la campagne, et ne peut pas s'adapter à la ville.

KOMONDOR

Komondor

Origine

Ce chien de troupeau de grande taille descendrait, croit-on, des chiens de garde qui accompagnèrent les Magyars lorsqu'ils investirent la Hongrie, au IXe siècle.

Comportement

Chargé autrefois de protéger les moutons et les bergers contre les brigands, les loups et les ours, le Komondor ne surveille plus que quelques troupeaux et se consacre de plus en plus à la garde des propriétés. Sa beauté le fait rechercher aujourd'hui comme animal de compagnie en Hongrie, mais également dans les autres pays d'Europe et même aux États-Unis. Ce chien rustique, qui a besoin de se dépenser énormément, s'adapte difficilement aux contraintes de la vie citadine. Il passe généralement ses journées dans un état de semi-somnolence, ce qui ne l'empêche pas d'être vigilant. La nuit, il se réveille ; très alerte, il surveille alors attentivement les alentours, mais n'aboie qu'en cas de nécessité. Intelligent, dévoué, fidèle et sûr, il est capable de défendre son maître jusqu'à la mort, mais se montre très tolérant et doux avec les enfants.

Aspect physique

Le Komondor impressionne par son imposante constitution, que conforte une robe épaisse faite de longs poils emmêlés. Malgré cela, il se déplace avec aisance et son allure est légère. Le corps est carré avec une ligne de dessus large et musclée.
Les membres, difficiles à apprécier sous la fourrure, doivent avoir une ossature forte ; le pied est grand. La tête est puissante et abondamment couverte de poils ; elle apparaît comme une saillie du tronc.
Les yeux sont ainsi pratiquement masqués. Les oreilles sont longues et pendantes, en forme de U. La queue, attachée bas, est pendante mais s'élève au niveau du dos quand le chien est excité. La robe est remarquable : le poil, blanc, est long, rude, très touffu et il tend à feutrer en mèches aux poils enchevêtrés, surtout longues sur l'arrière-main où elles dépassent 20 cm. Le sous-poil, fin, est dense.

TAILLE : **mâle** de 70 à plus de 80 cm, **femelle** de 65 à plus de 70 cm *(standard F.C.I.)* ;
POIDS : **mâle** de 50 à 60 kg, **femelle** de 40 à 50 kg

KRAZSKI OVCAR

Berger du bassin de Kras

Origine et comportement

Ce Berger vit dans la région montagneuse de Kras, en Yougoslavie, depuis toujours. Infatigable gardien de troupeaux, il guide les bêtes avec énergie et efficacité. Il supporte parfaitement toutes les intempéries. Facile à vivre, doux et joyeux, le Berger du bassin de Kras est très apprécié dans son pays comme chien de compagnie. Il est nécessaire de l'élever avec une certaine fermeté, en évitant la brusquerie.

Aspect physique

De taille moyenne, ce Berger a une robe abondante couleur gris fer charbonné. Il a une tête très sympathique et un regard le plus souvent vif et joyeux.

TAILLE : **mâle** de 57 à 63 cm, **femelle** de 54 à 60 cm ;
POIDS : **mâle** de 30 à 42 kg, **femelle** de 25 à 37 kg *(standard F.C.I.)*

Kuvasz
Joueur, voire facétieux, néanmoins calme et attentif, il garde avec vigilance les maisons.

KUVASZ

Kuvasz

Origine et comportement

Certains cynologues pensent que le Kuvasz existait déjà en Hongrie du temps des Huns. D'autres croient que ce grand Bouvier, venu de Turquie, serait arrivé dans le pays magyar à la faveur des invasions mongoles. Son nom serait, d'ailleurs, d'origine turque. Il est encore fait mention, souvent, des analogies de constitution qu'il présente avec le Komondor pour plaider en faveur d'une origine commune.

Très intelligent, le Kuvasz a toujours été un remarquable chien de berger et un chasseur émérite de loups, d'ours et de bisons. Sobre et endurant, il résiste aux pires intempéries. Aujourd'hui très populaire en Hongrie, il cache sous des airs dignes un tempérament de joueur facétieux. Très bon gardien, il a conservé des instincts de chasseur efficace. La police et l'armée hongroises l'utilisent comme auxiliaire.

Aspect physique

Solidement bâti, agile, le Kuvasz a une silhouette équilibrée, un cou puissant, un dos bien droit, des postérieurs fortement musclés, une longue queue basse un peu incurvée au bout et ornée d'un beau panache. La tête, qui ne doit pas être trop lourde, porte de petites oreilles en V, pendantes et plantées à mi-hauteur. Des yeux sombres, en amande, une truffe et des lèvres noires tranchent sur le poil clair. Rude et longue d'environ 10 cm, la robe doit être ondulée, mais sans être trop bouclée, ni trop lâche, ni trop laineuse. Les poils sont courts et raides sur la tête et les pattes. Seuls les sujets d'un blanc pur sont utilisés pour la reproduction. Néanmoins, des robes sombres existent.

TAILLE : **mâle** de 71 à 75 cm, **femelle** de 66 à 70 cm ; POIDS : **mâle** de 40 à 52 kg, **femelle** de 30 à 42 kg *(standard F.C.I.)*

MUDI

Mudi

Origine et comportement

Ce Berger hongrois ressemble assez aux Spitz. Certains l'attribuent à un croisement entre le Puli et un chien de type Spitz. Ce qui est sûr, c'est que la race est de création relativement récente puisqu'elle remonterait à la fin du XIXe ou au début du XXe siècle, en Hongrie. Agile, sobre et courageux, le Mudi est un bon chien de troupeau pour les bovins, les moutons et, occasionnellement, les oies. Très rustique, il résiste aux intempéries et tombe rarement malade. Il chasse le petit gibier à poil et est un bon destructeur de nuisibles. C'est un bon chien de compagnie.

Aspect physique

De taille modeste, le Mudi a une silhouette un peu plus carrée que celle des Spitz. Il a le crâne convexe, un museau pointu, des yeux en amande, brun sombre, très expressifs, des oreilles poilues toujours dressées, une queue courte ou écourtée. Le dos est court, horizontal et droit. La robe est très ondulée, parfois bouclée sur le cou et le corps. Le poil, long, sauf sur les pattes et la tête, est noir brillant, blanc ou noir et blanc.

TAILLE: **mâle et femelle** de 35 à 47 cm;
POIDS: de 8 à 13 kg *(standard F.C.I.)*

OLD ENGLISH SHEEPDOG

Bobtail

Origine

Old English Sheepdog (« vieux chien de berger anglais ») est le nom officiel de ce chien hors des pays anglo-saxons. Mais, en Grande-Bretagne et, dorénavant, partout ailleurs, on l'appelle Bobtail (« queue écourtée »). Pour comprendre ce nom, il faut savoir que, dans le passé, les usages anglais pénalisaient d'une taxe les maîtres de chiens de luxe et que l'on distinguait les chiens de travail des chiens de luxe par leur queue coupée. Aussi, la pratique s'étant maintenue, quand il arrive que le Bobtail ne naisse pas anoure, c'est-à-dire dépourvu de tout appendice caudal, lui ampute-t-on la queue au plus ras dans les premiers jours de sa vie. Issu d'un mélange de races anciennes de chiens de berger avec, peut-être, un apport de Deerhound, le Bobtail a été, des siècles durant, un gardien de moutons largement répandu dans le pays, mais plus particulièrement dans le sud de l'Angleterre ainsi qu'en Écosse. Puis il est devenu chien de compagnie, et son atavisme de travail s'est reporté sur les enfants, qu'il surveille très bien, ce qui lui a valu aux États-Unis le surnom de *Nanny Dog*.

Comportement

Son allure d'ours sympathique, sa belle robe, son bon tempérament et, peut-être, sa voix cassée très particulière lui ont valu un succès exceptionnel et fulgurant dans de très nombreux pays pour devenir le compagnon de la famille. Cela lui a fait pratiquement abandonner la garde des troupeaux. Bien que la nature l'ait conditionné pour la vie à l'extérieur grâce à son extraordinaire toison, le Bobtail s'adapte tout à fait bien à la vie citadine en appartement, dans la mesure où il cohabite constamment avec son maître. Il est alors tendre, fidèle et affectueux, parfois même avec excès.

Bobtails
Le Bobtail est surnommé en Angleterre *Nanny Dog* (chien nounou), tant il est attentionné vis-à-vis des enfants.

Aspect physique

Robuste, ramassé, le Bobtail a une tête large, une truffe noire, des yeux foncés ou vairons, dissimulés par des poils. Les oreilles sont petites, plates et tombantes. Le cou est assez long, les membres bien droits. Sa robe est formée d'un poil ondulé, rude, exempt de boucles, dans toute la gamme des gris, tête, cou et antérieurs devant être blancs. Le sous-poil est imperméable. Le poil, qui est particulièrement long, condamne le Bobtail à vivre dans une demi-pénombre et à être brossé deux fois par semaine.

TAILLE: **mâle** au moins 61 cm, **femelle** au moins 56 cm *(standard F.C.I.)*;
POIDS: de 25 à 30 kg

OWCZAREK PODHALANSKI

Berger des Tatras

Autre nom: Berger de Podhale.

Origine et comportement

Cousin du Kuvasz de Hongrie, ce grand Berger descend comme ce dernier des grands Molosses d'Asie centrale arrivés en Europe à l'époque des invasions barbares. Il est depuis toujours chargé de garder les moutons dans les hautes vallées des Tatras, la partie la plus haute des Carpates. Vif et intelligent, il surveille parfaitement les troupeaux. D'un grand courage, ce chien s'attaque au loup et à l'ours. Très résistant, il supporte sans problème le rude climat de la région. Son agilité lui permet de rattraper facilement un mouton égaré sur les terrains les plus accidentés. La race a été officiellement reconnue par la F.C.I. en 1967 seulement. Bien représentée en Pologne, elle est arrivée en France en 1985. Jusqu'ici, il était encore difficile de trouver ces Bergers, mais l'ouverture des frontières favorise l'expansion de la race en Europe. Actuellement, plus de cinquante naissances ont lieu chaque année en France. Excellent gardien, le Berger des Tatras est aussi un agréable chien de compagnie, obéissant et doux, avec toutefois un goût affirmé pour l'indépendance. Il est

Bergers des Tatras
Chien de protection des troupeaux, il a une robe blanche qui évitait aux bergers de le confondre avec les prédateurs.

calme mais a besoin d'espace ; il sera malheureux si on ne lui offre pas au moins un jardin pour s'ébattre en toute liberté.

Aspect physique

Avec ses 65 cm de hauteur au garrot et ses 45 kg, le Berger des Tatras est imposant. Il a le museau fort, des mâchoires puissantes. Ses yeux sont sombres, légèrement obliques. Ses oreilles en triangle sont tombantes. Le poil est long, dense, la robe d'un blanc uniforme – les taches crème ne sont pas souhaitables. Elle est doublée d'un sous-poil épais. Sa queue touffue est portée basse.

TAILLE : **mâle** de 65 à 70 cm, **femelle** de 60 à 65 cm *(standard F.C.I.)*;
POIDS : environ 45 kg

Berger polonais de plaine
Chien de compagnie très apprécié, il est fidèle et enjoué et s'adapte tout à fait à la vie en ville.

POLSKI OWCZAREK NIZINNY

Berger polonais de plaine

Autres noms: Berger de vallée polonais, Nizinny.

Origine et comportement

Surnommé « Pon », ce petit Berger cousin du Bobtail et du Colley barbu est réputé pour sa mémoire exceptionnelle, ce qui facilite son travail de berger et son éducation. Conducteur de troupeaux depuis des siècles, le Berger polonais de plaine a les qualités typiques du parfait Berger: un sens de l'observation très développé, l'art de s'adapter aux situations en prenant des initiatives. C'est un animal rustique, très résistant. Aujourd'hui, ce petit nounours est un chien de compagnie prisé. Équilibré, vif sous des airs calmes, gai et attentif à tout ce qui se passe, il est très agréable à vivre.

En Pologne, après sa quasi-disparition au XIXe siècle, il est de nos jours assez fréquent. En France, où il est arrivé en 1980, il en naît plus de deux cents par an.

D'une fidélité sans faille, il adore son maître et les siens. Cet indépendant a tendance à n'en faire qu'à sa tête. Autre petit défaut à noter: il est assez aboyeur.

Malgré sa petite taille, le Berger polonais de plaine est courageux. Très méfiant à l'égard des étrangers, c'est un gardien efficace. Il s'est très bien adapté à la vie citadine, à condition de faire suffisamment d'exercice. Un brossage bihebdomadaire et un bain tous les deux mois suffisent à l'entretenir.

Aspect physique

Trapu, bien campé sur ses pattes solides, ce chien porte une superbe robe longue au poil épais, ondulé, doublée d'un sous-poil mou et épais. Elle peut avoir la couleur et les marques de celle du Bobtail, mais toutes les teintes de robe sont permises. Ce chien sympathique a des allures de jouet en peluche. On ne voit ni les yeux, cachés par les longs poils de la tête, ni le petit bout de queue qui disparaît entièrement sous une abondante fourrure.

TAILLE: **mâle** de 45 à 50 cm, **femelle** de 42 à 47 cm *(standard F.C.I.)*;
POIDS: de 15 à 20 kg

Puli
Il ne faut pas se laisser tromper par l'aspect hirsute du Puli: sa robe qui a tendance à feutrer nécessite beaucoup d'entretien.

PULI

Puli

Autre nom: Berger hongrois.

Origine et comportement

Ce chien des plaines hongroises, qui rappelle le Terrier tibétain, descendrait des anciens chiens de berger d'Asie, selon certains cynologues. Le Puli est en tout cas un chien qui, depuis des temps immémoriaux, garde les immenses troupeaux de moutons de la Puzsta. Depuis la mise en culture intensive de cette plaine, son rôle de chien de berger est cependant moins important. Le Puli, qui adore l'eau, a aussi été utilisé pour la chasse du canard.

N'ayant peur de rien, il est un compagnon très fidèle, mais qui a gardé un solide sens de l'indépendance. Intelligent et incorruptible, il n'aime pas les étrangers. Habitué à vivre à l'extérieur, hiver comme été, il s'est toutefois très vite adapté à la vie citadine, est rentré dans les maisons et dans les appartements, ce qui lui a permis de se faire adopter très largement en dehors de son pays d'origine. Un Puli moderne aime autant se promener en voiture que conduire un troupeau, disent les Hongrois.

En fait, il est heureux partout, pourvu que son maître soit avec lui. C'est un animal de compagnie charmant, un peu bruyant, qui doit pouvoir se dépenser régulièrement.

Aspect physique

De taille modeste, le Puli se remarque surtout par une robe étonnante, aux poils parfois cordés qui descendent jusqu'à terre. La toison est tellement abondante qu'elle dissimule en grande partie les formes du chien. La tête, petite, fine et au crâne rond, disparaît sous les poils. Seule la truffe, grosse et noire, est bien visible. Les yeux, sombres, ronds et très vifs, sont également en partie cachés. Le Puli a de petites oreilles en V, pendantes et attachées assez haut. Bâti en force, il possède un cou puissant, une poitrine large, un dos ferme, des antérieurs droits et forts, des postérieurs bien campés et des jarrets secs. On voit peu sa queue, assez longue mais recourbée sur la croupe et qui forme, ainsi, une sorte de saillie à l'arrière. La variété de Puli la plus connue est le Puli noir, dont le poil, sous le soleil brûlant de la Puzsta, a tendance à roussir au bout d'un an ou deux. On trouve d'autres variétés de Puli, à la robe gris sombre ou encore blanc pur. Le Puli blanc est d'ailleurs très recherché comme animal de compagnie. Toutes ces variétés ont un poil long, touffu et serré, parfois divisé en cordelettes, qui leur donne un aspect hirsute. Le sous-poil, laineux et très protecteur, a tendance à feutrer chez les variétés non cordées. Un telle robe exige, bien entendu, beaucoup de soins.

TAILLE : **mâle** de 37 à 47 cm, **femelle** de 34 à 44 cm ;
POIDS : **mâle** de 13 à 15 kg, **femelle** de 10 à 13 kg
(standard F.C.I.)

PUMI

Pumi

Origine et comportement

Ce petit chien de berger de Hongrie, à l'allure cocasse, est probablement issu du croisement du Puli avec des Bergers étrangers. Son élevage a commencé de façon systématique au XIXe siècle.

Très bon chien de berger, impétueux et vif, le Pumi est aussi un animal de compagnie très affectueux avec son maître, mais méfiant à l'égard des étrangers.
Vigilant et aboyeur, il constitue un remarquable gardien, très attentif au moindre bruit. Plein de vivacité et d'entrain, il se montre aussi un excellent chasseur de gibier ou même de rats.

Aspect physique

Ressemblant beaucoup au Puli, le Pumi a cependant une tête plus allongée et plus anguleuse que ce dernier. Les yeux, très foncés, ont un regard intelligent et éveillé. Les oreilles, dressées, au bout retombant et orné de poils épais et hérissés, donnent au Pumi un air un peu comique. Le poil, assez long, sauf sur les membres et le chanfrein, forme des mèches qui ne feutrent pas, au contraire du Puli. Les robes sont souvent grises, de toutes nuances, mais aussi noires, blanches ou fauve roux.

TAILLE : **mâle et femelle** de 35 à 44 cm ;
POIDS : de 8 à 13 kg *(standard F.C.I.)*

Chien-loup de Saarloos
Prudent, méfiant et indépendant, il a besoin de beaucoup d'exercice et d'une éducation adaptée.

SAARLOOS WOLFHOND

Chien-loup de Saarloos

Origine

Né dans les années 1930 aux Pays-Bas du croisement d'une louve d'Europe et d'un Berger allemand, ce chien d'allure furtive doit son nom à son créateur, Landeerf Saarloos.
La race a été officiellement reconnue par la F.C.I. en 1981. Ce chien n'en est pas moins rare hors de son pays. Quelques dizaines de sujets sont élevés en Belgique et en France.

Comportement

Indépendant, têtu, le Chien-loup de Saarloos a besoin d'un maître capable de le dominer sans le heurter. Ce chien, qui a gardé l'instinct de fuite du loup, n'a pas les qualités du Berger allemand. On l'a cependant dressé à guider les aveugles et au sauvetage en mer. Très méfiant envers les étrangers, il peut avoir de vives réactions.

Aspect physique

Son physique est plus réussi que son caractère. Le Chien-loup de Saarloos a une ossature puissante mais sans lourdeur. Ce chien harmonieux ressemble au Berger allemand avec une tête proche de celle du loup. Son poil court est doublé d'un sous-poil laineux. La robe peut être de couleur noire à brune ou de couleur crème très clair à blanche.

TAILLE: **mâle** de 65 à 75 cm, **femelle** de 60 à 70 cm *(standard F.C.I.)*;
POIDS: de 30 à 35 kg

SARPLANINAC

Charplanina

Origine et comportement

Baptisé d'abord Illirski Ovcar ou Berger d'Illyrie, ce chien imposant est originaire des monts de Sar Planina, au sud-est de la Yougoslavie, non loin de l'Albanie. On pense que ses ancêtres ont accompagné les grandes migrations humaines venues d'Asie.
Très fort, armé de dents extrêmement puissantes, ce Berger au courage extraordinaire est un redoutable adversaire pour les loups. Les sujets les plus forts, à qui l'on coupe la queue et les oreilles afin de ne pas laisser de prise à l'adversaire, s'attaquent aux ours. Trois Charplaninas sont capables, dit-on, de venir à bout d'une horde de loups et de protéger un troupeau de cinq cents têtes. Dans les régions d'élevage, ces Bergers sont toujours gardiens et défenseurs des troupeaux. On les rencontre aujourd'hui dans tous les pays issus du démembrement de la Yougoslavie. Ils sont utilisés pour la garde des maisons et certains sont enrôlés dans l'armée.

Charplaninas
Protecteur de troupeau efficace, le Charplanina a été introduit avec succès aux États-Unis.

Schapendoes
Chien de compagnie très apprécié, le Schapendoes est enjoué et très bon gardien.

Intelligent et vif, le Charplanina comprend vite ce que l'on attend de lui et obéit volontiers. Calme, doux, équilibré, c'est un chien de compagnie de plus en plus apprécié. Très méfiant devant les inconnus, il leur interdit de pénétrer sur son territoire mais n'attaque que sur ordre de son maître. La race a été reconnue en 1939 par la F.C.I. Arrivé en France en 1980, le Charplanina y est aujourd'hui bien implanté.

Aspect physique

C'est un chien imposant solidement charpenté, il a la poitrine large et musclée, les pattes solides. Sa tête est sympathique. Ses beaux yeux en amande ont un regard profond et paisible, un peu mélancolique. La robe est doublée d'un sous-poil abondant et touffu. Le poil est court sur la tête et l'avant des membres. La queue, très touffue, est portée en sabre et se relève dans l'action. Le gris fer et le gris foncé sont les couleurs les plus recherchées, mais la robe, toujours unicolore, peut être blanche à presque noire.

TAILLE: **mâle** de 56 à 62 cm et plus, **femelle** de 54 à 58 cm et plus; POIDS: **mâle** de 35 à 45 kg, **femelle** de 30 à 40 kg *(standard F.C.I.)*

SCHAPENDOES

Schapendoes

Origine

Surnommé « Does », ce Berger de taille modeste vient de la province de Drenthe, dans le nord des Pays-Bas, une région jadis couverte de landes où paissaient de grands troupeaux de moutons. Leur disparition l'a réduit au chômage, et le Schapendoes, tombé dans l'oubli, a bien failli mourir. Son élevage a été relancé après la Seconde Guerre mondiale, grâce à un éleveur amoureux de la race.

Comportement

Bon chien de garde, très méfiant envers les étrangers, le Schapendoes, vivant et sympathique, a de très nombreux amateurs dans son pays. Indépendant et têtu, mais astucieux et comprenant vite, il obéit bien, à condition que son maître sache lui imposer une volonté ferme.
Ce n'est pas un chien d'appartement. Il déborde d'énergie et pour qu'il reste équilibré, il lui faut absolument courir tous les jours. L'idéal est de le laisser en liberté dans un grand jardin.
Endurant, énergique, ce Berger ne pose pas de problèmes de santé particuliers. Très rare hors de son pays d'origine, le Does mériterait d'être mieux connu.

Schipperke
Toujours en mouvement, attentif à chaque bruit, il met de l'animation dans la maison.

Aspect physique
Sa robe très abondante, au poil légèrement ondulé tombant jusqu'au bas des pattes, forme une véritable houppelande. Ses yeux disparaissent sous les longs poils de la tête, d'où seul le bout de la truffe émerge. Le menton est orné d'une barbiche, et la longue queue très frangée tombe jusqu'à terre. Cette robe un peu hirsute, en général dans les gris foncés avec des marques blanches à la poitrine et au bout de la queue, fait tout le charme de ce petit Berger. Sa constitution élastique et légère en fait un sauteur remarquable.

TAILLE : **mâle** de 43 à 50 cm, **femelle** de 40 à 47 cm *(standard F.C.I.)*;
POIDS : environ 15 kg

SCHIPPERKE

Schipperke

Origine
L'origine de cet étrange chien sans queue reste obscure, mais ses traits le rapprochent à la fois des Spitz et des chiens de berger belges. On pense que le Schipperke existait déjà au XVe siècle en Hollande. Il serait issu de petits chiens de berger autochtones appelés « Leuvénaars » (de la région de Louvain) et aujourd'hui disparus. On raconte que Guillaume d'Orange échappa à un attentat grâce à la vigilance de son Schipperke. Ce chien était le compagnon de prédilection des bateliers qui parcouraient les canaux des Flandres et du Brabant, ainsi que des artisans et boutiquiers citadins, principalement des savetiers, des chaudronniers et des tripiers. Il gardait avec vigilance les échoppes et exerçait, là encore, ses précieux talents de ratier dans les entrepôts des minoteries, les docks et les écuries.

Comportement
Toujours en alerte, le Schipperke ne dort jamais que d'un œil. Sa curiosité incessante conditionne tout son comportement.
Il semble ne jamais se reposer, connaît tous les recoins de la maison et signale tout élément suspect par des aboiements convaincus. D'une grande fidélité à son maître, la famille de celui-ci est « sa » famille et tout ce qui s'y passe le concerne manifestement au premier chef. Il est d'une gentillesse particulière avec les enfants, mais se méfiera de l'étranger.
Sa petite taille lui fait accepter les appartements et respecter le voisinage si on l'éduque. Rien n'a plus de prix pour lui que d'être avec son maître et de lui plaire.

Aspect physique
Remuant, agile, infatigable, le Schipperke est toujours en éveil. Il a une tête au front assez large, au museau effilé, ressemblant à celle du renard. Les yeux, brun foncé, plutôt ovales, ont un regard vif et perçant. Les oreilles, petites, en triangle, portées bien droites et mobiles, se rapprochent quand elles sont dressées, à l'écoute.
La poitrine est large et profonde, le dos droit, le rein large et râblé, et le ventre assez relevé. Les pattes, fines, sont parfaitement droites. La queue est absente.
Le poil est abondant et résistant au toucher. Court sur la tête, le devant et l'extrémité des membres, il est également assez court sur le corps mais s'allonge pour former une crinière et un jabot qui donnent de l'ampleur à l'avant-main, ainsi qu'une culotte qui étoffe l'arrière des cuisses. La robe est noir zain. Certains chiens peuvent peser moins de 3 kg ou plus de 8 kg : ils ne pourront être

primés en exposition. Les principaux défauts concernent surtout la tête et le poil, qui doivent être irréprochables.

TAILLE : variable suivant le poids ;
POIDS : 2 catégories de 3 à 5 kg, de 5 à 8 kg
(standard F.C.I.)

SHETLAND SHEEPDOG

Berger des Shetland

Autre nom : Shetland.

Origine

Ce Berger, copie en miniature du Colley à poil long, vient des îles du nord de l'Écosse, dont il porte le nom. Il est sans doute issu de Bergers autochtones croisés avec des chiens nordiques comme le Yakin d'Islande. La race a été officiellement reconnue par le Kennel Club en 1919. Depuis, la sélection s'est attachée à accentuer la ressemblance du Berger des Shetland avec le Colley. Sa petite taille en fait un chien parfaitement adapté au rude climat de sa région, où l'on trouve aussi des moutons et des poneys nains.

Comportement

Le Berger des Shetland a sans doute été le premier chien utilisé en Europe pour la conduite des troupeaux, un travail où il excelle. Malgré sa taille modeste, ce Berger dynamique est capable de contrôler des troupeaux importants. Aujourd'hui, le Berger des Shetland exerce de moins en moins son métier d'origine, mais il n'a rien perdu de ses qualités et brille dans les concours d'obéissance et d'agility.
Beau et peu encombrant, il a été adopté comme chien de compagnie. Son heureux caractère l'a vite rendu populaire. C'est un chien très intelligent, facile à dresser, gai. Il adore les enfants et se montre très protecteur avec eux. Sa méfiance naturelle et son instinct de défense développé en font un bon gardien, pas très impressionnant, mais courageux. Chien doux et sensible, le Berger des Shetland ne supporte ni les cris ni la brutalité. Sociable, il aime la vie de famille et accepte bien la compagnie de ses congénères. Ce chien fort sympathique est bien implanté en France, où il devrait remporter encore beaucoup de succès.

Berger des Shetland
Version miniaturisée du Colley, le Berger des Shetland est un chien de compagnie idéal.

Aspect physique

Bien proportionné, élégant, le Berger des Shetland, qui atteint, en moyenne, 36 cm au garrot, a une très jolie tête au museau allongé, bien arrondi au bout. Ses petites oreilles se dressent à demi lorsqu'il est en éveil. Il a des yeux brun foncé (un œil ou les deux bleus si sa robe est couleur merle). Le regard est à la fois doux et très vif. Sa truffe est toujours noire.
Ce chien a des membres bien musclés, des côtes bien cintrées. Sa queue, attachée bas, se redresse quand il est en action, mais ne doit jamais dépasser le niveau du dos. Les coussinets, bien épais, sont adaptés aux terrains pierreux. La nature a doté le Berger des Shetland d'une magnifique fourrure au poil long, droit et rude, doublé d'un sous-poil doux, court et serré. La robe forme une abondante crinière et un jabot qui font ressortir la finesse de la tête, dont le poil est court. La queue est très fournie. Les antérieurs sont bien frangés, les postérieurs recouverts d'un poil très abondant au-dessus du jarret. Le pelage peut être tricolore : noir intense sur le corps, marques feu vif et blanc. La couleur fauve est charbonnée ou non et les tons vont du doré à l'acajou intense. Le blanc est souhaité au poitrail, aux membres et à la queue. La

robe bleu merle est d'un bleu clair argenté, marbré de noir, avec de préférence des marques d'un feu vif. Le blanc est souhaité aussi. Il existe aussi des Bergers des Shetland noir et blanc et noir et feu.

TAILLE: **mâle** de 35 à 39 cm, **femelle** de 33 à 37 cm *(standard F.C.I.)*; POIDS: de 5 à 10 kg

SLOVENSKI CUVAC

Slovenski Cuvac

Origine et comportement

Ce grand Berger des Carpates ressemble au Kuvasz hongrois. La race a été fixée dans les années 1960 à partir de chiens de berger autochtones. Impressionnant et vigoureux, très vigilant et courageux, ce Berger est particulièrement efficace dans la défense des troupeaux contre les loups et les ours. Sa solide constitution lui permet également de faire son travail par tous les temps. Le Slovenski Cuvac garde aussi les fermes et les maisons. Doux, fidèle et obéissant, c'est également un chien de compagnie apprécié.

Aspect physique

Ce joli Berger est de constitution robuste. Sa robe au poil mi-long, bien fourni et ondulé, est d'un beau blanc uniforme.

TAILLE: **mâle et femelle** de 60 à 70 cm; POIDS: de 30 à 45 kg

WELSH CORGI (CARDIGAN, PEMBROKE)

Welsh Corgi (Cardigan, Pembroke)

Origine

Il apparaît logique d'admettre des origines semblables aux deux races de Welsh Corgi. Certains, pourtant, les voient différentes: le Cardigan pourrait avoir été introduit par les Celtes, isolé dans le pays de Galles et avoir subi quelque influence de chiens nordiques et d'autres Bergers britanniques, alors que le Pembroke aurait été apporté vers 1100 par des tisserands flamands et serait apparenté à certains chiens nordiques. Quoi qu'il en soit, les chiens se ressemblent depuis longtemps et les croisements fréquents qui s'effectuèrent entre Cardigan et Pembroke, au XIXe siècle, renforcèrent cet état de chose. Depuis 1934, ils ont cependant chacun un standard distinct.

Comportement

Infatigable et énergique, le Welsh Corgi a été utilisé à la conduite des moutons, plus rarement à celle des bovins. Très vigilant, il est aussi un excellent gardien. Sa petite taille, sa silhouette amusante, son caractère facétieux, sa fidélité, sa gaieté, son charme et l'affection qu'il voue à son maître le font apprécier de plus en plus. Intelligent, facile à dresser, il vit très bien en appartement, à condition qu'il puisse sortir souvent. Il est d'autant plus recherché comme animal de compagnie qu'il est l'hôte privilégié de Buckingham Palace depuis 1933.

Aspect physique

Les Welsh Corgi Cardigan et Pembroke sont considérés comme des races distinctes et possèdent chacun leur standard. Néanmoins, ils se ressemblent fortement. La tête, assez large, plate entre les oreilles, pointues et dressées, rappelle celle du renard. Le Welsh Corgi a le museau pointu, des yeux foncés, bien fendus, au regard vif. Le corps est assez long, la poitrine large et profonde, le ventre légèrement relevé. Les membres sont courts et forts, les antérieurs marquant une légère différence entre les races: aussi droits que possible chez le Pembroke, admis un peu arqués chez le Cardigan. Le type de queue les oppose nettement puisqu'elle est longue et touffue comme celle du renard chez le Cardigan, tandis qu'elle est courte (voire écourtée) chez le Pembroke. La robe, enfin, différencie les deux races. Celle du Cardigan est courte ou moyenne, de texture dure et peut être de n'importe quelle couleur, le blanc ne devant pas dominer. La robe du Pembroke est de longueur moyenne et le poil n'est pas dur; les couleurs sont le fauve, charbonné ou non, de toutes nuances, le noir et feu, des taches blanches pouvant orner les pieds, la poitrine et le cou, un peu de blanc sur la tête étant admis.

Welsh Corgi Pembroke
Les Corgis ont été choisis comme chiens de compagnie par la couronne d'Angleterre.

Welsh Corgi Cardigan: TAILLE: environ 30 cm; POIDS: en harmonie avec la taille *(standard F.C.I.)*
Welsh Corgi Pembroke: TAILLE: de 25 à 30 cm; POIDS: **mâle** de 10 à 12 kg, **femelle** de 10 à 11 kg *(standard F.C.I.)*

Pinschers et Schnauzers

De sélection assez récente, les Pinschers et Schnauzers procèdent des mêmes types de chiens que les Bergers, destinés à l'origine à la garde des biens. Exemples types de ce que l'élevage germanique peut et aime produire, ces races, quelle que soit leur taille, présentent une allure sportive et tonique assortie d'un caractère décidé. Soumis à un dressage ferme mais également juste, ces chiens manifestent leur haut potentiel pour la garde et la défense.

AFFENPINSCHER

Affenpinscher

Origine

Chien assez ancien, représenté sur des tableaux antérieurs au XVIIe siècle, l'Affenpinscher est né en Allemagne. Sa légère ressemblance avec un singe lui a donné son nom (Affen signifie « singe » en allemand) et le fait parfois appeler Griffon singe. Issu de la famille des Pinschers et Schnauzers, il est apparenté aux Griffons belges qui descendent partiellement de celle-ci.

Comportement

Heureux mélange d'exubérance et de sagesse, ce petit animal de compagnie plein de charme est affectueux, vif et intelligent. Il s'adapte parfaitement à la vie en appartement, et son attachement au foyer, son intrépidité, sa vigilance en font un excellent gardien. Il est aussi resté un chasseur de rongeurs.

Aspect physique

L'Affenpinscher a une grosse tête ronde garnie de poils tombant vers les yeux en mèches hérissées. Le museau, court et fort, n'est pas retroussé. Les yeux, grands et ronds, de couleur foncée, sont entourés de poils hirsutes. Les oreilles, droites, pointues, coupées ou en forme de V renversé à demi rabattu si elles sont laissées naturelles, sont assez écartées l'une de l'autre. Les joues portent des touffes de poils. Le cou est court et droit. Ce chien a un corps compact. La queue, toujours écourtée aux deux tiers de sa longueur, portée haut, est couverte de poils plus courts que ceux du corps. La robe, au poil long, abondant, dur et très sec, est rude au toucher. La barbe est bien fournie. Le noir uni est la couleur la plus recherchée, mais des marques feu, brunes ou gris bleuâtre sont aussi admises.

Taille : **mâle et femelle** de 25 à 30 cm *(standard F.C.I.)*;
poids : inférieur ou égal à 4 kg

DOBERMANN

Dobermann

Origine

Créé en Allemagne il y a environ cent ans, ce chien d'une grande élégance doit son nom à Ludwig Dobermann, alors chargé de la gestion de la fourrière de la petite ville d'Apolda (Thuringe) et qui obtint les premiers spécimens de la race grâce à quelques croisements savants. Parmi les ancêtres du Dobermann, il y a sans doute le Pinscher, le Dogue allemand, le Berger de Beauce, le Rottweiler. Mais c'est Otto Goller qui fixa la race après avoir effectué d'autres apports de sang, notamment de Black and Tan Terrier et probablement de Greyhound.

Comportement

Alliant des qualités de gardien à un flair de chasseur, les premiers Dobermanns travaillèrent avec les gendarmes de Thuringe, puis, dans l'armée, comme patrouilleurs et gardiens pendant la Première Guerre mondiale. Dès son plus jeune âge, le Dobermann montre sa fierté et son caractère dominateur. Vers 4 ou 5 mois, il cherche souvent, en grognant et en montrant les dents, à imposer sa volonté. Cette manifestation de son esprit très indépendant doit être réprimée immédiatement, sans brutalité, mais avec fermeté. Une fois qu'on a su lui imposer sa volonté, le Dobermann se révèle un chien soumis, affectueux, d'un indéfectible attachement. Intelligent, vigilant, courageux,

Affenpinscher
Le « chien à tête de singe », comme il est surnommé, est affectueux et intelligent.

Dobermanns
Excellent gardien, le Dobermann est très attaché à son maître, qu'il défendra toujours avec courage.

Dobermann
Très élégant, l'Apollon des chiens doit être éduqué d'une main de fer gantée de velours.

voire intrépide, excellent chien de garde, il peut se montrer agressif à l'égard des intrus. Son caractère fait partie de son standard; les chiens trop agressifs, lâches ou trop nerveux doivent être écartés de la reproduction.
On peut considérer, aujourd'hui, le Dobermann comme le chef de file des Pinschers, dont il a tout à fait la morphologie.

Aspect physique

De bonne taille, le Dobermann a une allure fière et décidée. Il est remarquable par son architecture presque carrée. La tête, longue et osseuse, en forme de coin allongé, se dégage bien du cou et a un volume proportionnel à celui du corps. Les yeux, ovales, doivent être aussi foncés que possible. Les oreilles, dressées, sont plantées haut sur le crâne. Le standard exige qu'elles soient coupées, ce qui donne au Dobermann son allure décidée. Au naturel, les oreilles sont semi-tombantes. Ce chien a des reins musclés, un dos court et compact, une croupe arrondie, des cuisses longues et fortement musclées, qui lui donnent une démarche souple. Les membres antérieurs sont aussi solides que les postérieurs. Les jarrets doivent être bien parallèles et perpendiculaires au sol. Les ergots ne sont pas admis. La queue est également coupée. La robe, au poil dur et dru, ras, bien lisse, est noire, marron foncé ou gris-bleu. Elle comporte toujours des marques feu de couleur acajou au niveau du museau, des lèvres, des joues, des arcades orbitales, de la gorge, de la poitrine, des métatarses, des pieds, de l'intérieur des cuisses et de l'anus. On admet un sous-poil gris, à condition qu'il ne soit pas visible. Une tête busquée ou courte et grosse, un museau pointu, des yeux clairs, bridés, de mauvais aplombs, un corps trop long ou trop fin, des marques feu trop claires, une démarche trottinante sont considérés comme des défauts.

TAILLE : **mâle** de 68 à 72 cm, **femelle** de 63 à 68 cm ;
POIDS : **mâle** de 40 à 45 kg, **femelle** de 32 à 35 kg
(standard F.C.I.)

MITTELSCHNAUZER

Schnauzer moyen

Origine et comportement

Ce chien a des origines très anciennes et quelque peu mystérieuses. Selon certains, il descendrait de deux races aujourd'hui éteintes: le Biberhund et un ratier à poil dur. Selon d'autres, il serait issu de races de chiens de berger. Il a inspiré de nombreux peintres, dont Dürer et Rembrandt. Le mot allemand Schnauze signifie en français « museau », ce qui convient bien à ce chien au museau caractéristique.

Chasseur de rats, fouines, belettes et blaireaux, ce chien énergique a besoin de beaucoup d'exercice et n'aime vivre qu'à la campagne. Un brossage quotidien est indispensable. Vif, mais pas trop remuant, courageux et vigilant, c'est un bon gardien, très méfiant à l'égard des étrangers. Dévoué et affectueux, d'un tempérament joueur, il est aussi un agréable chien de compagnie, qui aime beaucoup les enfants.

Aspect physique

Robuste, plutôt trapu que svelte, le Schnauzer moyen a la particularité de trotter en diagonale. Il a une tête forte, un front plat, un stop net, un chanfrein droit et un museau en coin, qui s'orne d'une truffe noire et ronde. Les oreilles sont attachées haut, bien droites si elles sont coupées, semi-tombantes naturellement. Les yeux sont foncés et ovales. Le cou, noblement arqué et sec, ne doit être ni court ni gros.

Le dos qui descend légèrement, la croupe ronde, la poitrine peu large et profonde donnent une impression ramassée. Les membres sont courts, solides, et les cuisses vigoureuses. Le Schnauzer moyen a des « pieds de chat », aux soles très solides, et une queue haute et droite, que l'on coupe à peu près au niveau de la troisième vertèbre.

La robe, au poil fourni, raide, dur et épais, a un aspect hirsute. Elle recouvre un sous-poil dense et serré.

Le Schnauzer moyen a des sourcils en broussaille tombant sur les yeux, une barbe raide et d'abondantes moustaches, qui lui donnent une physionomie amusante. La robe est noir pur, poivre et sel dans toutes les nuances de gris. Un masque foncé doit souligner l'expression. Une stature trop lourde ou trop légère, un museau court, effilé et étroit, des pattes trop basses ou trop hautes sont considérés comme des défauts. Des signes blancs sur la tête, la poitrine et les pieds sont indésirables.

Schnauzer moyen
Très bon gardien, c'est aussi un excellent chien de compagnie qui adore les enfants.

TAILLE: **mâle et femelle** de 45 à 50 cm *(standard F.C.I.)*;
POIDS: environ 15 kg

Pinscher autrichien
Très rare en France, il gagne à être connu, car il est affectueux et facile à éduquer.

ÖSTERREICHISCHER KURZHAARIGER PINSCHER

Pinscher autrichien

Origine et comportement

On ne sait pas d'où vient ce chien de garde de taille modeste, également appelé Terrier autrichien à poil court.

Énergique, agressif à bon escient, c'est un remarquable gardien dont la vigilance n'est jamais prise en défaut. D'un caractère plutôt souple, le Pinscher autrichien est facile à dresser.

Peu encombrant, élégant, demandant très peu d'entretien, ce chien gai et gentil est un bon compagnon. C'est un sportif, fait pour vivre à la campagne ou au moins dans un grand jardin, en sachant toutefois que son instinct de Terrier va le pousser à creuser des trous et à chasser lapins et renards.

Aspect physique

Le Pinscher autrichien possède des yeux vifs et de petites oreilles plantées haut sur la tête et repliées.

La queue est courte et recourbée, le poil ras et abondant. La robe de couleur fauve, noire ou marron est souvent marquée de blanc à la poitrine ainsi qu'au bout des pattes.

TAILLE : **mâle et femelle** de 35 à 50 cm ;
POIDS : de 12 à 18 kg *(standard F.C.I.)*

PINSCHER

Pinscher moyen

Origine

Très élégant, le Pinscher moyen, que l'on prend souvent à tort pour un Dobermann en réduction, ressemble au Schnauzer, mais ne possède pas de barbe ni de moustaches. Comme pour ce dernier, on ne sait rien de précis sur ses origines.

Selon certains, ce chien appartiendrait à une très vieille race allemande apparentée à celle des Schnauzers. D'autres

Pinscher moyen
Très bon chien de garde, le Pinscher moyen est un agréable compagnon très attaché à sa famille.

pensent qu'il a été créé en Allemagne vers la seconde moitié du XIXe siècle. Pendant longtemps ignorée en France au profit du Dobermann et du Schnauzer, la race n'y a été introduite qu'en 1956. Sa diffusion internationale reste encore très incomplète.

Comportement

Vigilant et courageux, le Pinscher moyen est un bon gardien, à l'ouïe très fine. Intelligent, facile à dresser, enjoué et vif, il est très attaché à la famille et se révèle un agréable compagnon de jeu pour les enfants. Rustique, il sait se contenir si on le lui demande et, grâce à ses facultés d'adaptation, peut vivre en milieu urbain. Mais il faut lui assurer un minimum d'exercice, car il reste un athlète, ce qu'il prouvera si on lui donne l'occasion de faire étalage de ses talents de ratier.

Aspect physique

Bien proportionné, le Pinscher moyen a un cou long et sec, qui porte une tête allongée et étroite, aux oreilles hautes, coupées habituellement et bien droites, mais semi-tombantes naturellement. Le stop est légèrement marqué. Les yeux, moyens et ovales, sont foncés. Le corps du chien s'inscrit à peu près dans un carré, sa longueur étant sensiblement égale à sa hauteur au garrot. La poitrine, peu large, est de section ovale. Les membres, bien d'aplomb, sont forts et dotés d'une musculature sèche. Les pieds sont plutôt ronds et les coussinets plantaires très résistants.
La queue, haute, portée droite, est coupée à la troisième vertèbre. La robe, épaisse, au poil ras, brillant et lisse au toucher, est de coloration très variable : noire avec des marques feu, brun-rouge, brun chocolat, bleu-gris avec des marques feu, noir uni, gris poivre et sel.

TAILLE : **mâle et femelle** de 43 à 48 cm *(standard F.C.I.)*;
POIDS : de 12 à 16 kg

RIESENSCHNAUZER

Schnauzer géant

Origine

Ce chien impressionnant serait, selon certains cynologues, issu du croisement du Schnauzer moyen, du Dogue allemand et du Bouvier des Flandres. En fait, il est la réplique en plus grand de la variété moyenne de la race.
D'origine très ancienne, il est probablement né dans le Wurtemberg. En 1492, un Schnauzer moyen est représenté par Albrecht Dürer. Ce ratier, qui figure aussi dans des œuvres de maîtres hollandais des XVIe et XVIIe siècles, était surtout présent dans les écuries, où il chassait les rongeurs. Il accompagnait également les chevaux des diligences.
Jusqu'au début du XXe siècle, le Schnauzer géant était pratiquement inconnu hors du Bade et du Wurtemberg. À cette époque-là, on découvrit ses aptitudes particulières au dressage et il fut mis au service de la police. Utilisé dans l'armée pendant la Première et la Seconde Guerre mondiale, il a failli disparaître. Quelques éleveurs, fort heureusement, réussirent à sauver cette race originale qui, aujourd'hui, se porte bien. Introduit aux États-Unis dans les années 1970, le Schnauzer géant y est très populaire.

Comportement

Beau et imposant, ce chien est aujourd'hui recherché à la fois comme animal de compagnie et comme gardien. Son besoin impératif d'exercice le réserve à un maître sportif. Le confiner dans un appartement serait un véritable non-sens.
Le caractère dominateur du Schnauzer géant ne permet pas de le laisser entre n'importe quelles mains. Il a besoin d'un maître ferme et juste, capable de lui impo-

Schnauzer géant
Gros dur aux sourcils broussailleux, il n'a vraiment peur de rien ! Il doit donc être éduqué avec fermeté.

Pinscher nain
Plus populaire que son cousin le Pinscher moyen, c'est un très bon gardien, doublé d'un redoutable chasseur de nuisibles.

ser sa volonté. Capricieux, ce chien a plutôt tendance à n'en faire qu'à sa tête. Bien en main, c'est un agréable compagnon, vif et intelligent, qui aime le jeu et les enfants. Excessif, voire jaloux, il adore son maître et sa fidélité est totale.
Lâché à la campagne, le Schnauzer géant retrouve les instincts de chasse de ses lointains ancêtres ratiers et poursuit mulots, belettes et autres petits mammifères. Peu sociable, il a tendance à se battre avec ses congénères. Ce chien, qui est d'ailleurs l'un des plus vigoureux qui soient, n'a vraiment peur de rien.
Il faut le brosser régulièrement. Tous les trimestres, la robe doit être toilettée au peigne-couteau. On utilise aussi des ciseaux pour égaliser les poils de la tête. Un art difficile réservé aux spécialistes.

Aspect physique
En allemand, Schnauze signifie « museau ». On remarque en effet tout de suite le museau hirsute, barbu et moustachu de ce chien à la longue tête robuste et à la puissante denture en ciseaux. Les yeux ovales et vifs ne sont pas dissimulés par les poils ; les oreilles, plantées haut, ne devraient plus être coupées, cette pratique étant actuellement en train de disparaître.
Le Schnauzer géant a une stature robuste, une silhouette rectangulaire, une allure élégante. Son pelage hirsute, au poil dur et épais, au sous-poil dense, est noir, poivre et sel avec un masque plus sombre.

TAILLE : **mâle et femelle** de 60 à 70 cm *(standard F.C.I.)* ;
POIDS : de 30 à 40 kg

ZWERGPINSCHER

Pinscher nain

Origine
On confond parfois le Pinscher nain avec le Chihuahua, ou encore on le prend pour un Dobermann en miniature. Ce chien de poche est en fait une variété en réduction du Pinscher moyen et il appartient comme lui à la famille des Pinschers-Schnauzers, dont les origines sont très anciennes. Le Pinscher nain est apparu pour la première fois en exposition à Stuttgart en 1900. Des éleveurs américains immédiatement séduits importèrent des sujets et la race se développa rapidement aux États-Unis, où fut créé le Miniature Pinscher Club of America, qui a beaucoup contribué à l'amélioration de la race.
Aujourd'hui, le Pinscher nain est très populaire en Europe, en particulier en Belgique et en Suisse. Arrivé en Grande-Bretagne et en France en 1950, il s'y est très bien implanté. Quelques centaines de sujets sont inscrits tous les ans au L.O.F.

Comportement
Si sa petite taille en fait un chien idéal pour l'appartement, le Pinscher nain a surtout de grandes qualités de gardien.
On peut compter sur lui pour débarrasser la maison des rats et des souris. C'est un ratier d'un exceptionnel courage. Toujours en éveil, il avertit ses maîtres au moindre bruit insolite, sans toutefois déranger les voisins par des aboiements intempestifs.
C'est un chien gai, facétieux, toujours en mouvement, d'une propreté de chat. Sa vive intelligence n'a d'égal que son tempérament de feu. Dévoué, fidèle, affectueux, il a vraiment tout pour plaire.
Même s'il fait de l'exercice en chambre, le Pinscher nain a besoin de s'ébattre à l'extérieur. Sinon, une nervosité excessive le guette. Il est robuste et supporte très bien les intempéries.

Son entretien est facile : il suffit de passer une brosse douce sur sa fourrure une ou deux fois par semaine et de lui donner un bain ou deux par an. Les griffes puissantes de ce chien risquent de ne pas s'user suffisamment en ville. Il faut les couper régulièrement avec une pince spéciale.

Aspect physique

Le Pinscher nain a une jolie tête allongée, très expressive. Le crâne est plat, la dentition bien développée, d'où son nom, qui signifie « pinceur ». Les yeux ronds, mais pas proéminents, ont une expression vive. Les oreilles sont plantées haut et naturellement repliées. La pratique de la coupe devrait disparaître. Certains éleveurs développent actuellement des Pinschers à oreilles dressées.

Ce chien donne une impression de force. Il est élégant avec son ventre légèrement relevé, ses pattes bien droites. Sa queue est écourtée. Le poil est ras, abondant, lisse et brillant, semi-couché sur le corps. La robe est unicolore, fauve jusqu'au fauve rouge, ou bicolore : noir, gris-bleu ou marron avec des marques feu (joues, babines, sourcils, poitrine, extrémités des membres, sous la queue).

TAILLE : **mâle et femelle** de 25 à 30 cm *(standard F.C.I.)* ;
POIDS : de 2 à 4 kg

Schnauzer nain
Réplique miniature du Schnauzer moyen, il en a l'énergie. Facile à éduquer, c'est un excellent chien de famille.

ZWERGSCHNAUZER

Schnauzer nain

Origine

Réplique exacte du Schnauzer moyen, ce petit chien est apparu en Allemagne vers 1880. La race a été obtenue par sélection de sujets de petite taille sur plusieurs générations et par un régime alimentaire très soigneusement étudié.

Comportement

Aussi vif et dynamique que ses grands frères, le Schnauzer nain est beaucoup plus obéissant. Très sympathique, affectueux, ce chien adore la vie de famille et joue volontiers avec les enfants ; il ne pose aucun problème de dressage et tient un minimum de place, ce qui explique sans doute son succès grandissant en France, en Europe et aux États-Unis. C'est un chien de compagnie plutôt chic.

S'il supporte très bien la vie en appartement, le Schnauzer nain est un sportif qui a besoin pour être en forme et équilibré de prendre suffisamment d'exercice tous les jours. Une trop grande sédentarité entraîne souvent chez lui des maladies de peau. Très courageux, volontiers aboyeur, il a conservé l'instinct de garde du Schnauzer moyen. C'est également un excellent ratier qui, à la campagne, fait de la chasse son occupation favorite.

La miniaturisation n'a pas altéré la santé du Schnauzer nain, qui doit à ses origines rustiques d'être très robuste. Sa robe a besoin d'un entretien régulier. Il est nécessaire de la passer à la brosse assez dure pour éliminer le poil mort, toujours dans le sens du poil, opération qui sera facilitée en vaporisant avant un peu d'eau sur le pelage.

Pour répondre aux canons de la beauté canine, le Schnauzer nain doit être toiletté. Les sourcils sont laissés tels quels, mais la barbe est égalisée aux ciseaux pour rendre la face bien carrée. La queue est épilée pour être bien cylindrique. La silhouette doit s'inscrire dans un carré et paraître courte, vue de dos. Tout l'art du toilettage consiste à lui donner cet aspect. Les griffes de ce chien poussent régulièrement. Il faut les couper pour qu'elles ne le gênent pas dans sa marche ; cette opération est toutefois inutile à la campagne, où le chien les use suffisamment.

Aspect physique

Robuste, bien campé sur ses pattes solides, la poitrine large, le dos court et les cuisses musclées, le Schnauzer nain est un petit athlète qui ne dépasse pas 35 cm au garrot. Sa tête longue et ébouriffée est très caractéristique. Le museau est fort, la truffe bien développée. Le cou est long et bien arqué, les oreilles, plantées haut, sont naturellement tombantes, souvent encore taillées et droites. La queue, généralement amputée à hauteur de la troisième vertèbre, est portée haut. Le pelage du Schnauzer nain est fait d'un poil dur et épais et d'un sous-poil dense. Il a un aspect hirsute. La robe poivre et sel avec un masque plus sombre est la plus répandue. Elle peut être aussi noire ou noire avec des marques sable argenté aux extrémités, très recherchée.

TAILLE : **mâle et femelle** de 30 à 35 cm *(standard F.C.I.)* ;
POIDS : de 4 à 7 kg

Schnauzer nain
Vif et dynamique, il adore jouer avec les enfants.

Molosses type Dogue

Les Molosses type Dogue, de grand format en général, sont issus des chiens de combat de l'Antiquité, que l'on fait descendre des mythiques Dogues du Tibet. Ces races sont caractérisées par un raccourcissement, plus ou moins prononcé, des mâchoires qui, associé à un prognathisme inférieur, permet une prise d'une redoutable efficacité lors de morsure. Gardiens plutôt statiques et souvent peu aptes au dressage, les dogues se révèlent très dissuasifs, ne serait-ce que par leur allure.

BOXER

Boxer

Origine et comportement

Descendant vraisemblablement des chiens de combat de type molossoïde de l'Antiquité, assez lourd, très proche de l'énorme Mastiff, l'ancêtre du Boxer fut l'objet de croisements avec des sujets plus légers et mobiles, peut-être des Lévriers. Ces croisements donnèrent naissance à un type de chien nommé en Allemagne *Bullenbeisser,* qui se trouve à l'origine du Boxer actuel, race qui ne naquit véritablement qu'à la fin du XIXe siècle après croisements entre le Bullenbeisser et le Bulldog. C'est en 1895, à Munich, que fut exposé pour la première fois un Boxer. Utilisé par l'armée allemande pendant la Première Guerre mondiale, reconnu chien d'utilité en 1925, le Boxer est aujourd'hui présent dans tous les pays. Le dressage donne de très bons résultats sur ce chien intelligent, qui a, toutefois, besoin d'être éduqué très fermement. En effet, à l'état brut, le Boxer est très joueur, gai, amical, mais entêté et assez désobéissant. Ce caractère exubérant s'assagit avec l'âge, mais, afin d'éviter tout ennui, mieux vaut que son maître donne au jeune Boxer de bonnes habitudes d'obéissance.

La grande sociabilité du Boxer, ses qualités de gardien et surtout l'affection sans limites qu'il porte aux enfants expliquent sa popularité. On lui a reproché de baver. Il est vrai que la déformation accentuée de la face prédispose certains sujets à une salivation anormale, mais celle-ci n'est pas un caractère général de la race.

Aspect physique

Chien de taille moyenne, bâti « au carré », le Boxer a une tête qui doit pouvoir s'inscrire dans un cube. La cassure frontale est bien marquée, et le chanfrein un peu relevé. Les mâchoires sont fortes et larges, l'œil est brun foncé, et la truffe noire et légèrement retroussée. Les oreilles sont coupées et bien droites avec une pointe

Boxers
Très joueur, le Boxer met de l'animation partout où il passe.

assez fine ou laissées semi-tombantes. Le corps, au cou vigoureux, présente une poitrine large et profonde, un dos droit, une croupe arrondie et musclée. Les pattes avant, aux épaules longues et obliques, doivent être droites. Les pattes arrière sont bien angulées et fortement musclées. La queue est amputée. La robe, composée d'un poil court, dru, plutôt dur, lisse et brillant, peut être fauve ou fauve bringé (le fauve peut varier du jaune clair au roux foncé) ; le masque, réduit au museau, est toujours noir.
Une tête évoquant le type Bouledogue ou Pinscher, des mâchoires défectueuses, une ligne du dessus incertaine, des membres mal d'aplomb, un œil trop clair, une robe au blanc trop envahissant (plus d'un tiers), un caractère peureux ou méchant constituent des défauts.

TAILLE : **mâle** de 57 à 63 cm, **femelle** de 53 à 59 cm ;
POIDS : de 25 à 30 kg *(standard F.C.I.)*

Bulldog
Ancien chien de combat, il s'est assagi pour devenir le compagnon de toute la famille.

BROHOLMER

Broholmer

Origine et comportement

Peu répandu hors de son pays d'origine, le Danemark, ce chien, pratiquement inconnu en France, appartient à une race danoise très ancienne. On l'utilise pour la garde des troupeaux et des fermes. Il est fort apprécié pour sa grande vigilance, son courage et son sens de l'obéissance. Certains sujets peuvent se montrer agressifs. En famille, le Broholmer a bon caractère et ne pose pas de problèmes.

Aspect physique

Ce chien aux allures de Molosse est impressionnant. Il porte sa tête légèrement penchée. Il a le museau puissant et les lèvres tombantes, les yeux ronds, noirs ou ambre foncé. Les petites oreilles sont plantées plutôt haut. Ce chien aux pattes puissantes se déplace paisiblement, portant sa queue en sabre.
Le Broholmer a le poil court, épais. Sa robe est fauve, avec un masque noir, ou noire. Des marques blanches sur la poitrine, les pieds et le bout de la queue sont autorisées.

TAILLE : **mâle et femelle** environ 70 cm ;
POIDS : de 50 à 60 kg

Boxers : mère et son chiot
Très bon chien de garde, le Boxer est également réputé pour sa grande affection envers les enfants de la maison.

BULLDOG

Bulldog

Origine

Trapu et large, le Bulldog retient l'attention par son physique peu banal, l'impression de force qu'il dégage et sa tête massive. Comme tous les chiens à face plate, il serait issu d'un très lointain ancêtre, le Molosse d'Épire, introduit sans doute en Angleterre par les navigateurs phéniciens.
Entre le XIIIe et le XVIIIe siècle, le Bulldog – qui ne ressemblait pas encore au Bulldog actuel – y était célèbre pour les combats qu'il livrait contre les taureaux *(bull-baitings)*. Ces divertissements cruels, longtemps très populaires, furent interdits par un décret du Parlement, en 1835, mais ils ne disparurent que progressivement. La race, autrefois recherchée, tomba alors rapidement dans l'oubli, et l'élevage ne fut repris que plus tard et avec l'objectif d'éliminer toute agressivité.

Comportement

Aujourd'hui, le Bulldog est devenu un chien particulièrement placide, calme, affectueux et très peu bruyant. Capable de développer une grande force, il ne montre aucune tendance à s'en servir et est d'une grande patience, ce qui en fait un excellent compagnon pour les jeunes enfants.

Il s'accommode bien de la vie en appartement si on lui propose régulièrement des périodes d'exercice. Il craint les fortes chaleurs et peut manifester, alors, certains problèmes respiratoires.

Aspect physique

Chien à poil court, plutôt près de terre, mais puissant, lourd pour sa taille et compact, le Bulldog doit donner une impression d'allure déterminée, de force et d'activité. La tête est massive et très grosse, profilée en « tête de grenouille », et porte des oreilles petites et fines, semi-tombantes, dites « en rose », c'est-à-dire légèrement rejetées en arrière et montrant l'intérieur du pavillon, haut placées sur le crâne. Les yeux sont ronds, situés bas sur la face. Le museau est court et large avec un stop profond et prononcé.
Le sommet de la truffe est renfoncé vers les yeux. Les babines doivent être épaisses et pendantes. Le cou est plutôt court, fort, avec beaucoup de peau lâche, épaisse et ridée autour de la gorge. Les épaules sont puissantes et musclées, les pattes antérieures solides et le poitrail est vaste et rond. Le dos doit être en légère déclivité derrière le garrot et former un arc caractéristique au niveau du rein, plus haut que le garrot, et de la croupe – roach back (en français, « dos de carpe »). La queue est ronde et lisse. La robe est unicolore (fauve ou fauve bringé), pie (blanche avec des taches fauves ou fauve bringé) ou blanche, avec ou sans masque ou museau noirs.

TAILLE : **mâle et femelle** environ de 30 à 40 cm (non précisé dans le standard) ; POIDS : de 23 à 25 kg *(standard F.C.I)*

BULLMASTIFF

Bullmastiff

Origine

Massif et puissant, ce chien a été créé en Angleterre, au cours du XIXe siècle sous l'influence des propriétaires de grands domaines, soucieux de protéger leurs biens contre les maraudeurs et désirant un très bon chien de garde et de défense, aussi redoutable que le Mastiff, mais plus rapide, plus léger et plus combatif. Pour cela, les éleveurs s'inspirèrent, semble-t-il, d'essais pratiqués à la fin du siècle précédent et tentèrent d'abord de croiser le Mastiff avec d'autres chiens de garde (Bulldog, Dogue allemand, Wolfhound). Les résultats furent assez décevants, et l'on s'en tint au seul croisement avec le Bulldog pour obtenir le chien tel qu'il est aujourd'hui. La contribution la plus marquante à cette création revient à un éleveur nommé S.S. Moseley.

Comportement

Intelligent et courageux, le Bullmastiff est un gardien sûr. Avant la Seconde Guerre mondiale, on le rencontrait dans tous les postes de police de Grande-Bretagne. En Afrique du Sud, ce chien gardait les mines d'or et de diamants. De plus, fidèle, obéissant, mais réclamant une certaine autorité, c'est un chien maître de ses réflexes, en qui on peut avoir confiance. Plein d'entrain, il aime jouer avec les enfants.
Il est évidemment fait pour les maisons et les grandes propriétés et ne mérite pas qu'on l'enferme en appartement.

Aspect physique

Le Bullmastiff est un chien puissamment bâti mais harmonieux, donnant une impression de force mais sans lourdeur.
Fort et carré, le crâne est ridé quand le chien est en éveil. Le museau est court avec un stop bien marqué. Le nez, large et plat, a des narines bien ouvertes. Les babines ne doivent pas être pendantes. Les yeux, sombres, couleur noisette, sont séparés par un sillon. On admet un léger prognathisme de la mâchoire inférieure. Les oreilles, petites et en V, sont semi-tombantes et haut placées. Ce chien a la poitrine large et profonde, le dos court et droit, l'arrière-main musclée, qui lui donnent une allure compacte. Il a des « pieds de chat », aux coussinets plantaires très durs. La queue, attachée haut, portée droite ou incurvée, est forte à la base et s'affine brusquement à l'extrémité.
La fourrure, courte et drue, est couchée sur le corps. Sa teinte, dans n'importe quel ton de fauve ou de rouge, bringé ou non, doit être pure et nette. On admet cependant une légère marque blanche sur la poitrine. Le masque sombre du museau doit s'estomper vers les yeux, entourés de marques foncées, qui soulignent l'expression un peu mélancolique du regard.
Une dentition irrégulière, des oreilles en rose, des poils longs, soyeux ou laineux, une couleur peu conforme, un caractère non équilibré sont notamment pénalisés lors des expositions.

TAILLE : **mâle** de 63,5 à 68,5 cm, **femelle** de 61 à 66 cm ; POIDS : **mâle** de 50 à 59 kg, **femelle** de 41 à 50 kg (standard F.C.I.)

Bullmastiffs : mère et son chiot
Le Bullmastiff, chien puissant et massif, est un gardien courageux et incorruptible.
Il est entièrement dévoué à son maître.

CANE CORSO

Cane corso

Origine

Originaire de la Sicile et du sud de l'Italie, le Cane corso serait, selon les spécialistes italiens de la race, l'un des descendants les plus directs des anciens Molosses de la Rome antique. Les fameux *canes pugnaces*, féroces combattants des arènes, auraient pour descendants deux races, l'une massive et puissante, le Mâtin de Naples, l'autre, plus légère et plus rapide, le Cane corso. Sa vélocité alliée à son agilité étaient utilisées au Moyen Âge pour la chasse à courre du sanglier. Puissant, courageux, rapide, le Cane corso était un auxiliaire de chasse extraordinaire. Il fut cité pour la première fois en 1591 par Erasmo da Valvasone. Le déclin de la chasse à courre a entraîné la reconversion de la race en chien de ferme, conduisant et protégeant les troupeaux. Il se révéla un excellent chien de garde, ce qui n'empêcha malheureusement pas sa quasi-disparition. Ce n'est qu'à la fin des années 1970 que quatre passionnés décidèrent de sortir le Cane corso de l'ombre où il était plongé. Giovanni Bonatti, le Pr Fernando Casolino, Luciano Malavesi et le Dr Stefano Gandolfi « écumèrent » le sud de l'Italie à la recherche de spécimens afin de reconstituer la race. En 1988, les expositions de Milan, Florence et Bari font connaître le molosse italien au grand public. En janvier 1994, l'ENCI (l'équivalent italien de la Société centrale canine) reconnaît la race officiellement. En 1997, c'est au tour de la Fédération cynologique internationale (et par conséquent de la France) d'intégrer le Cane corso dans la liste des races officielles.

Comportement

L'une des caractéristiques marquantes du Cane corso est son extrême attachement à son maître. Ses ancêtres lui ont légué une caractère bien trempé, ainsi qu'une méfiance naturelle qu'il conserve jusqu'à nos jours. Les inconnus qui pénètrent sur son territoire doivent faire preuve de prudence, car il peut se montrer vindicatif.

Cane corso
Descendant des Molosses romains, il a été reconnu par les autorités cynophiles internationales en 1997.

Mais la plupart du temps, il attend sagement en retrait de son maître, prêt à bondir seulement s'il le juge nécessaire. Avec ses congénères, il est peu dominant, bien qu'il puisse être dangereux s'il est provoqué. Très protecteur envers sa famille, et en particulier envers les enfants, c'est un chien de garde qui possède de grandes facultés d'adaptation. Il peut donc se révéler un excellent chien de famille, à condition d'avoir un maître qui sache canaliser sa formidable énergie. Une éducation stricte doit être mise en place en douceur dès le plus jeune âge. Un grand jardin s'avère absolument indispensable à cet athlète.

Aspect physique

C'est un chien rustique, robuste mais élégant, sec, aux muscles puissants et longs. Il a une tête large, un museau court et une encolure épaisse et forte, caractéristiques des Molosses. La truffe est large et les yeux sont petits et ronds. Contrairement au Mâtin napolitain, il n'a pas la peau lâche : la peau de ses babines, bien tendue, lui évite de baver comme nombre de ses cousins Molosses. Ses membres sont courts et forts, dénotant une puissance peu commune. Son poil est court, très dense et peut être noir, gris, fauve ou bringé, le noir étant le plus prisé. Ses oreilles et sa queue sont traditionnellement écourtées.

Taille : **mâle** de 64 à 68 cm, **femelle** de 60 à 64 cm ;
POIDS : **mâle** de 44 à 50 kg, **femelle** de 40 à 45 kg
(standard F.C.I.)

DEUTSCHE DOGGE

Dogue allemand

Autre nom : Danois.

Origine

Les origines du Dogue allemand ont donné lieu à d'innombrables controverses. Dans ses écrits, le naturaliste Buffon fait allusion à ces chiens, qu'il appelait « Grands Danois ». Peut-être voyait-il en eux les descendants du Dogue anglais, lequel aurait une origine scandinave. À moins que ce nom de Grand Danois ne soit qu'une contraction du vieux mot français « danoisé », désignant les chiens qui, comme certains Dogues, ont une robe arlequin, c'est-à-dire blanche à taches noires. Au Moyen Âge, dans toutes les cours d'Europe, de grands chiens de type Dogue, assez proches les uns des autres, chassaient le gros gibier, gardaient les châteaux et tenaient compagnie aux seigneurs. Ces Dogues, après avoir subi de nombreux croisements, en particulier avec des Lévriers, s'affinèrent peu à peu et commencèrent à ressembler aux Dogues allemands d'aujourd'hui.
La variété qui serait à l'origine du type actuel était élevée en Allemagne depuis la fin du XVIIIe siècle. Vers 1900, la race fut encore améliorée et définitivement fixée à partir du Dogue d'Ulm, élevé à la cour de Wurtemberg. Le nom de Dogue allemand fut alors officiellement adopté. Les Anglais, qui, de leur côté, revendiquaient la paternité de la race, donnèrent au même chien le nom de Great Dane (« Grand Danois »).

Comportement

On a fait à cet animal impressionnant une réputation injustifiée de cruauté. En fait, le

Dogue allemand
à oreilles coupées
Malgré son apparence et sa réputation, le Dogue allemand est le plus pacifique de tous les Molosses.

Dogue allemand est le plus pacifique de tous les Molosses. Amical et caressant, il aime beaucoup la vie de famille et les enfants. Malgré sa taille, il vit assez volontiers en appartement, à condition qu'il y ait suffisamment d'espace à proximité pour qu'il puisse entretenir sa forme et sa musculature. Par son seul aspect, c'est un gardien redouté. Son intelligence moyenne, son flair modeste, sa trop grande taille et sa lourdeur lui interdisent la carrière de chien de police. Ce chien donne peu de résultats au dressage.

Aspect physique

Un long cou sec, bombé en « col de cygne », donne un port altier à la tête, longue et étroite, au museau tronqué et aux grosses babines. Les forts sourcils qui bordent les yeux, ronds, couleur noisette, accentuent le regard. Les oreilles coupées sont bien droites, longues et pointues.

Dogue allemand à oreilles non coupées
Le plus grand des chiens est aussi, contrairement aux apparences, le plus doux.

Tout est bien proportionné chez ce grand chien : la poitrine large et profonde, le dos puissant, l'arrière-main large et musclée, les jambes longues et fortes, terminées par des « pieds de chat ». La queue, de longueur moyenne, s'effile doucement vers la pointe et pend quand le chien est au repos. La robe, au poil court, lisse et brillant, peut être fauve doré uni avec des bringeures, fauve doré avec un masque noir désiré bleu acier, noir ou arlequin (noir et blanc). Pour les couleurs uniformes, un peu de blanc est admis.
Un stop inexistant, un museau pointu, une mauvaise denture, des coudes tournés vers l'extérieur ou vers l'intérieur, une marche balancée, une robe entièrement blanche sont des défauts.

TAILLE : **mâle** au moins 80 cm, **femelle** au moins 72 cm *(standard F.C.I.)*;
POIDS : de 50 à 70 kg

DOGO ARGENTINO

Dogue argentin

Origine

Ce chien de type molossoïde, plutôt léger, a été créé en 1910 en Argentine à partir de croisements entre le Mastiff, le Dogue allemand, le Boxer et des chiens d'autres types. Les éleveurs ont ainsi obtenu une race harmonieuse. Le Dogue argentin est puissant, courageux et souple. Il est doté d'un excellent flair.

Dogue argentin
Chasseur dans la pampa argentine, il s'est adapté avec bonheur à l'Europe, où il s'est reconverti en chien de garde.

Comportement

Ce chien que l'on dit surdoué est très réceptif au dressage. Il est utilisé par la police et les douanes argentines ; à la campagne, il chasse le puma et le sanglier. Chien de garde et de défense, chien d'avalanche et guide d'aveugle, il est apte aux fonctions les plus diverses, y compris celle de chien de combat, pour laquelle il avait d'ailleurs été créé. C'est aussi un chien de compagnie fidèle et affectueux très apprécié.

Aspect physique

Puissant, mais sans lourdeur, le Dogue argentin a une tête typiquement molossoïde, le crâne massif et convexe, aux maxillaires très développés, sans prognathisme.
Les dents fortes sont bien plantées. Les yeux largement écartés sont de couleur sombre. Le regard est vif et intelligent. Les narines sont bien ouvertes et la truffe fortement pigmentée de noir. Les oreilles plantées haut sont dressées ou semi-dressées, généralement coupées. Le cou, fort et arqué, forme des rides comme chez le Mastiff. Les pattes sont droites et bien d'aplomb. La poitrine est ample et profonde. La queue est portée naturellement tombante ; quand le chien se bat, il la remue latéralement, exactement comme s'il faisait fête. Le Dogue argentin a le poil court et serré. La robe uniformément blanche ne doit porter aucune tache. Cette race est assez peu connue en Europe.

TAILLE : **mâle** de 62 à 68 cm, **femelle** de 60 à 65 cm *(standard F.C.I.)* ;
POIDS : de 40 à 50 kg

DOGUE DE BORDEAUX

Dogue de Bordeaux

Origine et comportement

À l'époque de Gaston Phébus, au Moyen Âge, on parlait en France de deux types de Dogues, dont l'un, l'Alan Vaultre, ou Chien de boucher, est l'ancêtre du Dogue de Bordeaux. On l'appelait « Chien turc », sans doute en souvenir des lointaines origines de ce chien de combat et de chasse, dressé à se mesurer aux ours, aux taureaux et aux autres chiens. Par la suite, le Dogue ne fut plus utilisé pour la chasse, mais servit à la garde des maisons – notamment de celles des bouchers – et des châteaux. Aussi déclina-t-il sérieusement. Selon le cynologue Paul Mégnin, il avait pratiquement disparu de la région de Bordeaux à la fin du XIXe siècle. Actuellement, il recommence à se développer. Jamais spontanément agressif, ce chien est très attaché à son maître et lui témoigne une affection débordante. Doux et particulièrement patient avec les enfants, qu'il aime beaucoup, il déteste la solitude et l'inaction.

Aspect physique

Colosse puissamment découplé, au corps très musculeux, mais néanmoins harmonieux, le Dogue de Bordeaux a une grosse tête assez courte, sillonnée de rides, anguleuse et large, une mâchoire inférieure avançant légèrement, des babines supérieures recouvrant les inférieures, des yeux ovales, très écartés, noisette ou brun sombre, des

Dogue de Bordeaux
Seul dogue français, il s'est acquis une véritable renommée internationale grâce à ses nombreuses qualités.

petites oreilles tombantes, un peu relevées à la base et plus foncées que le corps. Le cou, presque cylindrique, est court. La poitrine est puissante et profonde, le dos droit, large et musclé, et le ventre bien relevé. La queue, forte à la base, effilée à l'extrémité, est portée vers le bas. La robe, au poil court, lisse et fin, particulièrement doux à caresser, est de couleur acajou ou fauve, avec un masque rouge ou noir bien accentué. On admet des marques blanches peu étendues sur le poitrail et les pieds. Une petite tête, un prognathisme exagéré ou insuffisant, un museau pointu ou trop long, des ergots sur les pattes arrière sont considérés comme des défauts ; un œil vairon et des taches de ladre sur les paupières sont éliminatoires.

TAILLE : **mâle** de 60 à 68 cm, **femelle** de 58 à 66 cm ; POIDS : **mâle** au moins 50 kg, **femelle** au moins 45 kg *(standard F.C.I.)*

FILA BRASILEIRO

Fila brasileiro

Origine et comportement

Des Dogues, des Mastiffs, des Bloodhounds, introduits au XVIIe siècle au Brésil par les conquistadores espagnols et portugais, ont vraisemblablement donné naissance au Fila brasileiro actuel. Fougueux, courageux et attentif, le Fila brasileiro est un bon pisteur, qui, autrefois, était dressé à retrouver les esclaves en fuite. Il sert aujourd'hui de gardien pour les troupeaux et les habitations, reste un excellent auxiliaire pour la chasse au gros gibier, mais il s'adapte mal à la ville.

Fila brasileiro
Descendant des chiens des conquistadores, il a hérité de ses ancêtres le goût des grands espaces.

Aspect physique

Fortement charpenté, il a une tête large et carrée, un museau puissant et court mais non écrasé, une truffe large, des yeux de taille moyenne, un peu en amande, de grandes oreilles en V, tombantes, parfois redressées. Le cou est fort, pourvu d'un fanon, le corps, assez long, est large de poitrine, plus haut à la croupe qu'au garrot. Les membres sont assez longs mais forts, la queue dépasse la pointe du jarret. La robe se compose d'un poil court et doux. Toutes les couleurs de robe sont admises sauf le blanc uniforme.

TAILLE : **mâle** de 65 à 75 cm, **femelle** de 60 à 70 cm ; POIDS : **mâle** au moins 50 kg, **femelle** au moins 40 kg *(standard F.C.I.)*

Mastiffs
Véritable colosse, le Mastiff doit être éduqué avec douceur mais fermeté pour canaliser sa formidable énergie.

MASTIFF

Mastiff

Origine et comportement

Grand et massif, bien planté sur des pattes écartées, le Mastiff descend probablement des Dogues assyriens, issus eux-mêmes de Dogues du Tibet et introduits en Europe par les Phéniciens. D'autres cynologues pensent, en revanche, que le Mastiff descend du Molosse grec, introduit en Angleterre par les légions romaines. Sous Richard Cœur de Lion, son protecteur, ce chien vigoureux, apprécié comme chien de garde, de guerre et de combat, connaissait une grande popularité. Il fut, par excellence, le chien de garde des grands domaines, en Grande-Bretagne, et le compagnon des seigneurs. Incorruptible et courageux, il inspire la prudence, ne serait-ce que par sa taille, mais il a besoin d'un dressage rigoureux, car il risque d'être dangereux pour les étrangers. C'est un pur gardien qui ne se prête pas à la formation de chien de défense que suivent des races plus légères, mais il doit obéir aux commandements de base pour être un très bon mais inoffensif protecteur de la maison. Il est doux et fidèle, à condition d'être entouré de beaucoup d'affection.

Aspect physique

Bien construit, ample et puissant, le Mastiff a une tête carrée, au crâne large entre les oreilles, au front plat, ridé quand le chien est en éveil, au museau court, aux yeux petits, écartés, couleur noisette foncé. Ses oreilles, petites, en V, fines au toucher, sont attachées très haut et sont plaquées contre les joues quand l'animal est au repos. Le cou, très musclé, est légèrement arqué. La poitrine est large et profonde ; les côtes sont bien arrondies. Le dos et les reins sont larges et musclés et les flancs très profonds. La queue, attachée haut, s'amincissant au bout, atteint les jarrets et pend droite au repos. La robe, courte et dense, est de couleur fauve de différentes nuances ou fauve bringé foncé. Le museau, les oreilles, le nez, le tour des orbites et la base du front doivent être noirs. Une constitution manquant de puissance et de solidité, une denture défectueuse, un prognathisme marqué, une pigmentation sombre insuffisante, des yeux clairs et un caractère mal équilibré constituent de graves défauts.

TAILLE : **mâle** au moins 70 cm, **femelle** au moins 66 cm ; POIDS : de 70 à 90 kg

MASTINO NAPOLETANO

Mâtin de Naples

Autre nom : Mâtin napolitain.

Origine et comportement

Descendant du Dogue du Tibet par les Molosses grecs et romains, ce chien italien imposant existe depuis quelque 2000 ans en Campanie, où son élevage n'a jamais cessé, en dépit des guerres. Tombé dans l'oubli pendant des siècles, il est de nouveau à la mode. Il a été, tour à tour, chien de combat, chien de guerre et a collaboré avec la pègre comme avec la police. On le dresse aujourd'hui à la garde des villas et des fermes, et on l'apprécie de plus en plus comme animal de compagnie. Généralement équilibré, intelligent, calme et dévoué, ce chien résistant et courageux supporte avec stoïcisme la douleur physique. Son air plutôt débonnaire ne doit cependant pas faire illusion, car il a tendance à être agressif avec les personnes qu'il ne connaît pas. Si on lui commande d'attaquer, il montrera combien il est redoutable par sa masse, ses mâchoires mais aussi son agilité ; il devient alors difficile de l'arrêter. C'est un animal qui a grand besoin d'espace.

Aspect physique

De stature puissante, le Mâtin de Naples possède une tête forte et massive, au crâne plat et au museau court. Les babines supérieures recouvrent les inférieures. Les oreilles, petites, en triangle, sont naturellement tombantes, relevées à la base. Suivant une tradition qui remonte à l'Antiquité, il a les oreilles coupées très court et la queue réduite d'un tiers. Il a de grands yeux bruns, écartés, au regard expressif, un cou fort, s'ornant d'un fanon à grands replis, une poitrine profonde, un dos musclé, des membres solides, des cuisses larges. La queue, grosse à la base, s'effile vers le bout. La robe, au poil court et doux, bien plaqué, est noire, plomb, gris souris, fauve ou fauve bringé. Des marques blanches à la poitrine et aux doigts sont autorisées. Au pas, son allure est lourde et sa tête dodelinante.

Les sujets seront pénalisés pour ossature trop légère, mauvais profils céphaliques, absence de fanon, mauvaise denture et prognathisme, blanc trop abondant dans la robe, ladre, œil vairon, agressivité marquée.

TAILLE : **mâle** de 65 à 75 cm, **femelle** de 60 à 68 cm ; POIDS : **mâle** de 60 à 70 kg, **femelle** de 50 à 60 kg *(standard F.C.I.)*

ROTTWEILER

Rottweiler

Origine

Le cynologue Strebel pense que ce chien serait typiquement allemand et descendrait du Bouvier bavarois. Pour d'autres, le Rottweiler serait issu des Mâtins introduits en Allemagne à la faveur des invasions romaines. Il y a fort longtemps, il était très répandu dans les cantons suisses d'Argovie

Mâtin de Naples
Aujourd'hui pacifique, ses ancêtres étaient les chiens de combat des jeux du cirque.

Rottweilers
Inconnu il y a vingt ans, le Rottweiler est aujourd'hui une des races les plus à la mode.

et de Schaffhouse ainsi que dans la région de Rottweil, au sud du Wurtemberg. La ville de Rottweil était au Moyen Âge un centre très fréquenté par les marchands de bestiaux, qui confièrent au Rottweiler, chien puissant et courageux, le soin de veiller à la fois sur leurs troupeaux et sur leur vie, car, transportant souvent de fortes sommes, ils étaient la proie de prédilection des bandits de grand chemin. Elle abritait aussi une importante corporation de bouchers; ceux-ci adoptèrent à leur tour le Rottweiler, alors surnommé « Chien de boucher ». Vers 1900, celui-ci se retrouva « au chômage » quand, par décret, les routes furent interdites au bétail. Pendant la Première Guerre mondiale, il fut enrôlé dans l'armée allemande. En 1966, la race a été définitivement fixée et reconnue.

Comportement

Ce chien robuste est rusé et très intelligent. Très endurant, il a beaucoup de partisans. C'est un chien de garde intrépide et efficace, qui n'aboie jamais inutilement. Il a besoin de liberté et ne supporte pas de rester à l'attache trop longtemps. Il peut être très discipliné si son maître a suffisamment d'autorité et est un passionné de dressage. Il fait actuellement carrière dans la police autrichienne. Calme, dévoué et réfléchi, il est patient avec les enfants mais peut se montrer féroce avec les étrangers.

Aspect physique

Robuste et bien musclé, le Rottweiler a une stature bien proportionnée, qui évoque la force, la souplesse et l'endurance. Le cou est puissant, les épaules sont d'une largeur impressionnante, et le corps est trapu. Ce chien athlétique adopte naturellement le trot quand il se déplace. La tête, au crâne large, aux oreilles petites, en triangle, haut placées et portées pendantes, a un front bien développé, plissé quand le chien est attentif, ainsi que des yeux en amande, de couleur brun foncé, au regard tranquille; la gueule s'arme d'une puissante denture. La robe est noire et porte des marques feu bien délimitées sur les joues, la gueule, le dessous du cou, la poitrine, les membres, au-dessus des yeux, sous la base de la queue, qui est coupée et portée à l'horizontale. Le poil, court, compact et raide, est un peu plus long sur la face arrière des pattes et la queue que sur le reste du corps. Le sous-poil ne doit jamais apparaître sous le poil.

TAILLE: **mâle** de 61 à 68 cm, **femelle** de 56 à 63 cm; POIDS: environ 50 kg *(standard F.C.I.)*

SHAR PEÏ

Shar Peï

Origine

Un physique pour le moins curieux a fait de ce chien chinois le compagnon préféré des artistes américains, amateurs d'insolite. Le Shar Peï, dont le nom signifie « poil dur couleur sable », est d'origine très ancienne. On a retrouvé des statuettes de grès représentant la race dans des sites d'avant notre ère.

D'abord affecté à la garde des temples, ce chien a été ensuite sélectionné pour le combat. C'était également un excellent chasseur de sangliers. Apprécié sous l'ancien régime, le Shar Peï a été lourdement taxé par le gouvernement révolutionnaire de Pékin comme étant un animal de luxe. Il aurait disparu si ses derniers représentants, vivant à Hong-kong, n'avaient émigré aux États-Unis avec le succès que l'on sait, dans les années 1970.

Comportement

Le Shar Peï est équilibré, calme, très affectueux avec les membres de la famille. Il aime les enfants, qu'il prend instinctivement sous sa protection. Ce compagnon original a une remarquable faculté d'adaptation. Il vit très bien en appartement, à condition de faire du sport tous les jours. Sage et discipliné, il est aussi un excellent gardien.

Les plis de la peau nécessitent un entretien particulier, car le Shar Peï est sensible aux affections cutanées. Les jeunes notamment peuvent être touchés par la démodécie, due à un acarien parasite de l'épiderme.

Shar Peï
Très marqués à la naissance, ses plis s'atténuent peu à peu avec l'âge, pour ne plus apparaître que sur la tête.

Shar Peï: un groupe de petits
Très ancien chien chinois, il doit sa popularité à son physique original.

Aspect physique
Le Shar Peï a une tête bizarre, rappelant celle de l'hippopotame, de petits yeux enfoncés et des oreilles miniatures plaquées contre la tête. Le corps puissant, musclé et élégant, est couvert d'une peau plissée, surtout au garrot et sur la tête. Sa langue est plus ou moins tachée de bleu. La queue, moyennement longue, est portée relevée. Le poil ras et dru n'est pas vraiment doux. La couleur de la robe, toujours unie, peut être fauve ou noire.

TAILLE: **mâle et femelle** de 40 à 51 cm *(standard F.C.I.)*;
POIDS: environ 20 kg

TOSA
Tosa
Origine et comportement
Ce chien de combat japonais a été créé entre 1868 et 1912 par des éleveurs qui croisèrent des Kochis autochtones avec des Bull-Terriers, des Bulldogs, des Dogues allemands et des Saint-Bernard, pour obtenir un chien impressionnant, destiné à se produire sur le ring. Agressif et courageux, le Tosa est facile à dresser. Aujourd'hui, il est à la fois gardien des maisons et animal de compagnie. Son aspect noble et imposant ainsi que son bon caractère ont séduit les Japonais.

Aspect physique
Le Tosa a la tête ridée, le museau long, des mâchoires puissantes, des dents très solides. Ses petits yeux brun-rouge ont un regard profond. Les oreilles minces sont portées pendantes. Le cou est musclé. Le poil court est dense. Toutes les couleurs de robe comportant du fauve, recherché quand il est foncé, sont permises. Les robes rouges sont les plus courantes.

TAILLE: **mâle** au moins 60 cm, **femelle** au moins 55 cm *(standard F.C.I.)*;
POIDS: environ 40 kg

Tosa
Ancien chien de combat japonais, il est arrivé depuis peu en Europe.

Molosses type montagne

Généralement lourds et massifs, les Molosses type montagne ont des origines communes avec les Dogues. Destinés à la garde, ils ont de tout temps protégé les troupeaux contre les prédateurs, animaux et humains. Il se dégage d'eux une impression de grande puissance qui intimide, mais leur caractère est souvent débonnaire. Cela explique qu'ils sont aujourd'hui autant chiens de garde que chiens de compagnie, ce qui nécessite, compte tenu de leur masse, que le maître s'impose.

CÃO DA SERRA DA ESTRELA

Chien de montagne portugais

Origine

Les origines de ce chien se perdent dans la nuit des temps. Il appartient probablement à l'une des races les plus anciennes de la péninsule Ibérique et doit son nom à la région montagneuse d'où il est originaire.

Comportement

Le Chien de montagne portugais, qui ressemble au Leonberg, est un chien solide, habitué à travailler très haut dans les pâturages. Il ne craint absolument pas les intempéries. Ses nombreuses aptitudes l'ont amené à faire beaucoup de choses. Courageux, il défend les troupeaux contre les loups et garde les maisons isolées. Puissant et endurant, il traîne des charrettes sur les chemins escarpés de montagne. Son flair en fait un bon chasseur de petit et de gros gibier, sans oublier, bien sûr, son rôle de chien de compagnie, qu'il joue volontiers, à condition de ne pas rester enfermé. Très proche des Molosses primitifs, le Chien de montagne portugais a un aspect impressionnant et un tempérament volontaire. C'est un animal combatif, redoutable pour ses ennemis, mais doux, fidèle et obéissant avec son maître. Intelligent, il est très réceptif au dressage. Les Portugais le considèrent toujours comme un chien de travail mais l'adoptent de plus en plus pour protéger leurs maisons.

Aspect physique

D'aspect rustique, le Chien de montagne portugais a une tête volumineuse et allongée, des mâchoires puissantes. Ses grands yeux ovales, de couleur sombre, ont une expression vive et intelligente. Les petites oreilles fines sont portées pendantes. Ses membres sont extrêmement puissants. Sa queue épaisse est portée en faucille. Le chien doit donner une impression de force et d'équilibre. Le poil, mi-long, abondant, rappelle celui de la chèvre. Il est doublé d'un sous-poil doux et épais. La robe est fauve de diverses nuances, charbonnée ou non. Des taches blanches sont admises.

TAILLE : **mâle** de 65 à 72 cm, **femelle** de 62 à 68 cm ; POIDS : **mâle** de 40 à 50 kg, **femelle** de 30 à 40 kg *(standard F.C.I.)*

CÃO DE CASTRO LABOREIRO

Cão de castro laboreiro

Origine et comportement

Ce chien de montagne appartient à une race très ancienne de la péninsule Ibérique. Il doit son nom à un petit village portugais, centre d'une région où il est très populaire. Compagnon loyal et docile, le Cão de castro laboreiro est rustique et sait se montrer dissuasif. Berger d'un grand courage, c'est un excellent gardien de troupeaux qui n'hésite pas à se mesurer aux loups encore présents dans ces régions sauvages. On le reconnaît de loin à sa voix caractéristique, aux aboiements modulés du grave à l'aigu. Plutôt calme et affectueux, aimant la vie de famille, ce chien est apprécié comme chien de compagnie et comme gardien de maison.

Aspect physique

Robuste et fortement charpenté, ce Berger a une tête fine et étroite, inattendue chez les chiens de ce type. Autre particularité : son dos est ensellé. Ses yeux sont bruns, en amande. Les oreilles en triangle, petites et arrondies au bout, sont pendantes. La queue longue et fournie est portée basse. Le poil est court, rugueux au toucher, sans être dur. Il est doublé d'un sous-poil doux et épais. La robe a toutes les nuances de gris, avec ou sans masque noir, ou est bringée.

TAILLE : **mâle** de 55 à 60 cm, **femelle** de 52 à 57 cm ; POIDS : environ 40 kg *(standard F.C.I.)*

Chien de montagne portugais
Ennemi héréditaire du loup, ce chien de protection de troupeaux est aussi un excellent chien de garde.

CHIEN DE MONTAGNE DES PYRÉNÉES

Chien de montagne des Pyrénées

Autre nom : Montagne des Pyrénées.

Origine

L'imposant Chien de montagne des Pyrénées, cousin du Saint-Bernard, aurait comme ancêtre lointain le Dogue du Tibet, qui s'est répandu au ve siècle en Europe à la faveur des invasions asiatiques. Les premiers documents le concernant datent du xviie siècle. Ce chien gardait alors les châteaux des hautes vallées de l'Ariège et de la Garonne, où il est resté longtemps confiné et où on le rencontre encore aujourd'hui. Il était aussi un excellent chien de troupeau. Tandis que le Berger des Pyrénées était chargé de rassembler les bêtes, il protégeait le berger et son troupeau contre les loups et les ours. On lui mettait un collier en fer articulé avec des pointes à l'extérieur pour éviter que les loups ne l'égorgent. Il y a encore une dizaine d'années, la garde des troupeaux restait son principal travail. Aujourd'hui, ce chien est très à la mode. On lui confie la garde des fermes et des maisons. Il est aussi très apprécié comme chien de compagnie.

Comportement

Vigilant, ignorant la peur, le Chien de montagne des Pyrénées est un chien placide, très doux avec les enfants. D'un caractère indépendant, il doit être dressé très tôt et fermement. Il a besoin de beaucoup d'exercice pour ne pas s'empâter. Sa grosse voix sonore est l'un de ses charmes. Ce chien est un joueur qui aime la neige fraîche comme la neige fondue et sale, dans laquelle il se plaît à se rouler. Le nettoyage de son poil souillé pose alors de sérieux problèmes.

Aspect physique

Le Chien de montagne des Pyrénées est un chien fortement charpenté. Il a un cou fort, une poitrine large et profonde, un dos également large et soutenu, des membres solides et bien charpentés. Sa silhouette un peu massive et sa grosse tête au crâne un peu bombé, au large museau pourvu de babines noires légèrement tombantes, à la truffe noire, lui donnent une allure débonnaire. Les yeux, petits et bruns, ont des paupières bordées de noir ; les oreilles, collées à la tête, sont en partie cachées par les poils. Les membres postérieurs portent des ergots doubles. La robe est formée d'un somptueux manteau de poils, bien fournis, assez longs et souples, nettement plus longs autour du cou, sur l'arrière des cuisses et sur la queue, plats ou légèrement ondulés. Touffue et formant un panache, la queue est portée bas au repos et se relève en roue quand le chien est en éveil. Le sous-poil, blanc, épais et laineux permet à l'animal de rester couché dans la neige sans souffrir du froid. La robe est blanc uniforme ou avec des taches fauve pâle, charbonnée ou non, sur la tête et la croupe. On tolère quelques taches sur le corps. Une truffe qui n'est pas absolument noire, un prognathisme, des paupières ladrées, l'absence d'ergots, des ergots simples ou doubles atrophiés, des taches de poils noirs sont des défauts éliminatoires.

TAILLE : **mâle** de 70 à 80 cm, **femelle** de 65 à 72 cm ;
POIDS : de 45 à 60 kg *(standard F.C.I.)*

Chien de montagne des Pyrénées
Ce gros chien à l'allure pataude a une fourrure dont l'entretien peut être fastidieux.

DO KHYI

Dogue du Tibet

Origine et comportement

Descendant direct du grand chien du Tibet, le Dogue du Tibet reste pratiquement inchangé, si l'on excepte sa taille, plus

Dogues du Tibet
Très bon chien de compagnie et de garde, le Dogue du Tibet est vraisemblablement l'ancêtre de la plupart des Molosses.

réduite qu'autrefois. Les éleveurs britanniques, qui l'ont adopté, ont considérablement régénéré et embelli la race, mais on rencontre encore, assez rarement, ce chien vigoureux, dont la tête, sympathique, rappelle un peu celle du Saint-Bernard et qui est devenu un remarquable chien de compagnie et de garde, très attaché à son maître. Courageux, fidèle et docile, il possède un grand sens du devoir, mais se montre extrêmement méfiant à l'égard des étrangers. En Asie, il est resté agressif, voire féroce, et garde des villages entiers contre les bêtes sauvages et les rôdeurs.

Aspect physique

Ce chien, au cou puissant, au poitrail profond, aux reins forts et aux antérieurs massifs, est un animal très robuste. La tête large et massive, dont le museau ressemble à celui du Mastiff, en plus léger, s'orne de mâchoires impressionnantes par leur puissance.
Les yeux, bruns et moyens, apparaissent enfoncés. Les oreilles, en cœur, portées pendantes, vont vers l'avant quand le chien est en éveil.
Le cou fort est pourvu d'un fanon. Le corps est massif et les membres sont bien charpentés. La queue, longue, est portée recourbée sur la croupe. Le poil est plutôt long, droit, touffu à la queue et formant une crinière, tandis que le sous-poil est dense et épais. La robe de ce magnifique chien peut être noire, bleue, noire ou bleue marquée de fauve, fauve.

TAILLE : **mâle** au moins 66 cm, **femelle** au moins 61 cm *(standard F.C.I.)*;
POIDS : de 55 à 80 kg

HOVAWART

Hovawart

Origine

Vigoureux, sans être lourd, ce chien allemand, peu courant à l'étranger, possède toutes les qualités d'un gardien et d'un chien de berger. Connu depuis très longtemps dans son pays, il descendrait des Dogues asiatiques. Au Moyen Âge, il gardait les

Hovawart
Très polyvalent, ce rustique au grand cœur, facile à éduquer, est un très bon chien de compagnie.

demeures des seigneurs. La race, négligée pendant plusieurs siècles, a pris un nouveau départ en 1922, quand des éleveurs ont décidé de régénérer les quelques Hovawarts qui vivaient dans le Harz et le Schwarzwald.

Comportement

Travailleur, intelligent, obéissant, ce chien, facile à dresser, au flair développé, se montre courageux quand il le faut mais n'est jamais agressif sans raison. Bon coureur et sauteur efficace, il est utilisé comme guide et comme sauveteur. Excellent gardien, à la voix forte, profonde et sonore, c'est aussi un chien de compagnie très agréable, fidèle et doux avec les enfants.

Aspect physique

Le Hovawart a une tête robuste, un front large et voûté, des yeux foncés, des oreilles en triangle, attachées haut et tombantes sans être plaquées, une denture puissante. Le cou, vigoureux, a un poil fourni mais sans crinière. La poitrine, large et profonde, doit être en harmonie avec le reste du corps ; le dos est droit ; la croupe, pas trop longue, tombe légèrement. La queue, longue et bien fournie, descend jusqu'au bas du jarret. Baissée au repos, elle se redresse quand le chien est excité. La longue robe du Hovawart est formée de poils légèrement ondulés. Elle peut être fauve, noire ou noire avec des marques feu (sourcils, joues, poitrail, membres, dessous de l'attache de la queue). Une petite tache blanche à la poitrine et quelques poils blancs clairsemés sont tolérés.
Une structure trop lourde, un mauvais port d'oreilles, un pelage bouclé, des doigts blancs sont considérés comme des défauts et ne sont pas admis, de même qu'un caractère peureux.

TAILLE : **mâle** de 63 à 70 cm, **femelle** de 58 à 65 cm *(standard F.C.I.)* ;
POIDS : de 25 à 40 kg

KAVKAZSKAÏA OVTCHARKA

Berger du Caucase

Origine

Originaire de la région à laquelle il doit son nom, ce grand Berger est capable de s'adapter à des conditions climatiques très variées. On le rencontre dans toute l'ancienne U.R.S.S. : en Géorgie, Arménie, Azerbaïdjan, Kalmoukie par exemple, comme dans les steppes du nord du Caucase ou aux environs d'Astrakan. Le chien des steppes est d'un type plus léger que celui des montagnes.

Comportement

Très rustique, peu exigeant, travailleur et efficace, le Berger du Caucase est équilibré. C'est un chien très actif, courageux, qui a de bonnes réactions de défense. Sa méfiance envers les étrangers est telle qu'il est dangereux de s'en approcher.
Il se déplace d'un trot court, qui lui donne une allure caractéristique, et d'un galop un peu lourd.

Aspect physique

Le Berger du Caucase a une tête massive au front large, le museau assez court, les lèvres fortes et une solide dentition en ciseaux. Les oreilles, attachées haut, sont naturellement pendantes. Le standard veut qu'elles soient coupées. Les yeux ovales sont sombres. Avec son cou puissant et court, sa large poitrine, sa croupe importante et musclée, et ses pattes solides, ce Berger donne une grande impression de puissance. Sa queue, attachée haut, en forme de faucille, retombe jusqu'au jarret. La robe se compose d'un poil droit, grossier et d'un sous-poil plus clair, très abondant. Il existe trois variétés de Berger du Caucase :

Bergers du Caucase
Très réservé vis-à-vis des étrangers, le Berger du Caucase peut avoir des réactions empreintes d'agressivité. À réserver aux spécialistes !

une à poil long formant crinière, franges, culotte, avec une belle queue touffue en panache, une autre à poil court et à fourrure épaisse et un Berger à poil long mais sans franges, ni crinière, ni culotte. La robe est de couleur sable à fauve roux, souvent charbonnée, uniforme ou pie.

TAILLE: **mâle** plus de 65 cm, **femelle** plus de 62 cm *(standard F.C.I.)*;
POIDS: de 45 à 65 kg

LANDSEER TYPE CONTINENTAL EUROPÉEN

Landseer

Origine

Considéré, tout d'abord, comme une variété de Terre-Neuve, le Landseer a le même caractère et les mêmes aptitudes que celui-ci. Robuste, aux formes harmonieuses, il doit son nom au peintre sir Edwin Landseer, qui représenta la race, vers 1837. Celle-ci faillit disparaître au début du XXe siècle, mais fut relancée par des éleveurs allemands, en particulier, qui infusèrent du sang de races de chiens de montagne (Montagne des Pyrénées, entre autres). Reconnue race à part entière par la F.C.I., il ne faut pas la confondre avec la variété noir et blanc du Terre-Neuve.

Comportement

Intelligent et affectueux, le Landseer est un parfait compagnon pour la pêche, la chasse au gibier d'eau et toutes activités aquatiques.

Aspect physique

Le Landseer, dérivé du Terre-Neuve, a une morphologie très voisine qui s'en démarque par quelques points. Les pattes, surtout chez le mâle, sont relativement plus hautes que celles du Terre-Neuve. Le pelage doit être le plus lisse possible, fin au toucher, de nature un peu huileuse, dense mais pas autant que celui du Terre-Neuve. La robe, blanc pur, porte des plaques noires discontinues sur le tronc et la croupe. Le cou, le poitrail, le ventre, les pattes et la queue doivent être blancs, et la tête est noire. Les yeux sont bruns ou brun foncé. Les yeux clairs et un dos ensellé sont considérés comme des défauts.

TAILLE: **mâle** 72 à 80 cm, **femelle** environ 67 à 72 cm *(standard F.C.I.)*;
POIDS: de 50 à 70 kg

Landseer
Cousin bicolore du Terre-Neuve, il pratique aussi le sauvetage en mer.

LEONBERGER

Leonberg

Origine

Deux théories s'opposent quant aux origines de ce grand chien de montagne. La première en fait l'un des descendants de Dogues du Tibet, connu depuis des siècles dans les Alpes centrales et orientales ; l'existence en Autriche, vers 1625, d'un élevage de chiens tout à fait conformes au standard actuel, appartenant aux princes de Metternich, semble appuyer cette théorie. La seconde théorie affirme que le premier Leonberg est né en 1846, grâce aux efforts d'un éleveur réputé, dans la petite ville d'Allemagne de Leonberg (Bade-Wurtemberg), dont la race a pris le nom. Cet éleveur désirait créer un chien au pelage fauve rappelant celui du lion, et cela en hommage aux armes de sa ville (*leon* signifie « lion », et *berg* « montagne »).

Il y serait parvenu par croisements entre des Terre-Neuve et des Saint-Bernard.

Cette hypothèse reste cependant contestée, car le très important marché de chiens de la ville de Leonberg existait déjà avant l'éleveur en question. Il est même assez vraisemblable que ce soit la ville qui tire son nom des chiens dont elle faisait commerce, et non l'inverse.

Comportement

D'un tempérament très doux et affectueux, le Leonberg est un protecteur inné des enfants, dont il recherche la présence. Sa taille imposante le destine à vivre en extérieur plutôt qu'en appartement, d'autant que ce montagnard a besoin d'espace et supporte très mal les contraintes de la vie citadine. Le Leonberg est considéré comme un chien de travail.

Aspect physique

Grand chien vigoureux au corps musculeux, le Leonberg a une tête plutôt étroite, plus profonde que large, des yeux intelligents, brun sombre si possible, et une truffe d'un noir profond. Les oreilles, larges et arrondies, plantées haut, tombent le long de la tête. Le cou est robuste, le rein solide et la poitrine profonde. Les membres antérieurs, droits, sont garnis de franges, et les postérieurs présentent des cuisses fortes et musclées. La queue, portée demi-bas, est très richement garnie de poils.

Leonberg
Très doux et très affectueux avec les enfants, il les protège naturellement.

La robe a un poil demi-fin ou rude, assez long, toujours lisse ou très légèrement ondulé, qui forme une crinière au niveau du cou et de la poitrine. Sa couleur est dans la gamme des fauves, avec possibilité de charbonnures, assortie d'un masque noir.

On trouve aussi comme couleur de robe du sable charbonné. L'absence de masque est admise, mais elle n'est pas recherchée. Une petite étoile sur la poitrine ainsi qu'un poil clair ou blanc aux orteils peuvent être tolérés. Le fouet, qui est en général de la couleur de la robe, peut être légèrement couleur blaireau, sans que cela soit un défaut.

En revanche, des yeux clairs, un poil bouclé, une queue enroulée, une truffe brune sont considérés comme des défauts et ne sont pas admis.

TAILLE : **mâle** de 72 à 80 cm, **femelle** de 65 à 75 cm *(standard F.C.I.)*;
POIDS : de 60 à 80 kg

MASTÍN DE LOS PIRINEOS

Mâtin des Pyrénées

Autres noms : Mâtin de Navarre, Mâtin du León.

Origine et comportement

Originaire du versant méridional des Pyrénées, ce chien de garde est souvent confondu avec le Montagne des Pyrénées, dont il est un proche parent. On peut supposer que, à partir d'une même population de Molosses des montagnes pyrénéennes, se sont différenciées deux races, chacune d'elles plus ou moins isolée sur son versant, français ou espagnol. Le Mâtin était lui aussi un chien de défense des troupeaux auquel on avait coutume de couper les oreilles et la queue afin de supprimer ces prises aux prédateurs. Il a été converti, aujourd'hui, en chien de garde dont l'allure est particulièrement dissuasive.

Aspect physique

Robuste et imposant, il a une tête forte et longue, une truffe noire, des yeux petits et foncés, des oreilles courtes et tombantes, un cou souple et puissant pourvu d'un fanon, des membres à forte ossature, une queue en panache. La robe, au poil épais et touffu, est blanche avec deux grandes taches d'un fauve souvent charbonné, des deux côtés de la tête et à la naissance du cou. Quelques taches similaires sur le reste du corps ne sont pas un défaut, si la teinte générale reste le blanc. Il existe des variétés de Mâtin des Pyrénées à robe noir et blanc ou blanc et jaspé.

TAILLE : **mâle** au moins 81 cm, **femelle** au moins 75 cm *(standard F.C.I.)*;
POIDS : de 55 à 70 kg

MASTÍN ESPAÑOL

Mâtin espagnol

Autres noms : Mâtin d'Estrémadure, Mâtin de la Manche.

Origine et comportement

Originaire de l'Estrémadure, bon chien de garde, le Mâtin espagnol est également un très bon chien de troupeau, qui ne craint pas de s'attaquer aux loups. Plus trapu que d'autres chiens de montagne, il aurait du Dogue dans son ascendance. On l'utilise pour la garde des usines et des maisons, comme chien de trait et même parfois pour chasser le sanglier. Plutôt redoutable pour les étrangers, ce chien est vif et gai, très attaché à son maître, à qui il obéit parfaitement.

Aspect physique

Robuste, trapu, rustique, le Mâtin espagnol a une tête au museau long, bien proportionné, aux mâchoires puissantes. Les yeux, petits et sombres, ont un regard très vif. Les oreilles, pointues, sont portées pendantes. Les membres sont forts. Le dos est droit, les côtes sont bien rondes et la croupe est plus haute que le garrot. La queue, frangée, est portée bas et légèrement recourbée au repos. La robe, abondante, est de couleur fauve ou fauve charbonné de différentes nuances, mais aussi blanc et noir, blanc et fauve.

TAILLE : **mâle** minimum 80 cm, **femelle** minimum 75 cm ; POIDS : de 50 à 65 kg *(standard F.C.I.)*

Mâtins espagnols
Chien de garde et de protection des troupeaux, le Mâtin espagnol peut se montrer féroce.

NEWFOUNDLAND

Terre-Neuve

Origine

Ce colosse est l'un des rares chiens autochtones du continent nord-américain. Ses origines apparaissent encore mystérieuses. Quoi qu'il en soit, il aurait du sang de Labrador et de chiens de traîneaux scandinaves arrivés dans l'île de Terre-Neuve à la fin du XVIIe siècle. Il compte aussi, peut-être, parmi ses ancêtres le Leonberg, le Saint-Bernard et quelques autres, comme le Chien de montagne des Pyrénées, introduit là par des pêcheurs basques de la région de Biarritz. Vers 1700, le Terre-Neuve, devenu aujourd'hui le symbole du sauveteur, faisait déjà parler de lui. Dressé par les pêcheurs, il ramenait jusqu'à la grève les lourds filets chargés de poissons. Au XVIIIe siècle, les habitants du Canada l'ont beaucoup fait travailler comme chien de berger, chasseur, sauveteur ou gardien, selon les circonstances. Vers 1880, on lui a même confié le transport du courrier entre les différentes agglomérations de l'île. La race, qui a été introduite en Grande-Bretagne par les pêcheurs de morue, a connu un grand succès dans ce pays et dans toute l'Europe.

Comportement

Brave et très fort, le Terre-Neuve est d'un grand dévouement. Il n'hésite jamais à se jeter à l'eau pour porter secours. Un Terre-Neuve de l'île d'Elbe aurait même sauvé Napoléon de la noyade. Très actif, le Terre-Neuve peut nager des heures dans les eaux les plus froides.

D'une nature particulièrement douce et docile, il est le grand ami des enfants, qu'il surveille avec une conscience de nurse chevronnée. Il est vrai que ses ancêtres ont été soigneusement sélectionnés, non seulement pour leur résistance et leur courage, mais aussi pour leur habileté, leur fidélité et leur remarquable sens des responsabilités.

Terre-Neuve
Incomparable chien de sauvetage à l'eau, il a à son actif le sauvetage de centaines de vies humaines.

Terre-Neuve
Ce puissant chien a, comme toutes les grandes races, un appétit d'ogre et un développement physique lent.

Ce chien a absolument besoin d'un jardin pour s'ébattre. Il souffre beaucoup de la chaleur. Il déteste rester enfermé et supporte très mal d'être séparé de ses maîtres.

Aspect physique

Grand chien à la tête large et massive, au museau court, plutôt carré, le Terre-Neuve a de petites oreilles, attachées bien en arrière, collées à la tête et couvertes de poils courts. Les yeux, petits, enfoncés et écartés, sont brun foncé. Le corps massif, le cou fort, le dos large, la poitrine profonde, le rein puissant témoignent de ses qualités athlétiques. La queue, moyenne, épaisse, bien fournie, pend vers le bas, excepté quand le chien est excité. La robe est composée d'un poil long, plat, très dense et huileux, et d'un sous-poil doux et laineux, imperméable à l'eau. Elle est noire avec des reflets bleus ou marron, parfois avec tolérance d'un peu de blanc au poitrail et aux pieds. La variété dite Landseer (de type britannico-américain, ici) est blanche avec la tête, un manteau et la croupe noirs; il est conseillé d'éviter les mouchetures dans le blanc. Une construction trop légère, un dos ensellé, des aplombs cagneux, un fouet enroulé, un poil bouclé et un manque de frange sont pénalisés.

TAILLE: **mâle** environ 71 cm, **femelle** environ 66 cm;
POIDS: **mâle** environ 68 kg, **femelle** environ 54 kg
(standard F.C.I.)

PERRO DE PRESA MALLORQUÍN

Chien de combat majorquin

Origine et comportement

Destiné à combattre les taureaux dans l'arène, ce chien d'origine probablement très ancienne a été sélectionné pour sa force, son courage et son goût du sang. Baptisé Cans Bou, chien de taureaux en majorquin, cet animal puissant est un excellent gardien. Sa vigilance n'est jamais en défaut, mais il a besoin d'un maître énergique qui saura lui imposer très fermement sa volonté.

Aspect physique

De taille moyenne, le Chien de combat majorquin présente une tête massive, très volumineuse par rapport au corps. Le crâne est large, le stop très prononcé, les maxillaires très développés. Il a de grands yeux saillants, ovales, un peu obliques et de couleur très sombre et des oreilles courtes, rejetées en arrière. Le corps est massif, le ventre rentré. La queue atteint le jarret. Les antérieurs, plus courts que les postérieurs, sont très forts. Le poil est court et rude. La robe est fauve bringé avec des taches blanches.

TAILLE: **mâle et femelle** environ 56 cm;
POIDS: environ 36 kg *(standard F.C.I.)*

RAFEIRO DE ALENTEJO

Bouvier de l'Alentejo

Origine et comportement

Originaire de la région de l'Alentejo, ce Bouvier portugais ressemble un peu au Saint-Bernard, mais avec une tête rappelant celle de l'ours. C'est un bon chien de berger, très agressif envers les prédateurs. D'une grande endurance, il résiste à toutes les intempéries. Frugal, il supporte plusieurs journées sans prendre de nourriture. Rustique et puissant, travailleur, le Bouvier de l'Alentejo, une fois dressé, devient un excellent chien de garde et de défense. C'est un compagnon fidèle et affectueux, très proche de son maître.

Aspect physique

Imposant, il a des yeux sombres à l'expression calme. La robe au poil court ou mi-long, dense et lisse, régulièrement réparti, est de couleur noire, fauve, grise avec des taches blanches. La queue est longue, recourbée au bout.

TAILLE: **mâle** de 66 à 74 cm, **femelle** de 64 à 70 cm;
POIDS: **mâle** de 40 à 50 kg, **femelle** de 35 à 45 kg
(standard F.C.I.)

SAINT-BERNARD

Saint-Bernard

Autre nom : Saint-Bernardshund.

Origine

Gloire de la Suisse, ce géant de l'espèce canine descend des Dogues du Tibet. Il serait issu des Molosses qui franchirent les Alpes avec les Romains, il y a 2000 ans. On ne sait pas exactement quand les premiers représentants de la race arrivèrent à l'hospice du Grand-Saint-Bernard pour y être adoptés par les moines. Selon certains chroniqueurs, ils y apparurent au début du XIe siècle. Ces chiens commencèrent par garder le monastère avant d'être dressés, à partir du XVIIe siècle, au sauvetage des voyageurs égarés en montagne ; aussi sont-ils souvent représentés avec un tonnelet d'eau-de-vie attaché à leur cou. Le célèbre Saint-Bernard Barry, qui vécut au XIXe siècle, a réussi à arracher 40 vies humaines à la montagne. On peut voir aujourd'hui sa dépouille naturalisée au musée de Berne.

Comportement

Le Saint-Bernard à poil court est le plus efficace en montagne, car il supporte des températures très basses et travaille plus

Saint-Bernard
La neige est vraiment l'élément de cet ancien chien de sauvetage en montagne : il adore se rouler dedans !

facilement que celui à poil long, souvent gêné dans ses mouvements par la neige qui colle à ses pattes et gèle. L'un comme l'autre ne sont plus utilisés actuellement, leur poids important les handicapant.
Le Saint-Bernard a, dit-on, la faculté de « sentir » à l'avance l'arrivée d'une avalanche, mais il a été détrôné comme sauveteur par les Bergers allemands et les Labradors, plus performants. Animal

sociable, ce chien, tranquille et réfléchi, doux et affectueux, d'un dévouement sans limite, adore les enfants.
Il faut lui faire faire beaucoup d'exercice, et l'entretien de sa fourrure exige un brossage énergique et fréquent.

Aspect physique

Le Saint-Bernard a une tête imposante, au crâne large, un peu arrondi, au stop marqué. Le museau, court, s'orne d'une large truffe noire, aux narines bien ouvertes, et de babines fortement développées et légèrement pendantes. Quand l'animal est en éveil, il plisse le front. Les yeux, assez grands, bruns, ont un regard affectueux et débonnaire. Les oreilles, larges à la base, pendent bien contre la tête. Le cou, très fort, a un fanon caractéristique. Le dos est large, la poitrine assez profonde, les antérieurs sont droits et solides, les postérieurs bien développés et les cuisses puissantes. Le Saint-Bernard a souvent des ergots aux postérieurs, cependant non souhaitables et qui ne doivent pas gêner la marche. La queue, large à la base, pointue au bout, pend au repos et se recourbe un peu dans l'action.
On distingue les Saint-Bernard à poil long, à la robe un peu ondulée, et ceux à poil court, très serré, droit et lisse, un peu plus long sur la queue et les cuisses. La fourrure est blanche avec des taches fauves ou fauve-rouge, ou l'inverse, la couleur fauve étant prédominante sur le blanc. Des traces charbonnées sont possibles. La poitrine, les pattes, le bout de la queue, la bande autour du museau et le collier sont toujours blancs. Le masque noir jusqu'aux yeux et les oreilles foncées sont appréciés. Une constitution trop légère, de mauvais aplombs, des zones blanches de la robe non respectées, un prognathisme ne sont pas acceptés.

TAILLE : **mâle** 70 à 90 cm, **femelle** 65 à 80 cm *(standard F.C.I.)*;
POIDS : de 55 à 100 kg

SREDNEASIATSKAÏA OVTCHARKA

Berger d'Asie centrale

Origine

On le rencontre dans toutes les républiques d'Asie centrale et dans certaines des régions avoisinantes. C'est un grand chien, fort, peu exigeant et qui s'adapte particulièrement bien à tous les types de climat.

Comportement

Audacieux, équilibré et paisible, le Berger d'Asie centrale peut néanmoins avoir de vives réactions de défense. Sa méfiance envers les étrangers le rend dangereux à approcher.

Aspect physique

Les mâles sont puissants et lourds. Les femelles sont plus petites et légères. La tête est massive, les petites oreilles en triangle, coupées court, sont attachées bas. Le poil est grossier, droit, le sous-poil développé. Il est demi-long ou court. La robe est blanche, noire, fauve pâle à fauve roux charbonnée ; elle est uniforme ou pie.

TAILLE : **mâle** plus de 65 cm, **femelle** plus de 60 cm *(standard F.C.I.)*;
POIDS : environ 45 kg

Saint-Bernard
Ce chien au physique impressionnant est un excellent chien de compagnie. Il ne peut cependant pas vivre en ville.

Nordiques et Spitz

Les chiens de type Spitz sont d'origine essentiellement septentrionale ou asiatique. Ils présentent une nette communauté de morphologie et de caractère, assez proches encore du type lupoïde primitif, et servent à de nombreux usages: trait, chasse, garde et conduite de troupeaux. Bien que, dans notre société, ils soient souvent devenus chiens de compagnie, ils conservent un sens de la hiérarchie, une agressivité et le besoin de se dépenser qui peuvent poser de réels problèmes.

Nordiques

ALASKAN MALAMUTE

Malamute d'Alaska

Origine et comportement

Chien autochtone de l'Alaska, le Malamute d'Alaska appartient à la population la plus ancienne de cette contrée. Appelé autrefois Malhmut – du nom de la tribu d'Esquimaux qui l'avait adopté –, lourd et puissamment bâti, il est le plus grand des chiens de traîneaux et est considéré comme le roi des chiens du Nord. Quand les Européens occupèrent le Canada, ils l'utilisèrent comme porteur dans les régions montagneuses; l'été, ce chien était capable de transporter, sous son ventre, des fardeaux de plus de 20 kg. Robuste, endurant et rapide, c'est aussi un champion de courses de traîneaux. Très propre, amical, tranquille, affectueux et volontiers joueur, c'est un chien de compagnie très apprécié par les Américains du Nord ainsi que par les Canadiens. Les Européens l'ont découvert plus tard. Il a du succès mais il ne faut jamais oublier qu'il n'est pas fait pour la vie citadine, qu'il souffre de la chaleur et de la sédentarité.

Aspect physique

Le Malamute d'Alaska a une tête grosse, mais bien proportionnée, un crâne large, un peu arrondi, des yeux obliques, foncés et en amande, des oreilles droites et petites, en triangle, portées légèrement en avant, un cou fort, un rein solide et court et des membres très musclés. Il a des pieds robustes et compacts. La queue forme un élégant panache au-dessus du rein, ou plus bas. La robe, épaisse, serrée et rude, est très fournie autour du cou, sur les épaules et les cuisses. Elle recouvre un sous-poil huileux, dense et laineux. Elle est gris de toutes nuances jusqu'au noir, avec du blanc sur le ventre et une partie des membres ainsi qu'une marque plus ou moins foncée en forme de bonnet sur le crâne ou en forme de masque sur la face. Une tache blanche sur le front ou la nuque est appréciée. La robe blanc uniforme est admise.

TAILLE: **mâle** environ 65 cm, **femelle** environ 58 cm; POIDS: **mâle** environ 38 kg, **femelle** environ 34 kg *(standard F.C. I.)*

Malamute d'Alaska
Puissant chien de traîneaux, il fut l'un des acteurs de la conquête du Grand Nord.

Chien du Groenland
Le plus rare des chiens de traîneaux gagnerait à être connu, car il est doux et fidèle.

GRÖNLANDSHUND

Chien du Groenland

Autre nom : Groenlandais.

Origine et comportement

Doté d'une exceptionnelle vigueur, capable de résister aux températures les plus basses, ce chien scandinave, qui aurait sans doute du sang de loup boréal, est bâti pour les rudes conditions de travail des chiens de l'Arctique.

Comme tous les chiens nordiques, il a un tempérament vif, mais c'est aussi un chien doux, fidèle et affectueux – qualités fort peu mises en valeur, car ce chien est surtout utilisé pour tirer les attelages et assez rarement comme chien de compagnie.

Aspect physique

Le crâne, large, un peu en dôme, porte un museau fort, en forme de coin. La truffe, noire en été, peut être claire en hiver. Le corps doit être puissant et bien musclé, la poitrine très large, et le dos droit. Les membres sont rectilignes, robustes et musclés. Les pieds, gros et arrondis, portent des ongles et des soles très forts. La queue, épaisse et touffue, plutôt courte, attachée haut, est bien enroulée sur le rein. La robe est faite d'un poil serré, droit et rude, sur un sous-poil dense et doux. Elle est longue sur le corps, plutôt courte sur la tête et les pattes. Toutes les couleurs unies ou mélangées sont admises.

TAILLE : **mâle** au moins 60 cm, **femelle** au moins 55 cm *(standard F.C.I.)*;
POIDS : environ 30 kg

FÄREHOND

Berger d'Islande

Origine

Descendant en droite ligne du Norsk Buhund, ce Berger a accompagné les premiers colons venus s'établir en Islande. La race, décimée par la maladie de Carré, aurait disparu sans les efforts soutenus de quelques éleveurs qui réussirent à la sauver en Islande et en Grande-Bretagne.

Comportement

Le Berger d'Islande est un Berger efficace, doublé d'un bon gardien. Très sympathique, ami des enfants et des chevaux, il est apprécié comme chien de compagnie. Intelligent, vif et affectueux, très proche de son maître, le Berger d'Islande est facile à vivre. Il a besoin de beaucoup d'exercice. Le poisson est sa nourriture favorite.

Aspect physique

Ce Berger de la famille des Spitz a le museau allongé et une queue portée recourbée sur le dos. Son corps, plutôt rectangulaire, est fort sans être grossier. Son cou est de longueur moyenne. Le poil, de longueur moyenne, est dense et près du corps. Il est doublé d'un sous-poil épais. La robe est marron, fauve ou sable charbonné, blanc sale, noir avec des taches blanches ou noir pur.

TAILLE : **mâle** de 42 à 48 cm, **femelle** de 38 à 44 cm *(standard F.C.I.)*;
POIDS : de 10 à 15 kg

Berger d'Islande
Sauvé de justesse de l'extinction par quelques passionnés, il reste très rare hors de son pays.

Chiens d'élan suédois
Chien de chasse exceptionnel à l'élan et à l'ours, le Chien d'élan suédois est aussi utilisé par l'armée.

JÄMTHUND

Chien d'élan suédois

Origine et comportement

D'origine très ancienne, ce chien aurait déjà accompagné l'homme du paléolithique. Spécialisé pendant des siècles dans la chasse à l'élan et à l'ours, il travaille aussi de nos jours sur le tétras, la martre et autre petit gibier. Sa technique, efficace, consiste à ramper sur la neige pour couper la route aux proies et les rabattre vers les chasseurs. Ce chien est aussi bon gardien et tire efficacement les traîneaux.
Intelligent, équilibré, obéissant, le Chien d'élan suédois, qui se montre apte au dressage, est utilisé dans l'armée.

Aspect physique

Le Chien d'élan suédois ressemble un peu au Spitz avec sa tête étroite, allongée, ses oreilles droites, pointées et mobiles. Il a de petits yeux sombres au regard vif. La queue est portée enroulée sur le rein. Les membres sont bien droits, solides et agiles. Chien des pays froids, le Chien d'élan suédois est protégé par une épaisse fourrure au poil long et dur au toucher, doublé d'un sous-poil doux et laineux. La robe est de couleur fauve clair plus ou moins charbonné, surtout sur tête et corps

TAILLE : **mâle et femelle** de 58 à 63 cm *(standard F.C.I.)*;
POIDS : de 25 à 30 kg

KARJALANKARHUKOÏRA

Chien d'ours de Carélie

Origine et comportement

Très proche des Laïkas de Russie, ce chasseur extrêmement doué est issu d'une vieille race finlandaise à laquelle les éleveurs russes apportèrent du sang de Berger.

Spécialisé à l'origine dans la chasse à l'élan, il s'attaque aux animaux sauvages de grande taille : ours, lynx, loups, sangliers et cerfs, qui peuplent le vaste territoire de la Carélie, région aux nombreux lacs qui s'étend au nord de Saint-Pétersbourg jusqu'à la Finlande. D'une résistance à toute épreuve, le Chien d'ours de Carélie est exceptionnellement courageux, vif et ardent. Sa force peu commune lui permet de lutter contre des animaux bien plus gros que lui.

Aspect physique

Bien campé sur des membres solides, le Chien d'ours de Carélie donne une impression de puissance et de légèreté. Sa silhouette plutôt élancée ne manque pas d'élégance. Il porte une jolie queue en faucille. Sa tête en cône est plutôt fine. Les oreilles pointues sont portées droites. Les petits yeux bruns ont un regard très perçant. Le poil, dur et rigide, est doublé d'un sous-poil laineux. Il assure une protection parfaite à ce chasseur capable de suivre une piste pendant des heures par n'importe quel temps. La robe est noire avec, souvent, des taches blanches sur le chanfrein, la gorge, la poitrine, le bas des membres et le bout de la queue.

TAILLE : **mâle** de 54 à 60 cm, **femelle** de 49 à 55 cm *(standard F.C.I.)*;
POIDS : environ 25 kg

Chien d'ours de Carélie
Spécialisé dans la chasse au gros gibier, il est courageux, résistant et doté d'une force peu commune.

LAÏKA (RUSSKO-EVROPEISKAÏA, VOSTOTCHNO SIBIRSKAÏA, ZAPADNO-SIBIRSKAÏA)

Laïka (russo-européen, de Sibérie orientale, de Sibérie occidentale)

Origine

Ce chien russe appartient à la grande famille des Spitz, ces descendants du chien des tourbières qui se sont développés dans différentes régions du nord de l'Europe. On distingue trois variétés de Laïkas : le russo-européen, celui de Sibérie orientale et celui de Sibérie occidentale.

Le Laïka russo-européen est originaire de la partie la plus septentrionale de l'Europe et s'est surtout développé dans le centre de la Russie. Le Laïka de Sibérie orientale vient des grandes forêts de l'est du pays et le Laïka de Sibérie occidentale est originaire des régions situées au nord de l'Oural.

Comportement

Ces chiens ont un caractère affirmé. Ils sont toujours en éveil. Incorruptibles, fidèles, très exclusifs et particulièrement méfiants devant des étrangers, ce sont de bons gardiens. Remuants et bruyants, ils ne sont pas du tout faits pour vivre en appartement.

Aspect physique

Les trois variétés ont les caractéristiques des Spitz nordiques avec des différences justifiant trois standards distincts.

Le Laïka russo-européen mesure 58 cm au maximum au garrot. Son comportement est vif. Son poil est ras et dur, très serré sur la tête et les oreilles, plus long sur le reste du corps et forme une collerette. Le sous-poil est dense. La robe est

Laïka de Sibérie occidentale
De caractère très affirmé et assez aboyeur, il n'est pas fait pour vivre en appartement.

Laïka de Sibérie orientale
Quelque peu exclusif avec ses maîtres, il doit être éduqué avec finesse.

Chiens suédois de Laponie
Bons gardiens du bétail et des maisons, ils peuvent aussi être d'excellents chiens de compagnie.

noire, fauve charbonné, blanche, poivre et sel foncé avec des taches blanches, blanche avec des taches foncées. La queue est recourbée en forme d'anneau ou de faucille sur le dos.
Le Laïka de Sibérie orientale porte d'épaisses moustaches. Il mesure jusqu'à 63 cm au garrot. Le poil est long, le sous-poil laineux et dense. Il porte une belle collerette.
Le Laïka de Sibérie occidentale porte également des moustaches dures; il mesure 60 cm maximum au garrot. Son poil est dur et recouvre un sous-poil bien développé.
La robe est blanche, poivre et sel, fauve charbonné. Les couleurs noire et pie sont cependant acceptées.

TAILLE: voir texte *(standard F.C.I.)*;
POIDS: de 20 à 30 kg

LAPINKOÏRA

Chien finnois de Laponie

Comportement

Ce chien de berger est utilisé, dans son pays d'origine, pour garder les rennes. D'un caractère calme, il est obéissant, énergique et travailleur. Il aboie facilement. Il peut être aussi bon conducteur de troupeau que gardien de la maison.

Aspect physique

De taille moyenne, ce chien a une tête assez courte, le museau effilé. Les yeux, vifs et foncés, sont assez éloignés l'un de l'autre. Les oreilles droites pointent en avant. Plus long que haut, le Chien finnois de Laponie a un poil de longueur moyenne, droit, plutôt dressé et raide, un sous-poil dense, doux et serré. La robe est gris-noir avec différentes nuances, fauve avec des taches.

TAILLE: **mâle** de 46 à 52 cm, **femelle** de 40 à 46 cm *(standard F.C.I.)*;
POIDS: environ 25 kg

LAPINPOROKOÏRA

Berger finnois de Laponie

Origine et comportement

Depuis des siècles, le Berger finnois de Laponie à l'instinct de garde très développé est l'auxiliaire précieux des hommes pour la surveillance des troupeaux de rennes. D'un grand courage, il ne craint pas d'affronter les loups. Très rapide sur la neige, il rassemble les bêtes en aboyant sans cesse. Il est également un très bon chien de garde et un agréable chien de compagnie.

Aspect physique

Le Berger finnois de Laponie, à la musculation forte, apparaît vigoureux. Il a des yeux foncés au regard vif. La queue très fournie peut se courber sur la hanche. Le poil, moyennement long, est raide et épais, le sous-poil doux et serré. La robe peut être noire ou fauve fortement charbonné.

TAILLE: **mâle** de 49 à 55 cm, **femelle** de 43 à 49 cm *(standard F.C.I.)*;
POIDS: environ 25 kg

LAPPHUND

Chien suédois de Laponie

Origine et comportement

Originaire de Finlande et descendant direct de l'ancêtre de tous les Spitz, le Chien suédois de Laponie est depuis toujours voué à la garde du bétail. Intelligent, brave et calme, il est soucieux d'apprendre et particulièrement fidèle. Rustique et polyvalent, il est aussi chien de ferme, de garde et de compagnie, notamment en Suisse où il est populaire.

Aspect physique

La tête du Chien suédois de Laponie a des traits forts, un museau droit aux lèvres serrées. Les yeux sont foncés. Les oreilles, écartées et larges au bout, sont très mobiles. Il a un corps long et vigoureux. La queue de longueur moyenne ou plus courte, couverte de longs poils, est souvent portée sur le rein. Le poil est long et raide, le sous-poil doux et serré. Le poil est plus court sur la tête et le bas des membres. La robe est noire ou marron, uniforme ou pie.

TAILLE: **mâle** de 45 à 50 cm, **femelle** de 40 à 45 cm;
POIDS: de 15 à 20 kg

NORSK BUHUND

Buhund norvégien

Origine

Très répandu en Scandinavie au Moyen Âge, ce chien s'est alors trouvé introduit en Islande, où il a donné naissance aux races locales.

Comportement

C'est un infatigable gardien de troupeau, qui travaille avec ardeur aussi bien en hiver qu'en été. Courageux, il défend les animaux et les hommes contre les bêtes sauvages. Doté d'une vue et d'un flair remarquables, il est utilisé souvent pour la chasse à la sauvagine.

Aspect physique

Le Buhund norvégien est un chien massif, au corps trapu, surmonté d'une tête large éclairée par des yeux sombres au regard énergique.

Les oreilles sont droites et pointues. Les membres apparaissent courts. La queue, plutôt courte, se recourbe fortement jusque sur le rein. Le poil, mi-long, fourni et raide, devient court sur la tête et le bas des membres. La robe est noire ou fauve de toutes nuances, parfois pie.

TAILLE: **mâle** de 43 à 47 cm, **femelle** de 41 à 45 cm; POIDS: **mâle** environ 14 à 18 kg, **femelle** environ 12 à 16 kg *(standard F.C.I.)*

Buhund norvégien
Très bon gardien de troupeau, il défend les hommes et les animaux contre les bêtes sauvages.

NORSK ELGHUND (GRÅ, SORT)

Chien d'élan norvégien (gris, noir)

Autre nom: Elkhound.

Origine et comportement

Il appartient à une race très ancienne qui n'aurait pratiquement pas changé depuis l'époque des Vikings. Chasseur d'élite, il repère ses proies à des kilomètres grâce à un odorat particulièrement développé. Courageux, il n'hésite pas à attaquer les Cervidés, dont il sait très bien éviter les bois, et se lance aussi contre les ours et les loups. Le Chien d'élan norvégien donne de la voix sur un registre étendu. Il est très apprécié pour son aptitude à prendre des initiatives. Sportif, il sert dans l'armée norvégienne et tire les traîneaux. C'est un chien calme, franc et indépendant. Il aime la chasse et les grands espaces, mais affectueux et gentil avec les enfants, il a été adopté comme animal de compagnie (illustration p. 170).

Aspect physique

Le Chien d'élan norvégien a une silhouette plutôt ramassée, un corps très charpenté. Sa tête est en coin, le museau large à la base va en s'amincissant progressivement. Les mâchoires sont fortes. Les yeux brun foncé ont une expression très directe. Les oreilles droites et pointues sont particulièrement mobiles. Ce chien porte une belle queue enroulée sur le rein. Il existe deux variétés: le Chien d'élan norvégien gris, au poil épais et rude au toucher, dont la robe à fond sable est plus ou moins charbonnée, avec un masque noir, et le Chien d'élan norvégien noir, au poil dense et rude d'un beau noir brillant.

TAILLE: gris: **mâle** environ 52 cm, **femelle** environ 49 cm; noir: **mâle** environ 47 cm, **femelle** environ 44 cm; POIDS: gris: **mâle** 23 kg, **femelle** 20 kg; noir: environ 20 kg *(standard F.C.I.)*

Chiens d'élan norvégiens
Très bon chien de chasse au gros gibier, le Chien d'élan norvégien est aussi un agréable chien de compagnie.

NORSK LUNDEHUND

Chien norvégien de macareux

Autre nom : Lundehund.

Origine et comportement

Selon certains cynophiles, ce chien très particulier descendrait du chien primitif *Canis fereus* et non pas du *Canis familiaris* comme tous les autres chiens. Il aurait survécu à la période glaciaire dans l'île de Lofoten, épargnée par le froid, en se nourrissant d'œufs et d'oiseaux. Aujourd'hui, les Chiens norvégiens de macareux, dont le nom signifie chien de macareux, viennent tous d'une île au nord de la Norvège. On les utilisait autrefois pour chasser ces palmipèdes, dont les populations pauvres se nourrissaient. D'une extraordinaire agilité, le Chien norvégien de macareux grimpe sur les falaises les plus escarpées pour dénicher les macareux.

Aspect physique

Ce chien présente plusieurs différences avec les autres chiens : il possède six doigts à chaque patte, ses conduits auditifs se bouchent automatiquement quand il met la tête sous l'eau.
Grâce à ses vertèbres très souples, il peut tourner la tête en arrière jusqu'au dos. Il parvient aussi à étendre ses membres à angle droit sur le côté. Morphologiquement, il est de type Spitz. Sa fourrure, rêche en surface, est douce en profondeur, de couleur sable à fauve roux plus ou moins charbonné et blanc, notamment sur les parties inférieures du corps.

TAILLE : **mâle** de 35 à 38 cm, **femelle** de 32 à 35 cm ;
POIDS : **mâle** environ 7 kg, **femelle** environ 6 kg
(standard F.C.I.)

SAMOIEDSKAÏA SOBAKA

Samoyède

Origine et comportement

Le Samoyède actuel descend directement de celui qui, jadis, accompagna les tribus samoyèdes dans leurs migrations. C'est un Spitz puissant et de bonne taille, qui appartient à l'une des plus anciennes races de Sibérie. Les premiers Samoyèdes sont arrivés en Grande-Bretagne vers 1890 à la suite des premières grandes expéditions polaires en Arctique ; le grand explorateur Robert Scott fit, en particulier, beaucoup pour faire connaître la race. Celle-ci exprime, aujourd'hui, des qualités de robustesse et d'étroite complicité avec l'homme que des siècles de vie commune en milieu très difficile ont façonnées. Le Samoyède demeure un chien de travail dévoué pour le trait, la garde ou la chasse. Il est devenu, bien sûr et avant tout, animal de compagnie. Il réclame une éducation ferme et patiente, mais juste et accompagnée de marques d'affection, auxquelles il répondra vivement. L'espace lui reste indispensable.

Aspect physique

Le corps, presque inscriptible dans un carré, musclé, est construit pour permettre une grande liberté d'allure. La poitrine ample et profonde, les côtes bien arquées, le rein large, les antérieurs robustes témoignent de la force de l'animal. La tête est puissante, en forme de coin, caractérisée par un crâne large et

Chien norvégien de macareux
Il possède un physique tout à fait hors normes. Il peut se montrer un excellent chien de famille.

Samoyède
Un proverbe sibérien dit qu'il porte toute l'année dans son sourire la joie de Noël.

plat. Le stop est bien marqué, et le museau moyen. Les commissures des lèvres doivent être légèrement retroussées pour former un « sourire » caractéristique. Les yeux, obliques et sombres, ont une expression vive et intelligente. Les oreilles, un peu arrondies, sont portées dressées. La robe, au poil long, rude et très épais, est droite, sans aucune boucle. Courte sur la tête, elle forme une collerette très fournie au niveau du cou et une culotte sur les cuisses. Le sous-poil, laineux, est épais, serré, doux et court. La queue, très touffue, est portée enroulée sur le rein. La robe est blanc pur, crème ou blanche, avec de légères taches biscuit. La truffe, les lèvres et les paupières sont bien noires.

Une construction légère, des jarrets panards, des yeux clairs, un poil mou ou ondulé, un caractère mal équilibré constituent des défauts graves.

TAILLE : **mâle** de 57 à 60 cm, **femelle** de 53 à 56 cm (*standard F.C.I.*);
POIDS : **mâle** de 20 à 30 kg, **femelle** de 17 à 25 kg

SIBERIAN HUSKY

Husky sibérien

Origine

Le Husky sibérien vient de la région du fleuve Kolyma, en Sibérie du Nord, où il serait apparu il y a environ 2 000 ans. La race fut développée et fixée par une peuplade apparentée aux Esquimaux, les Tchouktches. En 1909, un marchand de fourrures introduit le Husky sibérien au Canada pour le faire participer à des courses de traîneaux. Engagé dans le grand sweepstake d'Alaska, disputé sur 650 km, le premier Husky sibérien se révéla remarquable, et, depuis lors, ses frères n'ont pas démenti les qualités de ce « pur-sang » extrêmement endurant, opiniâtre, agile et rapide.

Dans le langage canadien, husky (« enroué ») qualifie tous les chiens à voix rauque qui tirent les traîneaux, mais, aujourd'hui, ce nom ne peut être officiellement porté que par le Husky sibérien. Cette race, la plus petite et la plus légère chez les chiens nordiques, est aussi la plus rapide, et c'est cette remarquable vélocité qui est recherchée dans les nombreux croisements effectués pour obtenir des chiens de traîneaux toujours plus performants.

Husky sibérien
Son regard limpide exprime toute la fascination du Grand Nord.

Comportement

Intelligent, docile et affectueux, le Husky sibérien est un chien de compagnie agréable qui a connu, en quelques années, un succès considérable. Il est très propre et les enfants l'attirent. Il a la particularité de hurler plus qu'il n'aboie. Il s'adapte bien au climat tempéré mais a besoin de se dépenser et n'est pas fait pour la ville.

Aspect physique

De conformation vigoureuse mais gracieuse, ce chien possède une démarche libre caractéristique. Il montre un crâne et un museau fortement ciselés. Les oreilles, moyennes et droites, sont tapissées, à l'intérieur, d'un poil touffu. Les yeux obliques, bruns ou bleus, ont une expression vive et amicale (les chiens aux yeux bleus sont les plus appréciés) ; des yeux vairons sont admis mais non désirés. La poitrine est profonde et forte et les reins sont bien musclés. Le Husky sibérien a le pied typique du chien de neige, avec des poils fournis dans les intervalles entre les doigts et des soles très solides.

La queue, touffue, est portée en faucille sur la croupe quand le chien est attentif, mais elle est portée bas quand il est au repos ou au travail. La robe, de longueur moyenne, est faite d'un poil doux, épais, uniforme et d'un sous-poil moelleux, touffu et laineux.

Toutes les couleurs sont permises ainsi que le blanc et tous types de taches aussi ; les robes grises de toutes nuances et le noir avec marques blanches sont les plus fréquentes.

De nombreuses taches ornent la tête, où elles dessinent un masque en forme de casquette et des lunettes.

Les animaux trop grands sont disqualifiés. Une tête trop lourde, un poil de texture rude, une absence de sous-poil, une construction trop frêle et des aplombs douteux doivent être pénalisés.

TAILLE : **mâle** de 54 à 60 cm, **femelle** de 51 à 56 cm ;
POIDS : **mâle** de 20 à 28 kg, **femelle** de 15 à 23 kg
(standard F.C.I.)

VÄSTGÖTASPETS

Chien des Goths

Autre nom : Vallhund suédois, Spitz des Visigoths.

Origine

Infatigable gardien de troupeaux, ce petit chien puissant et près du sol ressemble beaucoup au Welsh Corji Pembroke. Les

Suédois affirment cependant que la race, très ancienne, a toujours existé dans leur pays.

Comportement

Très courageux, le Chien des Goths n'hésite pas à imposer sa volonté aux vaches et aux taureaux les plus farouches. Ce Berger très apprécié doit à sa taille peu encombrante et à son physique particulier d'être devenu animal de compagnie.
Intelligent et attachant, il s'entend bien avec les enfants. Indépendant et très sportif, il a toutefois du mal à s'adapter à la vie en appartement. La race a été officiellement reconnue par le Kennel Club suédois en 1948. Elle est populaire en Suède et assez peu connue ailleurs.

Aspect physique

Petit, le Chien des Goths est plutôt long. Il doit donner l'impression d'un chien alerte, énergique et vigilant. Ses membres sont courts et solides. Vus de face, les antérieurs sont légèrement courbés. La poitrine est longue et profonde, la croupe large et légèrement tombante, le ventre un peu relevé. La queue, qui mesure moins de 10 cm, est portée à l'horizontale. Dans l'action, la queue est portée légèrement plus basse et relevée.
La tête est plutôt longue, le crâne presque plat et le stop bien marqué. Les oreilles de taille moyenne sont dressées et mobiles. Les yeux ovales, brun très foncé, ont un regard expressif et attachant. Le poil est doublé d'un sous-poil abondant et laineux. La robe est sable à fauve rouge avec des charbonnures plus marquées sur le dos, le cou et les flancs. On accepte des taches blanches si elles ne dépassent pas 30% de la surface de la robe.

TAILLE : **mâle** de 31,5 à 34,5 cm, **femelle** de 29,5 à 32,5 cm ; POIDS : de 9 à 14 kg *(standard F.C.I.)*

Chiens des Goths
Excellent Berger, le Chien des Goths pourrait être l'ancêtre du Welsh Corgi Pembroke.

Spitz et apparentés

AKITA

Akita

Autre nom : Akita-Inu.

Origine et comportement

Élégant et assez imposant, ce chien japonais inspire le respect. Son origine lointaine est quelque peu mystérieuse, comme celle des habitants de la province d'Akita. Il y a plusieurs siècles, ce grand Spitz était voué à la chasse au gros gibier. Considéré comme le chien national nippon, il figure sur de nombreux timbres et possède son monument dans la ville de Tokyo. Impétueux, leste et fort, l'Akita est un excellent chien de garde. Très courageux, il ne craint pas de se mesurer avec un ours. On le dressait autrefois à se battre contre d'autres chiens. Cette pratique est désormais interdite au Japon, et la race est protégée. L'Akita a connu une expansion récente et assez prometteuse en Occident, qu'il a séduit par ses qualités de gardien comme de compagnon. Il représente la race japonaise du groupe des Spitz la plus connue à l'étranger.

Aspect physique

Ressemblant beaucoup à un chien de traîneau, l'Akita a un front large, un stop bien marqué, un chanfrein court, des petits yeux brun foncé un peu triangulaires, une grande truffe noire et une solide dentition. Les oreilles, relativement petites et épaisses, en forme de triangle, sont portées dressées et un peu penchées en avant. Le corps est plus long que haut.

Ce chien solide et vigoureux a un rein large et fort, une poitrine profonde, des antérieurs droits et robustes. Il porte une belle queue, bien fournie, enroulée sur le rein. La robe, au sous-poil fin et épais, est faite d'un poil dur et rêche, de couleur fauve ou sable, plus ou moins fortement charbonné ou bringé ; elle peut être pie ou blanche.

TAILLE : **mâle** de 64 à 70 cm, **femelle** de 58 à 64 cm *(standard F.C.I.)* ;

POIDS : de 30 à 50 kg

Akita

Au bord de l'extinction dans les années 1930, il a été déclaré patrimoine national au Japon.

CHOW-CHOW

Chow-Chow

Origine et comportement

La morphologie de ce chien nordique très ancien, d'aspect léonin, rappelle étrangement celle d'un chien fossile, vieux de quelques milliers d'années, découvert en Amérique du Nord. Il y a 2000 ans, le Chow-Chow vivait déjà en Chine, où il est d'ailleurs représenté sur de nombreux bas-reliefs. Il était alors utilisé pour la garde des troupeaux et des jonques, comme chien de trait et comme chien de chasse. On mangeait parfois sa chair et l'on faisait commerce de sa peau. L'Occident a découvert ce chien à la fin du XIXe siècle. Le Chow-Chow a, à partir de cette époque, changé de vie et est devenu un chien de luxe et de compagnie. La sélection, essentiellement britannique, a amélioré son caractère indifférent et a diminué son agressivité. Le nom de la race viendrait de l'anglais déformé utilisé en Extrême-Orient, sans que le sens en soit élucidé. Très fidèle à son maître, indépendant, nerveux et sensible, le

Chows-Chows
Sous ses airs de gros nounours, le Chow-Chow n'en est pas moins très indépendant.

Chow-Chow doit être traité avec douceur mais fermeté. Son côté félin lui fait refuser l'obéissance servile comme les grandes démonstrations d'affection. Il a horreur d'être attaché.

Aspect physique

Bien proportionné, le Chow-Chow a un port digne. La tête, au crâne plat et large, au stop peu marqué, a un museau de longueur modérée, terminé par une grosse truffe, noire de préférence ; il est néanmoins admis que la couleur de la truffe peut se rapprocher de celle de la robe. Les yeux, petits, foncés et en amande, peuvent être clairs chez les sujets bleus et fauves. Les oreilles, petites, un peu arrondies au bout, sont portées droites et rigides, très en avant au-dessus des yeux et bien écartées mais légèrement convergentes, ce qui donne au chien une expression renfrognée caractéristique (le scowl).
Le Chow-Chow a de fortes dents en ciseaux, une langue bleu foncé, presque noire, fait unique dans l'espèce canine. Les lèvres et le palais sont noirs. Les gencives sont de préférence de la même couleur. Le corps, compact, est solidement charpenté. La poitrine, large, est bien descendue. Le dos est court et fort, et le rein puissant. Les postérieurs, musclés, aux jarrets rectilignes et bien descendus, donnent au chien une démarche un peu guindée. La queue, attachée haut, est portée sur le dos. La robe est faite d'un poil abondant, dense, droit, plutôt rude, doublé d'un sous-poil doux et laineux. Elle est unie : noire, bleue, fauve, crème ou blanche, sans taches. Le dessous de la queue et l'arrière des cuisses sont fréquemment de couleur plus claire. Il existe une variété de Chow-Chow à poil court, présentant, mis à part ce détail, un standard identique.

TAILLE : **mâle** de 48 à 56 cm, **femelle** de 46 à 51 cm (*standard F.C.I.);*
POIDS : **mâle** de 20 à 25 kg, **femelle** de 18 à 20 kg

Chow-Chow
Fidèle, indépendant et sensible, il est considéré comme le plus « félin » des chiens.

Eurasier
La race, créée en Allemagne dans les années 1950, est l'une des plus récentes.

EURASIER

Eurasier

Origine et comportement

Créé dans les années 1950 en Allemagne par J. Wipfel, l'Eurasier est issu d'un croisement entre un mâle Chow-Chow et une femelle Spitz-Loup. Aujourd'hui bien stabilisé, il a été officiellement reconnu en 1973. Séduisant, élégant, peu bruyant et très propre, l'Eurasier réunit les qualités du Chow-Chow et du Spitz. Très vivant, gai, aimant les enfants, fidèle, c'est un chien parfaitement adapté à la vie de famille.

Aspect physique

L'Eurasier a une tête en forme de coin, au stop léger. Les oreilles, moyennes, pas trop écartées, sont portées dressées. Les yeux, noirs, fardés de sombre et un peu en amande, s'enfoncent légèrement. Ce chien a une forte mâchoire en ciseaux. Le corps, plus long que carré, présente un dos droit et une croupe large et longue. La poitrine est profonde. Le cou, bien musclé, porte harmonieusement la tête. Les membres sont solides et bien musclés. La queue, qui, au repos, pend jusqu'aux jarrets, est portée enroulée sur le dos ou sur le côté quand le chien est excité. La robe est faite d'un poil serré et mi-long sur le corps, plus court sur la face, plus long sur la queue, au niveau de la culotte et de la gorge. Le pelage va du rouge au fauve pâle, est gris-noir ou bien encore noir avec des marques plus claires (bas des membres, culotte, queue).

TAILLE : **mâle** de 52 à 60 cm, **femelle** de 48 à 56 cm ;
POIDS : **mâle** de 23 à 32 kg, **femelle** de 18 à 26 kg
(standard F.C.I.)

HOKKAÏDO

Hokkaïdo

Autres noms : Hokkaïdo-Ken, Aïnou.

Origine et comportement

Excellent chien de garde et chien de grande vénerie, le Hokkaïdo est un des chiens les plus appréciés au Japon. Il est utilisé depuis l'Antiquité par les Aïnous de l'île d'Hokkaïdo. Chasseur de gros gibier, il a un sens aigu de l'orientation. Courageux, fidèle et obéissant, le Hokkaïdo est un chien bien musclé qui apprécie la vie de famille.

Aspect physique

Fortement charpenté, il a une tête au front large, au nez droit, aux oreilles dressées, aux yeux vifs, foncés et triangulaires, des membres antérieurs secs, des membres postérieurs puissants, une queue portée en faucille ou enroulée. La robe, au poil dur et droit, au sous-poil souple, est poivre et sel, brun, rouge, noire ou blanche.

TAILLE : **mâle** de 48,5 à 52 cm, **femelle** de 45,5 à 48,5 *(standard F.C.I.)* ;
POIDS : environ 25 kg

Hokkaïdo
Chien de chasse au gros gibier, il peut aussi être un bon compagnon de la famille.

KAÏ

Kaï

Origine et comportement

Courageux et extrêmement vigilant, le Kaï est originaire des régions montagneuses du Japon. Ce chien aux sens très aiguisés est perpétuellement en alerte. Il est très agile.

Aspect physique

De taille moyenne, il a le museau pointu, les lèvres serrées et des dents en ciseaux. Ses yeux en ovale, plutôt petits, sont brun foncé. Il a de jolies oreilles en triangle, assez grandes, dressées et s'inclinant un peu vers l'avant. C'est un chien musclé aux membres solides. La queue est enroulée ou recourbée. Les poils sont courts, rudes et droits, le sous-poil moelleux et serré. La robe est fauve, bringée de noir ou de rouge, avec un peu de blanc sur le poitrail et le ventre.

TAILLE : **mâle** de 50 à 56 cm, **femelle** de 45 à 51 cm *(standard F.C.I.)*;
POIDS : environ 25 kg

KISHU

Kishu

Origine et comportement

Ce joli chien de taille moyenne, élégant, se déplace d'une démarche légère et élastique. Son air digne, son intelligence, sa docilité et sa loyauté l'ont rendu très populaire au Japon. Très alerte, c'est un sportif qui a besoin de se dépenser. Chasseur à l'origine, il fait partie de la famille des Spitz.

Aspect physique

Le Kishu est solidement bâti et musclé. Le museau en coin va en s'effilant. Les petites oreilles en triangle s'inclinent vers l'avant. Ses petits yeux obliques sont brun foncé. Sa grosse queue est attachée haut et enroulée sur le rein. Le poil est rude et droit, le sous-poil serré. La robe est blanche, fauve ou fauve bringé.

TAILLE : **mâle** de 48 à 55 cm, **femelle** de 42 à 49 cm *(standard F.C.I.)*;
POIDS : de 20 à 25 kg

KOREA JINDO DOG

Chien Jindo coréen

Origine et comportement

Les origines du Chien Jindo coréen sont inconnues, mais sa conformation permet de penser qu'il descend des Spitz nordiques. Isolé sur l'île de Jindo, au sud-ouest de la Corée, depuis des siècles, il a sans doute gardé son apparence d'origine. Il était utilisé par les habitants de l'île pour la chasse. En meute, il traque et attaque le grand gibier, mais rapide et agile, il peut aussi chasser le petit gibier. Il est également utilisé comme chien de garde. En 1938, le gouvernement coréen l'a intégré au patrimoine national. Il est très protecteur avec ses maîtres, réservé avec les étrangers et a gardé un très fort instinct de prédateur.

TAILLE: **mâle et femelle** de 41 à 58 cm;
POIDS: de 16 à 18 kg

NIHON SUPITTSU

Spitz japonais

Origine et comportement

Descendant des chiens nordiques, ce Spitz d'agrément est répandu depuis longtemps au Japon, où il connaît de nos jours une très grande popularité. Joyeux et espiègle, audacieux, très rusé, intelligent, c'est un chien de compagnie extrêmement sympathique, affectueux avec ses maîtres. D'une grande méfiance à l'égard des étrangers, il sait se montrer, à l'occasion, un bon chien de garde.

Aspect physique

Robuste, souple, bien proportionné et de belle allure, ce chien a un museau pointu, comme tous les Spitz. Les oreilles sont bien dressées et pointues. Les yeux, assez grands et sombres, sont un peu en oblique. Le Spitz japonais a une riche fourrure blanc pur, au poil droit et dressé, doublé d'un sous-poil court, souple et bien fourni. La queue, moyennement longue, attachée haut et enroulée sur le rein, porte de longs poils.

Spitz japonais
Très bon gardien, il a parfois tendance à aboyer un peu trop. C'est un excellent chien de compagnie.

TAILLE: **mâle** de 30 à 38 cm, **femelle** plus petite *(standard F.C.I.)*;
POIDS: environ 10 kg

NORBOTTENSPETS

Spitz de Norbotten

Origine et comportement

On pense que cette race suédoise très ancienne descendrait assez directement du chien des tourbières. Ce Spitz très actif et endurant est utilisé pour tirer des traîneaux légers et pour la garde des maisons. Gai, plein d'entrain, élégant, il est très apprécié comme chien de compagnie. Affectueux, fidèle, il s'entend bien avec les enfants.

Aspect physique

Le Spitz de Norbotten est un chien musclé dont le corps s'inscrit dans un carré. Il a une belle tête au museau pointu. L'expression de ses yeux sombres indique que l'animal est toujours en alerte et ses sens constamment en éveil. Les oreilles droites sont mobiles. La queue est portée sur le rein avec élégance. Le poil de longueur moyenne est rude au toucher et épais, le sous-poil doux. Chez le Spitz de Norbotten, toutes les couleurs de robe sont admises, le blanc à taches fauve orangé étant la plus fréquente.

TAILLE : **mâle** environ 45 cm, **femelle** environ 42 cm *(standard F.C.I.)* ;
POIDS : environ 10 kg

Spitz de Norbotten
Chien de ferme et de chasse, il a frôlé l'extinction au début du XXe siècle.

Shiba
Il aboie très rarement, préférant s'exprimer au moyen de cris caractéristiques.

SHIBA

Shiba

Autre nom : Shiba-Inu.

Origine et comportement

On pense que ce chien très ancien, arrivé au Japon il y a quelque 2000 ans descendrait des chiens sauvages du sud de la Chine. Il s'est développé dans l'île de Honshu et a failli disparaître pendant la Seconde Guerre mondiale. Les cynophiles ont réussi à reconstituer la race à partir des chiens survivants les plus conformes aux standards. Autrefois chasseur de petits animaux, le Shiba est aujourd'hui l'un des chiens de compagnie les plus populaires au Japon. C'est un chien facile à dresser, obéissant, discret et d'une grande propreté. Il s'est parfaitement adapté à la vie en ville. Vif et éveillé, le Shiba est un excellent gardien, vigilant et sûr. Courageux, il n'hésite pas à s'attaquer à beaucoup plus fort que lui. Réservé et calme, il est cependant très attaché à son maître. Il s'entend bien avec les enfants. Intuitif, curieux, farceur, le Shiba, qui « boude » ou « rit » selon les circonstances, est un compagnon distrayant.

Aspect physique

Sa tête est large, le museau pointu, plat sur le dessus et orné d'une large truffe sombre. Les oreilles triangulaires sont portées bien droites. Ses petits yeux sombres ont une expression à la fois très douce et intelligente. Le Shiba, plutôt petit, a une silhouette bien campée, un corps robuste sur des membres solides. Sa queue est fournie et bien enroulée sur la croupe. Son poil est relativement court, dur et épais. Il est doublé d'un sous-poil fin. La robe peut être sable à fauve roux, charbonné ou non, noire ou blanche.

TAILLE : **mâle** de 38 à 41 cm, **femelle** de 35 à 38 cm *(standard F.C.I.)*;
POIDS : de 6 à 10 kg

SHIKOKU

Shikoku

Origine et comportement

Chasseur plein d'enthousiasme, ce chien japonais aux sens très aiguisés est fort apprécié dans son pays. Énergique, robuste et endurant, c'est un compagnon sans problème qui obéit volontiers. Musclé et bien proportionné, le Shikoku se déplace d'une démarche élastique et élégante.

Aspect physique

De taille moyenne, il porte sa belle queue enroulée en forme de faucille. Son front est large avec un museau plutôt long, en coin et des lèvres serrées. Ses petits yeux sont bien foncés. Les poils du Shikoku sont plutôt rudes et droits, le sous-poil est moelleux et serré. La robe est fauve rouge bringé et blanc.

TAILLE : **mâle** de 49 à 55 cm, **femelle** de 43 à 49 cm *(standard F.C.I.)*;
POIDS : de 15 à 20 kg

SPITZ (GROSSSPITZ, MITTELSPITZ, KLEINSPITZ, ZWERGSPITZ)

Spitz (grand, moyen, petit, nain)

Origine

Descendant du Chien des tourbières (*Canis familiaris palustris*), qui vivait il y a quelque 6000 ans et dont on a retrouvé des restes fossilisés, le Spitz était déjà connu en Allemagne vers 1700. Constamment et méthodiquement amélioré par des générations d'éleveurs avertis, le type a conservé toute sa beauté originelle.

Si l'Allemagne a été reconnue par la F.C.I. comme pays d'origine des différentes races de Spitz, les Pays-Bas et la Grande-Bretagne ont beaucoup œuvré pour leur amélioration et disposent de nos jours d'un élevage extrêmement actif. Ce sont d'ailleurs les Anglais qui, au début du XIXe siècle, présentèrent les premiers chiens de petite taille. Ceux-ci ont été appelés Loulous de Poméranie, et le sont encore souvent aujourd'hui. Bien que les races soient distinguées par leur format, sans équivoque, des accouplements sont pratiqués encore, à l'occasion, entre sujets de tailles voisines mais de races différentes, la morphologie étant tout à fait identique. Spitz nains et petits Spitz sont, aujourd'hui, les Spitz les plus répandus.

Comportement

Vif et intelligent, le Spitz, à la fourrure abondante et aérée, est très recherché par les amateurs de chiens somptueux. Chien de luxe dans le passé, il est devenu toutefois beaucoup plus populaire. C'est un gardien efficace, hardi et qui peut se montrer parfois téméraire.

On le dit volontiers aboyeur, mais il s'agit surtout d'un chien toujours en éveil, qui a besoin de s'exprimer. Il se méfie des inconnus et serait plutôt batailleur avec les autres chiens. Mais, éduqué avec fermeté et patience pour qu'il reconnaisse son maître, c'est un compagnon attachant, gai et rusé, facile à vivre et très affectueux.

Aspect physique

Le Spitz a une tête de renard, large à l'arrière et qui s'amincit jusqu'au bout du nez, une truffe petite et ronde, des yeux sombres, des oreilles petites, triangulaires, attachées haut et portées toujours dressées, une poitrine profonde, un dos court, un ventre un peu relevé et une queue attachée haut, touffue, dressée dès la base et enroulée sur le rein.

Cette morphologie, caractéristique des Spitz, évolue sensiblement avec le format. Ainsi, au fur et à mesure que la taille diminue, on remarque que la compacité corporelle augmente, que la tête devient relativement plus grosse et le crâne plus bombé, et que l'ossature se fait plus légère. On retrouve tous ces traits particulièrement affirmés chez le Spitz nain. La belle fourrure, aérée, est courte sur la

Spitz moyen

Sa fourrure exige un brossage quotidien afin d'éviter la formation de nœuds.

face, les oreilles, les membres et les pieds, longue partout ailleurs et abondante sur la partie inférieure des membres. Elle forme au niveau du cou une collerette ressemblant à une crinière. Le sous-poil est épais et laineux. La robe est d'une teinte franche, blanche, noire, marron, fauve orangé ou gris charbonné. Truffe, lèvres et paupières doivent être bien noires, sauf chez les marron où elles sont brun foncé.
Une construction légère, des défauts d'aplomb, un mauvais port d'oreille ou de queue, des yeux clairs, une fontanelle non fermée chez les sujets de plus de 25 cm, trop d'agressivité ou de crainte sont des défauts.

TAILLE : **mâle et femelle**, grand de 40 à 50 cm, moyen de 30 à 39 cm, petit de 23 à 29 cm, nain de 18 à 22 cm *(standard F.C.I.)*;
POIDS : grand environ 20 kg, nain moins de 3,5 kg

Spitz moyen
Moins répandu que son cousin nain, il gagne à être connu pour son caractère vif et intelligent.

Spitz nain
Autrefois appelé Loulou de Poméranie, c'est un compagnon loyal et affectueux.

SUOMENPYSTIKORVA

Spitz finlandais

Autres noms : Finnish Spitz, Finsk Spets.

Origine et comportement

Avec son museau pointu, ses oreilles droites et sa robe rousse, le Spitz finlandais ressemble à la fois au renard et au Chow-Chow. Née il y a plusieurs siècles en Finlande, la race a été fixée au début du XIXe siècle. Utilisé autrefois pour chasser l'ours polaire et l'élan, ce chien est, aujourd'hui, très apprécié comme chasseur de gibier à plumes, notamment de coqs de bruyère.
Loyal, courageux et fidèle, il est également un gardien très vigilant, qui prévient son maître au moindre bruit.
Hors de son pays d'origine, ce ravissant petit chien tout doré est un compagnon charmant. Très amical dans le cadre de la famille, il se montre en revanche particulièrement méfiant à l'égard des étrangers, qu'il surveille de près.
Très propre, le Spitz finlandais déteste être souillé et procède à une toilette méticuleuse.

Spitz finlandais
Indépendant et très volontaire, il a besoin de beaucoup d'exercice physique.

Aspect physique

La tête, moyenne et sèche, au museau étroit, s'amincit régulièrement. Les oreilles, pointues et dressées, sont très mobiles. Les yeux, de taille moyenne, de préférence foncés, ont une expression très vive.
Le corps est presque carré, le dos droit et fort, la poitrine profonde et le ventre un peu relevé ; les membres sont également forts, et les pieds ronds. La queue s'incurve en un arc sur le rein et contre la cuisse. La robe est courte sur la tête et la partie antérieure des membres, plus longue sur le reste du corps.
Le poil est très rigide sur le cou et le dos, plus long et plus rude sur les épaules, dressé et long sur la queue et à l'arrière des cuisses. Il recouvre un sous-poil court, doux et serré, de couleur claire. La robe est fauve roux, de préférence brillante sur le dos. Des petites taches blanches sont permises, aux doigts et au poitrail. Une tête charnue, un museau fort, des oreilles pointant vers l'avant, des yeux clairs ou vairons, une fourrure trop courte ou trop longue et des ergots sont considérés comme des défauts.

TAILLE : **mâle** de 44 à 50 cm, **femelle** de 39 à 45 cm *(standard F.C.I.)* ;
POIDS : de 23 à 27 kg

VOLPINO ITALIANO

Spitz italien

Autre nom : Volpino.

Origine et comportement

Cette variété de petit Spitz est implantée depuis des siècles en Italie. Joyeux, vif et gentil, le Spitz italien est un compagnon fort agréable. Il est intelligent et obéis-

Spitz-loup
L'éducation de ce chien orgueilleux n'est pas toujours facile : il a besoin d'un maître ferme qui sache se faire obéir.

sant. D'une grande vigilance, il avertit à la moindre alerte. Seul inconvénient : il est un peu bruyant. Le Spitz italien a collectionné les maîtres célèbres. Il fut le compagnon de Michel-Ange et des sujets blancs furent offerts à la reine Victoria lors d'un voyage qu'elle fit à Florence. Passionnément attaché à ses maîtres et à sa maison, ce chien très sensible supporte mal les perturbations dans son existence et risque alors de devenir excessivement nerveux. C'est un chien résistant bien aux intempéries et solide. Ses yeux, un peu fragiles, ont tendance à couler. Sa belle fourrure ne doit pas être baignée trop souvent.

Aspect physique
Très proche des autres petits Spitz, le Spitz italien a le crâne un peu plus volumineux, les oreilles légèrement plus longues, l'œil un peu plus grand. La robe du Spitz italien est blanche ou fauve roux.

TAILLE : **mâle** de 27 à 30 cm, **femelle** de 25 à 28 cm *(standard F.C.I.)* ;
POIDS : environ 5 kg

WOLFSPITZ

Spitz-Loup

Autre nom : Keeshond.

Origine
Ce chien appartient à l'une des races les plus anciennes puisqu'il descend du Chien des tourbières du nord de l'Europe. D'abord répandu aux Pays-Bas et dénommé Keeshond, le Spitz-Loup s'est surtout développé en Allemagne septentrionale, sur les bords de la Baltique.

Comportement
Ce chien a toujours vécu aux côtés de l'homme, qui l'a utilisé pour la chasse ou la garde et qui, en période de disette, n'hésitait pas à le manger. Aujourd'hui, le Spitz-Loup est surtout un animal de compagnie recherché pour sa beauté et pour ses qualités : il est très attaché à son maître, ce qui le rend souvent jaloux. D'une vive intelligence, c'est un chien incorruptible, orgueilleux, un peu têtu, qui a besoin de beaucoup remuer. Il est obéissant – à condition d'avoir un maître capable de lui imposer sa volonté – et fidèle. Excellent gardien à la voix forte, le Spitz-Loup avertit à la moindre alerte. Il ne laisse pas approcher les étrangers, qui lui inspirent une méfiance instinctive.

Aspect physique
Le Spitz-Loup a une jolie silhouette, le dos droit et court, la poitrine large et profonde, les membres droits et robustes, frangés à l'arrière. Sa queue, en forme de panache, est recourbée sur la croupe. Le museau est assez pointu, les yeux sombres sont placés en oblique, les oreilles triangulaires sont bien droites. Le poil est très épais, droit, long, ni frisé, ni ondulé. Le sous-poil est laineux et fourni. La robe forme une importante collerette autour du cou et un jabot. Elle est sable blanc avec la pointe des poils charbonnée, ce qui donne une couleur gris dégradé, argenté.

TAILLE : **mâle et femelle** de 43 à 55 cm *(standard F.C.I.)* ;
POIDS : environ 20 kg

CHIENS DE CHASSE

Les chiens de chasse ont longtemps été les auxiliaires précieux de l'homme, l'aidant dans sa recherche de nourriture. Aujourd'hui, plus souvent au salon que dans les bois, il se sont acclimatés avec bonheur à leur nouvelle fonction de chiens de compagnie. De caractère généralement affable, ils comptent dans leurs rangs quelques-uns des chiens préférés des Français : Labrador Retriever, West Highland White Terrier, Yorkshire Terrier, Teckel, Fox Terrier... Si certains d'entre eux ont gardé le goût de la nature et des grandes promenades, d'autres sont devenus des compagnons tout à fait adaptés à la vie en ville. Du rustique Braque allemand au sophistiqué Yorkshire, sportif amoureux de la nature ou citadin raffiné, chacun trouvera sans aucun doute parmi ces races celle qui lui convient.

Chiens d'arrêt

L'arrêt est une pause étonnante marquée par les chiens quand le gibier est à proximité. Les chiens d'arrêt résultent d'une sélection des chiens présentant cette aptitude naturelle à s'immobiliser lors de l'approche. Les chiens courants constituent sans doute l'origine commune à toutes ces races, qui manifestent encore aujourd'hui une certaine similitude morphologique. Néanmoins, chacune se singularise par la taille, la robe, le caractère comme par le gibier préféré ou le terrain de prédilection, et tout chasseur peut y trouver son bonheur.

Braques, Griffons et Pointers

BRACCO ITALIANO

Braque italien

Origine et comportement

Tenu par certains pour le plus ancien des Braques européens, ce chien, qui, au XIXe siècle, était plutôt massif, a été amélioré par du sang de Pointer et est devenu plus léger et plus rapide. Vigoureux, intelligent et docile, il est résistant et apte à tous les genres de chasse. Il recherche le gibier activement, la tête haute, d'un trot allongé et d'une manière dégagée, et rapporte bien. Il s'adapte facilement à une vie plutôt sédentaire.

Aspect physique

Le Braque italien a une tête anguleuse, au stop peu accusé, aux mâchoires solides, terminée par un museau plutôt carré, à la truffe large. Les oreilles sont bien développées, souples et enroulées en avant. Les yeux, jaunes ou bruns, sont ovales et bien ouverts. Le cou court et puissant, la croupe musclée, l'épaule oblique et vigoureuse, les membres secs aux muscles saillants donnent à ce chien une conformation harmonieuse mais assez massive. Les cuisses sont longues, les jarrets larges et les pieds robustes. La queue, écourtée à 15-25 cm, forte à la base, est généralement portée à l'horizontale. La robe, au poil court, épais et luisant, peut être soit blanche, soit blanche avec des taches plus ou moins grandes, marron ou fauve orangé ou ambré plus ou moins foncé, soit blanche moucheté d'orange pâle ou de marron. La couleur de la truffe s'accorde avec celle du pelage.

TAILLE : **mâle** de 58 à 67 cm ; **femelle** de 55 à 62 cm ; POIDS : de 25 à 40 kg *(standard F.C.I.)*

Braques italiens
Sous son air austère, le Braque italien cache une grande gentillesse.

BRAQUE D'AUVERGNE

Braque d'Auvergne

Autre nom : Bleu d'Auvergne.

Origine et comportement

Les hypothèses ne manquent pas sur l'origine de ce chien d'arrêt : introduit en France au Moyen Âge par les Templiers selon les uns, ramené en 1798 par les chevaliers de l'ordre de Malte selon les autres, le Braque d'Auvergne pourrait également descendre d'un vieux Braque français, croisé au cours des siècles avec différents chiens. Mais, en définitive, s'il a bien été baptisé d'Auvergne, cela tient à ce que les premiers grands sélectionneurs étaient, au XIXe siècle, principalement des Auvergnats.
Très bon chien de chasse, bécassier réputé, calme et méthodique, aussi bon en plaine qu'en sous-bois, il se révèle aussi un compagnon doux, fidèle et très affectueux.

Aspect physique

Puissant, fortement charpenté, mais élégant et sans lourdeur, le Braque d'Auvergne possède une tête longue, comme

Braque d'Auvergne
Très bon chien de chasse, il se révèle aussi un compagnon doux, fidèle et affectueux.

sculptée par l'avancée de l'arcade sourcilière, un nez toujours noir, des yeux ovales de couleur noisette foncé. Les oreilles, attachées bas, à la peau souple et brillante, sont assez longues et un peu papillotées. Le dos est droit, le rein large et la poitrine profonde et bien descendue. Les antérieurs sont droits et musclés; les postérieurs, moyennement coudés, ont des cuisses bien gigotées et des jarrets accusés. La robe, formée d'un poil court et brillant, est soit blanche avec des plaques noires et des mouchetures plus ou moins nombreuses, soit foncée, présentant du poil blanc et du noir en mélange. La robe à fond blanc avec des taches noir-bleu est la plus appréciée. Les taches, comme les mouchetures, ont sur leur pourtour une lisière qui donne un reflet bleu caractéristique. La tête doit porter deux grandes taches symétriques englobant les yeux.

TAILLE: **mâle** de 57 à 63 cm, **femelle** de 55 à 60 cm *(standard F.C.I.)*;
POIDS: de 22 à 25 kg

BRAQUE DE L'ARIÈGE

Braque de l'Ariège

Autres noms: Braque de Toulouse, Braque du Midi.

Origine et comportement

Sans doute issu du vieux Braque français et croisé avec le Braque Saint-Germain, ce Braque, spécifique du sud-ouest de la France, a une conformation solide. Il a une réputation de sagesse, de grande endurance et un flair excellent.

Aspect physique

La tête, allongée, se termine par un nez rose ou marron très clair. Le crâne, assez large et bombé, est relié au chanfrein par un stop légèrement incliné. Les oreilles, très fines, longues et papillotées, se détachent de la tête. Les yeux sont bien ouverts, francs et intelligents.
Le cou est assez fort, long et élégant, la poitrine large et profonde, le dos légèrement convexe et bien arqué, la croupe un peu avalée. Les membres, à l'ossature forte, sont bien musclés, les jarrets nerveux. Le fouet, long, attaché un peu bas, est souvent coupé. La robe, au poil fin et serré, d'un blanc mat est tachée et légèrement mouchetée d'orange ou de marron. Des taches trop nombreuses sont considérées comme un défaut.

TAILLE: **mâle** de 60 à 67 cm, **femelle** de 56 à 65 cm *(standard F.C.I.)*;
POIDS: de 25 à 30 kg

BRAQUE DU BOURBONNAIS

Braque du Bourbonnais

Origine et comportement

De plus petite taille et plus ramassé que les autres Braques, le Braque du Bourbonnais a l'apparence d'un cob. Proche du Braque français, il a failli disparaître et, relancé, est encore peu répandu.
On lui reproche d'avoir une quête trop peu active, mais son dressage est facile et c'est un excellent compagnon.

Aspect physique

Ce chien a une tête solide, qui se termine par un museau large, à la truffe brune. Les yeux, de couleur ambre foncé, ont un regard franc. Assez fines et légèrement papillotées, les oreilles descendent un peu au-dessous de la gorge. Ce chien a un cou musclé, des

Braque du Bourbonnais
La Première Guerre mondiale a failli causer sa perte ; la relance de cette race est récente.

épaules longues, une poitrine profonde et large, un rein arqué et une croupe ronde. La queue, très rudimentaire, fait 5 cm de long. La peau, assez fine, est couverte d'un poil dense et court. La robe, de fond blanc, présente de nombreuses mouchetures marron clair, réparties uniformément et qui donnent au chien une teinte générale lie-de-vin.

TAILLE : **mâle** de 51 à 57 cm, **femelle** de 48 à 55 cm ; POIDS : **mâle** de 18 à 25 kg, **femelle** de 16 à 22 kg *(standard F.C.I.)*

BRAQUE DUPUY

Braque Dupuy

Origine et comportement

Probablement né du croisement entre le vieux Braque français et le Lévrier Greyhound, la race est connue depuis le XVIIIe siècle. Très répandu dans les

années 1900 dans le Poitou, berceau de la race, et dans l'ouest de la France, ce Braque français, cité pour mémoire, a aujourd'hui pratiquement disparu.
Il ne manquait pourtant pas de qualités. Rapide et souple, doté d'un odorat très fin, c'était un chien apprécié pour la chasse en plaine.

Aspect physique
Le Braque Dupuy est fin et léger, noble d'allure et de forme. La tête est longue et étroite, le museau légèrement busqué, le nez noir et épais. Les lèvres sont fines, les dents solides ; les yeux, marron ou jaunes, ont une expression douce. Les oreilles sont longues et papillotées. La queue, moyennement longue, est portée basse ; elle ne doit pas dépasser les jarrets.
Le poil est court et lustré. La robe blanche porte des taches marron foncé pouvant parfois former manteau.

TAILLE : **mâle** maximum 68 cm, **femelle** maximum 66 cm *(standard F.C.I.)* ;
POIDS : environ 30 kg

BRAQUE FRANÇAIS (TYPE GASCOGNE, TYPE PYRÉNÉES)

Braque français

Origine et comportement
Issu du « Cane da Rete » italien, ce chien était déjà connu au XVIIe siècle et au XVIIIe siècle en France, surtout sous le nom de « Braque Charles X ». Il était alors assez lourd et relativement lent, mais pourvu de qualités de chasseur tout à fait remarquables. Aujourd'hui, la race s'est scindée en deux, et l'on distingue le type Gascogne, de solide constitution, travailleur de fond et de tempérament calme, et le type Pyrénées, plus léger, plus véloce, mais très musclé.
Doté d'un excellent flair, le Braque français, de type Gascogne comme de type Pyrénées, est si instinctivement doué pour la chasse qu'il n'a pratiquement pas besoin d'être dressé. Débonnaire et sensible, c'est un chien de compagnie très agréable.

Aspect physique
Noble et puissant, le Braque français de type Gascogne a une tête assez importante, terminée par un museau large et rectangulaire, à la truffe marron. Les yeux, jaune foncé ou marron, ont un regard confiant et réfléchi. Les oreilles, arrondies, sont plantées à hauteur des yeux et encadrent bien la tête. Le cou, modérément arqué à sa partie supérieure, porte un léger fanon. La poitrine est large, le dos droit, le rein court et la croupe un peu oblique. Les membres antérieurs sont droits, larges et musclés ; les jarrets apparaissent moyennement coudés. La robe, au poil assez gros et bien fourni, est blanche avec des taches marron, mouchetée ou non. Elle est parfois entièrement marron, marquée de fauve ou non.
Le Braque français de type Pyrénées présente les mêmes caractères généraux que le type Gascogne, mais ses dimensions sont plus réduites et ses formes plus légères.

TAILLE : type Gascogne : **mâle** de 58 à 69 cm, **femelle** de 56 à 68 cm ; type Pyrénées : **mâle** de 47 à 58 cm, **femelle** de 47 à 56 cm *(standard F.C.I.)* ;
POIDS : type Gascogne : de 25 à 32 kg, type Pyrénées : de 17 à 25 kg

BRAQUE SAINT-GERMAIN

Braque Saint-Germain

Origine et comportement
Constituée au cours du XIXe siècle à partir de Braque français et de Pointer, la race fut particulièrement élevée dans la région de Saint-Germain-en-Laye, d'où son nom. Séduisant, extrêmement racé, le Braque Saint-Germain a profité des qualités de ses deux ancêtres. Ardent et excellent chasseur tant en plaine qu'en sous-bois, il est facile à dresser, même au rapport du gibier.
Il recherche ses proies le nez haut, d'une manière moins impétueuse que le Pointer, mais plus rapide que le Braque français.

Aspect physique
Bien proportionné, il porte élégamment une tête à la truffe large et rose foncé. Les yeux jaune d'or ont un regard doux et franc. Les oreilles, à la peau mince et souple, sont attachées au niveau de la

Braque français
Excellent pisteur, il peut suivre des traces au sol ou au vent. C'est aussi un très bon compagnon.

ligne des yeux. Le cou est musclé et un peu arqué, le dos court et droit, le rein fort, la poitrine profonde. Les épaules sont longues, les pattes avant bien droites, les cuisses descendues, et les jarrets larges. La robe, au poil court, est d'un blanc mat avec des taches orange vif.

TAILLE : **mâle** de 56 à 62 cm, **femelle** de 54 à 59 cm *(standard F.C.I.)*;
POIDS : de 20 à 25 kg

CESKY FOUSEK

Griffon d'arrêt tchèque

Autre nom : Barbu tchèque

Origine et comportement

Né en Bohême, cet excellent chien d'arrêt tchèque a failli disparaître. Il a cependant été régénéré par l'apport de sang de Stichelhaar. Robuste, ce chien d'arrêt a d'excellentes qualités pour la chasse dans les bois et dans les marais.

Aspect physique

De grandeur moyenne, il a un aspect aristocratique et harmonieux. La tête, sèche et longue, porte une truffe large et brun foncé. Les yeux, en amande, bruns, témoignent d'un tempérament doux et tranquille. Les oreilles, attachées très haut, sont bien appliquées contre la tête. Le fouet, assez fort, écourté des trois cinquièmes de sa longueur, est attaché dans la ligne du dos. Le poil, long de 3 à 4 cm, dur, dru et bien collé au corps, est doublé d'un sous-poil doux et dense mais aussi de longs poils de 6 cm émergeant du pelage. La robe est marron, blanche avec des taches et/ou des mouchetures ou rouan.

TAILLE : **mâle** de 60 à 66 cm, **femelle** de 58 à 62 cm;
POIDS : **mâle** de 28 à 34 kg, **femelle** de 22 à 28 kg *(standard F.C.I.)*

DEUTSCHER DRAHTHAARIGER VORSTEHHUND

Drahthaar

Autre nom : Braque allemand à poil rêche.

Origine et comportement

Soucieux d'apporter une réponse à l'hégémonie des chiens d'arrêt britanniques, les éleveurs allemands voulurent, au XIXe siècle, créer un chien dont la ligne serait typiquement germanique.
Résultat d'un cocktail judicieux de races (Braque allemand, Caniche, Pointer, Griffon d'arrêt, Airedale), le Drahthaar a hérité de ses différents géniteurs des possibilités étonnantes. Il est en effet à la fois chien d'arrêt, rapporteur, pisteur et hurleur. Il tient son nom de son pelage dur et hérissé (en allemand, *Draht* signifie « fil de fer », et *Haar*, « poil »). Doté d'un nez

Braque Saint-Germain
Décimé pendant la Révolution, il fut reconstitué au xixe siècle à partir de Braques français et de Pointers.

Drahthaar
Très polyvalent, il est capable de travailler dans des milieux divers et de toutes les façons.

très sûr et d'un arrêt ferme, il chasse sur tous les terrains, mais se révèle particulièrement doué dans les bois et les marais. Intelligent et obéissant, c'est un compagnon agréable et fidèle.

Aspect physique

Rapide et endurant, le Drahthaar a des lignes très harmonieuses. La tête, de longueur moyenne, présente un museau large et long, des yeux foncés au regard vif et des oreilles en triangle, de longueur moyenne, un peu arrondies au bout, attachées haut et portées pendantes. Le cou, moyennement long, est puissant, la poitrine assez large et profonde, le dos court et droit et le rein bien musclé. La croupe, longue, s'incline légèrement. Le ventre est relevé. La queue, écourtée, est portée à peu près dans la ligne du dos. Le poil, très dur, mi-long et bien fourni, assure une bonne protection. Plus court sur les parties inférieures des membres, il est dense sur les oreilles, broussailleux au niveau des sourcils et sur le museau, où il forme moustaches et barbe. Toutes les nuances de robe allant du marron foncé au marron clair sont admises, et la robe du Drahthaar peut être unie ou adopter différentes combinaisons de taches, de mouchetures et de rouannures (mélange composé de poils colorés et de poils blancs).

TAILLE : **mâle** de 61 à 68 cm, **femelle** de 57 à 64 cm *(standard F.C.I.)*;
POIDS : de 27 à 32 kg

DEUTSCHER KURZHAARIGER VORSTEHHUND

Braque allemand à poil court

Autre nom : Kurzhaar.

Origine et comportement

Le Braque allemand à poil court est le plus connu des Braques d'outre-Rhin, et tout le monde se contente de le dénommer, sans qu'il y ait ambiguïté : Braque allemand.
Curieusement, au XVe siècle, en Allemagne, étaient appelés « Brackes » des chiens courants n'ayant aucun point commun avec les Braques actuels.
Si l'origine du Braque allemand, appelé aussi Kurzhaar, est assez controversée, il est raisonnable de penser que ce chien serait issu de la souche commune de tous les chiens d'arrêt : le chien d'Oysel, appelé par la suite « chien de rêts ». La race aurait reçu ultérieurement des apports de sang étranger (croisements avec des Braques espagnols, des Pointers, des Braques italiens, etc.).
D'apparence harmonieuse, fort, rapide et endurant, le Kurzhaar – mot allemand signifiant « poil ras » – est réputé pour toutes ses qualités instinctives de chasseur : esprit d'initiative, arrêt ferme sur tous les gibiers, quête sur tous les terrains, joie au travail, etc. Les inconditionnels disent qu'il sait tout faire et vraiment très bien. On connaît moins ses qualités de chien de garde, qui sont pourtant indiscutables.
Mais, quelle que soit son utilisation ultérieure, ce chien doit recevoir une éducation et un dressage rigoureux, car il a la réputation d'être parfois un peu cabochard.

Aspect physique

Ce grand chien a une silhouette noble, racée, une tête sèche et ciselée. Le nez est brun et proéminent. Les yeux, de grandeur moyenne, doux et bienveillants, sont d'un beau brun soutenu et ont une expression décidée. Les dents sont fortes et saines. Les oreilles, de longueur moyenne, sont larges avec l'extrémité arrondie ; attachées haut, elles retombent bien à plat contre la joue.

L'encolure est musclée, la poitrine plus profonde que large, le dos vigoureux, les épaules sont robustes, et le pied est ferme et rond. La queue, écourtée de moitié pour les besoins de la chasse, est portée bas quand le chien est au repos et relevée quand il est en action. La robe, au poil court, serré et rude, peut être de couleur brun uni, brune avec un peu de blanc ou des mouchetures sur la poitrine et sur les membres ou rouan sombre avec des plaques ou des mouchetures brunes – la tête étant également brune. Le noir, le fauve, dans les mêmes combinaisons que le brun, ou enfin le blanc avec un masque brun et des plaques ou des mouchetures brunes sont admis.
Un aspect lourdaud ou une construction trop légère, des yeux ou une truffe clairs, des aplombs défectueux, des ergots aux membres postérieurs et un caractère craintif constituent des défauts.

TAILLE : **mâle** de 62 à 66 cm, **femelle** de 58 à 63 cm *(standard F.C.I.)*;
POIDS : de 25 à 32 kg

DEUTSCHER STICHEL
HAARIGER VORSTEHHUND

Stichelhaar

Autre nom : Braque allemand à poil dur.

Origine et comportement

Né à Francfort-sur-le-Main au début du XXe siècle, ce Griffon allemand, devenu aujourd'hui assez rare, a été obtenu par le croisement de Griffons et de Braques. Proche parent du Drahthaar, tenace, n'acceptant qu'un seul maître, il est bon sur tous les terrains et pour tous les gibiers.

Aspect physique

La tête, au chanfrein long et large, n'est pas trop lourde. Les yeux, ovales, clairs ou bruns, protégés par des sourcils broussailleux, lancent des regards qui semblent menaçants. La truffe est large et bien ouverte. Les oreilles, de taille moyenne, attachées haut, sont portées tombantes. Le cou est puissant, la poitrine profonde et le rein court. Les membres sont musclés. La queue, de longueur moyenne, est portée droite ou un peu courbée vers le haut. Un poil dur et raide, qui mesure environ 4 cm sur le corps et compose une moustache sur le museau, forme une robe brun et blanc, d'apparence gris-brun mélangé ou avec, éventuellement, des taches brunes assez importantes.

Braque allemand à poil court
Très rapide et endurant, il a des qualités instinctives de chasseur.

TAILLE : **mâle** de 60 à 66 cm, **femelle** un peu plus petite *(standard F.C.I.)*;
POIDS : de 25 à 30 kg

ENGLISH POINTER

Pointer

Origine

Créé par les Anglais, le Pointer serait issu de Braques espagnols importés au début du XVIIIe siècle en Grande-Bretagne, croisés avec des Braques français et italiens. Au XIXe siècle, d'autres croisements lui apportèrent du sang de Setter, de Bloodhound, de Foxhound et peut-être de Lévrier. Les résultats ne furent cependant pas très probants et l'on revint à une sélection en race pure. Très vite, son succès devint international.

Comportement

Ce chien, harmonieux, élégant, fort rapide et fougueux, est surtout fait pour la chasse en terrain découvert. C'est, en effet, dans la plaine qu'il peut exprimer toute sa classe et qu'il apparaît véritablement comme un pur-sang. Il quête au galop, le nez haut. Il a un arrêt spectaculaire et chasse le gibier à poil comme le gibier à plume. Il s'adapte cependant à tous les terrains, même au marais. Mais, mal protégé par un poil très ras, il est très sensible au froid et à l'humidité. Naturellement doué pour la chasse, il se dresse facilement. Nerveux, actif, il supporte mal la vie en appartement. Là ou dans un chenil, il est impératif de lui permettre de se dépenser régulièrement. Il pourra alors devenir un compagnon attachant et discret.

Pointer
Excellent chasseur et facile à éduquer, il ne peut vivre en ville, car il a besoin de beaucoup d'exercice.

Aspect physique

Le Pointer, harmonieux et bien construit, doit donner une impression de force, de puissance et de souplesse.
Le crâne a un occiput prononcé. Le stop est net et le chanfrein un peu concave, sa ligne descendant légèrement d'avant en arrière. La truffe, foncée (sauf chez les sujets blanc et fauve), a des narines larges et humides. Les joues sont plates et les babines bien développées. Les yeux, noisette ou bruns, ont un regard doux et brillant. Les oreilles, en triangle, attachées assez haut, se collent à la tête. Le cou, long et musclé, est un peu arqué. Le dos est assez long et le rein est fort, musclé et légèrement harpé.
Les membres antérieurs sont droits et solides. La poitrine est large ; le ventre remonte légèrement. Les cuisses sont musclées. La queue s'effile vers la pointe et est portée au niveau du dos sans courbure ; elle doit battre quand le chien est en action. La robe, au poil court, fin et luisant, est fauve pâle (citron) et blanc, fauve orangé et blanc, marron foie et blanc ou noir et blanc. Les robes unies et tricolores sont admises.
Une construction trop lourde ou trop légère détruisant l'harmonie entre force et souplesse, des allures heurtées ou des membres levés trop haut, un caractère qui ne soit pas équilibré sont considérés comme des défauts graves.

TAILLE : **mâle** de 63 à 69 cm, **femelle** de 61 à 66 cm *(standard F.C.I.)* ;
POIDS : de 20 à 30 kg

GAMMEL DANSK HONSEHUND

Gammel Dansk

Autre nom : Chien d'arrêt danois.

Origine et comportement

À partir de Braques latins importés vers le XVIIe siècle et de croisements avec plusieurs chiens de chasse danois vraisemblablement, on a obtenu ce chien solide, élégant, de forte structure, à la démarche souple et élastique. Apte à toutes les formes de chasse, sur n'importe quel terrain, même le plus accidenté, le Gammel Dansk, tenace, courageux, robuste et endurant, est particulièrement apprécié dans son pays d'origine.

Aspect physique

Vigoureux et très résistant, ce chien a une tête plutôt courte, une truffe de couleur foie et un museau large. Les babines, un peu tombantes, cachent des dents en ciseaux. Les yeux sont noisette clair ou foncé. Les longues oreilles s'arrondissent au bout. Le cou, musclé, comporte des traces de fanon. La robe, au poil dense et court, est blanche avec des taches marron plus ou moins foncé.

TAILLE : **mâle** de 52 à 58 cm, **femelle** de 48 à 54 cm ; POIDS : de 18 à 24 kg

GRIFFON À POIL LAINEUX

Griffon Boulet

Origine et comportement

Ce chien d'arrêt, proche du Barbet, a été créé par Boulet vers 1880 à partir, entre autres, du Caniche et du vieux Griffon. On utilise plus souvent le nom du créateur que le nom officiel pour désigner la race. C'est un bon chasseur, très résistant. Intelligente, obéissante et très douce, cette race disparue est en cours de reconstitution.

Aspect physique

Le Griffon Boulet présente un museau fort orné de moustaches. Les yeux sont surmontés d'épais sourcils; il a les oreilles pendantes, garnies de longs poils. Un poil lisse, ou ondulé, mais jamais frisé, compose la robe, couleur marron feuille-morte, avec ou sans taches blanches, qui ne doivent jamais dominer.

TAILLE: **mâle** de 55 à 60 cm, **femelle** de 50 à 55 cm *(standard F.C.I.)*;
POIDS: de 20 à 25 kg

GRIFFON D'ARRÊT À POIL DUR

Korthals

Origine

Remontant à la deuxième moitié du XIXe siècle, la création de ce Griffon est due au Hollandais Eduar Korthals, maître de chenil du comte Solms-Braunfeld (province allemande de Hesse), qui voulait obtenir un chien de chasse purement continental pour concurrencer les chiens britanniques. Après avoir croisé des Braques, des Barbets et des Épagneuls avec des Griffons français et germaniques, puis sévèrement sélectionné les sujets obtenus, ce cynologue éclairé put présenter pour la première fois un Korthals en 1870 et publia le standard de la race en 1886. Cette race a été reconnue comme française par la F.C.I. Toutefois, le nom du créateur est le plus souvent utilisé.

Comportement

Vigoureux, ardent et résistant, le Korthals est un excellent chasseur de tous les gibiers sur tous les terrains. Très bon dans les marais et même en eau profonde, il a un odorat très subtil. Doux, gentil, un peu remuant et entêté, c'est un chien de compagnie sympathique, très joueur avec les enfants. Très fidèle, il a une adoration pour son maître.

Aspect physique

La tête, grande et longue, possède un crâne moyennement large, un museau long et carré avec un chanfrein un peu busqué et une truffe toujours brune. Les yeux, grands, bruns ou jaunes, ont une expression vive. Les oreilles, de taille moyenne, appliquées à plat contre la tête, sont recouvertes d'un poil court, plus ou moins mêlé de poils longs. La moustache et les sourcils sont accusés. Le cou est assez long mais ne comporte pas de fanon. La poitrine, profonde, n'est pas trop large. Les antérieurs sont droits et forts; le dos est solide et le rein bien développé. Les postérieurs sont musclés. Portée horizontalement et couverte d'un poil touffu, la queue est écourtée d'un tiers ou d'un quart. La robe, au poil dur et grossier, est doublée d'un sous-poil fin et serré. Elle est de préférence marron ou gris acier avec des taches marron, mais peut être aussi rouannée. Les robes blanc et marron, blanc et orange sont cependant admises.

TAILLE: **mâle** de 55 à 60 cm, **femelle** de 50 à 55 cm *(standard F.C.I.)*;
POIDS: de 20 à 25 kg

Korthals
Capable de travailler dans tous les milieux et par tous les temps, il rapporte le gibier à plume ou à poil.

MAGYAR VIZSLA (RÖVIDSZŐRŰ, DRÓTSZŐRŰ)

Braque hongrois (à poil court, à poil dur)

Autre nom: Vizsla (à poil court, à poil dur).

Origine et comportement

Issu du croisement entre le Chien courant hongrois et le Chien de chasse jaune des Turcs, amélioré par des apports de sang de chiens de chasse étrangers, ce Braque intelligent se prête à tous les types de chasse.
La variété à poil dur, sans doute obtenue par croisement avec le Drahthaar, est plus particulièrement adaptée à la chasse au marais. Ce chien calme, mais vif en action, se dresse très bien au rapport. Compagnon agréable, il est de plus en plus apprécié par de nombreux amateurs.

Aspect physique

Chien à la musculature sèche et à l'ossature forte, le Braque hongrois a une tête noble, au crâne large et un peu bombé,

Braque hongrois à poil court
À l'origine uniquement chien d'arrêt et retriever, il est devenu un chien de compagnie.

au nez droit et à la truffe bien développée. Les narines sont bien ouvertes et la mâchoire inférieure est bien musclée. Les yeux sont toujours plus foncés que la robe. Les oreilles, en forme de V arrondi, pendent le long de la tête. Le dos est droit, court et bien musclé et la poitrine profonde et longue. Les reins sont larges, les membres longs, et le ventre est un peu relevé. La queue, coupée aux deux tiers, est portée à l'horizontale. La robe, fauve foncé uni, est formée d'un poil court, épais et serré chez la variété à poil court, mais dur, dense et plat, formant barbe et sourcils chez la variété à poil dur.
Une construction handicapant l'utilisation, un poil court trop soyeux ou un poil dur trop long, une mauvaise nuance de robe ou du blanc (hormis une petite étoile au poitrail) sont pénalisés.

TAILLE: poil court: **mâle** de 56 à 61 cm, **femelle** de 52 à 57 cm; poil dur: **mâle** de 58 à 62 cm, **femelle** de 54 à 58 cm *(standard F.C.I.)*;
POIDS: de 22 à 30 kg

PERDIGUEIRO PORTUGUÊS

Braque portugais

Origine et comportement

Peut-être venu d'Orient, connu depuis le XIVe siècle, le Braque portugais est un chercheur et un marcheur actif, constant et opiniâtre. Doté d'un flair subtil, bon rapporteur, il travaille avec entrain par tous les temps. Affectueux et très sociable, c'est un chien de compagnie agréable.

Aspect physique

À la fois solide et souple, il a un trot facile et bien cadencé. La tête, un peu grosse, mais non empâtée, porte de minces oreilles tombantes, un chanfrein allongé, une truffe noire ou marron, des yeux ovales, châtain foncé, au regard très expressif. Le cou droit, la poitrine haute et large, le dos court et rectiligne, les membres longs et musclés assurent au chien une bonne configuration et une stabilité satisfaisante. La queue, forte à la base, écourtée en général d'un tiers, tombe le long des cuisses quand l'animal est au repos et s'élève à l'horizontale ou un peu plus haut quand il est en mouvement. La robe, au poil court, fort et dense, est soit unicolore fauve ou marron, soit encore pie avec ces mêmes teintes.

TAILLE: **mâle** de 52 à 60 cm, **femelle** de 48 à 56 cm;
POIDS: de 19 à 24 kg *(standard F.C.I.)*

Braque portugais
Son tempérament heureux et ses grandes capacités de travail lui ont valu une considération méritée.

PERDIGUEIRO DE BURGOS

Braque de Burgos

Origine et comportement

Ce Braque appartient à une vieille race espagnole restée très pure. C'est un excellent chasseur au nez fin qui se dresse sans aucun problème, arrête et rapporte à la perfection sur tous terrains. Il résiste parfaitement à toutes les intempéries.

Aspect physique

Le Braque de Burgos donne une impression de force avec son poitrail large et profond. Il a de longues jambes. Sa queue, grosse à la base, effilée vers la pointe, est écourtée au tiers; il la porte haute. La robe, au poil court, est blanche avec des taches ou mouchetée de foie, ou foie plus ou moins foncé, moucheté de blanc.

TAILLE: **mâle** de 65 à 75 cm, **femelle** plus petite *(standard F.C.I.)*;
POIDS: environ 30 kg

Braque de Burgos
Doté de grandes capacités d'adaptation et gentil avec les enfants, il est facile à éduquer.

PUDELPOINTER

Pudelpointer

Origine et comportement

Le Pudelpointer est né à la fin du XIXe siècle du croisement d'un Caniche et d'un Pointer. Adapté à la chasse sur tous terrains, il a hérité du Pointer le flair subtil, la fougue et les allures vives, et du Caniche l'astuce, l'instinct de rapport et l'amour de l'eau.

Énergique et enthousiaste, c'est un excellent chien de chasse, qui, malheureusement, est peu répandu, même dans son pays d'origine, l'Allemagne.

Aspect physique

Le type idéal du Pudelpointer est celui d'un sujet construit comme un pointer lourd. La tête, de longueur moyenne, se termine par un museau long et large. Les yeux, grands et ronds, jaunes ou jaune-brun, ont une expression éveillée. Les oreilles, de grandeur moyenne, tombent à plat. Le dos est court et droit, le rein solide et le ventre relevé. Les membres sont longs et musclés. La queue, portée à l'horizontale, est écourtée. La robe, au poil mi-long, dur, rude, touffu et hérissé, est couleur feuille-morte ou marron. Aucune tache blanche n'est admise.

TAILLE : **mâle** de 56 à 65 cm, **femelle** de 54 à 65 cm *(standard F.C.I.)*;
POIDS : de 25 à 30 kg

SPINONE ITALIANO

Spinone

Origine et comportement

Les origines de ce chien sont discutées, sauf pour admettre qu'elles sont fort anciennes. Certains supposent qu'il procède de Griffons et chiens courants, notamment français, d'autres pensent, au contraire, que, descendant en droite ligne d'un vieux chien du Piémont, le Spinone est sans doute le plus ancien des Griffons d'arrêt. Solide, rustique et vigoureux, il chasse sur tous terrains, même dans les marais. C'est un excellent rapporteur. Sociable et affectueux, c'est un compagnon agréable et fidèle, qui vit volontiers en famille et porte une véritable adoration aux enfants qui l'entourent.

Aspect physique

Le Spinone se rapproche du Braque par sa structure, mais ressemble aux Griffons d'arrêt, voire aux Griffons courants, par l'apparence. La tête, lourde et hirsute, possède une bosse occipitale prononcée. Les yeux, grands et bien ouverts, sont jaune foncé ou ocre, selon la robe, et laissent filtrer un regard très doux. Les mâchoires, puissantes, ont des dents solides. Les oreilles, en triangle, sont pendantes, attachées sur la ligne de l'œil et légèrement papillotées. Le cou est fort et musclé. La longueur du corps est égale à la hauteur au garrot. La poitrine, ample, descend jusqu'au niveau du coude. La croupe est large, robuste, musclée. Le fouet, inséré sur la ligne de la croupe, épais à la base, est porté bas ou à l'horizontale ; il est amputé à 15 ou 20 cm de la racine. La robe est faite d'un poil dur, épais, rêche, long de 4 cm sur le corps, plus court sur les pattes, et d'un sous-poil long et touffu. Des poils rudes et hérissés forment les sourcils bien arqués, la barbe et les moustaches. La robe est blanche, blanche avec des taches orange ou marron, blanc uniformément moucheté d'orange ou de marron.

TAILLE : **mâle** de 60 à 70 cm, **femelle** de 58 à 65 cm ;
POIDS : **mâle** de 32 à 37 kg, **femelle** de 28 à 30 kg *(standard F.C.I.)*

WEIMARANER

Braque de Weimar

Origine

Originaire de France et descendant des Chiens gris de Saint Louis, qui composèrent les meutes royales jusqu'en 1450, le Braque de Weimar, ou Weimaraner, séduisit au XVIIe siècle les grands-ducs de Saxe-Weimar, qui entreprirent son élevage et fixèrent par une sélection draconienne son étonnante robe au poil argenté. La chute de l'Empire austro-hongrois mit fin à l'élevage, et ces chiens devinrent très rares. Il fallut attendre la Seconde Guerre mondiale pour que se produise la renaissance de la race en Angleterre et aux États-Unis. Les Américains ont baptisé *grey ghost* « fantôme gris » ce Braque, adopté par certains services de police.

Comportement

Chien courant à l'origine (il lui arrive de retrouver cet instinct derrière un lièvre !), le Braque de Weimar est devenu chien

Spinone
Sous ses airs de vieux sage se cache un animal très joueur, parfois même chahuteur.

d'arrêt au XIXe siècle. La quête et l'arrêt sont chez lui des facultés innées qui ne demandent qu'à être développées. En outre, ce chien très puissant peut rapporter tous les gibiers. Il est cependant moins rapide que les autres races de chien d'arrêt allemands. Chien de chasse complet, mais aussi très agréable compa-

Braque de Weimar
Son élégance et sa beauté, partout admirées, lui assurent une popularité universelle.

gnon, facile à faire vivre en appartement, le Braque de Weimar a de remarquables dispositions pour la garde ainsi que pour la défense.

Aspect physique

Beau chien nerveux à la musculature puissante, le Braque de Weimar a une tête moyennement longue, présentant un creux au milieu du front. Les oreilles, larges et plissées, sont tournées légèrement vers l'avant. La truffe, de couleur sombre, tire graduellement sur le gris vers l'arrière. Les yeux, ronds et ambrés – bleu ciel chez les chiots –, ont une expression intelligente.

Le cou est assez musclé, le poitrail puissant et le dos un peu long. Les épaules sont longues et robustes, les pattes antérieures parallèles, et les pattes postérieures nerveuses et allongées de la hanche au jarret.

La queue doit être écourtée dans les premiers jours qui suivent la naissance à 4 ou 4,5 cm. Le poil peut être soit ras, très court et très serré, sans ou avec un peu de duvet, soit raide, compact, moyennement long et serré, avec un duvet fourni, soit long et soyeux – de 3 à 5 cm de longueur sur le dos et les flancs –, avec ou sans duvet.

La robe est beige-gris argenté et peut avoir toutes les nuances de cette composition. Les taches blanches sur les pattes et la poitrine ne sont autorisées qu'en faible quantité. Sur le milieu du dos se détachent plusieurs « raies d'anguilles », plus ou moins larges et sombres.

Une taille non conforme, une truffe rosée, des yeux d'une teinte non ambrée ainsi qu'une robe d'une couleur autre que le beige-gris argenté sont considérés comme des défauts.

TAILLE : **mâle** de 59 à 70 cm, **femelle** de 57 à 65 cm ;
POIDS : **mâle** de 30 à 40 kg, **femelle** de 25 à 35 kg
(standard F.C.I.)

Épagneuls et Setters

DEUTSCHER LANGHAARIGER VORSTEHHUND

Langhaar

Autre nom : Braque allemand à poil long.

Origine et comportement

Peut-être issu de croisements entre le Wachtelhund et des Épagneuls français, le Langhaar est peu répandu, même en Allemagne, son pays d'origine. On peut le regretter, car il est doté d'un flair subtil et de bonnes qualités de chasseur.

Aspect physique

Robuste et musclé, ce chien intelligent ne manque pas d'élégance et de noblesse. La tête, longue et sèche, au crâne légèrement bombé et aux yeux foncés, présente un chanfrein large et un peu busqué, des oreilles plantées haut, frangées, arrondies au bout et collées à la tête.
Le cou, fort, est harmonieusement relié au poitrail et à l'épaule. La poitrine est profonde, et le dos solide, droit et court. Les membres sont musclés et les pieds, bien serrés, modérément longs et ronds. Le fouet, porté horizontalement, est frangé. Le poil, de couleur marron, long de 3 à 5 cm sur le dos et sur les côtés, est plus long sur le cou, le poitrail et le ventre, plus court sur la tête.

TAILLE : **mâle** de 60 à 70 cm, **femelle** de 58 à 66 cm ; POIDS : environ 30 kg *(standard F.C.I.)*

Langhaar
Excellent chien de travail aux multiples qualités, il n'est pas adapté à la vie en ville.

Drentse Patrijshond
Il est totalement polyvalent : chien d'arrêt, retriever, chien de garde ou de compagnie.

DRENTSE PATRIJSHOND

Drentse Patrijshond

Origine et comportement

Connu et inchangé depuis des siècles, ce chien hollandais est aussi à l'aise en plaine qu'en terrain marécageux et chasse tous les gibiers à plume – principalement les perdrix – et tous les gibiers à poil. Plein de qualités, il se dresse très facilement. Apprécié pour la finesse de son flair et la fermeté de son arrêt, il se révèle excellent rapporteur.

Aspect physique

Bien proportionné, il a une configuration qui l'apparente au Setter classique, dont il possède également le poil et le tempérament. La tête, large et plate, présente un museau en forme de coin et une truffe brune bien développée. Les yeux, ambre, offrent un regard vif. Les oreilles, garnies de longs poils, tombent à plat contre les joues. La poitrine est profonde, avec des côtes longues. Le fouet, allongé, est pendant au repos, relevé dans l'action.
Le poil, épais, de longueur moyenne sur le corps, prend l'aspect de franges sur les oreilles, les membres et la queue. De couleur blanche, la robe de ce chien comporte des taches brunes ou orangées.

TAILLE : **mâle** de 55 à 63 cm, **femelle** légèrement plus petite *(standard F.C.I.)* ;
POIDS : de 20 à 25 kg

Setter anglais
Il est gracieux, élégant, facile à éduquer, merveilleux avec les enfants et chien de travail hors pair !

ENGLISH SETTER

Setter anglais

Origine et comportement

Le Setter anglais ressemble fort à certains chiens représentés par les peintres au XVIIe siècle et l'on peut penser que ses ancêtres étaient des chiens d'arrêt couchants à poil long, au même titre que les Épagneuls. Au XIXe siècle, les élevages de Setters anglais étaient nombreux en Grande-Bretagne. En 1825, un éleveur, Edward Laverack, améliora la race à partir de deux sujets de qualité, par des reproductions à l'intérieur de la même lignée – certaines personnes appellent d'ailleurs ce chien « Setter Laverack ».
Ardent, doté d'un bon flair, d'excellents réflexes, le Setter anglais a des qualités de rapporteur. Énergique et exubérant, il est néanmoins très discipliné. Beau, élégant, aimable et doux, il est souvent apprécié comme animal de compagnie, mais ce chien sportif ne supporte pas d'être enfermé et a besoin d'exercice.
On observe, aujourd'hui, en Grande-Bretagne, une divergence dans la sélection qui aboutit à deux modèles bien différents : l'un, grand et élégant, est un chien d'exposition, l'autre, plus petit et de constitution sportive, demeure fait pour la chasse et est proche des mensurations données ici, celles-ci correspondant à ce qui est reconnu en Europe continentale.

Aspect physique

La tête, longue et sèche, a un crâne ovale, à l'occiput marqué. Le stop est bien net, le chanfrein long et le museau assez carré. Les yeux, brillants, noisette foncé, ont une expression intelligente et douce. La truffe, volumineuse, est noire ou marron, selon la robe. Les oreilles, de longueur moyenne, attachées bas, pendent en plis réguliers contre les joues. Le cou, assez long et sec, forme un arc léger dans sa partie supérieure. Le corps est moyennement long, le dos court et droit, et la poitrine profonde. Le rein, large et musclé, est un peu arqué. Les membres sont vigoureux. Le fouet, attaché presque dans la ligne du dos, est porté légèrement courbé ou en cimeterre. Il s'orne de longues franges pendant en flammèches.
La robe, au poil long, soyeux et ondé, jamais frisé, est noir et blanc, fauve et blanc, foie et blanc, tricolore (noir, blanc et feu). Les robes uniformes sont rares. Les chiens qui sont mouchetés sur tout le corps sont souvent préférés aux chiens portant des taches importantes. La culotte et les antérieurs sont frangés presque jusqu'aux pieds.

TAILLE : **mâle** de 65 à 68 cm, **femelle** de 61 à 65 cm *(standard F.C.I.)* ;
POIDS : de 25 à 30 kg

ÉPAGNEUL BLEU DE PICARDIE

Épagneul bleu de Picardie

Autre nom: Bleu picard.

Origine et comportement

Obtenu par croisement de l'Épagneul picard et du Setter, l'Épagneul bleu de Picardie est plus rapide que ses ancêtres, mais moins robuste. Autrefois très répandu, il ne se rencontre plus guère aujourd'hui que sur les bords de la Somme.

Bien bâti pour le travail, ce chien d'arrêt scrupuleux et efficace chasse intelligemment et rapporte d'instinct. Très à l'aise dans les marais, il est également un bon chasseur sur tous les terrains. Très dévoué à son maître, affectueux et tendre, c'est un compagnon agréable, apprécié tout particulièrement pour sa douceur avec les enfants.

Aspect physique

Ce chien est très proche morphologiquement de l'Épagneul picard. Le crâne est ovale, le chanfrein long, assez large, le stop marqué et le museau carré. Les yeux, grands et foncés, sont empreints d'une expression calme. Les oreilles sont assez épaisses, ornées de belles soies ondulées. Les membres, longs, sont garnis de franges bien fournies. Le fouet, également agrémenté de franges, ne doit pas former de crochet. La robe, au poil plat ou légèrement ondulé, est bleutée, parsemée de taches noires. Les marques feu sont admises.

TAILLE: **mâle** de 57 à 60 cm, **femelle** légèrement plus petite *(standard F.C.I.)*;
POIDS: environ 20 kg

Épagneul breton
Le plus populaire des chiens de chasse français: il naît environ 5000 Épagneuls bretons chaque année.

ÉPAGNEUL BRETON

Épagneul breton

Origine

Connu depuis longtemps, ce petit « chien régional », né sur le granite breton, a été croisé avec des Setters, des Pointers et des Springers anglais, lors du passage de chasseurs britanniques en Bretagne au cours du XIXe siècle. Cette retrempe, au départ accidentelle, devint volontaire vers 1900, spécialement avec des Setters anglais. Elle donna de l'étoffe et de l'élégance à la constitution physique et apporta, pour les qualités de chasse, de la fermeté à l'arrêt. La sélection s'effectua ensuite intra-race et le type fut fixé vers 1950.

Épagneul bleu de Picardie
Plus proche du Setter que de l'Épagneul, il est très résistant et a besoin de se dépenser.

Comportement

Auxiliaire parfait du chasseur, l'Épagneul breton est le chien d'arrêt par excellence et un très bon rapporteur de gibier d'eau, grâce à la remarquable finesse de son nez. Intelligent, il est facile à dresser. Ardent et infatigable, il est efficace sur tous les terrains et pour tous les gibiers, à poil comme à plume, en chasse devant soi comme en battue.

Il est particulièrement apprécié pour cette polyvalence qui n'exclut pas le brio et lui permet de rivaliser avec les meilleures races étrangères. De plus, sa petite taille le rend peu encombrant, ce qui se révèle souvent pratique pour le chasseur. Tout cela explique la devise choisie par l'association de la race: « Un maximum de qua-

lités pour un volume minimal. » Ce chien sportif s'adapte malgré tout volontiers à la vie en appartement. C'est un compagnon gai et charmant. Il a cependant besoin, comme tout chien d'arrêt, de se dépenser régulièrement.

Placé dans les dix premières races en France par le nombre, l'Épagneul breton est l'un des rares chiens français à connaître un succès international, notamment aux États-Unis.

Aspect physique

Trapu, mais élégant, il a une tête arrondie, un chanfrein droit, un stop marqué et une truffe de la couleur la plus foncée de la robe. Les yeux, ambre foncé, en harmonie avec le pelage, ont un regard à la fois doux et expressif. Les oreilles, plutôt courtes, un peu arrondies et garnies de poils ondulés, sont attachées haut. Le cou, de longueur moyenne, bien dégagé des épaules, est dépourvu de fanon. Les antérieurs, droits et fins, sont musclés. La poitrine est profonde, le dos court, et le rein bref, large et solide. La croupe est légèrement fuyante, et les flancs remontent bien. La queue, toujours courte, mesure environ 10 cm, mais est parfois absente. La robe, au poil plat, légèrement ondulé, peut être bicolore – blanc et orange, blanc et marron ou blanc et noir – tricolore – blanc, noir et feu – ou rouannée.

TAILLE : **mâle** de 48 à 50 cm, **femelle** de 47 à 49 cm *(standard F.C.I.)*;
POIDS : de 15 à 18 kg

Épagneul breton
Sous son apparence rustique se cache un chasseur hors pair et un excellent chien de compagnie.

ÉPAGNEUL DE PONT-AUDEMER

Épagneul de Pont-Audemer

Origine et comportement

Né sous le second Empire du croisement entre un ancien Épagneul originaire de la région de Pont-Audemer (Eure) et l'Irish Water Spaniel, dont il a hérité le poil frisé, l'Épagneul de Pont-Audemer est trapu et vigoureux ; il tient de l'Irish Water Spaniel un grand amour pour l'eau. Ce parfait rapporteur, qui excelle à la chasse au canard, est un chien méthodique aux arrêts fermes. Affectueux, très attaché à ses maîtres, doux avec les enfants, c'est un gardien vigilant.

Aspect physique

L'Épagneul de Pont-Audemer se distingue des autres Épagneuls par une robe au poil gros et frisé, et par le toupet qui orne le sommet de son crâne. Les oreilles, attachées un peu bas et ornées de longues soies frisées, rejoignent le toupet et forment une belle perruque frisée qui encadre bien la face. La robe peut être marron ou, de préférence, marron et gris chiné, avec des reflets feuille-morte.

TAILLE : **mâle** de 52 à 58 cm, **femelle** légèrement plus petite *(standard F.C.I.)*;
POIDS : environ 20 kg

ÉPAGNEUL FRANÇAIS

Épagneul français

Origine et comportement

Cet Épagneul descend de l'ancien chien d'Oysel, chien courant du Moyen Âge qui se laissait envelopper avec le gibier dans un filet. Dès le XVIe siècle, l'Épagneul français, auxiliaire précieux des seigneurs chasseurs d'oiseaux, s'est répandu à travers l'Europe. Au XVIIIe siècle, il jouit encore d'une grande faveur pour la chasse de la perdrix et du faisan.

Après une période de déclin, due à un engouement pour les chiens anglais, il a été sauvé de l'extinction au XIXe siècle par un abbé chasseur, qui, à partir de quelques survivants du type ancien, a reconstitué la race connue aujourd'hui.

L'Épagneul français est un chasseur méthodique et persévérant. S'il n'a pas le brio de certains galopeurs – il alterne trot et galop –, il travaille sur tous les terrains, même les plus difficiles.

C'est un bon rapporteur qui n'a pas peur de l'eau froide. Tranquille, docile, mais sensible, il s'affole si on lui parle trop durement. Attachant et doux avec les enfants, il est très apprécié comme chien de compagnie.

Aspect physique

Ce chien élégant, puissant, mais sans lourdeur, allie la distinction à la sportivité. La tête, allongée et forte, présente un crâne rond, à l'occiput bien marqué, un chanfrein

Épagneul français
C'est un véritable chien d'arrêt : infatigable, plein d'énergie, amical avec les autres chiens.

légèrement convexe et un stop net. La truffe, marron, sans ladre, est bien ouverte. Les oreilles, longues, arrondies, garnies de soies ondoyantes, sont attachées bas. Les yeux, grands et ambre foncé, reflètent une expression douce et intelligente. La poitrine est assez large et profonde, et le rein droit, court et musclé. Les membres sont solides, les cuisses larges, frangées jusqu'au jarret et les flancs assez relevés. Le fouet, attaché un peu bas et garni de franges, est porté horizontalement ou obliquement, légèrement incurvé en S. Le poil est long, souple, plat ou un peu ondulé, plus fin sur la tête que sur le corps. De fond blanc, la robe comporte des taches marron plus ou moins grandes. De trop nombreuses mouchetures marron sont cependant indésirables.

TAILLE : **mâle** de 56 à 61 cm, **femelle** de 55 à 59 cm *(standard F.C.I.)* ;
POIDS : environ 25 kg

ÉPAGNEUL PICARD

Épagneul picard

Origine et comportement

D'origine sans doute très ancienne, l'Épagneul picard est connu depuis longtemps dans son pays d'origine : la vallée de la Somme. Le premier sujet parfaitement fixé a été présenté lors de l'exposition canine organisée à Paris en 1904.

Ce chasseur, à l'odorat remarquable, est efficace sur n'importe quel terrain, mais c'est un spécialiste du marais. Intelligent, obéissant, il a un arrêt parfait et chasse bien la bécasse et le canard. Gai, doux et sociable, il est aussi apprécié comme chien de compagnie.

Aspect physique

Ce chien râblé, aux membres forts et nerveux, et au port de tête majestueux, donne une impression de calme et de force. Le chanfrein est long et large, le stop bien oblique, et la truffe plutôt ronde et brune. Les yeux, ambre foncé et bien ouverts, ont un regard franc et très expressif. Les oreilles, assez basses, sont couvertes de belles soies ondulées. Le cou, sans lourdeur, est bien musclé. La poitrine, assez large, est profonde et bien descendue. La queue, ornée de belles soies, forme deux légères courbes. La robe, au gros poil, ondulé sur le corps et fin sur la tête, est de couleur rouannée avec des plaques marron. Des taches feu marquent souvent la tête et les membres.

TAILLE : **mâle** de 55 à 60 cm, **femelle** un peu plus petite *(standard F.C.I.)* ;
POIDS : de 20 à 25 kg

Épagneul picard
Docile et peu exigeant, d'une résistance remarquable, il est néanmoins peu connu.

GORDON SETTER

Setter Gordon

Origine et comportement

Déjà connu dans une forme voisine à la fin du XVIIIe siècle, le Setter Gordon a été fixé par le duc de Gordon en Grande-Bretagne au début du siècle suivant. Il pourrait avoir reçu du sang de Colley et de Saint-Hubert. Il s'est peu à peu distingué des autres Setters en s'affirmant comme type plus robuste et moins rapide.

Cependant, il est très apprécié car son dressage est aisé et il convient à tous les types de chasse tant en plaine qu'au bois ou au marais. Posé et consciencieux, il dispose d'un nez très fin qui ne laisse pas « passer » le gibier et en fait un bon rapporteur qui sait avoir la dent douce.

Son bon caractère et sa belle robe le font souvent choisir, à eux seuls, comme chien de compagnie. Il reste néanmoins un sportif qui a besoin de se dépenser régulièrement.

Aspect physique

Construit pour le galop, le Setter Gordon est harmonieux et équilibré. La tête, plus haute que large, a un crâne légèrement arrondi, un stop bien marqué, un museau assez long qui porte une grande et large truffe noire, aux narines bien ouvertes. Les yeux, brun foncé et brillants, ont une expression intelligente. Les oreilles, très minces et de grandeur moyenne, attachées bas, pendent le long de la tête. Le cou, allongé et sans fanon, forme un arc. Les antérieurs sont longs et droits. Le corps est de longueur modérée.

La queue, assez courte, épaisse à la base et s'affinant au bout, est portée horizontalement ou au-dessous de la ligne du dos, un peu en cimeterre. La robe est faite d'un poil de longueur moyenne, bien plat, sans ondulation, court et fin sur la tête et le devant des membres. De longues franges soyeuses couvrent la partie supérieure des oreilles.

La robe est noir charbon brillant avec des taches feu luisant sur la tête, la gorge, la poitrine, les membres ainsi qu'autour de l'anus. Seule une petite tache blanche sur la poitrine est permise.

TAILLE : **mâle** environ 66 cm, **femelle** environ 62 cm ;
POIDS : **mâle** environ 30 kg, **femelle** environ 25 kg
(standard F.C.I.)

Setter Gordon
Le plus trapu des Setters est loyal et obéissant mais a besoin de faire de l'exercice quotidiennement.

Setter irlandais
Le « Diable rouge », comme il est parfois surnommé, a un tempérament très fougueux.

IRISH SETTER
(RED, RED AND WHITE)

Setter irlandais (rouge, rouge et blanc)

Origine et comportement

Le Setter irlandais représente la plus ancienne des trois races de Setters, reconnue dès le XVIIIe siècle, au moins. Cela n'exclut pas qu'il ait eu des échanges de sang ultérieurs avec les Setters anglais et Gordon, voire d'autres races de chiens de chasse britanniques. À l'origine, le Setter irlandais était majoritairement rouge et blanc ; c'est le goût des amateurs qui, peu à peu, depuis le XIXe siècle, a imposé la robe rouge, à tel point que le rouge et blanc faillit disparaître. Cette variété a cependant été sauvée et fut reconnue race à part entière, en Irlande, après la Seconde Guerre mondiale. Le Setter irlandais est un athlète d'une grande élégance, véritable pur-sang, qui mène sa quête au galop, tête haute. Cela en fait avant tout un chasseur de plaine, mais il est aussi à l'aise au marais. C'est un chien plutôt sensible et expansif, dont le dressage n'est pas toujours aisé. Cela doit être également pris en compte s'il est destiné à devenir un chien compagnie. Enfin, assouvir son besoin d'exercice lui est indispensable.

Aspect physique

Chien noble, à l'allure sportive, le Setter irlandais a un crâne ovale à l'occiput net, un museau long, un peu carré au bout. Les yeux, pas trop grands, noisette foncé ou brun foncé, ont un regard doux et attendrissant. Les oreilles, fines, de grandeur moyenne, attachées bas, bien en arrière, tombent contre la tête. Le cou, musclé, un peu arqué, ne porte pas de fanon. Les membres sont puissants. Le fouet, de longueur moyenne, porté plutôt bas, est garni d'une belle frange. Fort à la base, il s'effile vers la pointe et se porte à la hauteur du dos, plus ou moins bas. La robe, au poil plat, est plus courte et plus fine sur la tête. Elle forme de longues franges soyeuses et plates au-dessus des oreilles, à l'arrière des pattes, à la gorge, à la poitrine et au ventre. La robe du Setter rouge est fauve rouge vif sans nuance noire. Une petite marque blanche au poitrail, aux doigts ou sur la tête est toutefois tolérée. Chez le Setter rouge et blanc, le fond blanc pur porte de larges taches fauve rouge vif ; des truitures (petites taches brunes ou noires) sont admises à la face et au bas des membres.

TAILLE : rouge : **mâle** de 57 à 70 cm, **femelle** de 54 à 67 cm ; rouge et blanc : **mâle** de 62 à 66 cm, **femelle** de 57 à 61 cm ; POIDS : de 20 à 25 kg *(standard F.C.I.)*

Grand Épagneul de Münster
Il a un caractère enjoué, un goût inné du travail de retriever et peut être un très bon chien de compagnie.

MÜNSTERLANDER (GROSSER, KLEINER)

Épagneul de Münster (grand, petit)

Origine

Les deux Épagneuls de Münster ont des origines communes dans lesquelles on retrouve, au XIXe siècle, des chiens d'arrêt allemands à poil long et peut-être des Épagneuls français, ainsi que des races amélioratrices anglaises, Setter et Pointer. Mais c'est au début du XXe siècle que les deux races seront fixées dans la région de Münster, en Westphalie, sous des tailles différentes, par des éleveurs amateurs de chiens de chasse polyvalents.

Comportement

Les Épagneuls de Münster développent leurs qualités tant en plaine qu'au bois ou à l'eau. Ils restent assez près du chasseur dans leur quête, ont un arrêt très ferme et utilisent parfaitement un excellent flair pour retrouver le gibier tiré, qu'ils rapportent avec une dent douce. Ce qui est original, c'est que ces chiens sont parfois utilisés en meute à la chasse au gros gibier. Ils servirent même, naguère, comme chiens de berger, à l'occasion. Ce sont aussi d'excellents compagnons à la maison, en particulier le Petit Épagneul de Münster, mais il leur faut de l'exercice, et les Allemands, les premiers, supportent mal de les voir vivre en appartement.

Aspect physique

Ce chien élégant et solide a une expression noble. La tête est sèche et le museau long. Les yeux sont foncés. Les oreilles, larges, en pointe et velues, sont attachées assez haut. Le thorax est profond et la croupe bien développée. Le fouet s'orne d'une belle frange, blanche ou mouchetée. Il est porté à l'horizontale. La robe est constituée d'un poil lisse, de longueur moyenne, bien adhérent au corps et légèrement ondulé.
La couleur de robe diffère entre les deux races: celle du Grand Épagneul de Münster est blanche et noire, le noir formant de grandes taches et des mouchetures; celle du Petit Épagneul de Münster est blanche et marron, le marron formant ici encore de grandes taches et des mouchetures ou des truitures dans le blanc, tandis que les marques feu sont admises en tête.

TAILLE: grand: **mâle** de 60 à 65 cm, **femelle** de 58 à 63 cm; petit: **mâle** de 52 à 56 cm, **femelle** de 50 à 54 cm; POIDS: grand: environ 30 kg; petit: de 18 à 23 kg *(standard F.C.I.)*

Stabyhouns
Malheureusement rare hors des Pays-Bas, le Stabyhoun gagne à être connu, car c'est à la fois un bon chasseur et un compagnon affectueux.

STABYHOUN

Stabyhoun

Origine et comportement

Né aux Pays-Bas, ce chien intelligent, aux origines encore obscures, est un bon chasseur, calme et vigilant, aux arrêts fermes. Il se révèle également un compagnon doux, docile, fidèle et attachant, excellent ami de toute la famille, adultes et enfants.

Aspect physique

Bâti en force, plus long que haut, il a une tête sèche, au crâne légèrement bombé, au museau puissant. Les yeux, arrondis et de taille moyenne, sont plus ou moins bruns, selon la couleur de la robe, comme la truffe, qui est noire ou brune. Les oreilles, bien poilues, sont attachées bas. Les membres sont puissants et forts. La queue, assez longue, est portée haut quand le chien est en action. La robe, au poil long et plat sur le corps, forme une culotte sur les cuisses. Elle est bicolore, on trouve du blanc avec du noir, du bleu, du brun ou de l'orange.

TAILLE: **mâle** environ 50 cm, **femelle** un peu plus petite *(standard F.C.I.)*;
POIDS: de 15 à 20 kg

Leveurs et rapporteurs

Si les leveurs et rapporteurs ont, sans doute, des origines lointaines communes avec les chiens d'arrêt, ils ont été orientés vers des fonctions différentes et complémentaires. Nombre de ces races sont assez polyvalentes ; elles travaillent non loin du chasseur, sous son contrôle, et sont parfaitement adaptées à débusquer le gibier, puis à le rechercher et à le rapporter lorsqu'il a été tiré. Cette dernière fonction peut même devenir une véritable spécialité lorsqu'elle s'exerce en terrain difficile comme le marais.

Spaniels et autres leveurs

AMERICAN COCKER SPANIEL

Cocker américain

Origine et comportement

Le Cocker américain descend du Cocker anglais dont il s'est peu à peu éloigné au cours du XXe siècle. Les éleveurs des États-Unis sélectionnèrent, en effet, selon des critères esthétiques, un chien destiné à la compagnie. La race fut officiellement reconnue aux États-Unis en 1946 et ne fit son apparition en France qu'en 1956. Le Cocker américain a gardé toute la vivacité du leveur de gibier et du broussailleur que furent ses ancêtres. Il montre une grande élégance dans son maintien, particulièrement lorsqu'il se déplace, ce qui met en valeur sa robe somptueuse. Il séduit aussi par sa tête ronde encadrée de grandes oreilles frangées. C'est, pour toute la famille, un compagnon délicieux par sa gaieté et son équilibre, ainsi qu'a pu le décrire Walt Disney dans *la Belle et le Clochard*.

S'il se développe en Europe, il y est encore peu répandu par rapport aux États-Unis : avec plus de 100 000 naissances par an, il y est sans conteste la première race canine.

Cocker américain
Cet ancien chasseur, descendant du Cocker anglais, a un poil soyeux, plat, très légèrement ondulé et doublé d'un sous-poil.

Aspect physique

Le Cocker américain a un crâne bien développé, arrondi, un museau large, une truffe bien ouverte et des mâchoires carrées. Le stop est prononcé et l'arcade sourcilière bien marquée. Les yeux, ronds et pleins, de la couleur la plus foncée possible, ont une expression à la fois douce et intelligente. Les oreilles s'attachent à la hauteur des yeux. Ce chien a un corps carré, qui donne une impression de force. La robe, courte et fine sur la tête, est de longueur moyenne sur le dessus du corps. Les oreilles, la poitrine, l'abdomen et les membres sont bien frangés. Toutes les couleurs et les mélanges de couleurs sont admis ; il s'agit du noir, du marron, du fauve ou du noir avec marques feu, uniforme ou pie.

TAILLE : **mâle** de 37 à 40 cm, **femelle** de 34 à 37 cm *(standard F.C.I.)* ;
POIDS : de 10 à 13 kg

AMERICAN WATER SPANIEL

Chien d'eau américain

Origine et comportement

Sans doute né d'un croisement entre le Chien d'eau irlandais et le Retriever à poil bouclé, le Chien d'eau américain est un chien plein d'enthousiasme à la chasse, tenace et endurant. Il est surtout utilisé pour rapporter la caille, le canard, le faisan et le lièvre.

Aspect physique

Possédant toutes les caractéristiques des Spaniels, le Chien d'eau américain a une tête de longueur moyenne, au front couvert de poils doux. La truffe, large, porte

des narines bien développées. Les yeux, très écartés, sont noisette, bruns ou noirs, selon la robe. Le regard est vif et intelligent. Les longues oreilles, au poil bouclé, sont portées tombantes. Le corps et les membres sont puissants. La queue, de longueur moyenne et légèrement incurvée, est portée un peu sous le niveau du dos. La robe, bouclée, est marron ou fauve foncé.
On admet un peu de blanc sur les doigts et la poitrine. Des yeux jaunes et un poil trop raide, doux ou noué sont considérés comme des défauts.

TAILLE : **mâle et femelle** de 36 à 46 cm ;
POIDS : **mâle** de 13,5 à 20,5 kg, **femelle** de 11,5 à 18 kg *(standard F.C.I.)*

BARBET

Barbet

Origine et comportement

Si ses origines sont imprécises, il est certain que le Barbet fut l'ancêtre de nombreuses races de chiens d'eau, de Griffons et surtout du Caniche. Peu connu, il renaît actuellement, après avoir failli disparaître. Lourd et un peu lent, il est insensible au froid et à l'humidité. On l'utilise surtout pour la chasse au gibier d'eau. On retrouve son caractère équilibré et son tempérament vigoureux chez les races auxquelles il a donné son sang.

Aspect physique

Ce Griffon à poil long, puissant et très rustique, possède une épaisse toison qui le protège des intempéries.
La tête est ronde, le stop bien marqué, le chanfrein large et court, et la truffe de couleur brune ou noire. Les yeux, ronds et recouverts par d'épais sourcils, ont une expression vive et intelligente. Le cou est puissant et trapu. Les oreilles, longues et plates, recouvertes de longs poils, sont attachées bas. La queue, insérée bas et fournie, est un peu relevée en forme de crochet. La peau, très épaisse, est recouverte de longs poils laineux, plus ou moins ondulés, en mèches. La robe peut être fauve, sable, noire, grise, marron ; elle est uniforme ou pie.

TAILLE : **mâle** au moins 54 cm, **femelle** au moins 50 cm *(standard F.C.I.)* ;
POIDS : de 20 à 25 kg

Chien d'eau portugais
Excellent nageur, il est dressé à rapporter les poissons échappés des filets des pêcheurs.

CÃO DE AGUA

Chien d'eau portugais

Origine et comportement

Originaire de l'Algarve, ce chien est un excellent nageur, que les pêcheurs du littoral utilisaient pour rapporter les poissons échappés des filets, servir de liaison avec le rivage, attraper les cordes et garder les bateaux à terre. Vif, courageux, docile, il peut être aussi bon chien de compagnie et de garde que chasseur de gibier d'eau.

Aspect physique

Il a une tête bien proportionnée, des arcades sourcilières proéminentes, un nez large, des mâchoires fortes aux canines très développées, des yeux arrondis, bruns ou noirs, et des oreilles portées bien collées contre la tête. Il a des membres bien droits et musclés, une poitrine profonde. Attentif, il relève la queue en arc de cercle. Le poil, assez fourni, est long et légèrement ondulé ou plus court et bouclé, de couleur unie (noire, blanche ou marron) ou bicolore (marron et blanc ou noir et blanc). On tond souvent l'arrière-train et le museau.

TAILLE : **mâle** environ 54 cm, **femelle** environ 46 cm ;
POIDS : **mâle** de 19 à 25 kg, **femelle** de 16 à 22 kg *(standard F.C.I.)*

Barbet
Ancêtre du Caniche resté très rustique, il est destiné uniquement à la chasse au gibier d'eau.

CLUMBER SPANIEL

Clumber

Origine et comportement

Né dans les chenils de la famille de Noailles, le Clumber, introduit en Angleterre pendant la Révolution française par les aristocrates émigrés, a obtenu un grand succès dans son pays d'adoption. Autrefois chien de meute, c'est aujourd'hui un agréable chien de compagnie.

Aspect physique

Chien long, bas et lourd, le Clumber a des épaules fortes, une poitrine bien descendue, des membres courts, droits et solides. Le rein est puissant. La tête, forte, carrée et massive, a l'occiput bien marqué et le stop accentué. Le museau, lourd et carré, porte des lèvres bien développées et une truffe importante, de couleur chair. Les yeux, foncés, légèrement enfoncés dans les orbites, ont une expression pensive et calme. Les oreilles, grandes, pendent légèrement en avant. La robe, au poil droit, abondant et soyeux, formant des franges aux oreilles, aux membres et à la queue, est blanche avec des taches fauve clair, limitées à la tête de préférence, et des mouchetures à la tête et aux membres.

TAILLE : non précisée par le standard ;
POIDS : **mâle** environ 34 kg, **femelle** environ 29,5 kg
(standard F.C.I.)

Clumber Spaniel
Ce Spaniel à l'expression unique a quitté les terrains de chasse pour les salons. Il est très rare en France.

DEUTSCHER WACHTELHUND

Chien d'Oysel

Autre nom: Épagneul allemand.

Origine et comportement

Le Chien d'Oysel semble avoir été créé vers 1900 à partir de différents chiens de chasse à poil long. Le but était d'obtenir un chien polyvalent, résistant, bon broussailleur et donnant de la voix. Cet Épagneul allemand est actuellement peu répandu. Spécialiste des terrains difficiles (neige, marais), ce chasseur docile, intelligent, courageux et vif, excelle dans la chasse au renard et au lièvre.

Aspect physique

L'apparence générale de ce chien suggère un mélange de Setter anglais et de Cocker anglais. La tête, allongée et sèche, présente un crâne arrondi, un stop presque imperceptible et des lèvres minces, non prononcées. La denture est en tenaille ou en ciseaux. La truffe, marron, mobile, est le plus large possible à la pointe. Les oreilles, recouvertes d'un poil long et touffu, insérées haut, arrondies au bout et frangées, pendent à plat contre la tête. Les yeux, marron foncé, en amande, sont très expressifs. La poitrine, profonde, descend jusqu'aux coudes. Le dos est court. Les membres sont robustes et bien musclés. La queue, légèrement écourtée, bien frangée, est portée à l'horizontale ou vers le bas en position de repos, mais ne retombe jamais sur le dos. La robe est composée d'un poil long, robuste, touffu et ondulé, qui doit être ou légèrement bouclé (un peu comme l'astrakan) ou bien lisse et adhérent. La robe est marron, blanc et marron, voire rouan (poils colorés et blancs mélangés) et marron.

TAILLE: **mâle** de 48 à 54 cm, **femelle** de 45 à 51 cm *(standard F.C.I.)*;
POIDS: environ 20 kg

Chien d'Oysel
Malgré ses grandes qualités de chasseur, il reste très rare hors de son pays d'origine, l'Allemagne.

ENGLISH COCKER SPANIEL

Cocker anglais

Origine

Le Cocker anglais est tout simplement appelé le Cocker, l'une des races canines les plus populaires. Ses lointains ancêtres sont à rechercher, comme pour les autres Spaniels et les Épagneuls, parmi les chiens d'arrêt dits « couchants du Moyen Âge ». Il commence à émerger de la grande famille des Spaniels au début du XIXe siècle, où l'on appelle Cocker un Spaniel de petite taille adapté à la chasse au faisan ou à la bécasse (« cocker » viendrait de *woodcock*, bécasse, ou *cock*, mâle des gibiers à plumes). Il n'est cependant reconnu comme race réellement originale que vers 1900.

Comportement

Gai, alerte et affectueux, ce chien sensible doit être dressé avec douceur. Fougueux, tenace, très endurant et courageux, il a un odorat très développé et se révèle un excellent chien de chasse dans les marais et les bois. Il rapporte très bien. Il a la spécialité de ne marquer « l'arrêt » que quelques secondes et de « bourrer » sur le gibier. Sa taille réduite lui permet de se jouer des broussailles et des ronces. Le Cocker est un compagnon plein de charme, qui a la particularité de frétiller sans cesse de la queue. Il doit se dépenser suffisamment, faute de quoi l'embonpoint le guette.

Aspect physique

La tête, longue, a un stop marqué. Le museau, carré, est bien développé ; les mâchoires sont puissantes. La truffe, noire ou chocolat, est large. Les yeux, noisette ou bruns, remplissent bien l'orbite. Les oreilles, plantées assez bas, sont garnies de longs poils soyeux et droits. Le cou est long et musclé. Les antérieurs sont bien droits. La poitrine, profonde, n'est pas trop arrondie. Le corps, compact, au dos court et à l'arrière-train musclé, donne une impression de force. La queue, coupée pas trop court, est portée dans la ligne du dos. La robe, au poil plat, uni, soyeux, aux franges suffisantes, jamais bouclées, est unicolore, noire ou fauve doré, bicolore noir à marques feu, sans marque blanche, sauf sur la poitrine, ou bien, assez fréquemment, de toutes combinaisons d'une ou de deux couleurs avec du blanc.

TAILLE : **mâle** de 39 à 41 cm, **femelle** de 38 à 39 cm ; POIDS : de 12 à 14,5 kg *(standard F.C.I.)*

Cockers anglais : mère et son chiot
Aussi à l'aise à la chasse qu'à la maison, c'est l'un des chiens les plus populaires de France.

ENGLISH SPRINGER SPANIEL

Springer anglais

Autre nom : Springer Spaniel.

Origine et comportement

Le Springer anglais peut être considéré comme le descendant le plus direct des Spaniels utilisés au XVIIIe siècle et, de ce fait, comme l'archétype du Spaniel. Actif, plein d'influx, il est rapide et endurant, ne craignant pas les intempéries. Le fouet toujours en mouvement, il mène sa quête avec intelligence. Il travaille dans la lande, sous bois et au marais avec le même bonheur ; il montre, dans toutes les situations, ses qualités remarquables de leveur de gibier, mais aussi d'excellent rapporteur. Ainsi, son nom, qui vient de l'anglais *to spring*, jaillir, peut aussi bien faire référence à sa vivacité qu'à son art pour pousser le gibier à bondir ou à s'envoler.
Son bon caractère, son amour du foyer et du maître en font un délicieux compagnon, qui connaît le succès en Europe comme aux États-Unis.

Aspect physique

Le crâne, assez large, est un peu arrondi. Le museau, plutôt large, a un stop marqué. Les yeux, moyens, marron plus ou moins foncé selon la robe, ont une expression vive et douce. Les oreilles, longues, en forme de lobe, attachées à hauteur des yeux, pendent contre la tête. Le cou est fort et musclé. Les

Springer anglais
Ce chasseur à l'aise dans la lande, les sous-bois et les marais, est aussi un agréable compagnon.

antérieurs sont bien d'aplomb et solides. La poitrine est profonde et le rein fort, musclé et un peu arqué. Le fouet, bien frangé, porté bas, est animé d'un mouvement vif. La robe, au poil serré, plat, doux et imperméable, au sous-poil épais, peut être de toutes les couleurs, mais les amateurs préfèrent les robes marron foie et blanc, noir et blanc, celles-ci pouvant aussi porter quelques marques feu.

TAILLE : **mâle et femelle** environ 51 cm *(standard F.C.I.)*;
POIDS : environ 22,5 kg

FIELD SPANIEL

Field Spaniel

Origine et comportement

Le Field Spaniel est issu de croisements réalisés au cours du XIXe siècle entre Springer et Cocker anglais, complétés par un apport de Sussex Spaniel. Il en est résulté un chien de taille moyenne, plutôt long, habile sous le couvert et dans la lande. Plus calme de caractère que les autres Spaniels, il est moins prisé pour la chasse, mais il demeure très apprécié pour son agréable compagnie. Il est cependant encore peu répandu.

Aspect physique

Bien équilibré, solidement bâti, le Field Spaniel a une belle tête, noble et racée. Le crâne, bien développé, est un peu en dôme. Le museau est long et sec. Les yeux, moyens, noisette foncé, bruns ou noirs, selon la robe, ont une expression grave. Les oreilles, modérément longues et larges, bien frangées, sont attachées bas. La poitrine est profonde et bien développée ; le dos et le rein sont forts et musclés, les pieds arrondis. La queue, portée bas, est ornée de franges soyeuses et ondulées. La robe, au poil plat ou un peu ondulé, est unicolore, noire, foie, dorée, acajou ou rouannée.

TAILLE : **mâle et femelle** environ 46 cm ;
POIDS : de 18 à 25 kg *(standard F.C.I.)*

IRISH WATER SPANIEL

Chien d'eau irlandais

Origine et comportement

Né au XIXe siècle, selon certains du croisement entre des Caniches et des Setters irlandais, gai, obéissant et intelligent, le Chien d'eau irlandais est un excellent chien d'eau, apte à chasser le canard sauvage dans les marais et les lacs.

Aspect physique

Bien proportionné, le corps est vigoureux. La tête, de bonne taille, au crâne en dôme, orné d'un gracieux chignon bouclé, se termine par un museau long, fort et plutôt carré. La truffe, de couleur foie foncé, est

Chien d'eau irlandais
Excellent chien d'eau, très obéissant, il reste malheureusement encore rare en France.

bien développée. Les yeux, petits, brun plus ou moins foncé, sont brillants et vifs. Les oreilles, longues, bouclées, en forme de lobe, tombent contre les joues. Les pieds sont ronds et grands; des poils couvrent le dessus des doigts et l'entre-doigts. La queue, courte et droite, épaisse à la base, s'effile progressivement vers la pointe. La robe est faite de boucles épaisses, serrées et crépues, mais non laineuses, qui recouvrent l'ensemble du corps sauf la face et la queue. Le poil doit être huileux. La couleur est foie foncé avec une nuance violacée.

TAILLE: **mâle** de 53 à 58 cm, **femelle** de 51 à 56 cm; POIDS: de 22 à 26 kg *(standard F.C.I.)*

KOOIKERHONDJE

Petit Chien hollandais de chasse

Origine

Originaire des Pays-Bas, ce petit Épagneul est depuis toujours utilisé pour la chasse au gibier d'eau. La race a été reconnue en 1966.

Comportement

Le Petit Chien hollandais de chasse est intelligent, attentif, facile à dresser, éveillé et peu encombrant. Fin de nez, c'est un très bon leveur et rapporteur de gibier d'eau, qu'il chasse avec enthousiasme. Résistant, il supporte très bien le froid et l'humidité. Sa petite taille lui permet de se glisser partout.

Aspect physique

La silhouette du Petit Chien hollandais de chasse s'inscrit à peu près dans un carré. Bâti harmonieusement, il a le dos solide et un cou droit, fortement musclé. Il se déplace avec grâce, d'une démarche élastique. Sa queue est portée un peu au-dessus de l'horizontale. Le crâne est assez large, un peu bombé, les joues bien pleines et les lèvres non pendantes. Les yeux en amande, brun foncé, ont une expression aimable et attentive. Les oreilles moyennement grandes sont portées tombantes contre les joues.

Petit Chien hollandais de chasse
Intelligent, facile à dresser, éveillé et peu encombrant, c'est un excellent chasseur.

Le poil, de longueur moyenne, est lisse. La robe présente des plages de couleur fauve orangé à rouge, plus ou moins foncé, qui dominent sur le fond blanc.

TAILLE: **mâle et femelle** de 35 à 40 cm *(standard F.C.I.)*; POIDS: de 10 à 15 kg

LAGOTTO ROMAGNOLO

Chien d'eau romagnol

Origine et comportement

Le Chien d'eau romagnol est une ancienne race de chiens rapporteurs de gibier d'eau des basses terres de Comacchio et des marais de Ravenne. Au cours des siècles, les grands marais furent asséchés pour en faire des terres arables. Le Chien d'eau romagnol s'est donc « reconverti » dans le cavage et est devenu un excellent chien truffier. Docile, il se révèle un excellent chien de compagnie.

Aspect physique

Très proche physiquement de l'ancien Caniche, il a néanmoins un aspect très rustique. Son poil est dense et très frisé, de texture laineuse.

TAILLE: **mâle** de 43 à 48 cm, **femelle** de 41 à 46 cm; POIDS: **mâle** de 13 à 16 kg, **femelle** de 11 à 14 kg *(standard F.C.I.)*

PERRO DE AGUA ESPAÑOL

Chien d'eau espagnol

Origine et comportement

Descendant de l'ancien Barbet, le Chien d'eau espagnol est originaire d'Andalousie où il est utilisé comme chien de berger et comme auxiliaire des chasseurs de gibier d'eau. Il lui arrive aussi d'aider les pêcheurs en ramenant le poisson échappé des filets. Très rustique, il est obéissant, travailleur et facile à dresser. Ses grandes facultés d'adaptation lui permettent de s'habituer à toutes les situations, y compris à la vie citadine.

Aspect physique

Son corps est puissant et robuste et ses membres sont solides et bien d'aplomb. Son poil épais et cordé lui permet de résister aux variations de température et d'humidité des régions marécageuses. Il peut être tondu ou laissé au naturel; dans ce cas, il ne demandera que peu d'entretien.

TAILLE: **mâle** de 41 à 50 cm, **femelle** de 38 à 45 cm; POIDS: **mâle** de 16 à 20 kg, **femelle** de 12 à 16 kg *(standard F.C.I.)*

RHODESIAN RIDGEBACK

Rhodesian Ridgeback

Origine

Originaire d'Afrique du Sud, ce chien, qui possède une crête sur le dos (*ridgeback* en anglais), serait d'origine extrêmement ancienne.
Quand les premiers colons européens arrivèrent dans ces régions en 1652, ils y trouvèrent des chiens de ce type, qu'ils croisèrent probablement plus tard avec des chiens plus robustes, tel le Saint-Hubert. La race a été fixée par les Boers et officiellement reconnue en 1922 en Rhodésie.

Comportement

Chasseur impitoyable aux qualités exceptionnelles, le Rhodesian Ridgeback est rapide, puissant, énergique et d'une audace sans égale. Il ne craint pas les terrains difficiles et supporte sans broncher

Rhodesian Ridgeback
Cet ancien chasseur de fauves africain s'est parfaitement adapté au climat européen.

la chaleur excessive, le froid, les piqûres d'insectes, comme le manque d'eau ou de nourriture. Au foyer, c'est un compagnon fidèle et docile, loyal et d'un naturel fort agréable. Il peut devenir un bon gardien, car il est obéissant et facile à dresser.

Aspect physique

Ce chien solide, musclé, est très endurant. La crête, formée de poils poussant dans le sens opposé à ceux de la robe, prend naissance juste derrière les épaules et va en décroissant jusqu'aux hanches. Son absence est éliminatoire. La tête, de bonne longueur, présente un crâne plat, plutôt large entre les oreilles. Le museau, long et puissant, est armé de fortes mâchoires aux dents très développées. La truffe est noir plus ou moins clair. Les yeux, arrondis et brillants, d'une couleur en harmonie avec celle de la robe, rayonnent d'intelligence.
Les oreilles, moyennes, plantées haut, sont portées serrées contre la tête.
Ce chien, au cou puissant et dénué de fanon, à la poitrine profonde, au dos et aux reins très musclés, aux membres solides, est bâti tout en force. La queue, épaisse à la base, s'amenuise graduellement jusqu'à la pointe. Elle est portée un peu recourbée au bout. Le poil, court et épais, est fin, lustré et brillant. Couleur fauve clair à fauve rouge, la robe, unie, peut porter un peu de blanc à la poitrine ou aux doigts.

TAILLE : **mâle** de 63 à 68 cm, **femelle** de 61 à 66 cm *(standard F.C.I.)* ;
POIDS : **mâle** environ 34 kg, **femelle** environ 30 kg

SUSSEX SPANIEL

Sussex Spaniel

Origine et comportement

Né au XIXe siècle du croisement de différents Spaniels, dont le Clumberl, le Sussex Spaniel a été reconnu officiellement en 1885. Énergique et vif, il se déplace avec un dandinement prononcé caractéristique et a la particularité de « donner de la voix ».

Sussex Spaniel
Malgré ses nombreuses qualités, le Sussex Spaniel est nettement moins populaire que les autres Spaniels.

Aspect physique

Le crâne, large, est modérément bombé entre les oreilles. Le stop est prononcé. La truffe, large, aux narines bien ouvertes, est de couleur foie. Les yeux, noisette, sont assez grands. Les oreilles, épaisses, en forme de lobe, pendent contre la tête. Le cou, fort et un peu arqué, porte une collerette. Les antérieurs sont assez courts. La poitrine est profonde ; le dos et les reins sont musclés. Le fouet, attaché bas, couvert de poils, ne doit pas être porté au-dessus du dos. On ne laisse au chien qu'un bout de queue de 12,5 à 17,5 cm de longueur. La robe, au poil abondant et plat, doublée d'un sous-poil assez dense, est de couleur marron doré.

TAILLE : **mâle et femelle** de 38 à 41 cm ;
POIDS : environ 23 kg
(standard F.C.I.)

Springer gallois
Ce chasseur polyvalent peut travailler sur tous les terrains et par tous les temps.

WELSH SPRINGER SPANIEL

Springer gallois

Autre nom : Welsh Springer.

Origine

D'origine très ancienne et très pure, ce chien, appelé également Welsh Springer, descendrait, selon les uns, du Springer anglais et, selon les autres, serait au contraire son ancêtre.

Comportement

Harmonieux, rapide et vif dans ses allures, « ce chien à tout faire », courageux et endurant, travaille sur tous les terrains et par tous les temps. Très bon chien de quête, il est aussi excellent pour la chasse en battue. Infatigable, il est capable d'efforts soutenus. Dans les fermes, il est parfois utilisé comme chien de berger. Sensible, indépendant, mais discipliné, il est très apprécié pour son entrain au travail.

Aspect physique

Le crâne, modérément long, est un peu bombé. Le chanfrein, droit, a un stop marqué. La truffe est foncée ou couleur chair. Les yeux, de grandeur moyenne, sont noisette ou foncés. Les oreilles, plutôt longues avec de courtes franges, pendent contre les joues. Le corps est court, fort et musclé. Les antérieurs sont droits, un peu frangés. La poitrine est profonde ; le rein, court et musclé, est un peu arqué. Le fouet, bien attaché et bas, n'est jamais porté au-dessus du niveau du dos. Il est légèrement frangé.
La robe, au poil épais et soyeux, droit ou plat, est toujours fauve roux vif et blanc.

TAILLE : **mâle** environ 48 cm, **femelle** environ 46 cm *(standard F.C.I.)* ;
POIDS : non précisé dans le standard

WETTERHOUN

Chien d'eau frison

Autre nom : Chien d'eau néerlandais.

Origine et comportement

Connu depuis très longtemps en Hollande, où il est né, le Chien d'eau frison est un ancien chasseur de loutres, très actif, que l'on utilise aujourd'hui pour tous services. Courageux et même parfois agressif, il peut être à l'occasion un redoutable gardien.

Aspect physique

La tête est forte et sèche, le museau large et la truffe noire ou marron. Les yeux, ovales, bruns ou brun foncé, sont un peu en oblique. La poitrine large, le dos court et droit, la croupe un peu tombante et le ventre légèrement relevé donnent au chien une apparence ramassée, sans être lourde. La queue s'enroule en une belle spirale. Composée de boucles épaisses, sauf sur la tête et les membres, la robe, au poil assez gros, est noire, marron, pie ou uniforme et doit avoir un toucher huileux.

TAILLE : **mâle** environ 59 cm, **femelle** environ 55 cm *(standard F.C.I.)*;
POIDS : environ 25 kg

Rapporteurs

CHESAPEAKE BAY RETRIEVER

Retriever de la baie de Chesapeake

Origine et comportement

L'histoire de ce chien américain remonte à 1807, année où un brick anglais fit naufrage au large des côtes du Maryland (États-Unis). Parmi les rescapés se trouvaient des chiots de Terre-Neuve de grande qualité, qui, croisés avec des Retrievers locaux, sont devenus les ancêtres du Retriever de la baie de Chesapeake. Le Chien d'eau irlandais ainsi que le Retriever à poil plat et celui à poil bouclé figurent aussi vraisemblablement parmi les ancêtres du Retriever de la baie de Chesapeake, dont le standard a été établi de manière définitive en 1885.
Grâce à un poil huileux, pratiquement imperméable, ce Retriever est sec dès qu'il s'ébroue. D'une résistance exceptionnelle, il peut chasser par les températures les plus extrêmes et il n'a pas d'égal pour rapporter le gibier dans les eaux glacées. Vif et enthousiaste, il travaille avec méthode. C'est un chien gai, enjoué et très affectueux, qui se dresse facilement. C'est un travailleur infatigable, parfait auxiliaire du chasseur au marais.

Aspect physique

Le Retriever de la baie de Chesapeake doit être bien proportionné, avec une tête large et ronde, un museau court et pointu, une poitrine profonde et large, des flancs bien relevés, une arrière-main aussi puissante que l'avant-main, des membres moyens et droits. La queue est assez forte à la base. La robe est épaisse, courte, avec un sous-poil laineux abondant. Le poil ondule sur le cou, les épaules, le dos et le rein. Toutes les couleurs allant du brun foncé au brun très clair sont admises, uni avec tolérance d'un peu de blanc au poitrail et aux doigts.

TAILLE : **mâle** de 58 à 66 cm, **femelle** de 53 à 61 cm;
POIDS : **mâle** de 29 à 34 kg, **femelle** de 25 à 29 kg *(standard F.C.I.)*

Retriever de la baie de Chesapeake
Travailleur infatigable, il peut chasser par grand froid. Il est en outre gai et affectueux.

Retriever à poil plat
Très bon chasseur, excellent chien de compagnie, ce Retriever gagne à être connu.

CURLY COATED RETRIEVER

Retriever à poil bouclé

Origine et comportement

Créé au XIXe siècle, le Retriever à poil bouclé est né du croisement entre des Épagneuls d'eau irlandais, des Labradors et des Caniches.
Comme tous les Retrievers, il a un flair très développé et une fourrure imperméable qui le protège de l'humidité.

Aspect physique

Élégant et souple, ce Retriever, fort et bien campé, est à la fois alerte et endurant. Le crâne, long et bien proportionné, n'est pas trop plat. Les mâchoires sont fortes. La truffe, large, est noire ou marron selon la robe. Les yeux, plutôt grands, mais non proéminents, sont noirs ou bruns. Les oreilles, petites, couvertes de courtes boucles, sont attachées bas, contre la tête. Les membres sont bien musclés. La queue, modérément courte, s'effilant vers la pointe, est couverte de boucles. La robe forme un véritable manteau frisé sur tout le corps. Elle est de préférence noire ou marron foie. Quelques poils blancs sont permis sur la poitrine, mais, en revanche, une zone de poils non bouclés sur le dos est pénalisée dans les concours.

TAILLE : **mâle** environ 68,5 cm, **femelle** environ 63,5 cm *(standard F.C.I.)*;
POIDS : de 31,5 à 36 kg

FLAT COATED RETRIEVER

Retriever à poil plat

Origine et comportement

Descendant sans doute du Terre-Neuve et du Setter irlandais, et peut-être aussi du Retriever à poil bouclé, croisé avec le Labrador, le Retriever à poil plat a connu des moments difficiles, notamment par la concurrence que lui firent le Labrador et le Golden Retriever : dotés d'un meilleur nez, ceux-ci lui furent préférés pour le travail de rapport. Cependant, sa passion de la chasse, son esthétique et son caractère ont relancé l'intérêt qu'on lui porte.
Obéissant, intelligent, facile à dresser, affectueux et patient avec les enfants, c'est un bon chien de compagnie.

Aspect physique

Le Retriever à poil plat a une tête longue au crâne modérément large. Les yeux, de taille moyenne, sont brun foncé ou marron. Les oreilles, petites, sont bien collées contre la tête. La poitrine est profonde et assez large. Les antérieurs, à l'ossature solide, sont parfaitement droits. La croupe et les postérieurs sont musclés. Les pieds sont ronds et forts. La queue, courte et droite, est portée relevée. La robe, au poil épais, dense et fin, aussi plat que possible, formant des franges aux membres et à la queue, abondant au poitrail, est noire ou marron foie.

TAILLE : **mâle** de 59 à 61,5 cm, **femelle** de 56 à 59 cm;
POIDS : **mâle** de 27 à 36 kg, **femelle** de 25 à 32 kg *(standard F.C.I.)*

GOLDEN RETRIEVER

Golden Retriever

Origine

Le Golden Retriever serait le résultat de l'union, à la fin du XIXe siècle, d'un mâle Retriever à poil plat et d'une femelle Tweed Water Spaniel, race aujourd'hui disparue. De leur union sont nés 4 chiots qui apparaissent comme les véri-

Golden Retrievers
Sa gentillesse, son caractère gai et affectueux sont autant d'atouts pour ce chien doué pour la chasse comme pour la compagnie.

tables fondateurs de la race. Si la race était encore très variable à l'époque, les éleveurs anglais opérèrent une sélection aboutissant au Golden Retriever que nous connaissons aujourd'hui.

Comportement

Actif et vigoureux, doté d'un excellent flair, ce chien est un brillant chasseur et s'est révélé un bon chien d'aveugle. Gardien compétent, calme et affectueux, gentil avec les enfants, le Golden Retriever est très apprécié comme animal de compagnie. L'ensemble de ses qualités de travail et ses excellentes dispositions pour la compagnie familiale lui ont assuré un succès international, non loin aujourd'hui de celui du Labrador. En France, il commence à se répandre.

Aspect physique

Le Golden Retriever est un chien à l'allure vigoureuse, bien bâti, à la démarche sûre et régulière, dont l'expression est douce. Le crâne est large, le museau, puissant, et les mâchoires sont fortes. Les yeux, foncés et bien écartés, ont un regard très doux. Le bord des paupières est foncé. Les oreilles, triangulaires, de longueur moyenne, tombent à plat contre la tête. La poitrine est profonde. Les membres sont bien musclés. La queue, plutôt longue, est légèrement courbe et ne doit pas être portée trop relevée. La robe, au poil plat ou ondulé, a de belles franges et un sous-poil abondant et serré. Elle peut présenter n'importe quel ton fauve doré. Quelques poils blancs sur la poitrine sont acceptés, mais la robe ne doit jamais être rousse ou acajou.

Un chien trop léger, manquant d'ossature, un fouet mal porté, des yeux clairs, un poil bouclé, un manque de sous-poil, un caractère instable sont autant de graves défauts.

TAILLE : **mâle** de 56 à 61 cm, **femelle** de 51 à 56 cm *(standard F.C.I.)* ;
POIDS : **mâle** de 29 à 31,5 kg, **femelle** de 25 à 27 kg

LABRADOR RETRIEVER

Labrador Retriever

Origine

Descendant du « Chien de Saint-Jones », qui vivait au XVIIIe siècle dans l'île de Terre-Neuve, à l'ouest de l'embouchure du Saint-Laurent au Canada, le Labrador Retriever était utilisé par les pêcheurs de morue pour récupérer les poissons échappés des filets. Il fut importé en Grande-Bretagne vers 1820.

Comportement

Solide, sympathique, excellent rapporteur, il fut vite remarqué par quelques aristocrates du comté de Dorset, qui se mirent à en faire l'élevage et le dressèrent au rapport du gibier. Sélection et croisements, sans doute avec intervention du Pointer, permirent de l'affiner. Le Labrador Retriever rapporte d'instinct et se jette sans hésiter dans les eaux les plus froides. Équilibré, il sait aussi mener une quête calme et pister le gibier avec ténacité. Son flair le conduit à servir dans la police, surtout comme détecteur de drogue ou d'explosifs. Doux et paisible, ce chien n'a pas son pareil comme chien guide d'aveugle. Fidèle et affectueux, ami des enfants, c'est un compagnon tout à fait charmant. Le Labrador Retriever a connu et connaît toujours un succès international remarquable. Il demeure parmi les toutes premières races en Grande-Bretagne et aux États-Unis et a accédé à ce rang en France ces dernières années.

Labrador Retriever
Apte à la chasse, comme animal de compagnie ou encore d'assistance aux handicapés, c'est le plus connu des Retrievers.

Aspect physique

Solide, fortement charpenté, le Labrador Retriever a une tête au crâne large, au stop net, aux mâchoires solides, à la truffe large. Les yeux, moyens, bruns ou noisette, ont une expression douce et intelligente. Les oreilles, petites, pendent contre la tête, plutôt en arrière. La poitrine est large et profonde ; les membres sont puissants. La queue, épaisse vers la base, s'effile vers la pointe. Elle a l'apparence arrondie d'une « queue de loutre ». Ce chien la porte gaiement, mais non courbée au-dessus du dos. La robe est faite d'un poil court et dense et d'un sous-poil résistant à l'eau. Elle doit être unie : noire, marron foie ou crème. L'absence de sous-poil, des rides sur la tête, des oreilles trop grandes ou lourdes, des franges sont des défauts.

TAILLE : **mâle** de 56 à 57 cm, **femelle** de 54 à 56 cm *(standard F.C.I.)* ;
POIDS : de 25 à 30 kg

NOVA SCOTIA DUCK TOLLING RETRIEVER

Retriever de la Nouvelle-Écosse

Origine et comportement

Cette race canadienne, peu connue en Europe, a de nombreux adeptes dans son pays. Ce Retriever ne se contente pas de rechercher, lever et rapporter le canard, il a aussi la spécialité d'attirer l'attention des oiseaux et les amène à se rassembler, facilitant ainsi le tir des chasseurs. Intelligent, facile à dresser, le Retriever de la Nouvelle-Écosse, très prompt à agir, est aussi tenace sur terre que dans l'eau.

Aspect physique

Puissant, compact, très musclé, le Retriever de la Nouvelle-Écosse a des yeux en amande, à l'expression vive et amicale. Les oreilles en triangle sont plantées haut. Le poil mi-long, imperméable, est doublé d'un sous-poil dense. La robe, normalement raide, peut être légèrement ondulée sur le dos.

TAILLE : **mâle** de 48 à 51 cm, **femelle** de 45 à 48 cm ;
POIDS : **mâle** de 20 à 23 kg, **femelle** de 17 à 20 kg *(standard F.C.I.)*

Retrievers de la Nouvelle-Écosse
Ce Retriever, très rare hors de son pays d'origine, est un excellent chasseur de canards.

Teckels et Terriers

Deux écoles, deux conceptions différentes de l'élevage canin, mais une même efficacité, cela donne, d'un côté, une foule d'excellents chiens britanniques, ou d'inspiration britannique, les Terriers, de l'autre, un trio allemand exceptionnel, les Teckels. Leurs origines n'ont rien de noble, puisque ce sont des chasseurs de vermine que l'on a améliorés pour, notamment, la chasse au terrier, parfois à courre. Courageux et mordants au travail, ils se font aimer pour leur intelligence et leur vivacité à la maison.

Teckels

TECKEL (NORMALGRÖSSE, ZWERG, KANINCHEN)

Teckel (standard, nain, kaninchen ou de chasse au lapin)

Autre nom : Dachshund.

Origine

La découverte de l'effigie d'un chien très proche du Teckel dans le tombeau d'un pharaon, remontant à 4000 ans av. J.-C., a fait croire que le Teckel à poil ras aurait une lointaine origine égyptienne. Les cynologues pensent cependant plus raisonnablement que ce chien est né en Allemagne, du croisement d'une forme basse de Bruno du Jura avec un Pinscher. Le Teckel à poil ras a donné naissance aux deux autres variétés de Teckel, qui ne diffèrent de l'animal d'origine que par la nature de leur robe. Vers le début du XVIe siècle, les Allemands ont créé le Teckel à poil long à partir de la variété à poil ras et d'Épagneuls ; quant au Teckel à poil dur, admirablement bien adapté à la chasse grâce à son poil épais qui le protège, il est issu de croisements entre le Teckel à poil ras, le Schnauzer, le Dandie Dinmont Terrier et, probablement, le Scottish Terrier au XIXe siècle.

Comportement

En France, les Teckels sont surtout appréciés comme chiens de compagnie, alors que, en Allemagne et en Grande-Bretagne, ils ont gardé leur vocation de chasseur au nez subtil ; courageux, persévérants et robustes, ils chassent le renard, la loutre et le blaireau (le mot allemand *Dachshund* signifie « chien de blaireau »). Chiens de déterrage par excellence, ils sont aussi de bons chiens de sang : ils sont particulièrement doués pour la recherche des bêtes blessées.

Pour une même variété de poil, les caractéristiques psychiques et physiques sont les mêmes dans les trois tailles de Teckels. Affectueux, possessifs et intelligents, les Teckels ont tendance à prendre du poids quand ils vivent en appartement ; régime et exercice sont donc indispensables. Vers l'âge de 5 ans, certains Teckels sont atteints d'une paralysie du train postérieur, consécutive à une hernie discale, qui nécessite une thérapeutique complexe.

Par-delà ces problèmes, la richesse de ses qualités a permis au Teckel de se répandre dans le monde entier, particulièrement en variétés de petite taille et à poil long ou ras.

Aspect physique

Malgré des membres courts, le Teckel ne doit pas être gêné dans ses mouvements. À la fois longiligne et compact, le Teckel possède un cou long et sec, surmonté d'une tête fine, qui va se rétrécissant jusqu'à la truffe. Le museau est long et droit, la truffe sèche, noire ou brune selon la couleur de la robe. Le stop est peu apparent. Les yeux, ovales et vifs, sont brun-rouge ou alors brun-noir, intelligents et amicaux. Les oreilles, assez longues, plates et très mobiles, sont attachées haut en arrière et pendent contre la joue. La cage thoracique est ovale, le dos court et rigide, le rein large et la croupe longue et arrondie. Les antérieurs, musclés, pas tout à fait parallèles, sont un peu tournés vers l'extérieur. L'omoplate et le bras, formant un angle droit, sont de même longueur. L'avant-bras est court, l'articulation du carpe épaisse, et le métacarpe

Teckel à poil dur
Ses sourcils broussailleux et sa barbiche lui donnent un petit air hirsute.

robuste. Les pieds sont larges et ronds. Vus de derrière, les postérieurs sont parallèles. La cuisse, aux muscles compacts et durs, est prolongée par une jambe musclée, un jarret large et fort, un métatarse allongé et légèrement courbé en avant. La queue, située dans le prolongement de la ligne du dos, ne doit pas être trop recourbée ou portée trop gaiement. Le Teckel à poil ras présente une robe unicolore (fauve, de préférence fauve rouge), bicolore (noire, marron, grise ou blanche avec des marques feu au-dessus des yeux, sur les côtés du museau, sur la lèvre inférieure, à l'intérieur des oreilles, sur le poitrail, le bas des membres et sous la queue) ou arlequin (brun clair, gris clair, quelquefois même blanche, avec des taches inégales brun foncé, fauve rouge ou noires), au poil court, dru, luisant et plat. Toutes les couleurs sont admises pour la robe du Teckel à poil dur, qui a l'apparence d'un Teckel à poil ras. La robe de ce chien est toutefois serrée et dure; des moustaches ornent le museau, et les sourcils sont touffus. Le Teckel à poil long présente, comme le Teckel à poil ras, une robe unicolore, bicolore ou arlequin dans les mêmes teintes, mais le poil est doux, long et soyeux. Les chiens bégus ou grignards, aux épaules trop molles, aux poignets fléchis ou bouletés, à la robe noire ou blanche sans marques de feu sont éliminés lors des concours.

TAILLE: non précisée par le standard;
POIDS: standard: inférieur à 9 kg; nain: inférieur à 4 kg à 18 mois et tour de poitrine inférieur à 35 cm; kaninchen: inférieur à 3,5 kg à 18 mois et tour de poitrine inférieur à 30 cm *(standard F.C.I.)*

Teckel à poil long
Plus sophistiqué que ses cousins à poil court ou dur, il préfère être dans un salon qu'à la chasse.

Teckel à poil ras
À l'origine des autres variétés de Teckels, il reste très populaire auprès du public.

Airedale
Chien de chasse, gardien, auxiliaire de la police et de l'armée, il sait tout faire.

Terriers

AIREDALE

Airedale

Origine

Ce chien doit son nom à l'Aire, petite rivière à loutres de la région de Leeds, en Grande-Bretagne. C'est précisément pour chasser ces loutres qu'il fut créé vers 1850 par croisement entre le Chien de loutre (Otterhound), l'Old English Terrier et le Bull-Terrier blanc.

Comportement

Chasseur de loutres, de cerfs ou de sangliers, l'Airedale est aussi l'un des meilleurs chiens de garde qui soit. En temps de guerre, il fut utilisé comme courrier, chien d'assaut ou sentinelle ou encore comme chasseur de rats. Aujourd'hui, il est le chien de police national de Grande-Bretagne. Fort, courageux, toujours sur le qui-vive et même téméraire, c'est un animal plein de vie, patient et agréable. Remuant et sportif, l'Airedale est un chien particulièrement robuste, qui a besoin de maîtres dynamiques lui assurant un exercice quotidien dont il ne peut se passer.

Aspect physique

Agile et rapide, l'Airedale est un chien bien proportionné, d'une grande élégance. La tête, au crâne long et plat, pas trop large entre les oreilles, présente un stop peu marqué. Les joues sont plates. Les mâchoires, puissantes, fonctionnent comme un étau. Le chanfrein est fort. Les yeux, petits et noirs, ont un regard très vif et intelligent.

Les oreilles, petites et en V, sont portées de côté. Le dos, court et droit, n'a aucune mollesse. Le rein est musclé. L'Airedale est bien campé sur des antérieurs parfaitement droits. Il a des épaules longues et rejetées en arrière, des cuisses longues et puissantes. Les jarrets, vus de l'arrière, sont bien parallèles. La queue, attachée haut, est portée gaiement. Le poil est dense et dur. Il est doublé d'un sous-poil court et doux. La couleur est fauve sauf sur le tronc, qui est recouvert d'un manteau noir ou gris foncé.

TAILLE : **mâle** de 58 à 61 cm, **femelle** de 56 à 59 cm *(standard F.C.I.)*;
POIDS : environ 20 kg

Staffordshire américain
Sa mauvaise réputation n'est pas justifiée : il peut faire un excellent chien de compagnie.

AMERICAN STAFFORDSHIRE TERRIER

Staffordshire américain

Origine

Le Staffordshire américain descend du Terrier du Staffordshire créé par les Anglais au XIXe siècle pour les combats de chiens alors à la mode et pour lutter contre des taureaux. Pendant l'entre-deux-guerres, les Américains se prirent de passion pour ce type de spectacle, qui était l'enjeu de gros paris. Ils importèrent le Staffordshire, et les éleveurs en firent une variété plus grande qui prit une place de choix parmi les Pit-Bulls (chiens de combat).

Comportement

Le courage du Staffordshire américain est légendaire. C'est un gardien remarquable alliant la force du Bulldog à l'agilité du Terrier. Ce chien est également un compagnon intelligent et fidèle. Son heureux caractère lui vaut d'être très apprécié comme animal de compagnie. À la campagne, sa vitalité est particulièrement utile, car il débarrasse les lieux des animaux nuisibles.

Aspect physique

Le Staffordshire américain donne une impression de grande force pour sa taille. Mais son corps puissant apparaît plein de souplesse. Il est bien construit, musclé, tout en étant agile et gracieux. Plutôt compact, il a le dos assez court, le cou lourd, les épaules fortes et musclées, la poitrine haute et large. La queue, courte par rapport à la taille, fine au bout, est attachée bas et portée à l'horizontale.

La tête est moyennement longue, le crâne large, le stop marqué. Les oreilles, courtes, attachées haut, sont semi-tombantes ou dressées, notamment si elles sont écourtées. Les yeux, ronds, de couleur foncée, sont placés bas ; ils sont, en outre, très écartés.

Le Staffordshire américain a le poil court, serré, raide au toucher et luisant. Toutes les couleurs de robe sont admises : unicolore, pluricolore ou panachée. Les robes toutes blanches ou avec plus de 80 % de blanc ne sont pas recherchées.

TAILLE : **mâle** de 46 à 48 cm, **femelle** de 43 à 46 cm *(standard F.C.I.)*;
POIDS : de 17 à 20 kg

AUSTRALIAN TERRIER

Terrier australien

Origine

Révélé à Sydney en 1899, ce chien compte plusieurs Terriers parmi ses ancêtres : le Cairn Terrier, le Dandie Dinmont Terrier, le Terrier irlandais, le Terrier écossais et, bien sûr, le Terrier du Yorkshire. Sa ressemblance avec ce dernier est manifeste.

Terrier australien
Cousin rustique du Terrier du Yorkshire, il chasse avec acharnement la vermine, mais est aussi un bon compagnon.

Comportement

Créé pour la chasse au lapin et au rat, ce petit chien hirsute, compact, massif et bas sur pattes est un excellent chien de travail, agile et très combatif. Vif, intelligent, affectueux et fidèle, le Terrier australien est aussi un bon chien de compagnie.

Aspect physique

La tête, allongée, au crâne plat, s'orne d'une touffe de poils soyeux. Le stop est nettement marqué et la truffe bien noire. Les yeux, foncés, sont vifs ; les oreilles, attachées haut sur le crâne et de petite taille, sont généralement droites, parfois demi-droites, abaissées vers le front. Le cou, relativement allongé pour la taille, porte une collerette de poils. Le corps est assez long et l'arrière-train puissant. La robe, faite d'un poil droit raide et rude, long d'environ 6 cm, est bleu-noir à bleu-gris sur le corps avec du fauve au niveau des pattes et du museau, et du bleu argent au niveau du toupet ; elle peut être également sable ou fauve rouge avec un toupet sable ou roux foncé.

La qualité et la répartition des couleurs de la robe, la texture du poil sont de première importance lors des concours.

TAILLE : **mâle et femelle** environ 25 cm ;
POIDS : **mâle** environ 6,5 kg, **femelle** un peu moins *(standard F.C.I.)*

Bedlington
Il a un physique tout à fait original, différent de celui des autres Terriers. C'est un excellent chasseur et un compagnon agréable.

BEDLINGTON

Bedlington

Origine et comportement

Ce Terrier britannique serait originaire, comme son nom l'indique, de la ville de Bedlington, dans le Northumberland, et aurait été créé par des mineurs désireux d'obtenir un chien capable d'exterminer les rats qui pullulaient dans les galeries. On pense que le Bedlington, issu du Dandie Dinmont Terrier et du Chien de loutre, doit sa silhouette affinée à un apport de sang de Whippet. Gracieux, endurant, souple et musclé, ce chien galope à grande vitesse. Aussi a-t-il été longtemps l'auxiliaire des braconniers avant de devenir un animal de compagnie. Redoutable chasseur de rats, il traque aussi le petit gibier.

Aspect physique

Avec sa tête en poire, qui lui donne un peu l'air d'un mouton, et sa tonte de caniche, le Bedlington, dont les pattes arrière donnent l'impression d'être plus hautes que les pattes avant, a une silhouette des plus singulières. La tête, au crâne étroit, n'a pas de stop; la ligne de l'occiput au bout du nez est tout à fait droite. Les yeux, brillants et bien enfoncés, sont souvent triangulaires. Les oreilles, en amande, plantées bas, pendent le long des joues.

Bien musclé, le Bedlington a un arrière-train puissant et des reins très arqués. Sa queue, fine, plantée bas, est légèrement recourbée. La robe, au poil fourni, un peu dressé, a tendance à boucler, en particulier sur la tête et sur le front. Elle est gris-bleu, gris-bleu avec des marques feu, marron ou sable. Les chiens bleus et les bleu et feu doivent avoir

Border Terrier
Très bon chien de compagnie, il a un physique rustique qui ne nécessite pas de longues séances de toilettage.

la truffe noire. La queue portée trop relevée, l'œil rond ou le stop marqué constituent de graves défauts.

TAILLE : **mâle et femelle** environ 41 cm ;
POIDS : de 8 à 10 kg *(standard F.C.I.)*

BORDER TERRIER

Border Terrier

Origine

Originaire des monts Cheviot, aux confins de l'Écosse et de l'Angleterre, le Border Terrier a été, des siècles durant, le plus grand spécialiste de la chasse au renard et à la martre. Ce chien serait issu d'un Terrier anglais actuellement disparu, et parent avec le Dandie Dinmont Terrier et le Bedlington. Chien de travail, il devait être capable de suivre un cavalier, sans fatigue.

Comportement

Audacieux et remuant, c'était un chasseur courageux et très efficace. Aujourd'hui souvent utilisé comme chien de compagnie, il est très apprécié pour sa robustesse, son heureux caractère, sa gentillesse avec les enfants et l'attachement qu'il porte à son maître.

Aspect physique

La tête, au crâne modérément large, au museau court et puissant, ressemble un peu à celle d'une loutre. Les yeux, foncés, ont une expression vive. Les oreilles, petites et en V, tombent en avant, près des joues. Les mâchoires, solides, portent de fortes dents en ciseaux. Le corps est étroit et assez long. Les antérieurs sont droits. L'arrière-main, au rein fort, est bien formée pour la course. La queue, assez courte, épaisse à la base, s'effile ensuite peu à peu. La robe se compose d'un poil rude et dense, doublé d'un sous-poil serré très protecteur. Elle est de couleur fauve à fauve rouge, très prisée, et grisonnée ou bleue avec des marques feu.

TAILLE : non précisée par le standard ;
POIDS : **mâle** de 6 à 7 kg, **femelle** de 5 à 6 kg *(standard F.C.I.)*

BOSTON TERRIER

Terrier de Boston

Origine

Créé vers 1870 par croisement du Bulldog et du Bull-Terrier, le Terrier de Boston a d'abord été baptisé « Boston-Bull-Terrier ». Très à la mode en 1920, ce chien à la tête ronde était, à l'origine, destiné à briller dans les combats de chiens, qui étaient de tradition dans certaines villes américaines.

Comportement

Très vivant, intelligent, pacifique malgré ses origines, cet ancien combattant est un animal de compagnie agréable. Il a manifestement reçu du sang de Bouledogue français, auquel il ressemble beaucoup, et cela a contribué à lui donner ce caractère équilibré et cette gentillesse qui ont fait son succès aux États-Unis. Très attaché à son maître, il est patient et doux avec les enfants.

Aspect physique

Bien proportionné, le Terrier de Boston donne une impression de force paisible, tout en étant gracieux. Il se déplace d'une allure bien rythmée, les quatre pattes se mouvant dans l'alignement. Le crâne carré, sans rides, est plat sur le dessus. Le front est droit et le stop bien marqué. Le museau, court et large, reste en harmonie avec le crâne. Les lèvres recouvrent bien des dents régulières. Un léger prognathisme inférieur donne au menton un aspect carré. Les yeux, larges et écartés, sont ronds et foncés. Les oreilles sont naturellement droites, en oreilles de chauve-souris, ou affinées en étant coupées. Le cou, un peu arqué, porte élégamment la tête. Le Terrier de Boston est un chien solide, à la poitrine large, au dos court, à la croupe un peu arrondie et au rein musclé. Les antérieurs sont droits et solides. La queue, attachée bas, courte, droite ou en crochet, est portée horizontalement. La

Terrier de Boston
Affectueux et très attaché à son maître, le Terrier de Boston a hérité son caractère équilibré du Bouledogue français.

Cairn Terrier
Cousin rustique du Westie (West Highland White Terrier), il est vif et toujours en mouvement : un vrai pitre qui ravira toute la famille.

robe, constituée d'un poil court, fin et brillant, que le chien ne perd pas, est de préférence fauve fortement bringée avec des marques blanches, le noir avec des marques blanches étant cependant admis. Le blanc doit normalement se répartir sur le museau, en liste large sur le front et le crâne, autour du cou, sur le poitrail et les membres antérieurs et également sur le bas des membres postérieurs.

TAILLE : non précisée par le standard ;
POIDS : sujet léger : moins de 7 kg ; sujet moyen : de 7 à 9 kg ; sujet lourd : de 9 à 11 kg
(standard F.C.I.)

CAIRN TERRIER

Cairn Terrier

Origine

Né dans l'ouest des Highlands et dans les îles des côtes ouest de l'Écosse, le Cairn Terrier est d'origine très ancienne. Son nom lui a été attribué en raison de son aptitude à circuler dans les « cairns », monticules rocheux où il chassait surtout les « puants » (blaireaux, fouines, putois, etc.), le renard et le chat sauvage.

Comportement

Gai, intrépide, effronté et d'une vivacité peu commune, le Cairn Terrier ignore l'agressivité. S'il est devenu un charmant chien de compagnie, il reste un chasseur actif et hardi de rats et d'autres nuisibles. Rustique et remuant, il a grand besoin d'exercice. Il vaut mieux éviter de le toiletter afin de lui conserver son aspect ébouriffé caractéristique.
Cette allure amusante et très sympathique, conjuguée à un caractère enjoué mais qui accepte de se plier à une discipline explique qu'il soit l'un des Terriers les plus répandus en Grande-Bretagne, mais aussi les plus connus et appréciés ailleurs.

Aspect physique

Son allure générale est celle d'un Terrier rustique, solide, agile et plein d'allant. La tête, bien proportionnée et triangulaire, aux oreilles pointues et dressées, à la truffe noire, est bien garnie de poils. Le museau, puissant, mais sans lourdeur, porte de fortes mâchoires. Les yeux, sombres ou noisette, sont écartés et surmontés de sourcils en broussaille. Le Cairn, bien

d'aplomb sur ses membres, doit être très libre dans ses mouvements. Les antérieurs comme les postérieurs sont dotés d'une bonne ossature et fortement musclés. Le dos est droit et le rein puissant. La queue, courte, bien fournie, est portée gaiement. La robe, au poil hérissé et abondant, au sous-poil doux et serré, protège parfaitement l'animal de la pluie.
La couleur va du fauve crème au fauve rouge ou, charbonnée, du gris au presque noir. Toutes ces teintes peuvent être bringées. Les extrémités sombres, en particulier oreilles et museau, sont typiques. Ne sont pas admis le noir, le blanc et le noir et feu.
La qualité de la constitution physique et du poil est importante dans les concours.

TAILLE : **mâle et femelle** de 28 à 31 cm ;
POIDS : de 6 à 7,5 kg *(standard F.C.I.)*

CESKY TERRIER

Terrier tchèque

Origine et comportement

Créé par un éleveur tchèque, Franta Horak, à partir du Terrier de Sealyham, en particulier, ce Terrier, chasseur de petit gibier, est devenu un chien de compagnie docile, loyal, attachant et patient. Gardien vigilant, il est facile à dresser.

Aspect physique

Court sur pattes, souple et robuste, le Terrier tchèque a une longue tête, à la truffe bien développée, à la barbe épaisse et aux sourcils en broussaille. Les yeux, assez enfoncés et cachés sous les poils, sont marron clair ou marron foncé. Les mâchoires sont solides. Les oreilles pendent contre les joues. Les membres sont robustes, et la queue est portée à l'horizontale quand le chien est en action. La robe peut être gris-bleu ou marron café clair. Le toilettage auquel il est bon de procéder met particulièrement en évidence le poil long et ondulé qui frange la partie inférieure du corps.

TAILLE : **mâle et femelle** de 25 à 32 cm ;
POIDS : de 6 à 10 kg *(standard F.C.I.)*

DANDIE DINMONT TERRIER

Dandie Dinmont Terrier

Origine et comportement

Issu vraisemblablement d'un croisement entre un ancien Terrier écossais et peut-être le Chien de loutre, ce petit Terrier, sélectionné par un fermier écossais au début du XIXe siècle, James Davidson, porte le nom d'un personnage du roman *Guy Mannering*, publié en 1814 par Walter Scott. Robuste, vigoureux, dynamique et infatigable, cet excellent petit chien de déterrage est actuellement de plus en plus apprécié comme chien de compagnie en Grande-Bretagne.

Terrier tchèque
Chien de compagnie agréable, il peut aussi être un gardien vigilant.

Dandie Dinmont Terrier
Seul chien au monde à porter le nom d'un héros de roman, il est apprécié comme chien de compagnie.

Aspect physique

Bas sur pattes, le Dandie Dinmont Terrier a une tête assez grande, couverte de poils soyeux, au front bombé et au museau allongé. Les yeux, écartés et ronds, sont de couleur noisette foncé ; les oreilles, attachées bas, sont pendantes le long des joues. Le cou, bien développé, est porté par un corps long et souple, aux membres fortement musclés. Les antérieurs sont un peu plus courts que les postérieurs. Incurvée comme un cimeterre, la queue, plutôt courte – de 20 à 25 cm –, est portée haute, surtout en action. La robe, formée d'un mélange de longs poils durs et doux, qui allie raideur et souplesse, est de couleur dite poivre (gris-bleu foncé ou gris argent clair avec les membres fauve plus ou moins foncé) ou dite moutarde (fauve roux à fauve clair).

TAILLE : non précisée par le standard ;
POIDS : de 8 à 11 kg (*standard F.C.I.)*

DEUTSCHER JAGDTERRIER

Terrier de chasse allemand

Origine et comportement

Malgré ses origines britanniques – il descend du Fox, du Welsh et de l'Old English Terrier –, le Terrier de chasse allemand, créé au XIXe siècle, est un chien allemand.

Terrier de chasse allemand
Excellent chien de chasse au gros gibier, il n'est pas du tout adapté à la compagnie.

Conçu avant tout pour le travail, il a de grandes qualités de chasseur. C'est d'ailleurs l'un des rares Terriers qui ne soit pas devenu chien de compagnie. Vif et combatif, il s'attaque au renard comme au sanglier. Rapporteur de petit gibier, il est aussi un bon « chien de sang ». Impétueux, entêté, il n'obéit qu'à son maître.

Aspect physique

Ce Terrier, au corps un peu plus long que haut, au dos droit et robuste, à la poitrine profonde, est bien planté sur des antérieurs droits et musclés et sur des postérieurs solides, aux jarrets bas. Son crâne, plat, est plus large entre les oreilles et plus étroit vers le museau que celui du Fox-Terrier. Le museau est puissant et se caractérise par une forte mâchoire inférieure. Les dents, solides, sont en ciseaux. Les yeux, petits, foncés et en retrait, ont un regard décidé. Les oreilles, en V, attachées haut, sont légèrement appliquées contre la joue. La queue est portée plus horizontale qu'inclinée. La robe a un poil lisse, serré, rude ou dur et assez court. Elle est souvent de couleur noire, gris-noir mélangé ou brun foncé avec des marques fauves sur la tête, la poitrine, les membres et en région périanale.
Une absence de prémolaires, des oreilles droites ou en forme de tulipe ou de rose, un poil laineux, fin et ras, un ventre dépourvu de poils sont des défauts.

TAILLE : **mâle et femelle** de 33 à 40 cm ;
POIDS : **mâle** de 9 à 10 kg, **femelle** de 7,5 à 8,5 kg *(standard F.C.I.)*

ENGLISH BULL-TERRIER (STANDARD, MINIATURE)

Bull-Terrier (standard, miniature)

Origine et comportement

Au début du XIXe siècle, les combats entre Bulldogs et taureaux étaient si populaires en Angleterre que leurs organisateurs décidèrent de créer pour la lutte un nouveau chien, aussi agressif que le Bulldog mais

Bull-Terrier
Son physique particulier lui a valu d'être placé sous les feux de la rampe avec le film *Baxter*.

plus agile. Ainsi naquit le Bull-Terrier, du croisement du Bulldog avec des Terriers. Violent et même hargneux à l'origine, il est devenu, grâce à une sélection efficace et d'autres apports de sang, un chien au caractère égal. Bien qu'obstiné, il se soumet à la discipline et, bien éduqué, fait un compagnon sûr, dévoué et discret. Il mérite bien le succès qu'il connaît aujourd'hui.

Aspect physique

Bâti en force, le Bull-Terrier est bien proportionné, actif et doté d'une expression résolue. Quand il se déplace, il couvre le terrain à grandes enjambées, d'une allure régulière et preste qui lui est propre.
Sa tête, longue, est forte, sans être grossière. Vue de face, elle est ovoïde. Le dessus du crâne, d'une oreille à l'autre, est presque plat. La truffe, noire, a des narines bien développées. La mâchoire, forte, porte des dents régulières et de belle taille. Les yeux, foncés ou presque noirs, en amande ou triangulaires, sont profondément enfoncés et disposés en oblique. Les oreilles, de taille moyenne, minces et rapprochées, se dressent à la verticale. Le cou est long et très musclé. Solidement planté sur des antérieurs forts et bien parallèles, le Bull-Terrier a des postérieurs également parallèles. La queue, courte, épaisse à la base, est portée à l'horizontale. La robe est faite d'un poil court, plat, luisant, lisse et dur au toucher ; elle est blanche et peut alors avoir quelques taches en tête, ou être colorée, et la couleur doit, dans ce cas, dominer le blanc ; si le fauve bringé est préféré, le fauve jusqu'au fauve rouge, le bringé noir et la robe tricolore (noir et blanc avec marques feu aux extrémités) sont admis. La qualité de la couleur de robe, le port d'oreille ou de la queue, la forme de l'œil et l'équilibre du corps sont des points surveillés, particulièrement importants.

TAILLE : **mâle et femelle** miniature : moins de 35,5 cm, standard : pas de limite ; POIDS : miniature : non précisé par le standard, standard : pas de limite.

ENGLISH TOY TERRIER

Toy Terrier

Autre nom : Terrier noir et feu.

Origine et comportement

Ce mini-ratier de race très ancienne est né de croisements répétés entre des Terriers de Manchester de petite taille. Vers le milieu du XIXe siècle, on en a fait la vedette d'un sport cruel, qui consistait à tuer des rats dans une fosse. Ce chien était aussi très prisé des vieilles dames, qui le mettaient dans leur manchon. Hardi, vif, intelligent et affectueux, c'est aujourd'hui un charmant chien de compagnie, facile à vivre.

Aspect physique

La tête, longue et étroite, bien sculptée, est en forme de coin. La peau, bien tendue, est très fine. Les yeux, petits, foncés et brillants, sortent légèrement. Les oreilles se dressent en « flamme de bougie ». Le cou, mince et gracieux, s'accorde bien au volume de la tête. Le dos est court, le rein fort et la poitrine profonde, mais pas large. Les membres, à l'ossature très fine, bien d'aplomb, se déplacent selon un mouvement qui rappelle le trot du cheval. La queue est portée bas ou en sabre, jamais en trompette.
La robe, au poil serré, ras, lisse, fin et luisant, est noir et feu, avec des teintes bien tranchées. Les marques sont bien délimitées sur les pattes, la poitrine et le museau.

TAILLE : **mâle et femelle** de 25 à 30 cm ;
POIDS : de 2,7 à 3,6 kg *(standard F.C.I.)*

Toy Terrier
Intelligent, gai et affectueux, il a oublié son passé de chasseur de rats et est devenu un agréable chien de compagnie.

Fox-Terrier à poil dur
Ce Terrier très populaire a besoin d'une éducation ferme, car il a un fort caractère.

FOX-TERRIER (SMOOTH, WIRE)

Fox-Terrier (à poil lisse, à poil dur)

Origine et comportement

Connu depuis le XVIe siècle, ce chien est cité dans tous les ouvrages pour son courage et son efficacité dans l'art de débusquer le renard. Batailleur, téméraire, ce Terrier sait se faire respecter des étrangers. Il a aussi une fâcheuse tendance à agresser les autres chiens. Dynamique, plein de tempérament, agréable avec ses maîtres, très fidèle, il peut se montrer extrêmement jaloux. Ce chasseur de renards, devenu souvent chien de compagnie, a besoin de beaucoup d'activité. Il supporte mal d'être enfermé et encore moins d'être attaché. Néanmoins, bien éduqué, il sait se tenir et garde avec efficacité la voiture ou la maison. Pour toutes ces raisons, le nombre de ses inconditionnels est toujours aussi élevé.

Aspect physique

Vif et d'allure rapide, le Fox-Terrier doit être parfaitement proportionné, ni trop haut, ni trop court sur pattes. Le crâne, plat, a la même longueur que le chanfrein, qui se rétrécit des yeux au museau. Le stop ne doit pas être trop apparent. Les oreilles, petites et en V, tombent en avant, près de la joue. Les yeux, petits, ronds, foncés et vifs, ont un regard très intelligent. Le museau est fort; les maxillaires, bien développés, sont armés de solides dents blanches. Le cou, musclé, sans fanon, dessine de profil une courbe gracieuse. Les antérieurs, parfaitement droits, sont projetés en avant dans la marche et se meuvent parallèlement aux côtés, tel le balancier d'une horloge. Les postérieurs assurent la propulsion. Les épaules, larges et solides, sont bien couchées en arrière. La poitrine est profonde et peu large. Le Fox-Terrier a le dos court et droit, le rein musclé, légèrement arqué, l'arrière-main forte et robuste, les cuisses longues et vigoureuses, les jarrets bien arqués. Les pieds, ronds et compacts, sont plutôt petits. La queue, attachée haut, est portée gaiement.

On distingue deux variétés selon la nature du poil: le Fox-Terrier à poil dur et le Fox-Terrier à poil lisse. Le Fox-Terrier à poil dur a un poil brisé, jamais soyeux, le plus dur possible et qui a tendance à s'emmêler. Les meilleures robes ont une texture tellement serrée que, si l'on sépare les poils avec les doigts, la peau reste invisible. Un sous-poil fin double la robe. Pour être parfaitement présentable, le Fox-Terrier à poil dur doit subir le « stripping » – épilation au peigne-couteau – et le « trimming » – modelage artistique de la robe. Le Fox-Terrier à poil lisse a le poil droit, plat, lisse et abondant. Chez les deux variétés, les robes comportant un maximum de blanc sont très appréciées; elles présentent aussi des marques noires, noir et fauve ou fauves.

Les marques bringées, rouges, marron ou bleues sur la robe ne sont pas acceptées. Les yeux vairons, une bouche béguë ou grignarde sont également considérés comme des défauts.

TAILLE: **mâle** moins de 39 cm, **femelle** plus petite; POIDS: **mâle** moins de 8 kg, **femelle** moins de 7,5 kg *(standard F.C.I.)*

GLEN OF IMAAL TERRIER

Terrier Glen d'Imaal

Origine et comportement

Ce petit chien, bas sur pattes, est peu connu hors de son Irlande natale. De race très ancienne, il a toujours été utilisé pour la chasse des rongeurs et éventuellement du renard et du blaireau. Courageux, agressif et robuste, un peu querelleur avec les autres animaux, il est gentil et doux à l'égard de ses maîtres. Il demeure avant tout, de tempérament, un chien de travail.

Aspect physique

Fort pour sa taille, actif et agile, le Terrier Glen d'Imaal a une tête assez large, au stop net et aux yeux noisette. Les mâchoires sont garnies de fortes dents. Les oreilles, étroites, sont tombantes. Les antérieurs sont courts et forts, et les postérieurs solides. La queue est portée gaiement. La robe, au poil mi-long et plutôt dur, doublée d'un sous-poil doux, est de couleur fauve ou gris-bleu.

TAILLE: **mâle** moins de 35,5 cm; POIDS: environ 16 kg *(standard F.C.I.)*

IRISH TERRIER

Terrier irlandais

Origine et comportement

La première représentation de ce chien date du XVIIIe siècle. Cependant, on peut penser que son origine est plus ancienne. La démarche fière du Terrier irlandais est d'une assurance qui frise l'outrecuidance. Fidèle et dévoué, compagnon chaleureux et doux de caractère, ce chien est courageux et même téméraire devant le danger, se jetant sur l'adversaire avec une fougue peu commune.

Aspect physique

La silhouette est racée, sans lourdeur. La tête, longue, au crâne plat, plutôt étroit entre les oreilles, est marquée d'un stop très léger. Les mâchoires sont fortes et musclées, et le museau est délicatement ciselé. Les yeux, petits et foncés, brillent d'intelligence. Les oreilles, petites, en V et bien plantées, tombent en avant contre la joue. Le cou, sans fanon, porte une légère collerette. Les antérieurs, modérément longs, sont parfaitement d'aplomb, musclés et recouverts de poils serrés et un peu bouclés. La poitrine profonde et musclée, le dos fort et droit, le rein solide, un peu arqué, l'arrière-main forte, avec des cuisses vigoureuses, témoignent de la puissance de ce Terrier. Quand celui-ci marche, les membres doivent se mouvoir de façon rectiligne. La queue, en général coupée aux trois quarts, sans frange mais bien fournie, est portée gaiement. La robe, dure et rêche, recouvre un sous-poil fin et doux. Elle est unicolore, de préférence fauve roux vif, roux blé ou orange. Une petite tache blanche sur la poitrine est cependant permise.

TAILLE: **mâle et femelle** environ 45 cm; POIDS: **mâle** environ 12 kg, **femelle** environ 11 kg *(standard F.C.I.)*

Terriers irlandais: mère et son petit
Surnommé *Daredevil* (casse-cou) dans son pays, il mérite bien son sobriquet, car il n'a peur de rien.

JACK RUSSELL TERRIER

Terrier du révérend Jack Russell

Autres noms : Jack Russell, Parson Jack Russell.

Origine

Le créateur de la race, John dit « Jack » Russell, est né en 1795 à Dartmouth dans le Devon, en Angleterre. Durant ses études à Oxford, il commença à s'intéresser à la chasse et aux chiens et fit l'acquisition de sa première femelle, Trump. Il fut ensuite nommé pasteur titulaire *(parson)* de la paroisse de Swymbridge où il officia pendant cinquante ans. C'est là qu'il se passionna véritablement pour la chasse et la sélection cynophile. Il voulait obtenir un petit chien, court sur pattes, capable de se faufiler dans les terriers. Le pasteur commença alors à croiser plusieurs types de Terriers d'utilité, recherchant plus les aptitudes à la chasse qu'une apparence homogène. Parallèlement à ses activités de sélection sur le Jack Russell, le pasteur a aussi beaucoup travaillé sur le Fox-Terrier, ce qui lui valut les honneurs du monde cynophile. Il fut l'un des fondateurs du Kennel Club britannique. Malheureusement, le Jack Russel ne bénéficia pas des relations de son créateur. En effet, la race avait un type fort hétérogène – ce qui est vrai encore aujourd'hui –, ce qui ne facilita pas sa reconnaissance par le Kennel Club… En fait, elle obtint sa reconnaissance officielle par la « petite porte ».

Les Jacks montrèrent de telles aptitudes à la chasse souterraine qu'ils furent très appréciés par de nombreux veneurs. Chasseurs et éleveurs amateurs ont finalement fondé le premier « Parson Jack Russell Terrier Club » en 1976. Après quelques années de querelles sur la taille supposée du chien, le Kennel Club a reconnu officiellement la race en 1990. La France l'a reconnue le 2 janvier 1991. Aujourd'hui, le Jack Russell est devenu à la mode : c'est le chien de personnalités telles que le prince Charles d'Angleterre, le prince Albert de Monaco, la reine Paola de Belgique, la princesse de Broglie, Pierre Bergé, P-DG d'Yves Saint Laurent, l'acteur Francis Huster, le danseur Patrick Dupond, ou encore le couturier Michel Klein…

Comportement

S'il a aujourd'hui conquis les salons, le Jack Russell n'en conserve pas moins son caractère de Terrier ! Têtu, il a le comportement d'un chasseur : toujours sur le qui-vive, curieux, vif, il a parfois du mal à conserver son calme. C'est un compagnon extraordinaire pour les personnes qui désirent un chien tonique, infatigable et toujours gai. Il apprend très vite, les bonnes manières comme les mauvaises. Il faut donc l'éduquer avec fermeté et ne surtout pas le traiter comme un chien de salon : il deviendrait un tyran domestique ! Toujours très vigilant, il est un très bon chien de garde, qui aboie au moindre bruit suspect autour de la maison.

Terrier du révérend Jack Russell

Coqueluche du Tout-Paris, il n'en reste pas moins un chien de travail, au caractère bien affirmé.

Sa petite taille ne doit pas faire oublier que le Terrier du révérend Jack Russell est un authentique chien de chasse. Il a donc besoin de se dépenser.

Aspect physique

Le Terrier du révérend Jack Russell est un petit chien compact; sa silhouette est celle d'un Fox-Terrier aux dimensions plus réduites. Son museau est plus court avec une mâchoire puissante et bien musclée. Son crâne est plat, ses oreilles, dont le pli ne doit pas dépasser le sommet du crâne, sont en forme de « V ». Son corps est musclé, sa queue est forte et droite. Il est d'usage de la couper à une longueur proportionnelle à celle du corps, qui permette cependant de pouvoir la saisir pour sortir le chien du terrier. Son poil est rêche et peut être lisse ou dur, blanc uni ou avec des marques feu, citron ou noires, surtout au niveau de la tête ou à la naissance de la queue. Le Jack Russell est surtout un chien de travail, très éloigné des sophistications de certaines races « reines » des concours de beauté; il a gardé une vraie « nature ». Le révérend Jack Russell le disait lui-même: « C'étaient de vrais terriers, mais aussi différents des chiens d'exposition actuels que l'églantine sauvage l'est de la rose du jardin. »

TAILLE: **mâle** 35 cm, **femelle** 33 cm *(standard F.C.I.)*; POIDS: non précisé par le standard.

Kerry Blue Terrier
Véritable « chien à tout faire », c'est un chasseur de vermine, un gardien et un compagnon.

KERRY BLUE TERRIER

Kerry Blue Terrier

Origine et comportement

Il court bien des légendes sur les origines de ce chien irlandais, dont l'ancêtre serait le seul survivant d'un naufrage au large des côtes du comté de Kerry. Très combatif, le Kerry Blue Terrier aurait tué tous les mâles du pays et serait resté l'unique chien capable d'assurer une descendance. On pense que ce « héros » a été croisé avec le Bedlington, le Dandie Dinmont Terrier et le Terrier irlandais. Élevé depuis le siècle dernier dans le comté de Kerry, le Kerry Blue Terrier, qui s'est appelé longtemps Irish Blue Terrier, est d'abord un chasseur de lapins et de loutres. Il est à la fois un bon pisteur et un gardien efficace. Sa gaieté et sa gentillesse le font apprécier comme chien de compagnie, malgré son tempérament querelleur.

Aspect physique

Ce chien élégant, à la fois compact et gracieux, puissant et alerte, doit être musclé, bien proportionné et bien bâti. La tête, longue, au stop léger et au crâne plat, est relativement maigre. Les mâchoires sont puissantes. Les yeux, petits, aussi foncés que possible, ont une expression vive. Les oreilles, en V, sont portées vers l'avant, mais pas trop haut. La poitrine est profonde, le dos parfaitement droit, et l'arrière-train puissant. La queue, plantée haut, est portée dressée. La robe, fournie, au poil doux, soyeux et très ondulé, a une couleur qui varie dans toute la gamme des bleus avec ou sans extrémités noires. Une couleur noire ou des marques fauves ne sont plus admises au-delà de 18 mois.

TAILLE: **mâle** de 45,5 à 49,5 cm, **femelle** de 44,5 à 48 cm; POIDS: **mâle** de 15 à 18 kg, **femelle** plus légère *(standard F.C.I.)*

LAKELAND TERRIER

Lakeland Terrier

Origine et comportement

Originaire de la région des lacs du nord de la Grande-Bretagne, le Lakeland Terrier descend directement de l'Old English Terrier, race aujourd'hui éteinte, croisée avec le Bedlington, le Border Terrier et sans doute le Dandie Dinmont Terrier. Spécialiste de l'eau et des terrains difficiles, il a longtemps été un exceptionnel chasseur de loutres, de renards et de blaireaux. Sur le terrain, il est vif, courageux et d'une grande ténacité. Son caractère aimable et sa gaieté le font apprécier comme animal de compagnie; très attaché à son maître, le Lakeland Terrier est un peu jaloux.

Aspect physique

Chien élégant, à l'allure décidée, le Lakeland Terrier a une tête bien équilibrée, au crâne plat, au museau large, aux fortes

MANCHESTER TERRIER

Terrier de Manchester

Origine et comportement

Né au XVIIIe siècle, le Terrier de Manchester est issu du croisement entre le Black and Tan Terrier, race éteinte, et le Whippet, avec, sans doute, un apport de sang de West Highland White Terrier.
Surnommé Terrier-Ratier par les Anglais, ce chien actif et courageux est le champion incontesté de la chasse aux rongeurs. Au début du siècle, il était beaucoup utilisé dans les maisons de campagne et les entrepôts, qu'il débarrassait des rats et des souris.
Intelligent et fidèle, le Terrier de Manchester est devenu un chien de compagnie agréable, mais malheureusement encore bien rare hors de son pays, l'Angleterre.

Lakeland Terrier
Très bon chasseur, ce Terrier est aussi un compagnon apprécié au caractère bien affirmé.

Terrier de Manchester
Excellent chasseur de rats, c'est aussi un bon chien de compagnie, rare hors de son pays.

mâchoires, armées de dents en ciseaux. Les yeux sont foncés ou noisette. Les oreilles, en V, de taille moyenne, ne sont placées ni trop haut, ni trop bas sur la tête. Le cou est bien galbé et la poitrine assez étroite. Les antérieurs sont droits. Ce chien, au dos fort et assez court, au rein large et musclé et aux cuisses longues et vigoureuses, est solidement construit. La queue, bien attachée, est portée gaiement, mais pas courbée sur le dos. La robe, bien imperméable, au poil serré, épais et dur, se double d'un bon sous-poil ; elle est noir et feu, bleu et feu, fauve roux, fauve, roux grisonnant, foie, bleue ou noire. De petites marques blanches sur les pieds et la poitrine sont admises.
Une tête trop longue, des oreilles attachées trop haut et des yeux obliques sont considérés comme des défauts.

TAILLE : **mâle et femelle** moins de 37 cm ;
POIDS : **mâle** 8 kg en moyenne, **femelle** 7 kg en moyenne *(standard F.C.I.)*

Terrier du Norfolk
Compagnon très agréable, il est vif et enjoué. Il reste rare hors des pays anglo-saxons et nordiques.

Terrier de Norwich
Il est très robuste, gai et plein d'énergie. Avec son tempérament bouillonnant, il met de l'animation dans la maison.

Aspect physique

D'aspect plutôt compact, mais non sans élégance, le Terrier de Manchester a une tête longue, au crâne plat, au stop marqué, au chanfrein droit et aux mâchoires qui vont s'affinant. Les yeux, petits, foncés et en amande, ont une expression vive. Les oreilles, en V et de petite taille, sont portées pendantes bien au-dessus du niveau de la tête. Le cou, assez long, forme un arc léger vers la tête. La poitrine est étroite et profonde. Les antérieurs sont bien droits et les postérieurs bien d'aplomb.

La queue, courte, épaisse à la base, s'effile vers la pointe et est portée un peu en dessous du niveau du corps. La robe, épaisse, est faite d'un poil court, dense, lisse et brillant ; elle est de couleur noir jais et acajou-feu – cette dernière teinte étant aux extrémités du corps. La séparation entre les couleurs est nette.

TAILLE : **mâle** de 40 à 41 cm, **femelle** 38 cm *(standard F.C.I.)*;
POIDS : de 7,5 à 8 kg

NORFOLK TERRIER

Terrier du Norfolk

Origine et comportement

Issu du Norwich Terrier dont il a d'abord constitué une variété à oreilles tombantes, le Norfolk Terrier n'a été reconnu comme race à part entière par le Kennel Club britannique qu'en 1964. Ce n'est plus un chasseur, mais il en a gardé le courage et la vitalité ; affectueux et équilibré, il fait un excellent compagnon, cependant encore assez peu répandu en France, malgré ses qualités.

Aspect physique

Le corps du Terrier du Norfolk, assez court et compact, est bien d'aplomb sur des membres également courts, solides et vigoureux. La tête, au crâne large, a un museau fort. Les oreilles, tombantes, sont portées contre la joue, ce qui différencie ce chien du Terrier de Norwich, dont les oreilles sont dressées. Les yeux, foncés, sont très vifs. La queue est coupée à moitié. La robe est constituée d'un poil raide,

Terrier écossais
Son physique original lui a valu d'être choisi avec le Westie pour emblème d'une célèbre marque de whisky écossais.

dru et droit, plus rêche sur le cou et les épaules. Le poil de la tête, des oreilles et du museau est court et lisse. La robe a tous les tons de fauve jusqu'au rouge, le noir et feu ainsi que le grisonné. Toute tache blanche est un défaut.

TAILLE : **mâle et femelle** de 25 à 26 cm (*standard F.C.I.)*:
POIDS : environ 5 kg

NORWICH TERRIER

Terrier de Norwich

Origine et comportement

Ce Terrier anglais est né à Norwich, en 1870, chez un éleveur qui créa, par sélection, un petit Terrier rouge ; en croisant celui-ci avec un Terrier semblable à la robe noir et rouge ou grise, on a obtenu la race actuelle.

Vers 1914, le Terrier de Norwich avait presque disparu. Il a pu renaître à partir de quelques spécimens croisés avec le Bull-Terrier du Staffordshire, le Bull-Terrier ainsi que le Bedlington, suppose-t-on.
D'une vitalité exceptionnelle, le Terrier de Norwich, au caractère bien trempé, est gai et hardi. Robuste et d'une grande fidélité, il est très agréable avec ses maîtres. Les étudiants de Cambridge en ont fait leur mascotte.

Aspect physique

Ce petit Terrier, compact et fort, à la charpente solide, possède un fort museau « de renard », aux mâchoires nettes, armées de dents solides, en ciseaux. Le crâne, large, un peu arrondi, a un stop bien marqué. Les yeux, foncés et brillants, ont un regard vif. Les oreilles sont portées droites. Le Terrier de Norwich est bien planté sur des antérieurs courts, forts et rectilignes. Les membres postérieurs, musclés, ont des grassets bien angulés. La queue est coupée à moitié.
La robe est faite d'un poil raide, dur et droit, collé au corps, plus long et plus rêche sur le cou et les épaules, où il forme presque une crinière. La couleur de la robe varie dans toutes les nuances de roux, de fauve, de noir et feu ou de grisonnant.
Les taches ou les marques blanches sont indésirables ; elles sont considérées comme des défauts.

TAILLE : **mâle et femelle** environ 25 cm (*standard F.C.I.)*;
POIDS : environ 5 kg

SCOTTISH TERRIER

Terrier écossais

Origine et comportement

Ce chien des hauts plateaux d'Écosse, d'origine très ancienne, n'a reçu son nom définitif qu'à la fin du XIXe siècle. Jusqu'alors, paré de noms divers, il chassait blaireaux, renards et autres prédateurs. La nature en a fait un chien parfaitement rustique, puissamment musclé, fait pour la vie en plein air, fougueux et courageux. La sélection n'a fait que perfectionner son aspect esthétique, sans pour autant altérer son caractère. Le Terrier écossais, actif, voire remuant, n'est pas fait pour une vie trop sédentaire en appartement. S'il doit une grande partie de son succès à sa silhouette très originale et un peu cocasse, il a un comportement qui n'est pas celui d'un chien de salon. Il aime sauter, gratter et creuser, et il ne passe pas pour être un modèle d'obéissance. Pourtant, ce n'est pas un chien « difficile », car son intelligence rapide et son humeur stable, dépourvue de toute méchanceté, compensent son côté indépendant et obstiné.

Chien à forte personnalité, choisissant ses amis et de tempérament très britannique, il se montre très méfiant avec les étrangers. Et si, de la part de son maître, il accepte les gronderies, les brutalités, en revanche, lui font montrer les dents.

Aspect physique

Le petit volume du Terrier écossais donne l'impression que la tête est particulièrement longue par rapport au reste du corps. Les yeux, en amande, sont brun foncé ou noirs, surmontés par de forts sourcils ; le nez est large, et les oreilles sont petites et pointues. Le cou, épais et musclé, est de longueur modérée ; les épaules sont collées au corps. La poitrine est large, bien descendue entre les membres courts et robustes. Jamais coupée, la queue, longue d'environ 17,5 cm, est portée haut, droite ou légèrement recourbée. Sur un sous-poil dense et doux, le poil est dur et raide, de couleur noire, fauve ou fauve bringé.

Une queue disproportionnée ou courbe, des oreilles trop grandes ou trop larges, des dépigmentations et un poil frisottant ne sont pas acceptables.

TAILLE : **mâle et femelle** 25 cm environ ;
POIDS : de 8,5 à 10,5 kg *(standard F.C.I.)*

SEALYHAM TERRIER

Terrier de Sealyham

Origine et comportement

Né au XIXe siècle dans un village du pays de Galles dont il porte le nom, ce Terrier est issu de croisements réalisés par le capitaine Edwards, cynophile averti et grand chasseur de loutres. Peu satisfait des Terriers existants, ce dernier a créé sa propre race à partir de divers Terriers (Fox-Terrier, West Highland White Terrier, Dandie Dinmont Terrier) et peut-être du Welsh Corgi. La sélection, durement menée, a pris de longues années. Vigilant, actif et vivace, le Terrier de Sealyham est devenu, depuis le début du XXe siècle, un chien de compagnie. Mais, ancien chasseur de loutres et de putois, il se livre volontiers à son sport favori quand il le peut.

Aspect physique

D'allure vive, le Terrier de Sealyham a une tête au crâne légèrement bombé, une truffe noire, des mâchoires puissantes, longues et carrées, et une barbe opulente. Les yeux, ronds et sombres, de taille moyenne, ont une expression intelligente. Les oreilles, tombantes, arrondies au bout, sont portées contre les joues. Le cou est assez long et musclé. Les antérieurs, courts, sont forts et droits. La poitrine, large et profonde, est bien descendue. Ce chien solide a un arrière-train très puissant pour sa taille, des cuisses musclées et des jarrets très forts. La robe, au poil long, dur et rêche, est le plus souvent blanche ou blanche avec des marques fauve clair, marron, bleues ou charbonnées sur la tête et les oreilles. Le nez ou les yeux clairs, les oreilles dressées ou le poil doux sont inacceptables.

TAILLE : **mâle et femelle** moins de 31 cm ;
POIDS : de 8 à 9 kg *(standard F.C.I.)*

Terrier de Sealyham : mère et son petit
Ancien chasseur de nuisibles, ce chien pratique son activité favorite à chaque occasion.

SILKY TERRIER

Silky Terrier

Origine

Si le Silky Terrier évoque autant le Terrier du Yorkshire, ce n'est pas par hasard puisqu'il en descend. Il est aussi apparenté au Terrier australien et a sans doute reçu du sang du Terrier de l'île de Skye, voire du Cairn Terrier. C'est une race récente dont le premier standard ne remonte qu'à 1962.

Comportement

C'est évidemment un chien de compagnie, qui se montre gai, curieux, sociable et d'une intelligence vive. Il a cependant conservé ses instincts de chasseur et demeure un redoutable prédateur pour les rongeurs si l'occasion se présente. Encore peu répandue en dehors de l'Australie, cette race est de plus en plus appréciée.

Aspect physique

Le Silky Terrier apparaît compact, pas trop bas, d'allure raffinée, mais solide et vif. La tête est de longueur modérée, assez large entre les oreilles. Les yeux sont petits, ronds et très foncés. Les oreilles sont attachées haut, bien droites, en forme de V et assez petites. Le corps n'est pas trop long et présente un dos droit suivi d'un rein fort, une poitrine assez profonde. La queue, coupée, est portée droite mais pas trop. La robe, au poil fin et brillant, est soyeuse; longue de 12 à 15 cm du crâne à la queue, elle est assez courte au bas des membres, sur la queue et la face, qui ne doit pas être recouverte par les retombées du front, tandis que le poil des oreilles est court. La couleur est d'un gris-bleu argenté à ardoise, très riche, avec des marques feu à la tête, au bas des membres et sous la queue.

TAILLE: **mâle et femelle** environ 22,5 cm;
POIDS: de 4 à 5 kg *(standard F.C.I.)*

SKYE TERRIER

Terrier de l'île de Skye

Origine

L'île de Skye, au nord-ouest de l'Écosse, est demeurée longtemps très sauvage et à l'abri de tout passage. Un Terrier rustique, à poil long, chassant blaireaux, martres et renards, est resté des siècles durant le « chien à tout faire » des habitants de l'île. Au début du XVIIe siècle, des Bichons maltais seraient intervenus pour la création du Terrier de l'île de Skye.

Comportement

Il semble que le Terrier de l'île de Skye actuel n'ait rien perdu des caractéristiques de ses ancêtres. Il aime toujours courir dans les taillis et gratter le moindre terrier. Si ses yeux sont dissimulés par de longs poils, rien ne lui échappe pourtant grâce à son flair très fin. Ce chien est doté d'une forte personnalité: son sens de la propriété s'exerce aussi bien sur ses maîtres que sur leurs biens, et toute sa manière d'être est dominée par un grand besoin d'indépendance. Il ne supporte pas d'être attaché ou enfermé, et sa compagnie est de préférence réservée à ceux qui possèdent un jardin ou ont la possibilité de lui donner un exercice quotidien.

Aspect physique

Très long et bas sur pattes, le Terrier de l'île de Skye a une tête puissante, des yeux bruns, une truffe toujours noire et des oreilles droites ou tombantes portant de belles franges. Le cou est long, les épaules larges, le dos plat; les jambes sont courtes, musclées et droites. Les pieds sont grands et pointent en avant. La queue, gracieusement frangée, pendante ou dressée, mesure de 22 à 23 cm. Sur un sous-poil court, dur, serré et laineux, le poil, de 13 cm de longueur, est dur, non frisé, plaqué et partagé de la tête à la queue. La robe est noire, bleu-gris plus ou moins foncé ou fauve; oreilles et bout du museau doivent être noirs.

TAILLE: **mâle et femelle** de 25 à 26 cm *(standard F.C.I.)*;
POIDS: de 10 à 12 kg

Terrier de l'île de Skye
Il a un caractère bien affirmé et un besoin d'espace qui ne s'accommode pas de la vie en ville.

Silky Terrier
Cousin australien du Terrier du Yorkshire, il est moins répandu que celui-ci, mais gagne à être connu.

Soft Coated Wheaten Terrier
Chien de garde, chien de troupeau, chien de chasse ou de compagnie, cet irlandais sait tout faire !

SOFT COATED WHEATEN TERRIER

Soft Coated Wheaten Terrier

Origine et comportement

Le Soft Coated Wheaten Terrier (littéralement « Terrier à poil doux couleur des blés ») semble descendre d'un type très ancien de Terrier irlandais, au poil assez long et souple. Néanmoins, il n'a été reconnu qu'au cours de l'entre-deux-guerres. Depuis le sud de l'Irlande, dont il est originaire, il a diffusé dans les îles Britanniques et aux États-Unis et, depuis peu, sur le continent européen. Bâti un peu comme un chien de berger, il semble capable de remplir des tâches fort diverses : chien de garde à la ferme ou à la maison, chien de troupeau, chien de chasse. Énergique, il fait aussi un excellent compagnon.

Aspect physique

Ce Terrier solide et bien proportionné ne doit être ni enlevé ni trop près de terre. Puissant et vif, il a une tête au crâne plat, une truffe noire, des yeux noisette foncé, de petites oreilles portées en avant, un cou modérément long, une poitrine profonde et un rein robuste et court. Ses membres sont osseux et musclés. La queue, bien implantée, est portée gaiement. La robe, de toutes les nuances allant du froment clair au roux doré, est constituée d'un poil abondant, mou, bouclé ou ondulé ; s'il est bouclé, les boucles doivent être grandes et lâches. Le Soft Coated Wheaten Terrier peut être toiletté. Couleur et texture du poil sont de première importance dans les concours.

TAILLE : **mâle** de 45 à 48 cm, **femelle** plus petite ;
POIDS : de 16 à 18 kg (*standard F.C.I.)*

STAFFORDSHIRE BULL-TERRIER

Bull-Terrier du Staffordshire

Origine

Créé au XIXe siècle par croisement entre le Bulldog et divers Terriers, puis tombé dans l'oubli pendant de longues années, le Bull-Terrier du Staffordshire est devenu à la mode aux États-Unis durant l'entre-deux-guerres. Il a retrouvé ensuite une belle notoriété en Grande-Bretagne et commence à être bien connu en Europe continentale.

Comportement

Chien de combat à l'origine, il a, aujourd'hui, des fonctions de chien de garde. Exporté aux États-Unis, le Bull-Terrier du Staffordshire, croisé avec des chiens locaux, a donné naissance au Staffordshire américain et au Pit-Bull. Le Bull-Terrier du Staffordshire est intelligent et affectueux. Chien de compagnie apprécié pour sa docilité et sa patience avec les enfants, combatif, mais équilibré, d'un courage à toute épreuve, il est capable de sacrifier sans hésiter sa vie pour ses maîtres.

Aspect physique

Le Bull-Terrier du Staffordshire, à la fois fort et agile, a une tête au crâne large, au stop bien marqué, aux yeux foncés et arrondis et dotée d'une forte mâchoire inférieure. Les oreilles sont en rose ou demi-droites. Le cou, épais, forme un arc léger. Les épaules sont fortes et musclées. Le dos s'incline doucement du garrot à la croupe. Les reins sont un peu relevés. Les antérieurs assez écartés et la poitrine large et profonde soulignent la force de l'animal. La queue, de longueur moyenne et s'effilant vers le bout, est courbe. La robe, au poil court et brillant, serré contre le corps et doux au toucher, est de couleur fauve à fauve roux, noire, bleue ou blanche ; le fauve peut être bringé. La couleur est uniforme ou pie.

TAILLE : **mâle et femelle** de 35,5 à 40,5 cm ;
POIDS : **mâle** de 13 à 17 kg, **femelle** de 11 à 15 kg
(standard F.C.I.)

Bull-Terrier du Staffordshire
Moins répandu que son cousin américain, le Staffordshire américain, il est très protecteur avec les enfants.

Terrier noir russe
Ce chien, au caractère bien trempé et à la taille imposante, a besoin d'un maître autoritaire.

TCHIORNY TERRIER

Terrier noir russe

Origine et comportement

Issu du Schnauzer géant et de l'Airedale, ce chien est le plus grand de tous les Terriers. Résistant, bien adapté aux rudes conditions climatiques du pays, c'est un chasseur efficace, vigoureux et endurant. Bien dressé, il devient un compagnon agréable et affectueux. Il a besoin d'exercice. Il se méfie des étrangers.

Aspect physique

Ce grand Terrier a une allure dégagée, harmonieuse. La tête est longue, les petits yeux ovales, en oblique, sont surmontés de sourcils broussailleux. Il porte une barbe et des moustaches importantes. Le poil a un aspect dur, fourni, très serré et le sous-poil est particulièrement développé. La robe du Terrier noir russe est noire ou noire mêlée de poils gris.

TAILLE : **mâle** de 66 à 72 cm, **femelle** de 64 à 70 cm *(standard F.C.I.)*;
POIDS : environ 40 kg

TERRIER BRAZILEIRO

Terrier brésilien

Origine et comportement

En réalité, ce terrier n'est pas véritablement originaire du Brésil. Vers la fin du XIXe siècle, les jeunes Brésiliens partaient faire leurs études en France et en Grande-Bretagne. Ils revenaient souvent avec de petits terriers et s'installaient à la campagne. Là, ces chiens furent croisés avec des terriers locaux. Le Terrier brésilien a été développé par la famille Junqueira. Il descend vraisemblablement du Terrier du révérend Jack Russell. Il montre un amour total pour son maître et une grande méfiance envers les étrangers. Il peut être agressif avec ses congénères.

TAILLE : **mâle** de 35 à 40 cm, **femelle** de 33 à 38 cm ;
POIDS : moins de 10 kg *(standard F.C.I.)*

WELSH TERRIER

Terrier gallois

Origine et comportement

Originaire du nord du pays de Galles, ce chien serait sans doute un descendant du Fox-Terrier et d'un ancien Terrier anglais appelé Black and Tan, disparu par la suite. Chasseur de petit gibier, hardi, robuste et endurant, il travaille aussi avec les chiens de meute. On l'utilise encore en Grande-Bretagne pour le déterrage du renard. D'un caractère gai, vif, peu querelleur et rarement timide, affectueux et obéissant, il ressemble assez à un Airedale en réduction et est de plus en plus apprécié comme animal de compagnie dans les pays d'Europe occidentale.

Terrier gallois
Très proche physiquement d'un Airedale en réduction, il a néanmoins un caractère plus facile.

West Highland White Terrier
Véritable star parmi les Terriers, il a un air craquant qui ne doit pas faire oublier son caractère bien trempé.

Aspect physique

Bien équilibré, le Terrier gallois a des mâchoires puissantes, des oreilles petites, en V, plantées assez haut et qui tombent vers l'avant. Les yeux, petits et sombres, sont très expressifs. Le cou, gracieux, de longueur moyenne, est un peu arqué. Les épaules sont obliques, bien en arrière, et les antérieurs droits et musclés. Le dos est court et le rein solide. Les cuisses sont musclées, et les jarrets bien descendus. La queue, bien plantée, ne doit pas être portée trop gaiement. La robe, au poil dur, rêche, raide, abondant et très serré, est de préférence noir et fauve ou bien gris-noir et fauve. Le noir doit se limiter au corps tandis que le fauve couvre la tête et le bas des membres.

TAILLE : **mâle et femelle** moins de 39 cm ;
POIDS : environ 9 kg *(standard F.C.I.)*

WEST HIGHLAND WHITE TERRIER

West Highland White Terrier

Origine et comportement

Le West Highland White Terrier est surnommé « Westie ». D'origine écossaise, il est proche parent du Cairn Terrier, puisqu'il serait issu de chiots blancs apparus dans certaines portées de Cairn Terrier. Non reconnus dans cette race, ils furent conservés et sélectionnés pour en créer une nouvelle. Aujourd'hui élevé presque uniquement dans les appartements, le Westie est hardi, opiniâtre, vif et gai. Il est attaché à ses maîtres, mais ne cherche pas les caresses des étrangers. De tempérament typiquement Terrier, le Westie a besoin de maîtres qui lui fassent admettre une certaine discipline tout en comprenant son caractère assez indépendant et ardent. Il a un grand besoin d'exercice. Son caractère attachant et son esthétique lui valent d'être aujourd'hui aussi populaire dans le monde que le Cairn Terrier.

Aspect physique

Ce Terrier est construit pour combiner, à la fois, force et activité. Le crâne est large et légèrement bombé, le stop net et le chanfrein plutôt court ; celui-ci va en s'amenuisant jusqu'à la truffe, assez grande et parfaitement noire. Les yeux, écartés, ne doivent pas être ronds et sont très foncés. Petites et pointues, les oreilles sont portées très droites. Le cou musclé se fond dans des épaules obliques qui encadrent un poitrail large. Le dos est droit, le rein fort. Si les membres sont courts, ils apparaissent solidement d'aplomb et bien musclés. La queue, longue de 12 à 15 cm, est portée bien relevée mais non recourbée sur le dos. Le poil se compose d'un sous-poil court, doux et serré et d'un poil de couverture long et dur sur le corps, un peu plus court sur la tête où il est ébouriffé mais ne masque pas les yeux, court sur la queue et les oreilles. La robe doit être blanche.

TAILLE : **mâle et femelle** environ 28 cm *(standard F.C.I.)* ;
POIDS : de 6 à 8 kg

Terrier du Yorkshire : mère et son petit
La popularité du Terrier du Yorkshire ne faiblit pas au fil des ans : il la mérite bien, car c'est un excellent chien de compagnie.

YORKSHIRE TERRIER

Terrier du Yorkshire

Origine et comportement

La naissance du Terrier du Yorkshire est liée à la conjoncture économique. Les travailleurs de l'industrie lainière vivant au bord de la Clyde, en Écosse, employaient pour la chasse un petit Terrier portant le nom du district, Clydesdale. Lorsqu'ils quittèrent l'Écosse, au début du XIXe siècle, pour s'installer dans le Yorkshire, ils y emmenèrent leurs chiens, qui s'accouplèrent avec les Terriers autochtones. À cette époque, le braconnage, bien que réprimé, était monnaie courante, et les petits Terriers étaient bien utiles pour sortir les lapins de leur trou et favoriser leur capture. Le poil long des chiens permettait une bonne prise en cas de retraite précipitée. Pour améliorer la longueur de cette fourrure, des croisements ont sans doute été faits avec des Bichons maltais, introduits en Angleterre par des marins. Les Terriers du Yorkshire sont de très bons compagnons, robustes, joueurs, actifs, sportifs, remarquables nageurs, chasseurs recherchant le moindre trou et toujours à l'affût d'un rongeur. D'un caractère doux, affectueux, particulièrement intelligent et sociable, le Terrier du Yorkshire est le type même du chien que l'on peut emmener partout. En outre, il est très beau avec ses longs poils soyeux de couleur gris acier. Il est regrettable que la mode, exigeant des chiens de plus en plus petits, ait favorisé un élevage intensif, nuisible à la race. Aussi est-il indispensable de se montrer vigilant au moment de l'achat.

Aspect physique

Terrier nain à tête plutôt petite et plate, ce chien a une truffe noire, des yeux noirs et étincelants, de petites oreilles en V, portées droites. Les mâchoires doivent être régulières. Le corps est râblé et le dos bien droit ; les membres sont rectilignes et les pieds aussi ronds que possible. La queue, écourtée de moitié, est couverte d'un poil abondant, plus foncé que le reste du corps.

La robe est composée d'un poil long, droit, brillant, d'une texture fine et soyeuse. La couleur est bleu acier foncé, surtout pas bleu argenté et en aucun cas mêlée de poils fauves, bronze ou noirs. Les poils de la tête, du poitrail et du bas des membres sont fauve doré.

TAILLE : non précisée dans le standard ;
POIDS : moins de 3,2 kg

Chiens courants

Les chiens courants sont, à la fois, un et innombrables. Les différentes races partagent les mêmes origines et se ressemblent encore beaucoup aujourd'hui, quelles que soient leur taille ou leur nationalité. Les chiens courants ont la même vocation : poursuivre le gibier, qu'ils pistent tout en donnant de la voix. Ils sont remarquablement endurants, courageux et sociables. Mais ils sont tous différents : au service de la noblesse, chaque meute se devait d'être singulière par le type, la robe, la taille, voire la voix.

ALPENLÄNDISCHE DACHSBRACKE

Basset des Alpes

Origine et comportement

Ce Basset allemand d'origine très ancienne ressemble étrangement au Teckel en plus grand. Il fut longtemps le favori des princes allemands. Chasseur obstiné et combatif, à l'odorat très fin, ce chien courant peut s'attaquer au cerf et au sanglier. On l'utilise aussi pour chasser le lièvre et le renard : grande ou petite vénerie, il excelle dans toutes les chasses.

Aspect physique

Le Basset des Alpes présente une tête longue au stop peu marqué. Ses oreilles, moyennes, pendent contre la tête. Le poil, ras sur le corps, est un peu plus long sur le cou, sur la queue et derrière les membres. La robe est noire avec des marques feu, marron avec des marques plus claires, fauve roux éventuellement charbonné.

TAILLE : **mâle et femelle** de 34 à 42 cm *(standard F.C.I.)* ;
POIDS : environ 18 kg

Basset des Alpes
Chasseur de gros comme de petit gibier, il ne s'adapte pas à la vie en ville.

AMERICAN FOXHOUND

Foxhound américain

Origine et comportement

Vers 1650, un éleveur britannique du nom de Brooke a débarqué aux États-Unis avec une meute entière de Foxhounds anglais pour chasser le renard gris local. Ces chiens constituèrent la véritable souche du Foxhound américain, qui reçut par la suite du sang de chiens courants anglais, français (celui des chiens envoyés à Washington par Lafayette) et irlandais.
Cela aboutit à une certaine diversité des types, que renforça, par la suite, la rivalité entre propriétaires de meutes. Les variétés les plus connues sont le Walkerhound et le Trigghound, qui ont pris le nom de leurs créateurs. Ces différents types respectent cependant le standard du Foxhound américain reconnu en 1894 par l'American Kennel Club. Doté d'un odorat plus sensible que celui de son cousin anglais, le Foxhound américain aurait été utilisé, dans les premiers temps, pour la chasse au renard, puis, par la suite, pour la chasse au gros gibier.
Ce chien, travailleur infatigable et très agressif sur le terrain, est doux et même affectueux à la maison. Malgré toutes ses qualités, la race est peu répandue, aujourd'hui.

Aspect physique

Le crâne est un peu bombé à l'occiput, le stop légèrement marqué, et les oreilles, longues et fines, collent à la tête. Les yeux, larges, bruns ou noisette, ont un regard doux. Le museau est carré. Le cou est bien dégagé et les épaules sont musclées, mais sans lourdeur. Le dos ne doit pas être incliné ou arqué. La queue est portée haute. La robe, au poil lisse et dur, peut être de toute couleur.

TAILLE : **mâle** de 56 à 63 cm ; **femelle** de 53 à 61 cm *(standard F.C.I.)* ;
POIDS : de 30 à 33 kg

ANGLO-FRANCAIS (GRAND, DE PETITE VÉNERIE)

Anglo-Français (Grand, de petite vénerie)

Origine et comportement

Depuis le XVIIIe siècle au moins, certaines meutes françaises ont fait appel à des apports de sang anglais. Parfois répétitifs, ceux-ci ont abouti à un nouveau type de chien courant, l'Anglo-Français, alliant les qualités de chasse des races anglaises et françaises. Le Grand Anglo-Français descend principalement du Poitevin et du Gascon, croisés avec le Foxhound. Chien au flair subtil, il réunit la force, l'élégance et la légèreté. C'est un chasseur passionné, résistant, courageux et tenace.
L'Anglo-Français de petite vénerie est issu du croisement du Harrier avec le Chien d'Artois, le Porcelaine, le Petit Gascon-Saintongeois, le Petit Bleu de Gascogne. Élégant, réputé pour sa grande vitesse, il réunit endurance et légèreté.

Aspect physique

La morphologie des Anglo-Français tient à la fois de celles des chiens courants de type anglais et de type français. Le crâne est plus plat que bombé ; le chanfrein est droit ou légèrement busqué. Les oreilles, tombantes, attachées assez bas, demi-longues et fines, sont un peu tournées. Le cou, long et mince, n'a pas de fanon.

La poitrine, très profonde, est proportionnellement plus haute que large. La robe, au poil court et lustré, est blanche et noire, blanche et orange ou tricolore (blanc, noir et orange). Chacune de ces robes caractérise, dans chaque taille, une variété.

TAILLE : **mâle et femelle** : Grand : de 60 à 70 cm, de petite vénerie : de 48 à 56 cm *(standard F.C.I.)* ; POIDS : Grand : environ 30 kg, de petite vénerie : environ 25 kg

ARIÉGEOIS

Ariégeois

Origine et comportement

Ce chien courant français à poil ras est issu de croisements entre le Briquet de l'Ariège et de grands chiens d'ordre (Grand Bleu de Gascogne, Grand Gascon-Saintongeois). Conçu pour chasser le lièvre en Ariège, il allie la vitesse et la sûreté de ses ascendants. Sa région d'élection est le Sud-Ouest, où il est très apprécié aussi bien dans la grande que dans la petite vénerie. Son caractère docile rend son dressage aisé.

Aspect physique

Léger, fin et distingué, l'Ariégeois ressemble, en plus petit, aux chiens d'ordre, dont il descend. La tête est sèche, sans rides ni fanon, avec un occiput saillant. Les oreilles, fines, souples, papillotées, sont attachées bas. La poitrine, profonde, descend près du coude ou jusqu'au coude. La ligne de dessus du dos est assez soutenue. La queue, bien attachée, en sabre, est portée gaiement. La robe, au poil fin et serré, s'orne d'une livrée blanc et noir franc, parfois mouchetée ou bleue, avec des taches fauve pâle au-dessus des yeux, sur les joues.

TAILLE : **mâle** de 52 à 58 cm, **femelle** de 50 à 56 cm ; POIDS : environ 30 kg *(standard F.C.I.)*

Ariégeois
Créé pour la vénerie du lièvre, il est aussi utilisé pour la grande vénerie. C'est un chien docile et facile à dresser.

Anglo-Français de petite vénerie
Issu de plusieurs races de chiens courants anglais et français, il a hérité de ses ancêtres courage et ténacité.

BALKANSKI GONIC

Chien courant des Balkans

Origine et comportement

Si on en croit la légende, les ancêtres du Chien courant des Balkans auraient été introduits en Europe par les navigateurs phéniciens. Bien adapté au relief et au climat des pays issus du démembrement de la Yougoslavie, ce chien y a modelé ses caractères propres, que la sélection a perfectionnés par la suite. Remarquable chasseur de lièvres, de cerfs et de sangliers, infatigable, c'est un excellent pisteur pour la recherche des animaux blessés.

Aspect physique

Le Chien courant des Balkans évoque à la fois la force et l'élégance. La tête, longue, porte des oreilles moyennes à plat contre les joues. Les membres sont puissants et les flancs, légèrement relevés.

La robe, au poil court et touffu, luisant et un peu grossier, est roux-renard ou roux-froment avec sur la partie supérieure du tronc un manteau ou une selle noire.

TAILLE : **mâle** de 46 à 54 cm, **femelle** de 44 à 52 cm ; POIDS : environ 20 kg *(standard F.C.I.)*

BASSET ARTÉSIEN NORMAND

Basset artésien normand

Origine

Ce chasseur de petite vénerie, à l'allure un peu cocasse, descend des Bassets lourds de Normandie (Basset de Lane), aujourd'hui disparus, et des Bassets d'Artois, plus légers (provenant pour leur part du Grand Chien d'Artois).

Comportement

Courageux et tenace, actif et débrouillard, le Basset artésien normand excelle surtout à la chasse à tir du lièvre et du lapin. Il possède une belle voix, profonde et grave. Ses courtes pattes lui interdisent les terrains accidentés. Très affectueux, intelligent, amusant, doté d'une santé robuste, ce chien est fort apprécié comme animal de compagnie.

Aspect physique

Chien long, bien assemblé, aux allures calmes, mais assez aisées, le Basset artésien normand a une tête en dôme, moyennement large, qui présente un aspect décharné. Les yeux, grands et foncés, offrent un regard calme et sérieux. Les oreilles, grandes et en pointe, ayant au moins la longueur du museau, tire-bouchonnées, souples et fines, s'attachent le plus bas possible. Le cou, assez long, est muni d'un léger fanon. Les antérieurs, courts, plus ou moins tors, ne sont jamais bouletés. La poitrine, large et moyennement descendue, possède un sternum bien saillant. Le dos est également large, le rein un peu harpé et la croupe arrondie. Les cuisses sont très gigotées, et les jarrets forts, légèrement coudés. Le fouet, bien attaché, assez long, est porté parfois en sabre et ne retombe jamais sur le dos.

La robe, composée d'un poil ras, court et serré, pas trop fin, est tricolore (blanc, fauve et manteau noir) ou fauve et blanc.

TAILLE : **mâle et femelle** de 30 à 36 cm ;
POIDS : de 15 à 20 kg *(standard F.C.I.)*

Basset artésien normand
Il excelle dans la chasse à tir du lièvre et du lapin, mais c'est aussi un bon chien de compagnie, très affectueux.

BASSET HOUND

Basset Hound

Origine

Bien qu'il soit catalogué comme « américain », ce chien courant descend d'une vieille race française aujourd'hui éteinte, le Basset d'Artois, qui fut la forme Basset d'un chien d'ordre issu du Saint-Hubert. Il aurait été connu en Angleterre dès le XVIe siècle, car Shakespeare en donne une description étonnante de précision dans *le Songe d'une nuit d'été* : « Mes chiens courants aux lourds fanons et à la couleur sable, avec leurs têtes pendantes récoltant la rosée du matin, leurs genoux torses et leur ventre rasant, lents dans leur quête, mais toujours égaux dans leur voix résonnant comme des cloches. » Croisé au Bloodhound, le Basset Hound a acquis en Grande-Bretagne ses caractéristiques actuelles : crâne en dôme, peau lâche, babines tombantes. Les premiers Bassets Hounds, importés aux États-Unis à la fin du XIXe siècle, sont devenus, par suite de la sélection américaine, les plus célèbres chiens de luxe et d'exposition.

Comportement

Très agile malgré sa gaucherie apparente, le Basset Hound est un bon chien courant pour le lièvre, le chevreuil, le lapin et même le sanglier. Têtu, il doit être élevé avec autorité. C'est un compagnon affectueux et doux, très gentil avec les enfants.

Aspect physique

La tête, grande et bien proportionnée, présente un crâne en dôme avec une protubérance occipitale très marquée. Le stop est léger. La peau, lâche, est marquée de rides profondes au-dessus des arcades sourcilières quand la tête est baissée. La truffe, foncée, de préférence noire, aux grosses narines très ouvertes, peut être de couleur foie assortie aux coloris de la robe.

Les lèvres, foncées, tombent devant en carré et vers l'arrière en babines pendantes. Les yeux, bruns, légèrement enfoncés, laissent voir une conjonctive rouge foncé. Ils offrent un regard triste et pensif. Les oreilles, longues, attachées bas, très en arrière, veloutées et pendant en plis lâches, se replient un peu vers l'intérieur. Le cou, puissant, de bonne longueur et bien arqué, porte un fanon très prononcé.

Les antérieurs sort courts, vigoureux et massifs. Sur la poitrine, profonde et pleine, se dessine un sternum proéminent. Le dos est droit et l'arrière-main très musclée. La queue, qui prolonge l'épine dorsale avec une légère courbe, est portée gaiement. La robe, au poil court et lisse, est dense et généralement blanc et fauve, mais toutes les couleurs admises pour les chiens courants sont acceptées.

TAILLE : **mâle et femelle** de 33 à 38 cm *(standard F.C.I.)*;
POIDS : environ 20 kg

Basset Hound
Très bon chien courant, c'est aussi un compagnon idéal pour les enfants. Il doit toutefois être éduqué avec autorité.

BAYERISCHER GEBIRGSSCHWEISSHUND

Chien de rouge de Bavière

Origine et comportement

L'ancêtre de ce chien courant bavarois était principalement utilisé comme limier et comme chien de sang. Chasseur de chamois à l'origine, il est aujourd'hui employé pour le lièvre et le gibier à plumes.

Le Chien de rouge de Bavière est courageux, fougueux et se déplace facilement en terrain accidenté. Ses sens sont très développés et son instinct de chasseur est puissant.

Aspect physique

Il est assez long et solidement bâti. Sa musculature est sèche mais apparente. Le crâne large est un peu bombé. Les oreilles pendent contre la tête. Les yeux noisette ont un beau regard limpide. Le cou et le dos sont très robustes, le ventre un peu relevé.
Le poil est court, épais, plutôt rêche au toucher, plus fin sur la tête et les oreilles. La robe va du fauve rouge au fauve très pâle. Le masque est plus sombre.

TAILLE : **mâle** moins de 50 cm, **femelle** moins de 45 cm *(standard F.C.I.)*;
POIDS : de 20 à 25 kg

BEAGLE

Beagle

Origine et comportement

Cette race anglaise de chien courant est fort ancienne. Au IIIe siècle, le barde écossais Ossian les mentionne, semble-t-il, dans l'une de ses poésies. À partir du XVe siècle, la race fut très appréciée en Grande-Bretagne ; elle fut particulièrement à l'honneur sous le règne d'Élisabeth Ire.
Au XVIIe siècle, les grands veneurs anglais croisèrent les Beagles avec des Harriers pour les besoins de la chasse à courre et, finalement, préférèrent bien souvent ces derniers.
Introduits en France seulement dans la seconde moitié du XIXe siècle, les Beagles sont devenus les chiens de petite vénerie les plus employés et les plus recherchés. Ils sont également très populaires aux États-Unis, où ils sont utilisés en particulier pour la chasse au raton laveur et au renard.
Dotés d'un tempérament résistant et d'une exceptionnelle rapidité, ils sont très bons pour la poursuite du lièvre, la chasse à tir du chevreuil, du sanglier et du renard. Les aboiements mélodieux d'une meute de Beagles donnent l'impression d'un chœur ; aussi les Anglais ont-ils surnommé ces chiens « Singing Beagles ». Ces chasseurs au nez subtil sont aussi des compagnons charmants.

Aspect physique

Charpenté et râblé, le Beagle est harmonieux, bien équilibré, vif et dégage une impression de force et d'énergie. La tête est importante, sans être lourde. Le crâne, large et arrondi, possède un stop bien marqué.

Chien de rouge de Bavière
Chasseur émérite et courageux, il est très rare hors de son pays d'origine.

Le chanfrein est droit. Les yeux, gros, à fleur de tête, brun foncé, souvent bordés de noir, offrent un regard vif et caressant. Les oreilles sont larges, plates et assez longues. Elles sont portées légèrement en avant.
Le cou, puissant, paraît un peu court. Les antérieurs, solides, sont bien d'aplomb. La poitrine, large et profonde, bien descendue, comporte une large cage thoracique. Le dos est plat et le rein soutenu. Les cuisses sont très musclées. Le fouet, plutôt court, attaché haut et fort à la naissance, est porté en sabre et gaiement. La robe est faite d'un poil bien plat, très dense, ni trop court ni trop fin. Elle est bicolore (blanc et fauve vif) ou tricolore (noir, blanc et fauve vif). Le museau est blanc avec une truffe noire. On voit aussi des sujets au manteau gris-bleu à taches noires.

TAILLE: **mâle et femelle** de 33 à 40 cm *(standard F.C.I.)*;
POIDS: environ 17 kg

BEAGLE HARRIER

Beagle Harrier

Origine et comportement

Contrairement à ce que l'on peut imaginer, cette race est une création française et provient, comme son nom l'indique, du croisement entre le Beagle et le Harrier. Plus grand et plus rapide que son ancêtre le Beagle, il est excellent pour la chasse à courre de petite vénerie (chevreuil, renard, lièvre).
Aussi courageux que débrouillard, doué d'un odorat exceptionnel, il rapproche très bien. Franc et affectueux, il est également très apprécié comme animal de compagnie.

Aspect physique

C'est un chien de taille moyenne, harmonieux, distingué, bien équilibré, aux allures souples, vives et assurées. La tête présente un crâne assez large, un chanfrein plutôt droit, un museau effilé, sans être pointu.
Les yeux, bien ouverts, foncés, ont un regard franc, vif et intelligent. Les oreilles, presque plates, moyennement

Beagles
Très bons chiens de chasse d'une exceptionnelle rapidité, ils sont capables de poursuivre le lièvre, le sanglier, le chevreuil ou le renard.

Beagle Harrier
Issu du Beagle et du Harrier, il a été créé en France, comme beaucoup de races de vénerie.

longues et larges, sont attachées au-dessus de la ligne de l'œil. La poitrine est bien descendue, les antérieurs sont forts, droits et parfaitement d'aplomb, le dos et le rein puissants, et les cuisses bien descendues, gigotées et musclées. La robe est généralement tricolore (blanc et fauve à manteau noir, parfois gris).

TAILLE : **mâle et femelle** de 45 à 50 cm *(standard F.C.I.)*;
POIDS : environ 20 kg

BILLY

Billy

Origine et comportement

Ce chien de grande vénerie est le descendant des Chiens blancs du Roy, grands chiens courants en faveur auprès de François Ier, de Henri IV et de Louis XIV. La race de Billy, parfaitement fixée en 1886, porte le nom de la localité poitevine où elle est née (voir illustration p. 256).
Doué d'un odorat particulièrement fin, d'une grande endurance et d'un galop rapide, le Billy est un excellent chien de chasse à courre, surtout pour le sanglier et le chevreuil.

Aspect physique

Bien bâti, à la fois puissant et léger, le Billy possède une tête moyenne, assez fine et sèche. Le chanfrein, assez large, est légèrement bombé, la cassure frontale marquée, la bosse occipitale apparente. Les oreilles, moyennes, plates, attachées un peu haut, sont légèrement tournées à leur partie inférieure. La robe, au poil ras, dur et souvent un peu gros, est généralement uniformément blanche ou fauve café au lait clair, ou encore blanche avec des taches fauve pâle.

TAILLE : **mâle** de 60 à 70 cm, **femelle** de 58 à 62 cm *(standard F.C.I.)*;
POIDS : non précisé par le standard

Billy
Ce chien élégant est le descendant des chiens des rois de France, les Chiens blancs du Roy.

BLACK AND TAN COONHOUND

Coonhound noir et feu

Origine et comportement

Le Coonhound noir et feu représente sans aucun doute l'une des plus anciennes lignées de chiens courants existant en Amérique.

Il semblerait que la race dérive des meutes de Fox-Hounds importées d'Angleterre dans un premier temps par Robert Brooke en 1650, puis par Lord Halifax, George Washington et le colonel K.C. Trigg.

La chasse au raton laveur, appelé *racoon* par les Américains et *coon* par les chasseurs, est un sport nocturne, plutôt difficile. Le Coonhound noir et feu a été spécialement dressé pour y exceller. Il fut créé par les éleveurs américains par croisement des Fox-Hounds avec des chiens de Saint-Hubert, des Kerry Beagles et des Petits Bleus de Gascogne.

Le Coonhound a été reconnu par le Kennel Club des États-Unis en 1945. Travailleur acharné, vigilant, il force ses proies à se réfugier dans les arbres et aboie furieusement jusqu'à l'arrivée de son maître. D'autres variétés de Coonhound existent, mais elles ne sont pas reconnues officiellement, en particulier le Red Bone, le Blue Tick, le Treeing Walker.

Aspect physique

Puissant, agile et alerte, le Coonhound noir et feu a une foulée bien rythmée. La tête, bien modelée, tient de celle du Bloodhound. Les oreilles, bien en arrière, pendent en plis gracieux, donnant au chien un air majestueux. Les épaules et la poitrine sont puissantes. L'arrière-train est bien musclé.

La robe est faite d'un poil court, mais épais pour résister aux intempéries. De couleur noir charbon, elle porte des marques éclatantes feu au-dessus des yeux, sur le museau, la poitrine et le bas des membres.

TAILLE: **mâle et femelle** de 58 à 68 cm;
POIDS: environ 35 kg

BLEU DE GASCOGNE (GRAND, PETIT, GRIFFON, BASSET)

Bleu de Gascogne (Grand, Petit, Griffon, Basset)

Origine

Le Bleu de Gascogne aurait été créé par Gaston Phébus, comte de Foix, à partir du Saint-Hubert et de chiens courants de la région.

Le Grand Bleu de Gascogne se rencontre dans le Sud-Ouest, où on l'utilise pour chasser le lièvre et le chevreuil. Remar-

Petits Bleus de Gascogne
Ce chien a été créé pour la vénerie du lièvre, qu'il poursuit en donnant de la voix d'une façon remarquable.

Basset bleu de Gascogne
Excellent pisteur, il chasse aussi bien le gibier à plume qu'à poil.

quable pisteur, à l'odorat très fin et à la voix puissante, grave et de très longue portée, il était autrefois réputé comme chasseur de loups et de lynx. Très résistant et mordant, il n'est, cependant, pas très rapide.

Le Petit Bleu de Gascogne, audacieux et tenace, doté d'un odorat très fin, est un excellent chasseur de lièvres ; sa taille a d'ailleurs été réduite pour qu'il soit mieux proportionné à ce gibier. Très criant et supérieurement « gorgé », c'est un hurleur remarquable.

Né d'un croisement entre Griffon et Bleu de Gascogne, le Griffon Bleu de Gascogne, d'allure légère et nerveuse, est bon pour tous les gibiers.

La race Basset serait le résultat d'une mutation survenue au siècle dernier au sein d'une meute de Grands Bleus de Gascogne. Certains cynologues pensent cependant qu'elle aurait une autre origine et ne viendrait pas du Sud-Ouest. Ses gibiers de prédilection sont le lapin et le lièvre.

Comportement

Astucieux, curieux, très intelligent, ce chien à l'odorat subtil est un incomparable pisteur. Il excelle aussi bien à la chasse du gibier à plume qu'à celle du gibier à poil.

Aspect physique

De belle allure, le Bleu de Gascogne présente une tête noble, forte et allongée. L'occiput est net, le stop léger, et le chanfrein long et fort, un peu busqué. Le museau porte une truffe noire, bien développée. Les babines, assez tombantes, recouvrent la mâchoire inférieure. L'œil, châtain foncé, s'ouvre sous d'épaisses paupières. Le regard est doux, confiant, un peu triste. Les oreilles, longues, fines et papillotées, attachées très bas, sont caractéristiques. Le cou, de longueur moyenne, peut comporter un fanon à sa partie inférieure.

De la construction du corps et des membres se dégage une impression de solidité, de puissance et de détermination. Le poil est assez gros, fourni, lisse et pas trop court, sauf chez le Griffon pour lequel il est un peu plus long et rêche. La robe de ce chien est marquée de quelques grandes taches noires sur un fond blanc entièrement moucheté et truité de noir, ce qui donne une impression de bleu ; traditionnellement deux taches noires symétriques couvrent les côtés de la tête de la joue au cou ; des marques feu sont présentes au-dessus des yeux, aux joues, au bas des membres et sous la queue.

TAILLE : Grand : **mâle** de 65 à 72 cm, **femelle** de 62 à 68 cm ; Petit : **mâle** de 52 à 58 cm, **femelle** de 50 à 56 cm ; Griffon : **mâle** de 50 à 57 cm, **femelle** de 48 à 55 cm ; Basset : **mâle et femelle** de 34 à 38 cm *(standard F.C.I.)* ;
POIDS : Grand : environ 35 kg ; Petit : environ 25 kg ; Griffon : environ 20 kg ; Basset : environ 17 kg

BOSANSKI OSTRODLAKI GONIC BARAK

Chien courant de Bosnie à poil dur

Origine et comportement

Baptisé d'abord Chien courant d'Illyrie, ce robuste chien au poil long et hirsute, originaire de cette région de Yougoslavie, a été officiellement reconnu en 1965 sous son nom actuel. Résistant et persévérant, passionné par la chasse, il est bon pour tous les gibiers et sur tous les terrains. Sa belle voix est très modulée. Gai et paisible à la maison, affectueux et doux, il est apprécié comme chien de compagnie.

Aspect physique

Le Chien courant de Bosnie à poil dur se déplace en longues enjambées. Ce barbu et moustachu a une bonne tête, un regard vif et des oreilles moyennement larges et pendantes. Sa queue, bien fournie, est portée légèrement en cimeterre. Le poil, long et ébouriffé, est doublé d'un sous-poil abondant. La robe est fauve jaune à fauve orangé, ces couleurs pouvant être charbonnées, parfois jusqu'au noirâtre.

TAILLE : **mâle et femelle** de 46 à 56 cm ;
POIDS : de 16 à 24 kg *(standard F.C.I.)*

BRANDL BRACKE

Brachet feu autrichien

Autre nom : Chien courant autrichien.

Origine et comportement

Ce chien originaire d'Autriche chasse essentiellement en montagne. Très peu connu hors de son pays, il ressemble aux chiens courants suisses voisins. Excellent coureur et doté d'un odorat particulièrement fin, très sérieux, il est utilisé pour toutes sortes de gibier. Affectueux et obéissant, le Brachet feu autrichien est aussi apprécié comme animal de compagnie.

Aspect physique

Le corps du Brachet feu autrichien est puissant, ses membres déliés. Le cou est très fort, la poitrine large. Il a le poil ras et brillant comme de la soie. Sa robe est noire avec des marques feu ou fauve rouge, parfois charbonné. Des taches blanches sur la poitrine sont admises. Il doit avoir deux marques feu au-dessus des yeux.

TAILLE : **mâle** de 50 à 56 cm, **femelle** de 48 à 54 cm *(standard F.C.I.)* ;
POIDS : environ 20 kg

CHIEN D'ARTOIS

Chien d'Artois

Origine et comportement

Par suite d'apports de sang étranger, principalement de sang anglais, le Chien d'Artois actuel n'est qu'une image très modifiée de son ancêtre le Grand Chien d'Artois, race disparue, qui descendait elle-même du Saint-Hubert. Le Chien d'Artois allie les qualités du Braque et du chien courant : sens aigu de l'orientation, flair remarquable, fermeté exemplaire dans l'arrêt. Mordant et intrépide sur tous les terrains, c'est un excellent chasseur de lièvres en petites meutes.

Aspect physique

Racé et charpenté, le Chien d'Artois a une démarche souple, à la fois accentuée et calme. La tête, forte, plutôt large et courte, présente un crâne légèrement bombé. Le chanfrein, large et droit, est un peu allongé. Les oreilles, assez longues, larges et presque plates, prennent attache à la hauteur des yeux. La poitrine, assez large, est un peu descendue, le dos musclé, et le rein, fort, un peu harpé. La queue, assez longue, est portée en faucille. La robe, au poil ras, épais et dense, est tricolore : blanc et fauve foncé avec selle noire ou manteau noir ; la tête est habituellement fauve, parfois charbonnée.

TAILLE : **mâle et femelle** de 52 à 58 cm *(standard F.C.I.)* ;
POIDS : de 25 à 30 kg

Chien d'Artois
Très bon chasseur, il allie les qualités du Braque et du chien courant.

CHIEN DE SAINT-HUBERT

Saint-Hubert

Autre nom : Bloodhound.

Origine et comportement

De souche très ancienne, cette race de grand chien courant fut transformée et améliorée par les moines de l'abbaye que saint Hubert avait fondée dans les Ardennes.
Introduit en Angleterre au XIe siècle par Guillaume le Conquérant, où il a pris le nom de *Bloodhound*, il a fait souche dans ce pays. Cela explique que les Anglais en revendiquent la paternité, bien que la race ait été reconnue belge, officiellement. Le Saint-Hubert a un flair d'une finesse exceptionnelle, qui en fait le meilleur pisteur de tous les chiens de vénerie. Impitoyable traqueur de gibier, il a une voix superbe, étrange, aux timbres d'une puissance remarquable. Intelligent et très doux, ce chasseur – à qui l'on reprochait d'être un peu lent, défaut qui est à l'origine de son délaissement – est devenu un chien de compagnie apprécié. Il est aussi très utilisé en pistage.

Aspect physique

Massif et puissant, ce limier se distingue par une démarche lente et imposante. La tête, très caractéristique de la race, au crâne très haut et pointu, et à l'os occipital très développé, doit être volumineuse mais plutôt étroite. La peau, lâche, pendant en plis et en bourrelets, donne au chien un air mélancolique et pensif. Les babines tombent nettement. Les yeux, brun noisette, sont assez enfoncés. Les oreilles, très longues, attachées bas, étroites et molles, tombent en avant contre les mâchoires, en plis gracieux. Des antérieurs droits et forts, une poitrine descendue, un dos et un rein solides, des cuisses très robustes révèlent la force de l'animal. Le fouet est porté en courbe élégante plus haut que la ligne du dos, mais non sur le dos ou en trompette. La robe est faite d'un poil court et abondant, assez dur sur le corps, doux et soyeux sur les oreilles et le crâne. Elle est fauve ou fauve avec manteau noir, cette dernière coloration étant la plus recherchée.

TAILLE : **mâle** environ 67 cm, **femelle** environ 60 cm (*standard F.C.I.*) ;
POIDS : de 40 à 48 kg

DEUTSCHE BRACKE

Brachet allemand

Origine et comportement

L'Allemagne possède peu de races de chiens courants et le Brachet est, par excellence, son chien de petite vénerie. Connue depuis longtemps, cette race a cependant réclamé des efforts de la part de ses éleveurs afin qu'elle soit suffisamment homogène pour autoriser la rédaction d'un standard ; ce qui fut fait en 1955, seulement.

Saint-Hubert
Pisteur exceptionnel, il est aussi utilisé par la police américaine pour la recherche de malfaiteurs.

Brachet allemand
Chien courant allemand par excellence, il est spécialisé dans la vénerie du lièvre.

Ce chien est avant tout un chien de chasse, très ardent au travail et d'une résistance à toute épreuve sur des terrains variés. Son gibier de prédilection est le lièvre, mais il est aussi utilisé pour d'autres espèces, plus grandes. Son calme et son équilibre sont particulièrement appréciés à la maison.

Aspect physique

Bien proportionné, le Brachet allemand est proche, dans ses formes, des chiens courants des pays voisins.

La tête, assez longue et maigre, montre un stop peu marqué. Les oreilles, plutôt longues et larges, pendent à plat. L'ensemble du corps et les membres apparaissent robustes mais sans lourdeur. Plutôt long, le fouet est porté en sabre. La robe se compose d'un poil court, dense et plat ; elle peut être fauve, fauve charbonné ou encore fauve avec un manteau noir ou gris foncé ; du blanc orne le front et chanfrein, la poitrine, les membres antérieurs et postérieurs, et même l'extrémité de la queue, mais il ne doit pas dominer.

Ne sont pas admises les robes noir sans feu, chocolat ou gris souris.

TAILLE : **mâle et femelle** de 34 à 42 cm *(standard F.C.I.)* ;
POIDS : environ 20 kg

DREVER

Drever

Origine et comportement

On ne connaît pas les ancêtres de ce chien très ancien qui ressemble cependant beaucoup au Basset de Westphalie et est parfois appelé Dachsbracke suédois. La race a été officiellement reconnue en 1947.

Le Drever est surtout utilisé pour la chasse à courre au renard. Il s'attaque aussi au sanglier, qu'il tient en respect en aboyant furieusement. Courageux, ce chien, très populaire en Suède, est pratiquement inconnu ailleurs.

Aspect physique

Le Drever est d'apparence solide ; il a une tête longue, un museau pointu, des yeux noisette très expressifs. Ses oreilles larges sont portées pendantes, à plat. Son cou est long et fort. La queue, longue, est, en général, portée bas. Le poil est court, épais, dru et plat. La robe est de toutes couleurs mais toujours avec du blanc en tête, au poitrail, aux membres et au bout de la queue.

TAILLE : **mâle** de 32 à 40 cm, **femelle** de 30 à 38 cm ;
POIDS : environ 15 kg

DUNKER

Dunker

Origine et comportement

Peu connu hors des frontières de son pays, la Norvège, ce chien courant est un chasseur solide, à l'aise sur tous les terrains. Il manque de rapidité mais montre beaucoup d'endurance. C'est un chien courageux qui supporte très bien des températures basses, fréquentes dans son pays d'origine. Équilibré et gentil, il est également apprécié comme animal de compagnie.

Aspect physique

Le Dunker est robuste mais sans lourdeur. Sa tête est sèche, allongée. Ses yeux sombres ont un regard serein. Les oreilles, moyennement longues, sont plaquées contre les joues. Le cou est long et mince, la queue forte est légèrement courbe. Le poil court est dense et raide ; la robe est noire, arlequin, blanc et fauve pâle avec manteau noir ; elle peut comporter ces mêmes combinaisons avec du noir marbré de bleu au lieu du noir. La couleur noisette foncé ou le blanc dominant sont des causes de disqualification.

TAILLE : **mâle** de 50 à 55 cm, **femelle** de 48 à 53 cm *(standard F.C.I.)* ;
POIDS : environ 25 kg

Drevers
Très utilisé en Suède pour la chasse au renard et au sanglier, le Drever est très peu connu ailleurs.

Foxhounds
Créée au XVe siècle pour la chasse à courre du renard, cette race anglaise est combative et énergique.

ELLINIKOS ICHNILATIS

Chien courant grec

Origine et comportement

Guère connu en dehors de la Grèce, ce chien vif et doté d'un odorat subtil excelle à la course en terrain difficile. Il traque tous les gibiers, travaillant seul ou en petites meutes. Sa voix porte loin.

Aspect physique

Fort, vigoureux et vivace, il a une tête longue, au stop peu marqué et au chanfrein bien droit. Les yeux, moyens et marron, pétillants d'intelligence, s'animent d'une expression vive. Les oreilles, attachées haut, tombent verticalement. Le corps est bien musclé et le ventre un peu relevé. Le fouet, court, est porté comme un sabre quand le chien se déplace. La robe est composée d'un poil ras, un peu rude au toucher; dense et assez dure, elle adhère bien au corps. Noir et fauve, elle peut s'orner d'une petite tache blanche à la poitrine.

TAILLE: **mâle** de 47 à 55 cm, **femelle** de 45 à 53 cm;
POIDS: de 17 à 20 kg *(standard F.C.I.)*

ENGLISH FOXHOUND

Foxhound

Origine et comportement

Si les origines du Foxhound anglais sont controversées, elles concordent toutes sur un point: la race a été créée vers le XVe siècle en Angleterre pour répondre aux besoins d'une nouvelle chasse à courre, celle du renard. Le nom de Foxhound (chien « chasseur de renard ») est explicite à cet égard. Il fallut donc remplacer les fins limiers de la chasse aux cerfs, qui étaient alors délaissés (les Staghounds), par des chiens mieux adaptés à la nouvelle proie, c'est-à-dire plus rapides et plus petits. Courageux, combatif et énergique, le Foxhound chasse le renard en Grande-Bretagne tandis que, en France, on lui réserve la chasse au sanglier.

Aspect physique

Le Foxhound est très robuste. Ce chien a une allure dégagée et une bonne foulée. Le dos est large, le rein, long, et les épaules sont solides, mais sans lourdeur. Les pattes sont fortes, et le jarret est bien descendu.

La tête est bien développée, le crâne est large, et les yeux, ronds et bruns, s'animent d'un regard vif. Les oreilles, plutôt courtes, attachées haut, sont plaquées contre la tête.

La robe, au poil court, ferme et lisse, est tricolore (blanc et fauve avec manteau noir) ou blanc et fauve orangé.

TAILLE: **mâle et femelle** de 58 à 64 cm *(standard F.C.I.)*;
POIDS: de 30 à 33 kg

ERDELYI KOPO

Chien courant de Transylvanie

Origine et comportement

L'origine de ce chien courant hongrois, amené par les Magyars, remonte au IXe siècle. Il existe deux variétés : celle aux membres courts, qui est surtout utilisée pour la chasse au renard et au lièvre, et celle aux membres longs, spécialisée dans la poursuite du sanglier, du cerf et du lynx.

Hardi, tenace dans le galop, facile à dresser, il est pourvu d'un odorat très fin et d'un sens aigu de l'orientation.

Aspect physique

Le Chien courant de Transylvanie présente une tête plutôt longue mais non pointue, un nez droit, des yeux brun foncé, obliques, des oreilles aux extrémités arrondies, retombant sans plis, une queue pendante au repos et relevée sur le dos en pleine course. Ses membres sont forts et musclés et son corps est de forme allongée.

La robe de la variété la plus grande est noire avec des marques feu à la tête et aux membres, tandis que la plus petite est fauve roux. Les deux variétés peuvent porter un peu de blanc au front, au poitrail et aux pieds.

TAILLE : grand : de 55 à 65 cm, petit : de 45 à 50 cm ;
POIDS : de 30 à 35 kg
(standard F.C.I.)

FAUVE DE BRETAGNE (GRIFFON, BASSET)

Fauve de Bretagne (Griffon, Basset)

Origine et comportement

Ses ancêtres, les Grands Fauves de Bretagne, formèrent autrefois de grandes meutes célèbres. Selon de nombreux cynologues, le Griffon Fauve de Bretagne est la forme Briquet du Grand Fauve.

Courageux, tenace et intelligent, cet ancien grand chasseur de loups, au nez subtil, est aujourd'hui utilisé pour la poursuite du sanglier et du renard, quel que soit le terrain. De ses ancêtres, le Basset, lui aussi, a hérité à la fois les qualités de chasseur résistant à la végétation épineuse de la lande bretonne et le tempéra-

Griffon Fauve de Bretagne
Surtout utilisé pour la chasse au grand gibier, il est courageux, tenace et intelligent.

ment difficile. Pour l'assagir, on l'a souvent croisé avec des Bassets Griffons vendéens, bien moins dissipés.
Tenace, énergique, actif, rapide et vigoureux, ce chien, assez indiscipliné et têtu, possède un caractère vif. Très bon en pays de fourrés (dans les genêts, particulièrement), c'est un chasseur au nez très fin.

Aspect physique

Osseux et musclé, il donne plus une impression de vigueur que de distinction. Le crâne, un peu allongé, présente un occiput marqué. Le museau, sans babines, s'orne d'une truffe noire, aux narines bien ouvertes. Les yeux, foncés, découvrent un regard hardi. Les oreilles, en pointe et modérément longues, prennent attache au niveau de la ligne de l'œil. Le cou est assez court et musclé, la poitrine profonde et large, le dos également court et large, et le ventre peu relevé. La queue, moyennement longue, s'effile vers la pointe. La robe, au poil pas trop long et très dur, jamais laineux ni frisé, est fauve, de préférence froment doré ou brun-rouge vif. Une apparence frêle et grêle, un crâne large ou étroit, un museau pointu ou court sont considérés comme des défauts sérieux.

TAILLE : Griffon : **mâle et femelle** de 48 à 58 cm ; Basset : **mâle et femelle** de 32 à 40 cm *(standard F.C.I.)*;
POIDS : Griffon : environ 23 kg ; Basset : environ 15 kg

Basset Fauve de Bretagne
De caractère indiscipliné et têtu, il est néanmoins un excellent chasseur en taillis.

FRANÇAIS (BLANC ET NOIR, BLANC ET ORANGE, TRICOLORE)

Français (blanc et noir, blanc et orange, tricolore)

Origine et comportement

Le Français actuel est un regroupement de populations issues d'anciennes races françaises (surtout Gascon et Saintongeois pour le blanc et noir, sans doute Billy pour le blanc et orange, Poitevin notamment pour le tricolore) et ayant reçu du sang anglais, en particulier du Foxhound.
Spécialiste de la chasse du cerf et du chevreuil, hardi et féroce, le Français est capable de soutenir un train rapide pendant un temps très long.

Aspect physique

Bâti en force et bien équilibré, ce chien, au galop souple et allongé, est élégant, musclé et d'aspect très harmonieux. Le crâne est un peu bombé, les oreilles, un peu tournées, sont attachées à la hauteur de l'œil. Le cou, assez long et fort, peut parfois présenter une légère trace de fanon. La couleur de la robe distingue les trois races et donne son nom à chacune : blanc et noir avec des marques feu pâle, blanc et fauve orangé, blanc et fauve à manteau noir.

TAILLE : blanc et noir : **mâle** de 65 à 72 cm, **femelle** de 62 à 68 cm ; blanc et orange, tricolore : **mâle** de 62 à 72 cm, **femelle** de 60 à 68 cm *(standard F.C.I.)*;
POIDS : environ 30 kg

GASCON-SAINTONGEOIS (GRAND, PETIT)

Gascon-Saintongeois (Grand, Petit)

Origine et comportement

Ce chien d'ordre typiquement français est issu du croisement du Bleu de Gascogne et du Chien de Saintonge.
Ce chien « de grand équipage » est recherché pour servir de retrempe à des meutes ayant un peu abusé du sang anglais. Rusé, expérimenté, doté d'un flair excellent et d'un instinct très sûr, il est considéré comme le meilleur coureur de lièvres. Sa taille, son esprit d'initiative, sa grande vélocité et sa belle voix en font aussi un bon chasseur de chevreuil.

Aspect physique

Élégant et fort, le Gascon-Saintongeois présente une tête sèche et longue, au crâne en ogive et au stop léger. Les oreilles, longues, attachées assez en arrière, plus bas que l'œil, foncé et vif, sont fines et papillotées. Le cou moyen, les antérieurs longs et forts, la poitrine profonde, les

Français tricolore
Spécialiste de la vénerie du cerf et du chevreuil, il est très résistant, calme et obéissant.

Petit Gascon-Saintongeois
Ses oreilles papillotées, comme chez tous les chiens courants, dirigent les odeurs vers sa truffe.

apports de sang étranger l'ont ensuite modifié : Bleu de Gascogne, Griffon vendéen et Foxhound. Ce chasseur rustique, spécialement dressé pour harceler le sanglier, est aussi excellent dans la poursuite du lièvre. Endurant, solide, il ne craint ni le froid ni la neige. Par contre, il n'aime pas du tout la chaleur.

Aspect physique

Le Griffon nivernais, un chien courageux, très typé en son genre, hirsute et broussailleux, sec de membres et de muscles, a l'aspect un peu triste. La tête, décharnée et légère, se prolonge par un menton un peu barbu. La truffe, noire, émerge d'une face embroussaillée. Le crâne est presque plat, et le stop peu accentué. Les oreilles, souples, sont attachées à la hauteur de la partie supérieure de l'œil et retombent légèrement tournées. La robe, composée d'un poil long, hirsute et broussailleux, est grisonnante

cuisses musclées témoignent de la force de ce chien. Le fond de la robe, au poil court et serré, est blanc, plus ou moins moucheté et taché de noir, avec quelquefois un manteau noir. Des taches feu pâle marquent les joues, le dessus des yeux, l'intérieur des oreilles et souvent les membres.

TAILLE : Grand : **mâle** de 65 à 72 cm, **femelle** de 62 à 68 cm ; Petit : **mâle** de 52 à 58 cm, **femelle** de 50 à 56 cm *(standard F.C.I.)* ;
POIDS : Grand : environ 35 kg ; Petit : environ 25 kg

GRIFFON NIVERNAIS

Griffon nivernais

Origine et comportement

On ne sait presque rien des origines de ce Griffon, sinon qu'il est né dans les forêts du Nivernais et qu'il aurait sans doute pour ancêtres des Chiens gris de Saint Louis et des Chiens de Brenne. Plusieurs

Grand Gascon-Saintongeois
Très bon chasseur de chevreuil et excellent coureur de lièvre, il a un instinct sûr et un flair très fin.

Griffon nivernais
Très rustique, il peut chasser le sanglier comme le lièvre. Il n'est pas destiné à la compagnie.

Petit Griffon vendéen
Son poil ébouriffé et ses sourcils broussailleux lui donnent un petit air hirsute assez comique.

dans différents tons ou noir mal teint avec marques feu en tête et aux membres ou fauve mélangé de noir.

TAILLE: **mâle** de 55 à 60 cm, **femelle** de 53 à 58 cm *(standard F.C.I.)*;
POIDS: environ 25 k

GRIFFON VENDÉEN (GRAND, BRIQUET, GRAND BASSET, PETIT BASSET)

Griffon vendéen (Grand, Briquet, Grand Basset, Petit Basset)

Origine et comportement

Le Grand Griffon vendéen aurait pour lointains ancêtres le Chien blanc du Roy et un ancien type de Griffon avec, peut-être, un apport de sang de chien d'arrêt. De tempérament fougueux, plein d'allant, il fait merveille à la chasse au sanglier. Le Briquet descend du Grand Griffon vendéen, dont il est une réduction harmonieuse. C'est un animal nerveux, aux allures souples. Rapide, fougueux et intrépide, c'est un chasseur d'instinct, au flair subtil et à la voix forte, spécialisé dans la chasse à tir du gros gibier et la chasse à courre du lièvre. Il est intelligent, sociable et affectueux.
Le Grand Basset, lui, est particulièrement efficace à la chasse au lièvre. Doté d'un odorat très fin, il se révèle un excellent pisteur, très mordant, même sur le sanglier, et un chasseur discipliné. Le Petit Basset, vigoureux, au corps très légèrement longiligne et à l'expression éveillée, est l'allié idéal du chasseur (chasse au faisan et surtout au lapin).

Parfois têtu à la chasse, mais facile à vivre et intelligent, il connaît aujourd'hui une vogue certaine comme chien de compagnie.

Aspect physique

Les différents types de Griffons vendéens ont en commun une construction robuste, bien proportionnée, sans lourdeur et une allure vigoureuse.

La tête, au crâne assez bombé, n'est pas trop large entre les oreilles. Les yeux, grands et foncés, ont une expression vive. Les oreilles, souples, étroites et fines, recouvertes de larges poils, attachées bas, bien tournées en dedans, forment un ovale allongé. Les babines s'ornent de grosses moustaches. La truffe, noire, est largement ouverte. Le cou, léger, ne présente pas de fanon. Les antérieurs sont droits, la poitrine est bien développée, le dos solide et le rein bien musclé. Les cuisses sont fortes ; le jarret, large, est près de terre. Le fouet, attaché assez haut, épais à la naissance et s'amincissant progressivement, est porté en sabre. La robe, au poil long, broussailleux et rude, au sous-poil fourni, est unicolore – fauve, fauve grisonnant (poil de lièvre), sable grisonnant – ou bicolore – blanc avec une des couleurs précédentes – ou tricolore – blanc, fauve et noir plus ou moins grisonnant.

TAILLE : Grand : **mâle et femelle** de 60 à 65 cm ; Briquet : **mâle** de 50 à 55 cm, **femelle** de 48 à 53 cm ; Grand Basset : **mâle et femelle** de 37 à 44 cm ; Petit Basset : **mâle et femelle** de 34 à 38 cm *(standard F.C.I.)* ;
POIDS : Grand : environ 35 kg ; Briquet : environ 29 kg ; Grand Basset : environ 18 kg ; Petit Basset : environ 15 kg

HALDENSTÖVARE

Haldenstövare

Origine et comportement

Chasseur rapide et endurant, très résistant au froid, ce chien courant norvégien travaille sur tous les gibiers de plaine. Il se déplace très facilement sur la neige et la glace. De race très ancienne, il connaît une grande popularité en Norvège, mais reste pratiquement inconnu ailleurs.

Aspect physique

Le Haldenstövare est robuste mais d'aspect léger. Il a le corps allongé et une jolie tête fine au museau droit. Ses yeux marron foncé ont une expression calme. L'oreille, moyenne, pend à plat. La queue épaisse est portée basse. Le poil est court, dense et lustré. La robe blanche porte quelques grandes taches noires sur le corps et le crâne, souvent entourées de fauve.

TAILLE : **mâle** de 52 à 60 cm, **femelle** de 50 à 58 cm *(standard F.C.I.)* ;
POIDS : environ 20 kg

HAMILTONSTÖVARE

Hamiltonstövare

Origine et comportement

Issu de croisements entre plusieurs races de vénerie germaniques et le Foxhound, ce chien courant suédois a belle allure. Il porte le nom de son créateur. Spécialiste de la chasse au cerf et au sanglier, il est courageux, intelligent et docile. Il chasse essentiellement seul, peu en meute.

Aspect physique

Bien bâti, solide et puissant, il possède assez de force et de dynamisme pour travailler dans la neige profonde. La tête, allongée, rectangulaire et fine, est surmontée d'un crâne arqué. La truffe, toujours noire, est bien développée. Les oreilles, souples, attachées haut, doivent tomber à plat. Les épaules sont larges et muselées, et les membres bien droits. La robe, très épaisse en hiver, est tricolore : fauve, blanc aux extrémités du corps, manteau noir remontant sur la nuque.

TAILLE : **mâle** de 50 à 60 cm, **femelle** de 46 à 57 cm *(standard F.C.I.)* ;
POIDS : environ 25 kg

Harriers
Excellent chasseur en meute, le Harrier est spécialisé dans la vénerie du lièvre.

Hamiltonstövare
Spécialiste de la grande vénerie, ce chien suédois est peu connu hors de son pays.

HANNOVERSCHER SCHWEISSHUND

Chien de rouge du Hanovre

Origine et comportement

Descendant allemand du Saint-Hubert, le Chien de rouge du Hanovre a été amélioré au XIXe siècle à partir de croisements avec des chiens courants de Jaegerhof, du Harz et de Solling. Intelligent et réfléchi, ce chien, au nez subtil, est un excellent pisteur. Jadis utilisé en meutes pour la chasse du grand gibier, il a appris à travailler seul ou encore à deux. Chien de taille moyenne, au corps robuste et vigoureux, c'est un animal obéissant et affectueux.

Aspect physique

Le crâne est large et légèrement arqué. Le front est un peu ridé, ce qui donne au chien un air mélancolique. Les oreilles, larges, descendent à plat. La poitrine est large, et les membres présentent une musculature bien développée. Le fouet, long et fort, est généralement porté oblique et bas. Le poil, court, dense, élastique, est fauve à fauve roux, éventuellement bringé, ou marron ; il peut y avoir un masque foncé.

TAILLE : **mâle** de 50 à 55 cm, **femelle** de 48 à 53 cm *(standard F.C.I.)* ;
POIDS : de 30 à 35 kg

HARRIER

Harrier

Origine et comportement

Nés dans le sud de l'Angleterre, les Harriers étaient à l'origine de grands chiens courants. Le Harrier moderne, plus petit, fut spécialement mis au point pour la chasse au lièvre (*hare* en anglais, ce qui justifie son nom).
Ce chien, à l'odorat exceptionnel, est rapide et endurant sur les terrains plats, mais n'aime pas les difficultés. C'est un compagnon vif et très gai.

Aspect physique

Fort et léger, le Harrier est moins puissant mais plus distingué que le Foxhound. La tête se prolonge par un museau plus pointu que carré, où s'impose une truffe noire bien développée. Les babines recouvrent la mâchoire inférieure. Les yeux, moyens, toujours foncés, dessinent un ovale. Les oreilles, assez courtes, presque plates et en forme de V, sont attachées relativement haut. Le cou, long et dégagé, est gracieux, la poitrine haute, le dos droit et musclé, et le rein fort et un peu arqué. La robe, au poil lisse et plat, pas trop court, est de couleur blanc et noir ou blanc et fauve ou tricolore (voir illustration p. 267).

TAILLE : **mâle** de 48 à 55 cm, **femelle** légèrement plus petite *(standard F.C.I.)* ;
POIDS : de 25 à 30 kg

HYGENHUND

Hygenhund

Origine et comportement

Ce chien courant norvégien est un coureur de fond infatigable. Rapide, actif, il traque tous les gibiers sur n'importe quel terrain et par tous les temps. Vif mais équilibré, le Hygenhund est de très bonne compagnie.

Aspect physique

Compact et solide, il est bâti comme un coureur de fond. La tête, en cône, présente un stop très marqué, un chanfrein droit et une truffe noire. Les yeux sont foncés ou noisette, les membres solides. Les oreilles, assez longues et larges, atteignent le milieu du museau. La queue est portée gaiement. Les membres sont solides et nerveux. La robe, au poil droit, pas trop court, épais, brillant et un peu rude, est fauve, fauve roux, fauve charbonné ou noir et fauve, toutes ces couleurs avec ou sans blanc.

TAILLE : **mâle** de 47 à 55 cm, **femelle** légèrement plus petite *(standard F.C.I.)* ;
POIDS : de 20 à 24 kg

Hygenhund
Infatigable coureur de fond, il est rapide, actif et de très bonne compagnie.

ISTARSKI GONIC (KRATKODLAKI, OSTRODLAKI)

Chien courant d'Istrie (à poil ras, à poil dur)

Origine et comportement

Connu en Istrie depuis la nuit des temps, ce chien yougoslave a une expression grave, voire mélancolique. Tranquille et affectueux, c'est un bon compagnon, mais surtout un excellent chien courant pour le lièvre, le renard et le chevreuil, et un pisteur infatigable d'animaux blessés. Sa voix possède un timbre puissant.

Aspect physique

Ce chien, au corps robuste, à la forte ossature, est doué d'une marche très souple et d'une allure vive. La tête, longue, possède un occiput bien marqué et un léger stop. Les oreilles, longues ou demi-longues, tombent le long des joues. La robe est faite d'un poil dense, long de 5 à 10 cm, rude chez la race à poil dur, et court, lisse, luisant chez la race à poil ras. Elle est de couleur blanche avec un peu de fauve orangé présent sur les oreilles et en quelques taches sur la tête et le corps.

TAILLE : à poil dur : **mâle et femelle** de 46 à 58 cm ; à poil ras : **mâle et femelle** de 44 à 56 cm ;
POIDS : de 18 à 20 kg *(standard F.C.I.)*

Chiens courants d'Istrie
Spécialiste de la recherche du grand gibier blessé, c'est aussi un compagnon calme et affectueux.

JUGOSLOVENSKIJGONIC (PLANINSKI, TROBOINI)

Chien courant yougoslave (de montagne, tricolore)

Origine et comportement

Très apprécié dans son pays, ce chien courant, audacieux, intelligent et calme, se montre très endurant. Doté d'un odorat bien développé et d'un aboiement plaisant, il est particulièrement bon sur terrains rocailleux et broussailleux.

Aspect physique

Le Chien courant yougoslave, robuste, au corps souple, de forme rectangulaire, a une allure assurée et élastique. La tête, au stop peu accentué, présente un museau en forme de coin. Les oreilles, attachées assez bas et aux bouts arrondis, pendent sans plis. La queue, en sabre dans sa moitié inférieure, descend jusqu'au jarret. Les poils, touffus, un peu grossiers et bien plats, recouvrent un sous-poil abondant. La robe est noire avec des marques feu chez la race de montagne, tricolore chez la race du même nom, c'est-à-dire fauve avec du blanc en tête, à la poitrine et aux membres, associé à un manteau noir.

TAILLE : de montagne : **mâle** de 49 à 50 cm, **femelle** de 48 à 49 cm ; tricolore : **mâle et femelle** 45 à 55 cm *(standard F.C.I.)* ;
POIDS : de 20 à 25 kg

ÖSTERREICHISCHE GLATTHAARIGE BRACKE

Brachet autrichien à poil lisse

Autres noms : Triroler Bracke, Chien courant du Tyrol.

Origine et comportement

Peu connu hors de son pays d'origine, ce chien courant autrichien à poil ras ressemble beaucoup à certains chiens courants suisses. Excellent coureur, puissant mais souple, ce chien à l'odorat très développé est bon sur tous les gibiers. Spécialement conçu pour la chasse dans la neige, il est particulièrement efficace en montagne, où il supporte très bien le soleil. C'est un compagnon obéissant et affectueux.

Aspect physique

Le Brachet autrichien à poil lisse présente un corps allongé. Sa tête est de grandeur moyenne, le crâne plutôt bombé et l'oreille large. Son regard est très expressif. Le poil est ras, compact, plat et brillant. La robe est noire, fauve jaune ou fauve roux – ces trois couleurs avec un peu de blanc au museau, au cou, au poitrail – ou encore tricolore avec peu de blanc.

TAILLE : **mâle** de 50 à 56 cm, **femelle** de 48 à 54 cm *(standard F.C.I.)* ;
POIDS : environ 20 kg

OGAR POLSKI

Brachet polonais

Origine et comportement

Ce chasseur vigoureux appartient à une vieille race autochtone. Il a le nez très fin et travaille avec enthousiasme par n'importe quel temps, sur les terrains les plus difficiles. C'est un chien un peu lent, mais tenace et sérieux. Sa voix nette et sonore est très appréciée. Il est affectueux et fidèle.

Aspect physique

Relativement massif, le Brachet polonais paraît très solide. Sa tête est assez lourde, le nez est large ; les yeux en oblique, brun foncé, ont une expression douce. Le cou est fort avec un fanon plissé. Le corps est puissant et les membres solides. Le poil, de longueur moyenne, est gros, le sous-poil épais. La robe est de couleur fauve et noir formant manteau. Le poil blanc en forme d'étoile sur la tête, au poitrail, au bout des pattes et de la queue est admis.

TAILLE : **mâle** de 56 à 65 cm, **femelle** de 55 à 60 cm ;
POIDS : **mâle** de 25 à 32 kg, **femelle** de 20 à 26 kg
(standard F.C.I.)

Brachet polonais
Issu d'une très vieille race polonaise, il est tenace et sérieux, quoique un peu lent.

OTTERHOUND

Chien de loutre

Origine et comportement

Ce grand chien hirsute descendrait du Bloodhound, du Harrier et de Griffons français. Cette race a été créée pour chasser la loutre (*otter*, en anglais) jusque dans ses terriers, situés au-dessous du niveau de l'eau. L'odorat de ce chien est si sensible qu'il peut, au petit matin, sentir une loutre qui est sortie dans la rivière durant la nuit. Sans souci du froid, il se jette alors à l'eau à la poursuite de sa

Chien de loutre
Très bon chasseur, insensible au froid, c'est aussi un agréable chien de compagnie.

proie. Chasseur courageux et tenace, c'est aussi un chien de compagnie gai, enjoué, affectueux et fidèle.

Aspect physique

Ce chien de bonne taille, trapu et robuste, a une tête large, bien formée, et comme noyée sous les poils. Le museau, long et carré, porte de puissantes mâchoires, cachées par de grosses lèvres tombantes. Les oreilles, longues et tombantes, sont couvertes de longs poils. La poitrine est large et profonde. Les reins sont solides et un peu arqués. La queue est portée gaiement. La robe se compose d'un poil dur, fort et hirsute, serré à la base, et d'un sous-poil laineux protecteur. Les couleurs admises sont le sable, le sable charbonné, le sable avec manteau noir. Des poils gris sont généralement présents à la base du cou et sur le poitrail. Un masque gris est admis.

TAILLE: **mâle** environ 67 cm, **femelle** environ 60 cm *(standard F.C.I.)*;
POIDS: environ 32 kg

POITEVIN

Poitevin

Origine et comportement

Le Poitevin comprend dans son arbre généalogique les Chiens blancs du Roy, des chiens courants anglais tricolores et des Lévriers anglais. Remarquables pour la chasse du loup au XIXe siècle, les

Poitevins
Spécialisés dans la vénerie du grand gibier, ces très bons chasseurs sont surtout utilisés en meute.

Poitevins sont aujourd'hui excellents dans la poursuite du lièvre, du cerf et du chevreuil. Élégants, légers, distingués, ce sont des chasseurs-nés, dotés d'un flair excellent. Très actifs, d'une intelligence particulièrement vive, ils possèdent une voix de tonnerre et sont capables de poursuivre leur proie un jour entier, sans fatigue excessive.

Aspect physique

Le Poitevin galope facilement et bondit avec aisance. La tête, longue, présente des os saillants et une légère petite bosse en arrière du crâne. Le museau porte une grosse truffe. Les oreilles, fines, attachées un peu bas, demi-longues, sont légèrement tournées. Le cou, long et mince, est dépourvu de fanon. Les membres secs et forts, le dos et le rein musclés donnent une impression à la fois de puissance et de légèreté. Le fouet, fin, porté avec beaucoup d'élégance, décrit une légère courbe. La robe est composée d'un poil court et brillant. Elle est généralement tricolore (blanc et orange avec un manteau noir) et quelquefois bicolore (blanc et orange).

TAILLE: **mâle** de 62 à 72 cm, **femelle** de 60 à 70 cm *(standard F.C.I.)*;
POIDS: environ 35 kg

PORCELAINE

Porcelaine

Origine et comportement

Le Porcelaine est l'une des plus anciennes races de vénerie française, même si elle reçut du sang d'autres races au XIXe siècle. Il doit son nom à sa robe blanche aux reflets brillants et nuancés rappelant ceux de la porcelaine. Énergique, impétueux, d'allure vive et gaie, c'est un animal ardent, doté d'un nez très subtil. Souple, il se déplace d'un galop rapide et soutenu. Il marque une préférence nette pour la recherche du lièvre et du chevreuil. Doux, paisible et joueur, c'est un compagnon agréable.

Aspect physique

Chez ce chien de petite vénerie, d'une distinction rare, bien français, tous les détails de la structure indiquent la grande race. La tête, sèche, plutôt longue, présente un crâne large, à l'occiput arrondi, un front plat, un stop léger et un chanfrein un peu busqué au bout. Les oreilles, longues et bien papillotées, sont attachées plus bas que l'œil. La robe, au poil fin, serré et brillant, est d'un blanc intense avec quelques taches fauve orangé de forme arrondie, ne s'étendant jamais en manteau. Les oreilles portent des mouchetures orange caractéristiques.

TAILLE: **mâle** de 55 à 58 cm, **femelle** de 53 à 56 cm *(standard F.C.I.)*;
POIDS: environ 28 kg

Porcelaine
Il possède le physique caractéristique des chiens de vénerie: oreilles papillotées, museau long, gorge profonde.

POSAVSKI GONIC

Chien courant de Posavatz

Origine et comportement

Très apprécié dans les pays issus du démembrement de la Yougoslavie, ce chien courant est peu connu dans les autres pays. Rapide, infatigable même en terrain accidenté, il possède un bon flair et chasse avec sûreté. C'est un chien dynamique et obéissant. On l'utilise principalement pour la chasse au lièvre et au cerf. Il est très affectueux avec son maître.

Petit Chien courant espagnol
Seul chien courant espagnol, il est polyvalent, loyal et affectueux.

Aspect physique

Le Chien courant de Posavatz est solidement bâti. Sa tête est longue, son regard particulièrement vif. Les oreilles sont pendantes.
Le poil, mi-long, est épais et dur ; la robe est de couleur fauve à fauve roux avec un peu de blanc sur la poitrine et les pieds.

TAILLE : **mâle et femelle** de 46 à 58 cm ;
POIDS : environ 25 kg *(standard F.C.I.)*

SABUESO ESPAÑOL (TIPO GRANDE, TIPO LIGERO)

Chien courant espagnol (Grand, Petit)

Origine et comportement

Implanté depuis très longtemps en Espagne, il chasse toutes sortes de gibiers. Vif et équilibré, il est loyal et affectueux.

Aspect physique

Solide, mais d'allure élancée, le Chien courant espagnol porte une tête allongée, aux oreilles longues et souples. Les yeux,

Schillerstövare
Spécialisé dans la chasse au petit gibier, il est intelligent, fidèle et peut être un très bon compagnon.

marron, ont une expression très pensive. Le cou est fort, le poitrail large et profond, le dos droit, le ventre ramassé et le rein un peu court. Les membres sont bien musclés et les pieds, allongés.
La queue est portée longue : elle doit descendre plus bas que la pointe du jarret. La robe, au poil court, lisse et luisant, généralement blanche, s'orne de taches rouges, orange ou noires, parfois assez étendues sur différentes parties du corps.

TAILLE : Grand : **mâle** de 51 à 56 cm, **femelle** de 49 à 52 cm ; Petit : **mâle** moins de 51 cm, **femelle** moins de 49 cm *(standard F.C.I.)* ;
POIDS : Grand : environ 25 kg ; Petit : environ 20 kg

SCHILLERSTÖVARE

Schillerstövare

Origine et comportement

Ce chien courant suédois, spécialiste de la chasse en terrains neigeux, descend de chiens qui existaient déjà au XVe siècle. Amélioré par l'éleveur Per Schiller, qui lui a donné son nom, il est spécialisé dans la traque du lièvre et du renard. Intelligent, aimable et fidèle, il sait se révéler un animal d'excellente compagnie.

Aspect physique

Robuste mais léger et dynamique, il est pourvu d'une certaine noblesse. Le crâne est légèrement conique, et la truffe, noire, est bien développée. Les yeux, noisette, pétillent de vivacité. La queue est portée droite ou légèrement en sabre.
La robe, composée d'un poil fort et brillant et d'un sous-poil doux et touffu, se pare de noir et de fauve.

TAILLE : **mâle** de 53 à 61 cm, **femelle** de 49 à 57 cm *(standard F.C.I.)* ;
POIDS : environ 25 kg

SCHWEIZERISCHE LAUFHUNDE (BERNER, BRUNO DU JURA, LUZERNER, SCHWYZOIS OU SCHWYZER)

Chien courant suisse (Bernois, Bruno du Jura, Lucernois, Schwyzois)

Autre nom : Schweizer Laufhund.

Origine et comportement

Tous les Chiens courants suisses, de format normal ou petit, excepté le Bruno du Jura type Saint-Hubert, ont, en dehors de la nature du poil et de la couleur de la robe, les mêmes caractères généraux. Leurs origines, très lointaines, se confondent avec celles des chiens courants français et du Saint-Hubert.
Contrairement aux français, les Chiens courants suisses de format normal n'ont jamais reçu de sang anglais. Ils sont vifs, intelligents et ont la passion de la chasse. Vigoureux et endurants, ce sont des pisteurs de qualité, au nez subtil et à la voix assez puissante. Les Petits Chiens courants suisses, quant à eux, sont le résultat du croisement de Chiens courants suisses avec des Bassets d'origines diverses.
Ce sont des chiens de chasse plus lents que les Chiens courants suisses, mais pourvus de toutes les qualités des chiens plus grands. Ainsi, ils peuvent chasser tous les gibiers sur tous les terrains. Ils sont réputés pour l'agréable sonorité de leur voix. Ce sont aussi des compagnons charmants et paisibles au foyer.

Aspect physique

Le Chien courant suisse normal ou petit, dont la silhouette allongée révèle la vivacité, tient sa noblesse essentiellement de sa tête mince, bien proportionnée, au museau très long et aux grandes oreilles plissées et tire-bouchonnées.
Il existe deux types de Bruno du Jura : le type Bruno et le type Saint-Hubert. La construction générale de ces chiens est semblable à celle des chiens courants français, sauf chez le Bruno du Jura type Saint-Hubert, plus massif. Le poil, très

fourni, est ras ou dur ; le Lucernois n'existe qu'en variété à poil ras. Les couleurs de robe permettent de caractériser les races : blanc à taches noires et marques feu chez le Bernois, fauve ou fauve avec manteau noir ou noir avec marques feu chez le Bruno du Jura, semblable à celle du Bleu de Gascogne chez le Lucernois, blanche à taches fauve orangé chez le Schwyzois.

TAILLE et POIDS non précisés par le standard.

SEGUGIO ITALIANO (A PELO RASO, A PELO FORTE)

Chien courant italien (à poil court, à poil dur)

Origine et comportement

Très ancien, le Chien courant italien serait issu du croisement entre le Lévrier égyptien et le Molosse romain. À la Renaissance, les éleveurs ont amélioré ce chien, alors très populaire. Après une longue période d'oubli, le Chien courant italien est de nouveau à l'honneur. Robuste, infatigable, il chasse sur tous les terrains.
Spécialiste du gibier à poil (sanglier, renard, lièvre, lapin sauvage), il est un remarquable rabatteur pour la chasse à l'affût. Vif et ardent, il a une voix éclatante, très agréable. C'est un indépendant qui a besoin d'être dressé de bonne heure.

Aspect physique

Ce chien, aux formes sèches, pourvu de bons muscles sans la moindre graisse, a une structure bien équilibrée, qui le rend apte à suivre le gibier de l'aube au coucher du soleil. La tête, osseuse, paraît assez décharnée. La truffe, noire, présente des narines bien ouvertes. Les yeux, larges et lumineux, à l'iris ocre foncé, ont un beau regard expressif. L'oreille, longue et papillotée, est attachée bas. Le cou, sec, est dépourvu de fanon. La queue est portée en faucille. La texture du poil distingue les deux variétés, l'une à poil court et lisse, l'autre à poil mi-long et rêche. La robe peut avoir diverses nuances de fauve avec un peu de blanc aux extrémités, ou être noire marquée de feu.

TAILLE : **mâle** de 52 à 60 cm, **femelle** de 50 à 58 cm ;
POIDS : **mâle** de 20 à 28 kg, **femelle** de 18 à 26 kg
(standard F.C.I.)

SLOVENSKY KOPOV

Chien courant slovaque

Origine et comportement

D'un tempérament très indépendant, le Chien courant slovaque, utilisé pour la chasse au sanglier, possède un flair très développé et peut suivre la trace d'un animal blessé des heures durant.

Aspect physique

Le corps du Chien courant slovaque est allongé et son ossature paraît relativement légère. Le crâne est légèrement arrondi, le museau pointu, la truffe noire, et le cou musclé et sans fanon.
Les yeux, sombres, enfoncés et en amande, ont une expression vive. Les oreilles arrondies, de longueur moyenne, sont pendantes. Elles adhèrent bien aux joues. Les membres sont musclés, la poitrine est large, le dos droit, et la

Bruno du Jura normal
Cette race a été développée il y a des centaines d'années dans le Jura suisse.

croupe plutôt courte. La robe, au poil rude et assez long, est noire avec des marques feu à la tête, au poitrail et au bas des membres.

TAILLE : **mâle** de 45 à 50 cm, **femelle** de 40 à 45 cm ;
POIDS : de 15 à 20 kg *(standard F.C.I.)*

SMÅLANDSSTÖVARE

Smålandsstövare

Origine et comportement

Bien qu'étant la plus ancienne des trois races de chiens courants suédois, le Smålandsstövare n'a connu son premier standard qu'en 1921. Originaire de la Suède centrale, ce chien de suite, élégant et léger, est surtout utilisé pour la chasse au renard et au lièvre. Il travaille par tous les temps et sur n'importe quel terrain. Il est intelligent et équilibré.

Aspect physique

La tête est étroite. La truffe, noire, porte des narines très ouvertes. Les yeux, sombres, sont empreints d'une expression sereine. Les oreilles, assez plates, pendent collées au visage. La queue, longue, descend jusqu'au jarret. La robe, au poil épais, lisse et brillant, est noire avec des marques feu au-dessus des yeux, autour des babines, au poitrail et au bas des membres.

TAILLE : **mâle** de 46 à 54 cm ; **femelle** de 42 à 52 cm *(standard F.C.I.)* ;
POIDS : de 15 à 20 kg

STEIRISCHE RAUHHAARIGE HOCHGEBIRGSBRACKE

Brachet de Styrie à poil dur

Autres noms : Peintinger Bracket, Chien courant de Styrie.

Origine et comportement

Ce chien d'origine autrichienne est un Brachet robuste, qui résiste très bien aux rigueurs du climat hivernal des montagnes de Styrie. Il est obstiné à la chasse et se montre particulièrement performant sur le gibier de petite taille. D'une intelligence et d'une sensibilité peu communes, ce chien exclusivement chasseur, gai et affectueux, est très recherché.

Aspect physique

De taille moyenne, il présente une apparence rustique. Fortement musclé, il a le cou un peu arqué. Ses yeux limpides, couleur ambre à noisette, lui donnent un regard très vif. Le poil, plutôt court, est rude au toucher. La robe est fauve jaune à rouge. Des taches blanches sont admises à la poitrine.

TAILLE : **mâle** de 47 à 53 cm, **femelle** de 45 à 51 cm *(standard F.C.I.)* ;
POIDS : environ 18 kg

Smålandsstövare
Capable de travailler par tous les temps et sur tous les terrains, il est peu connu hors de Suède.

Chien courant finlandais
Utilisé comme chien de chasse l'été, il est surtout apprécié comme chien de compagnie l'hiver.

SUOMENAJOKOÏRA

Chien courant finlandais

Autre nom : Finskstövare.

Origine et comportement

Connu depuis le XVIIIe siècle, le Chien courant finlandais, qui ressemble au Harrier, s'est surtout développé au début des années 1900. On l'utilise pour la chasse au renard. Il est rapide, consciencieux et endurant. Affectueux et fidèle, il est apprécié comme chien de compagnie. Ne chassant que l'été, il passe l'hiver à la maison.

Aspect physique

Le Chien courant finlandais est robuste, mais sans lourdeur. Sa tête est noble. Les grandes oreilles sont attachées haut et pendantes. Le cou est fin et droit, le ventre

un peu relevé. Le poil est court, épais, rude au toucher. La robe est fauve avec un manteau noir et des taches blanches sur le museau, la poitrine, le bas des membres et le bout de la queue.

TAILLE : **mâle** de 55 à 61 cm, **femelle** de 52 à 58 cm *(standard F.C.I.)*;
POIDS : environ 25 kg

WESTPHÄLISCHE DACHSBRACKE

Basset de Westphalie

Origine et comportement

Connu depuis le début du XVIIe siècle, le Basset de Westphalie a été longtemps le chien courant favori des cours royales germaniques. Son standard a été fixé en 1910. Obstiné et combatif à la chasse, ce chien est doté d'un flair aussi développé que celui des meilleurs chiens de sang. Très bon à la chasse au lièvre et au renard, il s'attaque également au gros gibier (cerf et sanglier). Souple et agile, il s'adapte à pratiquement tous les terrains.
En revanche, ce n'est pas un chien de compagnie et il ne peut en aucun cas s'adapter à une vie citadine. Il est donc destiné aux chasseurs. Il est très rare hors de son pays.

Aspect physique

Le crâne est légèrement bombé, et le stop assez léger. Les yeux, châtain clair ou foncé, selon la couleur du pelage, pétillent de vivacité. Les oreilles, larges, plates et pendantes, sont attachées haut. Le cou, bien musclé, est un peu arqué. La queue, moyennement longue, large à la base, portée tombante, peut se recourber un peu vers le haut. Le poil, court, dur, serré, recouvre un sous-poil peu important. La robe peut être soit noire avec marques feu charbonné, soit marron, fauve roux de diverses nuances ou sable ; un peu de blanc est admis.

TAILLE : **mâle et femelle** de 30 à 38 cm *(standard F.C.I.)*;
POIDS : environ 15 kg

Basset de Westphalie
Très polyvalent, il s'adapte à tous les terrains et à tous les gibiers.

Chiens d'agrément

Les chiens d'agrément ont été initialement créés pour distraire les femmes. Aujourd'hui, tenant également compagnie aux hommes et aux enfants, ils apportent chaleur, affection et réconfort à leur maître. Dans cette « fonction », la petite taille est un élément important : faciles à transporter, aisés à « chouchouter », les chiens d'agréments sont des complices discrets... Ils sont originaires de tous les pays. Leur physique « craquant », cocasse ou déroutant permet de trouver aisément celui qui sera son compagnon idéal. De l'espiègle Caniche au minuscule Chihuahua, du silencieux Basenji à l'original Chien nu du Mexique, tous vouent une adoration sans faille à leur maître. Les Lévriers, quant à eux, étaient, dans leur pays d'origine, des chasseurs émérites. Aujourd'hui, ils ravisent les esthètes par leur allure et leur caractère indépendant.

Chiens de compagnie

Le groupe des chiens de compagnie, hétérogène de prime abord, rassemble des races qui manifestent une aptitude particulière à partager la vie quotidienne de l'homme : ils peuvent vivre dans un espace réduit et acceptent les débordements d'affection. Si certaines races n'ont pas d'équivalent dans d'autres groupes, d'autres, plus nombreuses, généralement de petite taille, dérivent des chiens de chasse ou des Molosses. Quelques races naines, présentées ailleurs avec leur famille d'origine, pourraient figurer ici sans problème.

BASENJI

Basenji

Origine et comportement

Ce chien d'Afrique centrale est d'origine très ancienne : ses ancêtres sont représentés dans des peintures rupestres datant de 5000 ans. Ce n'est que dans les années 1930 que les premiers Basenjis furent introduits en Europe par les Britanniques. Le nom de ce chien rustique signifie tout simplement « campagnard ».

Le Basenji n'aboie jamais : il émet un glapissement qui tient du rire et du « jodl » tyrolien. Son crâne ridé lui donne une expression sympathique, un peu ahurie. Très propre, ce chien fait sa toilette tout à fait comme un chat. Aussi est-il apprécié comme chien de compagnie tant dans sa région qu'en Europe et aux États-Unis, où il a été également introduit. Enjoué, affectueux, patient avec les enfants, il est, à l'occasion, bon gardien et excellent chasseur de petit gibier.

Aspect physique

Souple, élégant, alerte et bien équilibré, le Basenji a une démarche légère, très caractéristique, qui rappelle le trot allongé du pur-sang. La tête, bien ciselée, se rétrécit à hauteur des yeux. Le museau s'affine des yeux jusqu'à la truffe. La peau du crâne se plisse de façon très particulière quand le chien, en éveil, dresse les oreilles. Les yeux, petits, noisette foncé, jaunes ou même bleu clair, en amande, profondément enfoncés, ont un regard très perçant. Les oreilles, fines et pointues, sont portées droites, vers l'avant. Le cou, de bonne longueur, donne un joli port à la tête. Le tronc est court et droit, avec des côtes bien sorties et un sternum descendu. Les antérieurs sont droits, et les postérieurs robustes et musclés. La queue, plantée haut, forme un ou deux anneaux, s'enroulant en boucle serrée sur la colonne vertébrale. La robe, au poil court et soyeux, recouvre une peau très lâche (à tel point que le dos est parfois ridé). Le poil est fauve, quelquefois foncé avec des marques blanches, blanc et noir, ou encore blanc, noir et feu. Le bout de la queue est toujours blanc.

TAILLE : **mâle** environ 43 cm, **femelle** environ 40 cm ; POIDS : de 9,5 à 11 kg *(standard F.C.I.)*

Basenji
Ce chien n'aboie jamais et a un crâne ridé qui lui donne une expression perpétuellement ahurie.

BICHON À POIL FRISÉ

Bichon frisé

Origine et comportement

Né, sous la Renaissance italienne, d'un croisement entre le Bichon maltais et d'autres petits chiens, dont le Caniche, ce chien, dont le poil frisé est semblable à la fourrure d'une chèvre angora, fut l'animal favori de François Ier. Drôle et très intelligent, il détrôna même le Caniche dans les salons au XVIIe siècle. Il est à l'origine du verbe bichonner, qui, dans son sens primitif, signifiait « friser les cheveux ».

On peut en voir une représentation dans le Billet doux, du peintre français Fragonard. La popularité qu'il connut en Espagne, particulièrement au cours du XIXe siècle, fut telle qu'on en fit une race espagnole et que le Bichon frisé fut longtemps appelé Ténériffe. Compte tenu de ses origines, la Fédération cynologique internationale a reconnu cette race comme franco-belge.

Gai, enjoué et vif, ce chien a gardé un goût prononcé pour la campagne, mais il s'adapte bien aussi à la vie en appartement. Son poil nécessite beaucoup de soins.

Aspect physique

Le Bichon frisé a une allure vive et un port de tête fier et haut. Le crâne, plat, plus long que le museau, n'est ni épais ni lourd. Le stop est peu marqué. La truffe est ronde, noire et luisante. Les yeux, arrondis, sombres et vifs, bordés de paupières foncées, ne doivent pas être proéminents.

Les oreilles, pas trop larges et de longueur moyenne, tombent plutôt à plat et légèrement en avant quand le chien est en éveil ; elles sont garnies d'un poil long et finement frisé. Le cou est assez long, la poitrine bien développée et le rein large. Les flancs sont relevés, les antérieurs droits et les cuisses également larges et bien musclées. La queue est portée recourbée sans être franchement enroulée.

La robe, blanc pur, est constituée d'un poil fin, laineux, en tire-bouchon, d'allure très lâche, ni plat ni cordé, et long de 7 à 10 cm. Toute tache est inadmissible, mais un peu d'ivoire aux oreilles est accepté. La qualité du poil est primordiale.

TAILLE : **mâle et femelle** moins de 30 cm *(standard F.C.I.)*;
POIDS : de 2,5 à 3 kg

Bichon frisé
Il fait partie des chiens de compagnie les plus populaires en France. Son poil nécessite un entretien régulier.

BOLOGNESE

Bichon bolonais

Origine et comportement

Connu dès le XIIe siècle, le Bichon bolonais était très en vogue en Italie, à l'époque de la Renaissance, mais il semble que ses origines soient maltaises via les Canaries. Néanmoins, c'est bien dans le nord de l'Italie qu'il a acquis ses caractères spécifiques. Très proche du Bichon maltais, gracieux et agréable à vivre, il est sérieux, intelligent, affectueux et moins remuant que les autres Bichons. Il est toutefois peu répandu; seule l'Italie en possède encore d'assez nombreux spécimens.

Bichon bolonais
Cet autre Bichon, plus rare que le Bichon français et le Bichon maltais, reste encore peu connu hors d'Italie.

Aspect physique

La tête, au crâne plat, au chanfrein droit, a un stop marqué. Le museau porte une grosse truffe noire. Les yeux, également noirs, sont bien ouverts, et les oreilles, longues et poilues, tombent contre la tête. Le Bichon bolonais a une poitrine large, un dos droit, un rein légèrement arqué et une croupe également large, qui s'incline à peine. La queue, couverte de poils très longs, en flocons, s'incurve sur le dos. La robe est faite d'un poil long, également en flocons, qui ne colle pas strictement au corps. Elle doit être d'un blanc très pur.

TAILLE: **mâle** de 27 à 30 cm, **femelle** de 25 à 28 cm;
POIDS: de 2,5 à 4 kg *(standard F.C.I.)*

Bouledogue français
Chien préféré de l'écrivain Colette, il est affectueux, doux et sensible.

BOULEDOGUE FRANÇAIS

Bouledogue français

Origine et comportement

Même s'il est plus petit et léger, le Bouledogue français rappelle le Bulldog anglais. Selon l'hypothèse la plus vraisemblable, le Bouledogue français aurait été introduit au cours du XIXe siècle en France par des ouvriers anglais du textile, puis croisé avec divers chiens ratiers, des Carlins et sans doute d'autres petits Dogues du Nord et de Belgique. Le produit fut apprécié comme chien ratier par de nombreux commerçants, marchands de vin et bouchers, qui entreprirent de développer la race et de lui donner son aspect actuel. Il devint le chien favori de la classe ouvrière parisienne. Actif, intelligent et affectueux, parfois à l'excès – ce qui peut le rendre jaloux –, ce chien, doux avec les enfants, est courageux et opiniâtre. À la fois chien de compagnie et de garde, il apprécie la campagne, mais s'adapte bien à la vie en appartement.

Aspect physique
De structure compacte et d'une ossature solide, le Bouledogue français a une tête très forte, ridée, large et carrée, au crâne plat, au front bombé, au stop très accentué. Le chanfrein, court, porte des plis concentriques. Le nez, retroussé, présente une truffe noire et des narines bien ouvertes. Les yeux, éveillés, bordés de paupières noires, sont foncés, ronds et saillants. Les oreilles sont bien droites. Le cou, légèrement cintré, est court, la poitrine large, le dos musclé et le rein trapu. Les côtes sont arrondies – « en tonneau » –, et le ventre et les flancs, relevés. Les antérieurs sont droits, courts et épais, les postérieurs un peu plus longs et bien musclés, les pieds arrondis. La queue, courte, attachée bas, collée aux fesses ou portée au-dessous de l'horizontale, est nouée ou cassée naturellement. La robe, au poil ras, serré, brillant et doux, est fauve bringé, avec parfois des taches blanches sur le poitrail et la tête, ou caille – blanche avec des taches bringées –, ou entièrement blanche. Les bringeures doivent être peu importantes.

TAILLE : non précisée par le standard ;
POIDS : de 8 à 14 kg *(standard F.C.I.)*

CANICHE (GRAND, MOYEN, NAIN, MINIATURE)

Caniche (grand, moyen, nain, miniature)

Origine
Ce chien très répandu descend certainement du Barbet d'Afrique du Nord, introduit par les Arabes dans la péninsule Ibérique, où il se serait croisé avec le Chien d'eau portugais avant de gagner toute l'Europe. On pense qu'il doit probablement son nom au terme de canichon, lequel désignait autrefois aussi bien un petit canard que le chien qui chassait celui-ci.
Chien de chasse dans les marais, le Caniche est entré dans les salons sous Louis XV et a commencé à être miniaturisé sous Louis XVI. Le second Empire a été la grande époque du Caniche, qui, tondu en lion et parfumé, trônait dans les salons à la mode. Si la toilette en lion, très sophistiquée, bien que n'ayant pour objet, à l'origine, que de faciliter les mou-

Caniche miniature
Le plus petit des Caniches est aussi le plus récemment développé. Son petit format le rend apte à la vie en ville.

Caniche moyen
Son allure majestueuse et son poil toujours parfaitement toiletté en ont fait le chien préféré des « élégantes ».

vements du chien dans l'eau, est toujours en vigueur, on peut également tondre les Caniches à la mode moderne.

Comportement

Amusant, cabotin, affectueux, sociable et très intelligent, le Caniche est facile à dresser, ce qui l'a conduit sur les pistes de cirque. Il est aussi utilisé comme chien d'aveugle ou pour dénicher les truffes. De ses origines il a gardé un goût passionné pour les bains. Certains éleveurs, pour répondre à une demande très forte, se livrent à une production intensive qui nuit à la race. Aussi faut-il se montrer vigilant au moment de l'achat.

Aspect physique

Harmonieux et élégant, ce chien, à la démarche à la fois sautillante et légère, porte fièrement une tête au crâne ovale et un peu convexe. Le stop est légèrement marqué. Le sillon entre les yeux est bien accusé. Le museau, solide, porte une grosse truffe noire ou marron, selon la couleur de la robe, aux narines bien ouvertes. Les yeux, un peu en oblique, à l'expression amicale, sont noirs ou brun très foncé chez les animaux noirs, blancs ou gris, souvent ambre chez les chiens marron. Les oreilles, longues, plates, arrondies au bout et couvertes de longs poils ondulés, tombent le long des joues. Le cou, solide, sans fanon, s'arque légèrement. La poitrine est assez large, le dos droit et court, et le rein musclé. Le ventre et les flancs, remontés, affinent la silhouette.
Le Caniche est bien planté sur des antérieurs droits et des cuisses robustes et musclées. Il a de petits pieds ovales. La queue, attachée assez haut et écourtée, se relève quand le chien est en action.
On distingue deux variétés de Caniche selon la robe. Le Caniche à poil bouclé a une robe épaisse, laineuse, bien fournie, élastique, d'une texture fine, résistante sous la pression de la main, de longueur uniforme. Le Caniche à poil cordé, rare, a une robe abondante, laineuse, d'une texture fine, serrée et formant des cordelettes d'au moins 20 cm, d'égale longueur. La peau est souple, de préférence argentée chez les Caniches blancs. La robe est noire, blanche, marron, grise ou abricot. Le marron doit être franc, assez foncé, uniforme et chaud ; le gris comme l'abricot doivent également être uniformes et francs. Le caniche miniature est souvent appelé Toy.

TAILLE : **mâle et femelle** : grand : de 45 à 60 cm ; moyen : de 35 à 45 cm ; nain : de 28 à 35 cm ; miniature (Toy) : moins de 28 cm *(standard F.C.I.)* ;
POIDS : non précisé par le standard

CAVALIER KING CHARLES SPANIEL

Cavalier King Charles

Autre nom: Épagneul Cavalier King Charles.

Origine

Ce petit chien de compagnie anglais est né dans les années 1920 chez des éleveurs qui, à partir du King Charles au museau aplati, ont cherché à retrouver le type ancien des Épagneuls nains. Issu d'une vieille race asiatique, cet Épagneul serait arrivé en Europe via l'Espagne. Il doit son nom à Charles II Stuart, qui ne s'en séparait jamais et lança son élevage. Chasseur à l'origine, il n'a pas perdu cette vocation malgré des siècles passés dans les salons.

Le Cavalier King Charles a vite connu un grand succès en Grande-Bretagne. Il est de plus en plus répandu en Europe, notamment en France, où on l'apprécie beaucoup comme chien de compagnie. Le premier club a été créé en 1928 et la race a été officiellement reconnue en 1945.

Comportement

Le Cavalier King Charles est un chien hardi et sportif qui traque le gibier au nez et à la vue. Il a beaucoup de personnalité. Gai, amical, très doux et affectueux, il a un goût prononcé pour le confort. C'est un timide, mais, une fois en confiance, il se montre sociable. Sensible, il a horreur d'être rudoyé. Intelligent et éveillé, il s'intéresse à tout ce qui se passe autour de lui. Très attaché à son maître, le Cavalier King Charles est toujours avide de caresses.

Ce chien robuste craint toutefois le froid et l'humidité. Il faut surveiller ses oreilles fragiles et enlever les poils superflus qui bouchent le conduit. Sa robe doit être brossée et peignée au moins tous les deux jours.

Aspect physique

Contrairement au King Charles, le Cavalier King Charles a le museau conique. Sa silhouette est harmonieuse et il se déplace avec grâce et souplesse. Sa tête est presque plate entre les oreilles. Les yeux ne sont pas exorbités. Ils sont grands, foncés et écartés. Les oreilles, très longues et bien frangées, sont pendantes. Le Cavalier King Charles existe dans les mêmes variétés de robe que le King Charles: ruby (unicolore fauve roux), blenheim (taches fauve châtaigne sur fond blanc), noir avec marques feu et tricolore (blanc, noir et feu).

TAILLE: non précisée par le standard;
POIDS: de 5,5 à 8 kg *(standard F.C.I.)*

Cavalier King Charles à robe tricolore
Issu de chiens de chasse, il est devenu un chien de salon, apprécié pour sa bonne humeur.

CHIHUAHUA (DE PELO CORTO, DE PELO LARGO)

Chihuahua (à poil court, à poil long)

Origine et comportement

Le Chihuahua descend d'un chien précolombien, le Techichi, et doit son nom à la région du Mexique où il est sans doute né. Ce n'est qu'au XIXe siècle que son élevage fut entrepris aux États-Unis, d'où il gagna l'Europe. Sa taille fut abaissée, sa finesse, travaillée, et la variété à poil long, fixée (reconnue vers la moitié du XXe siècle). Fort et solide malgré sa taille, il se déplace d'une allure légère. Il est intelligent et vif. Très affectueux, il est passionnément attaché à son maître. C'est un très bon gardien, qui aboie au moindre bruit.

Cavalier King Charles
Son air de peluche, sa gentillesse et sa douceur en font le chien idéal des familles avec enfants.

Chihuahua à poil court
Moins répandu que son cousin à poil long, il est lui aussi un très bon avertisseur et un compagnon agréable.

Aspect physique

La tête doit être ronde comme une pomme avec des joues fines et un stop bien marqué. Même âgé, le Chihuahua présente une fontanelle non fermée. Le nez, assez court, est un peu pointu. La truffe, de préférence noire, peut, cependant, avoir une teinte variable selon la couleur de la robe. Un léger prognathisme est admis. Les yeux, brillants, bien écartés, pas trop proéminents, sont noirs, marron, bleus ou rubis. Les oreilles, grandes, éloignées l'une de l'autre, portées droites quand le chien est en éveil, se tiennent normalement inclinées à 45°. Le cou, gracieux, est bien proportionné. Les antérieurs, de longueur moyenne, sont rectilignes. Le corps, très compact, cylindrique, est affiné par un ventre un peu relevé. Les postérieurs sont musclés. Les pieds ont des doigts bien séparés, armés de fortes griffes. La queue, modérément longue, est portée un peu de côté ou courbée jusqu'au dos. Il existe

Chihuahua à poil long
Le plus petit chien du monde ravira toujours les adeptes des chiens de manchon.

Épagneul japonais
Chien des empereurs du Japon, il a gardé de ses origines une démarche fière et digne.

deux variétés de Chihuahua. La plus courante a une robe luisante et serrée, au poil court ; l'autre, plus rare, porte une robe composée d'un poil long et ondulé. Toutes les couleurs et tous les mélanges de couleurs sont admis. On préfère cependant le fauve, le marron chocolat, le blanc, le sable, le fauve argenté, le gris argent, le noir, le noir et feu, et le fauve bringé.
Des oreilles tombantes, une queue coupée ou cassée, un manque de poils, sauf sur la queue, sont des défauts qui entraînent automatiquement la disqualification.

TAILLE : non précisée par le standard ;
POIDS : de 500 g à 3 kg *(standard F.C.I.)*

CHIN

Épagneul japonais

Origine et comportement

Les Japonais empruntèrent ce petit chien à la Chine, où il était élevé dans la haute société – un manuscrit chinois de l'an 57 av. J.-C. fait déjà mention de l'Épagneul japonais.
Plus tard, ce chien de luxe exigeant, aux yeux immenses, très écartés, devint le favori des empereurs du Japon. Voler un Épagneul japonais était alors puni de mort. Les Britanniques réussirent, cependant, en 1835, à introduire plusieurs Épagneuls japonais en Occident. Gai, un peu turbulent, ce chien, tour à tour royal et espiègle, est tendre et très attachant. Il marche fièrement, d'un pas léger, en levant assez haut les pattes, ce qui lui donne souvent une allure digne très particulière.

Aspect physique

Ce chien de petite taille est couvert d'une abondante fourrure. La tête, relativement grande, est large et plate. Le chanfrein est extrêmement court. La truffe, large, aux narines bien ouvertes, est noire ou claire, selon la couleur de la robe. Les oreilles, petites, en coin, garnies de longs poils, tombent un peu en avant contre le crâne. Le dos est court et droit, le rein large et un peu arrondi. La queue est garnie de longs poils retombant sur le dos. Les membres sont également frangés de longs poils. La fourrure, très abondante, est faite d'un poil allongé, mou et soyeux. La tête et le bas des membres sont cependant couverts d'un poil assez court. La robe est blanche avec des taches noires ou fauve.

TAILLE : **mâle et femelle** environ 25 cm *(standard F.C.I.)* ;
POIDS : de 2 à 6 kg

CHINESE CRESTED DOG

Chien chinois à crête

Origine et comportement

Les origines de ce chien curieux sont obscures. Certains cynologues contestent ses ancêtres chinois et le font naître en Turquie ou en Éthiopie.
Chien de compagnie vif, gai, intelligent, caressant mais non dépourvu de fierté, il ne se montre jamais agressif. Le Chien chinois à crête craint le froid.

Aspect physique

Gracieux, svelte et actif, il a une ossature fine et un corps bien lisse, dépourvu de poils, sauf sur la tête, la queue et un peu sur les pieds. La peau présente un grain fin et dégage une chaleur agréable au toucher. Faisant partie des races naines, les chiens les plus petits ont la préférence des amateurs. Le crâne, un peu arrondi, porte de longues oreilles fines et pointues, attachées bas, dressées et parfois frangées. Le stop est moyennement marqué. La tête est lisse. Le museau, qui s'amincit graduellement, porte une truffe étroite. Les yeux, foncés, ont une

Chien chinois à crête
Qu'il soit nu ou à houppette, il est gracieux, gai et intelligent.

expression éveillée. La tête, gracieuse, s'orne d'une crête de poils qui commence au stop et s'arrête à la base du crâne. Le corps est nu et peut avoir une robe de toutes couleurs et de tous mélanges de couleurs. La queue porte une frange. Il existe une variété duvetée de Chien chinois à crinière, dit « Powderpuff » (houppette à poudre, en anglais), au sous-poil très court et au poil de couverture long et fin.

TAILLE : **mâle** de 28 à 33 cm, **femelle** de 23 à 30 cm ; POIDS : moins de 5,5 kg *(standard F.C.I.)*

COTON DE TULÉAR

Coton de Tuléar

Origine et comportement

Les origines du Coton de Tuléar apparaissent très anciennes car ce petit chien malgache est signalé dans la région de Tuléar depuis des siècles. Par ailleurs, il ressemble beaucoup aux Bichons tant morphologiquement qu'en format ou en robe, mais il est hasardeux de chercher entre eux une parenté.

Le Coton de Tuléar est un compagnon charmant, fidèle à ses maîtres et attachant ; s'il est suffisamment calme et équilibré pour vivre à la maison, il fait la démonstration de toute sa vigueur à l'extérieur où, lors des promenades, il ne sera jamais fatigué avant son maître. Connu depuis peu d'années du grand public en Europe, il commence à être apprécié pour toutes les qualités évoquées et l'esthétique de sa robe au poil incomparable. C'est en France qu'il connaît le plus grand succès.

Aspect physique

La tête, au crâne convexe, au stop marqué, se termine par un museau plus long que large, portant une petite truffe foncée, aux narines peu ouvertes. Les yeux, vifs, bien écartés, sont foncés et très expressifs. Les oreilles, en triangle, sont cassées à la base. Le corps et les pattes sont musclés. La queue, longue, amincie au bout, descend jusqu'au jarret. La robe, au poil long, fin et légèrement ondulé, a une texture cotonneuse. Elle est blanche mais peut présenter quelques taches de couleur jaune.

Des yeux, un nez ou des lèvres clairs ou dépigmentés, des oreilles trop courtes ou une queue trop longue ou trop courte, insuffisamment garnies de poils, une construction faible, un poil trop court, frisé ou soyeux et du noir dans la robe représentent de graves défauts dans les concours.

TAILLE : **mâle** de 25 à 32 cm, **femelle** de 22 à 28 cm ; POIDS : **mâle** de 4 à 6 kg, **femelle** de 3,5 à 5 kg *(standard F.C.I.)*

Coton de Tuléar
Auparavant utilisé comme chasseur de vermine sur les bateaux, il est devenu un chien de compagnie agréable.

Dalmatien
Les films de Walt Disney ont contribué à populariser ce chien, affectueux et gai.

DALMATIEN

Dalmatien

Origine et comportement

Les origines de ce chien très élégant sont assez controversées. L'hypothèse la plus vraisemblable le fait descendre du Braque du Bengale, race disparue mais qui était connue en Angleterre au XVIIIe siècle, pays où la race a été sélectionnée. Quoi qu'il en soit, ce chien devrait son nom soit au fait d'avoir été élevé en grand nombre en Dalmatie, soit à celui d'avoir été largement utilisé dans cette région de Croatie, comme messager, pendant la guerre des Balkans. En raison des taches qui parsèment sa robe, les enfants anglais le surnomment « Plum Pudding Dog ». Au temps des diligences, le Dalmacien était baptisé « chien de coche » car il était l'accompagnateur attitré des voitures à chevaux. Au XIXe siècle, avoir un Dalmatien faisait partie du standing des gentlemen anglais comme des riches sudistes des États-Unis. Dans ce pays, ce chien faisait aussi partie de l'équipage des voitures de pompiers. Il est d'ailleurs resté la mascotte de cette corporation. Plus récemment, les films de Walt Disney, *les 101 Dalmatiens*, contribuèrent à populariser la race, qui était presque en voie de disparition. Ce très bel animal est un compagnon charmant, affectueux et fidèle, vif, gai et sensible. Bon gardien, il se dresse aussi facilement à la chasse et se révèle un chien d'aveugle efficace. Les femelles, très prolifiques, donnent naissance à des chiots tout blancs, les taches n'apparaissant que vers le douzième jour.

Aspect physique

Le Dalmatien doit être bien équilibré, fort, sans lourdeur, endurant et rapide. La tête, au crâne plat, de bonne longueur, montre un stop modéré. Le museau, long et vigoureux, n'est jamais en pointe. La truffe est noire chez la variété à taches noires, brune chez celle à taches foie. Les yeux, ronds, vifs et brillants, ont une expression intelligente. Leur couleur foncée ou ambre dépend de celle de la robe. Les oreilles, placées plutôt haut, assez larges à la base et de texture fine, pendent contre la tête. Le cou, assez long, sans fanon, s'arque gracieusement.
La poitrine, profonde, ne doit pas être trop large. Les côtes sont bien sorties, le dos est vigoureux, et les reins, forts, sont légèrement arqués. La queue, épaisse à la base, s'amincit graduellement vers le bout. Elle est portée un peu recourbée et n'est insérée ni trop haut ni trop bas. Les membres antérieurs sont droits, les postérieurs arrondis. La robe, au poil court, dur et dense, a un aspect lisse et brillant. La couleur de fond est le blanc pur et les taches sont noires, parfois marron foie. Elles doivent être rondes, aux contours bien nets, régulièrement réparties sur le corps.

TAILLE : **mâle** de 56 à 61 cm, **femelle** de 54 à 59 cm ;
POIDS : **mâle** environ 27 kg, **femelle** environ 24 kg
(standard F.C.I.)

ÉPAGNEUL NAIN CONTINENTAL (PAPILLON, PHALÈNE)

Épagneul nain continental (Papillon, Phalène)

Origine et comportement

Aux XVIe et XVIIe siècles, ce petit chien, aux oreilles frémissantes comme des ailes de papillon, était un hôte familier des cours royales et des salons de l'aristocratie. Rembrandt, Rubens, Velázquez et Clouet l'ont fait figurer dans leurs œuvres. La variété aux oreilles tombantes, dite « Phalène », est plus ancienne que la variété « Papillon », aux oreilles obliques et ouvertes, apparue vers la fin du XIXe siècle.

Vif, gai, affectueux et très sensible, l'Épagneul nain continental est un compagnon amusant, très propre et d'une santé robuste. Il adore le public et a des dons de comédien. Il affectionne les caresses et voue un grand attachement à ses maîtres. Il se montre à l'occasion honnête ratier, chasseur de lapins et bon gardien.

Aspect physique

Harmonieux, vif et gracieux, l'Épagneul nain continental allie une allure fière à une démarche élégante. Son corps est un peu plus long que haut. Ce chien a un museau court et fin, portant une petite truffe noire. Le stop est accentué, le crâne plutôt arrondi. Les yeux, en amande, assez grands, sont foncés et très expressifs. Les oreilles, fines, sont implantées assez en arrière sur la tête. Elles sont garnies sur l'extérieur de poils longs. Ce chien a la poitrine assez descendue, un ventre un peu relevé, des membres droits, solides et fins. La queue, attachée haut, plutôt

Épagneul phalène
Sensible, fin et délicat, c'est un chien de compagnie dévoué.

longue, bien frangée, forme un panache élégant. La fourrure, sans sous-poil, est abondante, brillante, ondée (mais pas bouclée) avec un poil planté à plat, court sur la face, le museau, le devant des membres et sous le jarret, et de longueur moyenne sur le corps. Le poil forme une collerette autour du cou, une culotte derrière les cuisses et des franges sur les oreilles. Toutes les couleurs de robe avec du blanc sont admises. Celui-ci doit dominer sur le corps et les membres.

TAILLE : **mâle et femelle** 28 cm au maximum ;
POIDS : **mâle et femelle** de 1,5 à 5 kg
(standard F.C.I.)

GRIFFON DE BELGIQUE GRIFFON BELGE, GRIFFON BRUXELLOIS, PETIT BRABANÇON

Griffon de Belgique (Griffon belge, Griffon bruxellois, Petit Brabançon)

Autres noms : Griffontje Van België. Pour les variétés, Belgische Griffontje, Brussels Griffontje, Kleine Brabander.

Origine et comportement

Le Griffon bruxellois descendrait des Affenpinschers allemands, dont il a la face simiesque, mais il semble plus probable qu'il soit issu de Griffons d'écurie.
Au XVe siècle, ce chien figure sur les toiles des peintres flamands. Longtemps compagnon des cochers de fiacre, il est devenu ensuite le favori des dames. C'est à la fin du XIXe siècle que la sélection du Griffon bruxellois commence véritablement et qu'il est fait appel à d'autres petites races, surtout au Carlin. Le Griffon belge va ainsi apparaître, avec d'autres couleurs de robe, ainsi que le Petit Brabançon, au poil ras. Curieux, intelligent, très sensible, à l'expression quasi humaine, ce type de petit chien est plein de vitalité. Plein d'assurance, il montre un caractère affirmé. Vif et joyeux, c'est un compagnon sociable et charmant, d'une grande propreté.

Aspect physique

Robuste et élégant, ce chien a une forme ramassée. La tête est large et ronde, le stop bien marqué. Ce Griffon a de très grands yeux noirs, ronds, écartés et saillants. Les oreilles, droites, sont coupées en pointe. La poitrine est assez large et profonde. La queue, coupée aux deux

Petits Brabançons et Griffon bruxellois
Ces chiens, au caractère affirmé, enjoué et sociable, sont parfaits pour la compagnie.

tiers, est portée relevée. La robe du Griffon bruxellois est faite d'un poil dur, ébouriffé, demi-long et fourni, particulièrement abondant sur la face ; sa couleur est fauve roux avec tolérance d'un peu de noir à la moustache et au menton. Le Griffon belge présente la même texture de poil, mais les couleurs suivantes : noir, noir avec marques feu, fauve roux charbonné. Le Petit Brabançon, enfin, possède un poil ras dont les couleurs admises sont le fauve roux, souvent avec masque noir, et le noir avec marques feu.

TAILLE : non précisée par le standard ;
POIDS : Petit : 3 kg au maximum ; Grand : **mâle** 4,5 kg au maximum, **femelle** 5 kg au maximum *(standard F.C.I.)*

HAVANAIS

Bichon havanais

Origine et comportement

Peu répandu, ce chien de petite taille descendrait de Bichons bolonais importés en Argentine et croisés avec de petits Caniches. Arrivé à Cuba, où la race fit souche, il fut alors baptisé « Havanais ».
Il est possible aussi qu'il soit issu du Maltais, introduit par les Espagnols aux Antilles. Proche parent des autres Bichons, il montre les mêmes qualités.

Aspect physique

Son corps est un peu plus long que haut, avec un flanc bien relevé. La tête, au crâne plat et large, a un museau effilé, terminé par une truffe noire. Les yeux, assez grands, sont foncés ou, de préférence, noirs. Les oreilles, un peu pointues, tombent en formant généralement un léger pli. La robe est composée d'un poil plutôt doux, assez long, tendant à former des mèches. Rarement blanc, le Bichon havanais peut être fauve ou gris, dans différentes nuances, ou blanc avec ces mêmes couleurs.

TAILLE : **mâle et femelle** de 23 à 27 cm *(standard F.C.I.)* ;
POIDS : moins de 6 kg

Bichon havanais
Les origines de ce Bichon peu connu restent confuses. Il est encore rare hors de Cuba.

KING CHARLES SPANIEL

King Charles

Autre nom : Épagneul King Charles.

Origine et comportement

Chien de bonne compagnie par tradition, l'Épagneul King Charles, d'origine espagnole peut-être, vivait déjà en Angleterre vers 1570. À la cour d'Élisabeth Ire, les dames le cachaient sous leurs énormes jupes et s'en servaient, l'hiver, comme d'une chaufferette. En 1587, après l'exécution de Marie Stuart, la légende veut qu'on ait trouvé, caché dans les vêtements de la défunte reine, un minuscule Épagneul taché de sang, qui avait tenu compagnie à son infortunée maîtresse jusqu'à la fin. C'est Charles II d'Angleterre qui donna son nom à ce petit chien, qu'il promenait très souvent partout avec lui.
Vif, sans timidité, le King Charles est actif et gracieux. Chien équilibré, il a très bon caractère. Il a un flair et une oreille remarquables, qui le font parfois utiliser pour de courtes chasses en plaine.

King Charles
Cet ancien chien de cour fut recréé au XIXe siècle, à partir du Cavalier King Charles, plus répandu à cette époque.

Kromfohrländer
Rarissime hors d'Allemagne, il gagne pourtant à être connu : il est docile, fidèle et affectueux.

Aspect physique

Le King Charles a un corps court, bien proportionné, libre et gracieux dans l'action, un crâne en dôme, de longues oreilles pendantes, attachées bas, ornées de franges de poil, et un stop profond. Les yeux, grands et foncés, sont bien espacés. Le chanfrein est très bref, le nez, bien retroussé. Le cou forme un arc léger. La poitrine est large et profonde.

La robe est faite d'un long poil soyeux et plat, aux franges abondantes. Elle peut être ruby – uni, fauve châtaigne –, noir et feu, blenheim – fond blanc perle avec des taches châtaigne bien réparties – ou également tricolore – noir et blanc avec des taches feu sur le dos, sur les membres et sous la queue.

TAILLE : non précisée par le standard ;
POIDS : de 3,6 à 6,3 kg *(standard F.C.I.)*

KROMFOHRLÄNDER

Kromfohrländer

Origine et comportement

Créé au XVIIIe siècle en Allemagne, ce chien à l'aspect de Griffon est essentiellement animal de compagnie mais doublé d'un gardien. Il est docile, fidèle, affectueux et s'adapte bien à la vie en appartement. Son ouïe est très fine et son instinct de garde particulièrement développé. La race est pratiquement inconnue hors de l'Allemagne.

Aspect physique

Sa silhouette est harmonieuse. Ses yeux, ovales et sombres, ont un regard vif. Il porte sa queue relevée en arc. Le poil, rude, est de court à long. La robe est de couleur blanche, tachée de marron clair ou foncé.

TAILLE : **mâle et femelle** de 38 à 46 cm ;
POIDS : environ 15 kg *(standard F.C.I.)*

LHASSA APSO

Lhassa Apso

Origine et comportement

Né au Tibet, le Lhassa Apso est considéré comme l'un des plus vieux chiens du monde. Animal sacré, il était surtout élevé dans les lamaseries. Comme le commerce en était interdit, les premiers sujets ne sont parvenus en Europe qu'au début du XXe siècle.

Lhassa Apso
Élevé au Tibet dans les lamaseries, il était utilisé par les moines comme chien de garde et comme gardien de troupeau.

Ce chien doit à sa magnifique fourrure dorée, qui ressemble à celle de la chèvre du Tibet, le qualificatif d'« Apso », du nom de cet animal. Gai, vivant, plein d'assurance, c'est un compagnon charmant. Il a l'oreille très fine et donne l'alarme par ses aboiements aigus. Il a aujourd'hui un grand succès, notamment aux États-Unis.

Aspect physique

Compact, mais harmonieux, le Lhassa Apso a une tête lourde, garnie d'une abondante fourrure, retombant sur les yeux et formant barbe et moustache. Les oreilles sont pendantes, frangées, et les yeux, foncés. Le nez est noir. Le cou, fort, s'orne d'une collerette plus prononcée chez les mâles que chez les femelles. La queue, frangée, avec souvent une véritable gerbe de longs poils à son extrémité, est portée sur la croupe. Les côtes sont bien sorties. Le rein est fort; la croupe et les cuisses sont bien développées. La robe est faite d'un poil lourd, droit et rêche, de bonne longueur, ni laineux ni soyeux, et d'un sous-poil dense. Elle est de préférence unicolore, de teinte sable à fauve doré, charbonné ou non, noire, gris ardoise, brune ou blanche, mais aussi particolore (plusieurs couleurs distinctes).

TAILLE: **mâle** environ 25,5 cm, **femelle** un peu plus petite *(standard F.C.I.)*;
POIDS: de 4 à 7 kg

LÖWCHEN

Petit Chien Lion

Origine et comportement

Intelligent, affectueux, gentil et gai, le Petit Chien Lion, qui descend en droite ligne du Bichon maltais, est un animal de compagnie charmant, doublé d'un bon gardien.
On le tond de la même manière qu'un Caniche, « en lion », en rasant l'arrière-train et en isolant une touffe de poils aux pieds et au bout de la queue. Le Petit Chien Lion n'est guère répandu en dehors de la France, de la Belgique et de la Grande-Bretagne (où il est baptisé « Löwchen »).

Petit Chien Lion
Sa coupe – l'arrière-train est rasé – qui rappelle la robe du lion, lui a valu son nom.

Aspect physique

Il a un corps bien proportionné, des membres assez hauts, une tête courte, au crâne assez large. Les yeux, grands, ronds et foncés, ont une expression intelligente. Les oreilles, garnies de franges, tombent le long des joues. La queue, de longueur moyenne, est portée plutôt basse. Le poil, assez long et ondulé, ne doit pas former de boucles. Toutes les couleurs de robe sont admises, les plus recherchées étant le blanc, le noir et le fauve citron.

TAILLE: **mâle et femelle** de 25 à 32 cm;
POIDS: de 4 à 8 kg *(standard F.C.I.)*

MALTESE

Bichon maltais

Autre nom: Maltais.

Origine et comportement

L'origine de ce chien remonte sans doute à l'ancienne Égypte. On a en effet trouvé une statuette représentant un Bichon à poil plat dans une tombe datant du règne de Ramsès II. Il a également été décrit par le géographe grec Strabon vers 150 av. J.-C. Il doit vraisemblablement son nom à l'île de Malte, où l'on pouvait se le procurer auprès des navigateurs venus surtout d'Égypte. Présent sur la célèbre tapisserie de la Dame à la Licorne, il a été très apprécié par les grands de ce monde au cours des différents siècles.
On peut penser que le Bichon maltais d'aujourd'hui est assez semblable à celui des origines. Cependant, il est certain qu'il a subi des croisements avec d'autres races naines afin de diminuer sa taille et d'améliorer certains traits de son esthétique.
Drôle, provocant, tendre, ce chien, au tempérament vif, est un compagnon plein de charme, très attaché à son maître. Sous son aspect précieux, il est robuste et infatigable. Sa robe, luxueuse, nécessite beaucoup de soins.
Même s'il n'a plus la même vogue, le Maltais demeure l'une des races d'agrément les plus répandues et les plus prestigieuses.

Aspect physique

Se déplaçant d'un trot particulier, qui laisse penser qu'il roule, le Bichon maltais a un cou dressé qui donne l'impression que sa tête est rejetée en arrière. Le crâne, large et plat, a un stop bien net. Les yeux, sombres, non saillants, ont un regard vif.
Les oreilles, en triangle, sont plates et longues. La truffe, noire, grosse par rapport au volume de la tête, s'ouvre sur des narines assez larges. Le corps est plus long d'un bon tiers que la hauteur au garrot. Le dos est droit, le rein large, et le ventre plutôt bas. La queue forme une courbe sur la croupe. Elle est très grosse à la base, mais fine au bout, et couverte de poils longs et abondants qui tombent en cascade d'un côté contre le flanc et la cuisse.
La robe, blanc pur ou, à la rigueur, ivoire pâle, est composée d'un poil dense, épais, à peine ondulé, brillant, soyeux au toucher, séparé sur le dos par une raie et allant jusqu'à toucher le sol.
L'équilibre de la construction, le port de la queue, la couleur et la texture du poil sont particulièrement appréciés en jugement.

TAILLE: **mâle** de 21 à 25 cm, **femelle** de 20 à 23 cm;
POIDS: de 3 à 4 kg *(standard F.C.I.)*

Bichon maltais
D'origine très ancienne, le Bichon maltais, vif, gai et gentil, est un chien de compagnie très agréable.

PEKINGESE

Pékinois

Autre nom : Épagneul pékinois.

Origine et comportement

Né en Chine il y a des millénaires, le Pékinois appartient à l'une des plus anciennes races du monde. On a retrouvé son effigie sur des bronzes vieux de plus de 4000 ans.

Ce petit chien sacré serait issu, dit la légende, des amours d'un lion et d'une petite guenon. Symbole du lion défenseur de Bouddha, il a été durant des siècles la propriété exclusive de la cour impériale. Choyé, honoré et vénéré, censé protéger son maître dans l'au-delà, il était sacrifié à la mort de ce dernier. Après le sac du Palais d'Été et la chute de Pékin en 1860, des soldats britanniques récupérèrent des Pékinois rescapés du palais et les importèrent en Angleterre.

Ce chien de luxe par excellence a beaucoup de caractère et il est nécessaire de bien le comprendre. Il faut noter que le Pékinois a conservé de son illustre passé plus de goût pour le confort du salon que pour la promenade. Il voue à son maître un amour exclusif et se montre distant avec les étrangers. C'est un bon gardien, courageux, sachant bien se défendre. Il fera le bonheur de ceux qui apprécient son caractère agréable, calme et indépendant.

Aspect physique

Harmonieux, le Pékinois a un corps court, une tête massive, au crâne large et plat entre les oreilles, caractérisée par un museau très court, large et sillonné de rides. Les narines, noires, sont bien ouvertes. Le stop est prononcé. Le nez est placé haut, entre les yeux, grands, foncés, brillants et moyennement saillants. Les oreilles, en forme de cœur, garnies de très longues franges, sont portées tout contre la tête. La bouche, bien adaptée, ne doit laisser voir ni les dents ni la langue. La queue, plantée haut, garnie de très longs poils, forme un panache en retombant sur le dos. La poitrine est large, et les membres, courts, sont dotés d'une forte ossature et bien d'aplomb. La robe au poil long et droit, plutôt rude, est doublée

Pékinois
Resté isolé dans le Palais d'Été à Pékin pendant des siècles, il fut importé en Angleterre en 1860.

d'un sous-poil très épais. Elle forme une crinière abondante encadrant la face, dont le poil est court, et des franges très fournies du haut en bas de membres, outre celles des oreilles et de la queue. Toutes les couleurs de robe sont admises sauf le marron, et, dans le cas de combinaisons, chacune doit être bien tranchée.
Un sujet trop long, trop enlevé ou dont les membres sont trop déformés ne sera pas admis.

TAILLE: non précisée par le standard;
POIDS: de 5 à 5,5 kg *(standard F.C.I.)*

PERRO SIN PELO DEL PERÚ (GRANDE, MEDIO, PEQUEÑO)

Chien nu du Pérou (grand, moyen, petit)

Origine et comportement

On le trouve représenté dans des sites des civilisations pré-incas, ce qui tendrait à prouver qu'il s'agit d'un chien autochtone de race très ancienne. Sa caractéristique essentielle est de ne pas avoir de poils sur le corps, excepté quelques-uns sur la tête et au bout de la queue, vestiges de croisements avec des sujets pourvus de poils. Il lui manque presque toujours les prémolaires.
C'est un chien noble, réservé, affectueux, alerte, mais calme à la maison. Il est méfiant envers les étrangers.

Chien nu du Pérou
Cette race très ancienne et très rare a un physique très particulier.

Aspect physique

Le Chien nu du Pérou existe en trois tailles de morphologies générales assez proches. Ses yeux ont une expression vive et intelligente. Sa peau est noire avec différentes nuances, grise, marron foncé jusqu'à blond clair et tachée de rose.

TAILLE: **mâle et femelle,** grand: de 50 à 60 cm; moyen: de 40 à 50 cm; petit: de 25 à 40 cm;
POIDS: grand: de 12 à 23 kg; moyen: de 8 à 12 kg, petit: de 4 à 8 kg *(standard F.C.I.)*

PUG

Carlin

Autre nom: Mops.

Origine et comportement

Ce chien très ancien, qui ressemble à un Mastiff en miniature, viendrait de Chine, où on peut le voir en effigie sur d'antiques porcelaines. Les premiers Carlins furent sans doute importés en Hollande par des marchands. Puis ils auraient gagné la Grande Bretagne vers le milieu du XIXe siècle. Leur face aplatie leur a valu le nom de « Pug » (de l'anglais *pugnose*, « nez camus »).
Fidèle et sensible, tendre et exclusif, le Carlin est un compagnon particulièrement attachant, fidèle et courageux. Il fait, en respirant, un bruit particulier, qui tient à la fois du grognement et du ronflement. Pendant son sommeil, il ronronne en général assez bruyamment. Son visage écrasé, masqué de noir, ses grands yeux globuleux et son caractère agréable lui ont souvent attiré la faveur de maîtres illustres, comme Guillaume d'Orange, Joséphine de Beauharnais, le duc d'Enghien ou même la reine Marie-Antoinette.
Très attaché à ses maîtres, il se montre extrêmement réservé avec les étrangers. On peut regretter qu'il reste encore rare en France.

Carlins: mère et ses petits
Le physique particulier de ce chien lui attira les grâces de nombreuses têtes couronnées.

Aspect physique

De forme compacte, bien proportionné, le Carlin a une tête large, massive et ronde, au museau court et carré. De grandes rides profondes sillonnent sa face et lui donnent une expression singulière. Des grains de beauté (verrues) apparaissent sur les joues. Le front est très large et le stop bien accusé. Les yeux, grands, foncés, vifs et proéminents, ont une expression douce, qui devient pleine de feu quand le chien est excité. Les oreilles, petites et minces, attachées haut, tombantes, douces comme du velours au toucher, sont portées en rose (pointe vers l'arrière) ou, mieux, en bouton (pointe vers l'avant). Le corps est court et trapu, la poitrine large, et le rein fort. La queue s'enroule aussi serrée que possible sur la hanche – la double boucle est considérée comme la perfection.
La robe, au poil fin, court, doux et lustré, est de couleur sable argent, fauve beige, fauve abricot ou noire. Les couleurs claires sont accompagnées de zones foncées qui sont recherchées le plus tranchées possible: masque, oreilles, grains de beauté, losange au front, raie sur le dos. Le manque de compacité, un corps trop long ou des membres trop courts, une queue mal enroulée et une tête, surtout, qui n'a pas toutes les caractéristiques énoncées bien marquées sont très pénalisés en jugement.

TAILLE: non précisée par le standard;
POIDS: de 6,5 à 8 kg *(standard F.C.I.)*

SHIH-TZU

Shih-Tzu

Origine et comportement

Venu du Tibet, le Shih-Tzu (prononcer « Shid Zou »), chien-lion, passe pour un chien très ancien, descendant du Lhassa Apso et du Pékinois. Au XVIe siècle, on l'offrait à tout visiteur chinois de marque. Il partageait avec le Pékinois les faveurs de la cour impériale.
Le Shih-Tzu a indiscutablement une présence: son port altier, sa robe somptueuse le font remarquer. De face, sa tête doit ressembler à un chrysanthème par l'abondance des franges qui, bien ordonnées, rayonnent autour de la truffe. Beaucoup lui trouvent aussi, avec sa barbe et ses moustaches, un air très digne de vieux mandarin. Il ne faut cependant pas se méprendre: le Shih-Tzu est un chien éveillé et très actif. S'il montre une certaine indépendance de caractère, il aime néanmoins beaucoup ses maîtres et apprécie que l'on s'occupe de lui. Cela est d'ailleurs impératif, ne serait-ce que pour sa robe, qui réclame des soins quotidiens.
Ce chien est, en définitive, un parfait chien de maison, de salon même, sans que cela soit péjoratif. Les amateurs de chiens extrême-orientaux ne s'y sont pas trompés: le Shih-Tzu vient en tête de ceux-ci, aujourd'hui, en Europe et en Amérique.

Aspect physique

Le Shih-Tzu a une tête large et ronde, tout ébouriffée avec des poils tombant bien sur les yeux, formant barbe et favoris. Sur le nez, le poil pousse vers le haut. Le museau est carré et court mais non plissé. La truffe est noire. Les oreilles, grandes et tombantes, sont couvertes de longs poils, qui se confondent avec ceux du cou. Les yeux, foncés et ronds, de bonne taille, ne sont pas proéminents. La queue, plantée haut, abondamment garnie de poils, s'enroule en panache sur le rein.
Le corps, plus long que haut, est vigoureux, avec une poitrine large et profonde, des membres courts et musclés, fortement charpentés, qui doivent être droits.
La robe, composée de poils longs et denses, sans boucle, est doublée d'un bon sous-poil. Toutes les couleurs sont admises. Une flammèche blanche sur le front et du blanc sur le bout de la queue sont très appréciés.
Une tête étroite, une mâchoire de cochon ou un museau pointu, des yeux clairs sont considérés comme des défauts.

TAILLE: **mâle et femelle** moins de 26,5 cm;
POIDS: de 4,5 à 8 kg *(standard F.C.I.)*

Shih-Tzu
Très indépendant, il a besoin de soins quotidiens pour entretenir sa robe exceptionnelle.

THAI RIDGEBACK

Chien thaïlandais à crête dorsale

Origine et comportement

Race ancienne, citée dans des documents datant du début du XVIIe siècle, le Chien thaïlandais à crête dorsale a gardé son type d'origine. En effet, les difficultés de communication dans l'est de la Thaïlande expliquent qu'il n'ait pu se croiser avec d'autres races. La particularité qui lui vaut son nom est une crête dorsale *(ridgeback)* de poils qui poussent à l'envers du reste du pelage. Celle-ci étant le signe distinctif du Rhodesian Ridgeback, on pense que ces races ont des origines communes. C'est un excellent chien de chasse et de garde, qui fut utilisé pour escorter des chars. Très bon chien de compagnie, il a cependant impérativement besoin d'un jardin.

TAILLE : **mâle** de 56 à 61 cm, **femelle** de 51 à 56 cm ;
POIDS : non précisé par le standard
(standard F.C.I.)

TIBETAN SPANIEL

Épagneul tibétain

Origine et comportement

Les origines de l'Épagneul tibétain, qui aurait du sang de Lhassa Apso et de Pékinois (à moins qu'il ne fasse partie de leurs ancêtres), sont assez peu connues. Au Tibet, ce chien est chargé, depuis des siècles, de faire tourner les moulins à prière des moines. Bon gardien, il est également utilisé comme sentinelle. Les premiers spécimens de la race sont arrivés en Grande-Bretagne en 1905. Il a fallu, cependant, attendre la fin de la Première Guerre mondiale pour que ce chien s'implante vraiment dans ce pays.
Réservé, actif et gai, affectueux en famille, l'Épagneul tibétain est un chien tendre, au regard très expressif.

Aspect physique

Ce petit chien a un corps plutôt long. La tête, de grosseur moyenne, au crâne bombé, a un stop marqué. Le museau, droit, de longueur moyenne, porte une truffe toujours noire. Il existe un léger prognathisme inférieur des mâchoires. Les yeux, moyens, brun foncé, en amande, ne doivent pas être proéminents. Les oreilles, bien frangées, tombent le long de la tête. La queue, portée recourbée sur le dos, forme un abondant panache. Les antérieurs présentent une légère arcure. La robe est faite d'un poil plutôt plat, formant une véritable crinière sur le cou et les épaules ainsi que des franges sur la face postérieure des membres. Toutes les couleurs et combinaisons de couleurs sont admises. Un mauvais port d'oreilles ou de queue, un pelage trop abondant, des rides sur le museau ou des dents visibles, bouche fermée, sont autant de défauts.

TAILLE: **mâle et femelle** environ 25 cm;
POIDS: de 4 à 7 kg *(standard F.C.I.)*

TIBETAN TERRIER

Terrier tibétain

Origine et comportement

Appelé aussi « Chien Chrysanthème », le Terrier tibétain tient à la fois d'un petit Bobtail et du Lhassa Apso. Très ancien, il est né dans des monastères du Tibet, où, pendant des siècles, considéré comme sacré, il fut l'objet d'un véritable culte. Il avait, dit-on, la réputation d'être capable de se rendre là où les hommes n'avaient jamais pu avoir accès et aussi de retrouver les objets égarés. L'été, il était tondu, et son poil, mêlé à celui du yack, servait à la fabrication d'un tissu doux, presque totalement imperméable. Vif et intelligent, sympathique et sans aucune agressivité, le Terrier tibétain est devenu un chien de compagnie apprécié. Il est très affectueux avec ses maîtres et fidèle, réservé avec les étrangers.

Aspect physique

Il a un corps compact et vigoureux, une tête de longueur moyenne, au stop marqué, qui se rétrécit légèrement des oreilles vers les yeux et se dissimule en

Épagneul tibétain
Plus rare que ses cousins tibétains, il est arrivé en Europe au début du XXe siècle.

Terrier tibétain
Il est très polyvalent: il est utilisé comme gardien, comme berger et comme chien de visite d'hôpitaux.

partie sous de longs poils tombant en avant, au-dessus des yeux. Le menton porte une légère barbe. Les yeux, grands et foncés, sont assez écartés. Les oreilles, en V, très frangées, pendent sans être trop serrées contre la tête. Les membres, droits, sont couverts de poils très fournis. Le chien a de grands pieds ronds, très poilus entre les doigts et les soles. La queue, moyenne, attachée assez haut, bien frangée, forme une boucle sur le dos. Le poil, abondant et fin, ni soyeux ni laineux, droit ou ondulé, est doublé d'un sous-poil de laine fine. Le Terrier tibétain a une robe pour laquelle toutes couleurs ou combinaisons de couleurs sont acceptées; seul le marron est complètement rejeté.

TAILLE: **mâle** de 35,5 à 40,5 cm, **femelle** un peu plus petite *(standard F.C.I.)*;
POIDS: de 8 à 13 kg

Chiens nus mexicains
Ces chiens encore rares hors du Mexique sont réputés pour avoir des vertus curatives (ils soigneraient l'asthme).

XOLOITZCUINTLE

Chien nu mexicain

Origine et comportement

Ce chien serait d'origine très ancienne. Il accompagnait, dit la légende, les âmes des Aztèques vers l'au-delà, ce qui n'empêchait pas les Indiens de le considérer comme un mets savoureux. Encore rare en Europe, il est très répandu en Amérique du Sud.

Tranquille, réservé, un peu timide même, le Chien nu mexicain est un chien à l'intelligence vive. Il est affectueux et très attaché à son maître.

Aspect physique

Le chien nu mexicain a un peu la même allure que le Terrier de Manchester. Harmonieux, gracieux, il est bien proportionné, avec un crâne plutôt large et le museau effilé. Les yeux, un peu en amande, varient du jaune au noir. Leur expression est très vive. Les oreilles, élégantes et fines, sont bien droites. La truffe est foncée, rose ou brune chez les sujets clairs. La queue, attachée bas, atteint au moins les jarrets.

La peau nue, lisse et douce au toucher, paraît chaude. Une touffe de poils raides pas très denses orne son crâne. La queue, lisse, porte parfois des poils crépus à l'extrémité. La robe est brun foncé, gris éléphant, gris-noir ou noire. Des spécimens avec des plaques roses sont acceptés.

TAILLE: **mâle et femelle** de 30 à 50 cm *(standard F.C.I.)*;
POIDS: variable suivant la taille

Lévriers

D'origine très ancienne, les Lévriers représentent peut-être le premier type de chien spécialisé que l'homme ait obtenu. Chassant essentiellement à vue, ils sont adaptés à la course en terrain découvert, servis par une morphologie originale, caractéristique du groupe. Bien plus que les autres chiens, ils ont leurs détracteurs, qui les voient efflanqués, distants, stupides, et leurs inconditionnels, qui les trouvent sculpturaux, sensibles, philosophes.

AFGHAN HOUND

Lévrier afghan

Autre nom: Afghan.

Origine et comportement

L'histoire du Lévrier afghan remonte si loin dans le temps que ce Lévrier a été surnommé « Chien de l'arche de Noé ». Ce chasseur d'antilopes, de gazelles et de panthères des neiges eut la faveur des rois et des princesses de nombreux pays, qui appréciaient ses attitudes nobles et élégantes ainsi que sa beauté un peu mystérieuse, très orientale. En Inde, l'armée britannique l'utilisa comme messager ou pour la garde des postes militaires. Les premiers Lévriers afghans ont été introduits en Grande-Bretagne en 1890. Le Lévrier afghan a gardé en Afghanistan son activité de chasseur, de porteur de marchandises et même de gardien ; les plus beaux spécimens habitent les régions de haute montagne. Très connu en Europe, particulièrement en Grande-Bretagne, il est surtout apprécié, en France, comme animal de compagnie de luxe pour sa grâce et son caractère vif, agréable et enjoué. Intelligent, doux et sensible, le Lévrier afghan est possessif et très démonstratif avec ses maîtres. Adorant les enfants, il se montre réservé à l'égard des étrangers. Il a besoin d'espace et de longues promenades.

Aspect physique

Son allure altière, sa silhouette à la fois puissante et souple évoquent la rapidité et la force. Ce chien se déplace d'une démarche souple et élastique, très caractéristique. Le crâne, long, pas trop étroit, a un occiput saillant et un stop peu marqué. Les yeux, en triangle, foncés ou dorés, sont placés légèrement en oblique. Les oreilles, couvertes de long poils soyeux, attachées bas, tombent harmonieusement. Le cou, long et fort, dégage bien la tête. L'Afghan est un chien longiligne, au dos bien plat et musclé, au rein droit, à la poitrine profonde, aux antérieurs rectilignes et aux épaules fortement charpentées. Les postérieurs, puissants, ont des jarrets bien coudés. La queue, pas très longue, peu fournie, terminée en anneau, est portée haut quand le chien est en action. La robe est faite d'un poil très long, fin et soyeux sur tout le corps, plus court et serré sur le dos. De longs poils recouvrent la tête à partir du front et forment un toupet. Sur la face, le poil est plus court et serré. Des poils longs et fournis couvrent les membres et les pieds. Toutes les teintes de robe sont admises.

Une apparence lourde, un crâne trop large, un museau court, de grands yeux ronds, un dos mal soutenu, une queue mal portée, un caractère agressif ou peureux sont des défauts graves.

TAILLE: **mâle** de 68 à 74 cm, **femelle** de 63 à 69 cm *(standard F.C.I.)*;
POIDS: de 25 à 30 kg

AZAWAKH

Azawakh

Origine et comportement

Proche du Sloughi, ce Lévrier malien, particulièrement élancé et gracieux, est un chasseur de proies rapides comme les gazelles. Si sa vocation première est la chasse, l'Azawakh, animal noble, à

Lévrier afghan
Son allure noble et élégante le fait apprécier comme chien de compagnie de luxe.

l'allure fière, est aussi considéré par les nomades comme un chien de compagnie. Arrivé en France en 1970, ce Lévrier possède un standard depuis 1982. Étant donné le succès qu'il rencontre aujourd'hui auprès des amateurs, il peut devenir aussi connu que le Sloughi. C'est un chien au caractère très affirmé, vif et attentif, à la fois indépendant et très attaché à son maître et à sa famille. Il aime le confort, mais il ne faut pas oublier que, né dans les grands espaces désertiques, il apprécie les grandes promenades et ne doit pas rester trop longtemps confiné dans un appartement ; il est fait pour un maître sportif.

Aspect physique

L'Azawakh possède une silhouette fine et élancée. Il a un regard de gazelle et une tête fière, expressive. Le fouet long et mince est redressé dans l'action. Le pelage ras, fin et doux, est presque absent sur le ventre. Sa couleur varie du sable clair au fauve foncé, le bringé étant toléré. La présence de blanc sur la poitrine et au bout de la queue est souhaitable ; elle est indispensable au bas des membres.

TAILLE : **mâle** de 64 à 74 cm, **femelle** de 60 à 70 cm ;
POIDS : **mâle** de 20 à 25 kg, **femelle** de 15 à 20 kg
(standard F.C.I.)

BORZOÏ

Barzoï

Autre nom : Lévrier russe.

Origine et comportement

Ce Lévrier très mince serait né à Kazan, vers 1566, chez des notables exilés par Ivan le Terrible, qui auraient croisé des Sloughis avec un chien autochtone à poil long. Il est parvenu en Europe occidentale vers 1850. Il a longtemps été le com-

Azawakh
Ce chien malien, arrivé depuis peu en Europe, est considéré dans son pays comme un chien de chasse et de compagnie.

Barzoïs
Exceptionnel chasseur de loups, le Barzoï fut pendant de nombreuses années le chien des cours impériales russes.

pagnon favori des grandes familles russes, qui l'utilisaient surtout pour la chasse au loup, au renard et au lièvre. Après l'avoir presque décimé pendant la révolution, les Russes ont repris l'élevage à partir de sujets épargnés et d'animaux d'importation. Ils utilisent aujourd'hui ses capacités de chasseur.
Calme, très maître de lui, rapide et endurant à la course, ce chien, puissant et courageux, se bat très bien. Il aime jouer, apprécie beaucoup les caresses, mais n'obéit qu'à son propriétaire.

Aspect physique

Une taille imposante, une silhouette aplatie et une fourrure aux reflets soyeux caractérisent ce chien, bien équilibré et élégant dans tous ses mouvements. La tête, étroite, longue, sèche et finement ciselée, s'amincit progressivement vers le nez, à la truffe importante. Les grands yeux en amande, aussi foncés que possible, relativement rapprochés, ont une expression douce. Les oreilles, petites, fines, étroites, terminées en pointe, tombent en rose. Le cou long, bien musclé, est aplati latéralement et sans fanon. Le dos forme un arc, surtout chez le mâle. La poitrine est étroite et plate, et le ventre très relevé. La queue, portée en faucille ou en cimeterre, est bien fournie. Les membres sont droits, musclés, les cuisses larges, les jarrets bien descendus.
La robe du Barzoï est faite d'un poil long, soyeux et ondulé, qui forme de grandes boucles ; il est plus court sur la tête, sur les oreilles et sur la face antérieure des membres, et plus épais autour du cou, à la partie inférieure du poitrail, à l'arrière des membres et sur la queue. La robe est blanche, de toutes les nuances de fauve, ces mêmes couleurs charbonnées ou bringées, ou noir et fauve. Chez les sujets de couleur foncée, le masque noir est caractéristique. Toutes ces couleurs peuvent être unies ou tachetées sur fond blanc.

TAILLE : **mâle** de 70 à 82 cm, **femelle** de 65 à 77 cm *(standard F.C.I.)* ;
POIDS : de 35 à 45 kg

CHART POLSKI

Lévrier polonais

Origine et comportement

Depuis quelques années, l'Europe cherche à préserver ses races de lévriers. Le Lévrier polonais était autrefois utilisé dans son pays par les nobles pour la chasse au renard, au lièvre, mais aussi au grand gibier, tel le loup. Il faillit disparaître pendant les deux guerres mondiales, mais quelques spécimens furent préservés dans l'est du pays. Il a été reconnu par la F.C.I. en 1989. Assez proche physiquement du Greyhound, il est grand, puissant et musclé. C'est un chien confiant mais toutefois réservé avec les étrangers. En poursuite, il est rapide, adroit et résistant.

TAILLE : **mâle** de 70 à 80 cm, **femelle** de 68 à 75 cm *(standard F.C.I.)* ;
POIDS : non précisé par le standard

CIRNECO DE L'ETNA

Cirneco de l'Etna

Origine et comportement

Introduit en Sicile par les Phéniciens, le Cirneco de l'Etna, descendant du Chien des pharaons, est plus petit que son ancêtre.
C'est un excellent chasseur : il est habile à poursuivre surtout le lapin de garenne, le faisan et la perdrix. Robuste, intelligent, possédant un flair développé, il est particulièrement efficace sur les terrains escarpés, comme les pentes de l'Etna.

Aspect physique

Chien alerte, à l'ossature légère, il a un corps aussi long que haut. Le museau, souvent aussi allongé que le crâne, porte une volumineuse truffe marron ou carmin. Les yeux, ovales et plutôt petits, sont de couleur ocre,

Cirneco de l'Etna
Ce chien de type primitif est surtout utilisé pour la chasse au petit gibier dans les terrains difficiles.

ambre ou grise. Les oreilles, hautes, en triangle, se dressent bien droites. La queue, basse, est portée en cimeterre quand le chien est au repos et en trompette quand il est attentif. La robe est faite d'un poil très ras sur la tête, les oreilles et les membres, plus long, lisse et adhérent à la peau sur le tronc et la queue. Elle est fauve unicolore, ou fauve et blanc. Le blanc uni ou le blanc à taches orangées sont tolérés.

TAILLE: **mâle** de 46 à 50 cm, **femelle** de 42 à 46 cm; POIDS: de 8 à 12 kg *(standard F.C.I.)*

DEERHOUND

Lévrier écossais

Origine et comportement

D'origine très ancienne, le Lévrier écossais, fidèle compagnon des seigneurs écossais, chassait le daim et le cerf dans les landes. Cette race préférée de l'écrivain sir Walter Scott, qui l'appréciait beaucoup et contribua largement à la faire connaître, est aujourd'hui devenue rare, même dans son pays d'origine.

Très sportif, ce Lévrier à poil dur galope « ventre à terre » de façon très spectaculaire. Généralement moins rapide que le Greyhound, il peut, toutefois, participer avec honneur à des courses aux lièvres. Intelligent et doux, c'est un chien de compagnie très attaché à son maître. À la maison, il est de nature plutôt indolente, ce qui ne l'empêche pas, cependant, de se livrer à des courses folles à la première occasion.

Aspect physique

Ce Lévrier a un cou très fort et une nuque proéminente. La tête, large à la hauteur des oreilles, s'amincit en un museau pointu. Les yeux, foncés, ont un regard doux quand le chien est au repos, mais très vif quand il est excité. Les oreilles, attachées haut, se replient en arrière au repos. Le corps ressemble en plus grand à celui du Greyhound. La queue, longue et épaisse à la base, tombe droite ou courbée quand le chien est immobile. La robe est faite d'un poil rude et sec, crissant au toucher, de 8 à 10 cm de longueur sur le corps, mais plus doux sur la tête, la poitrine et le ventre. Le gris-bleu est la couleur la plus recherchée; la robe peut aussi être gris plus foncé, plus clair ou sable, fauve, fauve bringé ou charbonné. Des oreilles plates contre la tête, une queue bouclée ou en anneau, des yeux clairs, une robe laineuse sont des défauts.

TAILLE: **mâle** au moins 76 cm, **femelle** au moins 71 cm; POIDS: **mâle** environ 45,5 kg, **femelle** environ 36,5 kg *(standard F.C.I.)*

Lévrier écossais
Autrefois chasseur de daims et de cerfs dans les landes, il est devenu rare, même dans son pays d'origine.

Galgo
Il a un caractère de lévrier très marqué : indépendant, méfiant et très bon chasseur.

GALGO ESPANOL

Galgo

Autre nom : Lévrier espagnol.

Origine et comportement

Selon les auteurs, ce Lévrier serait arrivé en Espagne à la faveur des invasions celtes ou descendrait des Sloughis venus dans la péninsule Ibérique lors de la conquête arabe. Il a été pendant des siècles le chien de chasse préféré des grands d'Espagne. Goya l'a immortalisé dans son œuvre *la Partie de chasse*.

Depuis quelques décennies, le Galgo a été systématiquement croisé avec le Greyhound afin d'être plus rapide et plus léger pour concourir sur les cynodromes. Chasseur très résistant, il compense un flair assez médiocre par un bon esprit d'initiative. Obéissant, tranquille et robuste, il peut être un chien de compagnie agréable malgré un caractère méfiant. Il est devenu rare ; quelques amateurs tentent, cependant, d'améliorer la race.

Aspect physique

Une silhouette à la fois solide et élégante, un rein un peu arqué, une croupe doucement arrondie et un ventre rentré affinent la ligne générale du Galgo. La tête, longue et étroite, avec une truffe proéminente et des narines ouvertes, se dégage bien du cou, svelte et musclé. Les mâchoires sont longues, les lèvres minces. Les yeux sont grands et d'expression vive. Les oreilles, minces et fines, demi-tombantes, sont portées en arrière. La queue, très longue, est légèrement en sabre. Les membres antérieurs sont longs et musclés, les postérieurs larges.

La robe, au poil ras, serré, fin et lustré, ou parfois au poil dur, est de couleur fauve clair à fauve roux, fauve bringé, noire. Les combinaisons de couleurs sont admises, ainsi que des taches blanches.

TAILLE : **mâle** de 62 à 70 cm, **femelle** de 60 à 68 cm *(standard F.C.I.)* ;
POIDS : **mâle** de 25 à 30 kg, **femelle** de 20 à 25 kg

Greyhound
Essentiellement développé pour la course, il ne s'épanouit qu'en poursuivant une proie, réelle ou fictive.

GREYHOUND

Greyhound

Autre nom : Lévrier anglais.

Origine et comportement

Pur produit des élevages britanniques, le Greyhound aurait été importé en Occident par des Phéniciens, des Celtes ou des Croates, puis sélectionné sous Henri VIII d'Angleterre pour la chasse au lièvre, ou *coursing*. Aujourd'hui, les Greyhounds participent à des épreuves de racing et courent après un lièvre artificiel – peau de lièvre fixée sur un support mû électriquement sur un rail qui borde la piste. Courageux et endurant, le Greyhound est le plus rapide de tous les Lévriers. Élégant et gracieux, il prend des poses superbes, qui mettent son physique en valeur. Tendre et sensible, très attaché à son maître, c'est un animal de compagnie charmant, joueur et gai. Les étrangers ne lui inspirent qu'indifférence. Le Greyhound a absolument besoin de longues courses quotidiennes.

Aspect physique

Fortement bâti, bien campé, ce Lévrier aux muscles puissants se déplace avec beaucoup de souplesse. La tête, longue, au crâne plat, est modérément large. Le museau, maigre, également long, s'orne d'une truffe noire et pointue. Le stop est peu accusé. Des mâchoires puissantes et bien ciselées abritent de solides dents blanches, aux incisives bien ajustées. Les yeux, foncés et brillants, qui peuvent être clairs si la robe a une nuance pâle, ont un regard intelligent. Les oreilles, petites et fines, sont portées en rose. Le cou, long et musclé, sans fanon, se courbe avec élégance. Le corps, au dos large et carré, assez long, au rein puissant et à la poitrine profonde, donne une impression de force. Le ventre, remonté, affine la silhouette. La queue, mince, placée assez bas, s'incurve légèrement à son extrémité. Les cuisses sont larges et musclées. La robe du Greyhound est faite d'un poil ras, fin et serré, de couleur blanc pur, bleue, fauve pâle, fauve roux, fauve bringé, noire, ou bien blanche avec l'une de ces cinq dernières couleurs.

TAILLE : **mâle** de 71 à 76 cm, **femelle** de 68 à 71 cm *(standard F.C.I.)*;
POIDS : environ 30 kg

IRISH WOLFHOUND

Lévrier irlandais

Origine et comportement

Hirsute, de très grande taille, le Lévrier irlandais est sans doute issu d'une vieille race irlandaise. Utilisé pendant des siècles pour la chasse au loup, il a pratiquement

disparu en même temps que ce dernier. Des éleveurs, en particulier le capitaine Graham, ont recréé la race en croisant les derniers spécimens existants avec des Lévriers écossais et peut-être des Dogues allemands.
D'une force redoutable et d'un grand courage, le Lévrier écossais, qui n'est pratiquement plus utilisé pour la chasse, est un chien de garde efficace, mais qui, dressé à l'attaque, peut devenir dangereux. Vouant à son maître une dévotion absolue, il est obéissant et réfléchi.
Bâti en force, mais gracieux, ce grand Lévrier a des mouvements vifs et aisés. Le cou, bien arqué, supporte une tête au museau modérément pointu. Les yeux sont foncés. Les oreilles, petites, sont portées en rose. Le corps est puissant et présente une poitrine large et profonde, un dos assez long et droit, un rein modérément arqué. Le ventre n'est pas trop relevé. Les membres sont forts, les aplombs droits. Longue et légèrement recourbée, la queue est bien fournie. La robe, faite d'un poil rude sur corps, tête et pattes, d'un poil plus dru et plus long au-dessus des yeux et sous la mâchoire, est grise, noire, blanc pur, fauve pâle à fauve roux ou fauve bringé. Un peu de blanc est admis.

TAILLE: **mâle** au moins 79 cm, **femelle** au moins 71 cm; POIDS: **mâle** au moins 54 kg, **femelle** au moins 41 kg *(standard F.C.I.)*

Lévrier irlandais
Le plus grand des Lévriers a failli disparaître en même temps que son gibier, le loup.

MAGYAR AGAR

Lévrier hongrois

Origine et comportement

Lors de leur établissement dans le bassin des Carpates, les Magyars, qui étaient de grands chasseurs, introduisirent en Hongrie ce Lévrier d'origine orientale. Probablement croisé avec des Lévriers romains, turcs et asiatiques, le Lévrier hongrois a reçu du sang de Greyhound anglais. S'il n'est pas aussi rapide que ce dernier, il est plus résistant et plus endurant, infatigable dans la poursuite. Il excelle dans la chasse « de course ». Docile et affectueux, il est fidèle, vigilant, et c'est également un agréable animal de compagnie.

Aspect physique

Élancé, mais fort, le Lévrier hongrois a une démarche calme et élastique. La tête, très allongée et en triangle, possède un stop peu marqué, un crâne assez large et de fortes joues. Les yeux, sombres, ont un regard attentif et intelligent. Les oreilles, de grandeur moyenne, doivent toujours être repliées. Les membres sont bien parallèles, longs et puissants. La robe, au poil ras et lisse en été, plus épais en hiver, peut être de toutes couleurs.

TAILLE : **mâle** de 65 à 70 cm, **femelle** un peu plus petite *(standard F.C.I.)*;
POIDS : **mâle** environ 30 kg, **femelle** environ 25 kg

Lévrier hongrois
Très rare hors de son pays d'origine, il est pourtant un excellent chasseur et un très agréable chien de compagnie.

PHARAOH HOUND

Chien du pharaon

Autre nom : Lévrier du pharaon.

Origine et comportement

Témoin vivant des premiers types de Lévriers connus, le Chien du pharaon est semblable aux Lévriers aux oreilles dressées figurant sur les fresques de l'ancienne Égypte. Chien dont l'origine se perd dans la nuit des temps, il a été conservé aux Baléares sous sa forme la plus pure. C'est un bon chasseur, actif, souple et très rapide à la course, qui se révèle aussi un excellent sauteur.

Aspect physique

Le Chien du pharaon a un corps presque carré, des muscles longs, aux lignes sèches. La tête, triangulaire, presque sans stop, porte de grandes oreilles dressées. Le ventre, fin, n'est pas aussi relevé que celui des autres Lévriers. La queue, recourbée, tombe jusqu'aux membres postérieurs, mais peut aussi être portée haut en cas d'excitation. La peau est douce, et le poil fin, court et lustré. La robe est fauve rouge uni ou blanche avec des taches irrégulières de cette même couleur.

TAILLE : **mâle** de 56 à 63,5 cm, **femelle** de 53 à 61 cm *(standard F.C.I.)*;
POIDS : non précisé par le standard

PICCOLO LEVRIERO ITALIANO

Petit Lévrier italien

Autres noms : Lévrier italien, Levrette d'Italie.

Origine et comportement

Descendant du Lévrier d'Égypte, ce Lévrier miniature, élégant et gracile, a toujours été le favori des grands de ce monde (Cléopâtre, Frédéric le Grand, Anne d'Autriche, François Ier, etc.). Très apprécié par les patriciennes de la Rome antique, ce qui lui a valu son nom de Petit Lévrier italien, il a été chanté par le poète français Lamartine.

Agile, intelligent et très affectueux, ce chien racé est bien souvent agité de frissons qui lui donnent une apparente fragilité. En fait, c'est un sportif fait pour la course. Très fidèle, vif et gai avec son maître, il est distant à l'égard des étrangers.

Aspect physique

D'une extrême finesse, le Petit Lévrier italien a une démarche sautillante. La tête, longue et étroite, n'a qu'un léger stop. Les yeux, grands, ronds et sombres, sont très expressifs. Les oreilles, petites et fines, pliées sur elles-mêmes, sont portées en arrière. Le cou, aussi long

Chien du pharaon
Ce Lévrier souple et très rapide est le descendant direct des chiens représentés sur les fresques de l'ancienne Égypte.

Petit Lévrier italien
Son apparente fragilité est trompeuse : c'est en fait un chien taillé pour la course.

que la tête, se dresse à la verticale quand l'animal est excité. Le Petit Lévrier italien a une poitrine ample et longue, un dos bien galbé, des membres élégants et musclés, en parfaite harmonie avec le corps. La queue, mince et effilée à la pointe, n'est jamais enroulée. La peau est mince. La robe, au poil ras, fin, soyeux et doux, est unie, de couleur noire, gris ardoise ou fauve plus ou moins foncé. Un peu de blanc sur la poitrine et sur les pieds est toléré. Tout élément dans la construction introduisant une certaine lourdeur est très pénalisant.

TAILLE : **mâle et femelle** de 32 à 38 cm ;
POIDS : moins de 5 kg *(standard F.C.I.)*

PODENCO CANARIO

Lévrier des Canaries

Origine et comportement

Le Lévrier des Canaries, chasseur de lapins et chien de compagnie charmant, est proche du Lévrier d'Ibiza. C'est un chien nerveux, rapide, actif, qui travaille au nez, mais également beaucoup à l'oreille. Il est particulièrement pacifique et n'a rien d'un gardien. C'est essentiellement un chien de chasse de garenne, astucieux, qui sait déjouer les ruses du gibier.

Aspect physique

Plus petit que le Lévrier d'Ibiza, le Lévrier des Canaries lui ressemble beaucoup. Cependant, il a des pieds de chat alors que ceux du Lévrier d'Ibiza sont allongés, et les oreilles ne sont droites qu'à l'écoute, versant en arrière au repos. La robe du Lévrier des Canaries est composée d'un poil toujours lisse. Elle est, de préférence, fauve rouge et blanche.

TAILLE : **mâle** de 55 à 64 cm, **femelle** de 53 à 60 cm *(standard F.C.I.)* ;
POIDS : environ 25 kg

PODENCO IBICENCO
(DE PELO CORTO, DE PELO DURO)

Lévrier d'Ibiza
(à poil lisse, à poil dur)

Autre nom : Lévrier des Baléares.

Origine et comportement

Originaire de l'île d'Ibiza et très commun aux Baléares, ce chien, appelé aussi Charnigue ou Çà Eivissenc, bien que d'apparence plus rustique que les autres Lévriers, descend du Chien des pharaons et est sans doute arrivé aux Baléares avec les envahisseurs sarrasins.
Endurant et rapide, c'est un bon chasseur de lapins, au flair particulièrement développé. Intelligent et docile, il est très

Lévrier d'Ibiza
Développé pour la chasse au lapin, il est peu adapté à la compagnie.

attaché à son maître et n'aime pas les étrangers. Il est par ailleurs assez querelleur avec ses congénères.

Aspect physique

Ce Lévrier, au squelette fort, a un trot suspendu caractéristique. La tête, longue et étroite, excessivement maigre, porte des oreilles bien droites et très mobiles. Les yeux, petits et obliques, de couleur ambre clair, ont un regard très expressif. Le corps est à peine plus long que haut. Il est pourvu d'un dos droit et d'un rein assez peu arqué. Les épaules et les cuisses sont fortement musclées. La queue, longue, retombe naturellement quand le chien est au repos. Le poil, fourni, peut être lisse ou dur et différencie les deux variétés ; le poil dur, rêche, reste assez court sur l'ensemble du corps et est mi-long pour former barbe, moustache, sourcils et franges aux membres et à la queue. La robe est unicolore – blanche ou fauve – ou bicolore – blanc et fauve. Le ton préféré de fauve est le fauve rouge.

TAILLE : **mâle** de 66 à 72 cm, **femelle** de 60 à 67 cm *(standard F.C.I.)* ;
POIDS : **mâle** environ 23 kg, **femelle** environ 19 kg

PODENGO PORTUGUÊS
(GRANDE, MEDIO, PEQUENO)

Lévrier portugais (grand, moyen, petit)

Origine et comportement

Proche du Lévrier d'Ibiza, le Lévrier portugais, de type Lévrier aux grandes oreilles dressées, est très répandu au Portugal. Il existe en trois variétés : le Grand Lévrier portugais, très rare, est un chasseur de gros gibier en meute. Le Lévrier portugais moyen chasse le lapin et devient chien de compagnie. Le Petit Lévrier portugais chasse les lapins dans leur terrier. C'est un chien de compagnie populaire.

Aspect physique

Morphologiquement, le Lévrier portugais est proche des Lévriers espagnols. Les oreilles sont droites, extrêmement mobiles. La queue est portée à l'horizontale quand le chien est en mouvement, pendante au repos. Chaque variété de taille présente deux variétés de poil : le poil court et le poil dur. La robe est composée d'un poil court et brillant, de couleur fauve clair à foncé ou dans les tons gris, uniforme ou pie.

TAILLE : **mâle et femelle** : Grand : de 55 à 70 cm ; Moyen : de 40 à 55 cm ; Petit : de 20 à 30 cm ;
POIDS : Grand : de 20 à 30 kg ; Moyen : de 16 à 20 kg ; Petit : de 4 à 5 kg *(standard F.C.I.)*

SALUKI

Saluki

Autre nom : Lévrier persan.

Origine et comportement

D'origine asiatique, le Saluki serait, selon certains auteurs, apparenté au Lévrier afghan. Comme celui-ci, il présente plusieurs variétés selon les pays dans lesquels il est élevé, c'est-à-dire de l'Égypte à l'Iran et de l'Arabie à la Syrie. Cependant, le Saluki connu en Occident forme une population homogène. Il fut importé pour la première fois en Grande-Bretagne en 1920.

Chasseur émérite, ce chien force les gazelles à la course, aussi bien sur le sable qu'en terrain montagneux.

Chien de luxe, élégant et racé, très apprécié des cheikhs du monde arabe et des chefs des tribus nomades, il est de plus en plus recherché en Europe et aux États-Unis comme chien de compagnie. Sensible, affectueux et réfléchi, il adore les enfants. Propre et tranquille, il est facile à vivre mais a besoin de courir chaque jour.

Saluki
Son allure racée et élégante lui a valu les faveurs des cheikhs arabes.

Aspect physique

Ce Lévrier allie la force à la grâce et à l'agilité. La tête, longue et étroite, est portée noblement par un cou souple et bien musclé. Les yeux, foncés, ont un regard profond, très scrutateur. Les oreilles, allongées et mobiles, sont couvertes de longs poils soyeux et pendent près de la tête. Les épaules sont bien dégagées en arrière. La poitrine, profonde, est assez étroite, et le dos plutôt large. Ce Lévrier a le jarret bas, en relation avec sa puissance de course et de saut. La queue, longue, attachée bas et ornée de belles franges soyeuses, se recourbe naturellement. La robe, lisse et soyeuse, forme des franges légères au niveau des membres et à l'arrière des cuisses, avec parfois même des franges laineuses sur les cuisses et les épaules. Elle est blanche, sable, fauve de toutes nuances, fauve et noir ou gris, noire avec des marques feu ou ces mêmes couleurs avec du blanc.

Saluki
Cet ancien chien de chasse est recherché comme chien de compagnie. Mais il a besoin de beaucoup d'espace et d'exercice.

TAILLE : **mâle** de 58 à 71 cm, **femelle** un peu plus petite *(standard F.C.I.)*;
POIDS : de 14 à 25 kg

SLOUGHI

Sloughi

Autre nom : Lévrier arabe.

Origine et comportement

Venus d'Asie, où ils existaient sans doute dès les premiers temps de la civilisation, les ancêtres des Sloughis arrivèrent en Égypte. Ils suivirent les Arabes en Afrique du Nord. La suprême élégance de ce Lévrier, à la beauté sobre, un peu sévère, devait conquérir les grands chefs berbères, qui s'attachèrent à préserver la race et à lui conserver ses qualités de chasseur. Le Sloughi était de tous les chiens le seul qui avait le droit de pénétrer sous la tente et de dormir sur les tapis quand il n'accompagnait pas ses maîtres à la chasse à la gazelle ou au mouflon. Fier et indépendant, il est sans doute le plus intelligent des Lévriers. C'est un bon gardien, redoutable quand il se sent menacé.

Très attaché à son maître, il se montre réservé et ne lui témoigne qu'une affection discrète. Doux avec les enfants, il est craintif à l'égard des étrangers. Si ce Lévrier des sables s'est bien adapté à la vie citadine, il a, en revanche, horreur du froid.

Aspect physique

Très racé, le Sloughi a des muscles secs et une peau fine. La tête, sans être lourde, est un peu plus importante que celle du Greyhound. Le museau, en coin, allongé, est à peu près aussi long que le crâne, qui est plat et arrondi à l'arrière. Le stop est très léger. Les yeux, grands, foncés, noir velouté ou topaze brûlé – chez les Sloughis couleur sable –, en amande, coulent des regards nostalgiques. Les oreilles, plates, en triangle, sont tombantes et collent à la tête. L'encolure, sèche, forme de légers plis de peau sous la gorge. La poitrine est profonde, le dos droit, assez long, et le ventre, relevé. La queue, longue, mince et sans frange, se recourbe au bout. La robe, au poil ras et fin, est de couleur sable, fauve avec ou sans masque noir ou noire, avec des marques feu.

TAILLE: **mâle** de 66 à 72 cm, **femelle** de 61 à 68 cm *(standard F.C.I.)*;
POIDS: de 30 à 32 kg

Sloughi
Son statut de chasseur émérite lui valait d'être accueilli sous la tente des nomades.

WHIPPET

Whippet

Origine et comportement

Créé vers la fin du XIXe siècle, au nord de l'Angleterre, pour la chasse au lapin, le Whippet, réplique miniaturisée du Greyhound, est issu de croisements entre un type de Terrier non défini et le Greyhound. Sous son apparence fragile, il a des nerfs d'acier et peut atteindre en course une vitesse de 65 km/h. Proportionnellement, il se révèle ainsi plus performant que le Greyhound ! Il adore évidemment les courses en rase campagne ou sur la plage. Pourtant, il s'accommode très bien de l'appartement, où il montre combien il adore le confort et comme il sait être calme. Joyeux et affectueux, intelligent et fidèle, il est docile et aime les enfants. Un peu timide, plutôt indépendant, il n'en est pas moins attaché à son maître. Après une éclipse, il retrouve une certaine vogue, entre autres pays, en France, où existent de remarquables lignées pour la course.

Aspect physique

Élégant et gracieux, ce petit Lévrier donne en même temps une impression de grande vigueur. La tête, longue et sèche, s'affine doucement en direction du museau.

Whippet
Ce chien a été développé par les mineurs anglais pour la chasse au lapin et les courses à pari mutuel.

Les yeux ont une expression très vive. Les oreilles, petites et fines, sont portées en rose. Le cou, long et musclé, forme un arc élégant. Les épaules sont obliques et musclées, bien dessinées ; les cuisses sont particulièrement développées.
Le chien est bien d'aplomb sur ses membres et paraît posséder une grande puissance de propulsion. Le corps présente une poitrine très haute et profonde, un dos large, un rein nettement voussé. La queue est effilée. Elle tombe entre les jambes quand le chien est au repos et est recourbée vers le haut quand il est en mouvement.
La robe, au poil fin et court, très serré, peut être de n'importe quelle couleur, unie ou mélangée.

TAILLE : **mâle** de 47 à 51 cm, **femelle** de 44 à 47 cm *(standard F.C.I.)*;
POIDS : environ 10 kg

Bâtards et corniauds

Il convient de faire la distinction entre le bâtard et le corniaud : le premier est issu de l'union de deux races différentes supposées pures, ou d'un chien de race pure et d'une femelle d'origine indéterminée, ou vice versa, alors que le corniaud est un chien issu de races tout à fait indéterminées, dont les géniteurs étaient eux-mêmes des corniauds ou des bâtards. Ces chiens s'éduquent et se soignent comme leurs congénères de race pure.

Origine et comportement

Si le terme de « bâtard », déplaisant et péjoratif, a induit un verbe tel que « abâtardir », qui évoque la dégradation, celui de « corniaud » a, en revanche, un sens plus sympathique.
Le bâtard a au moins l'un de ses parents qui est de race pure, alors que le corniaud est issu de parents eux-mêmes corniauds ou bâtards.
Les bâtards et les corniauds forment la majorité de nos animaux de compagnie ; ils régressent cependant au profit des chiens de race, ou d'apparence de race. Ils étaient apparus en masse à la Révolution, qui mit fin au privilège de l'Ancien Régime qui permettait d'avoir un chien et le droit de chasse.
Il n'existe évidemment pas de modèle morphologique du corniaud ; toutefois, il est possible de parler de différents types en évitant toute généralisation trop systématique.

Aspect physique

Le premier type de corniaud s'apparente aux chiens de bergers. D'assez grande taille – environ 60 cm au garrot –, il a un poil assez dur et plutôt court, à la robe foncée ou fauve. Il est souvent appelé à tort chien-loup.
Le deuxième type se rapproche de l'Épagneul. De taille moyenne – environ 50 cm au garrot –, il est râblé et a une tête un peu ronde, aux oreilles tombantes.
Le troisième type, enfin, rappelant le Fox-Terrier à poil ras, est de petite taille, généralement noir et blanc, souvent baptisé du terme générique de « ratier ».
Outre ces trois grandes catégories, il existe des millions de corniauds qui ne s'apparentent à aucune race. En effet, au fil des générations, les accouplements entre les mâles et les femelles de types très différents ont donné des chiens au physique tout à fait singulier.
Bâtards et corniauds sont l'objet d'une idée reçue, fausse mais très tenace, qui veut qu'ils soient plus intelligents que leurs congénères de race pure. On peut tout au plus affirmer qu'ils sont les héritiers d'une longue tradition de « débrouillardise », qui les a forgés, pour la plupart, vifs et assez ingénieux.
On peut également ajouter à leur sujet – toutefois avec prudence – que le mélange de sang les a peut-être rendus plus résistants aux maladies bénignes que les animaux appartenant à une race pure sélectionnée pour sa seule beauté ; mais ils ont besoin d'autant de soins et d'affection.
Le corniaud a un seul défaut, mais de taille : on ne sait pas à quoi le chiot va ressembler à l'âge adulte, ni quel caractère il aura. Cela peut réserver bien des surprises !

Bâtard de Spitz
Ce bâtard a visiblement conservé de ses parents les caractéristiques des Spitz : collerette, museau long, oreilles dressées et pointues.

Corniaud
Les corniauds, généralement vifs et assez ingénieux, réclament autant d'attention que leurs congénères de race pure.

6

CHAPITRE

Connaître son chien

Apparence extérieure du chien

La morphologie, appelée également « étude de la forme externe », est fort utile lorsqu'on désire examiner un chien ou encore comparer deux animaux. En raison de l'extraordinaire variabilité du chien, elle revêt une grande importance puisqu'elle établit les bases des jugements esthétiques dans les concours.

Les différentes parties du corps

La tête

La tête possède de nombreux repères extérieurs qui portent tous un nom particulier. Ces repères, décrits sur le dessin ci-dessous, ont une place importante dans les jugements rendus lors de la présentation du chien dans les concours, la tête étant certainement la partie la plus sujette à variations.

Sur la tête, le stop marque la séparation entre le crâne et la face. Selon les chiens, il peut être soit très marqué et former une marche très nette (Boxer), soit être pratiquement absent (Lévrier). En avant du stop, la ligne pratiquement plane qui va jusqu'à la truffe s'appelle la ligne de chanfrein ; celle qui va jusqu'entre les oreilles se nomme la ligne de front. La longueur respective de ces deux lignes ainsi que l'angle qu'elles forment sont des paramètres décrivant bien la morphologie de la tête ; ils sont souvent utilisés dans les standards de race. La distance entre les arcades zygomatiques, reliefs osseux très nets toujours palpables entre l'œil et l'oreille, définit la largeur de la tête, paramètre précis complémentaire des deux précédents. Associé à la largeur, on parle aussi souvent de tour de tête. Celui-ci correspond au cercle passant par le front, les arcades zygomatiques et la gorge du chien.

De l'encolure à la croupe

L'encolure, reliant tête et tronc, présente peu de repères importants sur le plan de la morphologie ; en revanche, le tronc en est riche. Le garrot, point universellement utilisé pour mesurer la taille des mammifères quadrupèdes, est certainement le repère le plus important. À l'arrière du garrot suivent le dos, le rein puis la croupe. Le dos soutient le thorax, le rein l'abdomen et le ventre, la croupe le bassin.

L'hypochondre, ou arc costal, est la ligne unissant l'arrière des dernières côtes ; cette ligne sépare morphologiquement le thorax de l'abdomen. Il est à noter que le rein représente ici la région lombaire et non l'organe ; de même, la hanche représente un des reliefs du bassin et non

LA MORPHOLOGIE DU CHIEN

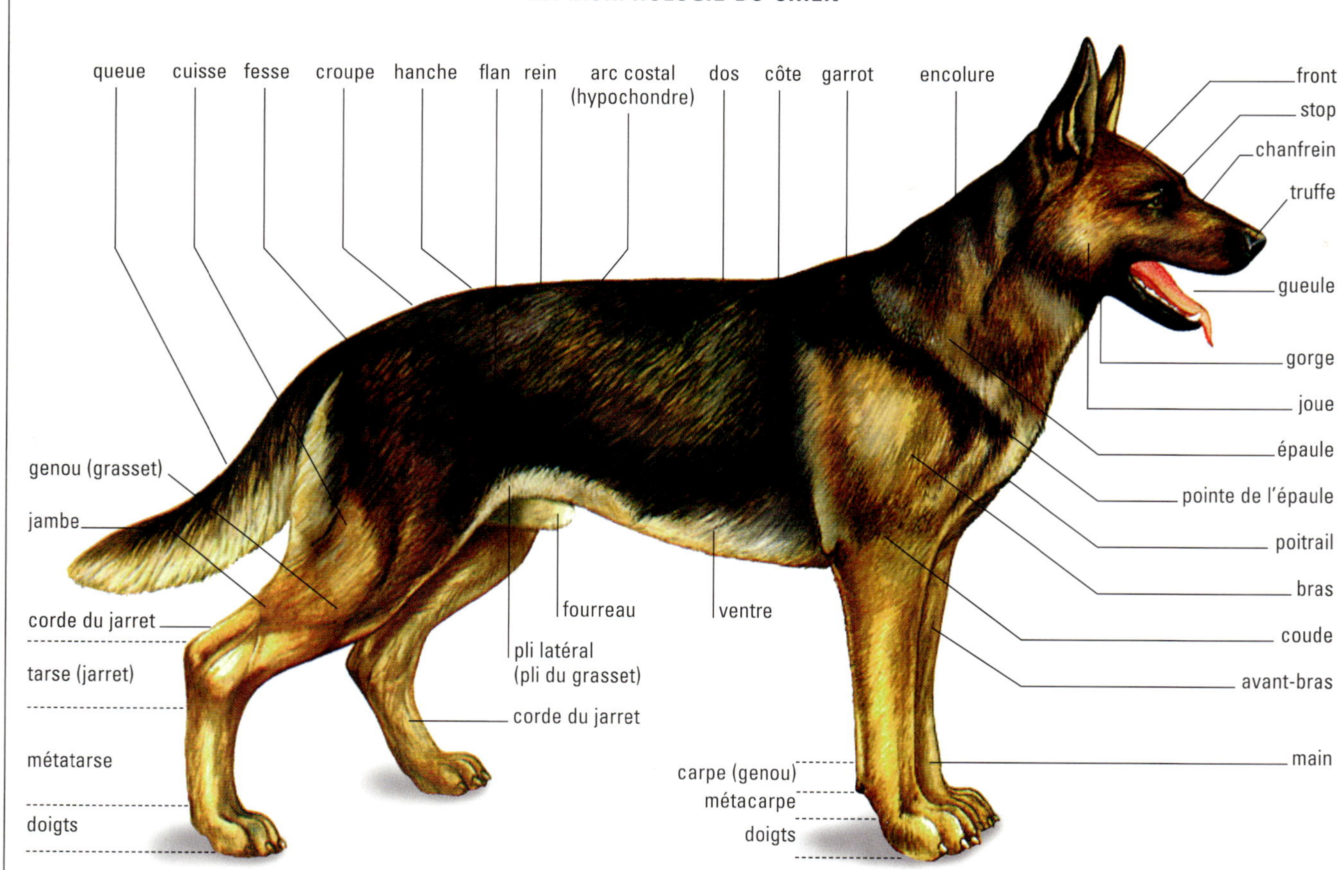

l'articulation. La plupart des mots utilisés pour l'extérieur des membres décrivent des reliefs osseux, très nombreux et très précis, pour prendre des mesures, décrire des lignes ou calculer des angles. Autant de paramètres sur lesquels repose l'étude des aplombs.
En ce qui concerne le membre antérieur, il faut noter que le terme morphologique « épaule » correspond en fait à l'omoplate et non à l'articulation proprement dite, dénommée « pointe de l'épaule ». Par ailleurs, la région du carpe (poignet chez l'homme) peut également prendre le nom de « genou », comme c'est le cas en morphologie équine. Il faut alors ne pas le confondre avec le grasset (genou chez l'homme), articulation du membre postérieur.

Les trois types de chien

L'étude extérieure de l'espèce canine permet de distinguer trois grands types de morphologie dans lesquels on peut replacer toutes les races. Le premier type est dit médioligne ; il est intermédiaire entre le type bréviligne et le type longiligne.
• **Le type médioligne.** Il se caractérise par un stop marqué, des lignes de front et de chanfrein égales et parallèles, des formes générales équilibrées. Ce type représente la plupart des chiens de chasse (Épagneul, Setter, etc.), mais également un grand nombre de chiens de berger (Beauceron, Briard, etc.).
• **Le type bréviligne.** Il se caractérise par un stop très marqué, une ligne de chanfrein plus courte que la ligne de front, un profil concave et des formes générales compactes et massives. Ce type comprend beaucoup de races d'assez gros chiens du type Molosse (Bull Mastiff, Mâtin de Naples, etc.), mais aussi un grand nombre de petites races de compagnie (Pékinois, Carlin, Bouledogue français, etc.).
• **Le type longiligne.** Il se distingue par un stop effacé, une ligne de chanfrein très longue, un profil convexe et des formes générales élancées à longues pattes. Ce type comprend tous les Lévriers et certains Colleys et Terriers.

Le type médioligne : l'Épagneul breton

Le type bréviligne : le Bulldog

Le type longiligne : le Whippet

Les trois types de chien
La morphologie du chien donne lieu à une classification générale basée sur la silhouette de l'animal.
Trois types ont été déterminés : ils sont caractérisés par le stop, la ligne de chanfrein, le profil et les formes.

LES FORMES DE PIED

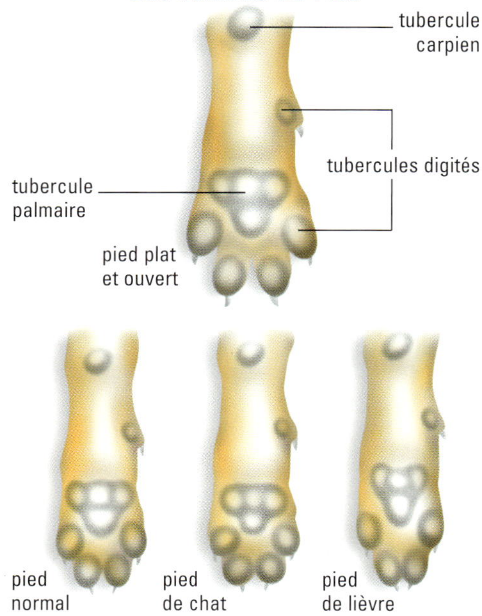

LES DIFFÉRENTS APLOMBS

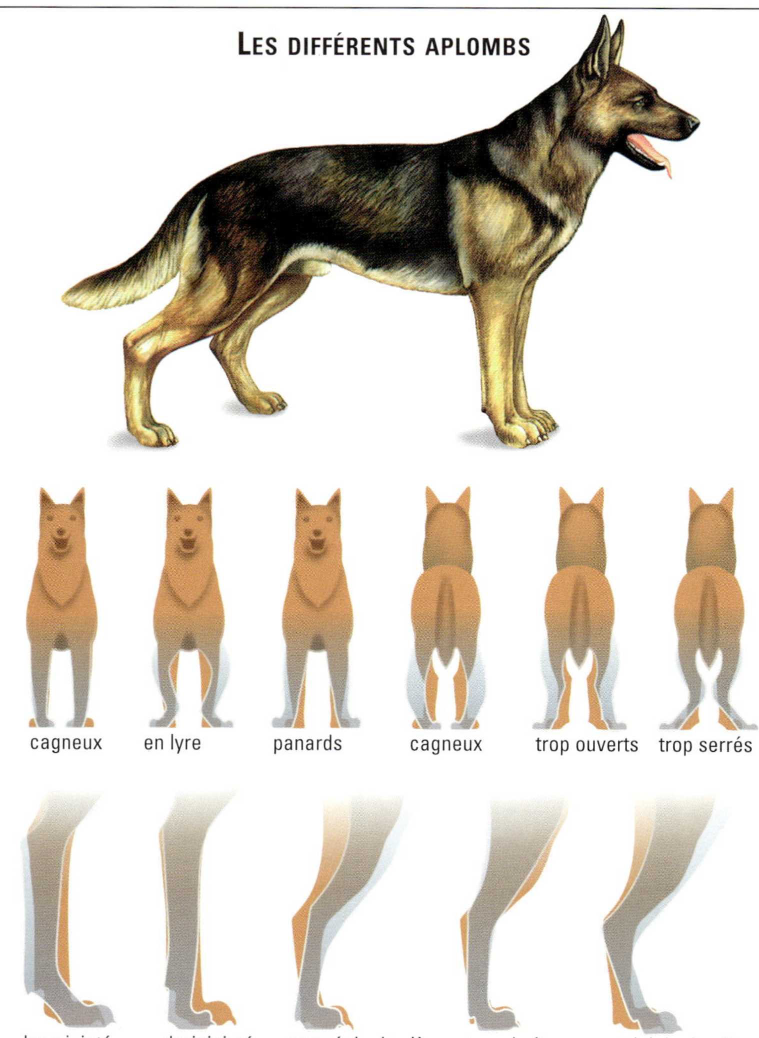

Les aplombs

Ils correspondent à la direction des membres par rapport au sol, lorsque le chien est en appui normal. Ils s'apprécient toujours en observant le chien de face, de profil et par-derrière. Pour chaque membre, on définit un axe directeur, ligne droite qui unit le point de liaison théorique tronc-membre (tiers moyen de l'omoplate pour le membre antérieur, articulation de la hanche pour le membre postérieur) au point de contact au sol. Pour limiter la fatigue articulaire et améliorer les performances, cet axe est théoriquement vertical dans les deux plans ; néanmoins, chez certaines races, il peut être dévié sans que ce soit considéré comme un défaut.

Membres antérieurs

Pour le membre antérieur, seule la région de l'avant-bras est verticale dans les deux plans. Vue de face, la ligne partant de la pointe de l'épaule, passant par l'avant-bras et le carpe et se terminant par les doigts doit être verticale. Si cette ligne est orientée vers l'extérieur, on qualifie le chien de « trop ouvert » des antérieurs ; si elle est orientée vers l'intérieur, on le qualifie de « trop fermé » ou « trop serré » des antérieurs. Si les mains sont dirigées vers l'intérieur, le chien est dit « cagneux » ; si elles sont dirigées vers l'extérieur, on le dit « panard ». Si l'avant-bras et le coude sont tournés vers l'extérieur, on dit que les antérieurs sont « en lyre ». De profil, si le métacarpe est long et très incliné, on dit que le chien est « long jointé » ; s'il est court et vertical, on le dit « droit jointé ».

Membres postérieurs

Pour le membre postérieur, seul le métatarse est théoriquement vertical dans les deux plans. Vue de derrière, la ligne partant de la pointe de la fesse, passant par la pointe du jarret et allant aux doigts, doit être verticale. Les déviations par rapport à cet axe entraînent les mêmes qualificatifs que pour le membre antérieur. Il est à noter que, pour les postérieurs, les pieds panards sont souvent associés à des jarrets serrés, dits aussi « de vache ». De profil, on dit que le chien est campé si le point de contact au sol est en arrière de l'axe directeur théorique (vertical), ou sous lui s'il est en avant.

Le mot « pied », qui désigne l'extrémité du membre postérieur, est utilisé aussi dans le langage courant pour parler de la main. Il peut avoir différentes formes, arrondie ou allongée. Le pied antérieur a cinq doigts et le pied postérieur, quatre.

La dentition

Les différentes dents

Les chiens, comme tous les carnivores, possèdent une dentition remarquablement adaptée à leur régime alimentaire. Celle-ci se caractérise par le développement exceptionnel des canines et de certaines molaires, les carnassières, conférant à l'ensemble une efficacité redoutable pour prendre et couper les aliments. Le chien adulte compte en tout 42 dents, soit, par demi-mâchoire, 3 incisives, 1 canine, 4 prémolaires, 2 molaires au maxillaire et 3 à la mandibule. Les incisives sont petites et ont un rôle mineur ; les incisives centrales sont appelées « pinces » ; celles immédiatement latérales, « mitoyennes » ; enfin, les plus latérales sont nommées « coins ».

En arrière des canines, les prémolaires et les molaires sont souvent appelées chez le chien précarnassières, carnassières et postcarnassières, afin de souligner l'importance de cette paire de dents constituée de la quatrième prémolaire supérieure et de la première molaire inférieure. En effet, ces carnassières, véritables cisailles naturelles, sont les dents les plus importantes chez le chien domestique, les canines ne lui servant plus à tuer ses proies. Précarnassières et carnassières ont un rôle de section ; les postcarnassières ont plutôt un rôle d'écrasement – on les qualifie aussi de « dents tuberculeuses ». Carnassières supérieures et tuberculeuses possèdent trois racines divergentes les rendant plus difficiles à arracher que les autres dents en cas d'abcès.

Chien grignard, chien bégué

Lorsque la gueule est fermée, les incisives doivent normalement s'affronter avec une légère avancée des supérieures, la canine inférieure passe en avant de la supérieure alors que toutes les prémolaires et molaires supérieures viennent recouvrir latéralement les inférieures. Par rapport à cet affrontement normal chez le chien médioligne, plusieurs déviations existent : la plus fréquente est celle où la mandibule dépasse en avant le maxillaire – on dit alors que le chien est « grignard ». Cette déviation est normale chez beaucoup de chiens brévilignes, mais c'est un défaut fréquent chez d'autres races (Caniche, Yorkshire). À l'opposé, lorsque le maxillaire avance trop, on dit que le chien est « bégué ».

L'évolution de la dentition

Comme tous les mammifères, les chiens possèdent une première dentition, dite « lactéale »

L'ÉVOLUTION DE LA DENTITION

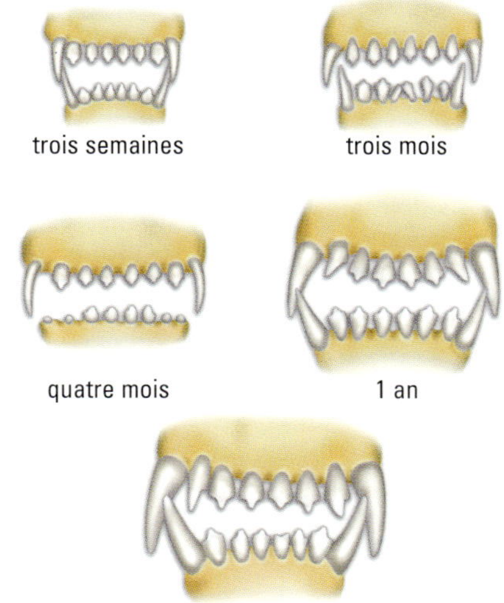

Âge	Caractéristiques
21 jours	éruption des canines
25-30 jours	éruption des incisives et des prémolaires
4 mois	remplacement des pinces
4 mois et 1/2	remplacement des mitoyennes et des pinces
5 mois	remplacement des canines
6 mois	remplacement des prémolaires et éruption des molaires
7 mois	denture d'adulte complète
1,5-2 ans	nivellement de la pince inférieure
2,5-3 ans	nivellement des mitoyennes inférieures
3,5-4 ans	nivellement de la pince supérieure
4,5-5 ans	nivellement des mitoyennes supérieures

Mâchoire grignarde

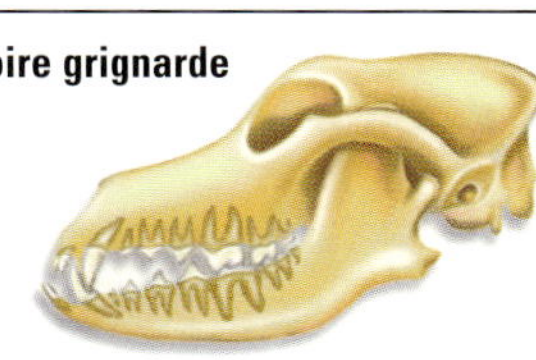

Mâchoire béguë

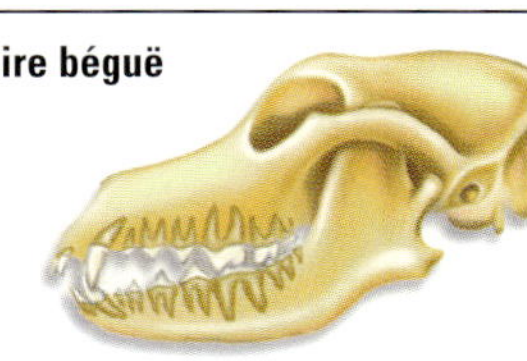

LA DISPOSITION DES DENTS

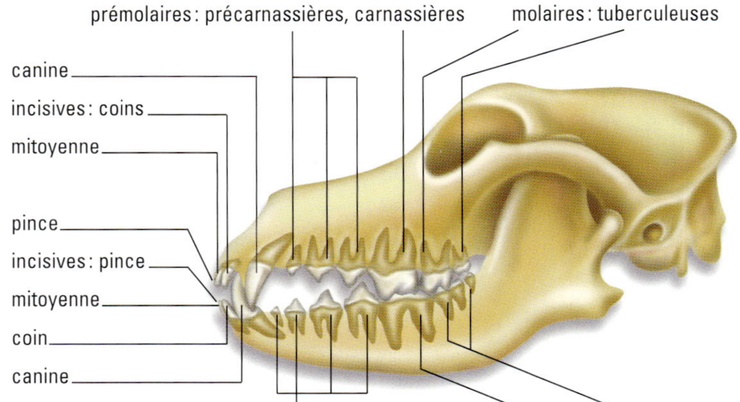

Triangulaires, pointues ves l'avant : Berger allemand

Oreilles semi-tombantes et petites : Fox-Terrier

Oreilles fines, vers l'arrière, en forme de rose : Whippet

Oreilles attachées haut et triangulaires : Épagneul breton

Oreilles longues, fines et papillotées : Basset Hound

Oreilles attachées bas et tombantes : Cocker

(32 dents), qui se renouvelle (sauf la première prémolaire). D'autre part, l'usure du temps leur confère une morphologie qui évolue. Ce renouvellement ainsi que l'altération des incisives constituent les bases de la détermination de l'âge. Autrefois très utilisée, cette pratique tend à diminuer en raison de son imprécision. Elle ne reste intéressante que chez le chiot, car seules les périodes d'irruption et de remplacement des dents de lait sont vraiment fiables, quels que soient les races et les individus. En effet, l'usure dépend beaucoup du type de chien et de son alimentation : une alimentation liquide use moins les dents.

L'oreille

L'oreille du chien participe de façon déterminante à la définition de la physionomie de l'animal. La forme, la taille et le port de l'oreille sont éminemment variables et suivent en cela la grande diversité de la plastique canine en général. Le port est la caractéristique principale, la plus facile à décrire aussi, permettant de distinguer les grands types.

Les oreilles dressées

L'oreille dressée, tout d'abord, si elle correspond au port originel (celui du loup), n'est pas la plus répandue ; elle est tout particulièrement l'apanage des races encore proches de leurs racines, tels les Spitz, et contribue à l'allure de loup qu'ont divers chiens de berger.

Dans sa forme et sa taille, l'oreille du chien est très variable : elle va du petit triangle équilatéral d'un Spitz au grand trapèze du Bouledogue français, en passant par le triangle isocèle du Berger allemand. Il convient de ne pas confondre l'oreille naturellement dressée de celle portée droit après otectomie (coupe de l'oreille) ; cette pratique est encore fréquente chez plusieurs races de chiens de garde et de berger.

Les oreilles plus ou moins tombantes

Le port plus ou moins tombant de l'oreille a accompagné le phénomène de la domestication. Arbitrairement, à partir du port érigé, il est possible de distinguer le type semi-dressé comme

Port et forme des oreilles

Très différents selon les chiens, le port et la forme des oreilles font partie du standard des races. Les principaux défauts (oreilles tombantes ou convergentes) apparaissent généralement après un an.

chez le Shetland (pas plus de la moitié du pavillon tombe vers l'avant), le type semi-tombant comme chez le Fox-Terrier (la plus grande partie du pavillon tombe vers l'avant, formant visière) ou chez le Whippet (la retombée s'effectue vers l'arrière, l'oreille est dite « en rose ») et le type tombant, très répandu chez les chiens de chasse.
Ce dernier type connaît de nombreuses variantes selon la localisation de l'attache de l'oreille (au-dessus du niveau de l'œil ou en dessous), l'écartement de l'oreille par rapport à la tête (fonction de la tonicité du cartilage de la base du pavillon), la forme et la taille de l'oreille. Pour la quasi-totalité des races, les caractéristiques de l'oreille sont strictement définies par le standard. On peut considérer, en général, que vers l'âge de un an les qualités et les défauts de celle-ci sont fixés.

La queue

La queue, encore appelée « fouet », présente une assez grande variabilité chez le chien : elle est portée plus ou moins haut, elle est plus ou moins courbe, elle se révèle plus ou moins épaisse et plus ou moins longue.

Le port

Le port, associé à la courbure, s'avère particulièrement caractéristique dans de nombreuses races et participe de façon manifeste à la construction de la silhouette originale de celles-ci. Il doit être observé chez l'animal debout, au repos – condition nécessaire, car on sait bien que le fouet du chien exprime ses moindres humeurs. Il est porté bas et droit, voire convexe, lors de crainte ou de soumission, relevé et devenant plus concave s'il y a excitation ou colère.
La queue est portée plutôt tombante chez de nombreux chiens de berger et chiens de garde, plutôt relevée et en sabre chez beaucoup de chiens d'arrêt et de chiens courants. Chez ces derniers, la queue passe très facilement au-dessus de l'horizontale, dès qu'ils sont en éveil : elle est alors portée gaiement ou même verticale ; ce port est fréquent et caractéristique chez les Terriers. Poursuivant son mouvement vers le haut, la queue peut s'enrouler et même se coucher sur le rein, ce qui s'observe dans la grande famille des Spitz. Enfin, on note un certain nombre de particularités comme la queue courte et nouée du Bouledogue ou l'extrémité en crochet de la queue remarquée chez divers Lévriers.

Les ports de queue

Queue tombante : Malinois

Queue couchée sur le rein : Samoyède

Queue relevée en sabre : Français noir et blanc

Queue nouée : Carlin

Queue portée gaiement : Basset Hound

Queue avec extrémité en crochet : Sloughi

Queue verticale : Terrier écossais

L'absence de queue

L'absence de queue, ou anourie, est rare ; c'est, par exemple, le cas du Bobtail. Par contre, pour d'assez nombreuses races, le standard prévoit une coupe de la queue (caudectomie) raccourcissant celle-ci dans une optique utilitaire (moindres risques de blessures à la chasse, par exemple) voire, éventuellement, esthétique.

La robe

On appelle « robe » l'ensemble des poils du chien observés du point de vue de leur couleur et de leur longueur. Il semble qu'il en existe une infinie variété. En réalité, étudiées sous l'angle de la génétique, les deux composantes de la robe, à savoir la nature du poil et la couleur, montrent un nombre de combinaisons de base assez limité. Mais chacune peut être nuancée plus ou moins fortement, ce qui explique la difficulté que connaissent les cynophiles, depuis toujours, pour décrire les robes et, par voie de conséquence, la multitude des termes utilisés pour cela. La robe joue un rôle essentiel dans la détermination des races, bien qu'elle puisse varier à l'intérieur de celles-ci. Pour la plupart des races, le nombre de robes admises est limité et certaines sont préférées.

La texture du pelage

Pour ce qui concerne la nature, ou texture, du pelage, la situation est assez simple : le poil est court ou long (la plus ou moins grande longueur est une variation secondaire), lisse ou dur et, enfin, droit, ondulé ou bouclé. Le poil est ainsi caractérisé par ces trois propriétés : longueur, raideur, ondulation. Certaines races, qui ont un poil rare et court, sont parfois dites « nues ».

Les différentes couleurs de robe

La couleur du pelage est assez complexe, mais tout à fait accessible si elle est abordée rationnellement. En 1982, à la demande de la Société centrale canine, le professeur Denis, de l'École vétérinaire de Nantes, a proposé une nouvelle nomenclature des couleurs de robe, basée sur les connaissances génétiques les plus récentes et correspondant à la présence d'un ou plusieurs types de poil. Ce sont les grandes lignes de cette nomenclature qui sont présentées ici.

Les robes primaires. Il existe, tout d'abord, des robes particulièrement simples, dites « primaires », composées d'un seul type de poil. Si celui-ci est dépigmenté, la robe est blanc pur ; s'il contient un pigment sombre (eumélanine), la robe est noire ou marron (on dit également brun ou foie) ; s'il possède un pigment clair (phæomélanine), la robe est fauve (les nuances en sont nombreuses, d'où les termes variés tels que « doré », « rouge », « châtaigne », « froment », « orange », etc.). Sous l'effet d'un gène particulier, les deux derniers types peuvent être dilués et l'on obtient alors les couleurs bleue (noir dilué), beige (marron dilué) et sable (fauve dilué). Une dernière possibilité de robe primaire existe quand le poil, fauve ou sable, contient à son extrémité un pigment sombre donnant l'impression d'une ombre sur le pelage : il s'agit des robes fauve charbonné et sable charbonné, très fréquentes (appelées, dans certaines races, « poil de lièvre », « poil de blaireau », etc.) ; elles donnent parfois une impression de gris.

Les robes dérivées. Elles constituent un second groupe et sont plus complexes que les primaires car constituées de deux ou plusieurs types de poil. Dans certains cas, le mélange intime de ceux-ci donne l'illusion d'une robe unicolore ; ainsi, le gris provient de la juxtaposition de poils noirs et de poils blancs d'apparition secondaire (les chiots naissent noirs) ; le grège (marron et blanc) et l'aubère (fauve et blanc) sont obtenus de la même façon, mais sont rares. Dans d'autres cas, très répandus, la robe est pluricolore, c'est-à-dire formée par la juxtaposition cette fois de plages de couleurs différentes. Il en va ainsi de la robe à manteau (fauve à manteau noir, le plus souvent), de la robe marquée (par exemple, noire à marques fauves, bien connue sous l'appellation « noir et feu »), de la robe bringée (les bringeures sont des rayures transversales sombres sur un fond fauve) et de la robe bigarrée (dite merle ou arlequin), dont certaines zones sont diluées.

Les robes panachées. Toutes ces robes, primaires ou dérivées, peuvent comporter des plages blanches, constituant la panachure : elles sont appelées « panachées » ou « pie ». Assez souvent, la panachure s'agrémente de petites taches, sombres (mouchetures) ou fauves (truitures), ou d'un semis de poils colorés, noirs ou bleus (donnant le grisonné) ou fauves ou marron (donnant le rouanné).

Noir : Grœnendael

Fauve charbonné et blanc : Colley

Sable : Sloughi

Noir et feu : Rottweiler

Les différentes couleurs de robe

Beige : Braque de Weimar

Fauve rouge : Setter irlandais

Bleu : Petit Lévrier italien

Fauve clair :
Basset fauve de Bretagne

Fauve bringé : Boxer

Gris : Caniche

Marron : Chihuahua

Marron et blanc moucheté-rouanné :
Braque allemand

Fauve à manteau et blanc :
Beagle

Noir marqué de fauve et blanc
moucheté-grisonné :
Grand Bleu de Gascogne

Fauve charbonné :
Griffon de Belgique

Fauve à manteau : Berger allemand

Locomotion et allures

Presque la même depuis les origines du chien, l'ossature de base du chien domestique garde les caractéristiques de son ancêtre sauvage, même si ses membres se sont considérablement différenciés selon les espèces. Par contre, les muscles varient d'une race à l'autre : seul l'exercice pratiqué régulièrement peut donner à l'animal force et endurance.

Le squelette

Comme pour tous les vertébrés, l'axe général est formé par la colonne vertébrale, constituée chez le chien de 7 cervicales, 13 thoraciques, 7 lombaires, 3 sacrées soudées et une vingtaine de vertèbres coccygiennes. La puissance et la souplesse des mouvements permis par cet axe sont caractéristiques des mammifères carnivores. Les vertèbres thoraciques assurent la cohésion de la cage thoracique, support de l'appareil cardio-respiratoire, même lors de mouvements violents de l'animal. La cage thoracique comporte 13 côtes dont 9 rejoignent le sternum. Un chien doit sa souplesse à son encolure et à ses lombes, pas à son dos.

Le membre antérieur

Le membre antérieur a pour particularité de ne pas avoir d'articulation vraie avec le tronc ; en effet, l'unique os de la ceinture scapulaire, la scapula (omoplate), est simplement plaqué contre le thorax et n'est maintenu que par de puissants muscles. Cette scapula, grand os plat, possède un relief palpable, l'épine scapulaire, qui se termine au niveau de l'épaule par l'acromion, lui aussi palpable. L'os du bras est l'humérus ; celui-ci présente un relief proéminent, le tubercule majeur, qui, avec l'acromion, marque la région de la pointe de l'épaule. L'avant-bras est constitué de deux os accolés, le radius et l'ulna (cubitus), qui, contrairement à l'homme, ne peuvent pas pivoter l'un sur l'autre pour faire tourner la main. La main, très allongée et compacte, est formée d'abord du carpe, ensemble de 7 petits os organisés en deux rangées, dont le plus en arrière (l'os accessoire) est palpable latéralement, puis du métacarpe, et enfin des doigts, au nombre de 5, mais dont le pouce est très réduit.

Le membre postérieur

Le membre postérieur présente d'abord une ceinture pelvienne puissante, formée par la fusion de trois os : l'ischium, le pubis et l'ilium. Les deux ailes de l'ilium s'appuient sur le sacrum et délimitent la région de la croupe alors que les tubérosités ischiatiques marquent les pointes de la fesse. Le bassin s'articule avec le fémur au niveau d'une cavité hémisphérique, l'acetabulum, qui répond à la tête fémorale. Le fémur, os de la cuisse, possède un relief palpable, le trochanter, situé latéralement

LE SQUELETTE DU CHIEN

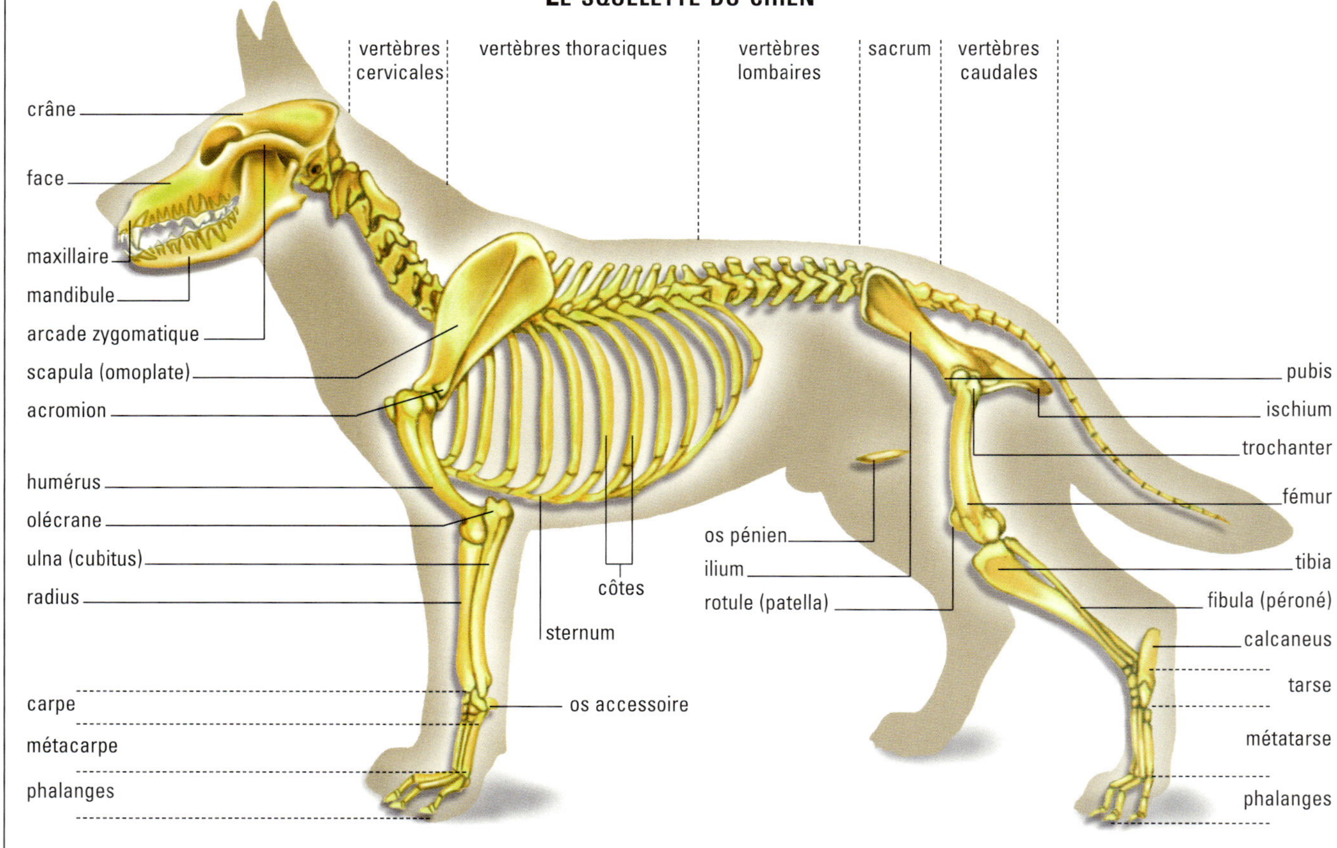

à la tête fémorale. Le grasset, articulation complexe, unit le fémur à l'ensemble tibia, patella (rotule) et fibula (péroné). La fibula, os très grêle, n'assure aucun rôle de soutien.
Le pied s'organise, comme la main, en trois segments; le tarse, ensemble de petits os dont le plus latéral, le calcaneus, fait saillie en arrière du jarret pour former la pointe du jarret; le métatarse ensuite et les doigts enfin, qui, au nombre de quatre, sont solidaires.

Adaptations du squelette à la course

Les adaptations du squelette à la course les plus marquantes sont les suivantes:
– une colonne vertébrale souple et puissante;
– une organisation articulaire qui, pour une plus grande efficacité de la course, privilégie les mouvements de flexion-extension au détriment des mouvements de rotation et d'écartement du plan sagittal;
– un allongement et une rigidification de la main et du pied qui permettent de maintenir la longueur du membre tout en l'allégeant, les masses musculaires les plus importantes étant remontées près du tronc.

Les muscles

Les muscles sont très nombreux et inégaux quant à leur importance fonctionnelle; aussi est-il plus simple de classer uniquement ceux dont le rôle est essentiel:
– muscles fermant la mandibule: temporal et masséter sont parmi les plus puissants de l'organisme, puisque, dit-on, ils permettent au chien d'exercer une pression supérieure à 200 kg/cm^2;
– muscles fléchisseurs de l'encolure: brachiocéphalique et sternocéphalique;
– muscles extenseurs de la colonne vertébrale: masse commune des lombes et cervicaux dorsaux;
– muscles fléchisseurs des lombes: muscles abdominaux et muscles psoas;
– muscles extenseurs du bras: brachiocéphalique, supraépineux;
– muscles fléchisseurs du bras: grand dorsal, triceps brachial;
– muscles fléchisseurs de l'avant-bras: biceps brachial, brachial;
– muscles extenseurs de la main: antébrachiaux craniaux;

LA MUSCULATURE DU CHIEN

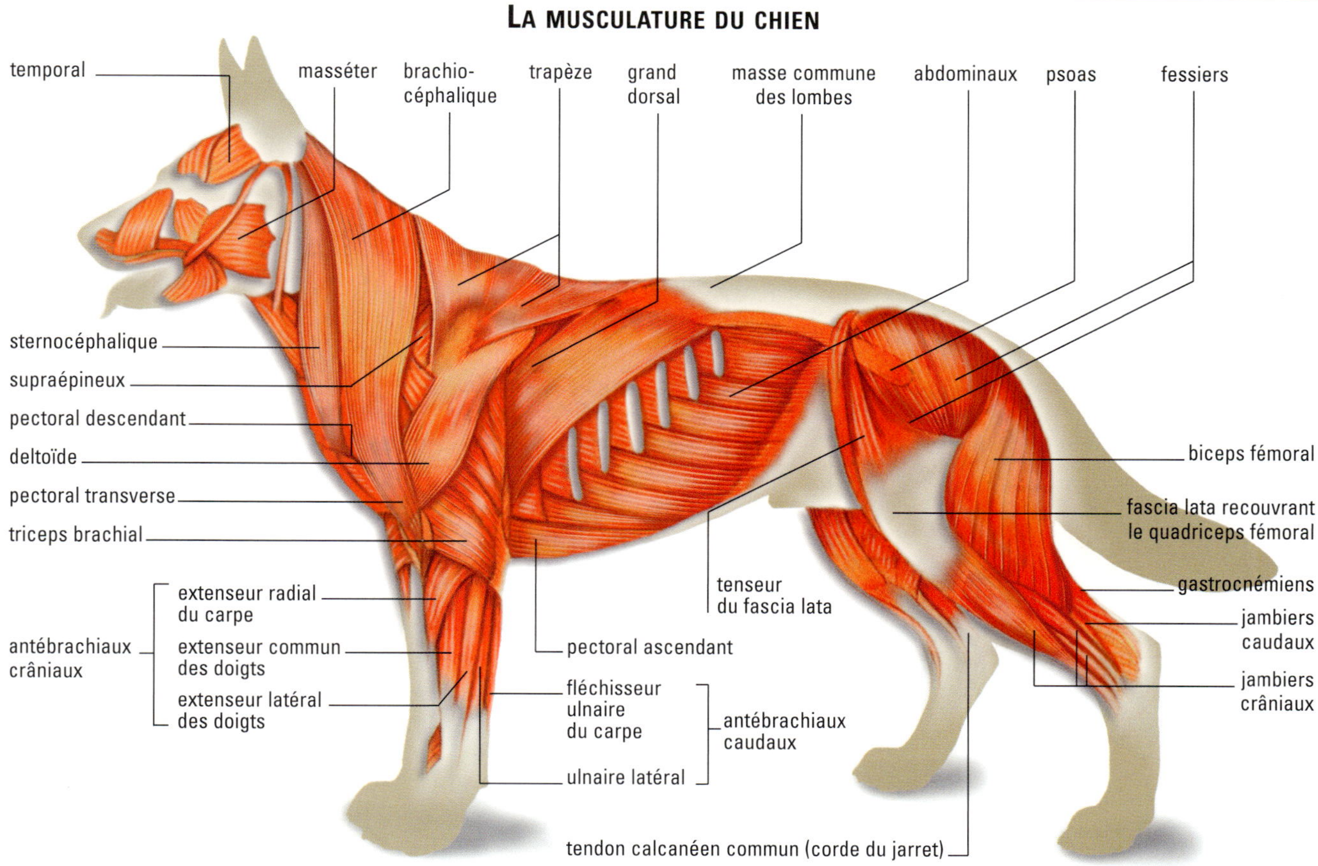

– muscles fléchisseurs de la main : antébrachiaux caudaux ;
– muscles extenseurs de la cuisse : fessiers ;
– muscle extenseur de la jambe : quadriceps fémoral ;
– muscles fléchisseurs de la jambe : ischiotibiaux, dont le plus important est le biceps fémoral, gastrocnémiens ;
– muscles fléchisseurs du pied et extenseurs des doigts : tibiaux craniaux ;
– muscles extenseurs du pied et fléchisseurs des doigts : tibiaux caudaux.

LE SAUT

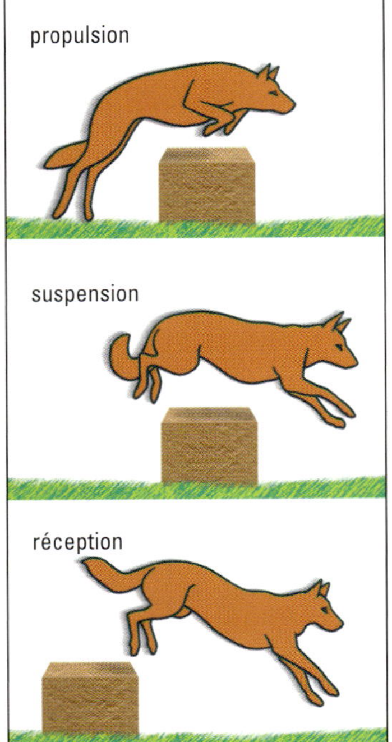

Les allures

Le chien, grâce à l'ensemble de l'appareil locomoteur, s'anime selon trois allures : le pas, allure la plus lente, où il conserve en permanence trois appuis au sol ; le trot, allure classique chez le chien de chasse et le gardien de troupeau ; le galop, allure la plus rapide.
Chacune de ces allures peut être décomposée et analysée en termes de mécanique musculaire dont la séquence élémentaire, pour un membre, est toujours la même quelle que soit l'allure. Le chien peut à tout instant alterner sauts, virages, galop, trot, etc., sans faiblir. Le chien saute en hauteur, en longueur et sur place très facilement. Il n'est pas aussi bon sauteur que le chat, en partie parce qu'il ne peut commander ses griffes ou tordre ses pattes. Dans l'eau, il se déplace naturellement, en faisant les mouvements du trot.

Le galop

Si l'on décompose le galop, on distingue tout d'abord la phase de suspension, durant laquelle aucun membre ne touche le sol, puis la phase de sustentation, durant laquelle le membre antérieur soutient le corps et prolonge l'élan, enfin la phase de propulsion, durant laquelle le membre postérieur donne l'impulsion dynamique. Si l'on analyse de plus près chacune de ces phases, on observe que, durant la phase de suspension, le membre antérieur se prépare à la réception. Le membre est engagé globalement vers l'avant, afin de chercher l'appui le plus loin possible. Durant la sustentation, le membre antérieur, tout d'abord, amortit l'appui puis prolonge l'élan par contraction du triceps brachial et des antébrachiaux caudaux. Parallèlement à ce dernier stade, le train arrière s'engage sous le corps, le membre s'étend afin d'allonger la foulée. La phase de propulsion voit les muscles les plus puissants de l'organisme entrer en action : fessiers et quadriceps fémoral. L'extension globale et violente du membre s'accompagne d'une extension de la colonne vertébrale, qui accentue l'impulsion.

Trot et pas

Le trot se différencie du galop par le fait que le chien n'est jamais en suspension, moment durant lequel les quatre membres sont au-dessus du sol. C'est une succession de phases de sustentation et de suspension. Le pas se décompose en deux phases symétriques, le déplacement du diagonal gauche suivi du déplacement du diagonal droit.

LES ALLURES

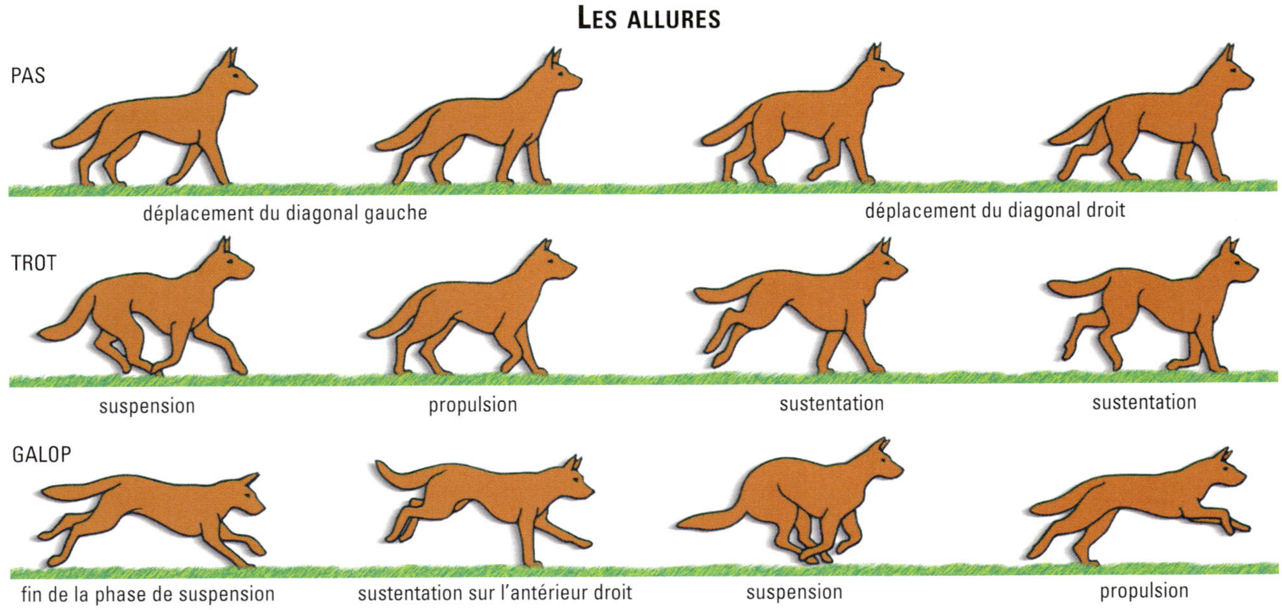

Organes et appareils

Comme tous les mammifères, le chien présente une organisation générale de ses organes comparable à celle de l'homme. Néanmoins, certains détails lui sont spécifiques. Ces particularités sont souvent importantes à connaître pour mieux comprendre sa vie quotidienne et ses besoins.

L'appareil digestif

Le tube digestif est un vaste conduit qui, tout au long de son parcours, modifie et assimile certains constituants du bol alimentaire. Son anatomie dépend étroitement du régime alimentaire. Chez le chien, il présente toutes les particularités spécifiques aux carnivores : faible longueur et glandes annexes (foie, pancréas) développées. Les deux glandes anales, situées ventralement et latéralement par rapport à l'anus, n'ont aucun rôle dans la digestion mais permettent aux chiens de se reconnaître entre eux par leur sécrétion très forte. Ces glandes, qui s'engorgent souvent, peuvent fréquemment évoluer en abcès.

L'œsophage et l'estomac

Prenant naissance à la bouche, le tube digestif se prolonge par l'œsophage, qui transporte, sans les transformer, les aliments jusqu'à l'estomac. La jonction, située juste en arrière du diaphragme, entre œsophage et estomac, s'appelle le « cardia ». L'estomac, volumineux chez le chien, sécrète une grande quantité de suc gastrique. Sa position et sa taille varient en fonction des quantités d'aliments ingérées par le chien. Néanmoins, son extrémité terminale, le pylore, est fixe dans le creux du flanc droit. L'estomac distendu par un repas, « pendu » entre ses deux extrémités fixes, peut parfois, surtout chez les grandes races lors de mouvements violents, basculer, se tordre et ainsi bloquer la digestion et le transit. Cet enchaînement constitue un des motifs de consultation d'urgence les plus fréquents et les plus graves.

L'intestin grêle et le gros intestin

Au pylore fait suite l'intestin grêle. Celui-ci est divisé en trois segments d'inégale longueur mais de diamètre constant (2 cm environ) : tout d'abord le duodénum, segment court (60 cm) en forme de U dont une des branches se situe dans le creux du flanc droit ; puis le jéjunum, segment le plus long (4 m chez un chien de taille moyenne) occupant l'espace libre laissé dans l'abdomen par les autres organes ; enfin, l'iléon, segment court (20 cm), assurant la liaison avec le gros intestin. L'intestin grêle a le rôle le plus important dans la digestion : non seulement il absorbe la plupart des nutriments, mais il contribue aussi par ses sécrétions à la régulation du transit. Le duodénum est le seg-

Les organes du chien (vue droite)

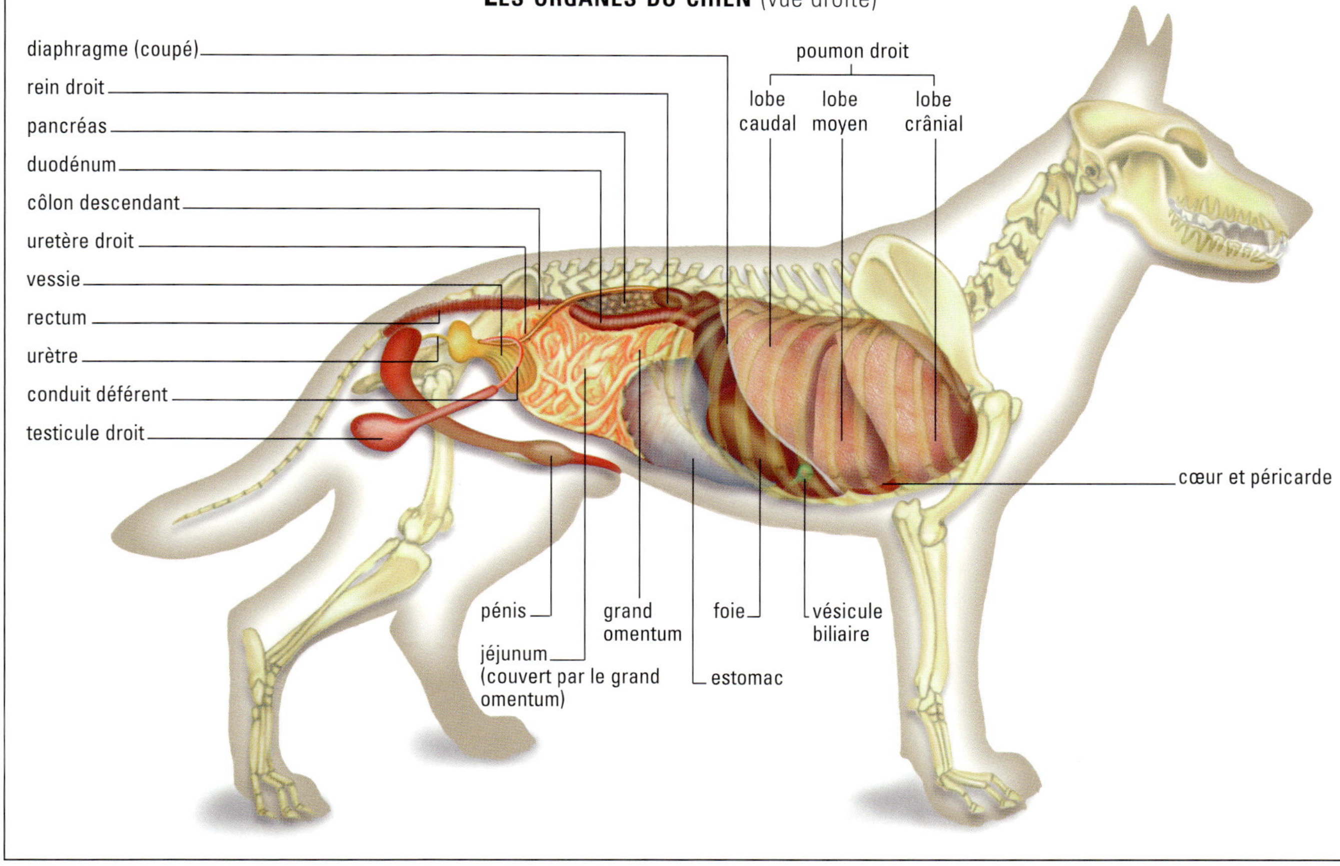

ment le plus complexe ; il reçoit les canaux cholédoque (bile) et pancréatique, et c'est également lui qui régule les contractions de l'estomac. Le gros intestin, long d'environ 60 cm sur 3 à 4 cm de diamètre, se divise lui aussi en trois segments : le côlon ascendant, le côlon transverse et le côlon descendant, qui gagne le bassin et prend le nom de « rectum » avant de s'aboucher à l'extérieur par l'anus. L'ensemble de l'intestin est soutenu à la voûte sous-lombaire par des lames conjonctivo-fibreuses plus ou moins tendues selon les segments. Ainsi duodénum et côlon transverse sont fixes, alors que jéjunum et côlon descendant sont plus mobiles. La durée du transit intestinal est d'environ 24 à 36 heures, mais elle dépend beaucoup du régime alimentaire. Le chien – comme l'homme – ne digérant pas la cellulose, des rations qui en contiennent beaucoup réduisent la durée du transit.

Le foie et le pancréas

Chez le chien, les glandes dites « annexes » sont très volumineuses car elles sécrètent en quantité des sucs indispensables à la digestion des protéines et des lipides, dont est riche l'alimentation d'un carnivore. Le foie est entièrement contenu dans la coupole concave que forme le diaphragme ; il ne peut que très difficilement être palpé car il est caché par les côtes. Pourtant, volumineux, il s'étend jusque sur le côté gauche. Le pancréas est, lui, collé à droite sous la voûte lombaire dans l'anse du duodénum.

L'appareil cardiorespiratoire

L'appareil cardiorespiratoire est, comme chez tous les mammifères, constitué du cœur et des deux poumons. Les cavités droites du cœur (oreillette et ventricule) reçoivent le sang de l'ensemble du corps et alimentent les poumons en sang riche en gaz carbonique, alors que les cavités gauches collectent un sang riche en oxygène provenant des poumons, qu'elles redistribuent à l'ensemble de l'organisme. Les deux poumons, constitués chacun de plusieurs lobes, occupent la plus grande partie du thorax sans toutefois se projeter sur l'ensemble de la paroi thoracique. Le cœur occupe une position médiane dans la cage thoracique, entre la troisième et la sixième côte. Il est légèrement pivoté sur lui-même ; ainsi, oreillette et ventricule droits sont plutôt en avant, alors que

LES ORGANES DE LA CHIENNE (vue de gauche)

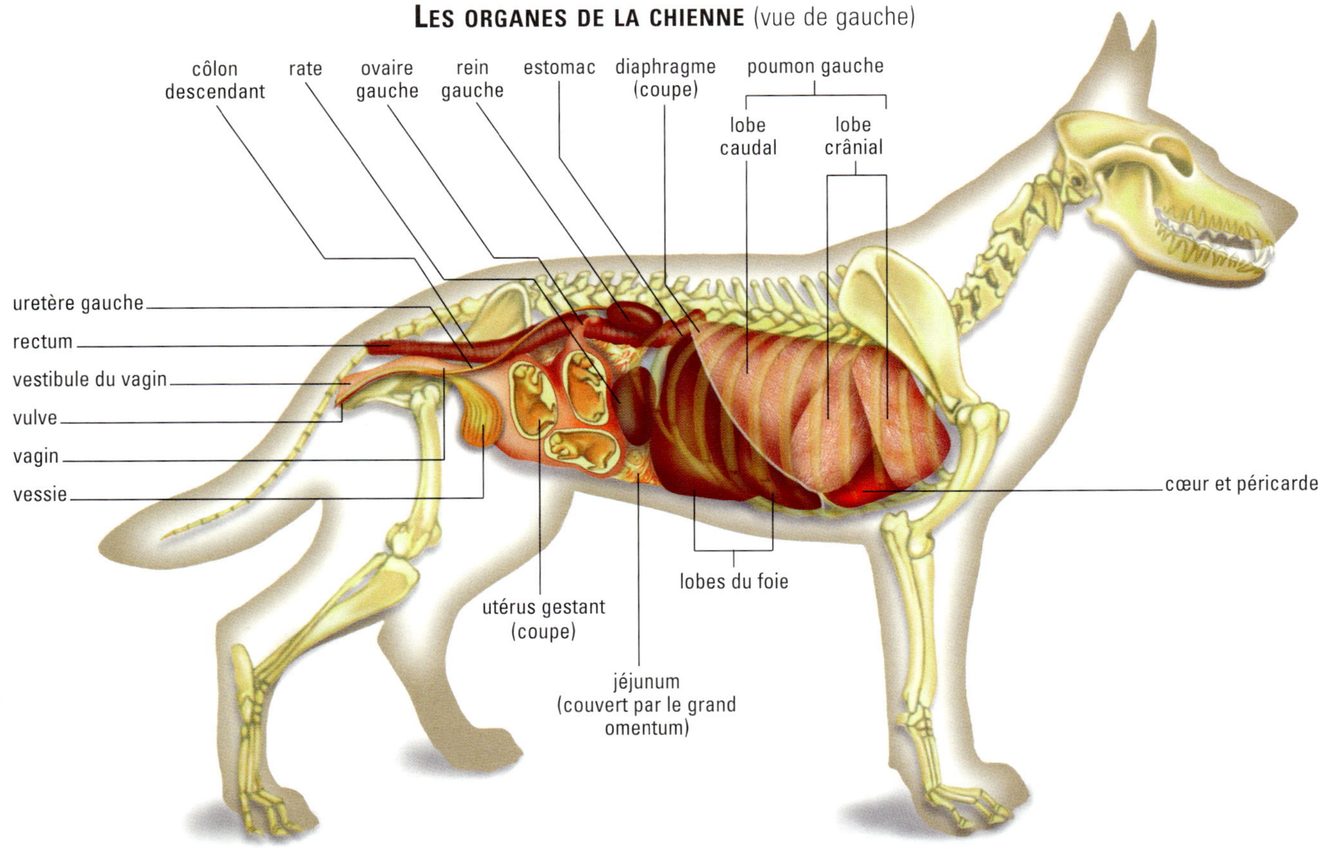

oreillette et ventricule gauches sont plutôt en arrière. Le ventricule gauche possède une paroi beaucoup plus épaisse que le droit. Des valvules séparent oreillettes et ventricules; parmi elles, la valvule mitrale (séparant les cavités gauches) se révèle la plus fragile et déclenche fréquemment des insuffisances cardiaques chez le chien âgé.
La fréquence moyenne des battements du cœur est de 90 pulsations à la minute, mais elle peut atteindre plus de 200 lors d'efforts importants. Ces fréquences dépendent beaucoup de l'âge, de l'état d'embonpoint et de l'entraînement de l'animal. La fréquence respiratoire, au repos, est comprise entre 15 et 20 inspirations par minute, mais peut dépasser les 100 lorsque le chien halète. Le halètement survient lorsque la température corporelle de l'animal augmente; il provoque l'évaporation de la salive de la bouche, ce qui rafraîchit le chien. La fréquence respiratoire est facilement mesurable grâce au mouvement alternatif de la cage thoracique. La fréquence cardiaque peut se prendre soit en palpant la partie ventrale de la paroi thoracique, soit en palpant le pouls à la face interne de la cuisse, lieu de passage de l'artère fémorale.

Le système olfactif

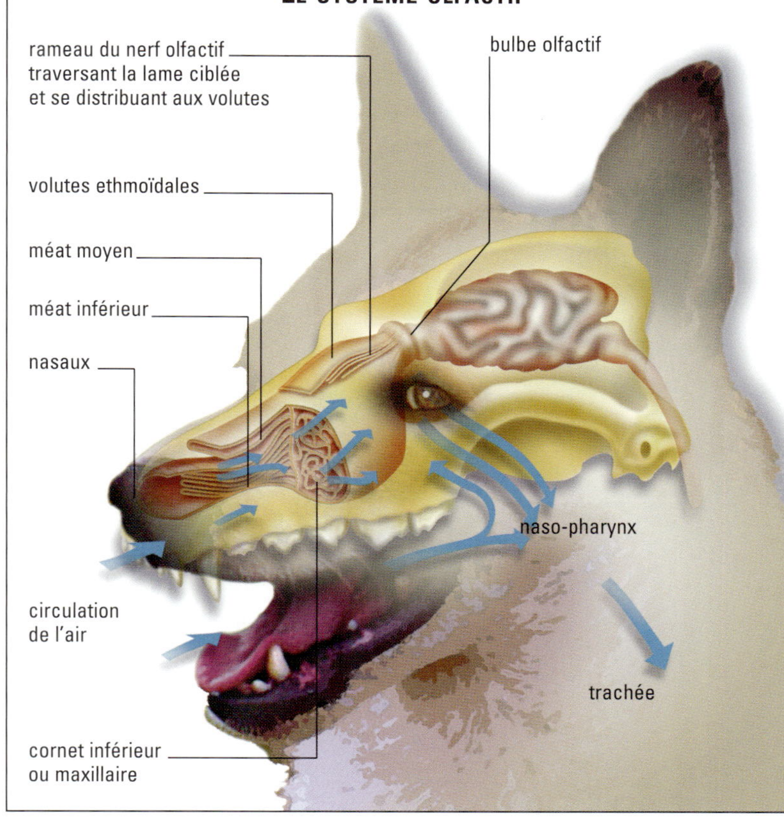

L'appareil urogénital

Les reins et la vessie

Les reins, organes excréteurs, se situent sous les lombes, dans la cavité abdominale. Le rein gauche est un peu plus en arrière que le rein droit et il est décollé de la voûte sous-lombaire. Sécrétant l'urine par filtration du sang, le rein assure le maintien des constantes physiologiques (urée, sels minéraux, eau, etc.). Son dysfonctionnement est fréquent chez le chien âgé.
L'urine est collectée, tout d'abord, dans le bassinet du rein, puis acheminée à la vessie par l'uretère. La vessie, chez le chien, peut se distendre considérablement, ce qui permet théoriquement au chien d'uriner rarement. L'urine est enfin évacuée par l'urètre, segment long et commun au sperme chez le mâle, court et indépendant chez la femelle.

Les organes génitaux chez le mâle

Les testicules sont en position périnéale basse. Ils fonctionnent en permanence après la puberté. Les spermatozoïdes qu'ils sécrètent sont collectés dans l'épididyme, long tube contourné accolé au testicule, puis expulsés dans le canal déférent lors de l'accouplement. Le canal déférent conduit le sperme jusque dans le bassin, au niveau du col vésical, où se trouve la prostate, glande bilobée volumineuse. Située sur le plancher du bassin, elle entoure l'urètre et s'hypertrophie souvent avec l'âge. La prostate apporte une sécrétion abondante à l'éjaculat lors du coït. L'urètre comprend chez le mâle deux parties, une partie courte – dite « membranacée » – dans le bassin et une plus longue – dite « spongieuse » – dans le pénis. Le pénis est formé d'un corps caverneux reposant sur un os, l'os pénien, en forme de gouttière renversée, qui abrite l'urètre. Le pénis se termine par le gland, très allongé, à l'extrémité duquel s'abouche l'urètre. Seul le gland possède des capacités érectiles importantes; celui-ci maintient fortement le pénis dans le vagin durant tout le temps de l'érection.

Les organes génitaux chez la femelle

La femelle possède deux ovaires situés chacun à proximité des reins, enfermés dans une bourse graisseuse et maintenus en place par un puissant ligament.
Chaque ovaire libère environ cinq ovules lors de la période d'ovulation, c'est-à-dire deux fois par an, normalement entre le neuvième et le treizième jour après le début de pertes sanguines. Ces

ovules gagnent la trompe utérine, où ils sont éventuellement fécondés, puis l'utérus. L'utérus de la chienne est constitué de deux longues cornes et d'un corps très court. Les cornes utérines (1 à 2 cm de diamètre en moyenne au repos) partent de la région sous-lombaire et gagnent l'entrée du bassin. Lors de la gestation, leur calibre est quintuplé; elles occupent alors la majeure partie de la cavité abdominale. Après les deux mois de gestation, elles involuent très vite pour retrouver leur position initiale. L'utérus se termine par un col utérin qui assure la jonction avec le vagin. Le vagin et son vestibule forment un coude qui rend l'inspection du col difficile par les voies naturelles. Le vestibule se termine par la vulve qui se trouve, en raison du coude vaginal, décalée ventralement par rapport au plancher du bassin.
La chienne allaite ses chiots grâce à cinq paires de mamelles s'étendant de la région pectorale à la région inguinale. La production de lait se déclenche à la naissance des chiots, mais elle peut quelquefois avoir lieu environ deux mois après les chaleurs sans qu'il y ait eu gestation : on parle alors de « lactation de grossesse nerveuse » ou de « pseudo-gestation ». Ces affections sont bénignes mais peuvent se produire souvent.

L'AUDITION

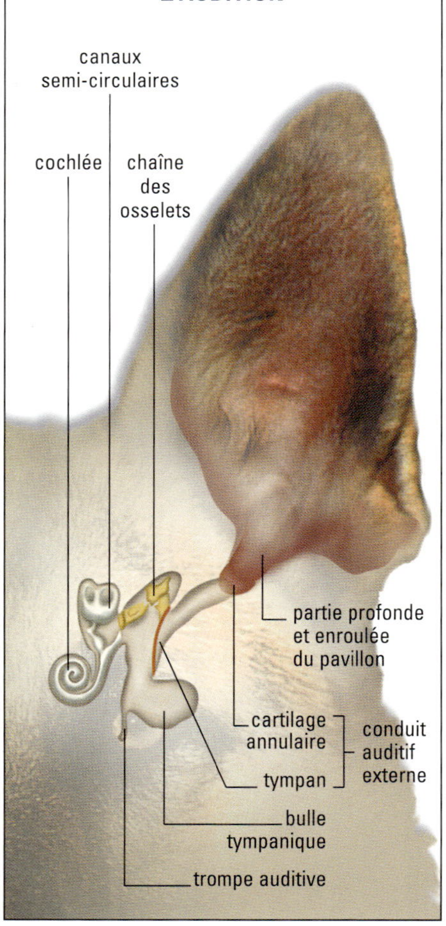

LA VUE

Les organes des sens

Parmi toutes les aptitudes physiques du chien, les facultés sensorielles ont de tout temps fasciné l'homme.

L'odorat

L'odorat est le sens le plus puissant. Reposant sur plus de 200 millions de cellules olfactives (l'homme n'en possède que 5 millions) recouvrant une surface considérable formée par les cornets nasaux et les sinus frontaux, l'odorat du chien reconnaît des milliers de nuances différentes là où l'homme ne sent rien. De plus, le halètement provoque des mouvements alternatifs de l'air et des substances odoriférantes dans les cavités nasales et augmente ainsi la puissance olfactive (voir illustration p. 335). Les chiens de chasse, de piste, d'avalanche, d'explosif, de drogue, les chercheurs de truffe sont couramment exploités par l'homme pour ce sens.

L'ouïe

L'ouïe est également un sens développé. Grâce entre autres à la taille et à la mobilité du pavillon de l'oreille, grâce au volume de la bulle tympanique, le chien perçoit mieux les sons que l'homme et particulièrement les ultrasons. Ceci explique que l'on utilise des sifflets à ultrasons (entre 20 000 et 35 000 hertz) qui permettent d'alerter le chien sans faire aucun bruit. Il est à noter que le conduit auditif externe forme un coude dont seule la partie verticale est facilement accessible lors d'un nettoyage manuel. Le tympan se trouve ainsi protégé au fond du tronçon horizontal mais soumis à une éventuelle accumulation de cérumen.

La vision

La vision du chien est, selon les dires, moins bonne que celle de l'homme ; en fait, il voit différemment. La rétine étant moins riche en cellules en cônes, il perçoit effectivement moins bien les couleurs ; mais, plus riche en cellules en bâtonnets, elle lui donne un net avantage dans la vision crépusculaire. Par ailleurs, la position plus latérale de ses yeux diminue sa vision stéréoscopique (responsable de la perception du relief), mais augmente son champ visuel (250° contre 160° chez l'homme).

7

CHAPITRE

Soigner son chien

Les signes qui alarment

Avoir une vue générale des maladies qui peuvent affecter votre animal s'avère souvent utile. Mais il est encore plus important d'apprendre à réagir à temps devant l'apparition de symptômes.

Les signes généraux

Abattement, fatigue

Une fatigue ordinaire survenant à la suite d'une journée de chasse, de sport ou de jeu peut causer un abattement temporaire. Un somme réparateur en vient alors rapidement à bout. Cependant, si la fatigue semble permanente ou fréquente, même après un effort peu important, elle est plus alarmante. Elle peut, en effet, être due à une affection cardiaque chronique, comme l'insuffisance mitrale du chien âgé, ou encore à une anémie, à une infection microbienne ou parasitaire comme la piroplasmose.

• **Symptômes.** L'abattement se caractérise par un changement radical dans l'attitude du chien : il est prostré, réagit peu ou plus du tout aux stimulations visuelles, sonores ou olfactives habituelles ; il semble dormir en permanence, se lève parfois pour faire quelques pas vers un autre endroit, où il se recouche, épuisé.

• **Soins.** Si votre animal vous semble abattu, prenez sa température rectale, qui devrait se situer entre 38 °C et 39 °C. La fièvre est en effet une cause fréquente d'abattement. Si cet état de faiblesse se prolonge au-delà de vingt-quatre heures, conduisez votre chien chez le vétérinaire, qui effectuera un examen clinique et un éventuel bilan.

Amaigrissement

L'amaigrissement se traduit par une diminution du poids due à la fonte de la graisse corporelle. Il est souvent associé à une perte d'appétit et peut être le signe de nombreux dérèglements. Hormis un manque d'appétit, les causes de l'amaigrissement peuvent être une quantité insuffisante de nourriture ou des problèmes digestifs : défaut d'absorption à cause de parasites, infiltration de la paroi digestive d'origine inflammatoire ou bien tumorale, maldigestion due à une insuffisance pancréatique. L'amaigrissement peut enfin être l'un des symptômes d'une maladie métabolique (hyperthyroïdie, diabète) ou, dans les cas les plus graves, d'un processus cancéreux.

• **Soins.** Lors d'un amaigrissement, il faut avant tout faire établir par le vétérinaire un bilan complet de l'état de santé du chien.

Chien amaigri
L'amaigrissement est parfois passager, par exemple pendant la saison de chasse ; s'il persiste, il peut être le signe d'un dérèglement digestif ou d'une maladie métabolique.

Anémie

L'anémie se définit comme une diminution du taux d'hémoglobine – pigment transporteur de l'oxygène dans les globules rouges – dans le sang. Les causes éventuelles sont nombreuses : défaut de formation des globules rouges dans la moelle osseuse, manque de fer, carence en vitamine B 12, affections hépatique ou rénale chroniques, maladies parasitaires (piroplasmose, rickettsiose). Des saignements aigus ou chroniques peuvent aussi être responsables d'une anémie.

• **Symptômes.** Une anémie se manifeste par une pâleur des muqueuses buccale, oculaire et génitale, associée à des signes généraux : essoufflement, fatigue, accélération du rythme cardiaque.
Soins. Le traitement de l'anémie sera prescrit par le vétérinaire en connaissance de la cause initiale, diagnostiquée à la suite d'examens complémentaires (prise de sang, par exemple).

Ictère ou jaunisse

Un ictère, également appelé « jaunisse », est une coloration jaune des tissus et des muqueuses. Il est causé par une dégradation anormale de l'hémoglobine – pigment transporteur de l'oxygène dans les globules rouges. Les causes d'une jaunisse peuvent être multiples : maladies infectieuses (piroplasmose, leptospirose), hépatites, masses comprimant la vésicule biliaire.

• **Symptômes.** Le chien ictérique a la peau, les muqueuses buccale, oculaire et génitale colorées en jaune. Suivant l'origine de l'affection, la couleur varie du jaune pâle au jaune franc. Les urines peuvent être colorées en brun, les selles foncées.

• **Soins.** Un ictère est un signe grave nécessitant une visite urgente chez le vétérinaire, qui fera des analyses pour en déterminer l'origine et envisager un traitement.

Obésité

L'obésité frappe de nombreux chiens, souvent des animaux âgés, des chiennes stérilisées, des chiens trop sédentaires ou gavés de sucreries.

• **Soins.** Il est indispensable de mettre le chien obèse au régime, en suivant les recommandations du vétérinaire.

Perte d'appétit

On parle d'anorexie lors d'une diminution ou d'une perte complète de l'appétit. Elle peut être psychologique chez un animal contrarié par un traumatisme affectif (déménagement, perte du maître). Elle peut être causée par une affection buccale (gingivite, stomatite), pharyngienne, aérophagienne ou intestinale (occlusion due à un corps étranger). La fièvre et les maladies infectieuses peuvent aussi couper l'appétit. L'anorexie, peut encore être chronique, liée à un amaigrissement important lors d'affections hépatique, rénale ou cancéreuse.

• **Soins.** On doit tenter d'observer d'éventuels autres signes anormaux (vomissements, douleur abdominale, fièvre) afin de guider le vétérinaire dans son diagnostic.

Polydipsie

C'est l'assouvissement du désir de boire. La polydipsie existe dans les diabètes, les néphrites, les irritations stomacales, les déshydratations. On connaît aussi une polydipsie d'origine psychique : la potomanie.

• **Symptômes.** Le désir de boire est plus ou moins important en fonction des causes qui le provoquent. Un chien peut boire des litres d'eau lors d'un diabète insipide (il va même jusqu'à boire son urine) ; il aura simplement une soif plus marquée que la normale dans une gastrite.

• **Soins.** Il est nécessaire d'établir un diagnostic de manière précise par des analyses de sang et d'urine pour soigner la maladie qui est à l'origine de ce trouble.

Polyphagie

La polyphagie est une augmentation de la prise de nourriture et peut conduire à l'obésité.

• **Symptômes.** Le chien se jette sur son repas et semble constamment affamé. Associée à une augmentation de la prise de boisson et de la quantité d'urine émise, la polyphagie peut être un signe révélateur du diabète sucré (qui devra être confirmé par prise de sang).

Chien obèse
L'obésité peut mettre en danger la santé du chien ; un régime s'impose.

• **Soins.** Comme lors d'une anorexie, il est souhaitable de noter tous les signes anormaux pour aider le vétérinaire dans son diagnostic et dans la mise en œuvre du traitement.

Les signes respiratoires

Écoulement nasal, éternuement

Un écoulement nasal discret, peu abondant et transparent, peut être dû à une variation de température, d'humidité, ou à une irritation passagère. En revanche, un écoulement persistant depuis plusieurs jours est anormal. Il peut concerner une narine ou les deux, être séreux ou, au contraire, purulent, verdâtre. Les causes possibles sont une inflammation chronique, une affection parasitaire mycosique (aspergillose) ou, plus grave, une tumeur des sinus. L'écoulement est alors souvent teinté de sang. Des éternuements sont fréquemment associés à l'écoulement nasal, consécutif à l'irritation des cavités nasales.

• **Soins.** Il faut procéder à une radiographie pour visualiser les cavités nasales et à une biopsie pour identifier la lésion.

Essoufflement

Hormis l'essoufflement dû à un effort, qui cesse après un repos, et celui lié à une température élevée, l'essoufflement traduit une affection respiratoire ou cardiaque.

• **Symptômes.** L'essoufflement s'accompagne d'une augmentation de la fréquence respiratoire et d'une difficulté à respirer. Le chien est assis, les membres antérieurs écartés, la gueule ouverte, les mouvements de son thorax semblent amplifiés. Ses muqueuses sont parfois violacées. Il s'agit d'un symptôme grave qui peut être dû à un œdème pulmonaire, à la présence de liquide dans les plèvres, à une hernie diaphragmatique (passage d'organes abdominaux dans le thorax par un trou du diaphragme, consécutif à un accident, par exemple).

• **Soins.** Toujours grave, l'essoufflement nécessite une consultation rapide sinon urgente chez le vétérinaire, qui mettra en œuvre des soins appropriés puis procédera à des examens (radiographie) pour déterminer les causes exactes.

Toux

La toux est un signe qui traduit une irritation de la trachée ou des bronches.

• **Symptômes.** Il existe diverses formes de toux. Celle-ci se manifeste souvent en quintes, mais elle peut aussi être sèche ou grasse ; elle s'accompagne parfois d'expectorations. Elle est aiguë dans le cas de bronchite aiguë d'origine infectieuse, ou chronique ; elle évolue alors depuis plusieurs semaines, voire plusieurs mois. Chez un animal jeune, de petite taille (Yorkshire, Caniche), la toux peut être due à une anomalie de la trachée : le collapsus trachéal. Cette affection est aussi fréquente chez le chien âgé, chez qui elle peut avoir une origine cardiaque (insuffisance mitrale) ou pulmonaire (bronchite chronique).

• **Soins.** Les toux aiguës font l'objet de traitements anti-infectieux et anti-inflammatoires. Il est tout à fait possible d'utiliser les sirops ou les comprimés contre la toux à usage humain, que l'on trouve en pharmacie. Il suffit simplement d'adapter les doses. Chez le jeune chien, la toux doit être soignée très rapidement (toux de chenil). Une radiographie du thorax permet de déterminer l'origine d'une toux chronique et d'en envisager le traitement.

Détartrage
Un détartrage régulier et l'application d'un antiseptique local permettent de limiter le désagrément d'une mauvaise haleine.

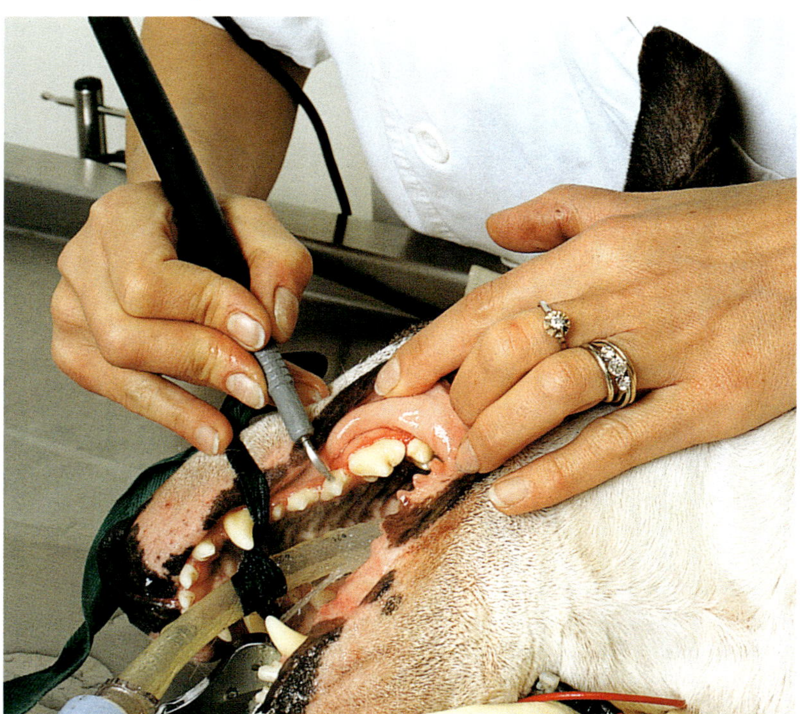

Les signes digestifs

Diarrhée

La diarrhée traduit une inflammation de l'intestin.

• **Symptômes.** Les selles peuvent être très liquides, non moulées, avec présence d'aliments non digérés, ou, au contraire, molles, en tas, entourées de glaires. La fréquence des défécations peut être très augmentée (plusieurs fois par jour) ainsi que le volume des selles émises. Il faut également noter la présence éventuelle de sang frais (rouge vif) ou digéré (noir) et chercher à savoir s'il y a d'autres symptômes associés : vomissements, douleur abdominale, abattement. Toutes ces indications permettront au vétérinaire de localiser l'origine de la diarrhée à l'intestin grêle ou au gros intestin.

• **Soins.** Si votre chien présente une diarrhée, laissez-le à la diète vingt-quatre heures puis réalimentez-le progressivement par petits repas à base de riz très cuit et de viande blanche. Si la diarrhée est irrépressible et que l'animal est très abattu, conduisez-le chez le vétérinaire, qui lui donnera un traitement approprié.

Mauvaise haleine

L'haleine peut devenir franchement désagréable dans certaines circonstances, notamment en présence de tartre, parfois associé à une pyorrhée (affection purulente des gencives). Les maladies métaboliques comme l'urémie, en cas d'insuffisance rénale, peuvent aussi être à l'origine d'une mauvaise haleine.

• **Soins.** On a recours à des antibiotiques et à des antiseptiques locaux ainsi qu'à un détartrage régulier pour limiter cet inconvénient. Il existe actuellement dans le commerce de nombreux produits d'hygiène dentaire. Il s'agit de dentifrices ou de liquides à pulvériser sur les mâchoires.

Vomissements

Le chien, carnivore, est sujet aux vomissements. Le rejet du contenu de son estomac peut se produire sans aucune affection grave, suite à une simple ingestion trop rapide de la pâtée. Des vomissements aigus et fréquents sont en revanche alarmants.

• **Symptômes.** Il est nécessaire de déterminer si les vomissements sont ou non liés au repas (à savoir s'ils surviennent à intervalle fixe après la prise d'eau ou d'aliments), s'ils sont bilieux, ou s'ils sont associés à d'autres symptômes (diarrhée, douleur abdominale, abattement, diminution de l'appétit). Les vomissements liés aux repas sont souvent d'origine digestive (estomac ou intestin). S'ils sont indépendants des repas, leur cause est plutôt extradigestive. L'observation d'autres symptômes et une prise de sang permettront de déterminer si la cause est rénale, hépatique ou infectieuse. Si votre chien tente de vomir sans résultat et de manière pénible, et si vous constatez que son abdomen commence à gonfler, allez très vite chez le vétérinaire : il s'agit sûrement d'une torsion d'estomac, mortelle en quelques heures. Cette affection atteint surtout les chiens de grande taille.

• **Soins.** En cas de vomissements, quelles qu'en soient la nature et l'intensité, laissez votre animal vingt-quatre heures à la diète. Donnez-lui de l'eau à volonté. Le vétérinaire traitera ensuite les vomissements et leur cause en cas de récidive. Votre chien peut aussi vomir en voiture, trouble fréquent chez les chiots. Un antivomitif administré une heure avant le départ d'un long voyage évitera le problème.

Les signes urinaires

L'observation des urines et de leur émission (miction) donne de précieux renseignements pour diagnostiquer les affections du trajet urinaire (reins, uretères, vessie, urètre), mais aussi d'autres maladies générales.

• **Symptômes.** L'urine normale du chien est jaune clair, limpide ; son odeur est peu prononcée. En cas d'infection urinaire, elle peut être trouble, voire teintée de sang. On doit alors remarquer à quel moment de la miction le sang apparaît (au début, à la fin ou tout au long). Du sang en début de miction peut être, chez le mâle, signe d'infection de la prostate. Des urines orange foncé révèlent un ictère ; si elles sont marc-de-café, c'est le signe d'une piroplasmose.

La façon dont le chien urine fournit d'intéressants renseignements. La miction est douloureuse en cas de cystite ou d'urétrite : l'animal se met souvent en position et n'urine que quelques gouttes.

• **Soins.** Toute anomalie de l'urine ou de la miction doit attirer l'attention du propriétaire. Une totale impossibilité à uriner est un signe grave et nécessite une consultation urgente chez le vétérinaire, la rétention d'urine dans la vessie pouvant causer une insuffisance rénale.

Les soins du vétérinaire

Choisir son vétérinaire. Si vous devez consulter un vétérinaire, à moins d'une véritable urgence, n'arrivez pas à l'improviste ! Prenez des renseignements sur les heures de consultations, demandez s'il reçoit sur rendez-vous, s'il fait des visites à domicile.

En salle d'attente. À votre arrivée dans la salle d'attente, prévoyez toujours de tenir votre chien en laisse et de lui mettre une muselière s'il risque de se montrer agressif envers les autres animaux ou envers les gens. Continuez de tenir votre chien en laisse dans la salle de consultation.

Le dossier. Si vous venez pour la première fois, le vétérinaire ouvrira un dossier sur lequel il inscrira vos coordonnées et des renseignements concernant votre animal : race, âge, série, numéro de tatouage, vaccinations, maladies et interventions chirurgicales antérieures.

Pendant l'examen. Placez ensuite votre chien sur la table de consultation et prévenez rapidement s'il risque d'être agressif. Dans ce cas, et s'il ne porte pas de muselière, il sera préférable de lui mettre un lien autour du museau afin d'éviter tout accident.
Pendant l'examen, restez près de votre chien, maintenez-le au collier, rassurez-le avec des caresses ou des paroles.

Les signes génitaux

Chez la femelle

• **Symptômes.** Tout écoulement vulvaire chez la chienne est anormal (hormis quelques gouttes de sang au moment des chaleurs) : ainsi, la présence à la vulve de pus que la chienne lèche sans cesse, généralement deux mois après les chaleurs, signale une infection urinaire : le pyomètre. D'autres symptômes peuvent y être associés : abattement, soif intense et grande quantité d'urine émise. Il faut tout particulièrement surveiller les chiennes ayant subi des injections contraceptives ou un avortement médicamenteux. De même, des pertes de sang en dehors des périodes de chaleurs peuvent être le signe d'une tumeur ovarienne, utérine ou vaginale.

• **Soins.** Tous ces signes sont alarmants et nécessitent une consultation de toute urgence chez le vétérinaire, faute de quoi on risque la septicémie ou l'insuffisance rénale. La présence de lait et les mamelles gonflées chez la chienne non gestante sont aussi anormales ; elles signalent une lactation nerveuse.

Chez le mâle

Les mâles ont parfois quelques écoulements de liquide trouble (semblable à du pus) au niveau de la verge.

• **Soins.** On aura recours à un antiseptique approprié en traitement local pour résoudre en quelques jours ce problème bénin. Il est important de surveiller la taille et la morphologie des testicules, surtout chez le chien vieillissant. Un testicule commençant à grossir est anormal et il faut consulter le vétérinaire : il peut s'agir d'une tumeur qui devra être retirée chirurgicalement.

Les signes nerveux

Les signes traduisant une atteinte du système nerveux sont nombreux et variables en fonction de l'affection.

• **Symptômes.** Un chien habituellement calme qui s'énerve soudainement, s'agite, va et vient sans raison, peut simplement traduire une inquiétude, une envie de sortir, une excitation sexuelle. Mais si le chien devient agressif, ne reconnaît plus ses maîtres, se cogne, tourne en rond ou reste prostré dans un coin, tête contre le mur, il peut s'agir d'une compression cérébrale par une tumeur, un œdème ou une hémorragie. Des convulsions peuvent également se produire dans ce cas, mais elles sont aussi symptômes d'épilepsie, d'intoxication, de crise d'hypoglycémie, de méningite ou d'encéphalite.

Malamute se grattant
Les piqûres de puces sont souvent la cause de démangeaisons.

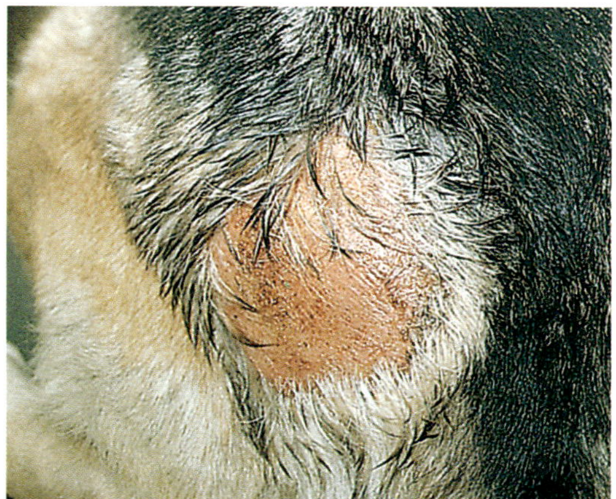

Eczéma suintant
Certaines races très sensibles aux puces, comme le Berger allemand, peuvent développer un eczéma suintant.

• **Soins.** Si votre chien souffre soudainement de convulsions, laissez-le dans le noir et le calme absolu jusqu'à la fin de la crise, qui ne devrait pas excéder quelques minutes. En cas de récidive, ou si l'animal ne récupère pas complètement, voire présente d'autres symptômes, voyez un vétérinaire. S'il y a perte totale de conscience, l'animal étant flasque, il peut s'agir d'une syncope cardiaque ou d'un coma insulinique chez un chien diabétique traité à l'insuline ; l'animal doit immédiatement être conduit chez le vétérinaire. Une paralysie brutale constitue également une urgence. Elle peut faire suite à un traumatisme (accident de voierie), à une hernie ou à une hémorragie.

Les signes locomoteurs

Boiterie

Une boiterie peut être la manifestation d'une douleur intense (fracture, entorse), d'une ankylose (à la suite d'une fracture ancienne), ou d'une affection articulaire.

• **Symptômes.** Il arrive qu'un chien garde une patte pliée à la suite d'un faux mouvement. Il peut s'agir d'une rupture d'un ligament croisé du genou. Certaines petites races restent parfois avec une patte arrière levée par intermittence, ce qui peut provenir d'une luxation de la rotule, qu'il faut alors faire diagnostiquer par le vétérinaire. Dans certains cas, l'animal ne boite pas toujours du même membre : il peut s'agir là d'une polyarthrite, affection inflammatoire douloureuse touchant alternativement plusieurs articulations. Chez les chiens vieillissants, l'arthrose cause de fréquentes boiteries de l'arrière-train.

• **Soins.** Chez l'animal s'étant brutalement mis à boiter, on palpera délicatement le membre atteint pour essayer de localiser une douleur ou un point chaud sur une articulation ; on regardera attentivement les coussinets et les doigts en vue d'une éventuelle blessure, d'une épine ou d'un épillet de graminée, qui peuvent causer des abcès.

Fracture

En cas de fracture, la douleur intense empêche toute utilisation du membre atteint : on peut remarquer une mobilité anormale au niveau des segments fracturés et un crissement des extrémités osseuses.

• **Soins.** Il convient d'éviter tout mouvement au membre et de l'immobiliser avant de consulter un vétérinaire.

Les signes cutanés

Abcès

Suite à une bagarre (morsure, griffure) avec un autre chien ou un chat, le chien peut présenter un abcès au bout de quelques jours.

• **Symptômes.** La zone lésée est tuméfiée, puis l'abcès se perce et du pus s'écoule.

• **Soins.** Il faut vider l'abcès et instiller une solution antiseptique. Si le chien est abattu, ne mange pas et a de la fièvre, il est préférable de le mettre sous antibiotiques.

Démangeaisons

En présence de démangeaisons, il faut examiner la peau et le pelage, et remarquer s'il y a des puces, qui en sont la cause la plus fréquente ; parfois, seules leurs déjections sont visibles sous forme de petits points noirs disséminés dans les poils, surtout sur la ligne du dos et l'arrière-train. Certains chiens particulièrement allergiques aux piqûres de puces, comme les Bergers allemands, peuvent développer en quelques heures une plaque d'eczéma suintant sur l'arrière-train.

Démangeaisons anales

Elles sont fréquentes chez le chien qui se mordille l'anus ou bien traîne son arrière-train par terre : on parle de « signe du traîneau ». Cela peut être dû à la présence de parasites intestinaux (vers) ou à un engorgement des glandes anales.

• **Soins.** Celles-ci doivent être vidées par le vétérinaire. Mais il peut arriver qu'un abcès et une fistule se forment. Il faut alors désinfecter localement, donner des antibiotiques à l'animal et parfois même intervenir chirurgicalement.

Dépilations

• **Symptômes.** Les pertes de poils localisées peuvent être consécutives à un grattage intense provoquant une usure des poils. Si l'apparition de zones sans poils ne fait pas suite à un grattage, il peut s'agir d'une mycose – dépilations rondes, de quelques centimètres de diamètre – ou d'une maladie hormonale (hypothyroïdie, hypercorticisme, déséquilibre en hormone sexuelle) – dépilations sur l'ensemble du corps et symétriques.

• **Soins.** Le traitement des mycoses fait appel à des produits antifongiques qui peuvent être administrés par voie buccale ou localement. En cas de mycose généralisée, on baignera plutôt l'animal dans une solution antimycosique.

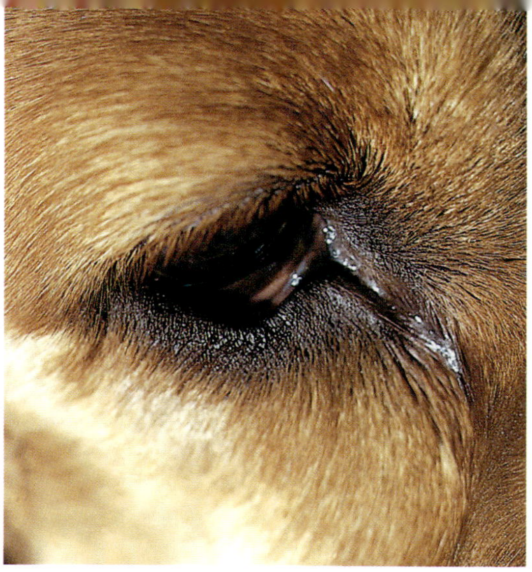

Œil larmoyant
Un œil qui larmoie en permanence doit faire l'objet d'une visite chez le vétérinaire.

Si l'on soupçonne une dermatose d'origine hormonale, il est indispensable de faire des tests de stimulation soit de la thyroïde, soit de la surrénale.

Les signes oculaires

• **Symptômes.** Un œil qui larmoie doit attirer l'attention du propriétaire. Il peut s'agir d'une conjonctivite infectieuse ou allergique, souvent peu grave, mais aussi d'une lésion de la cornée, inflammatoire (kératite) ou traumatique (ulcère, fréquent chez les races aux yeux saillants, Pékinois, Boxer ou Bulldog). Un bleuissement de l'œil peut être dû à une opacification du cristallin (cataracte) ou à un œdème de celui-ci, fréquemment observé dans les kératites. Un globe oculaire gonflé, douloureux, accompagné d'une baisse de la vision est un signe de glaucome.

• **Soins.** Les signes oculaires persistants doivent faire l'objet d'une visite médicale.

Les signes auriculaires

• **Symptômes.** Si votre chien se gratte les oreilles et que vous y remarquez un cérumen noirâtre malodorant, il peut souffrir de gale auriculaire. Des démangeaisons et des secouements de tête constants peuvent être causés par la rupture d'un vaisseau dans le pavillon de l'oreille. Ceci entraîne l'apparition d'un hématome signalé par une oreille gonflée et pendante. Des infections bactériennes peuvent être à l'origine d'otites aiguës ou chroniques douloureuses, qui font parfois pencher la tête du chien du côté de l'oreille atteinte. L'examen du conduit auriculaire révèle alors la présence d'un liquide suintant, voire purulent.

Soins. Ces affections sont traitées consciencieusement par le vétérinaire, car elles peuvent s'étendre à l'oreille moyenne et causer des troubles de l'équilibre.

Les gestes qui sauvent

Pouvoir réagir rapidement et efficacement en cas d'urgence permet souvent de sauver la vie de son animal. Pour pouvoir accomplir les gestes essentiels, voire donner les premiers soins, avant l'arrivée du vétérinaire, vous devez connaître les principaux troubles graves du chien.

Blessure avec hémorragie

Le chien est blessé et saigne abondamment. Il a été renversé, mordu ou s'est coupé. Vous pouvez le museler par précaution, la douleur pouvant le faire mordre.

• **Hémorragie légère.** Appliquez une gaze ou un linge propre sur la plaie, et pressez fortement pour faire coaguler le sang.

• **Hémorragie importante.** En cas de véritable hémorragie de sang rouge clair au niveau des pattes, comprimez l'artère brachiale pour les antérieurs, l'artère fémorale pour les postérieurs. Vous pouvez aussi, en attendant le vétérinaire, placer un garrot pas trop serré entre le cœur et la plaie. Pour cela, utilisez une bande ou un ruban, et ne le laissez pas plus d'une demi-heure.

Si une veine est atteinte, le sang qui s'écoule est rouge foncé. Placez alors le garrot à 5 cm de la plaie vers l'extrémité du membre. Faites-y un nœud où vous passerez un crayon pour le serrer jusqu'à ce que le sang ne coule plus. Fixez.

Brûlures

• **Brûlure légère.** Passez de l'eau froide sur la brûlure pour soulager la douleur, puis désinfectez avec du Mercurochrome et une pommade antibiotique. Protégez la brûlure avec un pansement à changer chaque jour.

• **Brûlure grave.** N'appliquez surtout pas de corps gras, mais recouvrez d'un linge humide (pour atténuer la douleur) et conduisez le chien chez le vétérinaire.

• **Cas particuliers.** Si la brûlure a été causée par un produit chimique, herbicide ou détergent, lavez abondamment la partie atteinte. S'il s'agit d'un produit à base de soude ou d'alcali, utilisez de l'eau vinaigrée ; si c'est un acide, prenez de l'eau additionnée de bicarbonate de soude. Si la lésion est importante, consultez le vétérinaire sans attendre.

Pose d'un garrot
Posez un garrot au-dessus de la blessure, glissez une baguette dans le nœud et serrez jusqu'à ce que le sang s'arrête de couler.

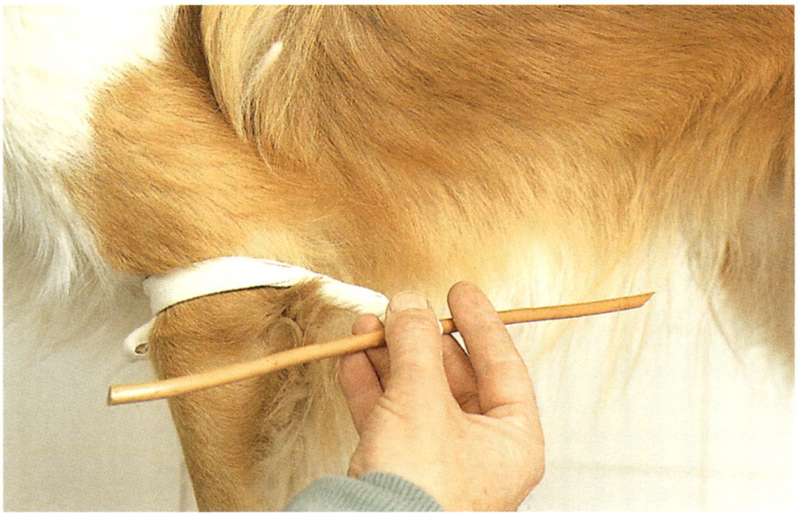

Coup de chaleur

Lors d'un coup de chaleur, le chien halète, il est fébrile et se met à saliver abondamment. Ce grave trouble de la chaleur est dû à une rétention de la température par le chien. Il touche le plus souvent les animaux confinés dans un véhicule clos exposé au soleil : le chien ne transpirant pas, il doit, pour se refroidir, se ventiler en respirant rapidement. Si l'air est chaud et ne se renouvelle pas, la température de l'animal peut s'élever jusqu'à plus de 41 °C.

La première urgence consiste à refroidir le chien en le transportant à l'ombre, en l'arrosant d'eau froide, voire en l'immergeant. On doit parfois pratiquer la respiration artificielle (le museau maintenu fermé, on souffle dans les narines trois à quatre secondes, puis on relâche, et ce dix à douze fois par minute). Si le chien est en état de boire, on peut lui donner un peu de café fort avant de le transporter d'urgence chez le vétérinaire le plus proche.

Crise nerveuse

Une crise nerveuse peut intervenir brutalement à tout moment, quel que soit l'âge du chien. Celui-ci tombe sur le sol, les membres sont raides, le cou et la tête tendus. Il peut aussi pédaler, saliver abondamment, uriner ou déféquer sous lui. Généralement, une crise nerveuse dure quelques minutes, puis l'animal se relève et récupère après un moment d'hébétude.

En cas de lésions ou d'affections graves (encéphalite, méningite, intoxication), les crises se succèdent et l'animal n'a pas un comportement normal entre les crises.

Dilatation, torsion d'estomac

Le chien souffrant d'une dilatation d'estomac devient brusquement inquiet, essaie de vomir sans succès, bave abondamment. Son abdomen enfle, devient tendu et douloureux, sa respiration est courte et difficile, puis l'état de choc s'installe : le chien tombe dans le coma et la mort advient

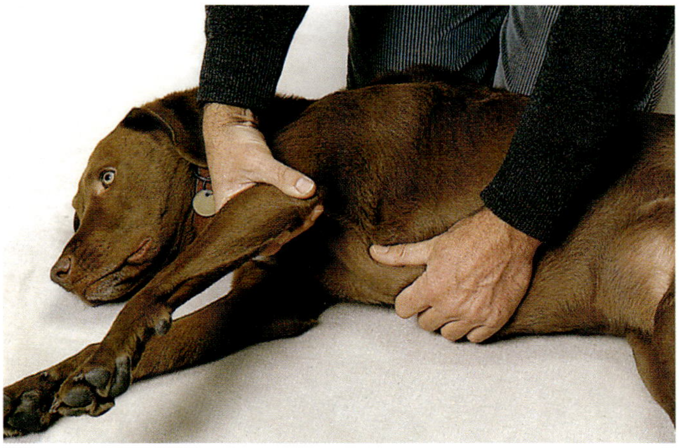

Massage cardiaque
Le cœur est situé dans la projection du coude, au niveau de la 7e côte. Dégagez cette zone en tirant la patte vers l'avant et appuyez sur le cœur rapidement et avec force.

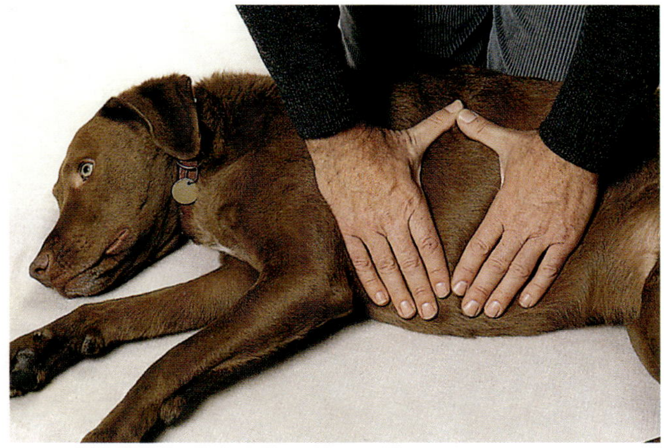

Respiration artificielle
Les deux mains posées à plat sur les côtes, appuyez sur la cage thoracique à la fréquence de 12 pressions par minute.

rapidement faute d'un traitement approprié. La dilatation est due à une accumulation excessive de gaz et de liquides dans l'estomac, et peut être suivie d'une torsion de cet organe. L'état de choc en résultant en fait une urgence grave. Plus fréquent chez les chiens de grande race, ce symptôme est favorisé chez l'animal qui fait de l'exercice après le repas.

Amenez le chien le plus rapidement possible chez le vétérinaire; lorsqu'il y a seulement dilatation, un sondage gastrique peut permettre l'évacuation du contenu de l'estomac; mais, en cas de torsion, on doit intervenir chirurgicalement en urgence pour vider l'estomac et le remettre en place. Quoi qu'il en soit, le chien doit être mis sous perfusion et surveillé quelques jours car des troubles cardiaques peuvent survenir.

État de choc

L'état de choc se caractérise chez le chien par des extrémités froides, un pouls rapide et faible, des yeux fixes, des gencives pâles. On doit alors agir d'urgence pour éviter le coma.

Pratiquez un massage cardiaque ou la respiration artificielle. Le massage cardiaque se fait avec la paume de la main, en fortes pressions rythmées en arrière de l'épaule, sur les côtes du milieu (région cardiaque). Pratiquez-le si nécessaire dans la voiture en conduisant l'animal chez le vétérinaire.

Pour la respiration artificielle, enlevez le collier du chien et laissez la langue pendre sur le côté. Posez vos deux mains bien à plat sur les côtes, en arrière des épaules, et comprimez régulièrement pour chasser l'air de la cage thoracique, puis laissez celle-ci revenir en position normale. Effectuez ces mouvements toutes les cinq secondes.

Pour le « bouche à nez », enserrez le museau d'une main et insufflez de l'air dans les narines pendant trois à quatre secondes. Relâchez pour l'expiration et recommencez dix à douze fois par minute.

Fractures

Le chien s'est fracturé une patte. Le premier impératif est d'éviter au maximum de bouger le membre brisé. Immobilisez-le avec des attelles: deux planchettes de bois ou deux branches de la longueur du membre blessé. Glissez-les doucement de chaque côté de la patte et maintenez-les solidement avec de la ficelle ou du sparadrap (une attelle de fortune peut être confectionnée avec un simple journal plié en gouttière).

Si la fracture s'accompagne d'une plaie ouverte, nettoyez-la et protégez-la avec un linge propre avant de poser l'attelle. En cas de fracture plus grave (du crâne ou de la colonne

Chien en état de choc
Il faut porter un chien en état de choc la tête plus bas que le corps.

Pose d'une attelle
Pour poser une attelle, une grande quantité de coton, deux baguettes et une bande sont nécessaires. Entourez le membre cassé de coton hydrophile. Fixez les attelles de chaque côté, à l'aide d'une bande. Le membre est ainsi solidement maintenu. À la fin, maintenez l'attelle en place à l'aide de sparadrap élastique collé sur le haut de la patte.

vertébrale), glissez délicatement le chien sur une planche et transportez-le de toute urgence chez le vétérinaire, en le bougeant le moins possible.
Une fracture s'accompagne d'une impossibilité de bouger le membre ou l'appareil osseux intéressé ainsi que d'une vive douleur à la moindre mobilisation. Il est indispensable de museler l'animal, même s'il est habituellement doux, pour éviter qu'il ne morde par réflexe douloureux.

Ingestion d'un corps étranger

Votre chien a avalé un corps étranger. Ne paniquez pas. En effet, les petits objets (pierres, boutons, épingles) peuvent franchir les intestins. Donnez à manger des fibres (légumes verts), qui enroberont l'objet et faciliteront le transit, lequel dure généralement trois jours.
Si l'objet reste coincé dans la gorge du chien, vous pouvez tenter de l'en retirer délicatement avec deux doigts.
Si le chien souffre, vomit, a de la fièvre ou ne défèque plus, il faut consulter rapidement le vétérinaire en vue d'une éventuelle opération.

Intoxications

Les chiens ingèrent facilement des corps étrangers, mais aussi des substances qui peuvent être toxiques. Les poisons les plus fréquemment absorbés par le chien sont la mort-aux-rats (anticoagulant en granulés qu'on trouve souvent dans les caves), le métaldéhyde (antilimace fréquent dans les jardins), les organochlorés ou les organophosphorés (insecticides) et l'éthylène glycol (antigel de voiture).
• **Mesures d'urgence.** En cas d'intoxication, un traitement immédiat est souvent indispensable pour sauver le chien. La première mesure à prendre est d'isoler la cause du mal, si vous l'avez déterminée.
Si vous connaissez le produit absorbé, appelez immédiatement un centre antipoison ou un vétérinaire et suivez leurs conseils. S'ils vous indiquent un antidote, administrez-le au chien sans attendre. Si vous ignorez la nature du poison, ne faites ni vomir ni boire l'animal. Allez d'urgence chez le vétérinaire. Si le chien vient d'ingérer le produit toxique, empêchez-en l'absorption en lui donnant un vomitif, sauf si le poison en question est corrosif.
• **Mort-aux-rats.** Certains poisons agissent à retardement, comme la mort-aux-rats, qui cause des troubles de la coagulation visibles au bout de trois jours : hémorragies diverses, difficultés respiratoires, hématomes cutanés accompagnés de pâleur des muqueuses (anémie). Un traitement à base de vitamine K et de coagulants doit être mis en place le plus rapidement possible, ainsi qu'une transfusion sanguine.
• **Strychnine et métaldéhyde.** Ces deux substances chimiques provoquent des symptômes nerveux graves (anxiété, tremblements et spasmes musculaires, convulsions, coma). Le traitement consiste à mettre l'animal sous perfusion pour faciliter l'élimination des produits toxiques, et à administrer des substances anticonvulsivantes.

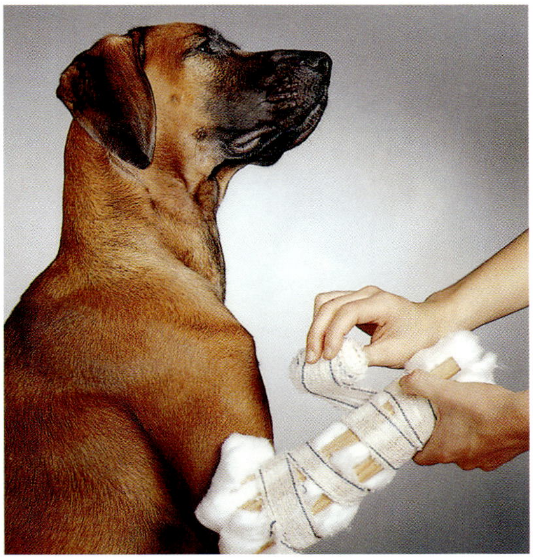

• **Insecticides.** L'intoxication par les insecticides organochlorés et organophosphorés donne lieu à des symptômes nerveux (agitation, hébétude, convulsions), digestifs (salivation, vomissements, diarrhée), oculaires (larmoiement, pupille serrée) et respiratoires (cyanose des muqueuses). Il existe un antidote à ces poisons, qui doit être associé au traitement des symptômes.

• **Antigel.** L'intoxication par l'éthylène glycol (antigel) cause des symptômes digestifs, nerveux (convulsions, coma), urinaires (urines absentes ou raréfiées), respiratoires (difficulté à respirer). Il existe un antidote qui doit être utilisé le plus rapidement possible, l'évolution se faisant vers une insuffisance rénale grave.

Œdème pulmonaire

Le principal symptôme de l'œdème pulmonaire est une intense difficulté respiratoire : le chien a la gueule ouverte, halète, ses muqueuses buccales bleuissent par manque d'oxygène et des écoulements peuvent apparaître au niveau des narines. L'œdème pulmonaire est une complication qui provient principalement d'une insuffisance du ventricule gauche, mais peut aussi être due à une inhalation de fumée, à une électrocution ou à un collapsus trachéal.

Il s'agit d'une urgence majeure, les besoins du chien en oxygène devant être couverts le plus rapidement possible. Le traitement d'urgence comprend l'injection de diurétiques, l'administration de vasodilatateurs et la mise sous masque à oxygène si nécessaire. La visite urgente du vétérinaire est donc obligatoire.

L'œdème du poumon peut être plus discret et chronique lors des insuffisances cardiaques. Il est cause de toux et de difficultés respiratoires moins spectaculaires.

Piqûres d'insectes

Le chien se frotte la face sur le sol ou à l'aide de ses pattes : il a été victime d'un insecte. En effet, les piqûres d'insectes peuvent entraîner une réaction allergique (œdème ou urticaire) caractérisée par un gonflement du pourtour des yeux, de la bouche et des oreilles, éventuellement accompagné d'un larmoiement intense. Cette réaction, souvent spectaculaire, se produit un quart d'heure à vingt minutes après la piqûre. Un traitement à base de corticoïdes et d'antihistaminiques fait rapidement régresser l'allergie.

Retrait d'une épine
Après avoir enlevé un dard ou une épine avec une pince à épiler, désinfectez soigneusement la peau et le poil.

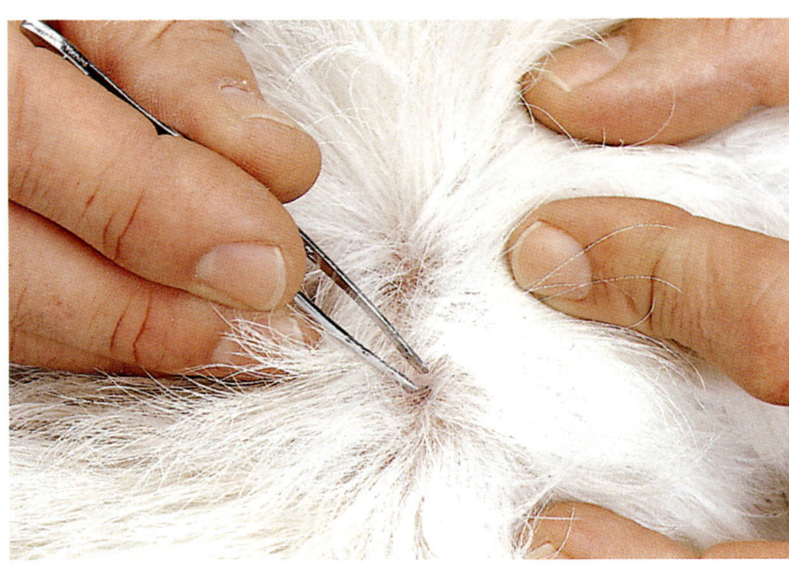

Les principales affections internes

L'observation et la compréhension des symptômes d'une maladie permettent au propriétaire d'envisager la localisation de cette affection. La sachant respiratoire, digestive, urinaire, nerveuse, locomotrice, cardiaque, cutanée, oculaire, auriculaire ou génitale, celui-ci peut intervenir plus rapidement et mieux renseigner le vétérinaire sur les signes cliniques qu'il a observés.

Gingivite
Une gingivite est souvent due à la présence de tartre sur les dents ; un détartrage est alors nécessaire.

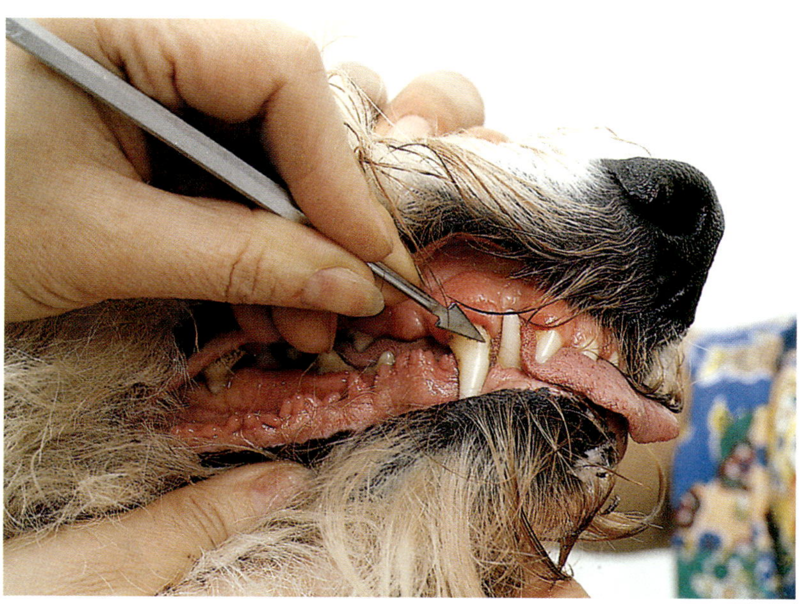

Les affections pulmonaires

Bronchite, broncho-pneumonie

• **Bronchite.** C'est une inflammation des bronches qui peut être aiguë ou chronique. Ses formes aiguës sont essentiellement d'origine infectieuse, bactérienne ou virale, ou causées par des agents irritants divers : fumée, poussière... La bronchite chronique est une affection fréquente du chien âgé. Le principal symptôme des bronchites est la toux. Dans les formes chroniques, celle-ci est d'abord forte, en quintes, parfois cause de vomissements, puis elle devient sèche et douloureuse.

• **Broncho-pneumonie.** C'est une affection grave et purulente des petites bronches et des alvéoles pulmonaires avoisinantes. Le chien est abattu, il maigrit, a de la fièvre. Sa toux éventuelle est faible, courte et douloureuse. Une infection très étendue dans le poumon peut causer d'importantes difficultés respiratoires.

• **Soins.** Une radiographie du thorax permettra de visualiser l'étendue des lésions. Le chien malade devra être placé plusieurs semaines sous traitement anti-infectieux avec contrôles radiographiques réguliers.

Pleurésie

La pleurésie est un épanchement thoracique d'origine inflammatoire se manifestant par de la fièvre, un abattement, une anorexie et une difficulté respiratoire parfois accompagnée d'une petite toux sèche et douloureuse. Elle peut être causée par l'extension d'une infection pulmonaire, une tumeur ou un corps étranger ayant transpercé l'œsophage.

• **Soins.** La pleurésie est soignée par un traitement à base d'antibiotiques et d'anti-inflammatoires. Il est parfois nécessaire de faire des ponctions du liquide pleural pour soulager les souffrances de l'animal et pour aider à établir un diagnostic.

Trachéite

Une trachéite est une inflammation de l'épithélium de la trachée souvent associée à une laryngite et à une bronchite. Elle peut être aiguë lors d'une irritation locale (fumée, air froid, aboiements prolongés), ou secondaire, due alors à une infection virale (toux de chenil, maladie de Carré) ; elle peut enfin être chronique (de cause cardiaque ou pulmonaire). Le principal symptôme de la trachéite est une toux forte, en quintes, souvent suivie de vomissements.

• **Soins.** On soigne la trachéite avec des anti-inflammatoires et des vasodilatateurs bronchiques. Une thérapeutique anti-infectieuse sera mise en œuvre en cas d'affections microbienne ou virale. On calmera la toux par des sirops antitussifs, comme pour un enfant.

Les affections digestives

Constipation, coprostase

La constipation se caractérise par l'émission de selles desséchées et dures. Elle peut être d'origine alimentaire ou consécutive à des traumatismes du bassin, à une hypertrophie prostatique ou à une hernie périnéale. Négligée et laissée sans soins, elle peut déboucher sur une coprostase, c'est-à-dire une accumulation de selles dans le côlon (fécalomes).

• **Soins.** En cas de crise aiguë, donnez de la paraffine et des laxatifs. Si la constipation est chronique, il faut envisager un régime alimentaire adapté.

Corps étrangers, occlusion

Les chiens ingèrent facilement des corps étrangers – jouets, balles, bouchons, ficelles, os – susceptibles de provoquer un arrêt du transit par occlusion. L'animal est alors triste, abattu, vomit dès qu'il tente de manger ou de boire, voire ne fait plus de selles. Lorsque la douleur est violente, il prend une positon de « prière » (en sphinx, l'arrière-train soulevé).

• **Soins.** Une radiographie de l'abdomen permet de confirmer la présence d'une occlusion. Il faut alors rapidement débarrasser le chien du corps étranger par intervention chirurgicale.

Entérite

Une entérite est une inflammation intestinale intéressant l'intestin grêle, le gros intestin ou l'ensemble, et qui cause des diarrhées.

• **Diarrhées aiguës.** Elles sont souvent bénignes lorsqu'elles apparaissent après un changement brutal d'alimentation ou un stress. Elles sont plus préoccupantes si l'origine est infectieuse, bactérienne ou virale.

• **Diarrhées chroniques.** Les diarrhées peuvent devenir chroniques. Des parasites comme les coccidies ou des vers ronds (ankylostomes, trichures) sont à l'origine de selles très liquides, parfois hémorragiques.

• **Soins.** La plupart des cas de diarrhée bénigne sont rapidement soignés par une diète hydrique d'une journée, l'ingestion d'un antispasmodique et un pansement intestinal. En cas de parasites, le traitement consiste en antiparasitaires ou en vermifuges spécifiques.

Gastrite

Une gastrite est une inflammation ou une irritation de l'estomac se manifestant notamment par des vomissements.

• **Gastrite aiguë.** Elle peut être bénigne, lorsque le chien a mangé trop vite ou qu'il s'est gavé d'herbe dans le jardin. Elle peut aussi être d'origine infectieuse suite à l'ingestion d'aliments avariés; elle est grave lorsqu'elle est associée à d'autres symptômes évocateurs de la maladie de Carré ou de la leptospirose.

• **Gastrite chronique.** On parle de gastrite chronique si les vomissements persistent depuis des semaines, voire des mois. Ils sont alors alimentaires ou bilieux, éventuellement chargés de sang. Ils peuvent résulter d'un ulcère, d'une inflammation chronique ou d'une tumeur à l'estomac. Ils peuvent enfin être le signe d'une infection utérine (pyomètre) ou d'une maladie générale comme les insuffisances rénale, hépatique et surrénalienne dans leur forme aiguë ou chronique.

• **Soins.** On traitera les symptômes des vomissements d'une part (antivomitifs et pansements gastriques), et leur cause d'autre part (les soins en sont alors fonction).

Gingivite, stomatite

Ce sont des affections inflammatoires de la cavité buccale touchant respectivement les gencives et la muqueuse buccale. Les symptômes en sont discrets, voire inexistants, tant que l'inflammation est légère et peu étendue. En revanche, le chien peut être gêné quand il mange, saliver abondamment ou même ne plus s'alimenter quand la douleur devient trop grande.

Gingivite et stomatite peuvent avoir des causes locales (tartre, carie, instabilité dentaire) ou faire partie des signes d'une maladie générale: insuffisance rénale ou maladie auto-immune.

• **Soins.** Ces affections seront limitées ou guéries par un détartrage dentaire, la prise d'antibiotiques et le traitement d'une éventuelle maladie générale.

Insuffisance hépatique

L'insuffisance hépatique est une altération brutale ou progressive des fonctions du foie.

• **Formes aiguës.** Dans les formes aiguës, le chien est brutalement abattu, il a de la fièvre, il présente des troubles digestifs (vomissements, diarrhées incoercibles) et il se déshydrate. Il souffre parfois d'ictère. Les formes aiguës peuvent être d'origine infectieuse, mais aussi toxique (empoisonnement au plomb) ou inflammatoire, suite à une colite ou une pancréatite aiguë.

• **Formes chroniques.** Les symptômes sont variables: augmentation de la boisson et de la quantité d'urines émises, troubles digestifs chroniques, ictère et ascite (accumulation de liquide dans la cavité abdominale). Les formes chroniques peuvent provenir d'inflammations également chroniques (hépatite), d'une cirrhose, d'une tumeur ou bien d'anomalies anatomiques.

• **Soins.** Il existe deux types de traitement. Celui des formes aiguës est urgent: perfusions visant à réhydrater le chien, antispasmodiques pour enrayer la diarrhée. Celui des formes chroniques est symptomatique (antivomitifs, antidiarrhéiques, anti-inflammatoires) et diététique.

Tartre dentaire

À moins qu'on ne lui brosse régulièrement les dents, le chien a mauvaise haleine, car la prolifération bactérienne de sa bouche entartre ses dents.

• **Soins.** On peut faire effectuer un détartrage chez le vétérinaire selon une fréquence variable, les dents de certains chiens s'entartrant plus rapidement que d'autres.

L'opération doit se faire sous anesthésie, ce qui n'est pas toujours possible et comporte des risques chez un animal âgé susceptible d'insuffisance cardiaque. On aura alors recours à la prise d'antibiotiques pour enrayer l'infection due à la présence de tartre (pyorrhée).

Les affections urinaires

Calculs

Les calculs – ou lithiases – sont des cristaux qui peuvent se localiser dans le rein, la vessie ou l'urètre. La présence de calculs dans les urines cause des cystites récidivantes ou, plus grave, une impossibilité totale d'uriner. Cela se produit lorsque le calcul est de grande taille et bouche l'urètre, notamment chez le mâle.

• **Soins.** Les calculs seront mis en évidence par une analyse d'urine qui permettra aussi de connaître la nature des cristaux. Une radiographie est utile pour visualiser les calculs dans le rein, la vessie ou l'urètre. Le traitement diffère selon la taille des calculs : médical lorsqu'ils sont microscopiques, chirurgical s'ils sont trop gros pour être évacués par les voies urinaires.

Les affections urinaires
Ce sont les reins qui, le plus souvent, sont à l'origine des affections urinaires dont peut souffrir le chien.

Cystite

La cystite est une inflammation de la paroi vésicale, résultant le plus souvent d'une infection urinaire. Le chien qui souffre d'une cystite urine fréquemment et en petites quantités (quelques gouttes à chaque fois). En observant les urines, on remarque qu'elles sont parfois rosées ou qu'elles contiennent des gouttes de sang. Dans certains cas, l'état général du chien baisse : il ne mange pas et a de la fièvre. L'origine d'une cystite est souvent infectieuse, mais peut aussi faire suite à une tumeur de la vessie, à des calculs, à une inflammation chronique de la paroi ou à une infection rénale. L'origine peut enfin être extravésicale : métrite ou vaginite chez la chienne, prostatite chez le mâle.

• **Soins.** Un traitement antibiotique limitera le plus souvent l'évolution d'un premier épisode de cystite. Si l'affection récidive, des examens complémentaires (analyse d'urine, radiographie, voire échographie) permettront d'en déterminer la cause et d'envisager un traitement spécifique.

Incontinence

Un chien est incontinent lorsqu'il urine sans s'en rendre compte. L'incontinence peut être permanente ou intermittente. Il est important de noter si le chien est encore ou non capable de mictions normales. Les causes de l'incontinence sont multiples : traumatismes du bassin, lésions de l'innervation de la vessie ou du sphincter de la vessie (inflammation, tumeurs)…

• **Soins.** Le traitement de l'incontinence sera médical ou chirurgical en fonction de la cause initiale.

Insuffisance rénale

L'insuffisance rénale est due à une altération des fonctions du rein, normalement chargé d'épurer l'organisme et d'éliminer les déchets. Elle peut évoluer sous forme aiguë ou chronique.

• **L'insuffisance rénale aiguë.** Elle survient brutalement et se caractérise par une oligurie : le chien urine très peu, voire plus du tout ; il est abattu, ne mange plus et se déshydrate. Cette affection peut être due à des inflammations brutales du rein ; elle est parfois consécutive à des diarrhées incoercibles, à des vomissements répétés, des hémorragies ou des obstructions brutales de l'urètre (calculs). C'est une affection grave qui nécessite un traitement d'urgence.

• **L'insuffisance rénale chronique.** Elle se rencontre fréquemment chez les chiens âgés. Elle est grave, car due à des lésions irréversibles du rein. Le chien commençant une insuffisance rénale se met à boire beaucoup et donc à uriner plus. Il a mauvaise haleine (haleine urineuse), vomit de temps en temps, fait des épisodes de diarrhée ou, au contraire, de constipation. L'affection évolue par paliers, le chien restant en bonne forme pendant des mois, voire des années. Les symptômes s'aggravent alors plus ou moins rapidement et l'animal cesse de s'alimenter, maigrit, se déshydrate. Il finit par tomber dans le coma et meurt.

• **Soins.** Le traitement est essentiellement diététique. On diminue l'apport de viande, de poisson et de laitages, responsables de l'augmentation de l'urée. L'animal étant très affaibli ou cessant de s'alimenter suite à une montée brutale de son taux d'urée, on le perfusera pendant quelques jours afin d'améliorer et de stabiliser son état.

Les affections du système nerveux

Encéphalite, encéphalomyélite

Ces affections sont dues à des lésions multiples disséminées dans les différentes parties du système nerveux central, à savoir le cerveau et la moelle épinière; elles sont très graves. L'origine peut en être virale (maladie de Carré, rage), plus rarement bactérienne (tuberculose) ou encore parasitaire (toxoplasmose, complication d'une piroplasmose). Les symptômes sont variés; nerveux d'une part (hébétude, convulsions, paralysie, coma), généraux d'autre part, et ce en fonction de la cause initiale.

• **Soins.** Aucun traitement spécifique n'existe en cas d'encéphalomyélite virale. Lorsque l'origine est bactérienne ou parasitaire, antibiothérapie et perfusions peuvent parfois améliorer les symptômes.

Épilepsie

L'épilepsie est une affection nerveuse congénitale du chien atteignant les jeunes adultes (3 à 4 ans). Certaines races y sont prédisposées, comme le Caniche, les Cockers, le Berger allemand et les Teckels.

Il existe plusieurs formes d'épilepsie. Dans la forme dite « grand mal », les symptômes apparaissent brutalement, n'importe quand, et sont très violents. Après une courte phase d'hébétude, le chien tombe sur le sol, perd connaissance, bave, urine et défèque sous lui. La crise dure quelques minutes puis l'animal se relève et reprend le cours normal de son existence, parfois après un petit somme réparateur. Il existe également des formes d'épilepsie atténuées, dites « partielles » : le chien

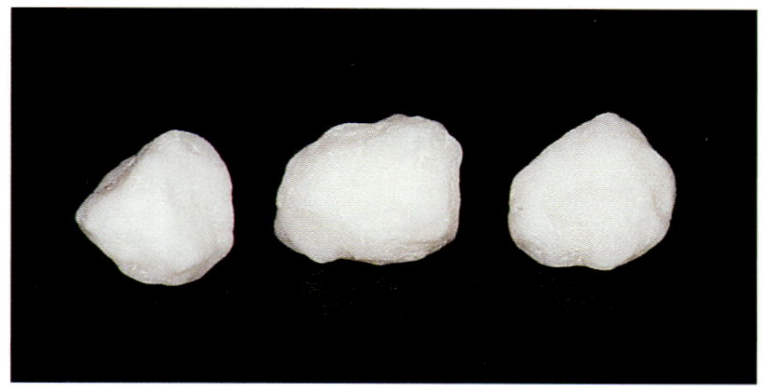

Calculs
Les calculs ont un format très variable : ils peuvent être microscopiques ou avoir plusieurs centimètres de diamètre.

ne présente que quelques signes fugaces – vacillement de l'arrière-train, dilatation des pupilles, tremblements. Les crises sont de fréquence variable : de plusieurs par jour à quelques-unes par semaine, ou même par an.

• **Soins.** En cas de crises fréquentes, le vétérinaire procédera à des analyses afin d'écarter l'hypothèse de toute autre affection. Un traitement est à envisager si les crises sont fréquentes et violentes. Il fait appel à des anticonvulsivants spécifiques au dosage parfois difficile, la réceptivité variant d'un animal à l'autre. Il doit être administré en permanence et en aucun cas brutalement interrompu. Enfin, on doit savoir qu'il vise à diminuer la fréquence et l'intensité des crises mais ne les supprime pas toujours.

Les affections de l'appareil locomoteur

Arthrose

Également appelée « rhumatisme chronique », cette affection des articulations est douloureuse et déformante mais non inflammatoire. Elle est notamment fréquente chez le chien âgé mais peut aussi exister chez des animaux plus jeunes, dont les articulations sont fragilisées : obésité, dysplasie, entorses, réparations de fractures, récidives excessives (chien de chasse, de traîneau). Le chien arthrosique manifeste raideur et douleur « à froid » et refuse d'effectuer certains mouvements (saut, en particulier), il boite. Ces symptômes sont exacerbés par l'humidité et une activité excessive (lendemain de chasse). Ils régressent généralement après un petit échauffement.

• **Soins.** Traiter l'arthrose consiste à respecter une période de repos journalier, à supprimer tout exercice violent, à faire maigrir le chien s'il est obèse et à donner des analgésiques et des anti-inflammatoires quand la douleur est importante. Dans certains cas, il est nécessaire d'envisager une solution chirurgicale (dysplasie).

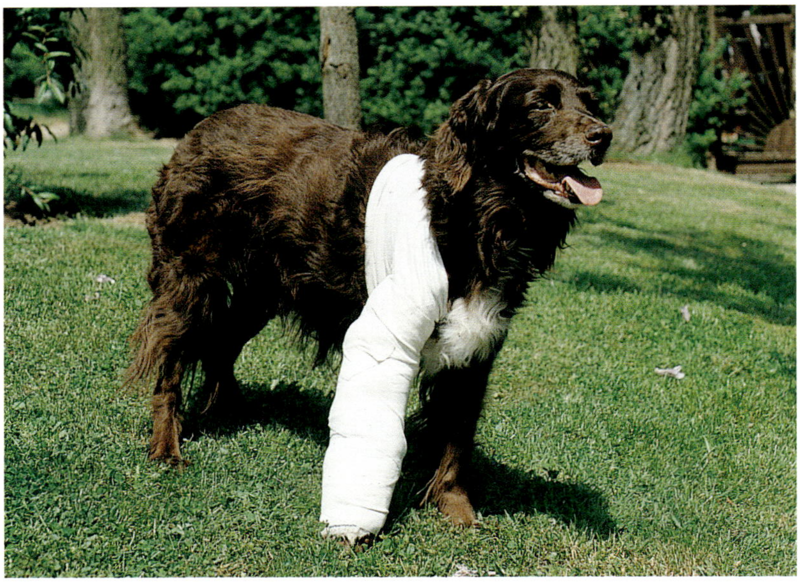

Chien plâtré
Le plâtre permet d'immobiliser la patte fracturée de ce chien, favorisant ainsi la guérison.

Fracture

La fracture est une lésion de rupture plus ou moins complète de la trame osseuse. Elle peut affecter un membre, la mâchoire, le bassin, une vertèbre. Elle fait le plus souvent suite à un traumatisme violent, généralement à un accident de la voie publique. En cas de fracture d'un membre, le chien boite du côté atteint et ne pose pas sa patte. Lors d'une fracture du bassin ou d'une fracture vertébrale, l'animal peut être paralysé et beaucoup souffrir.
• **Soins.** Le traitement fondamental des fractures consiste à immobiliser la lésion soit à l'aide d'un plâtre, soit chirurgicalement, selon la localisation et le type de la fracture.

Luxation

C'est un défaut de stabilité articulaire congénital ou acquis. Les principales luxations observées concernent l'articulation de la hanche (consécutive à un traumatisme), du tarse, du carpe, du coude et de la région du genou avec la luxation de la rotule. Cette dernière est extrêmement fréquente chez les petites races (Yorkshire, Caniche) et d'origine congénitale. Elle se caractérise par une boiterie intermittente, le membre postérieur restant en flexion, et par une démarche sautillante sur les trois autres pattes.
• **Soins.** La rotule se remet en place plus ou moins spontanément selon le stade d'évolution. Si le stade est avancé, il faut opérer. Les soins chirurgicaux sont maintenant aussi perfectionnés que ceux réalisés en médecine humaine. On remet en place les fragments osseux grâce à des broches, des plaques, des vis ou des fixateurs externes.

Les affections cardiaques

Insuffisance cardiaque

Elle se définit comme une diminution de la fonction de la pompe cardiaque. Il s'ensuit une insuffisance circulatoire ayant comme effets secondaires l'œdème, quand l'insuffisance cardiaque se trouve à gauche, et l'ascite (accumulation de liquide dans l'abdomen), quand elle est à droite. Les causes sont congénitales (malformations) ou acquises (insuffisance mitrale, cardiomyopathies).
• **Soins.** La prise de médicaments spécifiques (vasodilatateurs, diurétiques) et une diététique adaptée diminuent la toux, font régresser l'œdème et améliorent l'état du chien. Malheureusement, ces médicaments doivent être donnés à vie, car la plupart des lésions sont irréversibles.

Troubles du rythme

Les troubles du rythme cardiaque sont des affections fréquentes du chien. Elles sont mises en évidence à l'auscultation sur l'électrocardiogramme. L'un des troubles les plus fréquents est la fibrillation auriculaire. Le rythme cardiaque est anarchique et rapide. L'animal respire mal et fait des syncopes.
• **Soins.** La thérapeutique consiste à donner un antiarythmique (digitalique) et à traiter l'insuffisance cardiaque associée.

Les affections parasitaires de la peau

Gale

C'est une dermatose parasitaire contagieuse pour l'homme. Il en existe deux types : l'octacariose (due au parasite *Otodectes*), localisée au conduit auditif et dite « gale des oreilles », et la gale sarcoptique corporelle, dont nous parlerons ici. L'agent responsable de la maladie est un petit acarien (*Sarcoptes scabiei*) qui infeste la peau du chien. Des rougeurs apparaissent sur les membres, la partie inférieure du corps, la tête et les oreilles. Le chien ne cesse de se gratter, les lésions se diffusent et on remarque une dépilation généralisée. La peau est épaissie, graisseuse, couverte de boutons et de croûtes. Des lésions caractéristiques existent aux pointes des coudes (dépilation précise, desquamations, croûtes suintantes) et aux oreilles (importante perte de pellicules). La gale peut se compliquer d'une surinfection bactérienne pouvant se généraliser et entraîner la mort.

• **Soins.** Le pronostic est favorable quand l'état général du chien est bon et si le traitement est mis en œuvre rapidement. Il est primordial d'isoler le chien malade, la gale sarcoptique étant terriblement contagieuse. Lorsque l'affection est simple, elle est rapidement éradiquée par l'utilisation de substances acaricides en bains. S'il y a infection bactérienne secondaire, il est nécessaire d'administrer des antibiotiques pendant plusieurs jours.

Puces

Les puces causent des démangeaisons et peuvent provoquer des allergies localisées (on parle de dermatose par allergie aux piqûres de puces). Le chien se gratte violemment et se mord, ce qui cause une apparition très rapide (en quelques heures) de plaques d'eczéma suintant, localisées surtout sur l'arrière-train et le haut des cuisses.

• **Soins.** La présence de puces sur un chien n'est pas dramatique en soi, mais il faut choisir soigneusement ses produits antiparasitaires, car certains peuvent eux-mêmes provoquer des allergies ! En cas d'allergie, il faut administrer des médicaments antiprurigineux pour empêcher l'animal de s'automutiler et désinfecter localement la plaque d'eczéma à l'aide d'un antiseptique (soluté de Daquin, Bétadine).

Teigne

C'est une mycose cutanée, c'est-à-dire une infection de la peau, des poils et des griffes par des champignons : les dermatophytes. Elle se caractérise par des dépilations diffuses ou plus souvent localisées, rondes, de quelques centimètres de diamètre. Une forme suppurée localisée existe, qu'on appelle « kérion », surtout remarquée au niveau de la tête. La peau infectée est rouge vif, tuméfiée et forme un macaron circulaire suintant. Dans la plupart des cas, les teignes n'entraînent pas de démangeaisons et ne retentissent pas sur l'état général, mais elles sont très contagieuses entre carnivores, ainsi que pour l'homme.

• **Soins.** En cas de lésion unique, on applique un traitement local à base d'antifongiques sur la lésion (pommade, lait, lotion). Si les lésions sont étendues et multiples, il faut traiter tout le corps (en bains) et administrer un traitement général à base d'antibiotiques et d'antifongiques spécifiques.

Tiques

Les tiques sont parfois dangereuses, car elles sont les hôtes intermédiaires de certains parasites

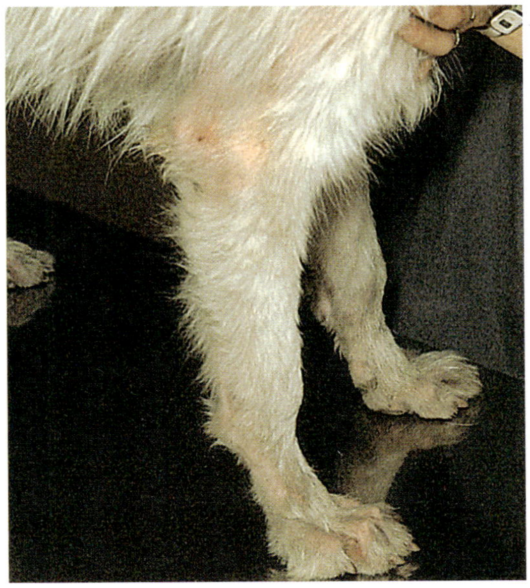

Gale du corps
La gale provoque des démangeaisons vives ; la peau est épaissie et recouverte de boutons. On observe en outre une dépilation.

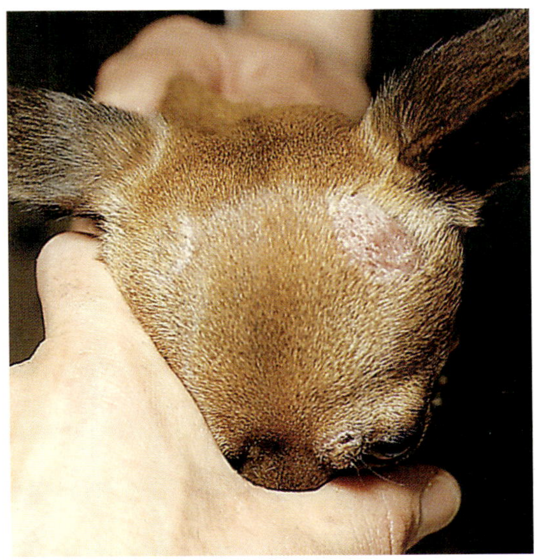

Teigne
Les mycoses comme la teigne peuvent entraîner des dépilations circulaires, que l'on traite avec des antibiotiques et des antifongiques.

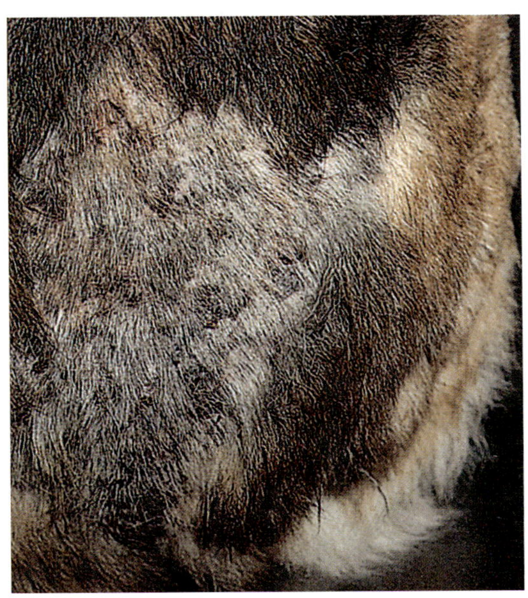

Dermatose par allergie aux piqûres de puces
Les puces peuvent provoquer des allergies localisées, en injectant leur salive dans le sang quand elles piquent pour se nourrir.

qu'elles peuvent transmettre au chien : les piroplasmes et les rickettsies. Le risque d'infestation est maximal du printemps à l'automne, surtout au cours des promenades dans les herbes. Des colliers spécifiques et des sprays existent pour prévenir l'infestation par les tiques.

• **Soins.** Si, en dépit de vos précautions, une tique s'est plantée dans la peau de votre chien, frottez celle-ci avec un coton imbibé d'éther avant de tirer sur la tique avec une pince à épiler ou utilisez un petit dispositif vendu à cet effet chez les vétérinaires.

Les affections des yeux

Cataracte

La cataracte est une opacification du cristallin. Il en existe deux types : les cataractes juvéniles, se développant avant l'âge de deux ans, d'origine congénitale, et les cataractes adultes, apparaissant après l'âge de huit ans.

• **Soins.** Le traitement médical vise seulement à en freiner l'évolution. Lorsque les deux yeux sont atteints et que l'animal est aveugle, on peut procéder à une opération. Celle-ci consiste à retirer le cristallin et n'est envisageable que lorsque la rétine a conservé son activité.

Cataracte
De nombreux chiens âgés souffrent de cataracte : leurs yeux sont comme recouverts d'un voile opaque.

Conjonctivite

La conjonctive est la membrane qui tapisse les paupières, la sclère antérieure et la troisième paupière. Une conjonctivite, consiste en une inflammation des conjonctives, qui apparaissent rouges et irritées ; il peut y avoir un écoulement muqueux, voire purulent au coin de l'œil et, lorsque la douleur est importante, l'œil ou les deux yeux atteints restent à demi fermés.

• **Conjonctivite aiguë.** Elle est généralement d'origine infectieuse ou allergique.

• **Conjonctivite chronique.** On parle de conjonctivite chronique lorsqu'elle existe depuis plusieurs semaines ou qu'elle récidive malgré les traitements ; sa cause peut alors être mécanique : entropion, corps étranger (épillet de graminée) ou bien cils mal implantés.

• **Soins.** Lorsqu'un chien présente une conjonctivite, il faut lui nettoyer les yeux avec une solution ophtalmologique antiseptique et instiller un collyre antibiotique ou anti-inflammatoire, selon la cause. On peut éventuellement épiler les cils anormaux ou encore intervenir chirurgicalement sur un entropion.

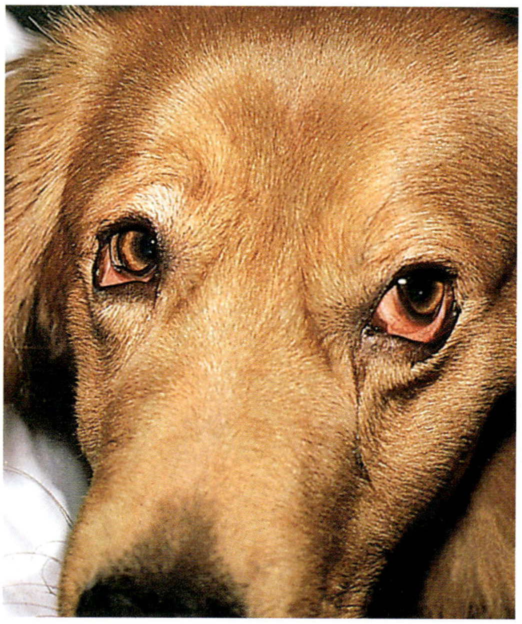

Conjonctivite
Les conjonctives, les membranes qui recouvrent les paupières et la sclère antérieure, sont rouges et irritées.

Ectropion

L'ectropion consiste en une paupière renversée vers l'extérieur. Il est congénital (Saint-Bernard, Cocker anglais ou américain) ou acquis (postinflammatoire, post-traumatique, chien âgé). Les symptômes sont l'inflammation des conjonctives et le larmoiement.

• **Soins.** Il faut opérer.

Entropion

Un entropion est un enroulement de la paupière vers l'intérieur, c'est-à-dire vers la cornée. Il peut être unilatéral ou bilatéral. Son origine est soit congénitale – chez le Chow-Chow, le Saint-Bernard, le Dogue allemand, le Caniche –, soit spasmodique (suite à une affection douloureuse de l'œil) ou cicatricielle (suite à un traumatisme ou à une inflammation chronique de la paupière).

Les principaux symptômes sont l'irritation, l'inflammation de la cornée et des conjonctives, le larmoiement. Le chien souffre et se frotte l'œil, à moitié fermé, à l'aide de ses pattes.

• **Soins.** Le traitement est médical (collyres antibiotiques) ou chirurgical (opération correctrice), selon la cause de l'affection.

Les affections des oreilles

Gale auriculaire

La gale auriculaire est due à la présence d'un petit acarien parasite (différent de celui de la gale corporelle). Il cause un prurit intense et produit un

cérumen noirâtre et malodorant. Cette affection est très contagieuse pour les autres chiens comme pour les chats, mais elle reste bénigne.
• **Soins.** Un antiparasite en traitement local fait rapidement disparaître les parasites indésirables.

Hématome du pavillon de l'oreille

L'hématome du pavillon de l'oreille – ou othématome – est une affection auriculaire fréquente. Ses causes sont diverses : battement et grattage des oreilles, suite d'une otite aiguë ou chronique, présence de parasites, de tiques ou d'un corps étranger dans le conduit auditif. Ce type de lésion frappe essentiellement les chiens à oreilles longues et pendantes.
• **Soins.** Le traitement consiste à aspirer l'hématome et à faire un bandage compressif de l'oreille. Si l'hématome s'avère chronique et récidive, il faut envisager une solution chirurgicale pour le cureter. Il est bien sûr indispensable de traiter l'otite responsable du traumatisme.

Otite

Une otite est une inflammation du conduit auditif. Elle peut être consécutive à une infection bactérienne, à une infestation parasitaire (gale auriculaire) ou mycosique, ou encore à la présence d'un corps étranger (épillet de graminée). En présence d'un corps étranger unilatéral, l'animal se frotte violemment l'oreille, se secoue sans arrêt et penche la tête du côté atteint.
• **Soins.** Le traitement est le plus souvent chirurgical et consiste à retirer le corps étranger. Il est bon de savoir qu'on peut prévenir une intrusion du pavillon de l'oreille en le rasant ou en y mettant un peu de vaseline. Les otites infectieuses ne doivent pas être négligées ; on les traite aux antibiotiques quand elles sont purulentes, sans quoi elles peuvent s'étendre à l'oreille moyenne, voire interne. Le traitement est alors chirurgical.

Les affections génitales chez la femelle

Absence de chaleurs

Les chaleurs des chiennes, qui doivent se manifester selon des cycles d'une périodicité de six à huit mois, peuvent ne plus apparaître. Soit l'un des cycles saute, soit la chienne n'a plus de chaleurs du tout. Il s'agit très souvent d'un kyste ovarien ou de troubles de stimulation de la glande sexuelle.

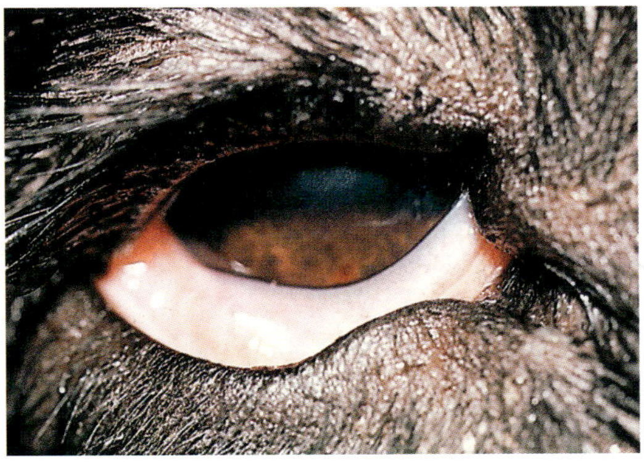

Ectropion
La paupière renversée vers l'extérieur caractérise l'ectropion ; une opération est nécessaire.

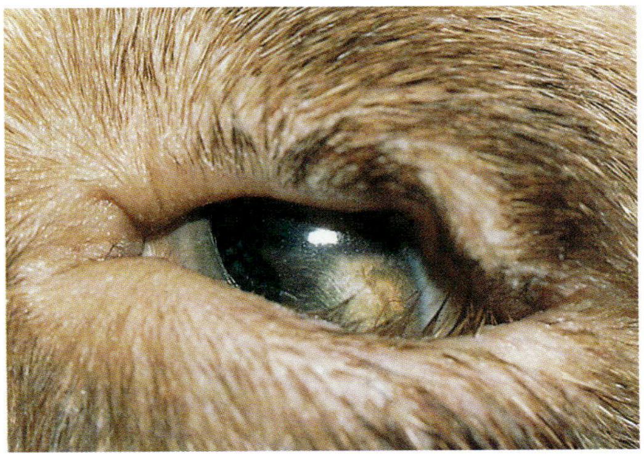

Entropion
L'entropion est un enroulement de la paupière vers l'intérieur ; le traitement est médical ou chirurgical.

Gale auriculaire sur un Lévrier afghan
La gale des oreilles est une affection bénigne qui produit un cérumen noirâtre. Très contagieuse, elle se soigne rapidement en utilisant un antiparasite adapté en traitement local.

• **Soins.** Loin de se féliciter de cet état de fait, il faut, au contraire, chercher à rétablir le cycle normal, car cet anoestrus persistant peut être à l'origine de perturbations ultérieures plus graves.

Lactation nerveuse, grossesse nerveuse

C'est un état qu'on observe chez la chienne environ deux mois après les chaleurs. Bien que vide, la femelle présente un comportement semblable à celui précédant une mise bas et le début de la lactation. La chienne est nerveuse, materne des objets divers comme des jouets. Ses mamelles sont gonflées et donnent du lait si on les presse.

• **Soins.** Le traitement, qui peut être à la fois local et général, vise à tarir la sécrétion lactée. On interviendra rapidement en mettant la chienne à la diète hydrique durant quarante-huit heures. Enfin, on confisquera les objets maternés. Lors de manifestations névrotiques, telles qu'anxiété, tremblements, gémissements, anorexie, un traitement anxiolytique sera mis en œuvre.

Tumeurs mammaires

Très fréquentes chez la chienne, les tumeurs mammaires sont soit malignes, c'est-à-dire cancéreuses, soit bénignes. Localement, elles sont souvent multiples, à croissance rapide et parfois mal délimitées quand elles sont cancéreuses. Il est très important de palper ou de faire palper les mamelles de votre chienne au moins une fois par an.

• **Soins.** Le traitement de choix des tumeurs mammaires est l'ablation chirurgicale, qui doit être large. En cas de tumeur cancéreuse, la chirurgie est palliative mais pas toujours curative, car il est impossible d'avoir la certitude de la disparition totale des cellules malignes. Dans certains cancers mammaires, on peut être amené à l'ablation de toutes les mamelles et de leurs ganglions et, dans quelques cas, chimiothérapie et radiothérapie peuvent être envisagées.

Intervention chirurgicale
Les opérations chirurgicales sont des interventions délicates, que le vétérinaire n'effectue qu'en cas de nécessité. Suivez ses recommandations pour les suites opératoires.

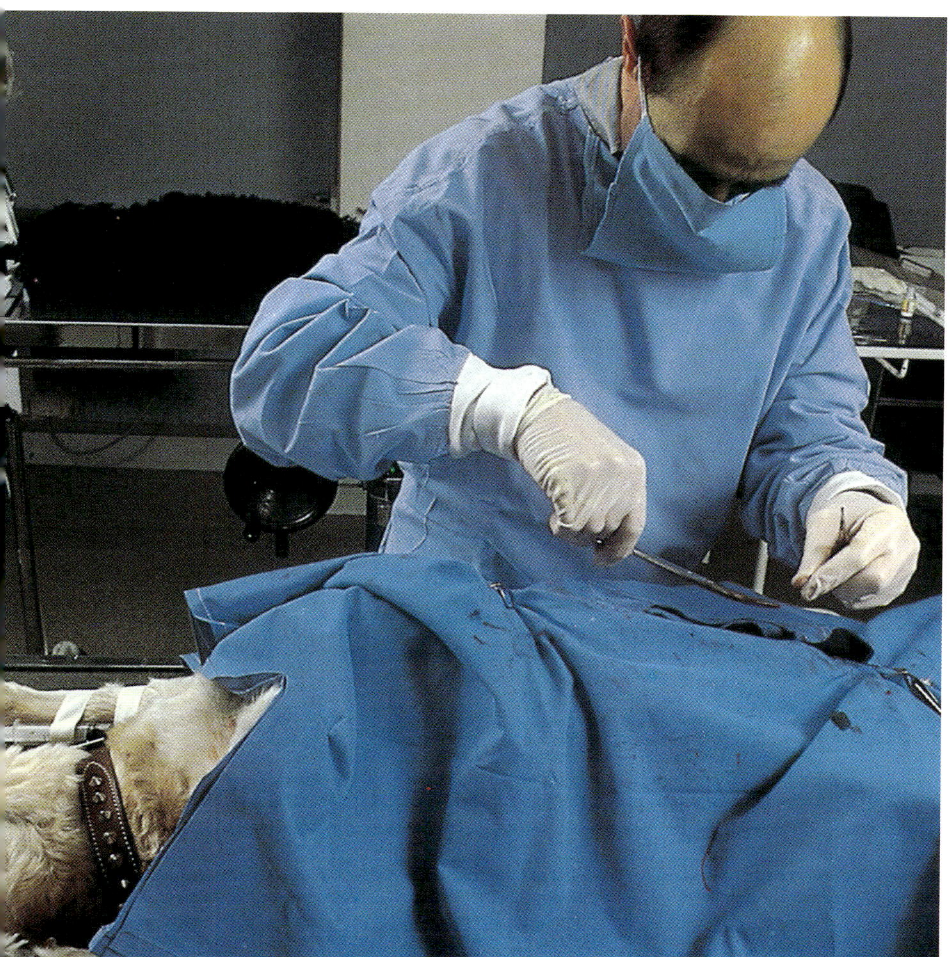

Les affections génitales chez le mâle

Affections de la prostate

Les affections de la prostate sont fréquentes chez le chien et surviennent généralement après l'âge de 5 ans. Toutes se traduisent par une augmentation de volume.

• **Hypertrophie de la prostate.** Les symptômes sont la coprostase (accumulation des selles dans le côlon), la difficulté locomotive et la baisse de l'état général. Les symptômes urinaires sont secondaires ; ils se traduisent par une difficulté de la miction, la présence de sang dans les urines et une éventuelle incontinence. Le traitement consiste à administrer des antiandrogènes pour diminuer la taille de la prostate et des antibiotiques pour lutter contre l'infection secondaire.

• **Prostatites.** Ce sont des inflammations aiguës et douloureuses de la prostate. On observe souvent des abcès plus ou moins étendus à l'intérieur du tissu prostatique, responsables de fièvre. Le traitement est médical anti-infectieux, voire chirurgical en cas d'abcès volumineux.

• **Tumeurs.** Les tumeurs cancéreuses de la prostate sont graves et métastasent rapidement. Le traitement est chirurgical.

Tumeurs testiculaires

• **Chez le chien âgé.** Les testicules du chien âgé peuvent devenir tumoraux. Généralement, un seul testicule devient cancéreux. Il grossit et doit être rapidement retiré à cause des possibles métastases ultérieures. Il est alors préférable de castrer le chien.

• **Chez le chien cryptorchide.** Les chiens cryptorchides, c'est-à-dire dont les testicules ne sont pas descendus, sont prédisposés au développement d'une tumeur. Souvent, chez les chiens cryptorchides, un seul testicule est en place, le second étant resté dans l'abdomen ou sur le trajet. Ce dernier se tumorise fréquemment. Il est préférable de retirer chirurgicalement ce testicule non descendu avant l'âge de 5 ans. De plus, cette tare étant héréditaire, il est déconseillé d'utiliser un tel chien comme reproducteur.

Les principales grandes maladies

Tout propriétaire vigilant et responsable se doit de connaître les principales maladies graves du chien. Une bonne connaissance de celles-ci permet en outre leur prévention par la vaccination, par l'hygiène, par une diététique adaptée ou par la mise en œuvre d'un traitement dès l'apparition des premiers symptômes.

Les maladies infectieuses et parasitaires

Ehrlichiose

Également appelée « rickettsiose », cette maladie infectieuse est inoculable. Le germe responsable est une rickettsie transmise par les tiques, qui se loge dans les globules rouges du chien. L'ehrlichiose touche plus fréquemment les chiens vivant ou ayant séjourné en Afrique, au Moyen-Orient, sur le continent américain ou dans le bassin méditerranéen (dont la Corse et le sud de la France).

• **Symptômes.** L'incubation dure de dix à vingt jours, après lesquels les symptômes apparaissent : le chien s'arrête de manger, il est abattu et a de la fièvre. Il saigne du nez, a des ecchymoses un peu partout ; ses muqueuses sont pâles, car il est anémié. En l'absence de soins, la maladie devient chronique et peut évoluer vers la mort. Une prise de sang et un frottis sanguin mettront en évidence des parasites.

• **Soins.** Le traitement nécessite la prise d'antibiotiques pendant plusieurs semaines. Chez un animal très anémié, une transfusion sanguine peut s'avérer nécessaire.

• **Prévention.** Dans les zones à risques, il faut prévenir l'infestation du chien par les tiques en utilisant colliers ou sprays spécifiques. Si, malgré les moyens préventifs, votre chien a attrapé une tique, retirez celle-ci sans attendre.

CALENDRIER DES VACCINATIONS

Maladies	Vaccin	1er rappel	2e rappel	Rappels suivants
Maladie de Carré	à l'âge de 2 mois et demi	après l'âge de 3 mois	après le premier rappel	tous les 2 ou 3 ans
Hépatite de Rubarth	à l'âge de 2 mois et demi	après l'âge de 3 mois	un an après le premier rappel	tous les 2 ou 3 ans
Parvovirose	entre l'âge de 2 mois et 2 mois et demi	après l'âge de 3 mois	un an après le premier rappel	tous les ans
Leptospirose	après l'âge de 3 mois	3 semaines après le vaccin	un an après le premier rappel	tous les ans
Rage	après l'âge de 3 mois (en 1 ou 2 injections)	1 an après le vaccin	tous les ans	

Hépatite de Rubarth

• **Symptômes.** Due à un virus très voisin de celui de la maladie de Carré, cette affection se traduit chez le chiot par des symptômes généraux (fièvre, abattement), accompagnés d'une gastro-entérite (vomissements, diarrhée), de signes oculaires (conjonctivite, kératite bleue caractéristique) et d'une adénite (inflammation des ganglions lymphatiques).

• **Soins et prévention.** Le traitement est semblable à celui de la maladie de Carré. La vaccination est associée à celle contre cette maladie.

Leptospirose

Due à un germe pullulant dans le sang et dans les tissus, le leptospire, la leptospirose est une maladie contagieuse très grave, commune au chien, à l'homme et à de nombreuses autres espèces. Elle est transmise par les déjections des rats et des mulots. Les chiens peuvent également être infectés en buvant l'eau croupie des mares où vivent les germes. L'incubation dure cinq ou six jours.

• **Symptômes.** On distingue une forme rénale dominée par l'apparition d'une insuffisance rénale aiguë d'évolution rapide ; une forme digestive se manifestant par une gastro-entérite hémorragique rapidement compliquée d'une insuffisance rénale, d'une myocardite, de lésions oculaires (uvéite) et d'encéphalite ; une forme hépatique caractérisée par l'apparition d'un ictère jaune-orangé.

• **Soins.** Il faut agir très vite en administrant de fortes doses d'antibiotiques et en perfusant l'animal dès l'apparition de la maladie. La vie est menacée.

• **Prévention.** Prévenir cette maladie est important, car celle-ci peut atteindre l'homme : il faut éviter les baignades dans les mares et les étangs à risques. Il existe d'autre part un vaccin nécessitant deux injections la première année et un rappel annuel, voire bisannuel chez les animaux très exposés.

Maladie de Carré

La maladie de Carré est une maladie infectieuse, virale et contagieuse du chien et de certains autres carnivores. C'est une affection fréquemment rencontrée chez le chiot, mais elle touche aussi les adultes. La contamination se fait par contact avec un animal malade. L'incubation dure de trois à sept jours. La maladie connaît trois formes – pulmonaire, intestinale et nerveuse –, qui peuvent coexister.

• **Symptômes.** Le chien a une fièvre persistante, ses yeux sont rouges, son nez coule. Il peut ensuite être affecté d'une toux sèche, signe d'une trachéite pouvant se compliquer d'une bronchite ou d'une broncho-pneumonie. Des diarrhées et vomissements causent la déshydratation et l'affaiblissement de l'animal. On voit parfois apparaître des vésiculo-pustules sur le ventre. La forme nerveuse, toujours très grave, peut s'installer d'emblée ou survenir au cours de l'évolution : convulsions répétées, contractions permanentes de groupes musculaires (myoclonies), hébétude, coma au stade terminal signalent l'existence d'une encéphalite ou d'une méningo-encéphalite.

• **Soins.** Le traitement doit être précoce et intensif : perfusions antispasmodiques du tube digestif, anticonvulsivants. L'évolution se fait soit vers la guérison, totale ou avec séquelles (épilepsie, myoclonies persistantes, lésions de l'émail dentaire), soit vers la mort, surtout lorsqu'il y a des symptômes nerveux.

• **Prévention.** On peut prévenir la maladie de Carré par la vaccination. Le chiot sera vacciné dès l'âge de deux mois et subira une injection de rappel un mois plus tard, après l'âge de trois mois. Chez l'adulte, un rappel annuel est nécessaire durant toute la vie du chien.

Vaccination d'un chiot
La vaccination a permis d'enrayer des maladies graves et parfois mortelles, comme la maladie de Carré et la rage.

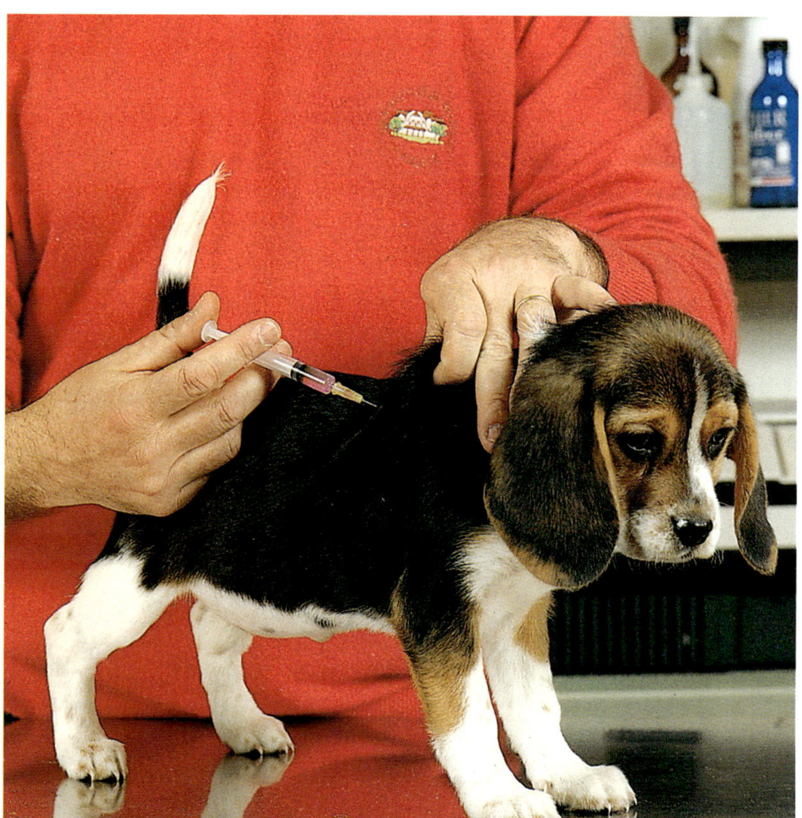

Parvovirose

Due à un virus, le parvovirus, cette maladie contagieuse provoque une gastro-entérite hémorragique chez le jeune chien. L'incubation dure trois à quatre jours.

• **Symptômes.** Après l'incubation, le chiot devient prostré, s'arrête de manger, vomit, souffre de diarrhée hémorragique incoercible, se déshydrate gravement.

• **Soins.** L'évolution est très rapide (de deux à cinq jours) et le plus souvent mortelle si l'animal ne reçoit pas immédiatement des soins intensifs appropriés : perfusions, antivomitifs, antispasmodiques, antibiotiques.

• **Prévention.** Un vaccin existe qui peut être administré au chiot dès sa huitième semaine, avec un rappel après l'âge de trois mois, puis chaque année durant toute la vie du chien, car les adultes peuvent aussi être infectés.

Piroplasmose

La piroplasmose est une maladie parasitaire grave du chien qui doit son nom à un petit parasite, le piroplasme, lequel se loge dans les globules rouges du chien atteint et les détruit. Ce parasite est transmis par les tiques lorsqu'elles se fixent et se nourrissent du sang de l'animal. Toutes les tiques ne sont cependant pas porteuses de ce parasite. Certaines régions sont plus exposées, comme le sud-ouest de la France.

Le piroplasme sévit du printemps à l'automne, époques ou les tiques foisonnent dans les herbes et les broussailles.

• **Symptômes.** Les principaux symptômes de la piroplasmose sont l'abattement, l'hyperthermie (la fièvre peut monter jusqu'à 40 °C et plus) et la coloration marc-de-café des urines. Si l'évolution se poursuit, le chien devient de plus en plus anémié et peut rapidement présenter une insuffisance rénale et hépatique, suite à la destruction massive de ses globules rouges. Non soigné, il tombe dans le coma et meurt ; la guérison spontanée reste tout à fait exceptionnelle.

Un même chien peut attraper plusieurs piroplasmoses successives : les symptômes peuvent alors devenir plus discrets et prêter à confusion.

• **Soins.** Un traitement existe et consiste en une ou deux injections d'un piroplasmicide, à deux jours d'intervalle, qui améliorent rapidement l'état clinique du chien malade si elles sont faites dès l'apparition des premiers signes de l'affection. Si les complications rénale et hépatique sont déjà

apparues, il faut alors avoir recours à des soins intensifs (perfusions), le pronostic restant réservé.
• **Prévention.** On peut protéger son chien contre cette maladie, grâce à un vaccin nécessitant deux injections la première année puis un rappel annuel. Ce vaccin n'est cependant pas totalement efficace et ne peut être effectué sur des chiens ayant déjà eu la piroplasmose ; il ne faut donc pas négliger les colliers antiparasitaires, les sprays et les poudres, qui tiendront à l'écart une éventuelle tique porteuse de piroplasmes.

Rage

Due à un virus (rhabdovirus), la rage peut frapper tous les mammifères ; elle est transmissible à l'homme. La forme vulpine, qui sévit en France, est transmise par les animaux sauvages et principalement le renard. La contamination se fait par morsure, griffure ou léchage.
Chez le chien, la rage revêt des formes cliniques très diverses, après une incubation moyenne de quinze à soixante jours, pouvant exceptionnellement s'étendre à des mois, voire des années.
• **Symptômes.** Ce sont ceux d'une encéphalite, avec troubles du comportement, modification de la voix, accès de fureur, convulsions et paralysie. L'évolution conduit toujours à la mort après deux à dix jours. Il est alors indispensable de faire confirmer le diagnostic de rage pour envisager la prophylaxie des personnes ayant été en contact avec l'animal.
• **Prévention.** La vaccination contre la rage est obligatoire pour les carnivores domestiques dans les zones contaminées et pour le passage de la plupart des frontières. Elle est demandée dans la majorité des chasses – privées ou publiques – et dans les chenils. Elle se pratique dès l'âge de trois mois, et un certificat officiel, valable un an et un jour après l'injection, est délivré au propriétaire. Un rappel annuel est obligatoire avant la date de péremption.
La législation prévoit que tout animal mordeur ou griffeur doit être mis sous surveillance sanitaire pendant quinze jours, ceci qu'il soit ou non vacciné et quelle que soit la région géographique. Il doit alors subir trois visites chez le vétérinaire : le plus tôt possible après la morsure, sept jours après et quinze jours plus tard.
À chaque visite chez le vétérinaire, un certificat est délivré à la personne mordue ou griffée, au propriétaire de l'animal mordeur ou à celui de l'animal mordu. Si l'animal est en parfaite santé lors de la troisième visite, on est alors certain qu'il n'a pu transmettre la rage au moment de la morsure. En effet, une contamination par morsure n'est possible que quelques jours avant l'apparition des symptômes nerveux.
Dans les régions contaminées, tout animal ramassé par la fourrière est abattu, sauf s'il est tatoué et vacciné contre la rage, auquel cas le délai est étendu à cinq jours.

Le rôle du vétérinaire
Le vétérinaire vaccine le chiot et le soigne. Mais il vous dira aussi tout ce que vous devez savoir sur les maladies les plus courantes, les précautions à prendre et comment les traiter.

Les maladies non infectieuses

Diabète insipide

• **Symptômes.** Le diabète insipide se manifeste par une augmentation importante et permanente de la quantité des urines émises, qui sont alors très diluées, et par une exagération de la soif. Il peut être dû à un dérèglement hormonal hypophysaire (insuffisance de sécrétion d'hormone antidiurétique, l'ADH), à un trouble psychologique (potomanie, ou augmentation significative de la prise de boisson) ou, plus rarement, à des lésions rénales. Des examens permettent d'en déterminer l'origine exacte et de le traiter.
• **Soins.** En cas d'origine hypophysaire, le traitement consiste à administrer chaque jour de l'hor-

mone antidiurétique par la voie des conjonctives oculaires (collyre). En cas de potomanie, la restriction de l'eau et l'administration temporaire d'un anxiolytique guérissent le chien.

Diabète sucré

Il se caractérise par une augmentation de la concentration du glucose (sucre) dans le sang et par sa présence anormale dans les urines. Les chiens obèses, sédentaires, les femelles en période postœstrale (période suivant les chaleurs) ou en gestation y sont prédisposés.

• **Symptômes.** On observe une nette augmentation de la prise de boisson et de l'émission d'urine, la polyphagie, éventuellement l'apparition très brutale d'une cataracte. Le chien atteint est maigre, ses urines ont une odeur caractéristique de pomme reinette. En l'absence de soins, l'animal tombe dans le coma et meurt. Une prise de sang et une analyse d'urine permettent de confirmer le diagnostic. Le diabète du chien est dans la majorité des cas insulino-dépendant.

• **Soins.** Le traitement consiste à faire des injections d'insuline (hormone hypoglycémiante) une ou deux fois par jour. Le type, la quantité d'insuline à injecter et la fréquence des injections sont souvent difficiles à déterminer, et le vétérinaire pourra hospitaliser l'animal une journée afin de faire des contrôles réguliers de la glycémie après l'injection d'insuline. Il faut stériliser les chiennes diabétiques avant d'envisager d'équilibrer le diabète : par un mécanisme complexe d'interférence hormonale, les œstrogènes (hormones de la reproduction) maintiennent un taux élevé de glucose dans le sang.

Les cancers

Les formes de cancer chez le chien sont aussi nombreuses que chez l'homme. Les plus fréquentes sont les tumeurs mammaires, les cancers du foie, du poumon, de l'intestin et des os.

• **Symptômes.** Un cancer ne se manifeste par des symptômes que si la tumeur est visible, ce qui est le cas des tumeurs mammaires de la chienne ou des tumeurs du testicule chez le mâle. Si elle n'est pas apparente, la tumeur ne va donner de symptômes que lorsqu'elle occasionnera une gêne des organes qui l'entourent. Ce sera une toux chronique dans le cancer des poumons, des troubles d'occlusion intestinale dans les cancers de l'intestin et de l'abdomen, etc. Mais, à partir d'un certain stade, un cancer provoque des troubles graves de l'état général : manque d'appétit, amaigrissement, fatigue intense.

• **Soins.** Le traitement des cancers chez le chien fait souvent appel à la chirurgie. L'intervention doit être précoce et vise à enlever la tumeur intégralement, ainsi que ses alentours. Parfois même, on enlève les ganglions les plus proches.

La chimiothérapie, très utilisée en médecine humaine, est d'usage beaucoup plus délicat chez le chien. La radiothérapie est réservée à certains types de tumeurs, comme le sarcome de Sticker, tumeur vénérienne du chien. Elle peut être réalisée sur d'autres types de cancer, mais la précision d'administration des rayons oblige à une immobilisation du chien, qui ne peut être réalisée que par l'anesthésie générale ; or la fréquence des interventions interdit souvent ce type de pratique.

LYMPHOME

Le lymphone est une tumeur maligne des ganglions, des amygdales, de la rate, de la moelle osseuse chez l'adulte. Il est assez fréquent chez le chien entre 6 et 9 ans. Certaines races y sont prédisposées : Boxer, Scottish Terrier, Briard. Le propriétaire remarque des masses anormales sous le cou, en avant de l'épaule, en arrière des cuisses. Ce sont des ganglions tumoraux hypertrophiés. L'état général peut être bon ou médiocre : le chien est fatigué, anorexique, il a de la fièvre. Des examens complémentaires – biopsie de ganglion, radiographie, prise de sang – sont nécessaires pour confirmer le diagnostic et mesurer l'extension des ganglions. Le traitement (chimiothérapie) peut être efficace ; il permet parfois une survie de plusieurs mois.

Syndrome de Cushing

Le syndrome de Cushing, ou hypercorticisme, est une affection grave due à une sécrétion prolongée et permanente de cortisol par les glandes surrénales. L'origine peut être hypophysaire (dérèglement hormonal) ou plus rarement surrénalienne (tumeur des glandes surrénales). Les chiens atteints sont adultes ou âgés.

• **Symptômes.** On observe une augmentation de la prise de boisson et de la quantité d'urine émise, une distension abdominale, une amyotrophie (fonte musculaire) et de la fatigabilité. Le chien présente souvent une alopécie (zones sans poils) bilatérale, symétrique sur les flancs et le ventre : la peau est fine avec des comédons (points noirs). Les femelles ont des chaleurs irrégulières ou absentes, les mâles une activité reproductrice diminuée.

• **Soins.** Médical, en cas d'origine hypophysaire, le traitement est long et jamais sans danger pour le foie ; il faut donc contrôler régulièrement la fonction hépatique (prise de sang).

En présence d'une tumeur surrénalienne, le traitement est chirurgical si une seule glande surrénale est atteinte.

Les médecines douces

Dans un ouvrage qui se veut objectif, il aurait été malhonnête de ne pas faire mention de ces «autres médecines». Nous pensons que certains cas peuvent être soignés par ces thérapeutiques. La complémentarité doit cependant rester le maître mot.

Des connaissances ancestrales

En médecine humaine, on a longtemps gardé un scepticisme certain vis-à-vis de thérapeutiques qualifiées de « marginales ». Il ne faut pas oublier que la médecine n'a pas attendu les découvertes du XXe siècle pour être efficace et que, dans le domaine vétérinaire, les soigneurs d'animaux ont longtemps été des empiriques appliquant des recettes ancestrales, manipulant l'herboristerie ou les argiles. Il faut avoir à l'esprit que des techniques médicales d'autres pays ont permis à des gens et à des animaux des soulagements que l'on ne peut nier, même si les bases scientifiques en restent obscures. Aujourd'hui, les chiens aussi peuvent profiter de toutes les techniques thérapeutiques dites « douces ».

L'homéopathie

L'homéopathie, bien connue en médecine humaine, a ses adeptes et ses vétérinaires. Certains sont des homéopathes exclusifs, d'autres simplement occasionnels, appliquant à quelques cas précis leurs connaissances dans cette discipline.

• **Les principes.** Le principe de similitude (« simili similibus curant ») est bien connu : un produit causant un effet pathologique à dose normale va combattre ce même effet lorsqu'il sera dilué infinitési-malement. C'est ainsi que le venin d'abeille (*Apis mellifica*) va, après dilution, combattre les inflammations, que le phosphore combattra des diarrhées… Mais attention ! L'homéopathie ne saurait se borner à être l'application de recettes. Un examen physiologique et neurologique soigneux de l'animal est indispensable, car tel médicament homéopathique, actif sur un chien nerveux, n'aura pas le même effet sur un animal lymphatique.

• **Les médicaments homéopathiques.** Ils se présentent en gouttes ou en granules, dilués de manière centésimale (CH) ou décimale (DH). On les donne en dehors des repas, de une à quatre fois par jour. Le vétérinaire homéopathe dispose de près de 2000 médicaments qui lui permettent de traiter les symptômes.

L'acupuncture
Médecine douce particulièrement appréciée, l'acupuncture animale est surtout utilisée pour soigner les syndromes douloureux ou neurologiques.

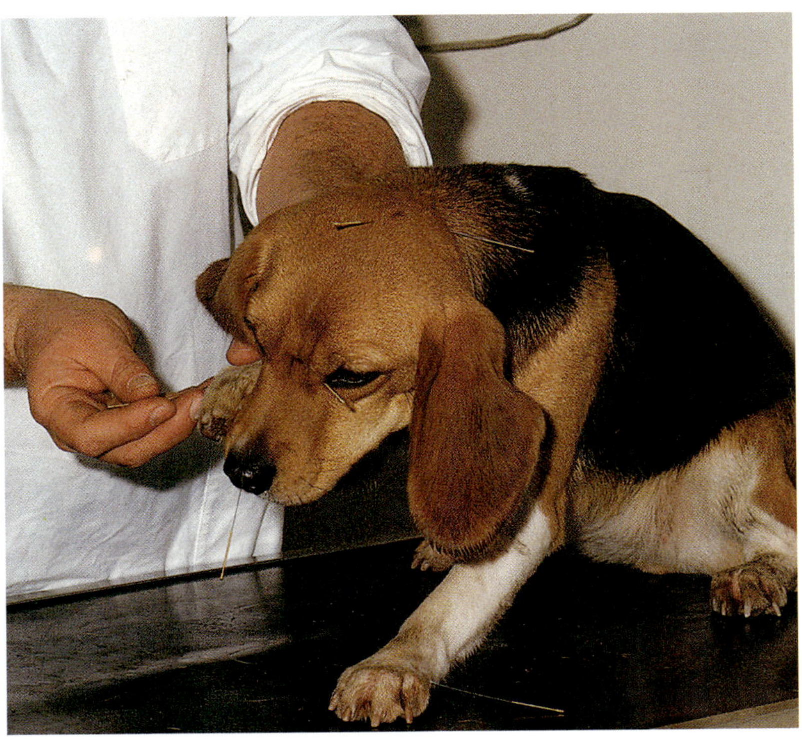

L'acupuncture

L'acupuncture animale est directement issue de la médecine traditionnelle chinoise. Des « cartes » du corps animal existent, indiquant l'endroit où placer les aiguilles. On utilise beaucoup l'acupuncture dans les syndromes douloureux ou neurologiques.

La phytothérapie

La phytothérapie, thérapeutique par les plantes médicinales, connaît de nombreux adeptes. On peut utiliser les propriétés de la plante de différentes façons : en totalité (les simples), en extrait d'huiles essentielles (aromathérapie), ou en parties concentrées en substance active – bourgeons, pousses, radicelles – (géminothérapie).

L'ostéopathie

Crâne et colonne vertébrale sont la charpente de l'organisme animal. Ils irradient vers le reste du corps les nerfs qui commandent toute la physiologie. Les nerfs sortent par des trous qui, en se rétrécissant, provoquent douleur et dysfonctionnement. La manipulation de l'étage vertébral incriminé va donc rétablir le bon état des choses. Paralysies et douleurs sont deux indications de la vertébrothérapie (ou ostéopathie), mais attention aux charlatans : seul un véritable ostéopathe peut opérer sans risque.

Les médecines de pointe

La médecine et la chirurgie vétérinaires sont longtemps restées à la traîne de leurs équivalents humains, mais les dernières décennies ont vu l'essor de ces disciplines, à la fois auprès du public et des praticiens. Les techniques de pointe sont l'objet de l'attention des vétérinaires, que ce soit dans les écoles, les facultés, les cliniques ou les hôpitaux. En effet, des médecins se spécialisent et recherchent les meilleures d'entre elles pour guérir les animaux.

Des perspectives prometteuses

L'obstacle majeur qui empêche une utilisation généralisée de certains procédés est, bien sûr, celui de leur prix de revient élevé. Cependant, au moins dans les sociétés occidentalisées, on y a recours de plus en plus fréquemment, grâce aux assurances maladie-chirurgie, qui permettent à de nombreux propriétaires de faire face aux frais entraînés par ces techniques sophistiquées.

Toutes ces techniques devront d'abord se généraliser pour abaisser leur prix de revient afin que de plus en plus d'animaux en bénéficient. Elles ne cessent de se perfectionner; tous les grands chirurgiens-vétérinaires travaillent avec leurs confrères de chirurgie humaine, ils sont au fait de ce qui est nouveau et cherchent une adaptation à l'animal. Plusieurs fois par an, des conférences ou des congrès nationaux et internationaux permettent au praticien de se tenir au courant des nouvelles possibilités thérapeutiques.

Méthodes de diagnostic

Il est bien certain que tout commence par le diagnostic précis et que la recherche thérapeutique doit être précédée par une enquête poussée. La biologie médicale est maintenant à la portée de tout praticien. L'exploration des constantes physiologiques est possible, soit par l'intermédiaire de laboratoires spécialisés, soit directement au cabinet. On recherche sur des cas délicats les paramètres sanguins et humoraux les plus divers, les modifications hormonales les plus complexes. En cancérologie, l'histopathologie des biopsies est identique à la recherche anatomopathologique pratiquée en médecine humaine. En ophtalmologie, des examens tels que l'électrorétinographie sont pratiqués. En neurologie, il est possible d'accéder à des moyens diagnostiques tels que le scanner et l'électromyographie.

L'échographie est pratiquée chez de nombreux vétérinaires et son application en cardiologie vient aider l'électrocardiographie, déjà très répandue. Il ne faut pas oublier l'exploration rationnelle du psychisme qui, grâce aux énormes travaux réalisés sur le comportement et ses dérèglements, permet de mieux cerner les perturbations parfois graves dont peuvent être atteints nos animaux familiers. Ces troubles peuvent maintenant trouver de véritables solutions, d'où tout charlatanisme est exclu. L'avenir de toutes ces techniques est celui que l'on connaît pour l'homme. C'est ainsi que les travaux sur la résonance magnétique nucléaire (RMN) sont en voie d'application dans de nombreuses écoles vétérinaires mondiales.

La médecine de pointe

Elle est pratiquée par certains généralistes qui portent leur intérêt à telle ou telle affection délicate ou par de véritables spécialistes, axés sur

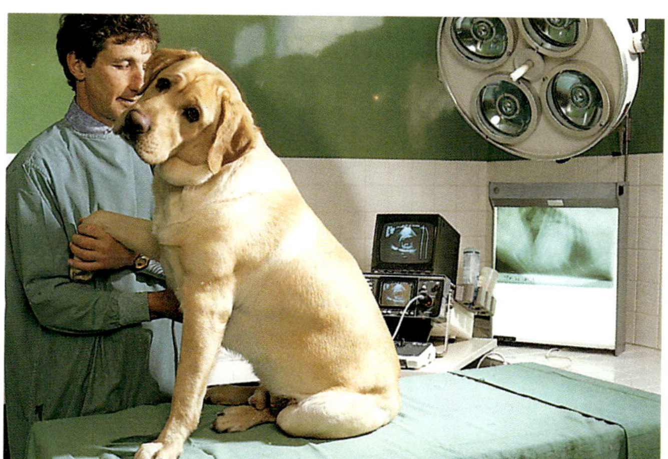

Séance d'échographie
L'échographie permet de visualiser de nombreux organes et ainsi de détecter d'éventuels troubles.

Examen au scanner
Le scanner fait partie des moyens d'investigation assez récents désormais utilisés pour diagnostiquer certaines affections du chien.

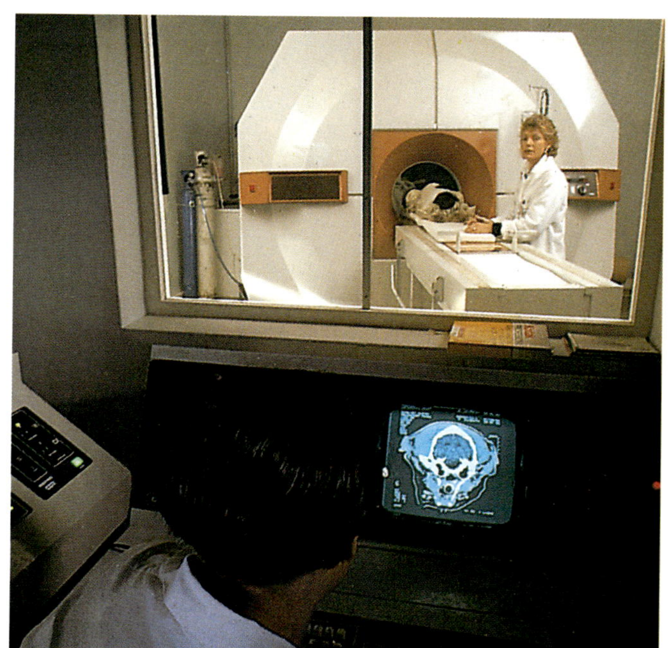

l'étude d'une pathologie bien spécifique. On ne soigne plus un diabète ou tout autre affection hormonale comme il y a quelques décennies. Le cancer est maintenant diagnostiqué et suivi avec rigueur. Son traitement fait appel à la chirurgie, bien entendu, mais aussi à la chimiothérapie et à la radiothérapie, puisque certaines bombes au cobalt ont été mises à la disposition des vétérinaires dans des centres spécialisés.

Les spécialités ont séduit de nombreux praticiens, réunis dans des associations internationales où travaux et communications sont mis en commun pour faire progresser les techniques de soins. En ophtalmologie, l'utilisation du laser, ainsi que des ultrasons permet de guérir des lésions de la rétine ou du cristallin, rédhibitoires il y a encore quelques années.

Les cardiologues vétérinaires permettent à votre chien de survivre de nombreuses années grâce à l'utilisation de médicaments et de techniques avancées comme le pacemaker, jusque-là réservés aux humains. Des dermatologues se penchent sur tous les problèmes de la peau et du pelage, restés longtemps mystérieux.

L'étude précise des métabolismes hydriques autorise des sauvetages miraculeux grâce à l'équilibre des perfusions. De même, il existe des banques du sang pour les transfusions canines. En dentisterie, on a vu depuis peu les vétérinaires marcher dans les pas des dentistes: orthodontie, prothèses, réparations de dents abîmées ou cariées.

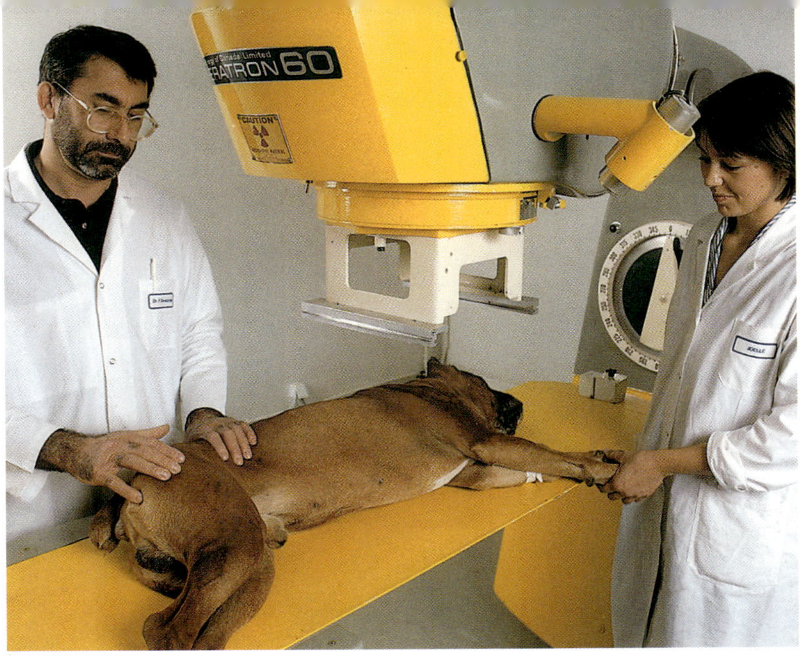

Séance de radiothérapie
Les chiens atteints de cancer sont parfois soignés avec des séances de radiothérapie à la bombe au cobalt.

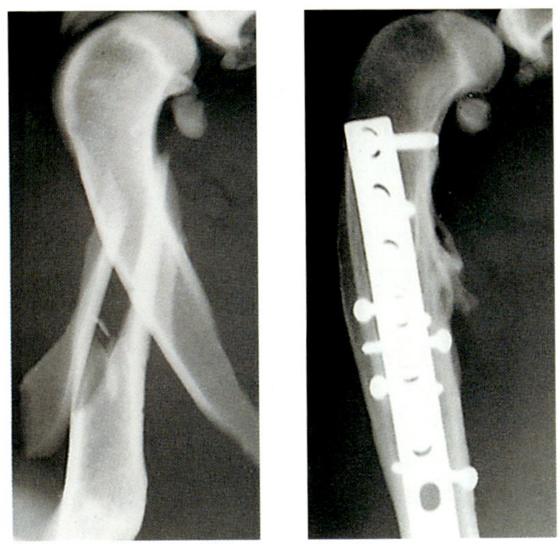

Radiographies d'une fracture et de sa réparation par plaque
La pose d'une plaque sur une fracture permet de soigner des chiens autrefois perdus ou condamnés à boiter.

La chirurgie

Spectaculaire, passionnante, elle voit de nombreux vétérinaires s'y consacrer.

La chirurgie générale. Elle est pratiquée par la plupart des praticiens avec toutes les notions connues d'asepsie, d'hémostase, de ligature. Le matériel est pratiquement le même qu'en chirurgie humaine et les techniques sont identiques, adaptées à la taille de l'animal et à son anatomie. Ce sont les progrès de l'anesthésie qui ont permis d'avancer en chirurgie animale et, qu'ils soient injectables ou gazeux, les mélanges anesthésiants permettent un sommeil et une insensibilisation à la demande, en fonction de la durée requise par l'opération et en tenant compte de l'état de santé de l'animal. On opère dans une bien plus grande sécurité les grands traumatisés ou les chiens âgés et l'on peut dire que rien n'est impossible à celui qui se révèle un chirurgien habile.

• **La chirurgie osseuse et orthopédique.** C'est dans ce domaine que les progrès sont les plus spectaculaires. Des fractures graves qui condamnaient, il y a encore une dizaine d'années, les animaux à l'euthanasie ou à l'infirmité sont réduites actuellement avec succès par certains chirurgiens. Des malformations congénitales ou acquises peuvent être rectifiées. Ne citons à ce propos que les dysplasies de la hanche, qui sont traitées maintenant par une chirurgie remarquable où se retrouvent, comme pour les hommes, les ostéotomies et les prothèses complètes en titane et en matière plastique. Broches, plaques, vis, greffes osseuses, ciments spéciaux sont utilisés.

• **La neurochirurgie.** Elle progresse également: décompression de la moelle épinière, ablation de tumeurs cérébrales.

• **La chirurgie cardiovasculaire.** Que dire de la chirurgie cardiovasculaire, sinon qu'il est bien normal qu'elle profite aux chiens, qui ont trop souvent servi de cobayes dans ce domaine.

Le chien âgé

Science médicale à part entière, la gérontologie donne aujourd'hui de remarquables résultats. Le propriétaire motivé, prêt à appliquer un traitement adapté et une diététique appropriée, peut en effet augmenter la durée de vie et le confort de son vieux chien.

Modifications physiques et comportementales

À quel moment un chien devient-il vieux ? Quand peut-on parler de vieillesse chez un animal ? Théoriquement, un chien est vieux lorsqu'il entame le dernier quart de son espérance de vie. Il n'y a donc pas d'âge déterminé : certains seront âgés dès 9 ans (Boxer, Dogue allemand) ; d'autres le seront seulement à 12 ans (Caniche, Yorkshire). Nos compagnons, généralement, vieillissent bien : leur aspect extérieur, leur morphologie ne se modifient que tardivement.

Quelques chiens blanchissent au niveau de la tête, d'autres, progressivement, sur tout le corps ; le poil tombe en certains endroits, des cals peuvent apparaître sur les coudes et les jarrets. De petits kystes surgissent parfois sur la peau, ainsi que des verrues (fréquentes chez le Caniche) et des tumeurs cutanées. Celles-ci doivent rapidement attirer l'attention, être retirées puis analysées pour déterminer leur nature. Les yeux subissent aussi des dommages. L'affection oculaire la mieux connue reste la cataracte. L'usure des dents est importante : elles s'entartrent, se déchaussent, peuvent finir par tomber. L'haleine devient souvent très désagréable.

Des changements de comportement peuvent survenir : le chien âgé devient léthargique, dort plus longtemps, joue moins, rechigne à se promener. Certains chiens souffrent même d'une véritable dépression, urinent la nuit, se désintéressent de leur entourage.

Cocker âgé
Le Cocker âgé se reconnaît notamment à ses poils blanchis.

Un enfant et un Cocker vieillissant
Parfois contemporains, l'enfant et le chien peuvent partager leurs jeux de longues années.

Affections cardiaques et pulmonaires

Le chien âgé est fréquemment un tousseur chronique. L'auscultation et une radiographie du thorax permettront de déterminer l'origine de cette toux, cardiaque ou pulmonaire. Le chien ne souffre pas d'infarctus. Il n'est cependant pas rare de déceler vers 9-10 ans un souffle cardiaque, signe de lésions du cœur, à l'origine d'une fatigue à l'effort, de halètements, de toux et, plus grave, d'œdème pulmonaire.

Affections des reins et du foie

Les affections des reins et du foie sont fréquentes chez l'animal âgé. Le chien se met à boire davantage, vomit et a de la diarrhée. Une urine abondante n'est pas toujours preuve d'un bon fonctionnement rénal, bien au contraire. Il est conseillé de faire pratiquer de temps à autre un bilan sanguin, urinaire et éventuellement radiographique.

L'arthrose

L'apparition d'une démarche pénible ou de boiterie est également un signe fréquent du vieillissement. L'arthrose en est une des causes principales, à l'origine de douleur et de raideur. Elle peut se localiser sur les articulations des membres, des hanches ou des vertèbres, où elle se traduit par la présence de « becs de perroquets ».

Bien vieillir

Le vieillissement est un phénomène irrémédiable ; des traitements ponctuels existent qui permettent de mener l'animal à sa longévité maximale dans les meilleures conditions possible. De plus, des traitements généraux peuvent augmenter la résistance et le tonus du chien. Une diététique adaptée se révèle indispensable en cas d'insuffisance rénale ou cardiaque. Mais, lorsque l'animal, atteint d'une maladie incurable, souffre, le vétérinaire peut être amené, en accord avec le propriétaire, à pratiquer l'euthanasie. C'est aujourd'hui un acte rapide et indolore pratiqué en deux temps, une première injection endormant l'animal avant la piqûre définitive.

Renseignements pratiques

Les papiers du chien

Avant d'acheter un chien, il faut savoir quels sont les papiers que l'on doit exiger d'un éleveur. Il est aussi utile de connaître le processus à suivre afin d'obtenir pour un chien un pedigree, grâce auquel les chiots qu'il engendrera seront susceptibles d'être confirmés de pure race.

Les documents obligatoires

Le tatouage étant obligatoire pour les chiens, l'éleveur doit remettre à l'acheteur la carte de tatouage de l'animal. Il doit également lui remettre une attestation de vente, un document décrivant la race, et, si le chiot a été acheté chez un particulier, un certificat de bonne santé. L'attestation de vente doit notamment comporter le prix et les conditions de vente, certaines précisions sur le chiot – sa race, son numéro d'inscription à la Société centrale canine (S.C.C.) – et la tâche à laquelle il est destiné (reproduction, expositions, compagnie, chasse, garde...). Cette mention, très importante, permet, si le chien est « inapte », d'avoir un recours contre l'éleveur. Dans le cas où le chiot a déjà été vacciné, l'éleveur doit aussi fournir son carnet de vaccination. Enfin, si le chiot est de pure race, l'éleveur doit donner à l'acheteur son certificat de naissance ou le numéro de dossier du chiot à la S.C.C.

La déclaration de saillie

L'éleveur doit se procurer auprès de la Société centrale canine (S.C.C.) un formulaire de déclaration de saillie, qu'il devra compléter lorsque celle-ci aura eu lieu. Avant toute déclaration de saillie auprès de la S.C.C., il faut s'assurer que le mâle et la femelle sont bien eux-mêmes titulaires d'un pedigree.

La déclaration de naissance et la demande d'inscription de portée

Après la mise bas, l'éleveur doit envoyer, dans un délai de deux semaines, une déclaration de naissance à la S.C.C. Dans la déclaration sont précisés le nombre de chiots nés et la proportion de mâles et de femelles. Une demande d'inscription de portée au Livre des origines français (L.O.F.) doit être complétée et envoyée à la S.C.C. dès que les chiots sont tatoués. La portée est alors inscrite au L.O.F. puis la S.C.C. retourne à l'éleveur les certificats de naissance des chiots.

Le chien et l'assurance

La responsabilité civile

Selon le Code civil, « *Le propriétaire d'un animal ou celui qui s'en sert pendant qu'il est à son usage est responsable du dommage que l'animal a causé, que l'animal soit sous sa garde, égaré, ou échappé* ». Il faut donc veiller à ce que la carte de tatouage du chien soit bien au nom de son propriétaire. Ensuite, il faut se renseigner auprès de son assureur. En principe, le contrat de responsabilité civile inclut le chien dans les biens assurés. La plupart des assurances couvrent tous les dommages résultant de la possession d'animaux de compagnie. Toutefois, depuis quelques années, les assurances font payer un supplément aux propriétaires de chiens de garde et de défense. Et certaines d'entre-elles excluent de la garantie de responsabilité civile les chiens soumis au dressage. Dans ce cas il faut souscrire un contrat spécifique. Par ailleurs, pour la chasse, une extension de garantie est généralement nécessaire.

L'assurance maladie

De plus en plus de compagnies d'assurance proposent des contrats qui couvrent les dépenses de santé des animaux de compagnie. Si un chien est malade ou doit être opéré, la compagnie rembourse à son propriétaire 60 à 80 % (selon le montant de la prime) des frais vétérinaires (consultations, interventions chirurgicales, radiographies, analyses, frais postopératoires, etc.). Pour toutes les assurances, un délai de carence de 45 jours à 3 mois après la souscription est prévu, et le chien doit obligatoirement être vacciné contre la rage, la maladie de Carré, l'hépatite contagieuse et la leptospirose. Certaines dépenses sont exclues des contrats d'assurance, tels les frais de vaccination contre les maladies énumérées ci-dessus ainsi que leurs rappels ou les soins et les interventions ayant pour but de remédier à toute malformation constitutionnelle ou tare congénitale. Il est donc indispensable de lire attentivement le contrat d'assurance.

Les vacances

Partir à l'étranger avec son chien n'est pas toujours une sinécure ! Selon la destination et le moyen de transport, les formalités peuvent être très complexes. Pour éviter les mauvaises surprises, il vaut mieux s'y prendre longtemps à l'avance.

Voiture, train, bateau ou avion ?

En voiture

Les voyages en voiture sont bien sûr les moins compliqués, à condition que le chien y soit habitué. Il est ainsi important de lui faire effectuer son premier voyage dès son plus jeune âge.

En train

Les voyages en train ne posent généralement pas de problème. Il faut cependant penser à acheter un billet pour le chien auprès de la compagnie de transport ferroviaire. Si le chien pèse moins de 6 kg, il peut voyager dans un panier ou un sac de transport pour une somme forfaitaire. Au-dessus de 6 kg, le chien voyage tenu en laisse et, s'il s'agit d'un Staffordshire Terrier, d'un American Staffordshire Terrier, d'un Rottweiler ou d'un Tosa, muni d'une muselière. Il faut alors acheter un billet de seconde classe à demi-tarif.

En bateau

Les voyages en bateau doivent être préparés suffisamment à l'avance car chaque compagnie a son règlement et ses tarifs. Il faut donc prendre tous les renseignements nécessaires lors de la réservation.

En avion

Les voyages en avion nécessitent une bonne préparation. Si le chien fait moins de 5 kg, il peut voyager en cabine, à condition qu'il soit dans un sac de transport dont le total des dimensions n'excède pas 115 cm. Au-dessus de 5 kg, l'animal voyagera en soute, dans une caisse qu'il faut acheter au préalable à la compagnie aérienne. Les prix des billets comme des caisses de transport varient d'une compagnie à l'autre.

Les voyages à l'étranger

Voyager en Europe

• **Les mesures générales.** Pour voyager dans l'Union européenne, un certificat de bonne santé doit être établi par un vétérinaire ainsi qu'un certificat de vaccination antirabique.

• **L'exception britannique.** Le gouvernement britannique expérimente actuellement un projet d'abandon de la quarantaine de 6 mois pour les animaux entrant en Grande-Bretagne. Celle-ci sera remplacée par un système de « passeports pour animaux », permettant d'identifier précisément l'origine d'un animal grâce à une puce électronique implantée sous sa peau, et de retracer son parcours de vaccination.

Les personnes désirant se rendre en Grande-Bretagne avec leur chien devront donc, dans un premier temps, faire identifier leur animal par une puce électronique. Elles devront ensuite être en mesure de présenter les certificats vétérinaires prouvant que leur chien a été vacciné contre la rage. Si le chien est vacciné contre la rage avant d'être identifié, il faudra qu'il soit à nouveau vacciné après la pose de la puce. Le propriétaire du chien devra faire procéder à une prise de sang 30 jours après la vaccination. L'échantillon sanguin sera envoyé à un laboratoire agréé par le ministère de la Santé britannique pour vérifier que le vaccin a bien pris. Le chien devra ensuite être vermifugé et traité contre les tiques entre 24 et 48 heures avant son arrivée sur le sol britannique. Ce traitement fera l'objet d'un certificat établi par un vétérinaire.

Ces nouvelles mesures seront, d'ici avril 2001, définitivement appliquées par les états suivants : Allemagne, Andorre, Autriche, Belgique, Danemark, Espagne, Finlande, France, Gibraltar, Grèce, Islande, Italie, Liechtenstein, Luxembourg, Monaco, Norvège, Pays-Bas, Portugal, San Marin, Suède, Suisse et Vatican.

Voyager hors d'Europe

Pour voyager hors d'Europe, il n'existe pas de législation commune. Il faut donc se renseigner auprès du consulat ou de l'ambassade du pays de destination. Il est cependant indispensable de se munir des papiers du chien (carte de tatouage, vaccination antirabique), même s'ils ne sont pas exigés. Ils seront en effet demandés au retour sur le territoire où résident habituellement le chien et son maître !

Pension, dog-sitting et famille d'accueil

Vous devez partir en voyage et ne pouvez emmener votre chien. Avant de rechercher une adresse, vous devez vous interroger sur le mode de garde qui vous semble le mieux adapté à votre situation : préférez-vous laisser votre compagnon dans une pension ou que quelqu'un passe chez vous pour s'en occuper ? Vous pouvez aussi le confier à une famille d'accueil. Dans tous les cas, sachez qu'un contrat sera signé entre les deux parties, précisant leurs obligations.

En pension

Dans une pension, votre chien sera entre les mains de professionnels. Suivant le niveau de « confort » que vous aurez choisi, il disposera d'un simple box individuel ou d'un véritable espace personnel, avec niche et aire de jeux.

Dog-sitting et famille d'accueil

Si votre compagnon est habitué à une présence permanente, le dog-sitting ou la famille d'accueil sont conseillés. Il existe deux formules de dog-sitting : soit quelqu'un passe chez vous deux à trois fois

La Société centrale canine

La Société centrale canine (S.C.C.) est l'équivalent d'une institution gouvernementale pour les chiens de race. En effet, c'est elle qui délivre les « cartes d'identité » (cartes de tatouage et pedigrees) et qui enregistre les « mariages » (saillies), les « naissances » (déclarations de portée) et les certificats de travail (résultats en expositions ou en discipline de travail).
La S.C.C. voit le jour en 1882. En 1885, le Livre des origines français (L.O.F.) est ouvert : le premier chien inscrit – Marco – est un Griffon d'arrêt à poil laineux, race aujourd'hui disparue. Depuis cette époque, le L.O.F. permet de sélectionner les chiens sur leurs aptitudes et leur beauté, grâce, entre autres, à leurs origines, portées sur leur pedigree. En 1914, la S.C.C. est reconnue d'utilité publique et, en 1957, le L.O.F. reçoit ses lettres de noblesse et devient le document officiel de référence.
La S.C.C. est divisée en plusieurs départements, ayant chacun une fonction spécifique. Le département du L.O.F. s'occupe de l'inscription provisoire des chiens de pure race nés de parents titulaires d'un pedigree. Celui de la « Confirmation » enregistre définitivement les chiens au L.O.F., après examen du chien par un juge expert de la race. Le Secrétariat organise les expositions ainsi que les différentes manifestations auxquelles participe la S.C.C. Le Fichier central, quant à lui, enregistre en moyenne 600 000 nouvelles immatriculations par an, qui permettront aux propriétaires de retrouver leur compagnon égaré ou de prouver qu'ils en sont bien propriétaires.
La S.C.C. est aussi une gigantesque fédération, regroupant 96 clubs de race et 65 sociétés régionales. Celles-ci organisent les concours de travail ou les expositions de beauté dans leur région. Au niveau international, la S.C.C. fait partie de la Fédération cynologique internationale (F.C.I.), dont elle fut cofondatrice en 1910. La F.C.I. est l'instance supérieure qui décide de la reconnaissance d'une race : c'est à elle que le pays d'origine doit envoyer un dossier décrivant le cheptel, la politique de sélection et les aptitudes. Il y a actuellement 421 races et variétés reconnues officiellement par la F.C.I.

par jour pour sortir votre chien et lui donner à manger ; soit une personne s'installe à votre domicile pendant toute la durée de vos vacances.
La solution « famille d'accueil » présente de nombreux avantages : votre chien sera « chouchouté » dans un cadre familial !

Numéros de téléphone utiles
– Pensions :
s'adresser à la Société centrale canine :
Tél. : 01 49 37 54 00
– Dog-sitting :
Animado : Tél. : 01 42 61 19 00
Animafa : Tél. : 01 40 35 71 51
Ani-Seniors-Services : Tél. : 01 69 89 99 77
P'titour : Tél. : 01 47 64 57 06
– Résidents temporaires :
Ani-maison : Tél. : 08 04 50 08 36
Home company : Tél. : 04 94 86 10 16
– Familles d'accueil :
P'titour : Tél. : 01 47 64 57 06

Adresses utiles

France

• **A.F.I.R.A.C. (Association française d'information et de recherche sur l'animal de compagnie)**
32, rue de Trévise
75009 Paris
Tél. : 01 56 03 12 00
Site internet : www.afirac.org
• **A.N.E.C.A.H. (Association nationale d'éducation des chiens d'assistance pour handicapés)**
137 bis, rue Nationale
75013 Paris
Tél. : 01 45 86 58 88
• **Centre de documentation et d'information sur l'assurance**
2, rue de la Chaussée-d'Antin
75009 Paris
Tél. : 01 42 47 90 00
• **C.E.S.E.C.A.H. (Centre d'étude, de sélection et d'élevage de guides pour aveugles)**
91, rue Jean-Bleuzen
92170 Vanves
Tél. : 01 46 45 44 55
• **C.N.S.P.A. (Confédération nationale des sociétés protectrices des animaux)**
25, quai Jean-Moulin
69002 Lyon Cedex
Tél. : 04 78 38 71 71
• **Commission nationale d'éducation et d'agility**
La rue de Coussac
67610 La Wantzenau
Tél. : 03 88 96 22 10
• **École nationale vétérinaire d'Alfort**
7, av du Général-de-Gaulle
94701 Maisons-Alfort
Tél. : 01 43 96 71 00
Urgences : 01 43 96 23 23
Centre anti-poison : 01 48 93 13 00
Site internet : www.vet-alfort.fr
• **Fichier central** : 01 49 37 54 54
• **Fondation Assistance aux animaux**
23, av de la République
75011 Paris
Tél. : 01 43 55 76 57
• **Fondation Brigitte-Bardot**
40, Cour Albert Ier
75008 Paris
Tél. : 01 56 59 04 44
Site internet : www.fondationbrigittebardot.fr
• **Fondation 30 Millions d'amis**
BP 107
3, rue de l'Arrivée
75749 Paris Cedex 15
Tél. : 01 45 38 70 06
• **S.C.C. (Société centrale canine)**
155, av Jean-Jaurès
93535 Aubervilliers Cedex
Tél. : 01 49 37 54 00
Sites internet : www.scc.asso.fr ou www.lamaisonduchien.com
• **S.N.P.C. (Syndicat national des professionnels du chien)**
Rue des Paulines
63390 Saint-Gervais-d'Auvergne
Tél. : 04 73 85 83 67
• **S.P.A. (Société protectrice des animaux)**
39, bd Berthier
75017 Paris
Tél. : 01 43 80 40 66
Site internet : www.spa.asso.fr
• **Société canine de Monaco**
12, av d'Ostende
98000 Monaco
Tél. : 93 50 55 14

Belgique

• **Faculté de médecine vétérinaire Université de Liège**
20, bd de Colonster
4000 Liège
Tél. : 4 366 42 00
Site internet : www.ulg.ac.be
• **F.C.I. (Fédération cynologique internationale)**
13, place Albert Ier
6530 Thuin
Tél. : 7 159 12 38
Site internet : www.fci.be
• **Union royale cynologique Saint-Hubert**
98, av A. Giraud
1030 Bruxelles
Tél. : 2 245 48 40

Canada / Québec

• **CKC (Club canin canadien)**
89, Skyway avenue, Suite 100 Etobicoke
Ontario
Canada M9W 6R4
Tél. : 416 675 6506
Site internet : www.ckc.ca
• **Faculté de médecine vétérinaire**
3200, rue Sicotte
Saint-Hyacinthe
Québec J2S 2M2
Tél. : 450 773 8521
Site internet : www.medvet.umontreal.ca

Luxembourg

• **Union cynologique Saint-Hubert du Grand Duché du Luxembourg**
BP 69
4901 Bascharage
Tél. : 50 28 66

Suisse

• **Faculté de médecine**
Winterthurerstrasse 190
8057 Zürich
Tél. : 01 634 11 11
Site internet : www.rektorat.unizh.ch
• **Société cynologique suisse**
Länggasstrasse 8
Case Postale 8217
3001 Berne
Tél. : 31 306 62 62
Site internet : www.skg-scs.ch

Le chien et la loi

Loi n° 99-5 du 6 janvier 1999 relative aux animaux dangereux et errants et à la protection des animaux (extraits)

• Art. 211-1

Les types de chiens susceptibles d'être dangereux sont répartis en deux catégories :

1re catégorie : les chiens d'attaque. Relèvent de cette catégorie de chiens :

– les chiens assimilables par leurs caractéristiques morphologiques aux chiens de race Staffordshire Terrier et American Staffordshire Terrier, sans être inscrits à un livre généalogique reconnu par le ministre de l'Agriculture et de la Pêche. Ces deux types de chiens peuvent être communément appelés « Pitbulls » ;

– les chiens assimilables par leurs caractéristiques morphologiques aux chiens de race Mastiff, sans être inscrits à un livre généalogique reconnu par le ministre de l'Agriculture et de la Pêche. Ces chiens peuvent être communément appelés « Boerbulls » ;

– les chiens assimilables par leurs caractéristiques morphologiques aux chiens de race Tosa, sans être inscrits à un livre généalogique reconnu par le ministre de l'Agriculture et de la Pêche.

2e catégorie : les chiens de garde et de défense. Relèvent de cette catégorie de chiens :

– les chiens de race Staffordshire Terrier, American Staffordshire Terrier, Rottweiler, Tosa ;

– les chiens assimilables par leurs caractéristiques morphologiques aux chiens de race Rottweiler, sans être inscrits à un livre généalogique reconnu par le ministre de l'Agriculture et de la Pêche.

• Art. 211-4

I. L'acquisition, la cession à titre gratuit ou onéreux, [hormis les cas particuliers de dérogation prévus par la loi], l'importation et l'introduction sur le territoire [français] des chiens de la 1re catégorie mentionnée à l'article 211-1, sont interdites.

II. La stérilisation des chiens de la première catégorie est obligatoire. Cette stérilisation donne lieu à un certificat vétérinaire.

III. Le fait d'acquérir, de céder à titre gratuit ou onéreux, [hormis les cas particuliers de dérogation prévus par la loi], d'importer ou d'introduire sur le territoire [français] des chiens de la 1re catégorie mentionnée à l'article 211-1 est puni de six mois d'emprisonnement et de 100 000 F d'amende. Le fait de détenir un chien de la première catégorie sans avoir fait procéder à sa stérilisation est puni des peines prévues au 1er alinéa.

• **Art. 211-5**

I. L'accès des chiens de la 1re catégorie aux transports en commun, aux lieux publics, à l'exception de la voie publique, et aux locaux ouverts au public est interdit. Leur stationnement dans les parties communes des immeubles collectifs est également interdit.

II. Sur la voie publique, dans les parties communes des immeubles collectifs, les chiens de la 1re et de la 2e catégorie doivent être muselés et tenus en laisse par une personne majeure. Il en est de même pour les chiens de la 2e catégorie dans les lieux publics, les locaux ouverts au public et les transports en commun.

III. Un bailleur ou un copropriétaire peut saisir le maire en cas de dangerosité d'un chien résidant dans un des logements dont il est propriétaire. Le maire peut alors procéder, s'il le juge nécessaire, à l'application des mesures prévues à l'article 211.

Convention européenne pour la protection des animaux de compagnie (extraits)

Liste des pays ayant signé, ratifié et appliqué la Convention européenne pour la protection des animaux de compagnie : Allemagne, Autriche, Belgique, Chypre, Danemark, Finlande, Grèce, Luxembourg, Norvège, Portugal, Suède, Suisse, Tchéquie.

Chapitre II – Principes pour la détention des animaux de compagnie.

• **Article 3 – Principes de base pour le bien-être des animaux**

1. Nul ne doit causer inutilement des douleurs, des souffrances ou de l'angoisse à un animal de compagnie.
2. Nul ne doit abandonner un animal de compagnie.

• **Article 4 – Détention**

1. Toute personne qui détient un animal de compagnie ou qui a accepté de s'en occuper doit être responsable de sa santé et de son bien-être.
2. Toute personne qui détient un animal de compagnie ou s'en occupe doit lui procurer des installations, des soins et de l'attention qui tiennent compte de ses besoins éthologiques, conformément à son espèce et à sa race, et notamment :
a) lui fournir, en quantité suffisante, la nourriture et l'eau qui lui conviennent ;
b) lui fournir des possibilités d'exercice adéquates ;
c) prendre toutes les mesures raisonnables pour ne pas le laisser s'échapper.
3. Un animal ne doit pas être détenu en tant qu'animal de compagnie si :
a) les conditions visées au paragraphe 2 ci-dessus ne sont pas remplies ;
b) bien que ces conditions soient remplies, l'animal ne peut s'adapter à la captivité.

• **Article 5 – Reproduction**

Toute personne qui sélectionne un animal de compagnie pour la reproduction doit être tenue de prendre en compte les caractéristiques anatomiques, physiologiques et comportementales qui sont de nature à compromettre la santé et le bien-être de la progéniture ou de la femelle.

• **Article 6 – Limite d'âge pour l'acquisition**

Aucun animal de compagnie ne doit être vendu à des personnes de moins de 16 ans sans le consentement exprès de leurs parents ou des autres personnes qui exercent la responsabilité parentale.

• **Article 7 – Dressage**

Aucun animal de compagnie ne doit être dressé d'une façon qui porte préjudice à sa santé et à son bien-être, notamment en le forçant à dépasser ses capacités ou sa force naturelles ou en utilisant des moyens artificiels qui provoquent des blessures ou d'inutiles douleurs, souffrances ou angoisses.

Définitions et sigles usuels

• **B.C.** Brevet de chasse.
• **B.T.** Brevet d'aptitude au travail.
• **C.A.C.I.B.** Certificat au Championnat international de beauté, qui ne peut être accordé, lors d'une exposition, qu'à un chien classé 1er excellent en classe ouverte, en classe de travail ou en classe champion, à condition qu'il soit d'un mérite exceptionnel (cette récompense n'accompagne pas automatiquement la première place).
• **C.A.C.I.T.** Certificat d'aptitude au Championnat international de travail, qui peut être attribué, lors d'un concours, à un chien classé 1er excellent. Il doit obligatoirement avoir accompli un parcours sans faute.
• **C.A.C.S.** Certificat d'aptitude au Championnat de conformité au standard, qui ne peut être accordé, lors d'une exposition, qu'à un chien classé 1er excellent en classe ouverte ou en classe de travail, à condition qu'il soit d'un mérite exceptionnel (cette récompense n'accompagne pas automatiquement la première place).
• **C.A.C.T.** Certificat d'aptitude au Championnat de travail, qui peut être attribué, lors d'un concours, à un chien classé 1er excellent, ayant accompli un parcours de façon impeccable.
• **Certificat de naissance.** Document attestant l'inscription au Livre des origines français d'un chiot dont les parents sont de race pure. Le certificat de naissance doit être remis par l'éleveur à l'acheteur. Il sera transformé en pedigree après l'examen de confirmation.
• **Champion C.S.** Champion national de conformité au standard. Titre décerné à un chien qui, selon la race, possède :
– le C.A.C.S. de l'exposition de championnat et trois C.A.C.S., dont deux sont attribués obligatoirement dans des expositions internationales – au moins trois juges différents doivent avoir attribué ces C.A.C.S. ;
– le C.A.C.S. de l'exposition de championnat, un C.A.C.S. dans une exposition spéciale à C.A.C.I.B. et un C.A.C.S. dans une exposition nationale – trois juges différents doivent avoir attribué ces C.A.C.S. ;
– le C.A.C.S. de l'exposition de championnat, ou le C.A.C.S. de l'exposition nationale d'élevage, un C.A.C.S. dans une exposition internationale et un C.A.C.S. dans une exposition nationale – trois juges différents doivent avoir attribué ces C.A.C.S.
• **Classe « champions ».** Lors d'une exposition, classe réservée aux chiens de plus de 15 mois, déclarés champions de beauté nationaux des pays membres de la F.C.I. et champions internationaux de la F.C.I.
• **Classe « débutants ».** Classe réservée aux chiens âgés de 9 à 12 mois. Cette classe ne donne pas droit à l'attribution d'un qualificatif. Le juge formule simplement une appréciation.
• **Classe individuelle.** Lors d'une exposition, sont considérées comme classes individuelles les classes ouverte, « jeunes », « travail », « champions ».
• **Classe « jeunes ».** Classe réservée aux chiens âgés de 12 à 24 mois, selon les races. Cette classe ne donne pas droit à l'attribution du C.A.C.S. et du qualificatif excellent.
• **Classe ouverte.** Lors d'une exposition, classe dans laquelle peuvent s'inscrire tous les chiens ayant atteint un âge minimal, en fonction de la race.
• **Classe « travail ».** Lors d'une exposition, classe réservée aux chiens ayant l'âge minimal pour la classe « jeunes », sans limite supérieure, et ayant déjà obtenu une récompense correspondant à leur spécialité.
• **Concours.** Compétition au cours de laquelle se déroulent les épreuves de travail, destinées aux chiens de garde, d'utilité ou de défense, aux chiens de chasse, aux chiens de berger ou aux Lévriers.
• **C.S.A.U.** Certificat de sociabilité et d'aptitude à l'utilisation. Ce certificat peut être exigé dans le cadre de la pratique d'un sport de défense (ring, R.C.I., campage, etc.).
• **C.T.** Champion national de travail. Titre décerné à un chien de travail hors pair, suivant des modalités équivalentes à celles qui régissent l'attribution du titre de champion national de beauté.
• **C.U.N.** Commission d'utilisation nationale. Les C.U.N. donnent leurs directives aux clubs d'utilisation.
• **Défaut.** Imperfection par rapport au standard de la race et à ses qualités spécifiques de travail.
• **Examen de confirmation.** Examen morphologique au cours duquel un expert-confirmateur vérifie que le chien est conforme au standard, afin que celui-ci puisse être définitivement inscrit au L.O.F.
• **Exposition.** Manifestation ayant pour but premier de sélectionner les meilleurs sujets de l'espèce canine en appréciant leur conformité au standard de leur race ; le second but est de mieux faire connaître les chiens de race.
• **F.C.I.** Fédération cynologique internationale.
• **Fichier national canin.** Fichier tenu par la S.C.C. et qui répertorie tous les chiens tatoués, qu'ils soient ou non de race.
• **L.O.F.** Livre des origines français. Registre où sont inscrits les chiens de race. Est définitivement inscrit au L.O.F. un chien dont les parents sont de pure race, titulaires d'un pedigree, et qui a lui-même passé avec succès l'examen de confirmation. Il est possible d'inscrire au L.O.F. un chien importé.
• **Lot d'élevage.** Lors d'une exposition, classe réservée à des groupes composés obligatoirement de cinq chiens de même race, de même variété, sans distinction de sexe, déjà engagés dans une classe individuelle, nés chez le même producteur, mais pouvant appartenir à des exposants différents.
• **Nom.** Mot qui sert à désigner un chien. Les chiens inscrits au L.O.F. doivent avoir comme lettre initiale celle qui est définie par leur année de naissance : P pour 1999, R pour 2000, S pour 2001, T pour 2002 (K, Q, W, X, Y, Z ne sont jamais attribués).
• **Pedigree.** Document délivré par la S.C.C. après confirmation du chien et qui témoigne de l'inscription définitive de celui-ci au L.O.F. La généalogie du chien y est portée sur trois générations.
• **Race.** Subdivision de l'espèce comprenant des chiens possédant en commun un certain type héréditaire englobant des caractères morphologiques, physiologiques et psychiques, ainsi que la nature et la coloration des poils, des dents et des ongles.
• **S.C.C.** Société centrale canine. Cet organisme gère tout ce qui se rapporte aux chiens de race (Livre des origines, expositions, concours de travail, etc.).
• **S.C.R.** Société canine régionale affiliée à la S.C.C. Les S.C.R. ont la charge d'organiser les expositions canines. En outre, elles supervisent les clubs d'utilisation locaux.
• **Standard.** Ensemble des caractères qui permettent de décrire et donc de définir une race.
• **T.A.N.** Test d'aptitudes naturelles. Examen qui permet de s'assurer qu'un chien a bien les aptitudes propres à sa race (chasse, déterrage, garde, travail à l'eau, etc.).
• **T.I.** Titre initial. On dit qu'un chien confirmé est inscrit au L.O.F. à titre initial si ses parents n'étaient pas inscrits.
• **Variété.** Dans une race, un caractère distinctif (taille, couleur, etc.) peut déterminer une variété.

Index général

Les numéros de page en italique renvoient aux illustrations. Les noms d'origine des races sont en italique quand ils diffèrent du nom vernaculaire.

LAROUSSE
du
Chat
COMPORTEMENT • SOINS • RACES
Sous la direction du
Dr ROUSSELET-BLANC
LAROUSSE

LAROUSSE
Poissons et
Aquariums
INSTALLEZ ET FAITES VIVRE VOTRE AQUARIUM
LAROUSSE

LAROUSSE
du
Cheval
ÉQUITATION • LOISIRS • SOINS • RACES
Sous la direction de
Bertrand de Perthuis
LAROUSSE

votre
Chat
• LE COMPRENDRE
• LE NOURRIR • LE SOIGNER
• CONNAÎTRE LES RACES
LAROUSSE

votre
Chien
• LE COMPRENDRE
• LE NOURRIR • LE SOIGNER
• CONNAÎTRE LES RACES
LAROUSSE

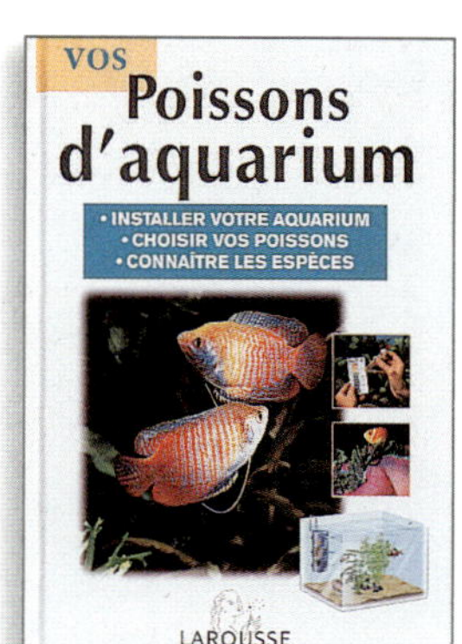
vos
Poissons
d'aquarium
• INSTALLER VOTRE AQUARIUM
• CHOISIR VOS POISSONS
• CONNAÎTRE LES ESPÈCES
LAROUSSE

Crédits photographiques

h = haut ; m = milieu ; b = bas ;
g = gauche ; d = droite.

page 5, Vedie - Cogis ;
page 9, Labat - Cogis ;
page 10, Giraudon ;
page 11, Giraudon ;
page 12 (h), Bagheera ;
page 12 (b), Lauros - Giraudon ;
page 13, J.-P. Ferrero - Jacana ;
page 14, A. Shah - Jacana ;
page 15, J.P. Ferrero - Jacana ;
page 16, L. Lee Rue - Bruce Coleman ;
page 17, Bisson - Sygma ;
page 18, N. Quidu - Gamma ;
page 19, P. Delarbre - Explorer ;
page 20, Labat - Cogis ;
page 21, Vedie- Cogis ;
page 22, Jean-Pierre Collin ;
page 23, Vandystadt ;
page 25, R. Benali - Gamma ;
page 26, Sans Laisse ;
page 27, Labat - Cogis ;
page 28 (h, m et b), Labat-Lanceau ;
page 29, Labat-Lanceau ;
page 30 (h et m), Labat-Lanceau ;
page 31, Labat-Lanceau ;
page 32, Hermeline - Cogis ;
page 33, Labat-Lanceau ;
page 36, Labat-Lanceau ;
page 37, Lanceau - Cogis ;
page 38, Labat - Cogis ;
page 39, Labat-Lanceau ;
page 40, Labat-Lanceau ;
page 41, Fagot - Cogis ;
page 42, Labat-Lanceau ;
page 43 (h et b), Labat-Lanceau ;
page 44, Labat-Lanceau ;
page 45, Labat-Lanceau ;
page 46 (h, m, b), Labat-Lanceau ;
page 47, Nicaise - Cogis ;
page 48, Français - Cogis ;
page 51 (h et b), Labat-Lanceau ;
page 53, Labat-Lanceau ;
page 57, Axel - Jacana ;
page 58, Labat-Lanceau ;
page 59, M. Loup - Jacana ;
page 60, Labat-Lanceau ;
page 63, Vedie - Cogis ;
page 64, Cogis ;
page 65, G. Hallo - Pix ;
page 66, Frédéric - Jacana ;
page 69, Nicaise - Cogis ;
page 70, Varin - Cogis ;
page 72, Labat-Lanceau ;
page 73, Labat-Lanceau ;
page 74, Français - Cogis ;
page 75, Français - Cogis ;
page 76, Français - Cogis ;
page 78, Français - Cogis ;
page 79, Labat - Cogis ;
page 80, Labat-Lanceau ;
page 81, Labat-Lanceau ;
page 83, Nicaise - Cogis ;
page 84, Lanceau - Cogis ;
page 86, Labat-Lanceau ;
page 87, H. Ausloos - Bios ;
page 89, Labat-Lanceau ;
pages 90-91, Vedie - Cogis ;
page 93, Lanceau - Cogis ;
page 94, R. Haddock - Fotogram Stone ;
page 95, Hermeline - Cogis ;
page 96, Hermeline - Cogis ;
page 97, C. Molyneux - Bruce Coleman ;
page 101 (g), Labat - Cogis ;
page 101 (d), Varin - Cogis ;
page 102, Sally Anne Thompson - Animal Photography ;
page 103, Lanceau - Cogis ;
page 104, Nicaise - Cogis ;
page 105, Labat - Cogis ;
page 106 (h), Nicaise - Cogis ;
page 106 (b), Varin - Cogis ;
page 107, Varin - Cogis ;
page 109, Vedie - Cogis ;
page 110, Cogis ;
page 111, Varin - Cogis ;
page 112, Lepage - Cogis ;
page 113, Labat - Cogis ;
page 114, Varin - Cogis ;
page 115, Nicaise - Cogis ;
page 116 (h), Nicaise - Cogis ;
page 116 (b), Varin - Cogis ;
page 117, Nicaise - Cogis ;
page 118, Labat - Cogis ;
page 119 (h), Labat - Cogis ;
page 119 (b), Varin - Cogis ;
page 120, Lanceau - Cogis ;
page 121, Varin - Cogis ;
page 122 (h), Lanceau - Cogis ;
page 122 (b), Nicaise - Cogis ;
page 123 (h et b), Vedie - Cogis ;
page 124, Nicaise - Cogis ;
page 125, Vedie - Cogis ;
page 126, H. Reinhard - Bruce Coleman ;
page 127, Labat - Cogis ;
page 128 (h), Varin - Cogis ;
page 128 (b), Sally Anne Thompson - Animal Photography ;
page 129 (h et m), Varin - Cogis ;
page 130, Cogis ;
page 131 (h), Cogis ;
page 131 (b), Varin - Cogis ;
page 132, Nicaise - Cogis ;
page 133, Vedie - Cogis ;
page 134, Lanceau - Cogis ;
page 135, Lanceau - Cogis ;
page 136 (h), Lanceau - Cogis ;
page 136 (b), Cogis ;
page 137, Vedie - Cogis ;
page 138, Nicaise - Cogis ;
page 139 (h), Sally Anne Thompson - Animal Photography ;
page 139 (b), Varin - Cogis ;
page 140, Vedie - Cogis ;
page 141 (h), S. Anne Thompson - Animal Photography ;
page 141 (b), Vedie - Cogis ;
page 142, Varin - Cogis ;
page 143 (h), Labat - Cogis ;
page 143 (b), C. Molyneux - Bruce Coleman ;
page 144, Nicaise - Cogis ;
page 145, Hermeline - Cogis ;
page 146 (h et b), Nicaise - Cogis ;
page 147 (h et b), Vedie - Cogis ;
page 148 (h et b), Lanceau - Cogis ;
page 149, Vedie - Cogis ;
page 150, Labat - Cogis ;
page 151, Labat - Cogis ;
page 152 (h), Labat - Cogis ;
page 152 (b), Nicaise - Cogis ;
page 153, Cogis ;
page 154, Varin - Cogis ;
page 155, Nicaise - Cogis ;
page 156 (h), Nicaise - Cogis ;
page 156 (b), Varin - Cogis ;
page 157, Vedie - Cogis ;
page 158, Lanceau - Cogis ;
page 159, Nicaise - Cogis ;
page 160, Cogis ;
page 161, Varin - Cogis ;
page 162, Lanceau - Cogis ;
page 163, Lanceau - Cogis ;
page 164, Nicaise - Cogis ;
page 165 (h), Vedie - Cogis ;
page 165 (b), Lanceau - Cogis ;
page 166(h et b), Nicaise - Cogis ;
page 167 (h et b), Nicaise - Cogis ;
page 168, Nicaise - Cogis ;
page 169, Nicaise - Cogis ;
page 170, Lacz - Cogis ;
page 171, Vedie - Cogis ;
page 172, Nicaise - Cogis ;
page 173, Labat - Cogis ;
page 174, Labat - Cogis ;
page 175, Vedie - Cogis ;
page 176, Varin - Cogis ;
page 177, Varin - Cogis ;
page 178, Nicaise - Cogis ;
page 179, Labat - Cogis ;
page 180, Nicaise - Cogis ;
page 181, Nicaise - Cogis ;
page 182, Nicaise - Cogis ;
page 183, Vedie - Cogis ;
page 184 (h), Varin - Cogis ;
page 184 (b), Cogis ;
page 185, Nicaise - Cogis ;
page 186, Lanceau - Cogis ;
page 187 (g et d), Vedie - Cogis ;
page 188, Nicaise - Cogis ;
page 189, Varin - Cogis ;
page 190, Vedie - Cogis ;
page 191, Vedie - Cogis ;
page 192, Vedie - Cogis ;
page 193, Vedie - Cogis ;
page 194, C. Molyneux - Bruce Coleman ;
page 195, Vedie - Cogis ;
page 196, Vedie - Cogis ;
page 197 (h), Varin - Cogis ;
page 197 (b), Nicaise - Cogis ;
page 198, Nicaise - Cogis ;
page 199, Miriski - Cogis ;
page 200, Cogis ;
page 201 (h), Nicaise - Cogis ;
page 201 (b), Vedie - Cogis ;
page 202, Nicaise - Cogis ;
page 203 (h), Labat - Cogis ;
page 203 (b), Lacz - Cogis ;
page 204, Vedie - Cogis ;
page 205, Vedie - Cogis ;
page 206, Lacz - Cogis ;
page 207, Labat - Cogis ;
page 208, Vedie - Cogis ;
page 209 (h), C. Molyneux - Bruce Coleman ;
page 209 (b), Nicaise - Cogis ;
page 210, Labat - Cogis ;
page 211 (h), Lanceau - Cogis ;
page 211 (b), Labat - Cogis
page 212, Nicaise - Cogis ;
page 213, Nicaise - Cogis ;
page 214, Labat - Cogis ;
page 215(h), C. Molyneux - Bruce Coleman ;
page 215 (b), Lacz - Cogis ;
page 216, Nicaise - Cogis ;
page 217 (h et b), Vedie - Cogis ;
page 218, Lanceau - Cogis ;
page 219, Nicaise - Cogis ;
page 220 (h), Lanceau - Cogis ;
page 220 (b), Vedie - Cogis ;
page 221, Vedie - Cogis ;
page 222, Nicaise - Cogis ;
page 223, Vedie - Cogis ;
page 224 (d), Vedie - Cogis ;
page 224 (g), Cogis ;
page 225, Lanceau - Cogis ;
page 226, Vedie - Cogis ;
page 227 (h et b), Vedie - Cogis ;
page 228, Lepage - Cogis ;
page 229 (h et b), Vedie - Cogis ;
page 230, Labat - Cogis ;
page 231, Labat - Cogis ;
page 232 (h), Lanceau - Cogis ;
page 232 (b), Nicaise - Cogis ;
page 233 (h), Nicaise - Cogis ;
page 233 (b), Varin - Cogis ;
page 234, Varin - Cogis ;
page 235, Cogis ;
page 236, Hermeline - Cogis ;
page 237, Lanceau - Cogis ;
page 238 (h), Nicaise - Cogis ;
page 238 (b), Vedie - Cogis ;
page 239 (h), Nicaise - Cogis ;
page 239 (b), Vedie - Cogis ;
page 240, Vedie - Cogis ;
page 241, Lanceau - Cogis ;
page 242, Lanceau - Cogis ;
page 243, Vedie - Cogis ;
page 244, Lanceau - Cogis ;
page 245, Lanceau - Cogis ;
page 246 (h), Lanceau - Cogis ;
page 246 (b), Vedie - Cogis ;
page 247, Lanceau - Cogis ;
page 248, Labat - Cogis ;
page 249, Hutin - Cogis ;
page 250 (h et b), Varin - Cogis ;
page 251, Vedie - Cogis ;
page 252, Labat - Cogis ;
page 253, Nicaise - Cogis ;
page 254, Vedie - Cogis ;
page 255, Vedie - Cogis ;
page 256, Vedie - Cogis ;
page 257 (h), Lacz - Cogis ;
page 257 (m), Cogis ;
page 258, Vedie - Cogis ;
page 259, Varin - Cogis ;
page 260, Nicaise - Cogis ;
page 261, Nicaise - Cogis ;
page 262, Vedie - Cogis ;
page 263, Varin - Cogis ;
page 264, Vedie - Cogis ;
page 265, Nicaise - Cogis ;
page 266 (h), Nicaise - Cogis ;
page 266 (b), Vedie - Cogis ;
page 267 (h), Nicaise - Cogis ;
page 267 (b), Vedie - Cogis ;
page 268, Nicaise - Cogis ;
page 269, Vedie - Cogis ;
page 270, Nicaise - Cogis ;
page 271, Nicaise - Cogis ;
page 272 (h), Hutin - Cogis ;
page 272 (b), Nicaise - Cogis ;
page 273, Cogis ;
page 274, Vedie - Cogis ;
page 275, Nicaise - Cogis ;
page 276, Nicaise - Cogis ;
page 277, Labat - Cogis ;
page 278, Nicaise - Cogis ;
page 279, Nicaise - Cogis ;
page 280, Nicaise - Cogis ;
page 281 (g), Potier - Cogis ;
page 281 (d), Vedie - Cogis ;
page 282, J.-P. Ferrero - Ardea
page 283, Vedie - Cogis ;
page 284 (h), Cogis ;
page 284 (b), Labat - Cogis ;
page 285, Potier - Cogis ;
page 286, Vedie - Cogis ;
page 287, Vedie - Cogis ;
page 288, Labat - Cogis ;
page 289, H. Reinhard - Bruce Coleman ;
page 290 (h), Nicaise - Cogis ;
page 290 (b), Varin - Cogis ;
page 291, Labat - Cogis ;
page 292, Varin - Cogis ;
page 293, Vedie - Cogis ;
page 294, Vedie - Cogis ;
page 295 (h et b), Labat - Cogis ;
page 296, Labat - Cogis ;
page 297, Vedie - Cogis ;
page 298, Labat - Cogis ;
page 299, Labat - Cogis ;
page 300, Labat - Cogis ;
page 302, Varin - Cogis ;
page 303, Varin - Cogis ;
page 304 (h), Lanceau - Cogis ;
page 304 (b), Vedie - Cogis ;
page 305, Labat - Cogis ;
page 306, Labat - Cogis ;
page 307 (h), Varin - Cogis ;
page 307 (b), Vedie - Cogis ;
page 308, Labat - Cogis ;
page 309, Vedie - Cogis ;
page 310, Cogis ;
page 311, Varin - Cogis ;
page 312, Vedie - Cogis ;
page 313, Vedie - Cogis ;
page 314, Labat - Cogis ;
page 315, Varin - Cogis ;
page 316, Vedie - Cogis ;
page 317, Labat - Cogis ;
page 318, Vedie - Cogis ;
page 319, Vedie - Cogis ;
page 320 (g), Labat - Cogis ;
page 320 (d), Nicaise - Cogis ;
page 321, Vedie - Cogis ;
page 323 (h), Labat - Cogis ;
page 323 (m), Varin - Cogis ;
page 323 (b), Lanceau - Cogis ;
page 326 (hg), Lanceau - Cogis ;
page 326 (hd), Varin - Cogis ;
page 326 (mg), Vedie - Cogis ;
page 326 (md, bg et bd), Labat - Cogis ;
page 337, Lanceau - Cogis ;
page 338, Lanceau - Cogis ;
page 339, Lidi - Cogis ;
page 340, Hermeline - Cogis ;
page 342 (m), Lacz - Cogis ;
page 342 (b), Dr P. Fourrier ;
page 343, P. Jaubert ;
page 344, Labat-Lanceau ;
page 345 (h et b), Labat-Lanceau ;
page 346, Labat-Lanceau ;
page 347 (h et b), Labat-Lanceau ;
page 348, Labat-Lanceau ;
page 350, Varin - Cogis ;
page 351, Nicaise - Cogis ;
page 352, Lepage - Cogis ;
page 353 (h, m et b), Dr P. Fourrier ;
page 354 (g et d), Dr Jegou ;
page 355 (h et m), Dr Jegou ;
page 355 (b), Dr Jegou ;
page 356, J.-P. Ferrero ;
page 358, Labat-Lanceau ;
page 359, J.-P. Ferrero ;
page 361, Amblin - Cogis ;
page 362 (g), Labat-Lanceau ;
page 362 (d), Labat - Cogis ;
page 363 (h), Labat - Cogis ;
page 363 (m), Dr Barret ;
page 364, P. Jaubert ;
page 365, P. Jaubert ;
page 366, Vedie - Cogis.

Nous remercions toutes les personnes qui nous ont permis de réaliser les prises de vues et plus particulièrement Michel Hasbrouck, le salon de toilettage « Le cabot de Vincennes », le docteur Alain Pothier, vétérinaire à Élancourt, pour leur aimable collaboration.

Photogravure : PHIP, Fleury-les-Aubrais ; MAURY, Millau

Impression : GRAFICAS ESTELLA, Estella
Dépôt légal : septembre 2000 - 517428/03
Imprimé en Espagne (Printed in Spain)
10098929(III)38(CSBS130) février 2003